港珠澳大桥岛隧工程论文集

卷IV

中交港珠澳大桥岛隧工程项目总经理部

科学出版社
北京

内 容 简 介

本书是在港珠澳大桥建设过程中，建设团队结合理论设计、思考、实践实施而编写的阶段性成果的汇集，本卷涵盖了设计、施工、管理等方面的内容，共计75篇论文。

本书可供从事桥梁道路工程设计、施工、测量、监测等专业人员参考，也可供高等院校交通工程、桥梁工程、道路工程等专业师生阅读。

图书在版编目（CIP）数据

港珠澳大桥岛隧工程论文集. 卷Ⅳ／中交港珠澳大桥岛隧工程项目总经理部编. —北京：科学出版社，2019.7

ISBN 978-7-03-061822-1

Ⅰ. ①港… Ⅱ. ①中… Ⅲ. ①跨海峡桥-桥梁工程-文集 ②水下隧道-隧道工程-文集 Ⅳ. ①U4-53

中国版本图书馆 CIP 数据核字（2019）第 137938 号

责任编辑：郭勇斌 欧晓娟／责任校对：邹慧卿
责任印制：师艳茹／封面设计：黄华斌

科学出版社出版
北京东黄城根北街 16 号
邮政编码：100717
http://www.sciencep.com

中国科学院印刷厂 印刷
科学出版社发行 各地新华书店经销

*

2019 年 7 月第 一 版　　开本：787×1092　1/16
2019 年 7 月第一次印刷　　印张：39 3/4
字数：918 000

定价：238.00 元
（如有印刷质量问题，我社负责调换）

"港珠澳大桥岛隧工程论文集"编委会

主　　任　林　鸣

副 主 任　刘晓东　尹海卿　刘亚平

编审委员（以姓氏笔画排序）：

王　强	孔令磊	冯颖慧	刘海青
杨绍斌	吴凤亮	何　波	张宝兰
陈伟彬	陈良志	陈　林	林　巍
罗　冬	岳远征	周光强	孟凡利
赵　辉	高　潮	高纪兵	黄维民
宿发强	梁　桁	梁杰忠	屠柳青
董　政	谢臣伟	樊建华	

序　言

港珠澳大桥东连香港、西接珠海、澳门，是集桥、岛、隧为一体的超大型跨海通道，是我国继三峡工程、青藏铁路、南水北调、西气东输、京沪高速铁路之后又一重大基础设施项目。其中，岛隧工程是大桥的控制性工程，包括一条长 6.7 km 的沉管隧道和两座各 10 万 m² 的外海人工岛，采用设计施工总承包模式，由中国交通建设股份有限公司联合体承建。

沉管工法是一项综合了水工工程、地下工程、隧道工程的复合性技术，实施难度和风险非常大，因而在隧道建设中应用不多。到目前为止，全世界建成的沉管隧道只有一百多条，主要集中在美国、日本、欧洲等发达国家及地区。中国的沉管隧道建设起步较晚，在 20 世纪 90 年代初才建设了第一条沉管隧道，截至 2010 年，全国也只在内河、江湖中修建过十多条沉管隧道，长度也是几百米级的。

深埋海底、长达 6.7 km 的外海沉管隧道，放眼全球，都是令人望而生畏的难题：岛隧工程结合、软土地基不均匀沉降控制、超大管节预制、外海条件管节浮运和沉放、深水深槽条件管节对接、结构与接头的水密、最终接头等技术难题都是具有世界级挑战性的。

七年建设征程，岛隧工程建设团队攻坚克难、创新实践，完成了 100 多项试验研究，申报并取得超过 400 项技术专利，开创了公路沉管隧道"最长、最大跨径、最大埋深、最大体量"四项世界纪录，取得了大直径深插钢圆筒快速成岛新技术、半刚性沉管新结构、整体式主动止水最终接头新方案、复合地基加组合基床隧道基础新形式等多项创新成果；攻克了曲线段沉管工厂法预制、外海沉管安装等多项新技术。这些创新成果是本工程项目一线科技人员聪明才智与实践探索的结晶。

2011～2017 年，4000 名岛隧建设者七年如一日，坚守七年、奉献七年，确保了港珠澳大桥主体工程顺利交工验收。现将项目建设过程中编写及发表的论文约 400 篇进行梳理汇总，形成了论文集共四卷，呈现给同行和专家学者，以供参考。由于水平有限，本书难免有错误、遗漏及理解偏颇之处，还望读者不吝赐教，以便鞭策我们不断探索和提升，全体编写人员对此深表感谢。

最后，衷心感谢各级领导和同仁对港珠澳大桥岛隧工程的支持、关心与帮助！

中国交通建设股份有限公司联合体
港珠澳大桥岛隧工程项目总经理部
2018 年 11 月

目 录

序言

沉管隧道半刚性管节……………………………………林 鸣 刘晓东 林 巍 等（1）

记忆支座——沉管隧道管节接头差异沉降问题解决方案………………………………
………………………………………………………林 鸣 林 巍 尹海卿 等（22）

沉管隧道管节拖航水阻力原型试验…………………林 鸣 林 巍 黄维民 等（39）

沉管隧道与人工岛的理念与实现——港珠澳大桥岛隧工程………………………………
………………………………………………………林 鸣 刘晓东 林 巍 等（53）

人工岛快速成岛技术——深插大直径钢圆筒与副格………………………………………
………………………………………………………林 鸣 林 巍 王汝凯 等（69）

沉管隧道 78 000 t 管节多点式分段顶推……………………………………………………
………………………………………………………林 巍 王晓东 董 政 等（89）

沉管隧道管节：出坞、拖航、系泊与沉放准备的关键问题………………………………
………………………………………………………林 巍 林 鸣 花田幸生 等（102）

沉管隧道混凝土管节与碎石基床摩擦力原型观测与试验…………………………………
………………………………………………………林 巍 尹海卿 张建军 等（112）

沉管隧道节段接头可注浆止水带使用改良…………………………………………………
………………………………………………………林 巍 林 鸣 Joel Van Stee 等（124）

沉管隧道线形管理……………………………………林 巍 尹海卿 林 鸣 等（134）

沉管隧道最终接头新工法的几个特殊结构问题……………………………………………
………………………………………………………林 巍 刘凌锋 苏怀平 等（148）

沉管隧道整体式最终接头的地基刚度差异问题及处置措施………………………………
………………………………………………………林 鸣 林 巍 姬 海 等（158）

沉管隧道的设计………………………………………林 巍 刘凌锋 林 鸣（169）

沉管隧道最终接头超短束大位移张拉工艺…………张 洪 刘经国 游 川（180）

管节安装测量塔浮态标定方法研究…………………锁旭宏 张 超 成益品（189）

管节沉放姿态控制影响因素分析 ·· 苏长玺（197）

港珠澳大桥岛隧工程东人工岛岛隧结合部清淤施工工艺浅析 ················· 杨秀武　何　波（202）

港珠澳大桥检修道清水混凝土预制工艺 ·· 曾庆喜　刘　宇（208）

港珠澳大桥人工岛清水混凝土建筑的结构设计 ···················· 梁继忠　肖春发　刘观发（215）

挤密砂桩施工参数及充盈系数试验与分析 ···························· 尚乾坤　魏红波　宋江伟（221）

BJ200 无缝伸缩缝标准化施工工艺研究 ······················· 张　洪　游　川　刘国柱　等（229）

BIM 技术在港珠澳大桥东人工岛室外水电管线预埋工程中的应用 ···

·· 钟明乾　刘　宇（237）

平台式碎石铺设整平船抬升系统齿轮齿条失效分析 ·············· 王明祥　李家林（244）

地下空间电气设备用房通风空调设计探讨 ··· 许伟航（251）

外海人工岛岛上建筑工程的给排水设计分析 ·· 陈海琪（255）

适用于大型浮式坞门的新型坞口底板结构 ···························· 黄丹苹　马　勇　陈良志（261）

港珠澳大桥岛隧工程精细化质量管控 ·· 刘忠鹏　陈　虦（267）

外海施工人员水上交通解决方案 ··· 彭晓鹏（275）

港珠澳大桥岛隧工程施工计划与进度控制管理 ·················· 刘　洋　吴凤亮　李德辉（280）

港珠澳大桥沉管预制自防水混凝土施工关键技术 ·············· 刘　洋　李德辉　孟庆龙（285）

港珠澳大桥沉管隧道管内 HSE 标准化建设 ············ 王国发　吕宏宇　高昊然　等（290）

西人工岛房屋建筑负一层模板及混凝土质量通病治理 ··

·· 吕　鹏　杨润来　陈三洋（298）

港珠澳大桥东人工岛房建大台阶精细化安装工艺 ·· 刘　宇　游　川（309）

港珠澳大桥西人工岛混凝土产品认证技术总结 ·················· 江宪权　陈国平　洪志军（316）

港珠澳大桥珠澳口岸人工岛陆域形成回填材料关键技术研究 ···

··· 杨昌斌　陈　聪（323）

浅析降水井打设工艺改进 ·· 莫日雄　代　伟（333）

港珠澳大桥东人工岛非通航孔桥锚下有效应力控制技术 ··

·· 刘海青　莫日雄　陈利军（341）

东人工岛管线槽预制弧形侧板安装工艺 ·· 莫日发　张世杰（348）

港珠澳大桥东人工岛无填料振冲技术的参数设置及应用 ············· 黄存东　王　聪（356）

东人工岛水下钢套箱承台施工工艺 ·· 黄存东　吕　迪（363）

港珠澳大桥东人工岛清水立柱标准化、装配化施工工艺
··· 彭成隽　陈传正　莫日雄　等（371）
港珠澳大桥主体建筑清水混凝土控裂研究················ 刘思楠　王佰文　黄存东（380）
浅谈港珠澳大桥东人工岛人员管理··························· 邹宇霆　杨泗兵（385）
港珠澳大桥东人工岛清水混凝土施工质量管理················ 宋　奎　赵文俊（389）
最终接头后注浆基础成套施工技术·············· 张　洪　苏怀平　王　李（399）
基于风险管理的质量要点化控制······························ 杨　震　孙　志（407）
浅析班组文化建设在 HSE 管理中的作用····················· 鹿钦周　李德辉（414）
最终接头本体施工工艺与质量控制简述·········· 杨　震　张　洪　孙　志（420）
沉管隧道钢壳高流动性混凝土浇筑施工技术·············· 苏怀平　王　李（428）
港珠澳大桥沉管最终接头制造技术·············· 游　川　胡　赝　王　李（435）
沉管隧道中管廊电缆通道隔断隔墙施工工艺················· 胡　赝　李德辉（443）
BJ200 无缝伸缩缝的引入与检测分析························· 张　洪　魏长城（450）
港珠澳大桥岛隧工程路面深化设计方案简介······ 刘经国　张　洪　刘晓东（459）
清水混凝土脱模剂施工工艺研究······························ 曾庆喜　杨家青（466）
港珠澳大桥沉管隧道检修道安装工艺························· 李德辉　胡　赝（473）
港珠澳大桥沉管最终接头临时主动防水系统中 M 形止水带的应用
·· 陈　聪　陈刚强　董洪静（479）
装配式绑扎平台在曲线段沉管顶板钢筋绑扎中的改造技术
··· 张文森　朱　成（486）
工厂法曲线沉管预制测量技术·················· 邹正周　黄文慧　季拥军（491）
"捷龙"轮艉喷管快速接头改造··· 卓震东（499）
深水基槽高精度清淤施工技术研究························· 陶宗恒　何　波（507）
外海沉管隧道最终接头清淤技术·············· 陈　林　何　波　杨秀武（513）
GNSS 与超级终端在碎石基础铺设中的应用··········· 张　超　魏红波　孙阳阳（522）
测量平台稳定性监测·································· 张　超　锁旭宏　曾凡军（532）
大型外海沉管隧道水力压接工艺及控制方法······· 孙　健　马宗豪　管泽旭　等（541）
港珠澳大桥 6000 t 级最终接头吊装技术研究········ 朱　岭　侯亚飞　汤慧驰　等（547）
港珠澳大桥沉管安装潜水作业风险分析与管理································· 吕标兵（553）
港珠澳大桥沉管施工船机设备风险预控研究······ 周相荣　刘炳林　张克超（558）

港珠澳大桥沉管隧道施工风险管理体系研究 ……… 尚乾坤　傅秀萍　朱　岭　等（565）

港珠澳大桥岛隧工程临时用电安全管理措施 ……………………………… 张克超（574）

组合式测控技术在外海超长沉管隧道安装中的应用 ………………………… 锁旭宏（581）

最终接头施工水上安全保障技术研究 ……………………… 李　瀚　傅秀萍（593）

外海深水高精度碎石基床铺设整平船建造与应用 ……… 宿发强　李家林　王明祥（603）

超大型沉管隧道管节浮运安装船的建造与应用 ……李家林　王明祥　王明亮　等（610）

抛石整平船清淤系统技术改造 ………………………………… 李家林　王明祥（617）

沉管隧道半刚性管节[*]

林 鸣[1]，刘晓东[2]，林 巍[2]，尹海卿[3]，李 毅[2]

(1. 中国交通建设集团有限公司，北京；2. 中交公路规划设计院有限公司，北京；
3. 中交第三航务工程局有限公司，上海)

摘 要：港珠澳大桥沉管隧道上覆回淤厚度21 m，导致原先的节段式管节结构的失效概率大。为了降低风险，作者提出"半刚性管节结构"概念。通过不剪断原先节段式管节结构的临时预应力，来确保节段接头端面的摩擦力，从而用摩擦力与剪力键一同抵抗剪力，同时维持节段之间的相对转动能力；即令管节结构的健壮性得到提高。本文结合足尺物模试验对这个新结构的优势进行了论证，对其中的关键问题——预应力体系的设置进行了详述，并且介绍了港珠澳大桥沉管隧道半刚性管节的应用案例。半刚性管节，与节段式管节相比，在一些情况下，只是将临时预应力转变为永久预应力，施工费用增加不多，但是管节的整体性与健壮性显著提高，因此半刚性管节是一种性价比较高的结构形式；特别对于水下基础施工质量控制困难、基础差异沉降不确定性大的工程，半刚性管节是值得考虑的一种管节纵向结构形式。

关键词：沉管隧道；预应力；结构；回淤；深埋；摩擦力

1 总 论

1.1 背 景

在港珠澳大桥沉管隧道工程中，沉管隧道管节的节段接头的竖向剪力键因差异沉降而损坏的可能性大。因为隧道的埋深大，沉管隧道安装后，顶部会被21 m厚的回淤覆盖，回淤物的容重 5 kN/m³。部分回淤在远期可能由于航道的规划而被再次挖除。而且，隧道下方的地层是沿着隧道纵向0～30 m不等厚的软土，参见图1。

沉管管节结构的原方案是节段式，每隔22.5 m的节段接头部位有竖向混凝土剪力键。因埋深大的问题，节段接头剪力键的承载力不足。

曾经考虑过减轻隧道上方荷载的两个方案，见图2。一个是在未来120年的隧道运营

---

[*] 本文曾刊登于《水道港口》2018年增刊2。

期间，不断地疏浚，移除隧道上方的回淤；另一个是在施工期，在隧道上方预先填上轻质的材料，轻质材料的容重与水接近。但是，这两个减载方案的花费巨大，且工期不可控。

与其改变隧道结构的外部环境，不如改变它的结构。作者提出了半刚性管节结构来解决大埋深的问题[1]，不需要减载。这个方案的投资费用比前两个方案要少，因为减少了大量的海上作业，结构与原设计方案相比其主要变化只是不剪断沉管隧道的临时预应力，而是将它们永久地使用。而且，也降低了海上作业的风险。

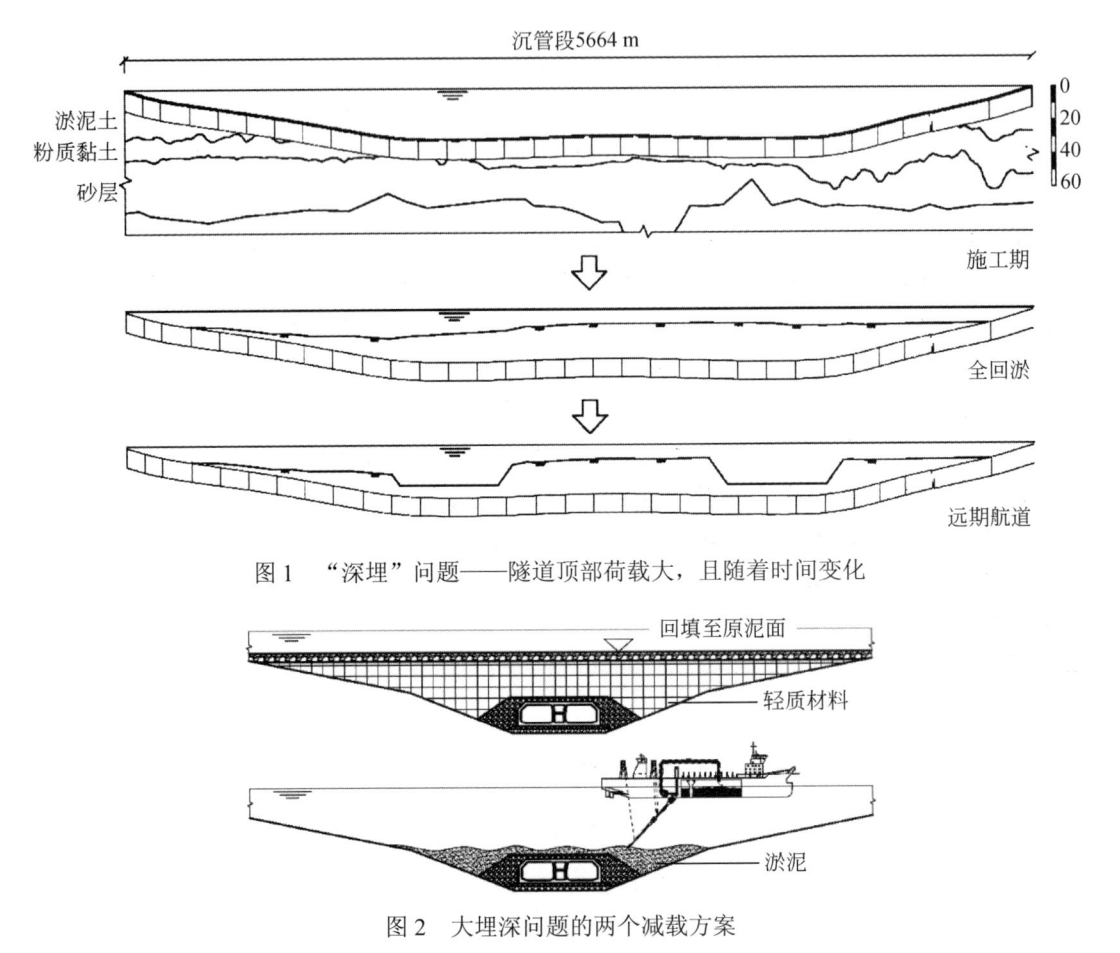

图1 "深埋"问题——隧道顶部荷载大，且随着时间变化

图2 大埋深问题的两个减载方案

1.2 半刚性管节的概念

半刚性管节是一种节段式的管节结构。该结构利用节段接头端面的摩擦力抵抗（部分）剪力，从而加强节段接头的抗剪能力。保证足量的摩擦力是通过合理地设置纵向的预应力筋，从而得到足够的节段接头的正压力。同时，在大荷载与不均匀沉降的不利组合作用下允许节段之间发生一定量的转动（即允许节段接头的上缘或下缘张开），以使得管节结构能够通过纵向的变形来适应地基。总之，半刚性管节结构是一种利用剪力键与摩擦力并保

留结构的纵向柔性来提高健壮性（robustness）与整体性（integrity）的管节结构。

为了进一步说明半刚性管节的原理，下一节首先回顾已有沉管管节结构形式，再通过半刚性管节结构与已有结构形式的比较来证明半刚性管节的优势。

2 半刚性管节结构

2.1 以往沉管管节结构回顾

沉管结构形式总体上可分为钢壳式与混凝土式。按时间发展顺序，钢壳式管节又分为双钢壳、单钢壳和三明治，这三种形式都是整体式管节；混凝土式管节又分为整体式与节段式[2,3]。半刚性管节结构是基于混凝土节段式管节的基本构造，因港珠澳大桥岛隧工程沉管隧道的深埋问题而得以发展。所有沉管结构形式见图3。

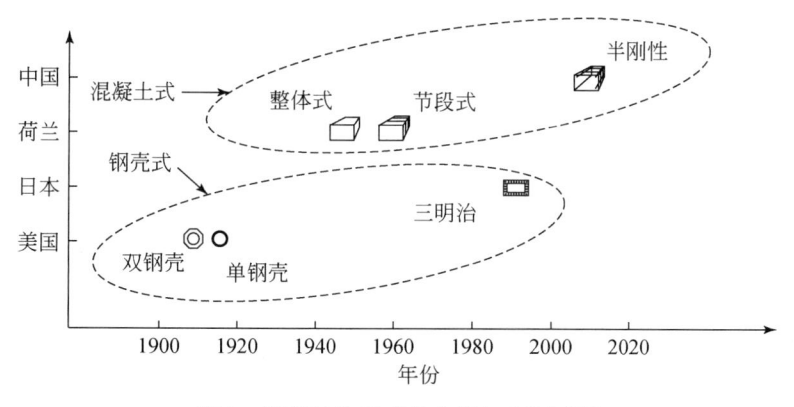

图 3 沉管结构形式的分类与出现时间

以下简要回顾混凝土整体式管节与节段式管节的特点。

整体式管节是连续的结构，中间不带柔性接头。为了避免开裂，浇筑时分批进行，存在纵向与竖向的冷缝。竖向冷缝通常介于底板、墙体与顶板之间。为了避免混凝土结构渗水，整个管节通常被防水层包裹[2,3]。比较而言，节段式管节只有竖向冷缝，即节段接头，间距 20～25 m，每个节段采用一次性浇筑。节段的混凝土可以做到自防水，不需设置外包防水层，但是需要控制浇筑时的温度[3]。厄勒海峡沉管隧道第一次采用工厂法的方式预制了节段式管节，提高了工效[4]。节段接头的防水通常采用可注浆止水带[5]，可注浆止水带在混凝土浇筑前就需要与节段的钢筋笼固定。节段式管节为安装作业需要施加纵向临时预应力，安装完成后，预应力筋在节段接头部位被剪断[6]，让管节变柔以适应基础沉降。显而易见，整体式管节沿着纵向的整体的抗弯刚度和抗剪刚度比节段式管节大。

2.2 半刚性管节的特点

半刚性管节同节段式管节一样，采用纵向分段的构造，且节段之间允许一定程度的转动。但是半刚性管节的不同之处在于：

1) 结构的纵向始终保持正压力。

2) 保持正压力令节段接头部位始终有摩擦力，从而节段接头部位的摩擦力和其他结构性的抗剪构造（以下用"剪力键"）可以共同承担该部位的剪力。这种协同抗剪能力通过试验得到了证明，在第 3 节详述。

3) 半刚性管节结构的纵向弯曲刚度随着外部条件改变。当荷载与差异沉降较小时，节段接头不张开，管节结构的弯曲刚度基本等于整体式管节的。当荷载（地震、沉船等偶然工况）与差异沉降很大时，节段接头张开，其弯曲刚度介于整体式管节与节段式管节之间。

基于对半刚性管节与整体式管节和节段式管节之间的差异的认识，下文比较三者的健壮性。

2.3 健壮性比较

首先说明，如果管节下方的地基刚度均匀、荷载均匀，即便地基软、荷载大，三种管节的纵向结构上都不会受力——荷载只会通过管节结构向下传递至地基，即属横向结构问题。该问题不是本文讨论的内容；只有当地基刚度沿着管节纵向不均匀时，或上覆荷载沿着管节纵向不均匀时，或以上两者的组合，才可能导致管节的纵向结构受力与变形。也就是说，不论整体式、节段式还是半刚性管节，它们都能接受均匀的沉降，只有在它们发生差异沉降时，才有评估它们的健壮性的必要。

图 4 描绘了三种沉管管节应对纵向不均匀沉降的表现。

整体式管节主要靠自身的承载力来抵抗不均匀沉降，通过较大的纵向弯曲刚度与剪切刚度，将不均匀荷载和地基刚度差异的作用转化为自身的纵向弯矩与剪力。

与整体式管节的方式截然不同，节段式管节的应对方式主要是靠变形，即通过允许节段与节段之间发生相对位移（主要是转动）来获得额外的地基反力；或者说，将每个节段受到的外部荷载尽可能多地向下传递，而不是沿着纵向传递，进而减少结构的纵向传力；对于抗剪较弱的节段接头部位，这一点极其重要。

半刚性管节的抵抗方式是两者兼施，即整体式管节的纵向传力方式加节段式管节释放变形的方式。首先，它像整体式管节一样，利用自身刚度来吸引外部荷载，让外部荷载沿着管节纵向传递。当荷载超出了能令它的节段接头张开或错位的临界荷载时，对于超出的那一部分荷载，半刚性管节像节段式管节一样，通过释放节段之间的相对变形，来获得地基反力的帮助，从而获得一个新的力的平衡。用方程表达，半刚性管节的健壮性来自两部分：

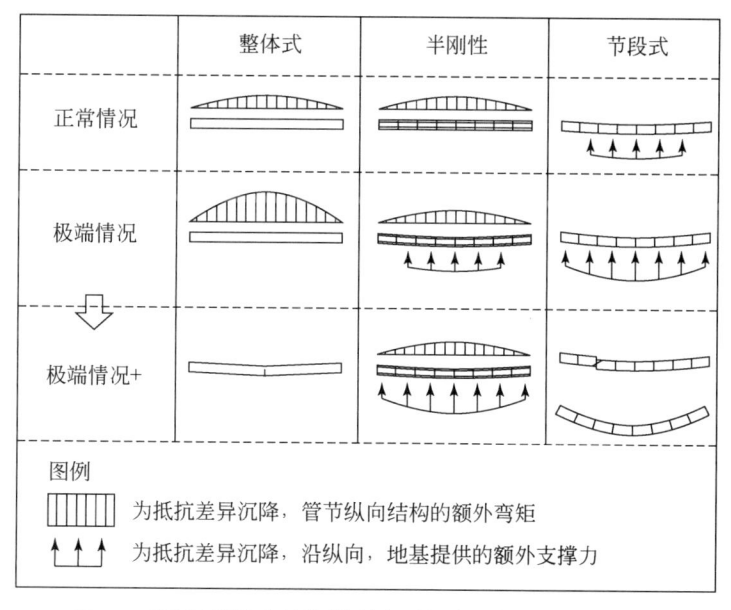

	整体式	半刚性	节段式
正常情况			
极端情况			
极端情况+			
图例			

为抵抗差异沉降，管节纵向结构的额外弯矩

为抵抗差异沉降，沿纵向，地基提供的额外支撑力

图 4 三种沉管管节结构类型应对纵向不均匀沉降的表现

$$R_{semi.} = R_{quasi\text{-}mono.} + R_{seg.} \tag{1}$$

式中，$R_{quasi\text{-}mono.}$ 代表半刚性管节的节段接头张开或错动之前的健壮性（即对作用的抵抗能力）；$R_{seg.}$ 代表半刚性管节发挥变形作用获得的健壮性。这里需要假定半刚性管节与节段式管节具备相同的变形能力；这个假定是成立的，只要预应力体系设置得合理，这在第 4 节讨论。

此外，考虑沉管管节浮运时的长周期波浪的风险，或运营期的差异沉降的风险，观察以往工程案例，可发现整体式管节通常比节段式管节做得短。所以可认为，当节段式管节与整体式管节的长度相等时，两者的健壮性为

$$R_{seg.} > R_{mono.} \tag{2}$$

如果（1）与（2）成立，则可得到（3），即半刚性管节最健壮。

$$R_{semi.} > R_{seg.} > R_{mono.} \tag{3}$$

需要强调，上述结论是基于节段式管节与整体式管节等长的假设，管节长度的确定取决于诸多因素，可参考文献 [2]。同样地，管节结构形式的选择因素远不止是健壮性，还有很多因地制宜的考虑，包括管节预制方式、浮运条件、工期要求、传统习惯、施工质量控制，以及可用的止水产品。

2.4 整体性比较

前文已述，整体式管节的整体性最好，节段式管节的整体性最弱。相比节段式管节，

由于保留了预应力筋，半刚性管节在接头部位较不容易张开，摩擦力也不容易发生相对错动，因此在运营期它比节段式管节更具备整体性，有两个优点：

1）节段接头止水更有保障。特别对于中埋式可注浆止水带，其中部为橡胶构造，当节段接头张开时，橡胶可能沿着隧道纵向被拉伸，厚度变薄，产生水通道。

2）为路面提供了一个相对更刚性的地基，反射裂缝[7]发生的概率降低。

2.5 管节纵向结构失效方式的讨论

第 2.3 节假设整体式管节、节段式管节、半刚性管节具有相同的长度，相同的荷载与相同的地基刚度的差异，证明了半刚性管节相对最健壮。而本节从另一个视角，管节纵向结构的失效模式，证明半刚性管节纵向结构的失效概率在较多情况下较低。本节还分析了半刚性管节结构的整体表现。

表 1 列举三种管节结构最可能出现的失效模式：整体式管节的失效模式是受拉侧的结构边缘的拉应力过大或开裂；节段式管节的纵向结构的失效模式是节段接头的抗剪失效，或节段接头张开量过大（参考前文的图 4）。半刚性管节的失效模式同节段式管节——当半刚性管节的预应力筋全部断裂了以后，就会像节段式管节一样失效。下文对应每一项失效模式比较结构的安全度。

表 1　三种管节结构的失效模式及对应工况

工况		半刚性管节与节段式管节失效模式		整体式管节失效模式
		模式 A：节段接头抗剪失效	模式 B：节段接头过度张开	模式 C：拉应力过大
管节安装	浮运：长周期波	—	弯矩引起	弯矩引起
	安装：长周期波	剪力引起	弯矩引起	弯矩引起
运营正常情况	上部荷载+地基刚度不均	剪力引起	弯矩引起	弯矩引起
	降温+混凝土收缩、徐变*	间接影响，减小端面摩擦力	拉力引起	拉力引起
运营灾难情况	沉船	剪力引起	弯矩引起	弯矩引起
	地震 P-wave	—	惯性力引起	惯性力引起
	地震 SV-wave	惯性力引起		

* 沿着管节轴向的拉力，是由于管节或节段变短引起的四周回填与基床的摩擦力。

半刚性管节在节段接头部位的抗剪安全度（对应表 1 模式 A）比节段式管节更高。对于节段式管节，节段接头的抗剪能力源于地基反力与竖向剪力键两部分。而对于半刚性管节，节段接头的抗剪能力不仅来自上述的两部分，还有另外一部分来自摩擦力。需要说明的是，前文已述半刚性管节的结构纵向刚度比节段式的大，但是两种管节结构受到的剪力是相等的，因为两种管节的变形能力相同，即利用等量的地基反力。对于变形后的半刚性管节，摩擦力在节段接头部位仍然会帮助抗剪；第 3 节会证明这一点。

再比较节段式管节与半刚性管节在节段接头部位的抗张开能力（对应表 1 模式 B）。显而易见，半刚性管节因保留了预应力而不易张开。

最后，比较整体式管节与半刚性管节的抗开裂能力（对应表 1 模式 C）。半刚性管节的节段接头等同于预先设置的"裂缝",所以半刚性管节的纵向结构相比整体式管节的较不容易开裂。并且,对于表1的降温工况,整体式管节受到的截面拉力远大于半刚性管节,原因见图5,管节被回填与基床包裹,当管节降温收缩时,回填与基床产生的摩擦力方向与管节收缩的方向相反,截面最大的拉力出现在管节的中部。由于整体式管节的混凝土连续结构长度是半刚性管节的5~8倍,它的中间截面受到的摩擦力的合力也是半刚性管节截面的5~8倍。

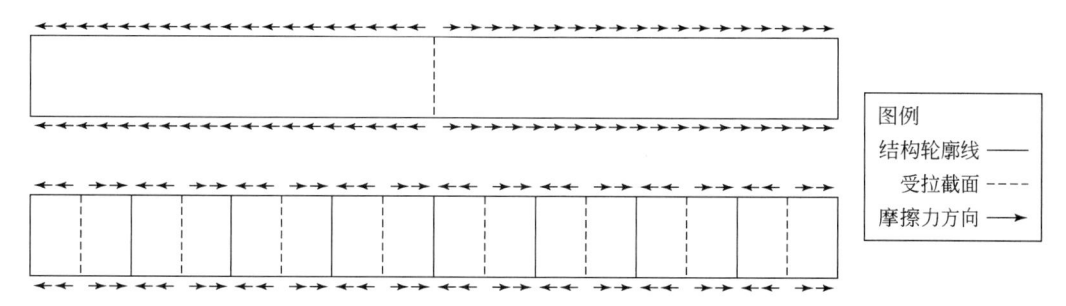

图 5　整体式管节与半刚性（节段式）管节降温收缩工况摩擦力示意图

使用半刚性管节,预应力筋的断裂也应注意。预应力筋的断裂可能因为腐蚀,因此需要通过良好的预应力防水、防腐蚀设计及施工质量控制来降低这个风险。另一个风险源是预应力筋受力过大的断裂,可通过预留预应力的张拉的度,以及设置预应力的无黏结长度来调节节段接头的允许张开量。此外,一个有趣的想法是,当纵向预应力筋全部断裂以后,半刚性管节就转变成了节段式管节。如果节段式管节在该条件下能够生存,则转变成节段式管节的半刚性管节也能生存;如果节段式管节不能生存,转变成节段式管节的半刚性管节仍然比纯粹的节段式管节有着更大的生存机会。因为在转变之前,半刚性管节"争取"了一段时间,这段时间使得隧道的外部环境趋于稳定,即远离外部荷载变化相对较大的施工期,靠近外部荷载较稳定的运营期。

由于半刚性管节比节段式管节的纵向弯曲刚度大,半刚性管节获得的地基反力比节段式管节少,所以管节接头竖向剪力键的受力比节段式管节的大。而管节接头的剪力键受到的剪力可通过延迟安装时间,甚至压载等方式抵消一部分[2],因此不应当是管节选型的主导问题。对于港珠澳大桥沉管隧道作者还提出了"记忆支座"的概念来保护管节接头的竖向剪力键及相邻的结构[1],这在《记忆支座——沉管隧道管节接头差异沉降问题解决方案》中单独讲述。

综上可见,半刚性管节的结构效率高,相比节段式管节将预应力筋用得更充分,因为兼顾了施工期和运营期;相比整体式管节将混凝土用得更适宜,因为通过将混凝土结构沿着纵向分节（设置诱导裂缝）,从而降低了开裂的可能。

3　摩擦力对节段接头抗剪的贡献

第2节的结论建立在节段接头的摩擦力可以提高节段接头的抗剪能力这个观点上。

本节的试验[8]证明了这个观点,并且为半刚性管节的结构分析与设计所需的摩擦力取值提供依据。

对摩擦力的科学研究仍在持续,摩擦力的来源被分为犁、滑、切三部分[9]。但是工程中已将摩擦力当作永久的抗力。如澳大利亚巴林贾克（Burrinjuck）坝[10]、瑞士苏黎世火车站及阿克斯特拉斯（Axenstrasse）桥等。

3.1 摩擦力与剪力键协同抗剪试验

用足尺模型试验确认摩擦力与剪力键的协同抗剪能力。模拟的是港珠澳大桥沉管管节的两个节段之间的墙体部位,见图 6。采用与工程相同的混凝土配合比及相同的浇筑模式（工厂法预制）,即相邻的混凝土块之间,一块将另一块作为模板浇筑。

表 2 总结了试验的几个关键工况。工况 1-2 的试验布置见图 6a。两个工况都是加载至剪力键周边出现 0.5 mm 的裂缝;工况 1 未设置正压力,所以测试的是剪力键的纯抗剪能力,工况 2 为了测试摩擦力的抗剪贡献,设置了正压力。工况 3～5 测试剪力键之间的不同厚度的沥青垫层对摩擦力抗剪协同能力的影响;通过在剪力键的正下方设置测力计,可将摩擦力的抗剪贡献与剪力键的抗剪贡献分开来读取,试验布置见图 6b;工况 6～7 测试了单侧受压,单侧无压力时的摩擦力的贡献,试验布置仍然见图 6b;工况 8～9 是为了测试节段接头的极限承载力,试验布置见图 6c。

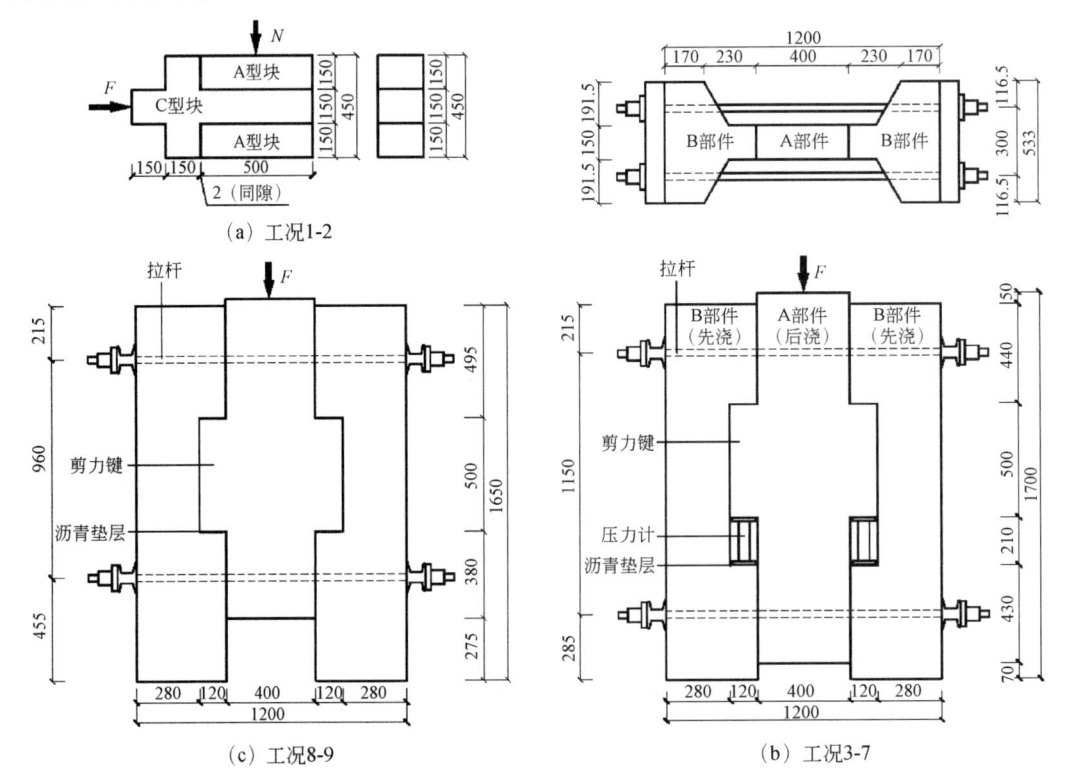

图 6 摩擦力与剪力键协同作业试验方案图（单位：mm）

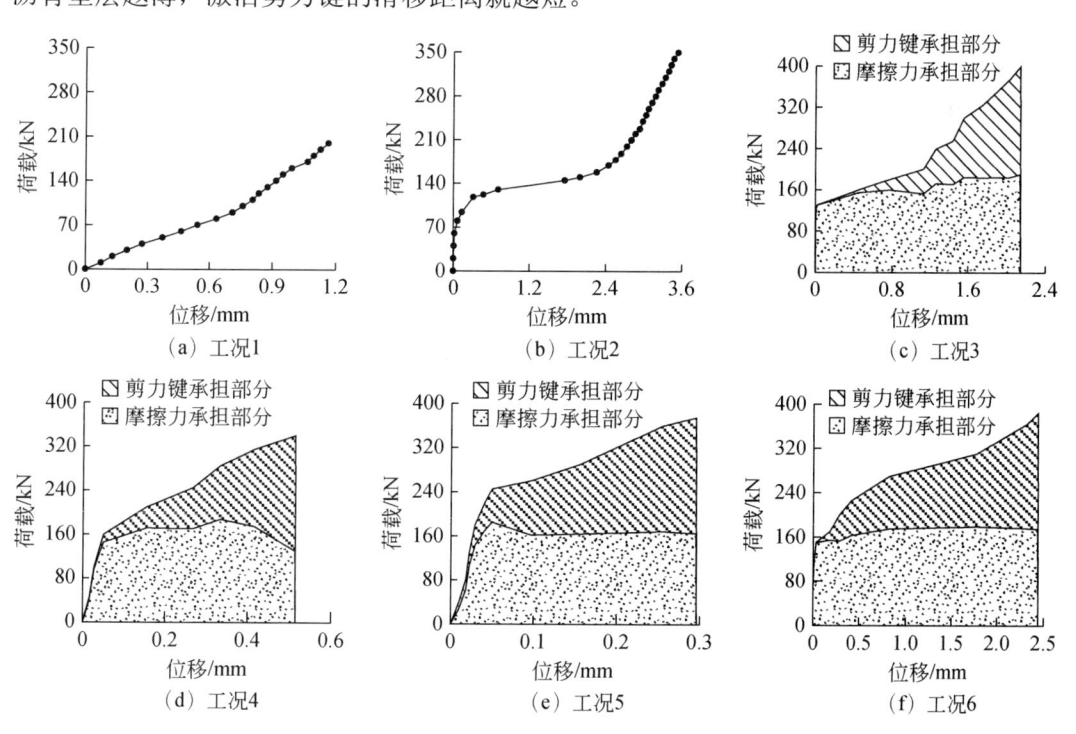

表 2 摩擦力与剪力键协同作业试验工况

工况	剪力键垫层	剪力加载	正压力	备注
1	无	加载至出现 0.5 mm 宽裂缝	无。即剪力键承担全部的剪力	对应图 6a
2	无 保持 2 mm 间隙	加载至出现 0.5 mm 宽裂缝	1.00 MPa	—
3	4 mm 沥青	加载至 400 kN	0.75 MPa	—
4	2 mm 沥青	加载至 400 kN	0.75 MPa	—
5	1 mm 沥青	加载至 400 kN	0.75 MPa	—
6	4 mm 沥青	加载至结构失效	上缘应力 1.5 MPa 下缘应力 0 MPa 平均 0.75 MPa	对应图 6b
7	4 mm 沥青	加载至结构失效	上缘应力 0 MPa 下缘应力 1.5 MPa 平均 0.75 MPa	—
8～9	4 mm 沥青	加载至结构失效	1.00 MPa	对应图 6c

测试的结果见图 7：

1）比较工况 1 与工况 2 的结果，摩擦力提高接头的抗剪能力，起到保护剪力键的开裂的作用，即摩擦力先于剪力键抵抗剪力。

2）比较工况 3～5 的结果，沥青垫层 1～4 mm 厚度基本不影响摩擦力对接头抗剪能力的贡献比例。但是随着垫层厚度的减小，剪力键参与受力的时机会提前，也就是说，沥青垫层越薄，激活剪力键的滑移距离就越短。

(a) 工况1

(b) 工况2

(c) 工况3

(d) 工况4

(e) 工况5

(f) 工况6

(g) 工况7　　　　(h) 工况8　　　　(i) 工况9

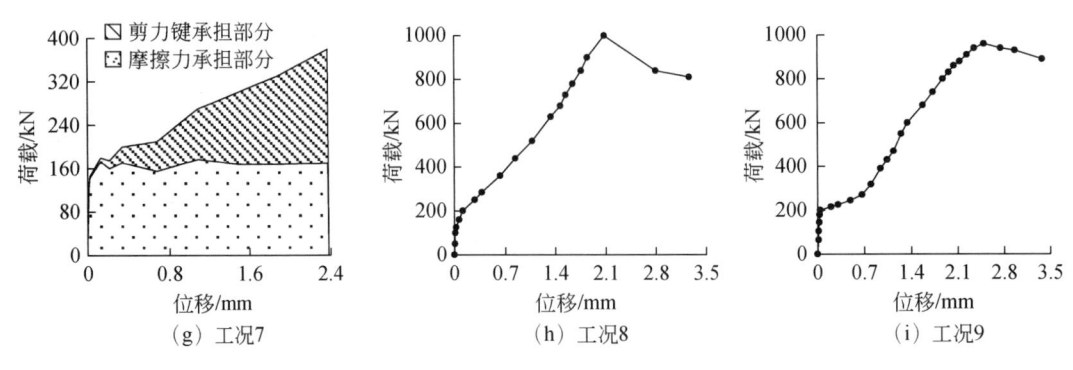

图7　摩擦力与剪力键协同作业试验结果

3）工况 6~7 的试验结果，说明在接触面的一端失去正压力的情况下，摩擦力仍然能够与剪力键协同工作。即在管节通过节段之间的转动而变形时，摩擦力仍然参与抗剪。

4）工况 8~9 的试验结果，说明即便剪力键已经达到极限失效，摩擦力仍能抵抗一部分剪力。

以上证明了第 2 节的两个假定。

3.2　摩擦力系数与发展特征试验

为了确认混凝土的摩擦系数，做了 130 次素混凝土块的摩擦力系数测试试验。每个混凝土块的尺寸长 500 mm，宽 200 mm，高 150 mm。同样地，中间的混凝土块的浇筑以两边的混凝土块作为模板，来模拟工厂法节段预制的情形。从一侧施加压力来模拟节段接头的压力。试验如图 8 所示。

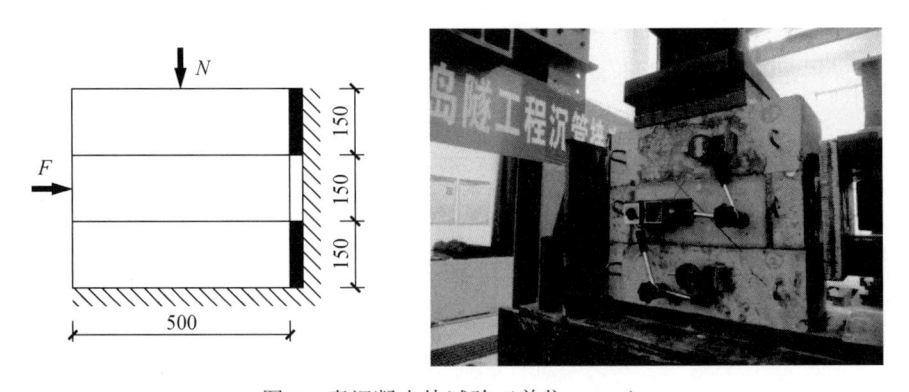

图8　素混凝土块试验（单位：mm）

一组典型的摩擦力-位移试验记录如图 9 所示。当试块间的滑移的距离达到 0.02~0.2 mm 时，摩擦力达到峰值。

摩擦系数测试结果的统计见表 3。在 0.5~2.0 MPa 的压力情况下，干环境下的混凝土摩擦系数是 0.55~0.75，水下环境混凝土摩擦系数是 0.62~0.69。

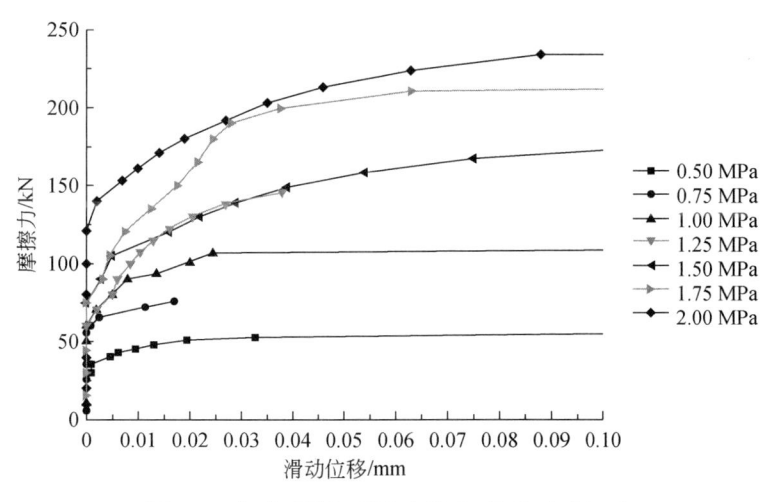

图 9　一组典型的混凝土摩擦力-位移试验记录

此外，进行了循环试验，将中间的试块在相同的轨迹往返滑动 11 次，摩擦系数首先有一些降低，最终达到稳定值。典型试验结果见图 10。

表 3　摩擦系数试验结果统计数据

参数		对应不同正压力摩擦系数统计结果				对应干环境、水下环境摩擦系数统计结果			
情况	压应力/MPa	平均值 μ	标准差 σ	σ/μ	试块数量	平均值 μ	标准差 σ	σ/μ	试块数量
干环境	0.5	0.66	0.09	0.14	13	0.69	0.08	0.11	70
	1.0	0.69	0.10	0.14	27				
	1.5	0.72	0.04	0.06	16				
	2.0	0.68	0.05	0.07	14				
水下环境	0.5	0.63	0.06	0.10	16	0.62	0.08	0.13	60
	1.0	0.63	0.09	0.14	18				
	1.5	0.58	0.04	0.07	13				
	2.0	0.60	0.04	0.06	13				

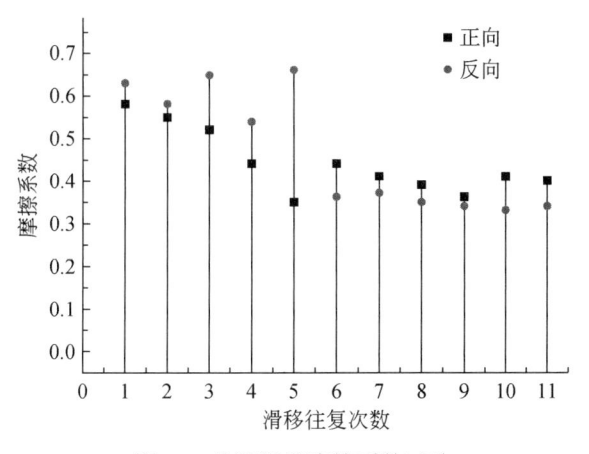

图 10　往返滑移摩擦系数试验

4 预应力体系

本节讨论预应力体系的合理设置。第 3 节证明了半刚性管节的节段接头部位的摩擦力抗剪的有效性。而摩擦力的大小主要取决于节段接头部位的正压力的大小。对于半刚性管节，正压力与四个因素有关：

1）水深及相应的 GINA 止水带的选型（随后解释）。
2）预应力筋的用量。
3）预应力筋的张拉程度。
4）预应力筋与管节的黏结方案。

以上，除了第一项可能在工程前期就需要被固定。其他三项在这里被定义为"预应力体系"，都可以在施工阶段或者详细设计阶段进行优化，令半刚性管节获得适宜的整体性与健壮性。健壮性的贡献来自两方面，一方面是摩擦力，前文已述起到抗剪作用；另一方面是管节纵向结构的变形能力（即柔性）。后者取决于节段之间允许的相互转动的能力，也就取决于节段接头上缘或下缘的允许张开量。因为纵向预应力筋及节段接头可注浆止水带的伸长量是有限的，所以张开量也受限。这两方面决定了预应力体系的合理设置。

在讨论预应力体系之前，即前文四个因素的后三项，首先讨论作为输入条件的第一项，节段接头的正压力的来源与影响因素。

4.1 节段接头的正压力

通过观察一个沉管管节的施工先后顺序来剖析水深的影响。

1）管节在起浮前（无论是半刚性的还是节段式的），通过纵向预应力来确保管节在浮运与沉放阶段的整体性，即不允许节段接头张开，节段接头的边缘也要始终保持压应力。

2）管节在沉放时，随着水深的增加，管节两端的水压力增加，节段接头的正压力就等于管节端部的水压力与预应力的纵向力的合力。

3）水力压接完成以后，GINA 止水带被压缩，该管节的对接端的水压力被 GINA 止水带的反力置换。GINA 止水带的选型（包括硬度与尺寸）较大程度上取决于水深（如果地震不是控制性因素）。

4）当下一个管节安装以后，管节另一端的水压力也被新安管节的 GINA 止水带的反力所置换。此时，该管节节段接头的正压力几乎等于 GINA 止水带的反力与预应力的纵向力之和。

5）随着时间的流逝，节段接头的正压力会因为三个原因减小。一是 GINA 止水带的橡胶会松弛，导致 GINA 止水带的反力减小；二是混凝土的收缩与徐变会导致管节在长度方向的缩短，管节接头部位张开，从而也会导致 GINA 止水带的反力减小；三是预应力的损失。

6）随着冬夏循环，管节的长度也会周期性地改变。所以 GINA 止水带的压缩量与反力，以及节段接头端面正压力的一部分也呈现周期性的变化。

从上述讨论可看出节段接头的正压力的大小与水深直接关联。

此外，可能值得一提的是，节段式管节由于在安装以后就剪断了所有节段接头部位的预应力筋，节段接头的正压力仅由 GINA 止水带的反力提供。如果管节在夏天安装，到了冬天，管节就会遇冷收缩，导致正压力减小甚至消失。

4.2　预应力筋的量与度

从上文可知水深越大，节段接头的正压力越大，所需的预应力筋越少。如果预应力筋的使用量（"量"）是固定的，半刚性管节的预应力筋的张拉度（"度"：即预应力筋的使用伸长量与允许伸长量之比）越高，管节整体性就越好，节段接头的承载力越大，则接头张开能力就越弱；如果预应力筋的度是固定的，预应力筋的量越大（在不会导致混凝土受压破坏的合理的范围内）管节的整体性与健壮性都会得到增强，但是工程投资也会相应增加。此外还需考虑以下几个因素：

1）地基刚度的变异性越大，需要越多的预应力筋来获得摩擦力提高管节的健壮性。

2）管节浮运、安装时的波的周期越长，波高越大，需要越多的预应力筋来保证管节的整体性（同节段式管节的需求）。

3）管节越长，需要越多的预应力筋来保证它在施工期的整体性及在运营期的健壮性。

4）基于港珠澳大桥沉管隧道的实施经验，通常情况下，能够满足节段式管节临时预应力配置的量就能满足半刚性管节所需的预应力的量。

5）与节段式管节比较，半刚性管节在抗震工况下不容易张开。即便张开，预应力筋的弹性提供了节段接头重新闭合的可能。前提是张开后不会有异物如土的塞入。这对于预应力筋的度的设置而言，使用的部分令节段接头不易张开，未使用的部分令节段接头张开后可以恢复。

4.3　预应力筋与管节结构的黏结布置

前文已述，半刚性管节的节段接头在必要时需要张开，来保证管节结构纵向一定的变形能力。节段接头的允许张开量除了取决于预应力筋的度，还取决于预应力筋与管节的黏结方式。

针对港珠澳大桥沉管隧道，作者提出了 4 种黏结方式的构想（图 11），VSL 公司对此进行了分析。表 4 基于分析结果与团队的建设经验对这 4 种黏结方式进行打分，权衡利弊，选择了方式四。

图例： —— 黏连段   ········ 无黏连段

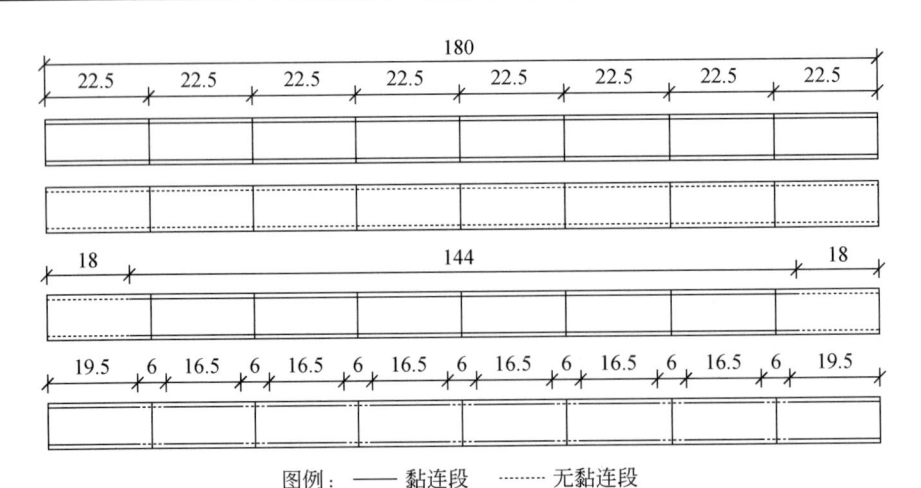

图 11　预应力与管节的 4 种黏结方式（单位：m）

表 4　预应力四种黏结方式的打分

	方式一 全黏结	方式二 无黏结	方式三 管节接头端部 18 m 范围黏结	方式四 节段接头部位 6 m 范围黏结
节段接头张开量引起的预应力筋受力的增长幅度	大	小	小	适中
轴向力引起的接头的张开量	小	大	大	适中
地基刚度不均匀引起的管节底部无支撑长度	大	小	小	适中
纵向结构顺遂沉降的能力	低	高	高	适中
腐蚀风险	低	高	可接受	可接受
施工便利性（工厂法）	中等	中等	中等	高

4.4　预应力体系综合影响

讨论至此，图 12 归纳了预应力体系及有关因素对半刚性管节结构表现的影响，从中可发现，预应力体系直接决定了半刚性管节结构的整体性与健壮性，因而预应力体系的设计是关键。预应力筋的度有正与反两方面的作用，所以对预应力的度的设置是一个平衡的问题，可比拟为沉管管节结构重量平衡的设计。因此，设计过程难免需要经历一个反复优化的过程。港珠澳大桥沉管隧道的实施案例（第 5 节）也许可作为一个优化的起点的参考。从图中还可见，管节的水深也可以提高沉管管节纵向结构的整体性与健壮性，当水深较大时，即便剪断了预应力，采用所谓的"节段式管节"，管节的结构表现仍然是半刚性的。因此，对应前文 1.2 节对半刚性管节的"狭义定义"，这里给出半刚性管节的"广义定义"：半刚性管节是利用节段接头端面的正压力与摩擦力来提高管节纵向结构的整体性与健壮性的一种管节结构。

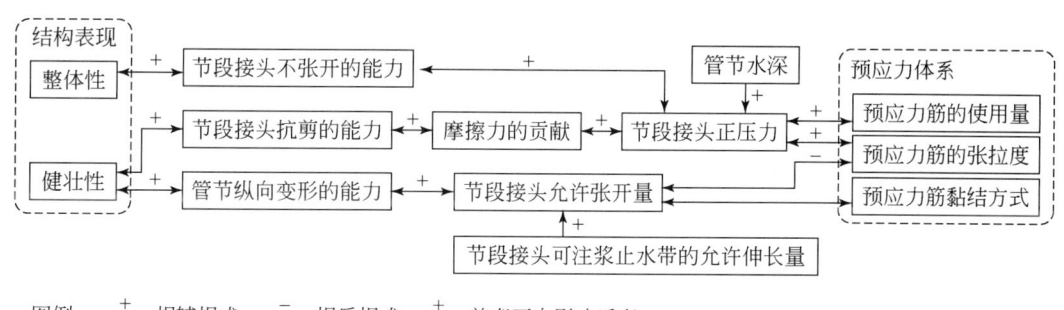

图例： ←+→ 相辅相成　←−→ 相反相成　—+→ 前者正向影响后者

图 12　预应力体系对半刚性管节的结构行为的影响

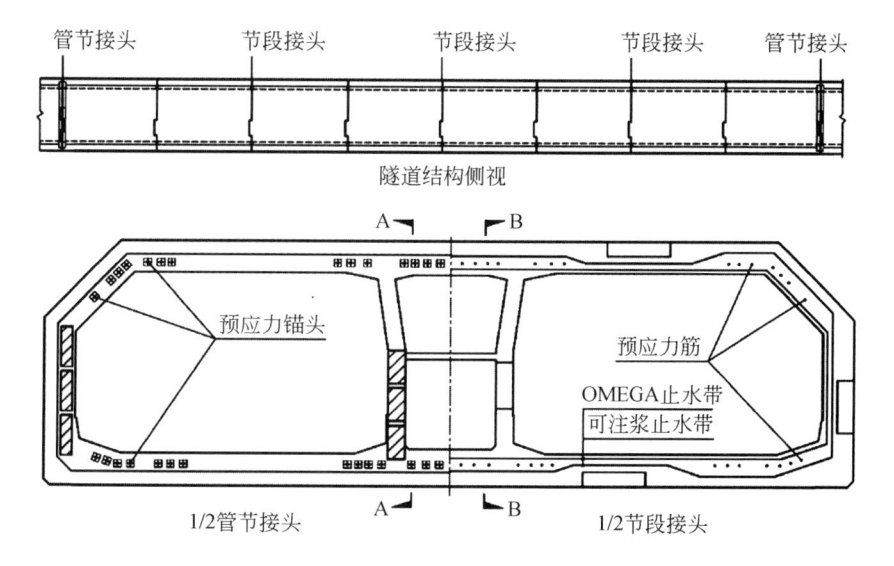

5　港珠澳大桥半刚性管节应用案例

5.1　设　计

港珠澳大桥沉管隧道的沉管段长 5664 m，包括 33 个管节，管节预制方式为工厂法[4]。纵向预应力的设计是在运营期回淤荷载最大的情况下，节段接头仍然不张开。预应力筋数量及布置见图 13。每个预应力筋孔道 25 束直径 15.2 mm 钢绞线，标准强度 1860 MPa，计算弹性模量为 1.95×10^5 MPa。取决于水深，预应力筋的张拉程度基本达到它抗拉的标准强度的 60%～65%。节段接头采用混凝土剪力键；与节段一起在预制时整体浇筑；管节接头采用钢剪力键，在管节水下对接后再安装。而该剪力键一直等到施工荷载完成及沉降稳定了以后才锁定。节段接头部位设置双道止水，外圈和内圈分别为可注浆止水带与 OMEGA 止水带。

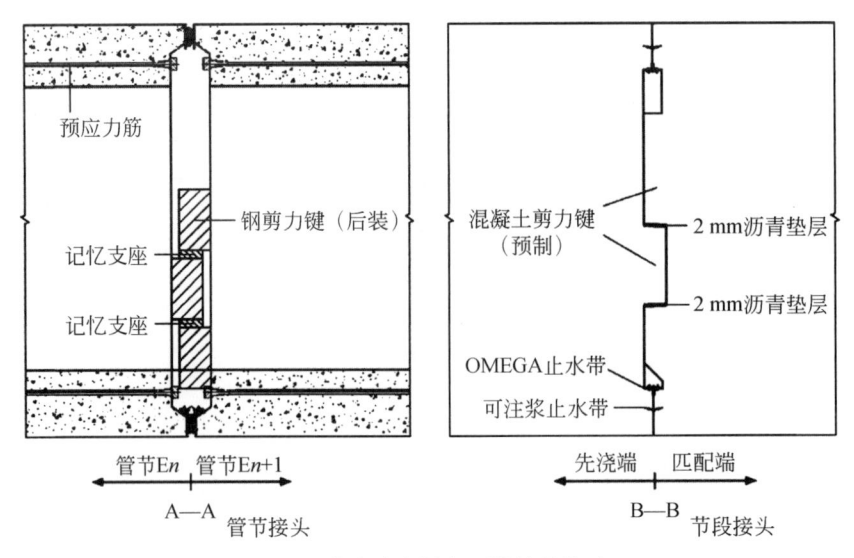

图 13 港珠澳大桥半刚性管节构造

在节段接头特制"三件套"（图 14）来确保节段接头的预应力在 6 m 的纵向长度上无黏结。三件套同时保证滑动能力与节段接头张开时的水密性。水密性通过设置 O 形橡胶止水环来确保。三件套在节段接头张开时的水密性及滑动能力通过在陆上进行试验验证（图 15）。

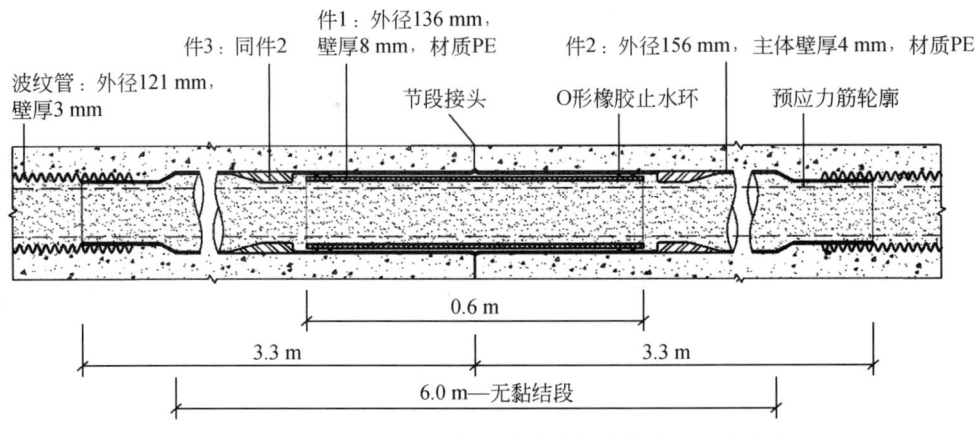

图 14 港珠澳大桥半刚性管节节段接头预应力三件套

5.2 数值分析

对施工期管节的节段接头受到的剪力与张开量进行了验算。管节浮运时，纵向荷载来自压载水箱，端封门及管节端部凹进去的部位因不排水而局部浮力减弱，再叠加波浪、水流的影响。其他类似工况包括管节顶部浇筑干舷调节混凝土与管节沉放。经验算，在

(a）水密性 　　　　　（b）无黏结性

图 15　港珠澳大桥半刚性管节三件套陆上试验

施工期沉管管节的节段接头的边缘压应力始终保持 0.3 MPa，而且节段接头的抗剪安全系数富余。说明包括预应力设计在内的管节纵向结构满足施工阶段的设计要求。半刚性管节在施工期的验算内容与节段式管节相似。

对运营期的关键工况作用下管节的结构反应进行了数值分析，见图 16。由清华大学、同济大学、日本 NCC 公司、中交公路规划设计院有限公司四家单位的分析人员独立计算。结果表明半刚性管节不仅满足运营期不利作用下的管纵向结构的安全度，较节段式管节的结构安全度更高。下文以清华大学的计算结果为例简述。

（a）同济大学ANSYS建模　　　（b）清华大学Plaxis建模

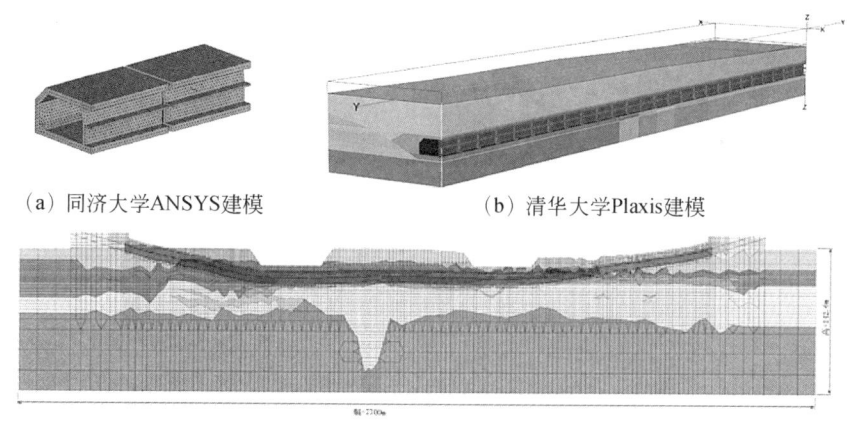

（c）日本NCC公司抗震分析有限元模型

图 16　数值计算建模

5.2.1　静力问题

计算模型采用有限元软件 Plaxis，以模拟土体与管节结构的相互作用[11, 12]。纵向范围选择了 E12S4 到 E15S5 节段，计算结果输出为 E13~E15 管节。模型在横向上取 100 m 对称布置。模型的深度取至-65m，达到中粗砂层。土层简化为水平状。表 5 汇总了地基、基础与回填计算的参数。图 17 为竖向剪力键之间的柔性垫层的受力-压缩简化曲线。GINA

止水带为特瑞堡 320/370 型，硬度 66 shoal。关于预应力，假定预应力为 0.65×1860=1209 MPa。垂直于管节轴向截面所受到的正压力为 30×19×139×2×1209=191578 kN。管节接头钢筋混凝土容重 26.023 kN/m³；隧道内路面层单位面积等效压强假定 38.4 kPa。为了计算静水压力（为有利作用），水体容重假设 9.92 kN/m³，E13～E14 管节平均水深 38 m，因此作用于管节端面的水压力是 38×9.92×420=158323 kN；该水压力导致 GINA 止水带压缩 154 mm。将混凝土的收缩与徐变等效为混凝土整体降温 4.65℃来计算。温度变化考虑±10℃，并考虑 0.8 的可变荷载分项系数。为模拟地基刚度的不均匀，人为地施加一个 180 m 长，30%高度的正弦波的刚度。

表 5 地基、基础与回填计算参数汇总

编号	土层	γ/(kN·m⁻³)	c/kPa	φ/(°)	E_{50}^{ref}/MPa	E_{oed}^{ref}/MPa	E_{ur}^{ref}/MPa	m
一	回淤	15	9	6	2.5	1.25	7.5	0.76
	回填碎石	20	0	40	10	10	30	0.6
	碎石垫层	20	0	40	10	10	30	0.6
	强夯碎石	20	0	40	100	100	300	0.6
11	淤泥质土	16.2	9	6	2.50	1.25	7.50	0.76
21	黏土	19.1	23	27	9.30	4.65	27.90	0.67
31	黏土	18.2	43	20	9.65	4.88	28.95	0.90
32	黏土夹砂	18.7	36	24	15.25	7.63	45.75	0.60
33	粉细砂	19.2	1	36.2	29.72	29.72	89.16	0.60
44	中砂	20.3	0	37.8	42.42	42.42	127.3	0.60

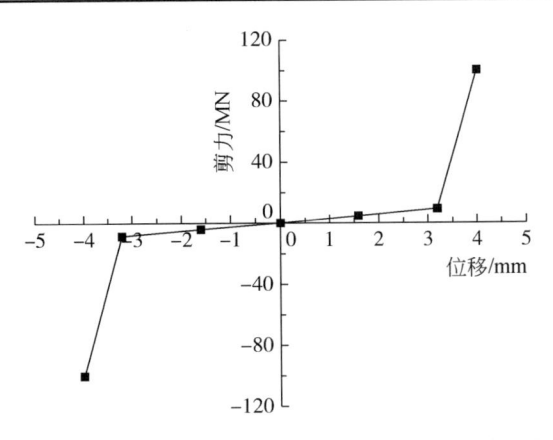

图 17 竖向剪力键之间的柔性垫层的受力-压缩简化曲线

主要计算结果总结见表 6。可见半刚性管节的节段接头的抗剪安全度远大于节段式管节的，节段接头的张开量小于节段式管节的。而半刚性结构的管节接头的竖向剪力比节段式的要大。半刚性管节在管节接头部位的张开量略高于节段式管节，但对于因 GINA 止水带压缩量的差异而造成的永久水密安全度影响是可忽略的。

表 6 运营期静力问题数值计算结果

工况	基本		升温		降温	
管节类型	半刚性	节段式	半刚性	节段式	半刚性	节段式
节段接头摩擦抗力/kN（摩擦系数假设0.3）	85 479	30 884	91 724	37 836	44 934	3 027
节段接头最大剪力/kN	11 228	11 159	28 042	24 695	28 779	11 128
管节接头最大剪力/kN	9 980	9 978	24 970	22 140	25 049	10 034
混凝土最大拉应力/MPa	−1.229	−0.098	−0.552	0.267	0.479	0.483
节段接头最大张开量/mm	0	0	0	1.6	0.1	4.3
管节接头张开增量/mm	0.2	0.2	−6	−6.3	20	14.3

5.2.2　动力问题

计算了地震工况下的纵向结构的动力响应[11]。采用三维土体-结构相互作用的有限元数值模型，用 ANSYS 软件计算。考虑最不利工况，P 波的攻击角度取为 50°，SV 波取 20°。隧道管节采用梁单元来模拟。表 7 为主要结果。两者均无控制工况。

表 7 地震工况主要计算结果

接头位置		节段接头		管节接头	
管节类型		半刚性	节段式	半刚性	节段式
最大剪力/kN	P 波	3 269.5	2 120.2	2 108.4	2 083.6
	SV 波	6 307.0	3 878.4	4 113.7	3 812.4
最大竖向位移差/mm	P 波	0.29	0.30	0.29	0.29
	SV 波	0.51	0.57	0.56	0.56

5.3　隧道运行情况

从 2013 年 5 月 E1 管节安装到 2017 年 3 月 33 个管节安装完成，截至 2018 年 2 月，施工荷载已全部完成，深埋段回淤厚度已达到 5 m，过渡段回淤全部完成，即距离运营期满淤工况的荷载完成度 50%~100%。部分得益于半刚性管节，节段接头的监测显示均未张开；隧道结构、219 个节段接头及 34 个管节接头均未发生渗漏水[13]。

6　讨　　论

在港珠澳大桥的建设中，由于遇到了深埋荷载的难题，作者提出了半刚性管节结构的解决方案，经过一年多的论证，该方案得到了业主及其咨询单位 TEC 认可，得以实施。为此，相比隧道上方的减载方案节省了约 5 亿元人民币的工程投资，同时减少了大量海上作业，降低了工程风险。

半刚性管节结构基于节段式管节，但是保留了临时纵向预应力永久使用，提高了结构在运营期的健壮性与整体性。获得了几点优势：

1）保护数量众多的节段接头，避免混凝土结构因外部作用过大而开裂；港珠澳大桥沉管隧道有219个节段接头；

2）提高节段接头可注浆止水带的使用效果；

3）降低了路面反射裂缝出现的概率。

沉管隧道的地基刚度不均匀程度与上覆荷载的大小，以及沉管管节临时安装工况，在这两者中，更不利的一方决定了半刚性管节的预应力筋的用量。从这一点得到的启发是：

1）如果有把握将沉管隧道的地基做得非常均匀，则运营期所需的预应力可以很少。否则，最好是多预留一些预应力，因为对于沉管隧道工程，为了提高基础质量而增加的海上作业的代价，往往远高于在陆地上多补充一些预应力所花费的代价。

2）如果沉管管节临时安装工况控制预应力的用量，则半刚性管节的永久预应力筋的用量基本等同于节段式管节的临时预应力筋的用量。所以半刚性管节比节段式管节的投资不会增加很多。

因此，半刚性管节在很多情况下都是沉管管节结构的一个优选方案。

文献［14］讲述厄勒海峡沉管隧道建设期间E13管节沉没以后的处置。其中一项工作是评估E13管节的结构能否被继续当作永久的隧道结构使用；结果是正面的。厄勒海峡沉管隧道采用的是节段式管节结构，按初步计算节段接头应当严重受损，然而实际情况是轻微损伤。理论与实际的差别可能是由于尚未解除的预应力带来的节段接头的摩擦力，很可能无形的摩擦力保护了节段接头，拯救了厄勒海峡这个工程。其实，这就是半刚性结构的表现。

参 考 文 献

［1］Lin M，Lin W. The Hongkong-Zhuhai-Macao island and tunnel project[J]. Engineering，2018，3（6）：783-784.

［2］Lunniss R，Baber J. Immersed Tunnels[M]. London：CRC Press，2013：5-44，57.

［3］Saveur J，Grantz W. Chapter 3 structural design of immersed tunnels[J]. Tunnelling and Underground Space Technology，1997，12（2）：93-109.

［4］Busby J，Marshall C. Design and construction of the Øresund tunnel[C]//Proceedings of the Institution of Civil Engineers-Civil Engineering Thomas Telford Ltd，2000，138（4）：157-166.

［5］Janssen Ir W. Waterproofing of the tunnel structure[C]//Immersed tunnels. Delta Tunnelling Symposium. Amsterdam：Tunnelling Section of the Royal Institution of Engineers in the Netherlands，1978：34-38.

［6］Hakkaart C. Chapter 7 Transportation[J]. Tunnelling and Underground Space Technology，1997，12（2）：145-156.

［7］林鸣，林巍，刘晓东，等. 港珠澳大桥沉管隧道路面问题的探讨与改良构想[J]. 中国港湾建设，2017，37（10）：1-5，73.

［8］长大桥梁建设施工技术交通行业重点实验室，中交第二航务工程局有限公司技术中心. 港珠澳大桥岛隧工程沉管节段接

头抗剪机理试验研究成果报告[Z]. 珠海：港珠澳大桥岛隧工程项目总经理部，2013.

[9] Stephen HSU，et al. The nature of friction：a critical assessment[J]. Friction，2014，2（1）：1-26.

[10] Brian A. Very high capacity ground anchors used in strengthening concrete gravity dams[C]//Littlejohn G S. Ground Anchorages and Anchored Structures. London：Thomas Telford. 1997：263-271.

[11] 清华大学. 半刚性管节的工作机理研究[Z]. 珠海：港珠澳大桥岛隧工程项目总经理部，2014.

[12] Dai Y J，et al. Numerical analysis of two structural schemes of the HK-Zhuhai-Macau immersed tunnel[J]. Applied Mechanics & Materials，2014（580-583）：1293-1296. DOI：10. 4028/www. scientific. net/AMM. 580-583. 1293.

[13] 林鸣，林巍，李哈汀. 港珠澳大桥沉管隧道运行情况[J]. 中国港湾建设，2018，38（1）：1-6.

[14] Nilsson L G，et al. Tunnel element 13[C]//Øresundskonsortiet. Immersed tunnels. Copenhagen：Øresundskonsortiet，2000：D10-5.

记忆支座——沉管隧道管节接头差异沉降问题解决方案[*]

林 鸣[2]，林 巍[1]，尹海卿[2]，刘晓东[2]，刘可心[3]

（1.港珠澳大桥岛隧工程设计分部，珠海；2.港珠澳大桥岛隧工程项目总经理部，珠海；
3.港珠澳大桥岛隧工程中心试验室，珠海）

摘 要：港珠澳大桥沉管隧道的顶部覆土厚度高达21 m，作者发明了记忆支座来保护沉管管节接头结构，避免它因差异沉降而受损。记忆支座置于竖向剪力键之间，它用最合理的方式分配差异沉降引起的结构内力与地基反力，起到既保护结构，又发挥结构最大能力的作用。当前港珠澳大桥沉管隧道33个管节的接头部位已经全部安装了记忆支座。本文详述记忆支座的概念的产生，设计与试验，港珠澳大桥隧道应用案例；并讨论它未来的发展与研究方向。

关键词：沉管隧道；支座；结构；试验；港珠澳大桥

1 背 景

差异沉降在港珠澳大桥沉管隧道中属高风险。原因如下：

1）沉管隧道置于预先深挖的基槽里，随着时间的增长，沉管隧道顶将逐渐覆盖厚达21 m的淤泥；沉管隧道顶部的设计荷载是世界之最。这些淤泥在未来因航道规划可能被部分挖除，导致沿着隧道轴线的荷载不均匀。

2）沉管隧道有33个管节。典型的管节的长度是180 m。管节越长对不均匀沉降就越敏感[1]。

3）管节由不外包防水的钢筋混凝土构成。混凝土开裂将加速钢筋的腐蚀。

4）地基软土厚超过30 m；而且，基础的回淤较严重[1]。

为降低差异沉降带来的结构破损风险，作者提出了组合基床来减少差异沉降[2]，并提出了半刚性管节[3,4]来提高管节纵向结构的健壮性与整体性。但是管节与管节之间的竖向锁定部位仍存在抗剪的问题。为此，作者提出并研发了记忆支座。

本文旨在介绍记忆支座的概念、设计、试验，以及在港珠澳大桥沉管隧道中的应用。并且，作为一个可持续发展的方案，对它的扩展应用及未来研究进行了讨论。

---

[*] 本文曾刊登于《中国港湾建设》2018年第6期。

2 概念设计

2.1 概　　念

记忆支座是沉管管节竖向剪力键之间的竖向传力板，如图1所示。它的作用是保护管节接头部位的结构免受剪切破坏，特别是外侧墙的混凝土开裂会带来钢筋腐蚀与耐久性问题。通过该支座的压缩，释放管节之间的差异沉降，在压缩的同时连续地承受一个稳定的压力。该压力被设定为不大于剪力键的或相邻结构的承载力。记忆支座的这种特性是通过特定材料的切削与断裂来实现的，将在第3节详述。

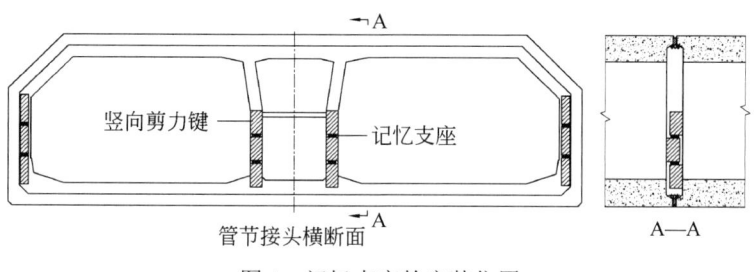

图1　记忆支座的安装位置

2.2 性　　能

记忆支座受压时的力学行为，见图2，可清晰地区分为三个阶段。

第一阶段，支座的行为硬垫层，支座的力（图2的F）快速增长，伴随着次要的压缩量（图2的δ）。一旦支座的力达到记忆值（图2的F_M），就进入第二阶段。

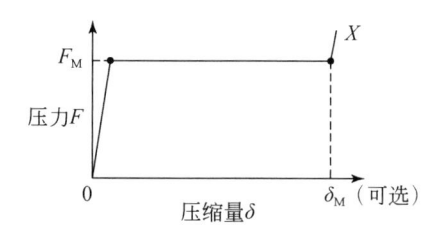

图2　支座的受力-压缩性能

第二阶段是支座发挥记忆效用的阶段。支座的力维持在一个恒定值，同时支座被压缩，随之接头部位发生差异沉降（即接头两边的结构的下方的地基发生不等量的变形），从而接头两边的结构获得有差异的地基反力，由此，接头部位的竖向力重获平衡。在正常情况下，该支座记忆压缩量（图2的δ_M）会大于预计的接头的最大差异沉降量，即支座的行为一直被控制在前两个阶段。

如果在第二阶段结构体系无法实现竖向受力的平衡，则支座的压缩量达到极限，进入第三阶段——支座的力增长而压缩量停止增长。该阶段，记忆支座已失去记忆效用，它的主要功能变成限制过大的、意外的差异沉降，虽然结构有可能因受力过大而开裂。

从全局的角度来看，记忆支座通过引导力的走向来保护结构（图3）。它"记住"结构的承载力，一旦该力被超过，支座将超出的承载力导入结构正下方的地基（图3的R_1），从而避免通过剪力键导入相邻结构的基础（图3的R_2）。通过这种方式，记忆支座能够做到允许结构发挥其最大的效用，而不危及自身。如果没有记忆支座，差异沉降引起结构开裂，进而影响结构寿命和使用的概率就更高。有了记忆支座，发生差异沉降以后，对于沉管隧道而言需要做的事情只是重新做部分路面的铺设。

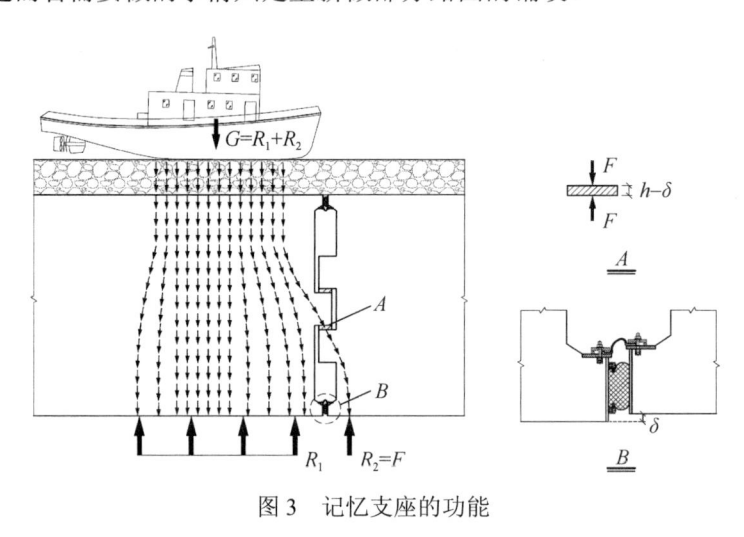

图 3　记忆支座的功能

地质信息的不确定性通过结构的加强来得到补偿。对于沉管隧道，结构承载力经常受制于墙体的尺寸，管节接头安全程度有可能不足。记忆支座起到了补偿地质信息不确定性的作用，甚至将不确定性转变成确定的结构安全的冗余量。

2.3　用简化计算补充说明

为了定量地解释记忆支座的作用，作者做了一个假想模型，见图4。假设：

1）有两个沉管管节，分别为 En、En+1，在竖向由剪力键相互锁住。差异沉降仅存于 En、En+1 之间。其他地方没有差异沉降。

2）En、En+1 管节是刚体。

3）问题是仅一个自由度：竖向。

4）En、En+1 管节下方的地基刚度分别为 K_1、K_2，它们是常数，即刚度不随荷载的大小或时间的改变而改变。

5）作用于 En、En+1 管节的竖向荷载，用 F_1 和 F_2 两个集中力来代表。

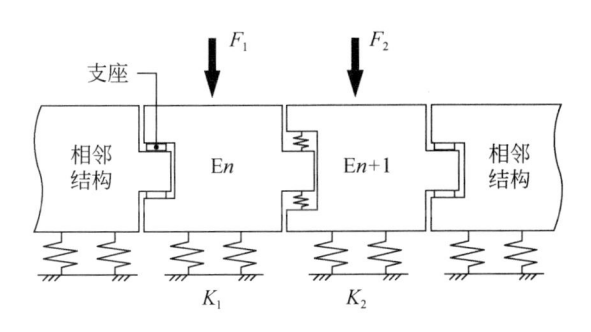

图 4 计算模型

测试了 4 个工况。

工况一。两个管节的基础刚度相同，而竖向荷载不同；即 $K_1=K_2=100$（无量纲，下文同），$F_1=100$，$F_2=200$。竖向剪力键之间采用常规支座，刚度是一个定值：$K_B=100$。

工况二。同工况一，除了竖向剪力键之间采用记忆支座，在达到记忆力之前，刚度是一个定值：$K_B=1000$。

工况三。两个管节的基础刚度不同，而竖向荷载相同；即 $K_1=100$，$K_2=200$，$F_1=F_2=100$。竖向剪力键之间采用常规支座，刚度是一个定值：$K_B=1000$。

工况四。同工况三，除了竖向剪力键之间采用记忆支座，在达到记忆力之前，刚度是一个定值：$K_B=1000$。

计算加载后，剪力键部位传递的力，以及管节间发生的差异沉降值。

（1）工况一

由于问题是线形的且地基刚度相等，剪力键受力及差异沉降的发生只能来自于 F_1 与 F_2 的差异力 ΔF。将 ΔF 加载在管节 En 上，得到剪力键传递的力是

$$T^{s.1} = \Delta F \cdot \frac{(K_2^{-1}+K_B^{-1})^{-1}}{K_1+(K_2^{-1}+K_B^{-1})^{-1}} = (200-100) \times \frac{90.9}{100+90.9} = 47.6 \tag{1}$$

差异沉降量等同于支座的压缩量，即

$$\delta_{Diff.}^{s.1} = \frac{T^{s.1}}{K_B} = 0.0476 \tag{2}$$

（2）工况二

如果结构的承载力大于 47.6，即大于算式（1）的结果，则工况二的结果同工况一。否则，如果结构的承载力只有 20，为了保护结构，令剪力键传递的力等于 20，即记忆支座的记忆值：

$$T^{s.2} = 20 \tag{3}$$

则 En 管节基础需要分担的力为 $100+(\Delta F-T^{s.2})=180$；E$n$+1 管节基础需要分担的力为 $100+T^{s.2}=120$。两者基础压缩量的差值即为差异沉降：

$$\delta_{Diff.}^{s.2} = \frac{180}{100} - \frac{120}{100} = 0.6 \tag{4}$$

（3）工况三

F_1 传递给 En 管节地基的力为

$$R_{E1}^{F_1} = F_1 \cdot \frac{K_1}{K_1 + (K_2^{-1} + K_B^{-1})^{-1}} = 37.5 \tag{5}$$

所以，F_1 传递给 En+1 管节地基的力为

$$R_{E1}^{F_1} = F_1 - R_{E1}^{F_1} = 100 - 37.5 = 62.5 \tag{6}$$

类似地，可计算：

$$R_{E2}^{F_2} = F_2 \cdot \frac{K_2}{K_2 + (K_2^{-1} + K_B^{-1})^{-1}} = 68.75 \tag{7}$$

$$R_{E1}^{F_2} = F_2 - R_{E2}^{F_2} = 100 - 68.75 = 31.25 \tag{8}$$

由（5）与（8），En 管节地基受到的力为

$$R_{E1} = R_{E1}^{F_1} + R_{E1}^{F_2} = 68.75 \tag{9}$$

由（6）与（7），En+1 管节地基受到的力为

$$R_{E2} = R_{E2}^{F_1} + R_{E2}^{F_2} = 131.25 \tag{10}$$

所以，剪力键传递的剪力为

$$T^{s.3} = R_{E2} - R_{E1} = 62.5 \tag{11}$$

管节的差异沉降为

$$\delta_{Diff.}^{s.3} = \frac{68.75}{100} - \frac{131.25}{200} = 0.03125 \tag{12}$$

（4）工况四

如果结构的承载力大于 31.25，即小于算式（11）的结果，则工况四的结果同工况三。否则，如果结构的承载力是 20，为了保护结构，通过记忆支座限制剪力键，让它只能传递 20 的剪力。即

$$T^{s.4} = 20 \tag{13}$$

这时，En、En+1 管节基础受力（反力）分别是 90 与 110。差异沉降为

$$\delta_{Diff.}^{s.4} = \frac{90}{100} - \frac{110}{200} = 0.35 \tag{14}$$

上述计算过程说明竖向剪力键的受力，可以来自于两个管节竖向荷载的差异（工况一、工况二），或它们的地基刚度的差异（工况三、工况四）。比较工况二与工况一，或工况三与工况四，可观察到安装记忆支座给剪力传递的一个上限，进而起到保护结构的作用。但是，与一般支座相比，记忆支座导致差异沉降量增加。所以，需注意使用记忆支座的前提是，该支座的最大压缩量所对应的差异沉降，必须在结构允许的范围之内。

3 试　　验

为了实现支座的"记忆"特性，即在发生较长的一段压缩量的过程中，支座的反力基本保持不变（图5为作者第一次提出该试验目标），最初想法是利用摩擦力，或利用气压或液压。最终，确定通过材料（断裂）恒定地释放能量的方式来实现。试验设计是通过开槽的钢底座来撕裂一个或一组圆形金属柱的边缘，如图6所示。使用压力试验机（型号 WAW-1000/2000）记录位移与压力，精度分别为 0.01 mm 与 10 N（图7）。

图 5　作者（左）提出记忆支座的试验目标

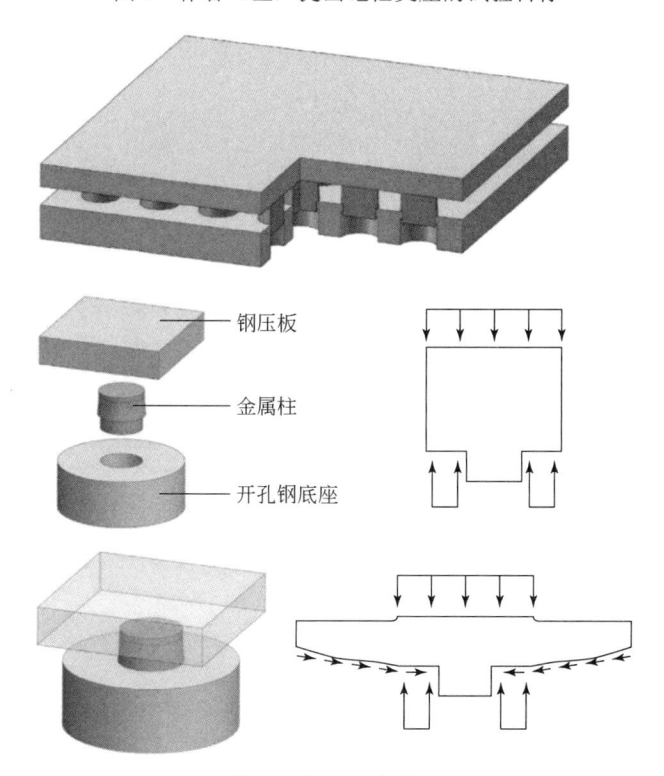

图 6　基本试验设计

图 7 金属柱撕裂/断裂试验

通过摸索的办法，找到了合适的金属柱的材料与几何细节。所有试验描述及典型试验过程见本文附录。下文分三个阶段进行介绍：材料选择、单锌柱试验、锌柱群组试验。

3.1 材 料 选 择

作者首先想到的是紫铜、黄铜或青铜，随即开展试验。试验结果：紫铜呈"黏"性特性（图 8a），黄铜、青铜呈"脆"性断裂特性（图 8b、图 8c），均不能提供连续与稳定的剪切力。只能另寻他途。

然后，作者设想用锌或锡的合金继续试验。由于市场只找到了锌棒，因此研究进入了锌合金试验阶段。试验的结果，首先能够形成较为平滑的断裂面，同时也能获得平滑的反应曲线（图 9），呈现出"塑"性断裂的特性。故下一阶段的试验均选用锌棒。

（a）紫铜　　　　　（b）锡青铜　　　　　（c）黄铜

图 8 工况 1~4 试件加载试验后的照片

3.2 单锌柱试验

试验过程中，对锌柱（锌棒加工制成）形状进行了 36 次调整，参考本文附录的工况 4~39。在试验的第一阶段，调整了锌柱的尺寸（即三个小锌柱和一个大锌柱）、过盈、加载速率、加载形式（即荷载控制或位移控制）来观察它们对反应曲线的影响。

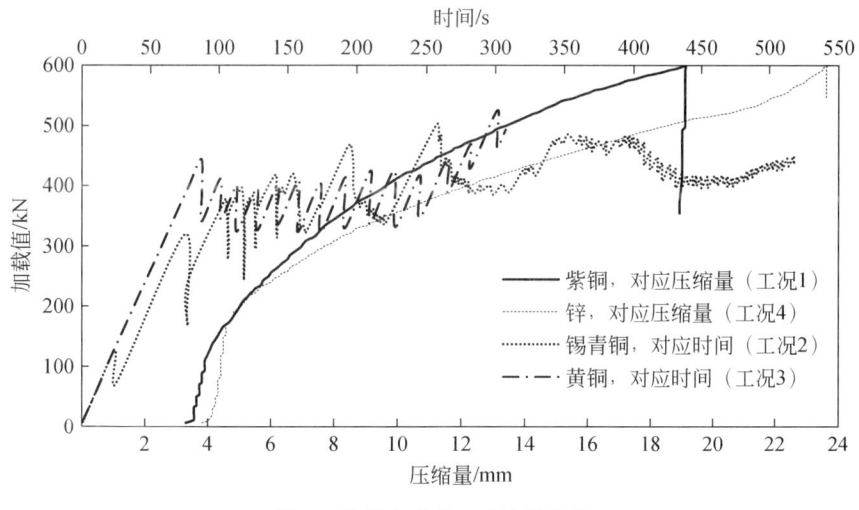

图 9　单柱加载值-压缩量曲线

在试验的第二阶段，尝试在锌柱的圆环面的开槽，圆环面是与钢底座接触的面；并轻微地改变了锌柱靠近压板侧的形状。

最终，找到了符合记忆特性的锌柱的形状，详细尺寸见图 10a；样品压缩试验前后的照片见图 10b、图 10c。加载-压缩量曲线见图 11。可见，单个锌柱提供的记忆力为 200～250 kN，极限压缩量为 35～40 mm。

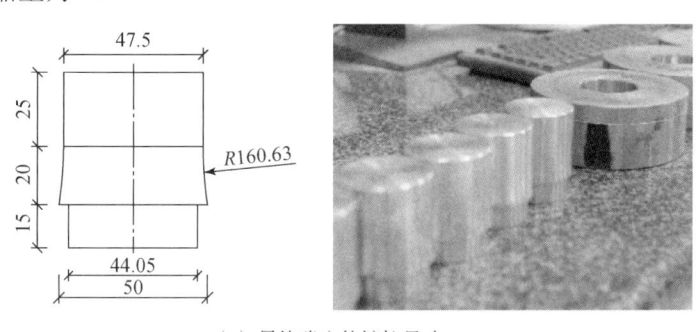

（a）最终确定的锌柱尺寸

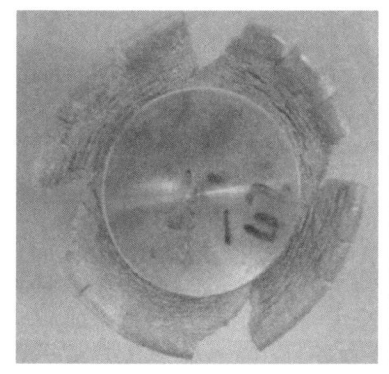

（b）锌柱试验前照片 　　　（c）锌柱试验后照片

图 10　符合记忆特性的锌柱形状

考虑实际沉降也许是不连续的，补充测试了卸载再加载工况，见图12，在该工况下，压缩量-位移曲线仍然满足记忆特征。

开槽底座的钢表面的粗糙度对曲线有些影响，但是次要的。较粗糙的表面导致较高的恒定力。而且在两家不同的工厂购买了纯锌柱，试验结果均满足要求，两者也无明显区别。

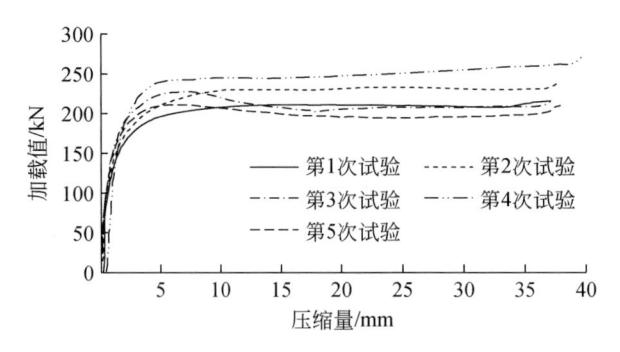

图 11　工况 35 加载值-压缩量曲线

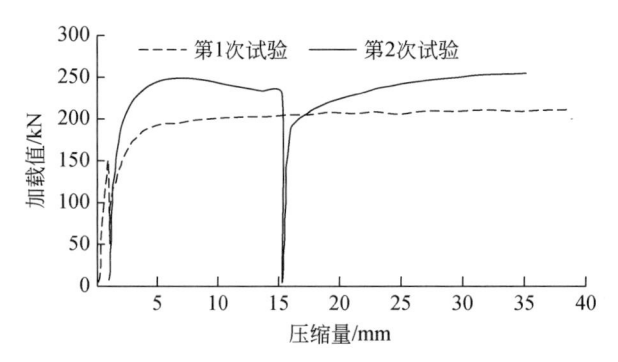

图 12　卸载再加载试验的加载值-压缩量曲线

3.3　锌柱群组试验

单个锌柱的验证试验完成后，做了锌柱群组试验。图 13 为试验照片。试验加载值-压缩量曲线见图 14，发现如下。

1) 群组试验中的单个锌柱所贡献的平均记忆值小于单柱试验的记忆值。基于图 14 曲线的拐点对应的加载值，假定在群组使用时，单个锌柱的记忆值为 20 kN。

2) 为了确保得到恒定的反力，锌柱相对于底板不能过盈。如果过盈，则曲线的记忆段会变得不稳定，略微上升。

3) 测试了三种加载速度，从 0.5～1.5 kN/s，试验结果无明显区别。

图 13　锌柱群组试验

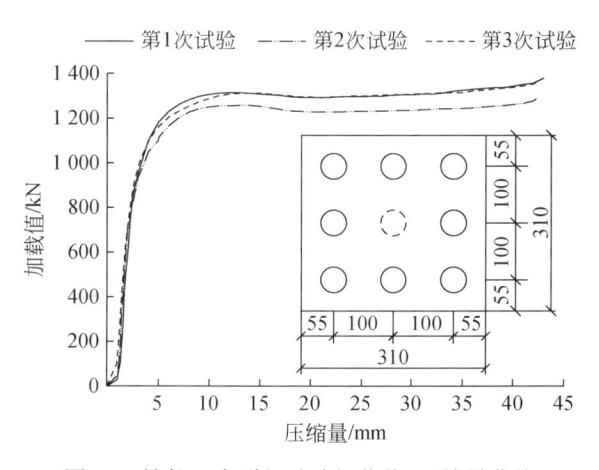

图 14　锌柱 9 个群组试验加载值-压缩量曲线

4 设计与应用

以港珠澳大桥沉管隧道为例，对照图 15：

1）锌柱的数量取决于记忆力的设置。港珠澳大桥沉管隧道每个竖向剪力键的承载力 6000 kN。其相邻结构的承载力更高，不是控制因素。上文 3.3 节已述，单个锌柱在群组中的记忆力的贡献约为 150 kN。为了保护剪力键，记忆支座使用的锌柱的最大数量为 6000/150=40 个。每个记忆支座使用了 28 个锌柱，所以记忆支座的记忆力约为 28×150=4200 kN，小于结构的承载力。所以，结构能够受到记忆支座保护。

2）压载板需要足够的厚度，将压力均匀地传递给各个锌柱。需要注意压载板的自重会对锌柱产生一个初始的压力。

3）开孔底座的总体尺寸必须与支座的安装空间匹配。而且，开孔尺寸必须同试验时的尺寸一致。

4）为了将锌柱与水平力隔离，设置了钢棒连接压载板与底座，且采用过盈的连接方式。

5）由于锌柱与钢棒的接触表面之间会交换电流，这些部位进行防腐涂装处理。

6）此外，考虑了附属设施来便于安装与读取支座压缩量的读数。

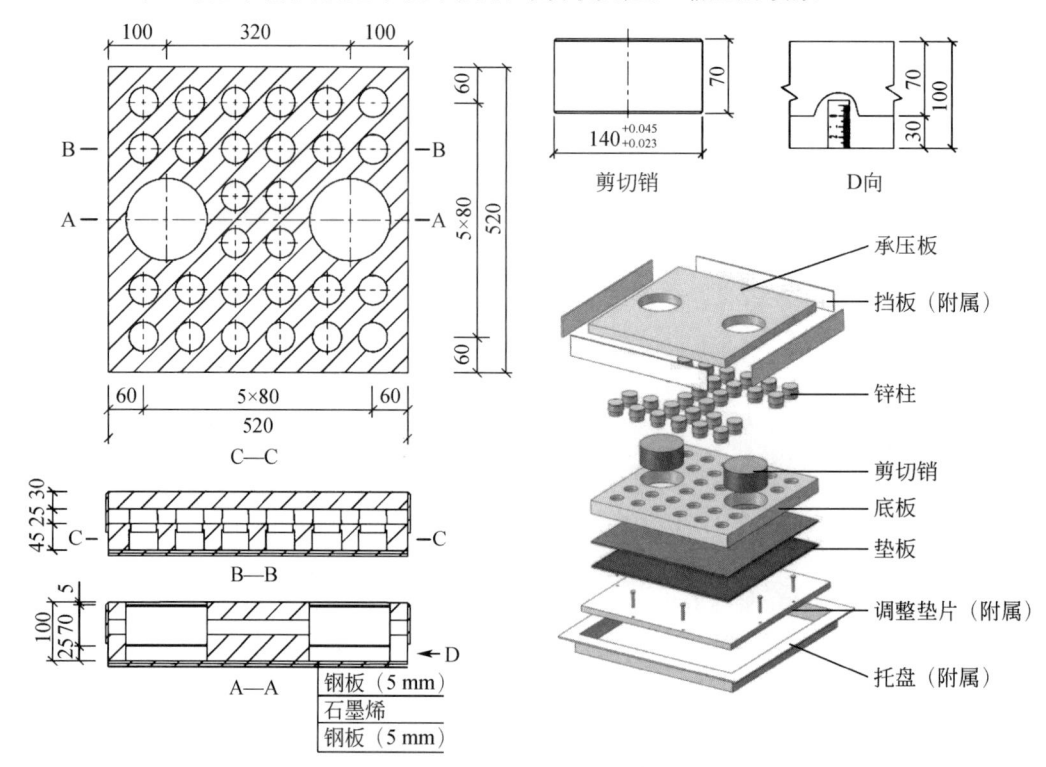

图 15 港珠澳大桥沉管隧道的记忆支座构造（单位：mm）

记忆支座的现场安装照片见图 16。

图 16　记忆支座现场安装

5　讨　　论

记忆支座安装的目的是为降低沉管管节之间的差异沉降带来的结构风险，通过让该支座记住隧道管节结构能够接受的荷载值。一旦超出这个限度，记忆支座就会通过自身的压缩来释放管节间的（可接受范围内的）差异沉降，而不是传递更多的压力来损坏结构。所以，记忆支座使得结构充分发挥它的承载力成为可能；这是有利于可持续发展的。从设计目标来看，如果作者发现结构的承载力不足，则采取措施加强结构，但是当结构无法被加强时，记忆支座提供了另一种解决方法，即允许结构发生一定量的相对位移。

记忆支座的设计至少需要一个输入：结构能够接受的荷载。必要时，也可约束结构能够接受的最大的相对位移。

记忆支座不但可用在沉管隧道管节接头的竖向剪力键之间，还可用于其他结构物与建筑物的关键部位，只要该部位需要被保护，且允许发生一定量的相对位移。

参　考　文　献

[1] Lunniss，R，Baber J. Immersed Tunnels[M]. London：CRC Press，2013：58.
[2] 林鸣,刘晓东,林巍,等. 沉管隧道与人工岛的理念与实现——港珠澳大桥岛隧工程[J]. 水道港口，2018，39（S2）：23-31.
[3] 林鸣,林巍. 沉管隧道结构选型的原理和方法[J]. 中国港湾建设，2016，36（1）：1-5，36.

[4] 林鸣，刘晓东，林巍，等. 沉管隧道半刚性管节结构[J]. 水道港口，2018，39（S2）：1-13.

附录　摸索性试验汇总

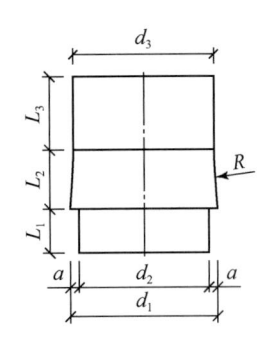

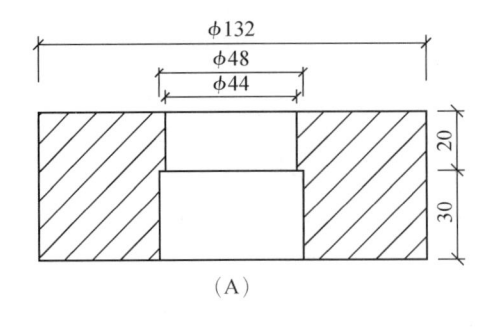

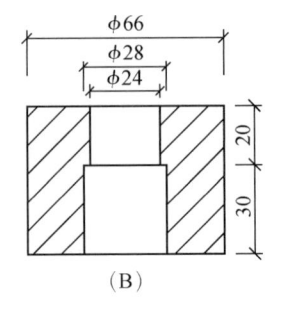

附图 a　试验设计（单位：mm）

附表　试验工况，尺寸参数对应附图 a

工况编号	材料	底盘	d_1	d_2	d_3	R	L_1	L_2	L_3	a	过盈	开槽数量	开槽深度	加载速率/(kN/s)	备注
1	紫铜	（A）	44	50	50	—	20	0	30	3	—	0	—	5	—
2	锡青铜	（A）	44	50	50	—	20	0	30	3	—	0	—	5	—
3	黄铜	（A）	44	50	50	—	20	0	30	3	—	0	—	5	—
4	锌	（A）	44	50	50	—	20	0	30	3	—	0	—	2	—
5	锌	（A）	44	50	50	—	20	0	30	3	0.05	0	—	2	—
6	锌	（A）	44	50	50	—	20	0	30	3	0.05	8	—	2	—
7	锌	（A）	44	50	50	—	20	0	30	3	0.1	0	—	2	—
8	锌	（A）	44	50	50	—	20	0	30	3	0.1	8	—	2	—
9	锌	（A）	44	50	50	—	20	0	30	3	0.15	0	—	2	—
10	锌	（A）	44	50	50	—	20	0	30	3	0.15	8	—	2	—
11	锌	（B）	24	30	30	—	20	0	40	3	—	4	3	2	—
12	锌	（B）	24	30	30	—	20	0	40	3	—	4	3	2	注1
13	锌	（A）	44	50	50	—	20	0	30	5	—	8	5	2	—
14	锌	（A）	44	50	50	—	20	0	30	7	—	8	7	2	—
15	锌	（B）	24	30	30	—	20	0	40	3	—	8	3	2	注1
16	锌	（B）	24	30	30	—	20	0	40	3	—	8	1.5	2	注1
17	锌	（A）	44	50	50	—	20	0	30	4	—	8	2	2	—
18	锌	（A）	44	50	50	—	20	0	30	4	—	8	4	2	—
19	锌	（A）	44	50	50	—	20	0	30	3	—	8	2	2	—

续表

工况编号	材料	底盘	d_1	d_2	d_3	R	L_1	L_2	L_3	a	过盈	开槽 数量	开槽 深度	加载速率/(kN/s)	备注
20	锌	（A）	44	50	50	—	20	0	30	3	—	8	4	2	—
21	锌	（A）	44	50	46	∞	20	30	10	3	—	0	—	2	—
22	锌	（A）	44	50	47	∞	20	30	10	3	—	0	—	2	—
23	锌	（A）	44	50	48	∞	20	30	10	3	—	0	—	2	—
24	锌	（A）	44	50	47	∞	20	40	0	3	—	0	—	2	—
25	锌	（A）	44	50	47.5	∞	20	40	0	3	—	0	—	2	—
26	锌	（A）	44	50	48	∞	20	40	0	3	—	0	—	2	—
27	锌	（A）	44	50	48.5	∞	20	40	0	3	—	0	—	2	—
28	锌	（A）	44	50	48.3	∞	15	20	25	3	—	0	—	2	—
29	锌	（A）	44	50	48.5	∞	15	20	25	3	—	8	—	2	—
30	锌	（A）	44	50	47.2	∞	15	20	25	3	—	0	—	2	—
31	锌	（A）	44	50	47.5	∞	15	20	25	3	—	0	—	2	—
32	锌	（A）	44	50	47.8	∞	15	20	25	3	—	0	—	2	—
33	锌	（A）	44	50	48.5	∞	15	20	25	3	—	0	—	2	—
34	锌	（A）	44	50	48.7	∞	15	20	25	3	—	0	—	2	—
35	锌	（A）	44	50	47.5	160.6	15	20	25	3	—	0	—	1	注2
36	锌	（A）	44	50	47.5	160.6	15	20	25.3	3	—	0	—	1	—
37	锌	（A）	44	50	47.5	160.6	15	20	45.5	3	—	0	—	1	—
38	锌	（A）	44	50	47.5	160.6	15	20	80.5	3	—	0	—	1	—
39	锌	（A）	44	50	47.5	160.6	15	20	25	3	—	0	—	1	注3

注：1. 在该工况，对三个较小的锌柱同时进行加载。
2. 在该工况，为了证明材料的稳定性，前两个锌柱采购自一家，其他的三个来自另一家。
3. 该工况测试锌柱的卸载与加载：第1个锌柱加载至150 kN后，卸载至0 kN，再重新加载至不被压缩；第2个锌柱被压缩了15 mm后，卸载至0 kN，再重新加载不被压缩。

部分试验结果，对应上表工况。

对应工况编号5：

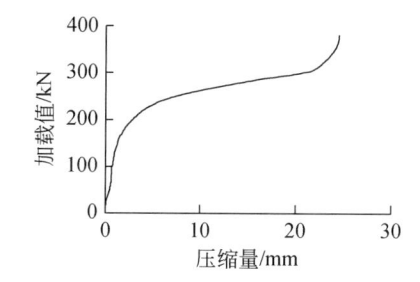

对应工况编号 6：

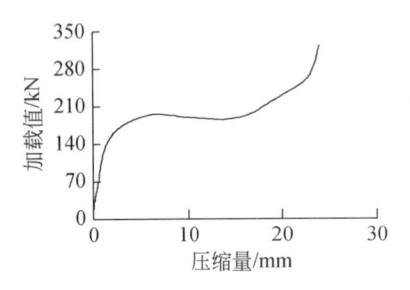

对应工况编号 11：

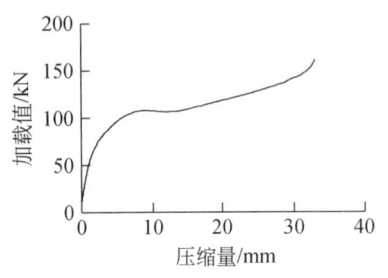

对应工况编号 12：

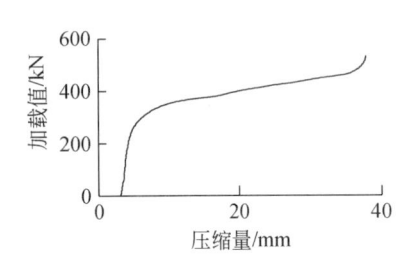

对应工况编号 14：

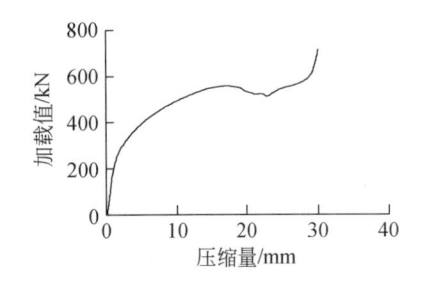

对应工况编号 17：

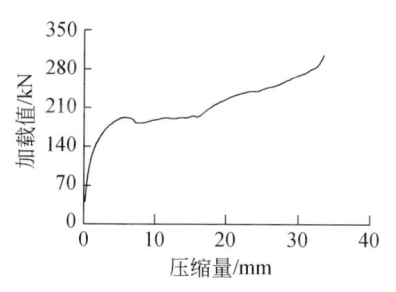

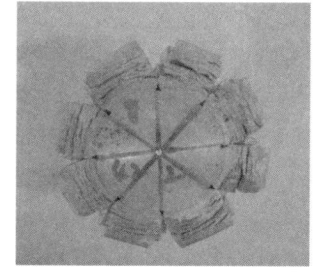

对应工况编号 19：

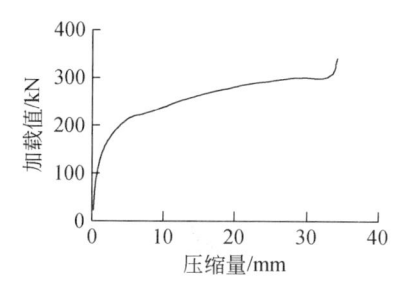

对应工况编号 21：

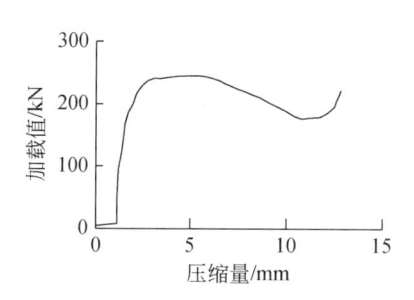

对应工况编号 27：

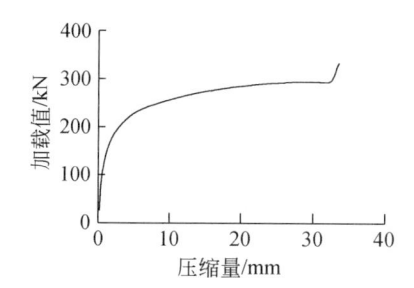

对应工况编号 31：

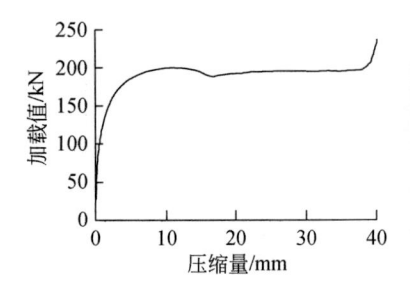

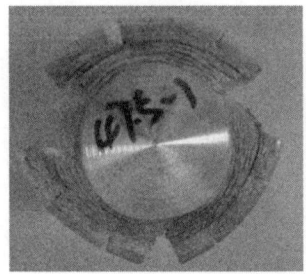

沉管隧道管节拖航水阻力原型试验[*]

林　鸣[1]，林　巍[2]，黄维民[1]，宁进进[1]，王晓东[1]

(1. 中交港珠澳大桥岛隧工程项目总经理部，珠海；2. 中交港珠澳大桥岛隧工程总部设计分部，珠海)

摘　要：港珠澳大桥沉管隧道的管节在海中拖运时的体积达到 78 000 m³。在评估阶段计划采用 4 艘拖轮进行拖航。施工准备期间进行了拖航试验，结论是需要 6 艘拖轮。第一次实施拖航作业时，实际的拖航编队用了 8 艘拖轮，尽管如此，管节与船队在拖运途中不进反退了 700~800 m。这说明了管节与船队受到的实际阻力与物理模型试验存在差异。工程连续安装近 30 个管节时，团队操作协同渐入佳境，作者利用这一时机，进行了 5 次实体管节拖航的试验，观测管节的速度及相应的拖航阻力。发现管节在受限航道拖运，拖力增加，速度增大。但是到了一定的程度，即便拖力继续增大，速度的增加趋势变缓；并将该观测数据与前期的 1∶40 物理模型试验进行了对比，发现物理模型试验结果对拖运速度的估计偏大，即估计的水阻力偏小，其原因可能是边界条件的差异，也可能是尺寸效应的影响。

关键词：沉管隧道；水阻力；港珠澳大桥

1　简　介

港珠澳大桥沉管隧道在评估阶段计划采用 4 艘拖轮进行拖航。后来进行了拖航试验，结论是需要 6 艘拖轮。第一次实施拖航作业时，实际的拖航编队采用了 8 艘拖轮，但是在拖运途中管节与船队不进反退了 700~800 m[1]。这说明实际阻力与物理模型试验有差异。工程连续安装近 30 个管节时，团队操作协同渐入佳境，作者利用这一时机进行了实体管节拖航试验。

本文第 2 节报告试验的工况与结果。前者包括提供动力的拖轮数量、拖轮配置、拖轮转速、航道几何尺寸。通过试验建立拖轮的功率与拖力的联系。第 3 节比较该原型试验结果与物理模型试验结果。第 4 节进行讨论。

---

[*] 本文曾刊登于《水道港口》2018 年增刊 2。

2 管节拖运试验

2.1 试验方法

2.1.1 总述

在管节拖运过程中，保持拖轮与管节相对位置不变，与潮流角度稳定，并保持拖轮转速不变，直至编队出现稳定航速，保持 3～5 min。记录管节拖运速度，以及影响管节拖运速度的影响因素，如海流、海浪、风。在 5 个管节拖运过程中，选用了 4 段试验区（图 1）。一共找到了 20 个时间段。试验编号为 E28-1～E28-3，E32-1～E32-3，E31-1～E31-8，E29，以及 E30-1～E30-5。

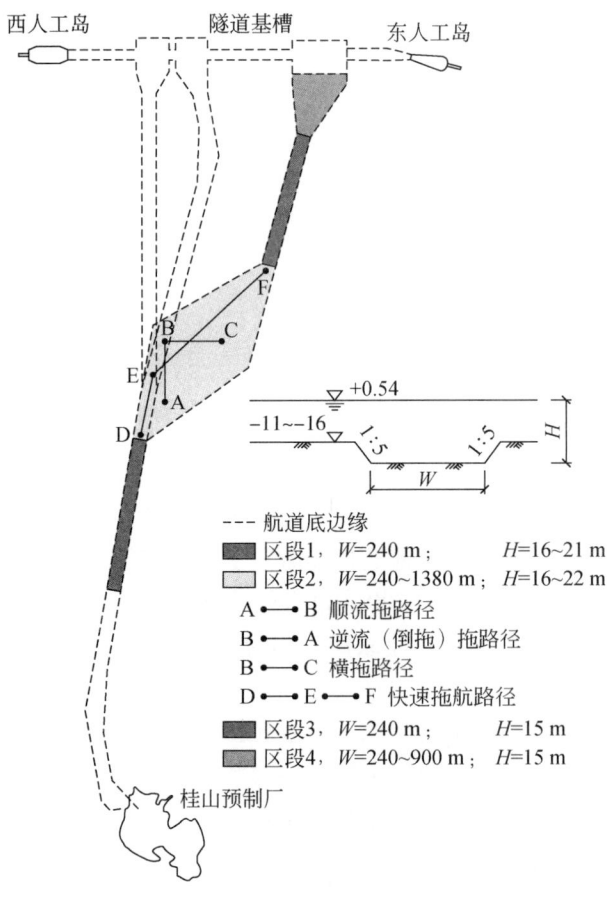

图 1 拖航试验的区段与路径

管节与安装船为刚性连接，它们的外轮廓尺寸参考图 2。

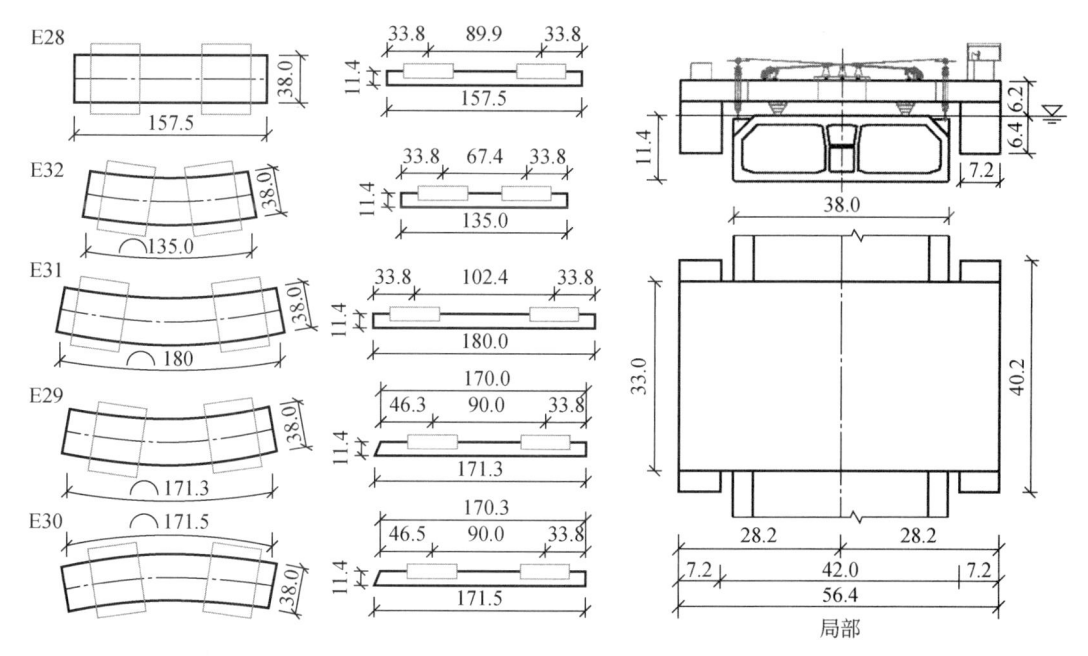

图 2 管节与安装船的外轮廓尺寸（单位：m）

2.1.2 管节拖运速度测量

管节浮运的绝对速度由信标机测量。信标机的接收天线被设置在安装船的顶板上，见图 3a。安装船与管节刚性连接[2,3]，假定信标机测到的速度可以代表管节的拖运速度。测量数据在管节安装船顶楼的拖运指挥室内显示，显示界面如图 3b 所示，记录管节的绝对速度。

（a）信标机位于管节安装船的顶板上

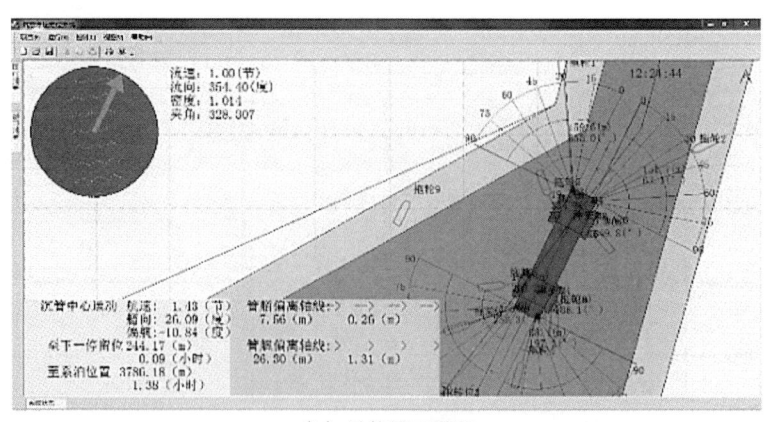

(b) 导航显示界面

图 3 信标机测量绝对速度

2.1.3 海流观测

在距离试验地点不到 1 km 的位置观测海流。流速仪设置在浮标上，持续记录流速流向。因为管节吃水深 11.2 m，取表层 10 m 平均流速作为试验影响因素的记录流速。海流被认为是影响拖运速度的最主要因素。试验期间的流速在 0.4~0.8 m/s，海流的方向大多数与拖运的方向同向或反向。

2.1.4 波浪观测与风观测

波浪观测与风观测（图 4）位于距离拖运位置约 3 km 的海上平台，观测记录试验时间段出现的极大值。试验时的风速最大约 0.7 m/s，有效波高最大值约 0.4 m。

图 4 海流、海浪观测浮标

2.1.5 拖轮发动机转速

记录试验时间段各个提供管节前进动力的拖轮的发动机转速。由于拖轮并非统一型号，对不同编号的拖轮对应的功率如表 1 所示。

表 1 拖轮编号

拖轮编号	总长/m	吃水/m	型宽/m	型深/m	主机转速/(r/min)	功率/kW	总重/t	排水量/m³
T1	37.5	4.1	11.5	—	750	5 072	—	—
T2	37.0	4.2	11.6	5.3	750	4 998	—	—
T3	37.6	4.1	10.5	4.8	750	3 840	480	800
T4	37.6	4.1	10.5	4.8	750	3 840	480	800
T5	37.6	4.1	10.5	4.8	750	3 840	480	800
T6	35.5	3.5	10.0	—	750	2 942	—	—
T7	37.6	3.9	10.6	4.9	750	3 840	—	—
T8	35.3	3.5	10.0	4.5	750	2 942	404	—
T9	37.6	4.1	10.5	4.8	750	3 840	480	800
T10	35.3	3.5	10.0	4.5	750	2 942	400	632.2

2.2 拖轮编队

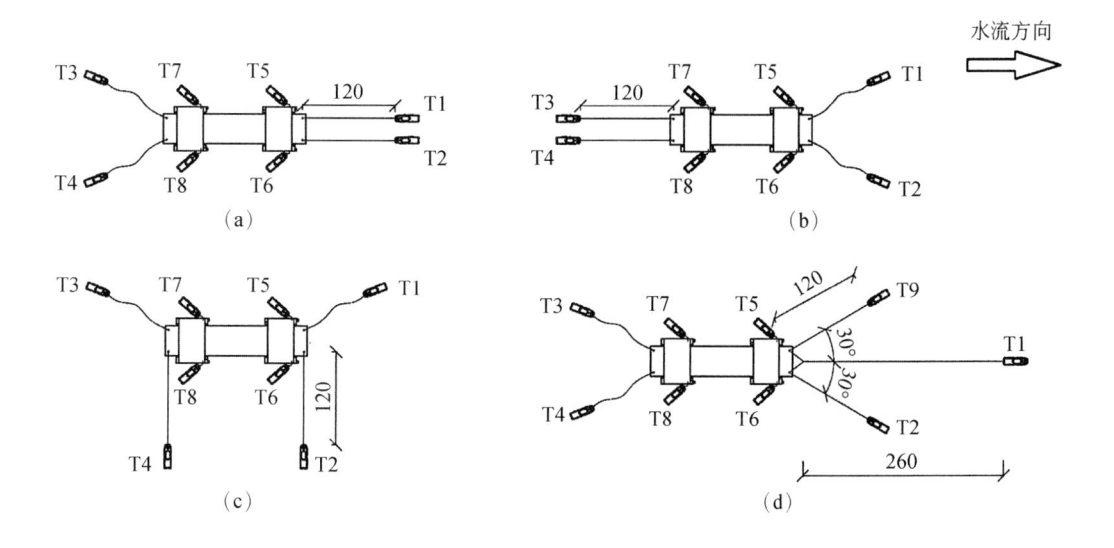

一共做了 20 次试验，试验的拖轮编队形式见图 5。

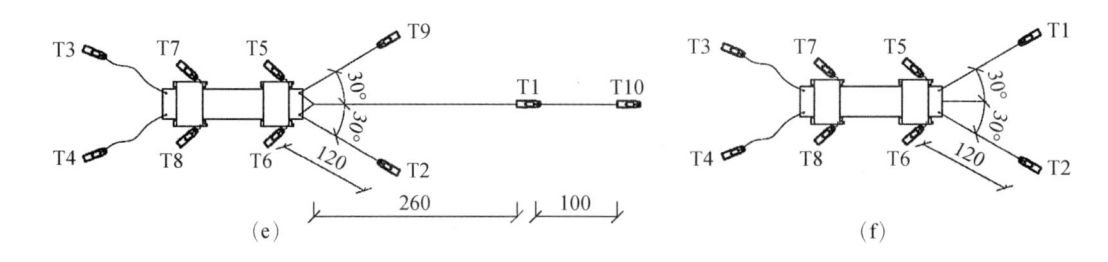

图 5 试验的拖轮编队形式

2.3 试验过程

（1）E28 管节

E28 管节于 2016 年 7 月 11 日为管节安装而进行拖运，在试验区二进行了 3 段拖运试验。拖运路径见图 1，分别为一段从 A 到 B 的顺流拖，以及两段从 B 到 A 的逆流拖。对应的拖运布置方式见图 5a 与图 5b。在逆流拖运时，拖轮的拖力不足以克服水流流速，即从 C 到 B 无法实现，因此管节的运动方向仍然同水流的方向。

（2）E32 管节

E32 管节于 2016 年 11 月 22 日为管节安装而进行拖运，在试验区二进行了 3 段拖运试验。拖运路径见图 1，分别为一段从 A 到 B 的顺流拖，一段从 B 到 A 的逆流拖，以及一段从 B 到 C 的沿着管节横向方向的拖运（简称横拖），见图 6。拖轮编队方式参考图 5c。

图 6 垂直于沉管管节长度方向的拖运

（3）E31 管节

E31 管节于 2016 年 12 月 24 日为管节安装而进行拖运，在试验区二进行了 8 段试验。包括 1 段顺流拖试验，3 段逆流拖试验，4 段横拖试验。编队方式及拖运路径同前文所述的试验段。其中，逆流拖运均未拖动。

（4）E29 管节

E29 管节于 2017 年 2 月 18 日为管节安装而进行拖运（图 7），在试验区一进行了 1 次试验，拖运路线沿着试验区一航道的轴线。拖轮编队见图 5f，这也是该工程实际使用的拖运方式。

图 7　E29 管节在试验段的拖运方式

（5）E30 管节

E30 管节于 2017 年 3 月 6 日拖运，在试验区一、二、三、四进行了快速拖运试验，拖运路径为管节正常浮运路径，见图 1 的 D-E-F。试验段 E30-1 提供动力的拖轮为 3 艘，其他试验段提供动力的拖轮为 4 艘（图 8）。拖轮编队布置分别如图 5d、图 5e 所示。

图 8　E30 管节在试验段的拖运方式

2.4　观察与试验小结

为便于比较，拖运试验结果按照拖运区域排列，见表 2。从表中可注意到，管节逆流拖运 5 次，仅 1 次成功，即其他 4 次不进反退，且成功的那一次管节速度运动速度缓慢。

2.5　拖轮拖力与功率、转速的标定试验

为了将表 2 中的拖轮转速等效为拖力，通过让试验用的拖轮拉岸边的系缆柱，并在岸上测定系缆柱一头的缆绳的拉力来建立拖力与特定拖轮的转速的对应关系。试验照片

表 2 拖运试验总结

试验段编号	浮运航道区域	拖运方式 拖轮	拖运方式 提供动力拖轮	拖运方式 使用转速/(r/min)	管节 质量/(×10³kg)	管节 长度/m	海流 流速/(m/s)	海流 流向/(°)	有效波高极大值/m	最大风速/(m/s)	潮位/m	管节运动 平均速度/(m/s)	管节运动 方向/(°)	说明
E28-1	区段二：对应图1，下同。	图5a:顺流拖	T1+T2	380+380	65 372	157.5	0.67	358	0.22	5.5	0.5	0.82	0.5	—
E32-1		图5a:顺流拖	T1+T2	410+410	55 843	135.0	0.58	357	0.28	5.5	0.75	1.18	2.0	—
E31-2					74 487	180.0	0.47	358	0.24	5.66	1.31	1.09	3.3	—
E28-2				570+570	65 372	157.5	0.72	0	0.22	5.5	0.5	0.20	10.0	后退
E28-3							0.78	356	0.22	5.5	0.5	0.17	5.8	后退
E32-2		图5b:逆流拖	T3+T4	600+600	55 843	135.0	0.62	358	0.28	5.5	0.75	0.19	185.6	前进
E31-1					74 487	180.0	0.46	355	0.24	5.66	1.31	0.13	3.8	后退
E31-4							0.44	359	0.24	5.66	1.31	0.18	356.0	后退
E31-3				650+650			0.49	353	0.24	5.66	1.31	0.22	358.0	后退
E32-3		图5c:横拖	T2+T4	440+630	55 843	135.0	0.54	359	0.28	5.5	0.75	0.76	90.0	—
E31-5				420+630			0.49	354	0.24	5.66	1.31	0.70	45.0	—
E31-6				370+630	74 487	180.0	0.50	0.5	0.24	5.66	1.31	0.59	45.0	—
E31-7							0.46	0	0.24	5.66	1.31	0.65	45.0	—
E31-8							0.50	351	0.24	5.66	1.31	0.55	45.0	—
E29		图5f:顺流拖	T1+T2	550+550	70 595	171.4	0.58	354	0.26	2.64	0.51	1.44	10.0	—
E30-1	区段一	图5d:顺流拖	T1+T2+T9	660+590+650			0.49	358	0.39	7.49	0.73	1.52	14.0	—
E30-2	区段二	图5e:顺流拖	T1+T2+T9+T12	660+600*(650)+590+650	70 582	171.6	0.47	354	0.39	5.85	0.77	1.71	20.0	—
E30-3	区段三						0.55	0.8	0.39	6.73	0.85	1.81	43.0	—
E30-4	区段四						0.58	356	0.39	7.9	0.95	1.68	6.0	—
E30-5							0.59	356	0.39	7.26	0.97	1.67	10.0	—

*：括号内为 E30-4、E30-5。

如图 9 所示。拖力试验选择无风浪的环境进行，缆绳长度 120 m，在距离试验 1 km 的位置实时测量流速，为最小化水流力的影响，缆绳保持与水流流向平行，缆绳与岸线的夹角在 60°～90°变化。试验时测得的最大水流流速 0.4 m/s，水流力会对结果的精确性产生一定的影响。试验结果总结见图 10。

从图中可看出，拖轮的转速与拖力有良好的对应关系。此外发现，拖轮的新旧与维护状况对拖力的影响大。

图 9 拖力标定试验

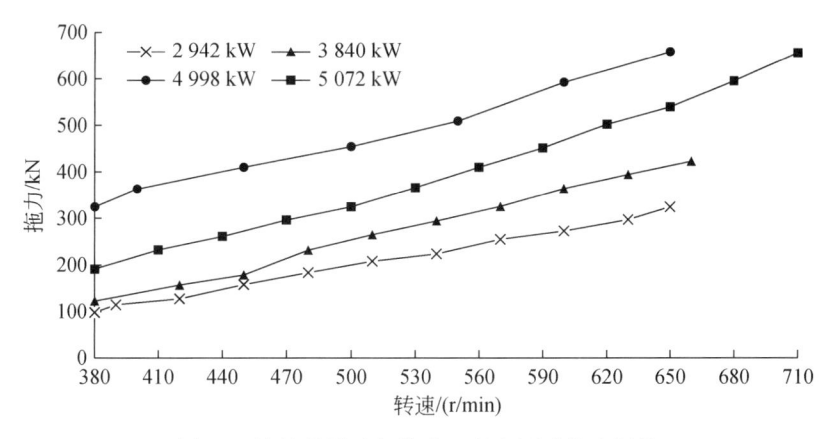

图 10 拖轮的转速与拖力；所有测试均为倒拖

2.6 结　　果

根据图 10，换算拖轮提供给管节的运动方向的力，结果见表 3。为了比较，定义"相对速度"为沿着管节运动方向上的管节速度与水流流速的矢量之差的大小。如果管节的运动方向与拖轮合力的方向同向，则相对速度的符号为"+"；否则为"-"。前者说明拖力的合力基本与水阻力大小相等，方向相反，而后者说明拖力偏小，不足以完全与水阻力平衡。

其中，E30 管节 5 个试验段的速度-时间曲线见图 11。

表 3　拖力与相对速度

工况		等效拖力/kN	海流		管节运动速度	
描述	试验段		流速/(m/s)	与管节运动方向的夹角/(°)	速度/(m/s)	"相对速度"/(m/s)
顺流拖	E28-1	516.0	0.67	2.5	0.82	0.15
	E32-1	516.0	0.58	5.0	1.18	0.61
	E31-2	604.9	0.47	5.3	1.09	0.62
逆流拖	E28-2	651.4	0.72	170.0	0.20	−0.51（与拖力反向）
	E28-3	727.9	0.78	178.2	0.17	−0.61（与拖力反向）
	E32-2	727.9	0.62	172.4	0.19	0.80
	E31-1	727.9	0.46	171.2	0.13	−0.32（与拖力反向）
	E31-4	727.9	0.44	177.0	0.18	−0.26（与拖力反向）
	E31-3	826.0	0.49	175.0	0.22	−0.27（与拖力反向）
横拖	E32-3	795.0	0.54	91.0	0.76	—
	E31-5	776.2	0.49	51.0	0.70	—
	E31-6	699.9	0.50	44.5	0.59	—
	E31-7	699.9	0.46	45.0	0.65	—
	E31-8	699.9	0.50	54.0	0.55	—
顺流拖	E29	785.0	0.58	16.0	1.44	0.89
	E30-1	1 357.1	0.49	16.2	1.52	1.05
	E30-2	1 668.9	0.47	26.0	1.71	1.28
	E30-3	1 668.9	0.55	42.2	1.81	1.41
	E30-4	1 720.9	0.58	10.5	1.68	1.11
	E30-5	1 720.9	0.59	13.9	1.67	1.10

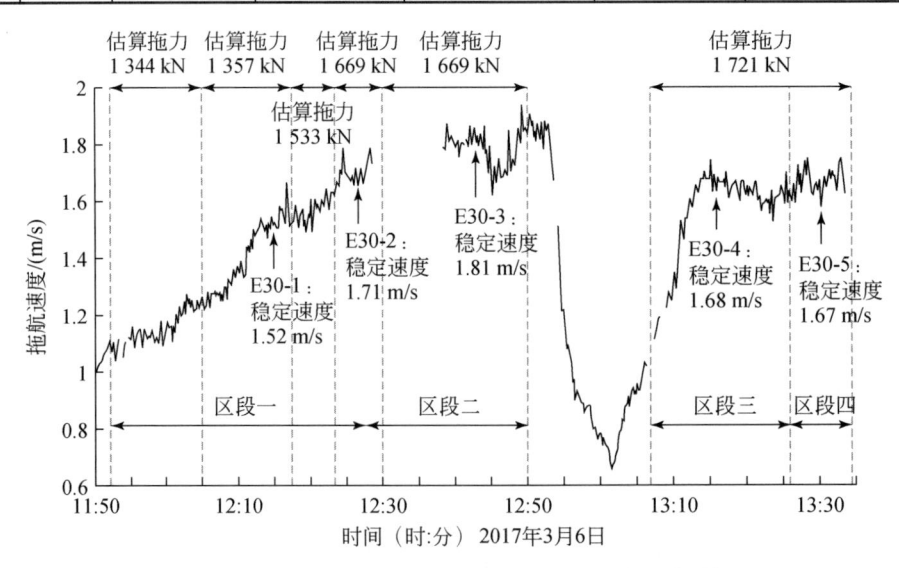

图 11　E30 管节拖运速度-时间曲线，包含 5 个试验时间段

综上所述，从试验中得到几点的观察：

1）在相同的水流条件下，当编队恒定，所有拖轮的转速恒定时（即拖力恒定时），都能将管节拖出对应的稳定速度；

2）在相同的水流条件下，拖运管节的速度的会随拖力递增，但是递增的速率随着速度的增加而递减；

3）当 E30 管节拖运的速度达到 1.5~1.6 m/s 时，提高转速（即增加拖力），速度几乎不再增长。而且，此时现场观察到明显的尾蹲现象[4]。

3 拖运水阻力模型试验

项目前期进行了 1∶40 比例的拖运水阻力试验（图 12），试验了 3 种拖轮编队方式（图 13），试验结果总结见表 4。

图 12 物理模型试验

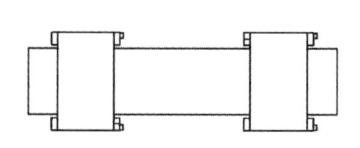

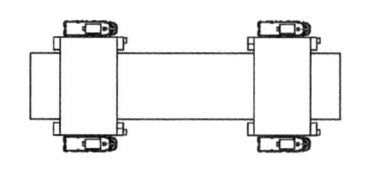

(a) 管节周边除了安装船，无拖轮

(b) 管节周边有4艘拖轮，拖轮长度方向与管节的平行（靠着管节）

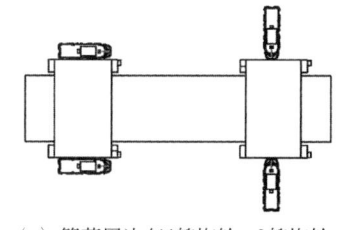

(c) 管节周边有4艘拖轮，2艘拖轮靠着管节的尾端，另外2艘拖轮的长度方向与管节的长度方向垂直（顶着管节）

图 13 物理模型试验的 3 种拖轮编队方式

表4 物理模型试验结果总结

试验编号	等效水深*/m	无额外拖轮随行	4艘平行	2艘平行，2艘垂直	模拟的海流 流速/(m/s)	模拟的海流 与管节运动方向的夹角/(°)	管节等效运动速度 速度/(m/s)	管节等效运动速度 "相对速度"/(m/s)
		拖力测量换算值/kN						
1号	14.4	112.4	123.1	155.1	静水	—	0.62	0.62
2号	14.4	234.2	297.0	330.2	静水	—	1.00	1.00
3号	14.4	418.8	491.6	547.5	静水	—	1.25	1.25
4号	14.4	598.3	661.1	796.7	静水	—	1.50	1.50
5号	14.4	888.4	965.0	1 149.0	静水	—	1.80	1.80
6号	14.4	627.8	671.2	802.4	0.8	0	0.62	1.42
7号	14.4	777.3	833.8	1 019.0	0.8	0	0.80	0.80
8号	14.4	926.1	971.9	1 277.0	0.8	0	1.00	1.00
9号	14.4	780.4	791.1	995.8	1.0	0	0.62	1.62
10号	14.4	930.5	948.7	1 210.5	1.0	0	0.80	0.80
11号	14.4	1 097.5	1 121.3	1 405.7	1.0	0	1.00	1.00
12号	14.4	626.0	682.5	—	0.8	5	0.62	1.42
13号	14.4	788.6	843.2	—	0.8	5	0.80	0.80
14号	14.4	1 030.9	1 102.2	—	0.8	5	1.00	1.00
15号	14.4	760.5	810.1	—	1.0	5	0.62	1.62
16号	14.4	921.1	1 041.6	—	1.0	5	0.80	0.80
17号	14.4	1 212.0	1 260.8	—	1.0	5	1.00	1.00
18号	14.4	656.7	687.5	727.7	0.8	12	0.62	1.40
19号	14.4	778.5	807.4	899.1	0.8	12	0.80	0.80
20号	14.4	929.2	981.0	1 082.4	0.8	12	1.00	1.00
21号	14.4	748.4	779.8	861.4	1.0	12	0.62	1.62
22号	14.4	889.0	932.3	1 020.2	1.0	12	0.80	0.80
23号	14.4	1 073.6	1 100.6	1 236.8	1.0	12	1.00	1.00
24号	14.4	—	—	725.8	0.8	15	0.62	1.39
25号	14.4	—	—	855.7	0.8	15	0.80	0.80
26号	14.4	—	—	1 029.7	0.8	15	1.00	1.00
27号	14.4	—	—	859.2	1.0	15	0.62	1.62
28号	14.4	—	—	970.7	1.0	15	0.80	0.80
29号	14.4	—	—	1 176.6	1.0	15	1.00	1.00
30号	16.0	560.5	611.1	—	0.8	5	0.62	1.42
31号	16.0	711.5	760.7	—	0.8	5	0.80	0.80
32号	16.0	888.1	936.9	—	0.8	5	1.00	1.00
33号	16.0	684.6	730.8	—	1.0	5	0.62	1.62
34号	16.0	828.8	880.1	—	1.0	5	0.80	0.80
35号	16.0	1 035.1	1 126.7	—	1.0	5	1.00	1.00

续表

试验编号	等效水深*/m	无额外拖轮随行	4艘平行	2艘平行，2艘垂直	模拟的海流 流速/(m/s)	模拟的海流 与管节运动方向的夹角/(°)	管节等效运动速度 速度/(m/s)	管节等效运动速度 "相对速度"/(m/s)
		拖力测量换算值/kN						
36号	16.0	578.2	615.3	—	0.8	12	0.62	1.40
37号	16.0	702.2	728.3	—	0.8	12	0.80	0.80
38号	16.0	818.1	863.8	—	0.8	12	1.00	1.00
39号	16.0	685.3	711.9	—	1.0	12	0.62	1.62
40号	16.0	789.1	837.6	—	1.0	12	0.80	0.80
41号	16.0	966.0	988.4	—	1.0	12	1.00	1.00

*水槽模拟航道，等效宽度600 m。

将本节物理模型试验的结果（表4）与管节实际拖运试验的结果进行对比，见图14。比较可知，管节在受限航道拖运，拖力增加，速度增大。但是到达了一定的程度，即使拖力继续增大，速度的增加趋势变缓。这是受限航道拖运的特点。

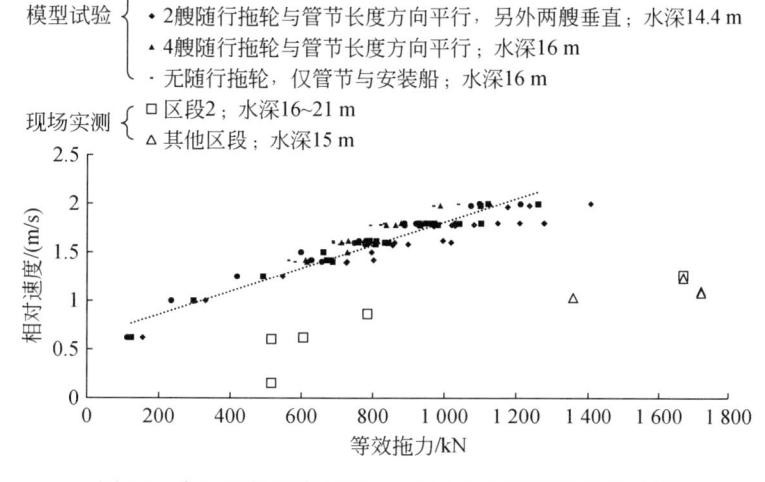

图14 实际拖航速度与阻力（拖力）与物模试验的比对

4 讨 论

比较拖航试验结果，物理模型试验结果对速度的估计偏大，或者说物理模型试验估计的水阻力偏小；可能原因是边界条件的差异，以及实际管节的尺寸太大，超出了已有试验中考虑的尺寸效应的范围。

参 考 文 献

[1] 林鸣,刘晓东,林巍,等. 沉管隧道与人工岛的理念与实现——港珠澳大桥岛隧工程[J]. 水道港口,2018,39(S2): 23-31,42.

[2] 林巍,林鸣,花田幸生,等. 沉管隧道管节的出坞、拖航、系泊与沉放准备的关键问题[J]. 水道港口,2018,39(S2): 49-53.

[3] 苏长玺,冯海暴. 大型沉管与沉放驳摩擦型连接受力分析[J]. 中国港湾建设,2016,36(12): 19-22,28.

[4] 林巍,李塔,吕勇刚. 关于沉管隧道管节干舷计算及允许值的研究[J]. 中国港湾建设,2012,(4): 39-42.

沉管隧道与人工岛的理念与实现——港珠澳大桥岛隧工程[*]

林 鸣[1]，刘晓东[1]，林 巍[2]，尹海卿[1]，卢永昌[1]，梁 桁[2]，高纪兵[1]

(1.港珠澳大桥岛隧工程项目总经理部，珠海；2.港珠澳大桥岛隧工程项目总部设计分部，珠海)

摘 要：港珠澳大桥岛隧工程是55 km长的港珠澳大桥跨海通道的一部分，建造内容主要包括两个海中的人工岛，一条6.7 km长的海底隧道。海底隧道由33个沉管管节与一个最终接头组成。2018年2月该工程完成交工验收。本文介绍了港珠澳大桥岛隧工程在设计与施工过程中发现的新颖技术，主要包括沉管隧道的基础、半刚性管节结构、管节接头的记忆支座（即竖向承压板）、最终接头新工法，以及33个沉管管节制造与安装的亮点。

关键词：沉管隧道；人工岛；基础；支座；最终接头

1 工程简介

港珠澳大桥全长55 km。其中26 km的连接线由广东、香港、澳门分别建设，29 km的海中段由三地合作建设。后者穿过多条航道。因为该区域发展的预留，珠江口阻水率的要求，以及香港机场的限高，海中段采用了桥-岛-隧的组合方案。港珠澳大桥岛隧工程是整个通道的控制性工程，建设内容包括两个100 000 m² 人工岛，岛上的建筑，一条6.7 km长的沉管隧道（包括隧道的内装），以及沉管管节预制厂。隧道建设标准为双向6车道与100 km/h的时速，对应断面形式为两管一廊。沉管段长5.664 km，由33个管节和1个最终接头组成。标准管节长180 m，重78 000 t。

隧道与人工岛的所在地距离建设团队所属的广东侧的陆地约30 km。地基是深厚的软土层且不均（图1）。夏季的台风与强对流频发，秋冬季的季风频发；工程区域地处中华白海豚国家级自然保护区核心区，每天的过往船舶超过4000艘。

该工程采用设计-施工总承包模式建设[1]。2011年1月开工，2018年2月交工验收，按时完工。其中沉管预制工厂的建设工期14个月，管节预制工期58个月，管节安装工期包括最终接头的安装48个月。

---

[*] 本文曾刊登于《水道港口》2018年增刊2。

图 1 地质描述（单位：m）

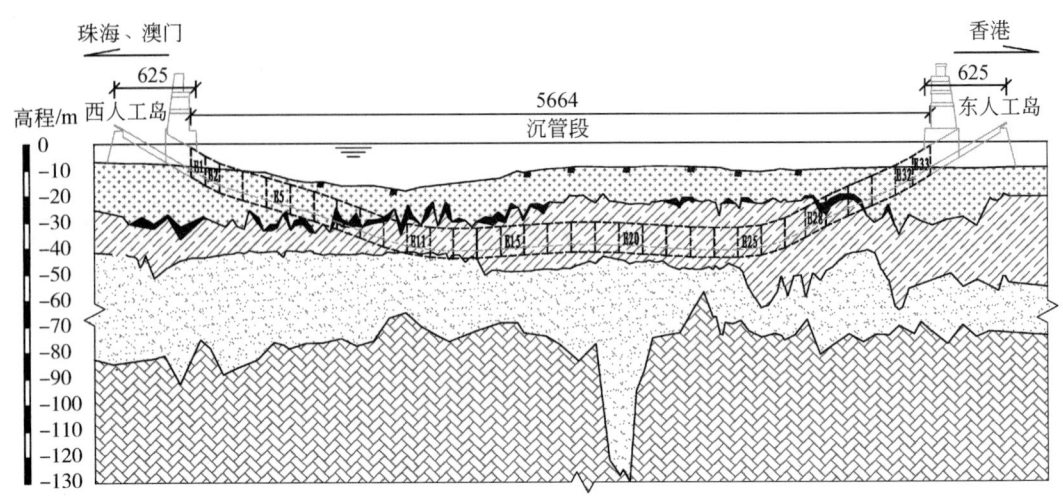

第1层：全新世海相松散沉积层，主要为淤泥、淤泥质土
第2层：晚更新世陆相松散沉积层，主要为黏土
第3层：晚更新世海陆交互相松散沉积层，主要为淤泥质土、黏土、粉质黏土及粉质、黏土夹砂等
第4层：晚更新世河流相冲洪积松散沉积层，岩性主要为粉细砂、中砂、粗砂、砾砂等砂层
第7和8层：震旦纪变质岩层，主要为全风化混合片岩、强风化混合片岩、全风化混合花岗岩、强风化混合花岗岩等

2　人工岛快速筑岛

前文可知该工程的工期是 7 年。首先需要建好人工岛与岛上的现浇隧道段以提供首个沉管管节的安装（对接）条件。但是由于人工岛下方的软土层厚度 30 m，预估人工岛需要 3 年的时间建设；这样留给后续隧道建设的时间不足。

对于人工岛的建设，地基的软土可谓一把双刃剑。传统的筑岛方法，不严谨地讲，就是改良地基的软土或移除软土，再填上砂石，即把地基土的软当作不利的因素。而作者观察到软土有易被插入的特点，只要将 22 m 直径、高约 50 m、壁厚仅 1.6 cm 的钢圆筒插入软土约 30 m（图 2），连续插入 120 个，就可以围成两个岛。同时用整体式副格连接相邻的钢圆筒，并插入软土的不透水层，两者就可形成低渗透率的临时岛壁，以实现岛内的降水作业。其中关键的工艺是钢圆筒的打设时的多台液压振动锤的联动与副格的可插入性。更详细的讨论见文献 [2]。

采用这个方法后，人工岛的成岛的时间缩短为 7 个月。海上作业时间的缩短减少了对中华白海豚种群的生存环境及该区域繁忙的海上交通的影响。

成岛速度快的原因。①岛体施工快。围岛的钢圆筒和副格的尺寸越大，所需要的数量就越少，海上施工时间就越短。实际施工做到了 1 日 3 筒。所以控制工序转移到了钢圆筒与副格的制造和运输。为确保后者的速度，项目部比选了多家钢结构加工厂的加工与运输能力。②基础施工快。钢圆筒与副格形成了不透水的临时岛壁，在岛内填砂后形

图 2 东人工岛最后一个钢圆筒的打设

成陆地,进而可以在陆地上打设塑料排水板并填砂以实现大超载比的堆载预压;取消了大量的水上基础处理作业。③大幅度简化了岛上的作业。隧道现浇段的施工需要在人工岛上开挖 18 m 深的基坑,钢圆筒可以兼做基坑围护结构。

值得一提的是,深插钢圆筒与副格的研发与实施并没有令本工程的人工岛部分的建设费用超出预算,其主要原因是加快了工期,减少了大量的海上作业。

自从本工程成功地实施了深插钢圆筒与副格的筑岛工法以后,在中国其他的工程也开始应用,典型的是在建的深圳到中山的跨海通道。钢圆筒的直径达 28 m,用 12 锤振沉。

3 沉管隧道的基础

原先的方案是沉管隧道从两端的支撑桩到减沉桩并逐渐过渡到中间段的天然地基。该方案已经开始施工的筹备工作。然而,在一次桩顶与碎石垫层的设计参数取值试验中发现沉降的规律复杂,而且沉降随着荷载级别的增加不收敛。因此原先的方案被放弃,重新设计沉管隧道的基础。最终实施的沉管隧道基础方案是"组合基床",水下堆载预压,与地基改良(主要是挤密砂桩)的组合,如图 3 所示。

组合基床,即在碎石垫层的下方再额外铺设一层块石(图 3b)。其目的是消除地基表层沉降的不确定性。本工程沉管隧道大部分区段的基槽开挖高度达到 30 m,地基的历史应力大于隧道建设完成后的所有荷载产生的应力,所以作者判断主要的沉降不会发生在地基的深层,只会发生在地基的表层。而表层沉降具有较大的不确定性,不确定性来自沉管隧道基槽开挖对地基表层土的扰动及回淤。被扰动的土及回淤形成的夹层与原状土比较而言属于极其软弱的土层。为此,作者提出在碎石垫层的下方额外增加 2 m 厚的块石层,并用水下液压锤振动进行强夯。这不仅可以消除开挖的扰动,而且由于块石的粒径 30~50 cm,使得回淤物在块石层的衬托下变得容易被多波束区分,即块石层为清淤的判别提供了一个基准面。而且清淤时块石因其自重也不会失稳。简言之,增加的块石层降低了水下施工的不确定性,为其上方的碎石垫层的铺设及沉管管节的着床提供了一个硬底。

(a) 原先方案

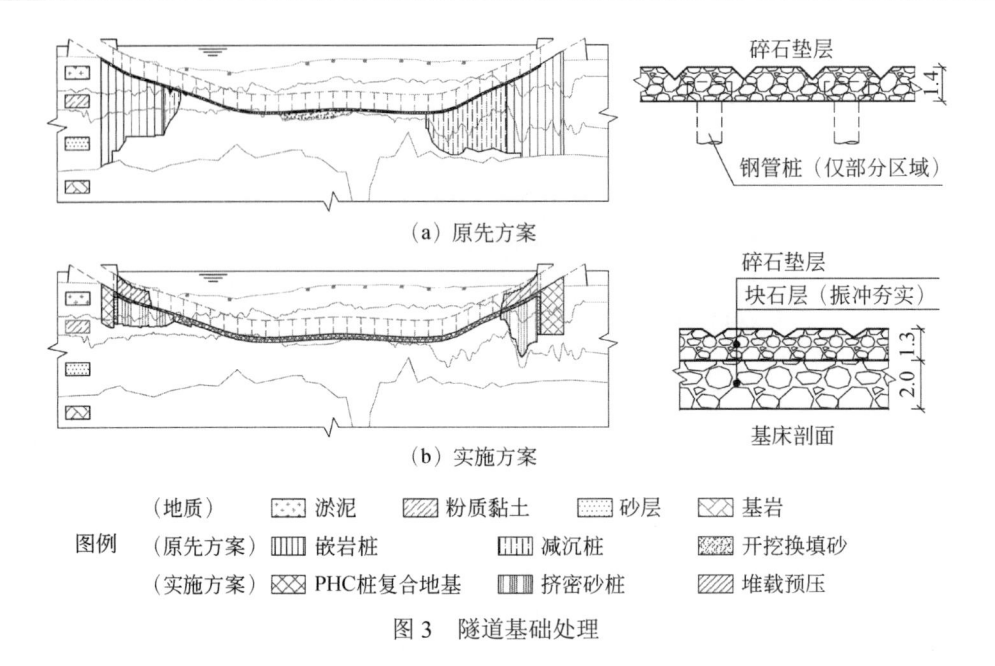

(b) 实施方案

图例
（地质） 淤泥　粉质黏土　砂层　基岩
（原先方案）嵌岩桩　减沉桩　开挖换填砂
（实施方案）PHC桩复合地基　挤密砂桩　堆载预压

图 3　隧道基础处理

这个方案实施以后，5.664 km 长的沉管隧道的沉降监测数据显示隧道绝大部分区段的沉降量（除了 E31～E32 一个接头部位的沉降规律异常，可能是因为夹杂了回淤物）大多数都被控制在 5～6 cm。4 个典型的管节沉降-时间曲线如图 4 所示，可见沉降-时间曲线在隧道的加载完成后就快速地收敛。令人吃惊的是，实际监测到的沉降的量级远小

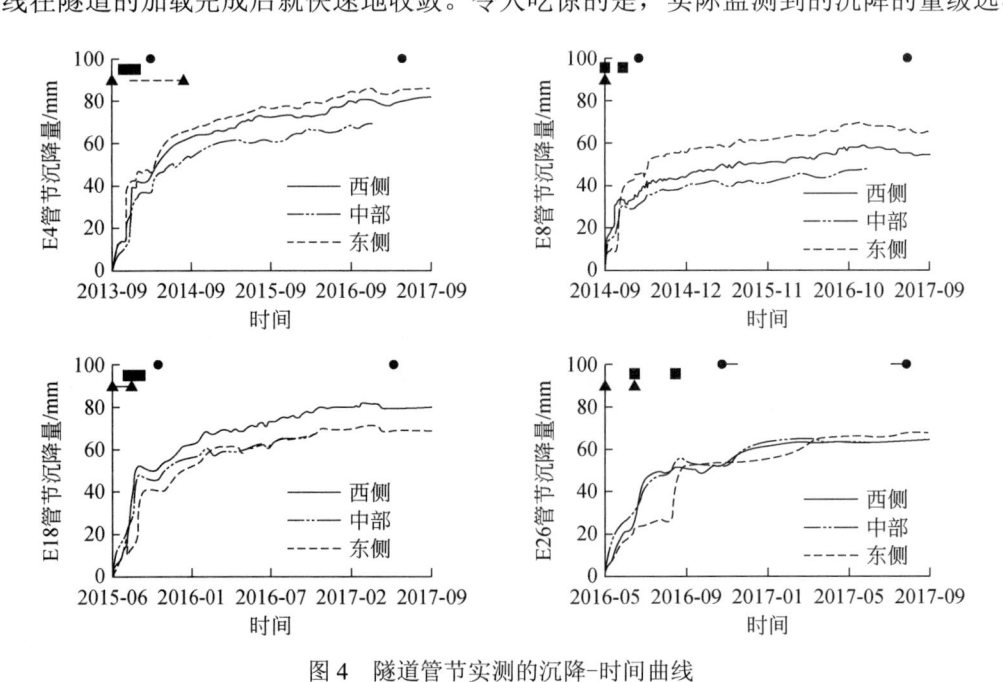

图 4　隧道管节实测的沉降-时间曲线
■ 和 ● 代表管节顶部的回填和两侧回填的施工；▲ 代表管节内部的压载混凝土与路面的施工

于沉降计算的预测结果 15～20 cm，而且实际沉降在沉管隧道纵向上的均匀程度远比计算预测的要好。比如，E2 管节和 E16 管节的地基软土层厚度差别有 30 m，地基处理方式也不同，但是它们的沉降非常接近，其他的 30 个管节的大量沉降监测结果（施工期间每 22.5 m 监测一个位置）也呈现同样的规律，这似乎暗示着沉管隧道的大部分的沉降只发生在基础的表层，与地质的关联性弱。所以，将表层的沉降控制好，或设计出利于水下基础施工的质量控制的基础方案，这对于沉管隧道而言是至关重要的。

挤密砂桩是为了改良厚软土地层，增加地基的承载力。根据荷载及软土层厚度的变化，共设置 70%、55% 及 42% 三种置换率的挤密砂桩。大部分挤密砂桩段也是作为超载预压的竖向排水通道。

水下超载预压是为了提前消除挤密砂桩的预压沉降，以及实现隧道纵向地基刚度的均匀过渡。这个过渡是从隧道的中间段（基槽深开挖），到斜坡段（下方软土层），再到岛上的现浇段。堆载时进行沉降与分层沉降的监测（图 5），根据沉降推算地基的固结度，达到 90% 的固结度后再卸载。采用碎石和块石堆载，堆载断面的顶部宽度同隧道回填防护的顶部宽度；最宽部位约 120 m 与隧道接近人工岛部位的防撞回填等宽。

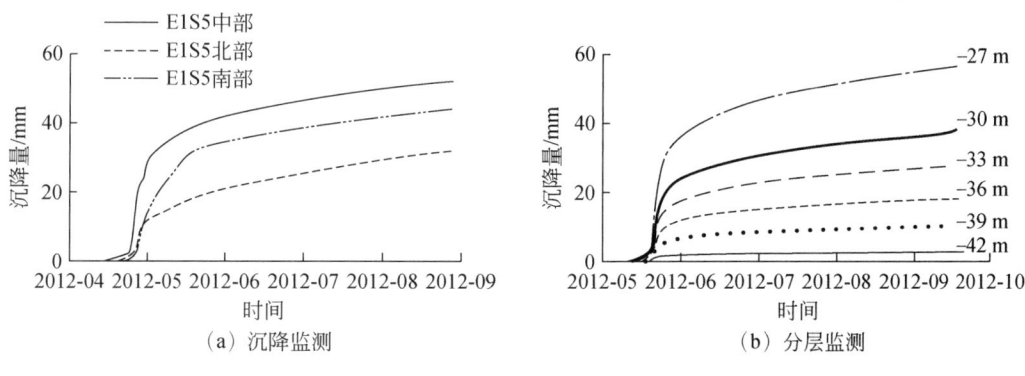

（a）沉降监测

（b）分层监测

图 5 水下堆载预压

前文已述基础施工的质量是控制沉降的关键，因此项目开发了一系列专用的设备来保障沉管隧道的基础施工质量：改造了具有平挖功能的抓斗船（图 6a）从而降低挖泥时对原状土的扰动，并且将隧道基槽底的竖向开挖精度控制在 ±50 cm；改造了一艘"盖章

（a）基槽精挖船

（b）盖章式清淤船

(c) 抛石夯平船　　　　　　　　　　(d) 碎石整平船

(e) 碎石整平船上增加的清淤头　　　　(f) 碎石垫层上的清淤

图 6　开发的装备以保障基础施工的质量

式"清淤船（图 6b），用于在碎石垫层铺设前清除隧道基槽底部的局部的淤泥；研发了抛石夯平船（图 6c）用来施工前文所述的组合基床中的块石层。该船一边用两个溜料管抛填水下块石一边用一台水下液压振动锤在块石层表面进行强夯。此外，在碎石整平船上加装了吸头［图 6（d～f）］，该吸头能够在碎石垫层上直接清除局部的淤泥而基本不扰动已经铺设好的碎石垫层。

4　半刚性管节结构

本工程沉管隧道管节的节段接头的竖向剪力键因差异沉降而损坏的可能性大。隧道被置于从浅到深的基槽里，在运营期，隧道上方会被 20 m 厚的回淤覆盖（即深埋）。部分回淤在远期可能由于航道的规划而被再次挖除。而且，隧道下方的地层是沿着隧道纵向 0～30 m 厚的软土。沉管管节结构的原方案是节段式，每隔 22.5 m 的节段接头部位有竖向剪力键，由于深埋问题，节段接头剪力键的承载力不足。为解决这个问题，提出了两个减轻隧道上方载荷的方案，一个是在未来 120 年的隧道运营期间不断地疏浚，移除隧道上方的回淤；另一个方案是在施工期，在隧道上方预先填上轻质材料，轻质材料的容重与水接近。但是，这两个减载方案花费巨大。

作者提出了半刚性管节结构来解决上述问题，从而不需要减载。这个方案可以减少大量的海上的作业，而且该方案与原节段式管节的设计方案的主要变化只是在管节安装后不解除沉管隧道的临时预应力，而是将它们永久地使用。

半刚性管节是一种节段式的管节结构。该结构利用节段接头的端面的摩擦力抵抗（部分）剪力，从而加强节段接头的抗剪能力。保证足量的摩擦力是通过合理的设置纵向预应力钢筋，从而得到足够的节段接头的正压力。并且，当管节受到更不利的作用时，如管节上覆荷载与地基刚度不均匀的不利组合，半刚性管节允许节段之间发生一定量的转动使得管节结构能够通过纵向的变形来适应地基。总之，半刚性管节是一种利用剪力键与摩擦力并保留结构的纵向的柔性来提高健壮性（robustness）与整体性（integrity）的管节结构。

半刚性管节的高健壮性可以通过抵抗差异沉降发生时它的行为与整体式管节、节段式管节的比较来说明（图7）。详细的讨论与论证见文献［3，4］。一个形象的比喻是，如果将整体式管节比作结实的人，将节段式管节比作柔韧的人，半刚性管节就是既结实又柔韧的人。

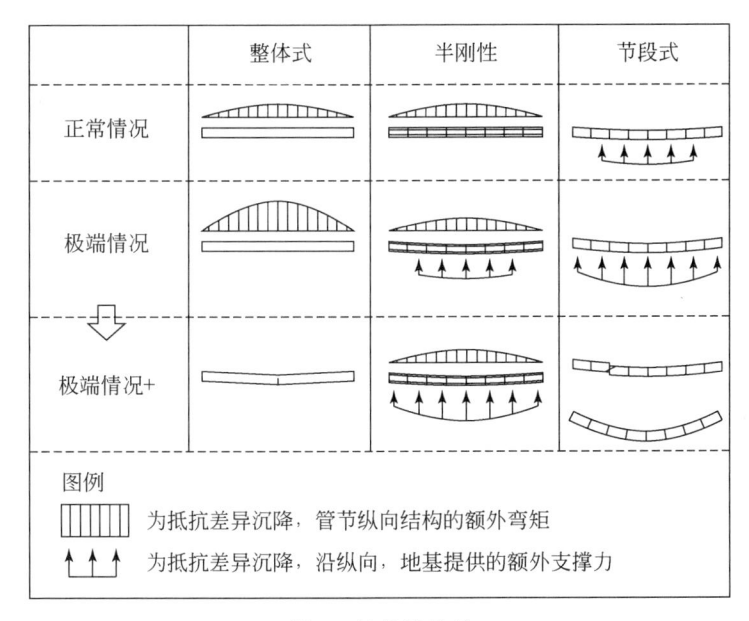

图 7　健壮性比较

半刚性管节较节段式管节由于保留了预应力筋，接头不容易张开，整体性得到了提高，其优势如下。

1）提高了节段接头特别是其中的可注浆止水带的止水效果。后者的中部是橡胶，随着节段接头的张开而拉伸、变薄，从而产生渗漏通道。

2）降低了路面出现反射裂缝的可能。

5　记忆支座

半刚性管节提高了节段接头的抗剪安全度，如前节所述。但是管节与管节之间的竖向锁定（即管节接头）也是一个薄弱环节。本工程的竖向锁定采用后装的钢剪力键。虽然通过延迟管节接头竖向位移的锁定时间，能够降低竖向剪力键的受力。但因运营期的沉管隧道顶部会逐渐累积厚达 21 m 的土荷载，钢剪力键及其连接部位的混凝土墙体仍然易受到较大的荷载。为了保护剪力键及避免混凝土结构开裂，特别是临海侧的混凝土结构的开裂会带来钢筋锈蚀问题，作者提出在竖向钢剪力键之间设置记忆支座，如图 8 所示。

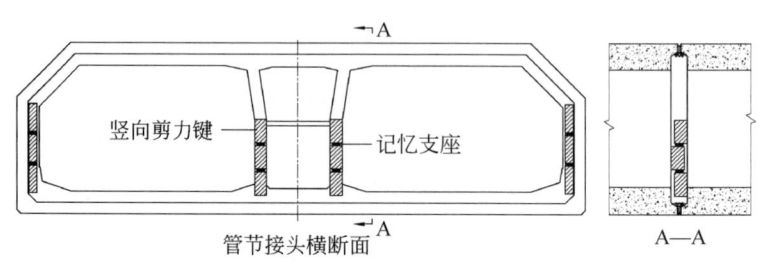

图 8 管节接头记忆支座安装位置

记忆支座的作用是保护管节接头部位的结构免受剪切破坏，通过合理地引导力的方向与分配力的大小来保护结构，示例见图 9。它"记住"剪力键的竖向承载力，一旦该力被超过，支座将超出的部分导入结构正下方的地基（图 9 的 R_1）而不是导入相邻结构的基础（图 9 的 R_2）。通过这种方式，记忆支座能够允许结构发挥其最大的效用，而不危及自身。

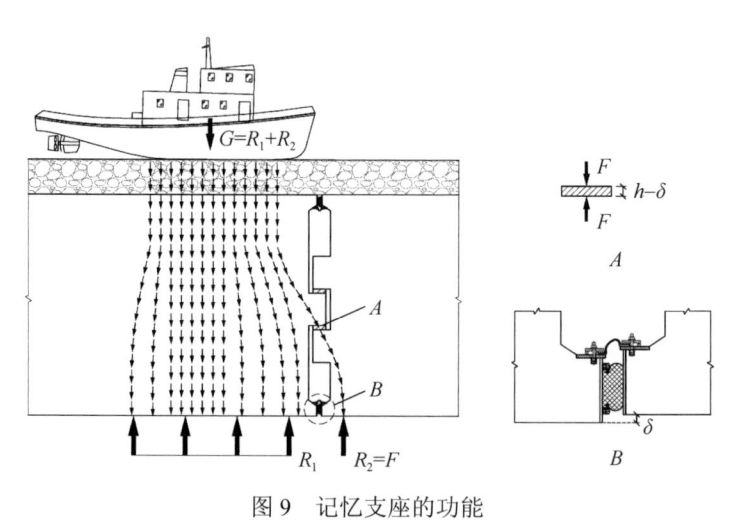

图 9 记忆支座的功能

记忆支座的这种受力-压缩特性的实现是通过特定材料的切削与断裂试验来获得的，详见文献 [5]。

地质信息不确定性的风险通常可以通过结构的加强来得到补偿。但是沉管隧道的结构往往受制于墙体的尺寸[3]，管节接头安全程度有可能不足。记忆支座起到了补偿地质信息不确定性的作用，甚至将不确定的信息转变成了确定的结构安全的冗余量。

6 沉管隧道最终接头新工法

最终接头位于 E29 与 E30 之间，底板水深 27.9 m，海上作业受到波浪与海流的影响。经调研[6]已有的 5 种工法（围堰法、止水板法、日本川崎航道沉管隧道工程开发的终端块法、大阪港口关州沉管隧道开发的 V 形块法及 Key 管节法）都不适用于本工程，因为之前的工法都不能够主动地进行最终接头与相邻管节的连接与止水。

本工程开发了"可折叠"的最终接头技术。把最终接头做成一个整体，运输与沉放时，其纵向尺寸小于其最终状态的尺寸，对接时，其自身能沿纵向展开直至接触相邻的管节。构造组成见图 10，最终接头的结构设置两个可伸缩的小梁来实现与相邻管节的接触与必要时的分离。该小梁被设置在主体结构的外缘以给隧道内部的永久连接结构留出充裕的施工空间。并且，接头的端部设置止水系统以实现永久连接结构施工时的干环境。

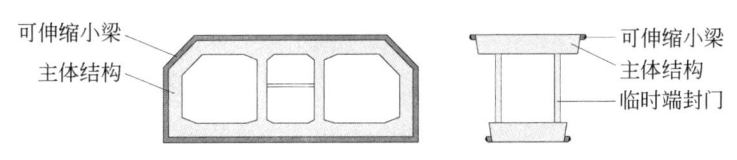

图 10 最终接头新工法的可折叠管节概念

工作步骤见图 11。概述如下：①在岸上预制结构与舾装。②用浮吊将整体式的最终接头结构下放至基床（图 12）。③接头两端的小梁伸出与相邻管节接触；从而形成一个水密结合腔。④腔内排水。⑤施工人员从隧道内焊接钢板与注浆（混凝土）实现永久连接。

更详细的技术描述见文献 [7]。

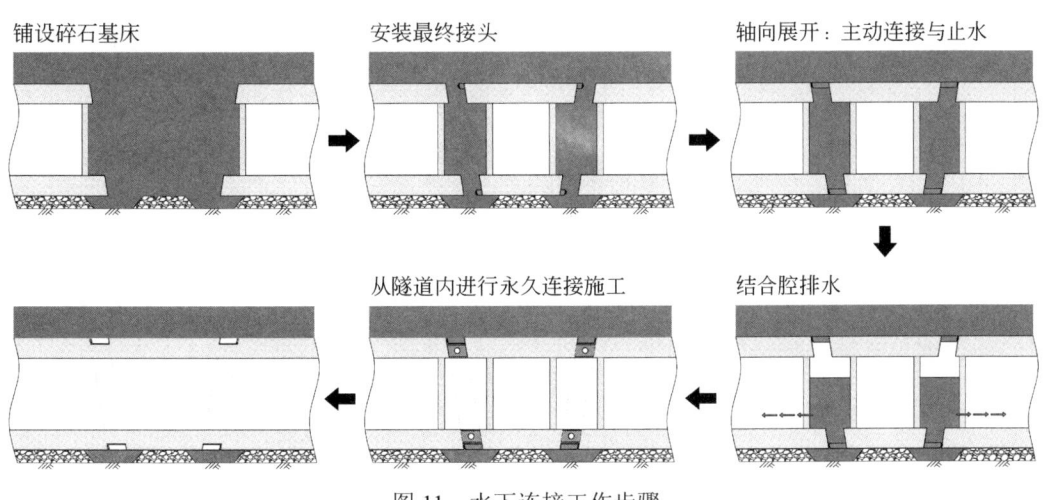

图 11 水下连接工作步骤

图 12　12 000 t 全回转浮吊安装最终接头

该技术有三个优点。①海上作业时间短。本工程实际安装最终接头的时间不到 1 d。比较而言，止水板法用于本工程估计需要 8 个月的海上作业。因此，施工风险随着海上作业（特别是潜水作业）时间的大幅度减少而降低。②主动地连接与止水。操作千斤顶来完成对接及止水带的压缩。③操作是可逆的，从而隧道线形更加可控。实际施工中我们完成了对接，从隧道内部进行测量以后，发现最终接头与相邻管节的横向错位达到 10 cm。虽然可接受但是我们还是将连接部位重新灌满水，将接头缩回，再将该最终接头稍微抬起，重新进行了一次对接。其结果是，不但将横向错位的偏差缩减至 2 cm。这也验证了这种最终接头重新对接的能力。

但是该技术也有三个难点。①需要用到大型浮吊设备，本工程用的是 12 000 t 的全回转浮吊，吃水大，对于水深不足的沉管隧道安装区域无法使用。②局部存在不均匀的地基刚度。最终接头的纵向长度底板只有约 9.6 m，顶板约 12 m，尽管设置了端封门，它的浮力仍然远小于它的自重，不能像沉管管节在水中一样做到重量平衡。所以它对地基的压力约为它的相邻的管节的 30 倍。需要对两边的管节预先超载及对接头底部进行压浆。③可折叠管节的两端的可伸缩接头上各配置了 27 个千斤顶，在本工程无法被回收。

对于前两个难点，建议将最终接头的纵向长度做到与管节等长，或者至少长到它能否满足两个条件：一是在浸入水中后，自身的浮力能够完全抵消自重；二是它能够与普通管节共享安装设备。换言之，就是不再预留最终接头的间隙，而是把最后安装的一个管节的两端配置可伸缩的接头，从而把它当作最终接头来安装，即最终接头与管节的一体化。对于最后一个难点，考虑千斤顶的回收。两个可行的优化概念方案见图 13。将千斤顶设在端封门内侧牛腿的对应位置，或者设在结构内侧。千斤顶的拆除工作可在对接、排水，部分永久连接安装了以后再进行。

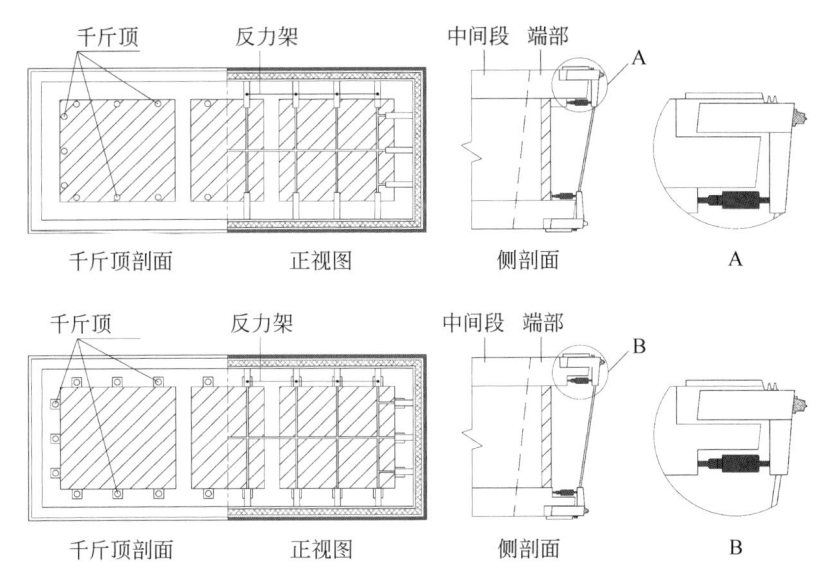

图 13　可伸缩接头的构造改良概念图

7　沉管预制厂

工厂选址始于 2008 年，比较了周边的 6 处地址，最终选择了距离隧址最近的桂山岛上的废弃采石场，并且采用厄勒海峡沉管隧道首创的工厂法来预制 33 个沉管管节。工厂被划分为生产、管理、生活三个区域，总平面见图 14，总占地面 560 000 m^2，员工 1200 名。

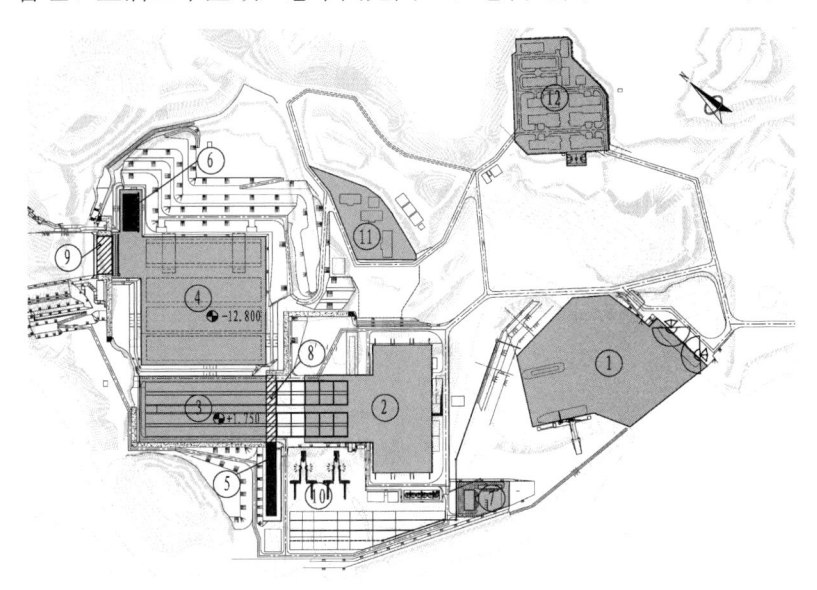

图 14　管节预制厂平面图

1：码头区；2：预制区；3：浅坞区；4：深坞区；5：滑移门（开启）；6：浮坞门（开启）；7：试验区；
8：滑移区（关闭）；9：浮坞门（开启）；10：混凝土搅拌站；11：办公区；12：生活区

管节预制的速度需要与安装速度匹配,后者为每月 1 节。通过设置 2 条预制生产线平行作业,每 2 个月生产 2 节管节来与之匹配。生产线上的关键线路是钢筋绑扎、模板安装与混凝土浇筑。其中,钢筋绑扎工序控制分拆为底板、侧墙、顶板三个单元以实现流水作业。

沉管管节的壁厚 1.5 m,单个节段一次浇筑的方量 3400 m^3,采用如图 15 所示的全断面同时浇筑,并且创新地采用了标准化的自然控裂方案,总结见表 1。其中标准化管理见图 16。工程实现了在不采用冷却水管条件下,近百万平方米混凝土的浇筑无裂缝。

图 15　全断面浇筑

(a)　　(b)

(c)　　(d)

(e)   (f)

图 16 标准化管理

表 1 港珠澳大桥岛隧工程沉管控裂体系

总结	策略
两个前提	一、全断面浇筑（图 15） 二、标准化环境（图 16）
三项措施	一、控制入模温度（≤25℃） 二、优化配合比要求： 低水泥量、低水胶比、低胶材量 三、实现均匀性工艺： 控制计量精度——原材料均匀； 控制搅拌时长——拌和物均匀； 控制浇筑强度——施工控制均匀

每个节段的混凝土浇筑完成后下道工序是顶推，最终需要将重达 78 000 t 的管节向前整体顶推约 120 m 到达浅坞区。在管节的 4 道墙的下方对应的设置了 4 条轨道，创新地采用了多点支撑分散顶推的方案（图 17）。系统顶推速度达到 0.13 m/min，轴线偏差控制在 5 mm 以内。而且，在该预制厂首次实现了 5 节平面曲率半径 5500 m 的曲线沉管管节的顶推。顶推技术详见文献［7］。

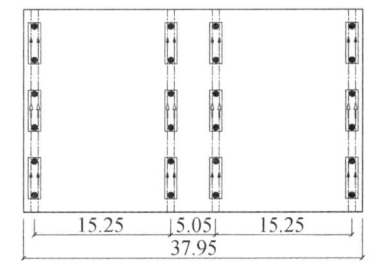

图 17 节段底部顶推千斤顶布置示意

舾装[8,9]在浅坞区进行。深坞区可以存放 4 节管节以调和实际预制速度与安装速度中必然存在的差异。浅坞区与预制厂之间的滑移坞门为总重 750 t 的钢结构。坞门的宽度约100 m，采用正三角形断面从而利用水压自稳（图18）。滑移作业周期30~40 h。深坞区的浮坞门为重力式结构，宽60 m重13 000 t（图19）。

图18 浅坞区的滑移门

图19 深坞区的重力式浮坞门

8 沉管管节的安装

管节拖运的天然水深不足，所以管节只能在受限的航道中进行拖运[10]。一旦管节失控，前文已述工程区域海上交通繁忙，不但工程损失大，而且对工程区域的海上交通可能造成极大阻碍。为了降低拖运风险，采用由10余艘海事艇护航，以及4+8艘拖轮的拖运方案（图20）。4艘拖轮与管节直接连接，前后各2艘；额外的8艘拖轮随航，在出现较大的横流时通过顶推管节上方的安装船的方式来协助控制管节的姿态。此外，开发了浮运导航系统，在拖运过程中实时地监测管节及所有拖轮的位置，并且将数据显示在安装船的拖运指挥室中及所有拖轮上。从而指挥室中的主船长的命令可以清晰、无误地传递给各个拖轮上的船长。尽管如此，同时控制12艘船操控78 000 t的管节对于有丰富的外海拖航大船经验的船长仍然是个挑战，因此在正式拖航前，先后进行了4次拖航演练（拖运同等质量吃水浅的驳船）来熟练配合，并校验新开发的导航系统。

管节系泊时，它的轴线方向与海流方向垂直，所以管节的迎流面积大，系泊时的最大流速可达到0.8 m/s。管节总共设置8根系泊缆，采用65 mm直径钢丝缆，钢丝缆与安

图 20 E30 管节浮运：最后一个安装的管节

装船上的额定荷载 120 t 的绞车连接。此外 4 艘拖轮在旁边不抛锚待命，在出现意外情况或流速过大时协助抗流。

前文已述本工程沉管隧道中间段的水下开挖的基槽的高度达到 30 m，这带来两个风险。①槽内垂向的水流观测发现槽底的流速甚至可能大于表层的流速，导致 E10 管节安装的横向错边约 10 cm，比预期的大。这件事发生之后，补充了沉管管节对接的预报与预警系统，并将管节对接的时机选择在预报基槽底层流速最小的时候。②回淤的速率较快，甚至发生一天内的骤淤。其原因一方面是因为深槽，另一方面是因为上游的采砂作业。E15 管节在浮运过程中观察到了回淤，无法继续进行安装而返航，直到第 3 次浮运管节才安装成功。后续管节的安装过程中开发了回淤预报系统，以及前文所述的专用清淤装置来解决碎石垫层表面的骤淤问题。

33 个管节进行了 35 次安装，未发生安全事故。

9 其 他

项目开发了焊接止水与组装式的端封门，每个端封门周转使用了 5~6 次且用于管节沉放时未发现漏水。管节沉放时不仅监控与预测波流与天气，而且对管节的运动的速度、位移与加速度进行了实时的监控，通过预先安装在管节内部的加速度仪采集数据并进行实时分析。管节的首端采用无线声呐定位，尾端采用测量塔定位，平面定位精度分别可以达到 10 cm 与 5 cm。此外，隧道内的长距离贯通测量的精度达到 5 cm。从而，基于上述精度及隧道的线形管理策略[11]，E5 管节以后安装的 28 个管节实现了免精调。针对 E31~E32 管节接头的异常沉降创造了密闭腔压浆抬升管节的工法[12]。

2013 年超强台风"海燕"袭击南太平洋以后，针对灾害性天气的发展趋势优化工程防灾设计，全面提升了工程的防灾能力。建设期间工程成功经受了强台风"天鸽"的正面袭击。

本工程始终坚持先验证、再实施的工作方法，建设期间总承包方共开展了 140 多项试验研究,包括碎石垫层纳淤机理与能力试验,碎石垫层摩擦力试验[13],管节原型拖航试验[14]。

从 2013 年 5 月 E1 管节安装至今(2018 年 3 月)实现了滴水不漏[15]。作者认为,这既归功于沉管基础与半刚性管节的技术创新,前者限制了沉降,后者限制了节段接头的张开,又归功于工程的标准化管理,混凝土控裂体系及水下基础施工质量的严格控制。

参 考 文 献

[1] 林鸣,刘晓东,林巍,等. 沉管隧道规划综述[J]. 中国港湾建设,2017,37(1):1-7.

[2] 林鸣,林巍,王汝凯,等. 人工岛快速成岛技术——深插大直径钢圆筒与副格[J]. 水道港口,2018,39(S2):32-41.

[3] 林鸣,林巍. 沉管隧道结构选型的原理和方法[J]. 中国港湾建设,2016,36(1):1-5,36.

[4] 林鸣,刘晓东,林巍,等. 沉管隧道半刚性管节结构[J]. 水道港口,2018,39(S2):1-13.

[5] 林鸣,林巍,尹海卿,等. 记忆支座——沉管隧道管节接头差异沉降问题解决方案[J]. 中国港湾建设,2018,38(6):1-8.

[6] 林鸣,林巍,刘晓东,等. 整体式主动止水最终接头技术及其与沉管管节的一体化[J]. 中国港湾建设,2017,(11):1-11.

[7] 林巍,王晓东,董政,等. 沉管隧道 76000 吨管节多点式分段顶推[J]. 水道港口,2018,39(S2):43-48.

[8] 林巍. 港珠澳大桥沉管隧道管节压舱水系统[J]. 中国港湾建设,2014,(2):11-16,44.

[9] 林巍. 沉管隧道临时辅助安装设施探讨[J]. 现代隧道技术,2015,52(5):192-199.

[10] 林巍,林鸣,花田幸生,等. 沉管隧道管节出坞、拖航、系泊与沉放准备关键问题[J]. 水道港口,2018,39(S2):49-53.

[11] 林巍,尹海卿,林鸣,等. 沉管隧道线形管理[J]. 水道港口,2018,39(S2):66-73.

[12] 林鸣,梁桁,林巍,等. 沉管密闭腔抬升方法的构想与实践[J]. 水道港口,2017,38(3):217-222.

[13] 林巍,尹海卿,张建军,等. 沉管隧道混凝土管节与碎石基床摩阻力原型观测与试验[J]. 水道港口,2018,39(S2):54-60.

[14] 林鸣,林巍,黄维民,等. 沉管隧道管节拖航水阻力原型试验[J]. 水道港口,2018,39(S2):14-22.

[15] 林鸣,林巍,李哈汀,等. 港珠澳大桥沉管隧道运行情况[J]. 中国港湾建设,2018,38(1):1-6.

人工岛快速成岛技术——深插大直径钢圆筒与副格[*]

林 鸣[1]，林 巍[2]，王汝凯[3]，刘亚平[4]

（1. 中国交通建设集团有限公司，北京；2. 中交公路规划设计院有限公司，北京；
3. 中交第四航务工程勘察设计院有限公司，广州；4. 中交第一航务工程局有限公司，天津）

摘 要：作者在港珠澳大桥岛隧工程提出了快速成岛的构想，通过深插大直径钢圆筒与副格的技术，将成岛时间从 2.5 年缩短至 8 个月。该技术成功实施以后，被拓展到了其他的工程，如深圳与海南的筑岛工程。当今的工程师，为了解决好工程问题，需比以往任何时候面对着更多的挑战与创新的机遇。本文介绍了创新案例，包括创意的产生，转变成现实的过程和方法；并详细介绍钢圆筒的关键技术、案例与实践经验；最后，讨论该技术应用于不同条件的工程构想。

关键词：港珠澳大桥；钢圆筒；人工岛；沉管隧道

1 创意的产生

港珠澳大桥岛隧工程（简称岛隧工程）建成了两个面积 10 000 m² 外海人工岛（2018 年已完工，见图 1），两个岛建设位置的地基软土厚度 30～50 m（图 2），而岛上沉降需要控制，因为有建筑及岛上段隧道（图 1），岛上段隧道与沉管段相接。而且，工程地处中华白海豚国家级自然保护区核心保护区，且台风等恶劣天气高发；大桥水域每天的通航船舶超过 4000 艘。传统的抛石斜坡堤工法曾被作为筑岛方案（图 3）；该工法对于本工程而言施工周期长，通航安全风险大，如在开敞海域施工遇到台风恶劣天气，无掩护，成岛风险大。配套该工法，岛内还需要实施超过千米长度的地连墙作为深基坑维护结构，此外还需打设近万根的桩作为基础。这导致长时间的海上施工，而且需要花费巨额的投资。岛隧工程的两个人工岛加上 6.7 km 的海底隧道，政府计划总工期是 7 年。如果不设法突破传统筑岛方法，整体工期将不可能实现。

工程前期准备阶段，作者一直在思考工期突破的出路。在这之前，作者于 2000 年参观日本东京湾横断工程。该工程海中人工岛采用格型钢板桩的钢圆筒筑岛[1]，见图 4，作者对此印象极其深刻。直到 2007 年，作者形成了深插钢圆筒筑岛的构想。岛隧工程的海中人工岛的软土地基深厚，具有易插入、不透水的特点。钢圆筒可以实现工厂化制造。

---

[*] 本文曾刊登于《水道港口》2018 年增刊 2。

钢圆筒的直径只要足够大,并在打设后及时进行筒内回填,就能做一个"活"一个,工期有保证。而且,大型船舶的应用减少了对通航的干扰,施工安全更有保障。

(a) 东人工岛　　(b) 西人工岛

图 1　港珠澳大桥岛隧工程

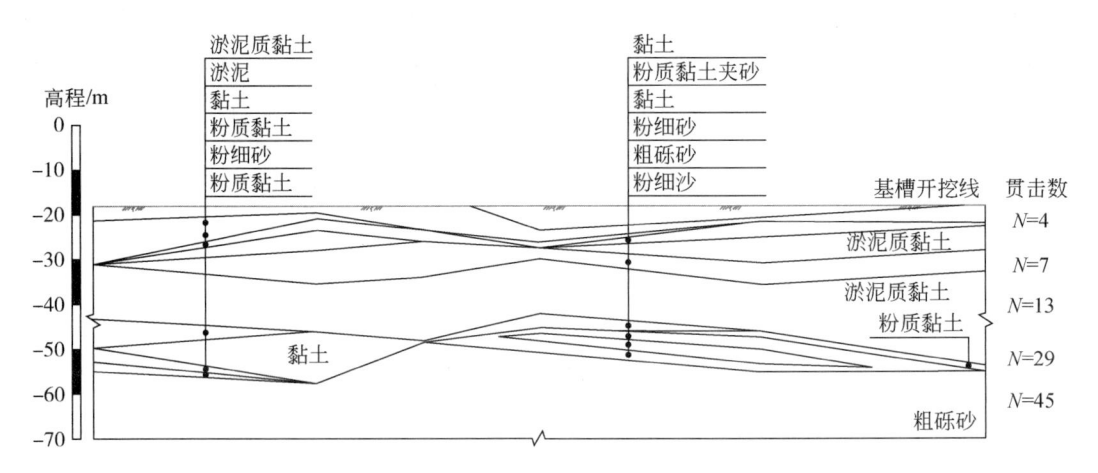

图 2　东人工岛地质剖面

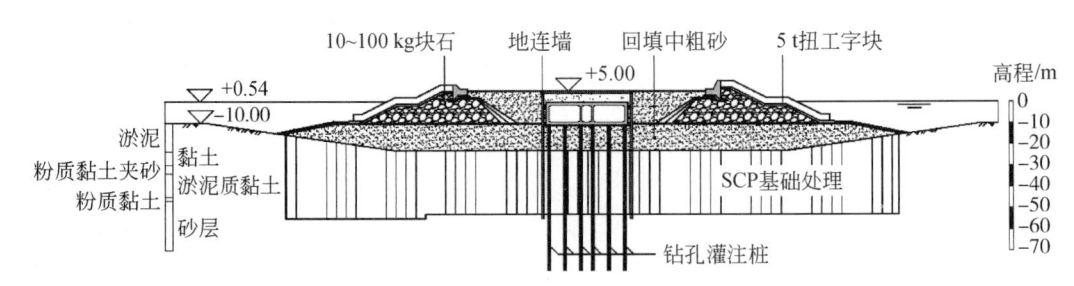

图 3　SCP 地基处理筑岛方案断面

2009 年初,开始方案论证,第一阶段进行了三个月的否定论证,结论是无法否定,但是提出了设计与分析、可打性与打设这三个难题。在第二阶段,用了半年的时间解决了这三个难题。之后,正式的设计在此基础上进行。第一个钢圆筒的打设在 2011 年 5 月 15 日。

该技术的开发在港珠澳大桥岛隧工程不仅加快了施工进度,降低了施工风险,还起到保护环境(减小对中华白海豚生存环境的影响),降低工程造价风险的作用。

图 4　东京湾横断工程人工岛

2　如何实现快

该工法将成岛的速度提升数倍的原因可归纳为三点。

1）岛体施工快。通过工业化与大型化，降低现场作业需要的时间。施工的控制工序是钢圆筒与副格的制造与运输。为确保这个环节的施工速度，比选了多家钢结构加工厂。最终选择了上海振华重工对钢圆筒进行加工与运输。上海振华重工可提供 6 万多平方米的平面厂房进行板单元加工，有两台 500 t 岸吊抬吊实现钢圆筒的整体转运，每月的加工能力超过 25 个。东、西两个人工岛总共需要打设 120 个钢圆筒，每两个钢圆筒之间连接两个副格，参考图 5。

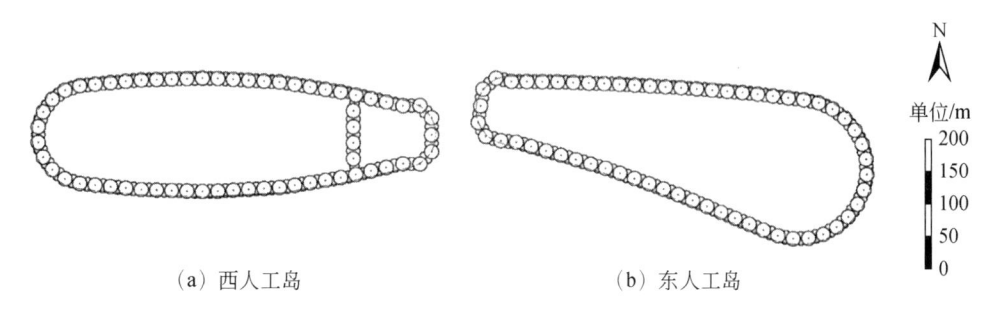

（a）西人工岛　　　　（b）东人工岛

图 5　岛体临时结构平面

2）基础施工快。通过大超载比联合降水堆载预压（图 6），同时打设塑料排水板，快速完成人工岛下方土体排水固结。基础处理用时约 100 d。相比传统筑岛方案，取消了大量的水上基础处理作业。

3）完成基础处理后，岛内的工后沉降可直接满足岛上建筑物的设计沉降要求，因而取消了岛上建筑及隧道暗埋段的桩基础。此外，隧道暗埋段施工需要在人工岛上开挖 -18m 的基坑。利用钢圆筒兼做海上基坑围护结构（图 7），既避免了超过千米长度的地连墙工程的施工、降低了风险，又优化了工序。

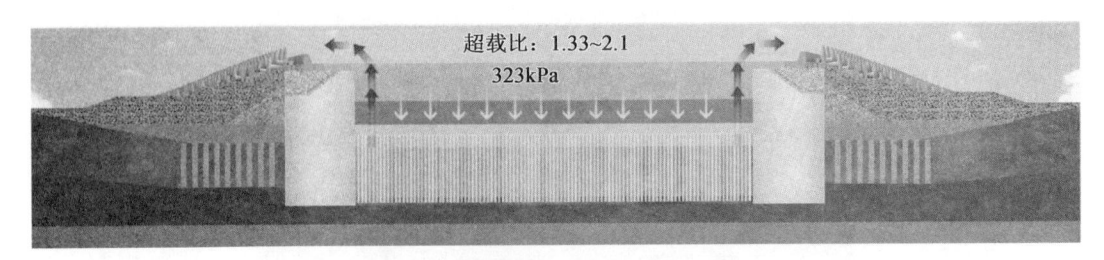

图 6　大超载比联合降水堆载预压

图 7　钢圆筒兼做海上基坑围护结构

需注意，排水固结的高效取决于钢圆筒形成的岛壁对水的阻断能力。钢圆筒与副格（及连接部位）能够阻水，它们底部的不透水层（低渗透率地层）也能隔水。其前提是岛壁的自稳且不被破坏。

3　将工程不利条件转化为有利条件

钢圆筒快速筑岛的工法概念见图 8a。与典型成岛工法图 8b 比较，可发现快速筑岛的特点：

1）软土被最大限度地保留了，并加以在两方面利用。一是不透水（或渗透系数低）；二是可以被钢圆筒深插，使得钢圆筒在外海环境下的稳定性有保障。

2）钢圆筒与副格组成的岛壁，既将海水隔离在岛外，又将永久岛壁的施工与岛内的施工隔离，实现了平行施工。因此，成岛的速度不再取决于永久岛壁及削浪结构的施工速度，只取决于钢圆筒与副格的制造与安装的速度。

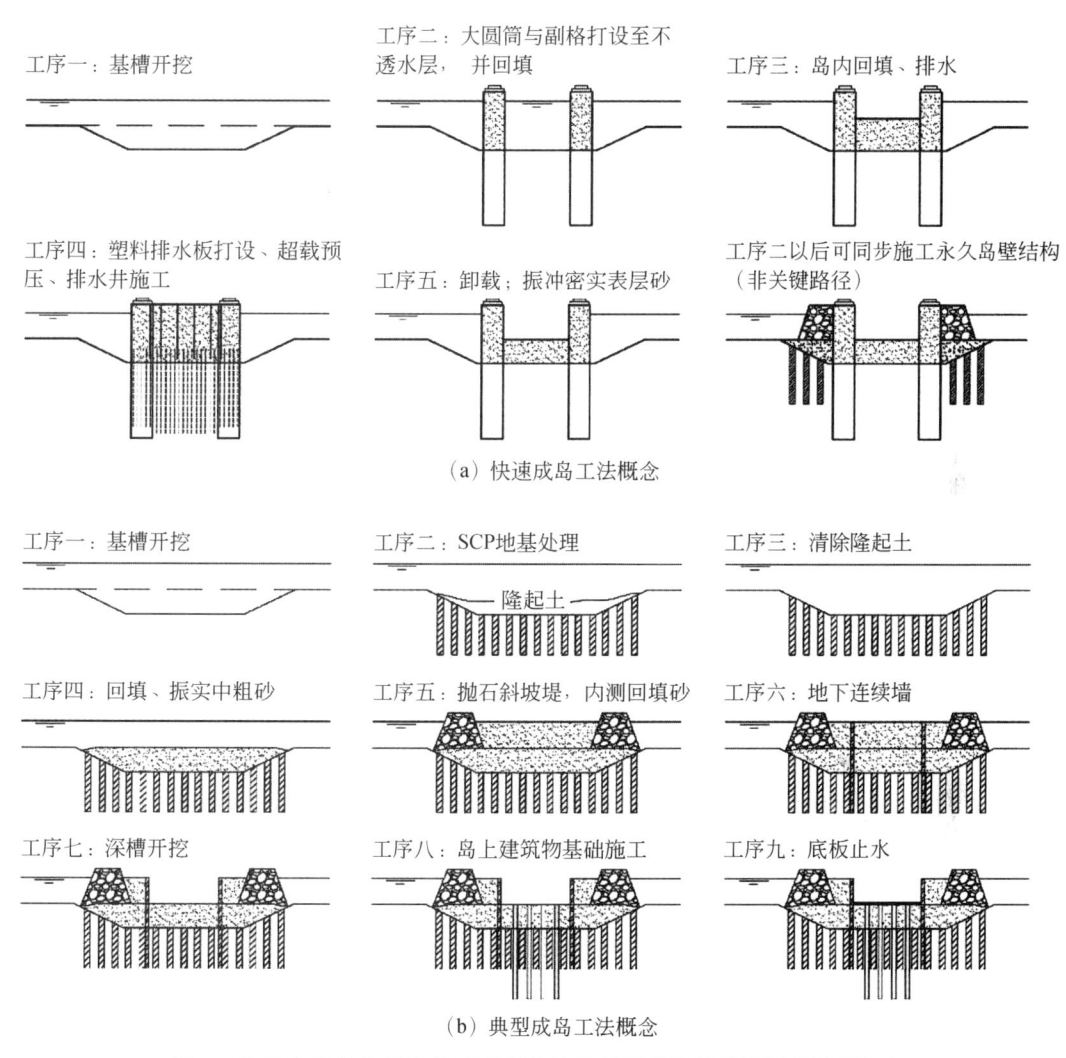

（a）快速成岛工法概念

（b）典型成岛工法概念

图 8 将软土当作有利条件或不利条件得到了两种截然不同的处置方案

总结上文，构想的产生建立在将不利条件转变为有利条件的工程思维。核心是跳出惯性思维。遇到水下深厚软土的情况，不是膝跳反射般地着手研究如何改良软土，而是思考软土的有利条件，能否与它共存？最终发现软土的缺点就是软土的优点：软土的软，不仅使得钢圆筒可以深插入以获得外海施工环境下的存活，而且插入到了不透水层，为岛内进行大超载比的快速固结提供了条件。

下文详述快速成岛的关键技术与成败细节。

4 钢圆筒

钢圆筒的特点，即快速成岛的需求，是它在外海环境下能够生存。生存的关键是它作为薄壁结构在海浪海流环境中保持稳定。钢圆筒的稳定既依靠筒内填充物的自重，又依靠底部的持力土层，所以钢圆筒的稳定性取决于它的直径，插入土层的深度，以及土层的物理参数。所以有两个确保存活的重要措施，一是在钢圆筒施工安全窗口期内及时完成筒内填砂，二是回填砂的顶面需要设置临时反滤措施避免筒内的砂被海浪掏空。在海南三亚某工程打设的钢圆筒未覆盖反滤层，遭遇异常天气导致砂被掏蚀，并最终导致钢圆筒损坏。该经验值得被记住。其他需要关注的影响因素包括岛内的回填、降水、超载及卸载过程中产生的内外的不平衡的侧向土压力的变化。

关于钢圆筒的尺寸应注意：

1）从工业化、大型化的角度，钢圆筒的直径越大，需要的钢圆筒数量就越少，则现场打设的次数减少，作业的效率提高。

2）从风险角度，钢圆筒直径越大，稳定性就越好，所插入深度的要求可以降低。浅插利于打设，且降低钢圆筒打偏的地质风险。但是，直径越大，地基刚度的变异性与地基的不确定性也会增加。直径大，回填量大，要求回填窗口期长，也会加大工程风险。

3）从用钢量角度，钢圆筒直径越大，为得到同等水平的刚度，壁厚较厚。

所以，钢圆筒构造尺寸的确定，是一个不断优化的过程。

岛隧工程的钢圆筒结构如图 9 所示。高度 40.5～50.5 mm，直径 22.0 m（计算稳定所需最小直径为 20 m），打入后筒顶的高程+3.5 m，筒底高程-37.0～-47.0 m。筒壁厚度 16 mm，除了局部加厚。单个钢圆筒的质量 445～507 t。打入时，为了竖向传力，钢圆筒顶部设置竖向型钢与环向钢板——这部分不入土。为避免钢圆筒的顶部离振动锤近的部位发生屈服，顶部竖向 1 m 的范围的筒壁加厚至 25 mm。为了破土，底部竖向 0.5 m 范围的筒壁也加厚至 25 mm。

单个钢圆筒的稳定性验算中交第四航务工程勘察设计院有限公司借鉴了 OCDI 的经验公式[2]；整体稳定性验算考虑了每一步施工荷载的变化，中交第四航务工程勘察设计院有限公司采用 Plaxis 软件验算（图 10）。钢圆筒的结构验算工况是打入产生的动荷载，以及回填产生的侧土压力。此外，钢圆筒在运输过程中，需要具备一定刚度。由于钢圆筒在岛隧工程只用于人工岛的临时岛壁，未进行预留腐蚀厚度等防腐蚀处理。

岛隧工程的钢圆筒之间的净间距被设置为 2 m，主要是为便于副格的插入，副格的插入需要容忍钢圆筒打设的偏位。

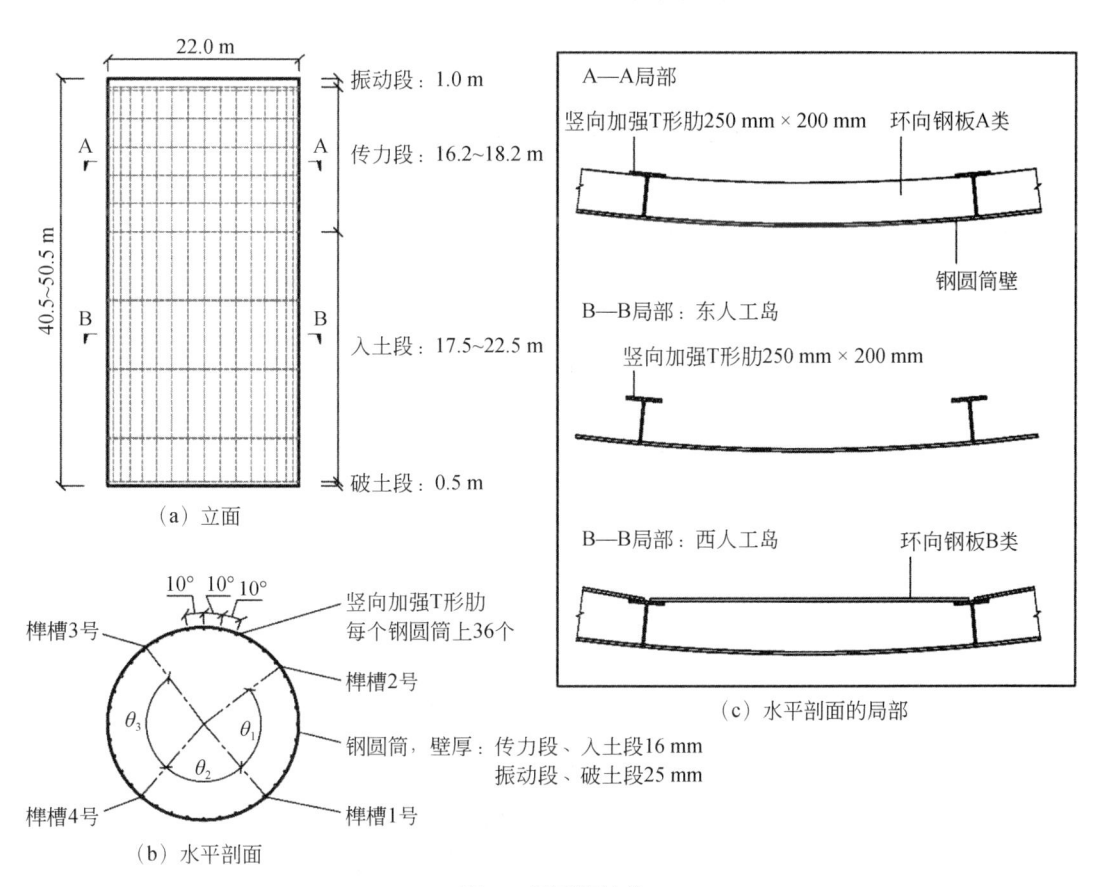

图 9 钢圆筒结构

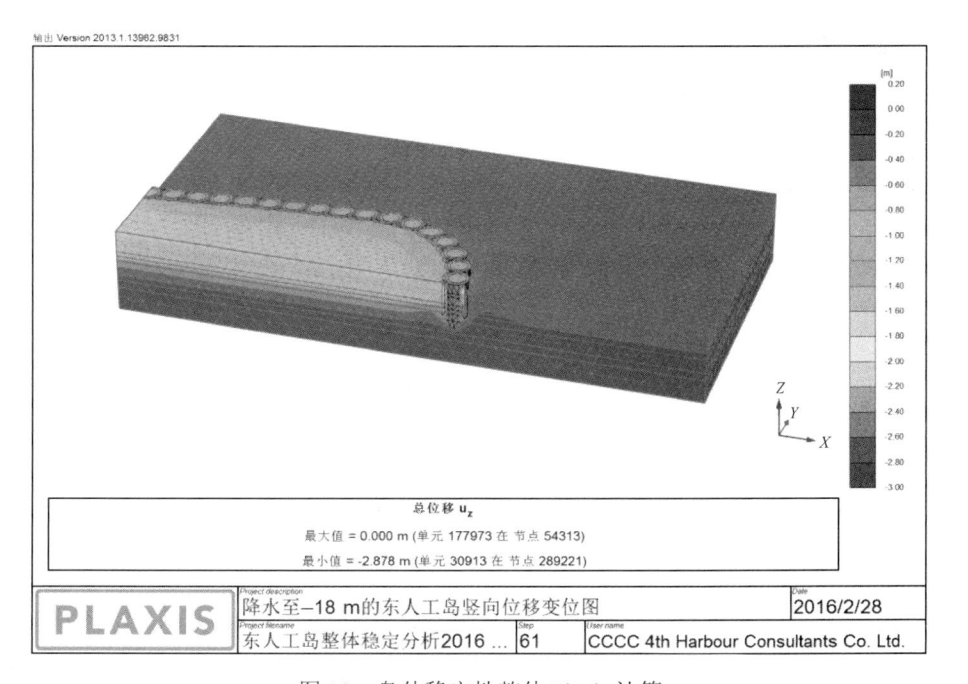

图 10 岛体稳定性整体 Plaxis 计算

5 副格（整体式圆弧钢板）

副格的作用，是通过与钢圆筒的连接，将岛壁连成一个整体，内外隔水。所以，副格需要被插入至地基的不透水层。当然，钢圆筒也要被插入至不透水层，但是在岛隧工程的条件下，钢圆筒为了岛壁稳定而被插入得更深。

为了实现最高的施工效率（前文已述通过大型化来减少海上作业的时间），副格采用整体式的圆弧钢板。这是新技术，其他已有的方式包括格形钢板桩、V 形钢板桩或锁口钢板桩。副格的打设本身是一个挑战，同时副格的打设还需要适应先打设的钢圆筒的偏差，偏差来自钢圆筒的扭转、倾斜，以及平面偏位。因此，为了验证副格打设方案的可行性，在天津的陆地上做了一个足尺试验，这在后文详述。

岛隧工程的副格构造如图 11 所示。与钢圆筒类似，副格在运输与打设时需要具备一定的刚度。

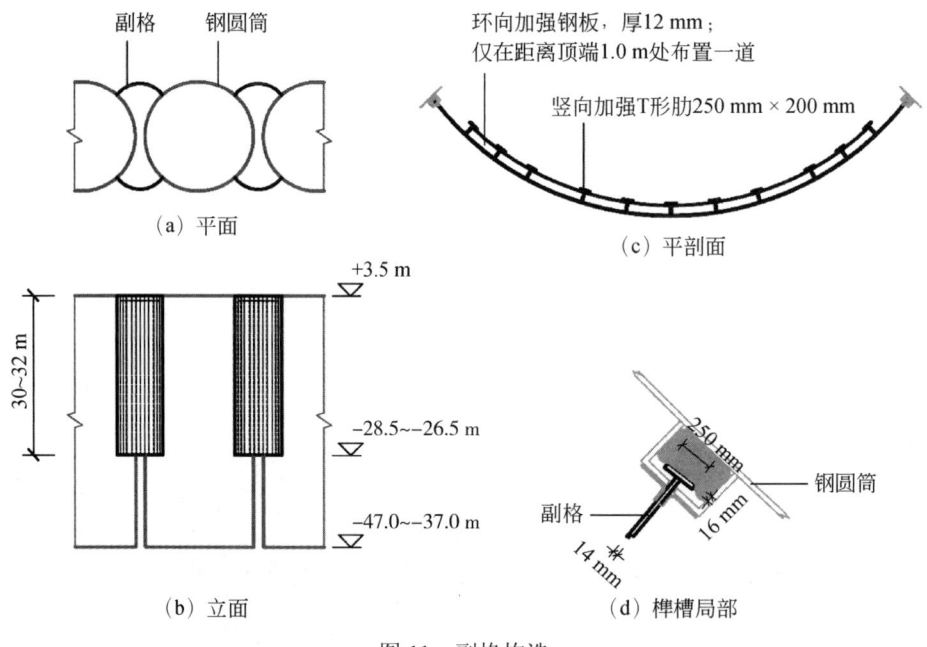

图 11 副格构造

6 连接与止水构造

钢圆筒与副格的连接构造，需要止水与适应副格可插入的能力。

比选了榫槽、锁口桩、组合式三种连接构造[3]，见图 12。考虑钢圆筒的打设偏差的适应性与止水效果，选择了图 12a。在钢圆筒之间的两个副格的内部填砂以后，副格上的侧压力令连接部位（图 11d）受拉，副格端部的 T 头在榫槽内后退，让出空间来实施止水构造。

通过观察渗水量比选用于止水的填充材料，最终选择了膜袋+膨胀砂浆的止水方式（图 13）。防渗胶皮也能阻挡止水材料渗出榫槽。

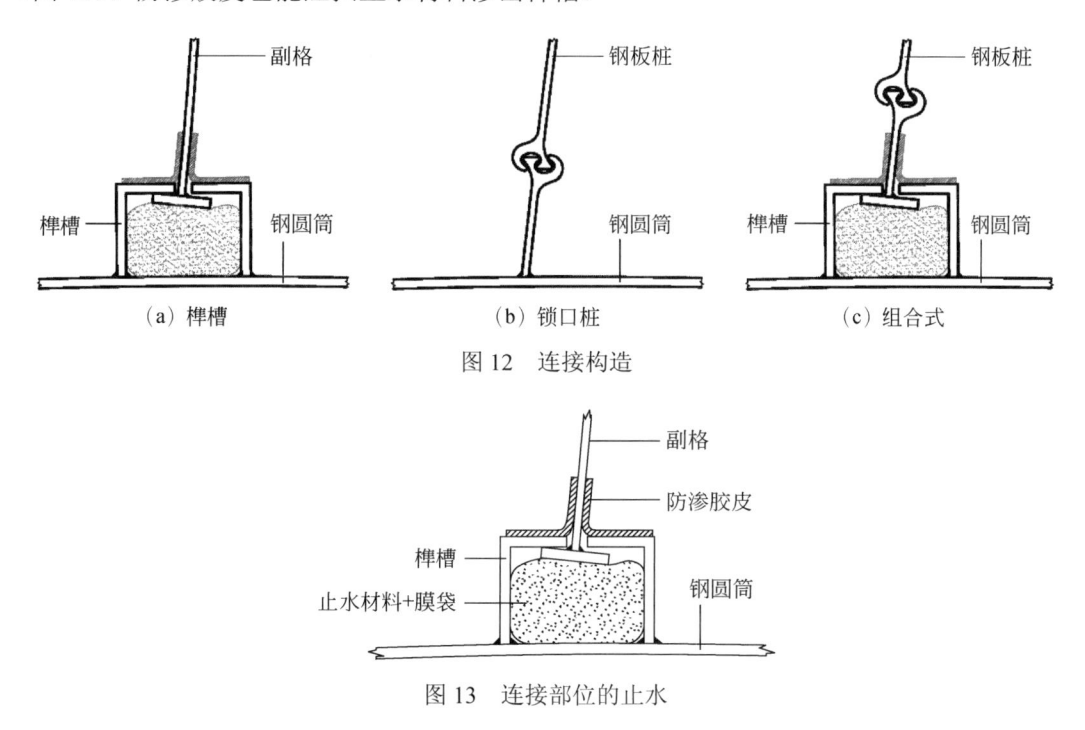

（a）榫槽　　　　（b）锁口桩　　　　（c）组合式

图 12　连接构造

图 13　连接部位的止水

7　天津副格试验

副格作为圆弧薄壁的新颖结构，能够被顺利地插入榫槽与打入地层是关键。岛隧工程遵循"试验先行"的原则，在副格打设施工之前，先在天津的陆地上做了一个试验。

试验的首要目的，是验证副格插与打的可行性，监测副格的应变，确保在打设过程与体内填砂过程中的结构的安全度。其次，试验还达到以下目的，通过比选大小两种尺寸的榫槽（即副格与钢圆筒的连接部位）；验证防渗胶皮与榫槽（图 13）打入后的完好性；比较超细水泥、沥青类、膨润土的止水效果；比较了 12 mm、14 mm、16 mm 不同壁厚的副格；分析副格穿过不同土层时的打设效率。榫槽的渗水量数据可帮助决定岛内地基处理的超载预压阶段所需的维护抽水能力。

试验场所的选址原则是地质条件比现场更不利。对于副格插入的土层，通过地质勘查将地质与工程现场的作比较，确保副格在试验场地打设时受到的土体摩擦力不小于它在现场打设时受到的摩擦力。

基于上述原则，足尺试验的总体布置见图 14。按等边三角形的布置打入三根长 30 m 钢管桩，从而可进行三组对比试验。为了模拟实际会出现的钢圆筒的打设偏差，打桩时设置了平面偏位与倾斜，见图 15。但是，因为地质不均东人工岛部分钢圆筒的倾斜度远超出了天津试验的倾斜度上限的假设，因此补充了大倾斜度试验，这在后文叙述。桩被打入前，每根桩上都预先焊接好榫槽并装好防渗胶皮。为了确保副格打设时（图 16）钢管桩的水平位置是固定的，用水平钢管将三根桩连接在一起。副格的打设深度设置为 21 m，涵盖了岛隧工程的副格打入不透水层所需要的最大深度。为增加打设难度，还在地表铺设 2 m 厚的碎石层，碎石粒径为 30~50 mm。三片副格全打设完以后，它们围成了一个封闭的筒，往筒内填满砂（图 14b）。填砂后副格受拉，检查副格在最大侧土压力下的结构应变。再在连接部位的空当内施工止水填充。往副格中间灌水（图 17a），以检查副格与钢管桩连接部位的止水效果；通过在副格外设置连通的透明管观察水位（图 17b），基于水位的变化速率了解连接部位单位时间的渗透量。

（a）试验照片　　　　（b）试验平面布置

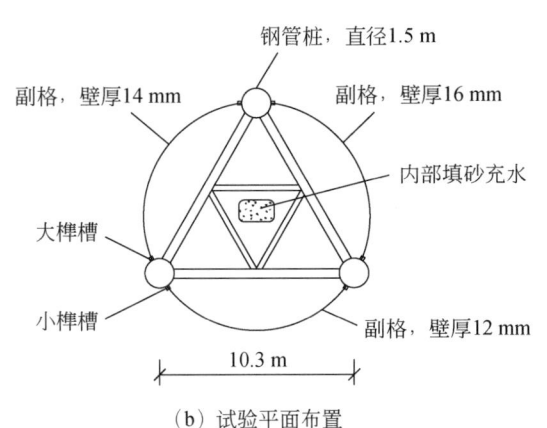

图 14　足尺试验的总体布置

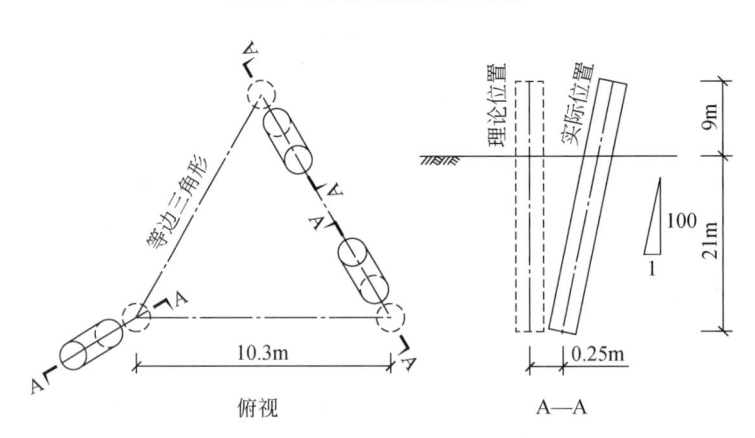

图 15　打桩模拟钢圆筒打设平面偏差与倾斜角度

图 16 副格在陆上打设的试验

（a）灌水　　（b）水位检查透明管

图 17 副格处检测

试验观察到，三片不同厚度的副格振沉的用时均较短，为 11~18 min。16 mm 壁厚的副格的打设记录见表 1。12 mm 壁厚的副格打设时，底部的挡水胶皮与钢板摩擦后燃烧。16 mm 厚的副格打设完成的 2 d 之后又对它进行上拔试验，上拔高度 1.8 m，用时 7 min，验证了设备上拔副格的能力。

表 1 副格打设记录

土层	持续时间	下沉高度 /m	下沉速度 /(m/min)	吊重 /t	平均振幅 /mm	发动机转速 /(r/min)	振频 （vpm）	宽榫槽温度 /℃
碎石层	45 s	2	2.660	21	3.5	1 200	986	15
黏土	2 min14 s	3	1.343	18.5	3.2	1 300	1 068	29
粉土	3 min10 s	1.8	0.568	20.5	2	1 600	1 314	56
粉土黏土互层	5 min11 s	5.2	1.003	19.5	4.5	1 800	1 478	85
合计	11 min20 s	12						

注：副格壁厚 16 mm；质量 42.57 t；自由下沉 0.05 m；振沉时间 2011 年 3 月 1 日 13 点 52 分 30 秒至 14 点 3 分 50 秒。

8 制　　造

钢圆筒的制造是决定成岛效率的关键工序。它被分为上、下两段筒体分别组装（图 18a），再整体拼装（图 18b）。单段筒体竖向等分成 6 块板单元，每块宽约 11.5 m。下段筒体固定高度 20.9 m；上段筒体的高度根据钢圆筒的设计总高度而确定。考虑它自身的可打性，以及连接它的副格的可插入性，钢圆筒制造时，要求将它的整体垂直度控制在 0.1%以内。

（a）单元制造 　　　　（b）组装

（c）工厂内整体倒运

图 18　钢圆筒制造

9 运　　输

由于装有钢圆筒的船舶的受风面积大，需要确保船舶能顶风航行。钢圆筒在运输期间需要封固，如图 19 所示，运输前在每个钢圆筒的底部焊接 36 块加固板，间距为环向 10°。

并且，通过验算船舶的运动惯性力及风力的作用下，钢圆筒及封固的结构应力，分析结果表明运输时船舶可接受的最大风速是 8 级风（17.2～20.7 m/s）。运输时基于全球海运服务的天气预报系统，选择适宜的运输路径，绕开途中不满足要求的气象与海况的区域。

关于副格的装船，通过选择适宜的起重机械、吊杆与吊索，避免副格在搬运过程中发生塑性变形，见图 20。

（a）钢圆筒水上运输　　　　（b）钢圆筒的底部封固环向布置36个连接钢板

图 19　钢圆筒封固

图 20　副格起吊

10　钢圆筒运输船在打设现场的驻位

8 万 t 运输船需配合工程施工，其定位是一个难点。运输船体型巨大，钢圆筒卸载前，受风面积大，采用常规系泊走锚的风险极大。另一个不利条件是人工岛周围水浅，而运输船吃水深。

综上考虑，运输船改为在固定位置驻位，每个人工岛选择一个位置，打设船施工时通过的铰移来取钢圆筒（图21a、图21b）。为了确保水深，在人工岛附近专门开挖一个运输船驻位的水下基槽。4个165 t的素混凝土块被放入槽底，并被覆盖5 m厚的砂来确保足够的锚定力。每个混凝土块通过约500 m长的锚链连接至海上的浮筒，浮筒上设置拉环。

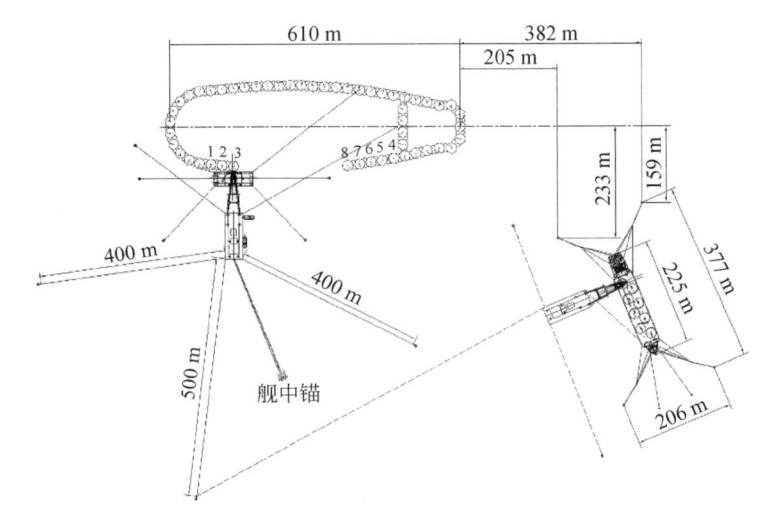

（a）打设船绞移典型工法平面

（b）打设船铰移到位后从运输船取钢圆筒

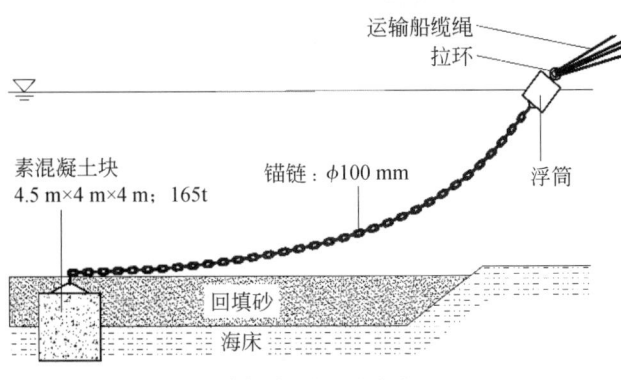

（c）锚点的固定方案

图21 运输船的驻位

运输船到位以后，船上的多根缆绳与 4 个浮筒的拉环连接。见图 21c。然而，在一次大风时锚定失效，运输船被风刮至外海，幸好未造成损失。后续工程中将混凝土块质量增大至 225 t，并将埋深增加至 10 m。

11　钢圆筒及副格的打设

先打设钢圆筒（图 22a），再在钢圆筒之间插入与打设副格（图 22b）。

(a) 钢圆筒振沉　　　(b) 副格振沉

图 22　钢圆筒副格的打设

将直径 22 m、高度大于 40 m 的钢圆筒打入土层是世界首次。前文已述钢圆筒为了存活需要被深插，在岛隧工程的地质条件下，钢圆筒打入既定高程需要克服约 20 000 kN 的侧壁摩擦力（钢圆筒下沉的端部阻力小，因为它是薄壁结构，用少部分的自重就可克服端部阻力），为了克服侧壁摩擦力，采用了 8 个 APE600 型液压振动锤进行钢圆筒的打设，总的激振力达到 38 640 kN（副格的打设采用 2 个液压振动锤），配置见表 2。东、西两个人工岛的钢圆筒的打设过程中，根据动力柜发动机范围实际转速推算的激振力统计见图 23，可见与预计的总激振力比较仍有一些安全富余。东人工岛由于地质差异大，激振力分布比西人工岛不均匀。而且，东人工岛北侧的钢圆筒的打设普遍较困难，有一个钢圆筒的高程比设想值高了 3m。东人工岛、西人工岛钢圆筒打设的平均时间统计见表 3。

西人工岛的副格的打设速率平均为 1.2~1.8 m/min，东人工岛为 0.4~1.6 m/min。

表 2　液压振动锤系统参数表

主要项目	2 台 APE200；副格打设	8 台 APE600；钢圆筒打设
激振力/kN	4 550	38 640
功率/kW	—	5 371.2
偏心矩/(kg·m)	150	1 840
重量/t	20	184

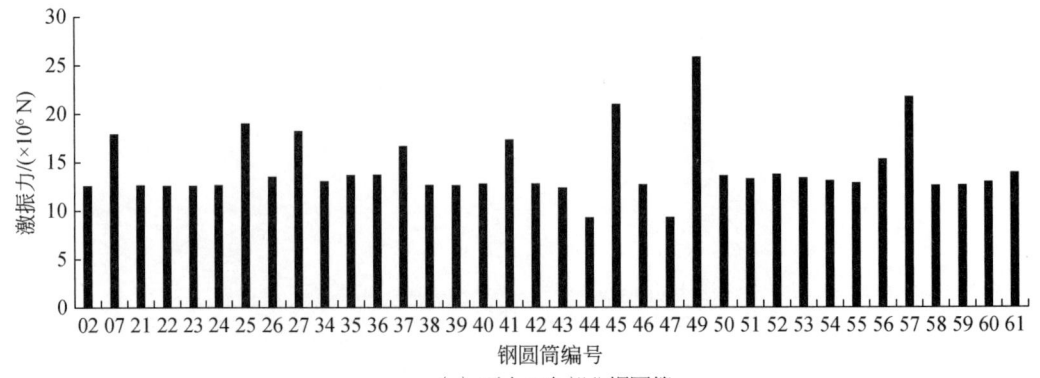

(a) 西人工岛部分钢圆筒

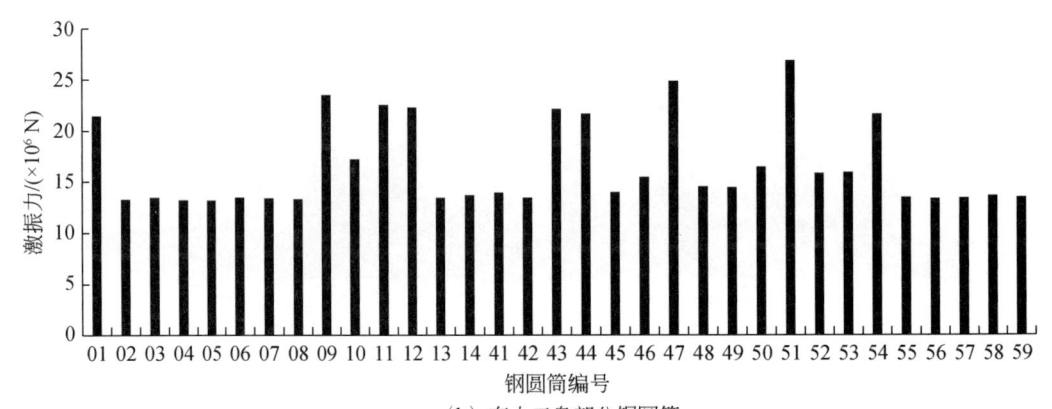

(b) 东人工岛部分钢圆筒

图 23　钢圆筒打设实际激振力计算

表 3　单筒平均施工时间统计　　　　　　　　（单位：min）

起重船移船	起吊钢圆筒	钢圆筒定位	钢圆筒自沉	钢圆筒振沉	合计
65	61	87	54	7	274

考虑副格的可插入性及连接部位的止水，钢圆筒的竖向倾斜度需要被控制。策略是"减压打设"，即钢圆筒打设过程中，钩头始终保持较大的吊力，这部分力与钢圆筒的大部分的自重平衡，起到导向作用。钢圆筒剩余的自重用来破土，即克服钢圆筒底端的土阻力。在西人工岛位置，地基土层相对均匀，打设时的倾斜度控制在 0.2% 以内。但是，在东人工岛位置，由于土层不均（该地质更有普遍性与代表性，且含透晶体），即使减压

打设（甚至在每个钢圆筒打设前根据地质钻孔设置预倾斜量）也无法将倾斜度控制在0.2%以内。该问题在深中通道项目通过绞地基方式，获得了一个更均匀的地层，更好地控制了倾斜度。

钢圆筒打设过程中要控制它的姿态。岛隧工程的人工岛处于外海环境，为了定位钢圆筒与副格，使用了一艘专门的定位驳。测量定位方法平面示意[4]见图24。主要方法是：

1) 用定位驳上的GPS来掌握船的绝对位置；
2) 在钢圆筒上设置棱镜，通过定位驳上的自动追踪全站仪，定位钢圆筒与船的相对位置；
3) 通过上述两者，换算钢圆筒的绝对位置，包括扭转、高程、平面；
4) 通过在钢圆筒上设置液位传感器了解钢圆筒的倾斜度。

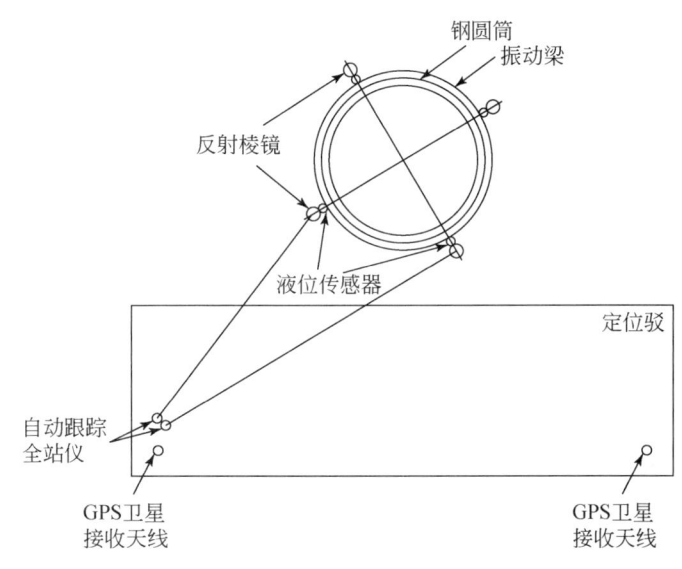

图 24 定位方法平面示意

12 多锤同步

多锤同步是钢圆筒振沉必要条件，通过以下三同步实现。参考示意图25。

1) 电（相位）同步：操作主控台，保证动力站和锤的同时启动与停机。
2) 液压同步：保证每个锤获得相同的液压与流量；动力柜液压油管互相连通，确保它们的液压油面一致。
3) 机械同步：通过同步轴的传递，保证多台液压振动锤在启动和停止阶段，偏心块位置相同。

岛隧工程施工中实现了八锤的同步，后来的工程又实现了12锤的同步。

(a) 8台液压振动锤系统　　　　　　　　　(b) 八锤联动机理

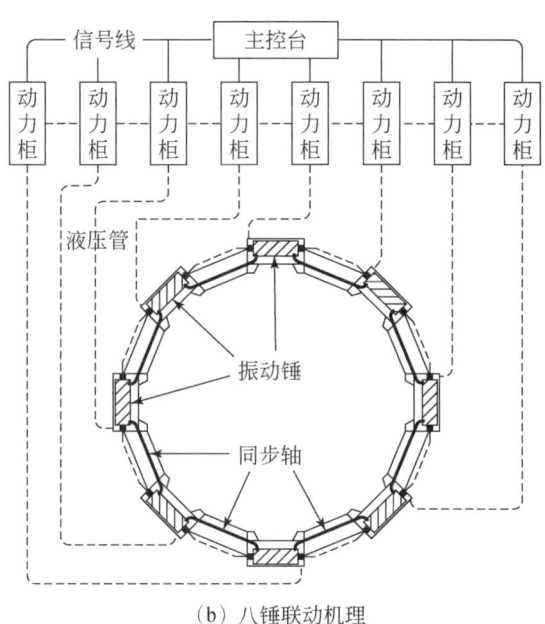

图 25　多锤同步

13　新会 1∶20 副格模型大倾斜试验

东人工岛钢圆筒 D50 打设后，竖向倾斜度达到了 5.9%，远超出了原先设定的 0.5% 的极限。为验证副格是否仍能顺利插入，在陆地按照 1∶20 的比例，模拟 D50 两边的钢圆筒的倾斜状况，进行小比例副格插入试验，如图 26 所示。采用 2 mm 钢板制作副格模型，结果表明副格仍然可以插入榫槽。实际施工时，副格插入性及止水效果也表现良好。副格作为薄壁圆弧板，对偏差的适应能力比预期好。

图 26　新会副格倾斜插入试验

14　副格撕裂

东人工岛 D47～D48 号钢圆筒之间靠近岛内侧的副格在回填砂的过程中发生了撕裂（图 27），因而丧失了连接及止水功能。为了恢复损坏的副格的功能，在开裂副格的内部打设钢管桩，同时与两边的钢圆筒设置横撑连接，起到支撑作用。同时加设深层搅拌桩起到地基隔水的作用。

由此获得的经验是副格设计时应充分评估薄壁结构与连接部位在填砂过程中的强度，施工时注意控制填砂的速度，避免侧土压力突增。

图 27　因副格内填砂而发生撕裂的一片副格

15　后序作业及监测

钢圆筒与副格的临时岛壁施工完成后，后续作业是排水固结、超载（图 28）与卸载。为了安全，定期观测岛壁的位移，并检查岛壁是否有开裂。通过土层取样与标准贯入试验，观测地表沉降情况，与理论的土体固结计算结果进行比较，来确保土体达到了相应的固结度。

岛隧工程观察到表层沉降 2.1～2.8 m，根据表层沉降随时间变化关系推算满载预压 120～150 d 沉降固结度大于 85%，满足沉降控制所需的固结度。人工岛回填砂经深井降水密实后，它的标准贯入试验的贯击数从降水前的 6～18 击提高到了 25～45 击。同时采用了标准贯入试验和十字板剪切试验对加固后原状土进行检测，淤泥和淤泥质土贯击数由 0 击增大到 4～8 击，平均增大了 5 击，下部粉质黏土的贯击数由原来的 8 击提高到 11～15 击；淤泥和淤泥质土的十字板剪切强度由原来的 19.7～45.6 kPa 增加为 43.6～82.5 kPa，平均值由 32.1 kPa 增加至 63.0 kPa，下方粉质黏土的十字板剪切强度由 60.2～87.6 kPa 增加为 81.8～102.8 kPa[3]。

(a）排水板　　　　　　　　　　（b）岛内填砂与排水井

图 28　后续作用

16　讨　　论

在深厚软土环境下，深插钢圆筒与副格可作为永久性结构，直接用作直立式的码头、护岸和防波堤，形成的岛壁能够做到密不透水，如果被用作绿色环保的垃圾收纳场，既可解决垃圾存放难题，亦可围海造地，创造空间。在岛隧工程中，深插钢圆筒还被用作了施工桥墩的临时围堰。在后来的某些工程中，钢圆筒的直径已经做到了 28～30 m，因此这个结构还可用作采油平台、防撞结构、风电平台等独立基础。

参 考 文 献

[1] 日経コンストラクション. 东京湾横断道路すべて[M]. 东京：花上光治，1997：72.

[2] The overseas coastal area development institute of Japan. Technical Standards and Commentaries for Port and Harbour Facilities in Japan[Z]. Japan：Daikousha Printing Co., Ltd., 2002.

[3] 林鸣，卢永昌，李一勇，等. 港珠澳大桥主体工程岛隧工程外海深插钢圆筒快速筑岛技术科技成果鉴定会总结报告[Z]. 珠海：中交第四航务工程勘察设计院有限公司，2016.

[4] 孟凡利，孔令磊，刘昊槟，等. 大直径钢圆筒振动下沉工艺及设备的开发与应用[J]. 中国港湾建设，2015，35（7）：116-119.

沉管隧道 78 000 t 管节多点式分段顶推*

林 巍[1]，王晓东[2]，董 政[2]，彭晓鹏[2]，林 鸣[2]

（1. 中交港珠澳大桥岛隧工程总部设计分部，珠海；2. 中交港珠澳大桥岛隧工程项目总经理部，珠海）

摘　要：港珠澳大桥岛隧工程是继厄勒海峡沉管隧道以后，第二次实现了沉管隧道的工厂法预制的工程。其中的一个关键问题是钢筋混凝土沉管管节的分段顶推。沉管预制场有两条生产线，预制33个管节，单个管节预制完成后顶推重量达到了78 000 t，需要分段顶推138 m。本文介绍港珠澳大桥沉管隧道的顶推关键技术，施工与构造细节，以及顶推力的监测情况。

关键词：沉管隧道；港珠澳大桥；顶推；摩擦力；工厂法

1 概　　述

港珠澳大桥岛隧工程是继厄勒海峡沉管隧道[1]以后，第二次实现了沉管隧道的工厂法预制[2]的工程。其中的一个关键问题是钢筋混凝土沉管管节的顶推。沉管预制场有两条生产线，预制33个管节，单个管节预制完成后的顶推重量达到了78 000 t，这其中还包括5个曲线的管节。

本文详述78 000 t沉管管节的顶推关键技术，施工与构造，以及顶推力的监测情况。

2 回　　顾

自20世纪60年代早期Leonhardt与Andra发明了混凝土结构分段顶推工艺[3]，仅10年的时间，桥梁预制的分段顶推就成了一种传统的工艺[4]。Zellner与Svensson在1983年的论文中就提到了分段顶推工法可用于水下隧道的建设[3]。他们的预言在1995年厄勒海峡沉管隧道开始建设时成了现实[2]。对于沉管工法，分段顶推施工有诸多好处，Marshall总结了这些好处[2]，包括提高工效，劳动力均匀化，钢筋作业摆脱关键路径，新拌混凝土运输路径缩短，封闭的工厂施工环境提高成品质量，即便不冷却混凝土早期

---

* 本文曾刊登于《水道港口》2018年增刊2。

裂缝也可消除，临时荷载可控，较小规模的干坞开挖与降水，以及结构钢筋、模板与混凝土设施在起浮时不需要被海水淹没；而且，工程风险因施工效率的提高而降低（图1）。

尽管有了一个良好的工程案例，港珠澳大桥岛隧工程的沉管预制选择工厂法的前提仍然是要克服管节分段顶推的挑战。其原因见表1的对比。

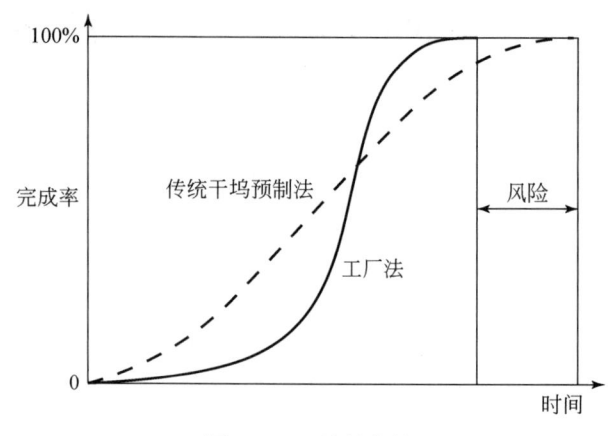

图 1　工厂法的优势

表 1　港珠澳大桥岛隧工程与厄勒海峡沉管隧道的沉管管节比较

	港珠澳大桥岛隧工程	厄勒海峡沉管隧道
管节质量	78 000 t	55 000 t
管节平面线形	直线与曲线	直线
管节数量	33 个	20 个

3　总　体

港珠澳大桥岛隧工程的沉管预制场选择在距离隧道地址 11 km 远的海岛上的一个废弃的采石坑。地质勘察表明地基为微风化的花岗岩，沉降小，非常适宜作为顶推轨道下方的地基。根据采石坑的天然形状，作者提出了"L 形"的布置方案，见图 2。预制场的总体运行说明：典型的管节长 180 m，分为 8 个节段，每个节段长约 22.5 m，节段在流水线上逐个预制。每个节段浇筑完混凝土，达到 C25 的强度（最终强度 C50），向前顶推 22.5 m。然后，它的背面作为下一个节段的混凝土浇筑的端面模板。8 个节段依照这种方式浇筑完成后，整体向前顶推约 138 m。为了给后面预制的管节留出空间，管节需要从浅坞区在漂浮的状态下横向移动至深坞区。在这个过程中为了不影响工厂的作业，需要关闭滑移门。

综上所述，顶推可分为节段顶推与管节顶推。节段顶推，就是一个或几个节段顶推 22.5 m、驻停（为下一个节段的浇筑）、再向前顶推 22.5 m，如此循环，直到形成一个管节；管节顶推，就是管节整体向前顶推 138 m，如图 3 所示。此外，有几个值得注意的工序：新浇筑的节段如何转换成顶推状态？顶推如何通过滑移门？管节从顶推如何转换成起浮前的准备状态？

图 2　港珠澳大桥沉管隧道预制场

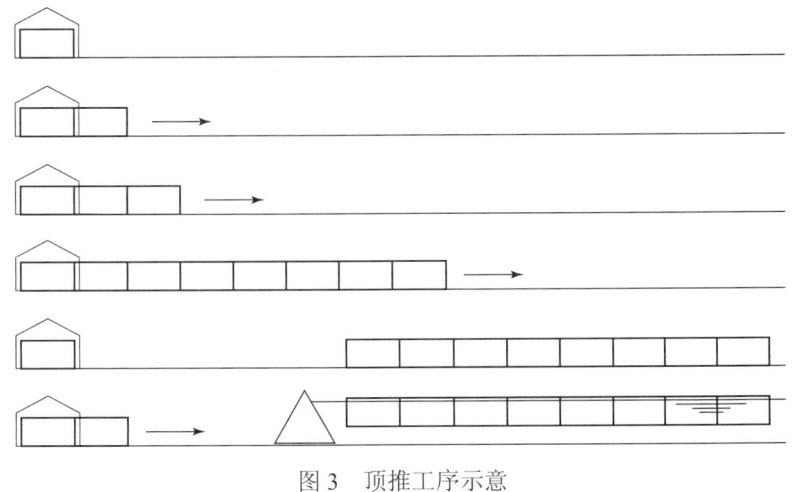

图 3　顶推工序示意

4　关键问题

4.1　顶推方式

前期比选了集中顶推与分散顶推两种方式。集中顶推又分为千斤顶集中顶推管节浇筑端的方式（类似厄勒海峡沉管隧道）及用绞车拉管节非浇筑端的方式。最终，采用了分散顶推的方式，单个节段的顶推千斤顶布置见图 4，图中的支撑千斤顶后文讨论。每个节段底部设置 16 个顶推千斤顶（图 4a）；单个千斤顶的顶推力为 395.8 kN。180 m 的管节整体顶推时，有时顶推力不足，为了克服启动摩擦力，在管节的靠近工厂侧的 4 个节段每个增设 8 台顶推千斤顶（图 4b）。这种方式虽然需要多个顶推千斤顶，但是单个千斤顶的顶推力要求大幅度降低，有利于千斤顶的安装与转运。而且，分散顶推的反力架等顶推辅助结构的尺寸相比集中顶推可以小得多，从而大幅度节省顶推所需的临时钢结构的用量。管节被顶推的部位也不需要因顶推力过大而进行特殊的设计。这种顶推方式需要注意的问题是顶推千斤顶的同步，以及避免管节的节段接头张开。

分散顶推的一个风险是节段接头的张开，进而可能损坏节段接头内的可注浆止水带。解决措施是顶推时将节段接头前后的顶推单元用拉杆连接。此外，管节整体顶推前，预先张拉 8 束纵向预应力。本工程这些预应力用作永久使用[5]。

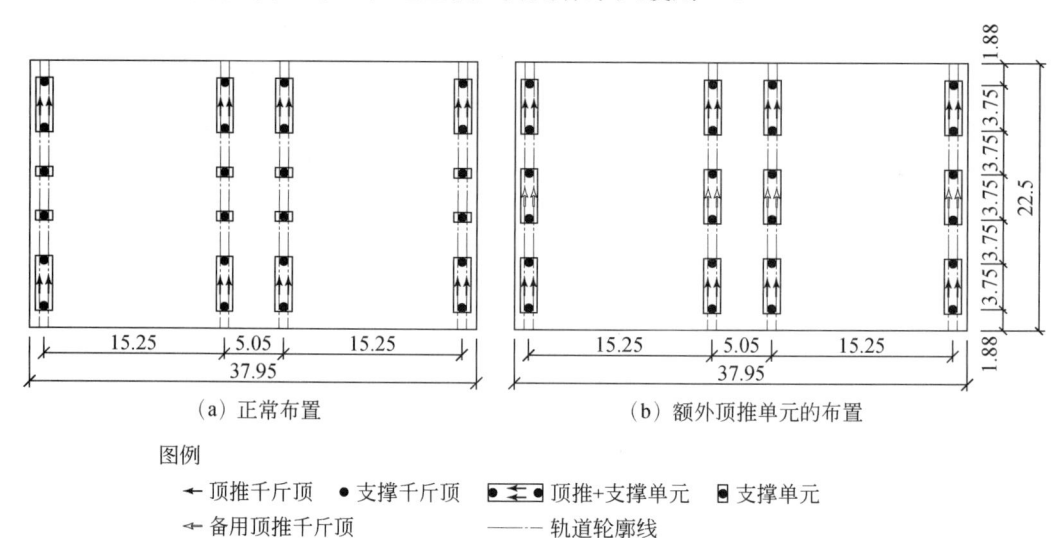

(a) 正常布置　　(b) 额外顶推单元的布置

图例
← 顶推千斤顶　● 支撑千斤顶　顶推+支撑单元　■ 支撑单元
← 备用顶推千斤顶　—— 轨道轮廓线

图 4　顶推单元与支撑单元在单个节段的布置（单位：m）

采用分段顶推的方式，通过轨道与顶推千斤顶的配合，动作示意见图 5。每段的标准行程为 0.75 m。顶推系统的构造见图 6：顶推千斤顶的推力经由顶部钢板（也是沉管混凝土浇筑时的模板）传递至沉管结构，反作用力由轨道提供。轨道在竖向方向由它下

图 5　分段顶推动作示意

方的混凝土支撑，混凝土梁直接站在被清理的微风化岩石上。轨道既是分段顶推用的反力架，又为滑移提供了一个平顺的滑移面（后文 4.2 节详述），构造见图 7，纵向长度一般为 12 m，材质为 Q345 钢。值得一提的是，顶推千斤顶的反力止于轨道部位，只有沉管结构的惯性力会传递至轨道下方的混凝土梁上。

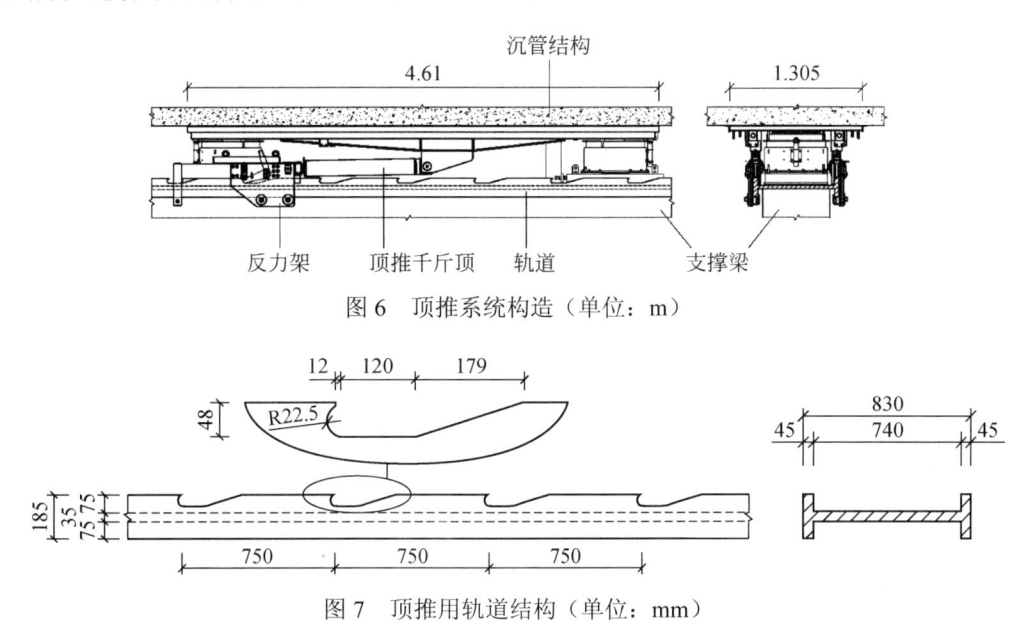

图 6 顶推系统构造（单位：m）

图 7 顶推用轨道结构（单位：mm）

4.2 摩 擦 力

为了保证巨型管节都能被推动，对摩擦力（或摩擦系数）的控制至关重要。这是一个系统问题。

1）滑移面选择了带有储油槽的 PTFE 滑板与不锈钢板的接触面（图 8）。不锈钢板厚 3 mm。滑板中的润滑油配方原本拟采用硅脂，考虑经济性采用了调制的二硫化钼锂基润滑脂+机油的 1∶3 的比例混合。

2）滑轨具备足够的刚度，因为顶推过程中滑移梁的弯曲变形会增加顶推的阻力。

3）滑移面的平整度取决于轨道的平整度。加工要求滑移侧表面平整为±1 mm/2 m 及±5 mm/12 m。

4）基础的沉降。前文已述，顶推系统直接建造在硬岩上，所以轨道在施工使用期间因沉降发生的变形基本可以忽略。

5）保持设备洁净。施工经验告诉我们，设备的一尘不染对提高摩擦系数至关重要。清洁的标准是用白手套触摸任何顶推设备及与之相邻的结构，白手套不会沾上任何灰尘。

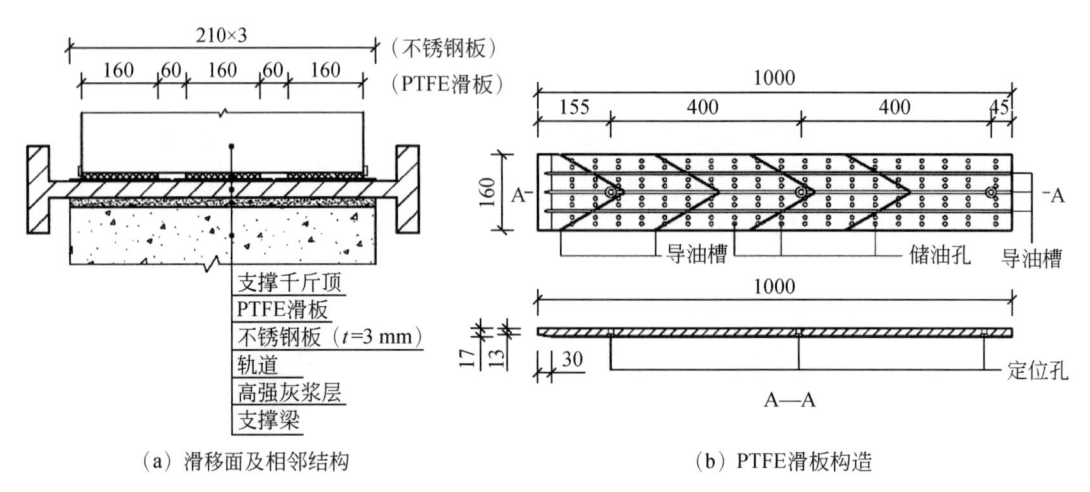

图 8　轨道构造（单位：mm）

4.3　竖向支撑

本工程的沉管隧道是混凝土结构，无外包防水，顶推的过程中如果出现硬点可能导致沉管主体结构的混凝土开裂。为避免这种情况发生，顶推时节段或管节采用主竖向千斤顶主动支撑，即管节的竖向平衡是通过力的控制。前文的图 4 已示意了节段底部支撑千斤顶的布置，它们的间距，满足管节顶推过程中在一个竖向千斤顶失效并导致管节局部脱空的情况下，管节仍然不开裂。

并且，VSL 公司提出了"三点支撑"的理念（图 9a），即竖向千斤顶被分为三组，每个组内的竖向千斤顶的油压连通，组与组之间的油压隔断。这种设置使结构与支撑千斤顶

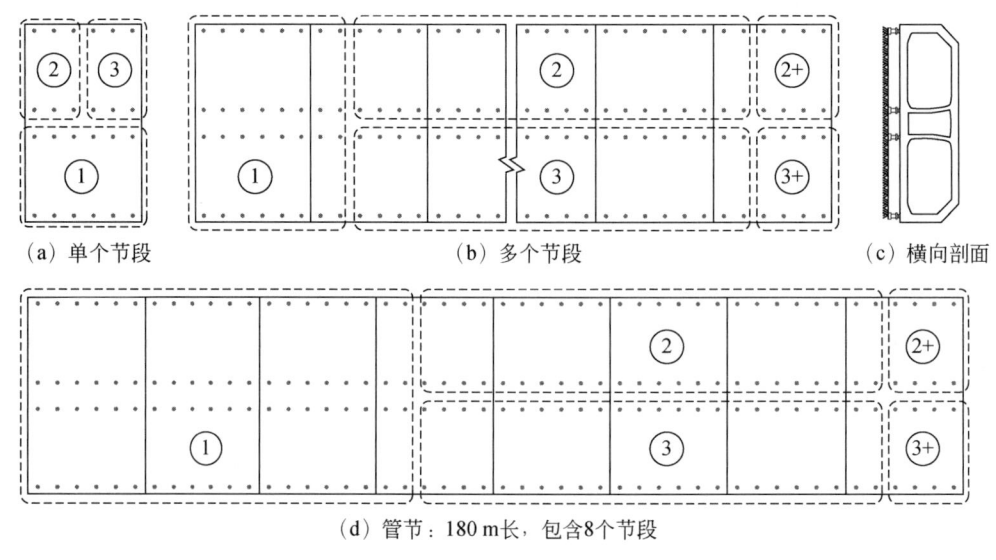

图 9　竖向千斤顶的布置与分组

形成一个竖向静定的结构，降低了支撑千斤顶对结构产生附加力的可能。然而，在实际施工过程中，顶推时管节靠浅坞区的一端已经（开始）安装端封门，为了平衡端封门的额外重量，对应端封门安装位置底部的竖向千斤顶也需要独立出来，单独调节压力（图9b～图9d）。

为避免竖向支撑失效，导致管节破损——对于工程而言这是灾难性的损失，因为还有生产线被堵塞带来的时间上的损失，即影响后续管节的生产效率及安装进度，故采取了两个冗余措施：双油路与机械锁定。双油路的概念是即使（若干）节段或管节下方有一条油路完全失效，另外一条油路上的千斤顶仍然有足够的能力支撑整个结构的重量（图10）。机械锁定是即便液压千斤顶退出工作，管节结构失去支撑向下运动（变形）5 mm后，会因机械锁定而重获竖向的支撑（图11）。

因为上述要求，支撑千斤顶的设计承载力为4250 kN，极限承载力为8500 kN，机械承载力为 8500 kN。考虑千斤顶的安装与拆除，以及顶推过程中的竖向变形，顶推千斤顶的最大行程为50 mm。

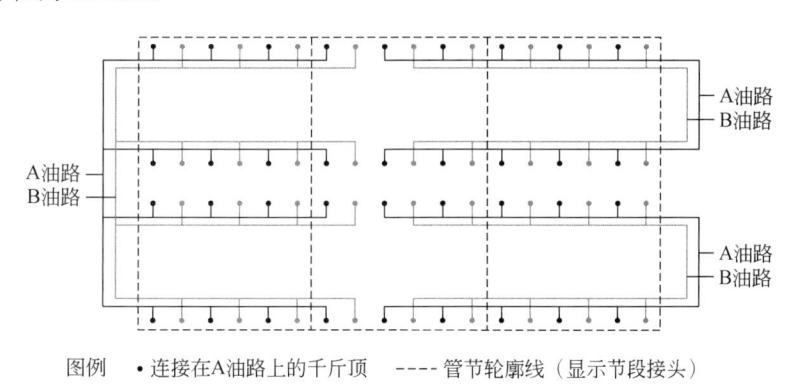

图10 支撑千斤顶的安全冗余措施一：双油路

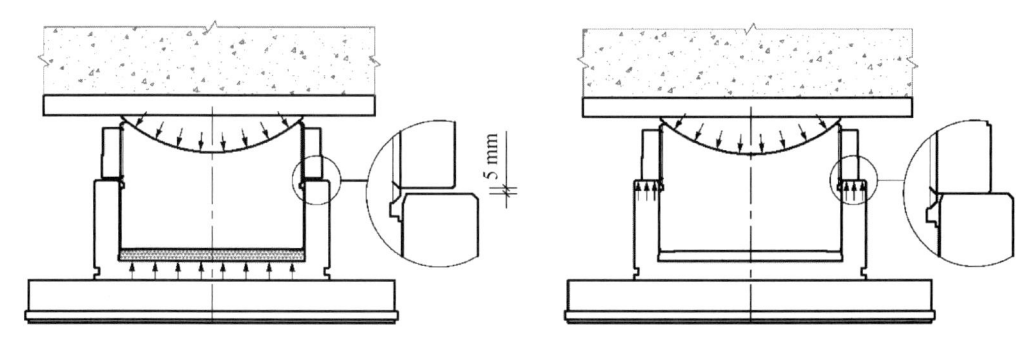

图11 竖向千斤顶的安全冗余措施二：机械锁定

5 顶 推 作 业

节段的混凝土浇筑完成后，需要等待几天（2～3 d，取决于季节），直到混凝土的强度达到 C25，以确保结构能适应顶推作业。

在开始顶推前，首先需要将新浇筑节段的被动（竖向）支撑转化为主动的千斤顶的（竖向）支撑。转换方式见图12。竖向千斤顶上安放的模板无法拆除，需要完成一个管节的顶推流程后，再拆下来周转使用。转换的关键在于逐渐地、均匀地将节段的重量从被动支撑转移至主动支撑，方法是分级加载支撑千斤顶，从 0 逐渐加载到被支撑物重量的 90%，然后闭合支撑千斤顶的油路，再拆除被动支撑，从而最后 10% 的力也转移给支撑千斤顶。

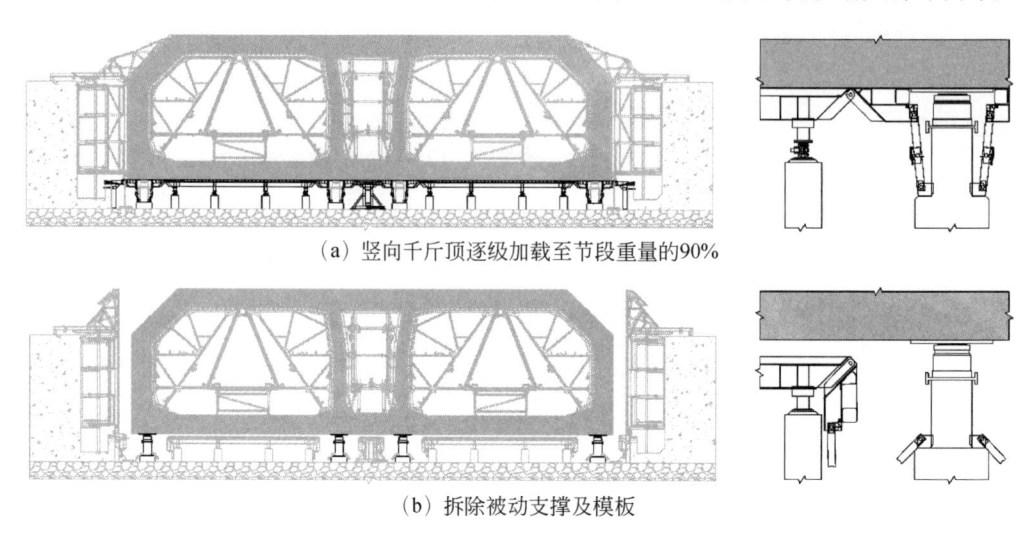

（a）竖向千斤顶逐级加载至节段重量的90%

（b）拆除被动支撑及模板

图12 转换方式

新节段向前顶推一个节段（自身）长度的位置以后，为了下个节段匹配浇筑，需要驻停一段时间。为了避免浇筑时混凝土压力将驻停的节段推动，驻停的节段需要锁定在顶推方向，方法是在顶推单元上设置限位装置进行锁定。待下一个节段浇筑完成并达到可以顶推的混凝土强度要求时，再解锁限位。

顶推经过的一个特殊段是有滑移门的区域（图13a）。在经过前，需要安装桥架块来确保节段或管节能够顺利地通过该区域（图13b）。由于该部位的平整度要求仍然同其他部位一样高，否则需要克服的摩擦力将增大，桥架块安装时需要特别注意平整度。

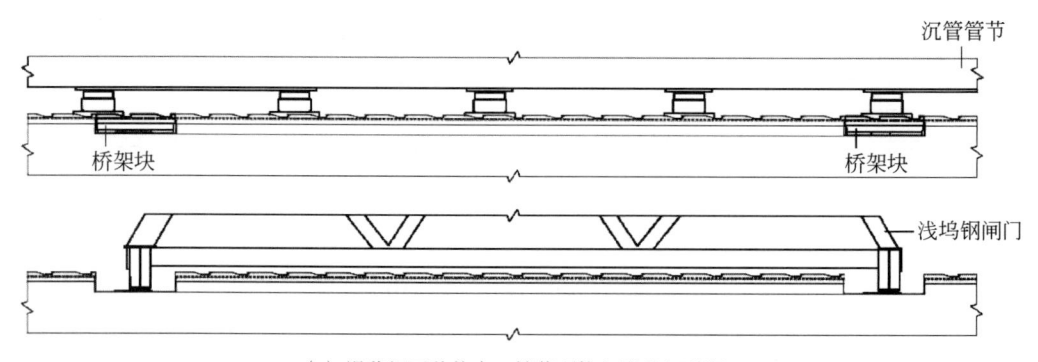

（a）滑移门两种状态：管节顶推与滑移门关闭

(b) 桥架块的安装

图 13　顶推滑移门

为避免管节开裂，需在顶推过程中对所有竖向千斤顶的行程与管节的相对位置进行监控；为避免管节顶推过程中的平面偏位，对平面位置也进行了监控，且在管节的首尾两个节段设置水平导向与纠偏装置，该装置平时仅起到导向的作用，如果监测发现管节平面姿态不佳，需要调节，则可起到纠偏的作用，纠偏导向装置见图 14。一个典型管节整体顶推时的监控内容与设施见图 15。

沉管管节整体顶推到位以后，需要再进行一次竖向支撑系统体系转换，即从支撑千斤顶的主动支撑状态转换为被动的支撑状态。因为支撑千斤顶等设施需要退出来，用于后续新预制管节的使用。体系转换概念如图 16 所示。主要操作步骤是拧紧无源支撑的侧面螺栓，从而无源支撑的顶面与管节的底面紧贴，并有一个初始的预压力。之后，竖向千斤顶同步的、分级的卸载压力，直到管节的压力完全转移到无源支撑上。

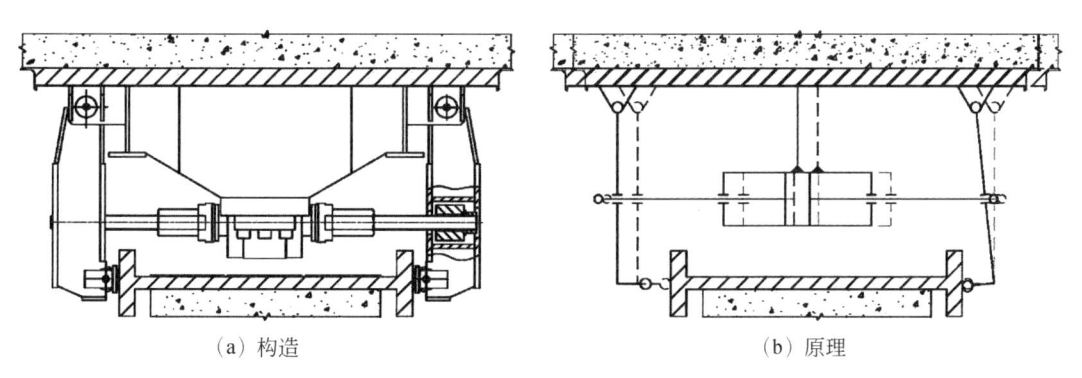

(a) 构造　　　　　　　　　　(b) 原理

图 14　纠偏导向装置

图 15 典型管节整体顶推时的监控内容与设施

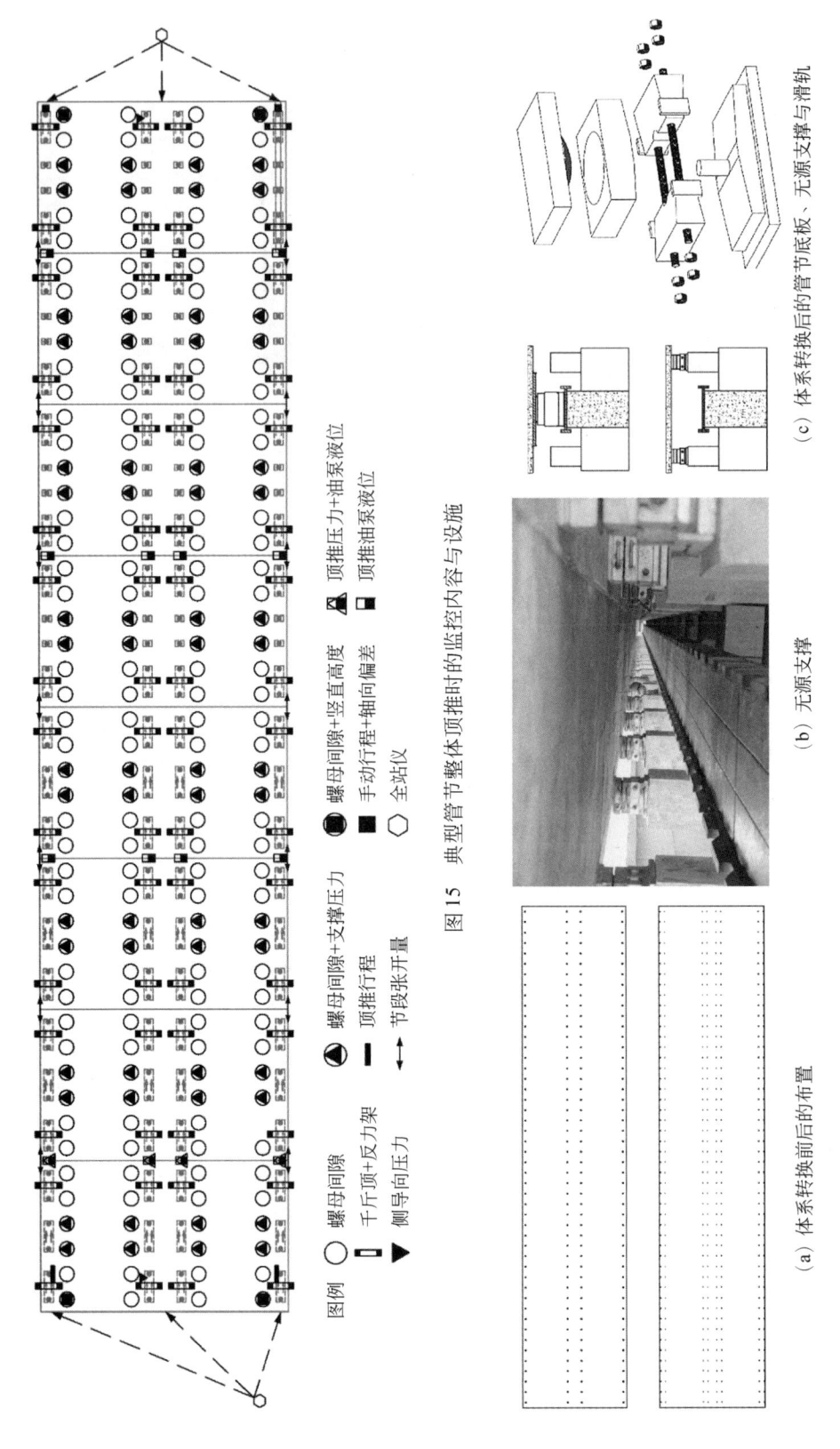

图例 ○ 螺母间隙 ◐ 螺母间隙+支撑压力 ◐ 螺母间隙+竖直高度 ▲ 顶推压力+油泵液位
□ 千斤顶+反力架 — 顶推行程 ■ 手动行程+轴向偏差 □ 顶推油泵液位
▼ 侧导向压力 ↔ 节段张开量 ⬡ 全站仪

(a) 体系转换前后的布置

(b) 无源支撑

(c) 体系转换后的管节底板-无源支撑与滑轨

图 16 体系转换概念

6 曲线段管节

本工程第一次实现了工厂法预制曲线管节及顶推曲线混凝土沉管管节。管节的曲率半径为5500 m。

顶推过程中由于管节的质心不能保障在顶推力合力的轴线上，顶推过程中会存在导致管节偏位的水平惯性力。为了克服这个问题，将导向纠偏装置从直线管节的首尾2个增加至曲线管节的每个节段1个（图17）。

曲线管节的另外一个问题是顶推到位以后部分墙体会脱空，为此增设了一些支墩（图18）。

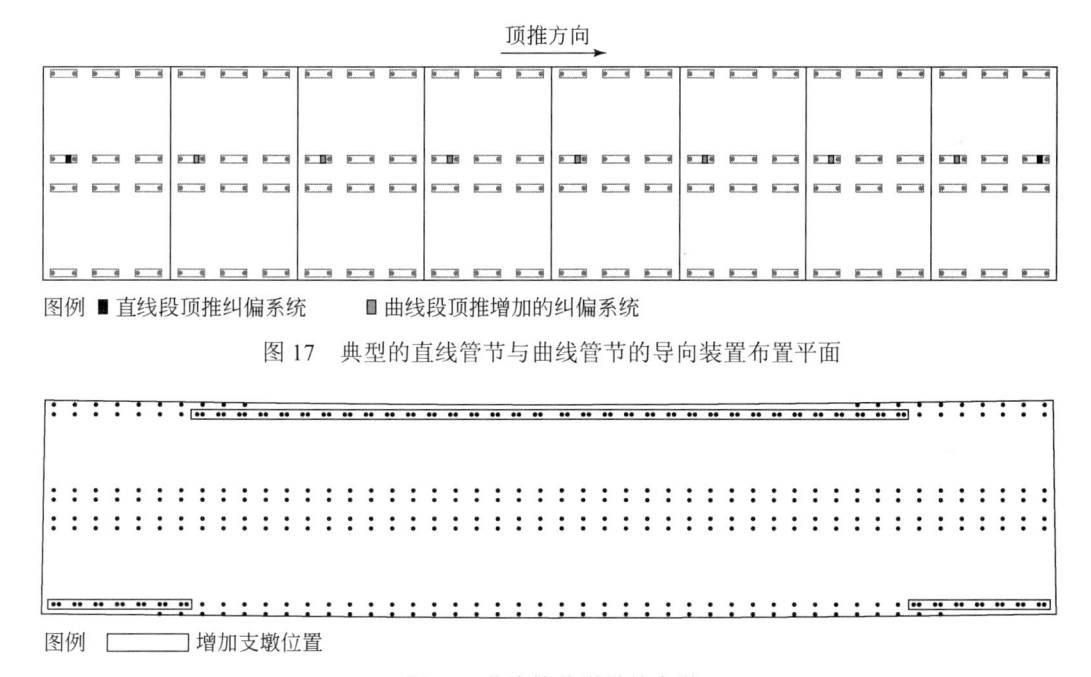

图17 典型的直线管节与曲线管节的导向装置布置平面

图18 曲线管节增设的支墩

7 顶推力的监测数据

图19总结了每个管节的顶推过程中记录的最大的顶推力，以及对应的计算摩擦系数（将最大顶推力除以该管节顶推时预计的重量）。此外，两个180 m的典型管节的整体顶推的摩擦系数如图20所示，观察到摩擦系数总体上随着顶推行程的增长而上升。施工过程中感觉冬季比夏季难以顶推，因此图21将每个管节顶推时的平均计算摩擦系数与当时的月平均气温进行了对比，数据并没有显示气温与摩擦系数的强关联性，摩擦系数估计

还与新、旧滑板的替换时机有联系。

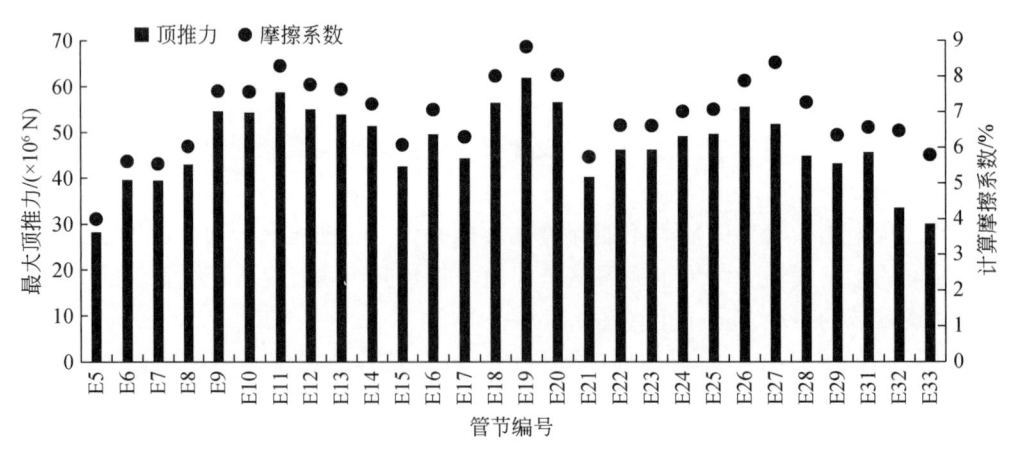

图 19　E5～E33 管节最大顶推力与摩擦系数；单号、双号对应两条生产线

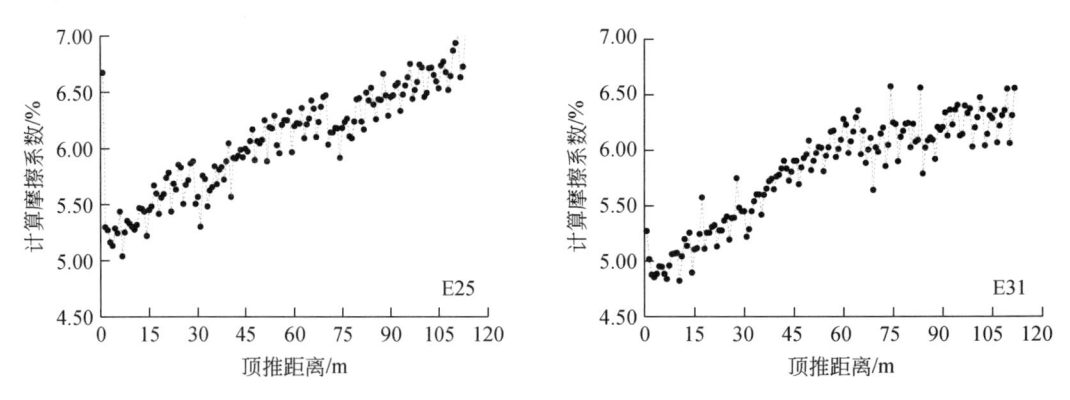

图 20　E25、E31 管节整体顶推时的行程-摩擦系数

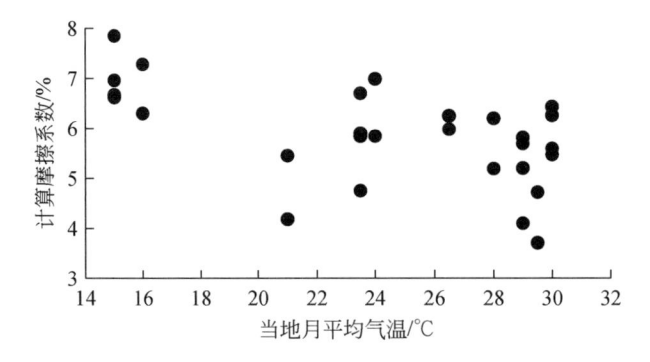

图 21　E5～E33 管节顶推的平均摩擦系数与温度

致谢

张洪、陈聪帮助提供素材。多点式分段顶推技术由项目部与 VSL 公司合作完成。

参 考 文 献

[1] Marshall C. The Øresund Tunnel-Making a success of design and build[J]. Tunneling and Underground Space Technology, 1999, 14 (3): 355-365.

[2] 林鸣, 刘晓东, 林巍. 沉管隧道与人工岛的理念与实现——港珠澳大桥岛隧工程[J]. 水道港口, 2018, 39 (S2): 23-31.

[3] Zellner W, Svensson H. Incremental launching of structures[J]. ASCE International Convention and Exhibition, 1981, (5): 81-146.

[4] Marchetti M E. Specific design problems related to bridges built using the incremental launching method[J]. Engineering Structures, 1984, 6 (3): 185-209.

[5] 林鸣, 刘晓东, 林巍, 等. 沉管隧道半刚性管节结构[J]. 水道港口, 2018, 39 (S2): 1-13.

沉管隧道管节：出坞、拖航、系泊与沉放准备的关键问题[*]

林 巍[1]，林 鸣[2]，花田幸生[2]，王 强[2]，王 伟[3]，宁进进[3]

（1.中交港珠澳大桥岛隧工程总部设计分部，珠海；2.中交港珠澳大桥岛隧工程项目总经理部，珠海；
3.中交港珠澳大桥岛隧工程总部Ⅴ工区，珠海）

摘　要：港珠澳大桥岛隧工程沉管隧道安装了 33 个沉管管节。因骤然的回淤，有 2 次回拖，所以总共进行了 35 次安装作业。在沉放作业前，首先需要将预制厂的干坞内漂浮着的沉管管节绞移出坞，在坞口解除系泊状态并连接拖轮。然后在受限的航道内拖运 11 km 到沉管隧道的所在地，再次系泊管节以准备沉放作业。第二次系泊是横流定位。这个从系泊到系泊的过程需控制风险。本文总结了工序成功实施背后的对该问题的思考，方案制定的原则，以及决定成败的细节。

关键词：沉管隧道；系泊；出坞；浮运；安装；风险；港珠澳大桥

1　介　　绍

港珠澳大桥岛隧工程沉管隧道安装了 33 个沉管管节而未发生重大事故。每个管节在安装开始之前，都在预制厂的深坞区内漂浮并系泊着。管节安装的作业启动以后，管节被绞移出坞，在坞口解除系泊状态，连接拖轮。再浮运，到了隧址区为了后续的沉放作业[1]而再次系泊。

在本工程中，这三道工序被认为是高风险的施工工序。因为管节从系泊到系泊的转换过程，是处于不受约束的状态，而本工程水域的天然水深浅，管节只能在预先开挖的受限的航道中运输，见图 1，管节一旦失控就容易发生重大事故。不但对工程造成巨大损失，而且将成为珠江口繁忙航道上的水下障碍物。此外还有几个挑战：

1）每个管节的典型重量 78 000 t。

2）33 次管节安装，次数多意味着事故发生的概率高。

3）即便不考虑台风，每个月也只有两个可选的安装窗口；工期紧，从 2013 年 5 月开始第一个管节的安装，到 2017 年年底具备通车条件（实际上也做到了）。

4）隧道的轴线与涨落潮的潮流方向垂直，管节为沉放而进行系泊时的迎流面积大。

---

[*] 本文曾刊登于《水道港口》2018 年增刊 2。

本文总结 33 个管节实现安全安装背后的工程问题的思考，方案制定的原则，以及决定成败的关键细节。

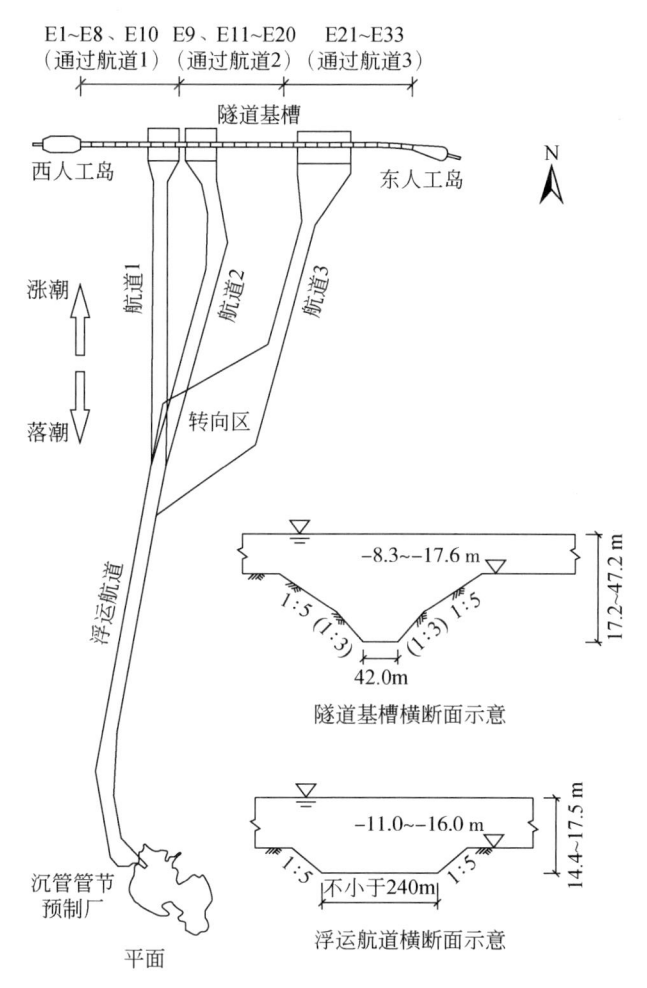

图 1　管节出坞、系泊与安装位置平面图与基槽横断面示意

2　安装计划的制定

工程水域的海流情况是不规则半日潮，安装计划的制定需要同时满足以下 3 个条件。
1）管节出坞海流流速小于 0.4 m/s。
2）管节浮运避免逆流浮运；下节将讨论。
3）管节沉放与对接要选择海流流速最小的时机。

E1、E2 管节浮运时选择的时机是逆流浮运，实践后，发现拖轮动力不足（拖航物模试验表明拖轮的拖力足以克服水流力，而实际上不行，在《沉管隧道管节拖航水阻力原型试验》中详述），且逆流拖运时对管节姿态的控制较弱，因而后续管节均采用顺流即涨潮时拖运。

因为沉管管节的沉放要求最小的海流流速时机，即平潮，所以前面工序的安排需要与沉放的时机的衔接而匹配。

基于以上考虑制定安装计划，图 2 是 E20 管节的安装计划。

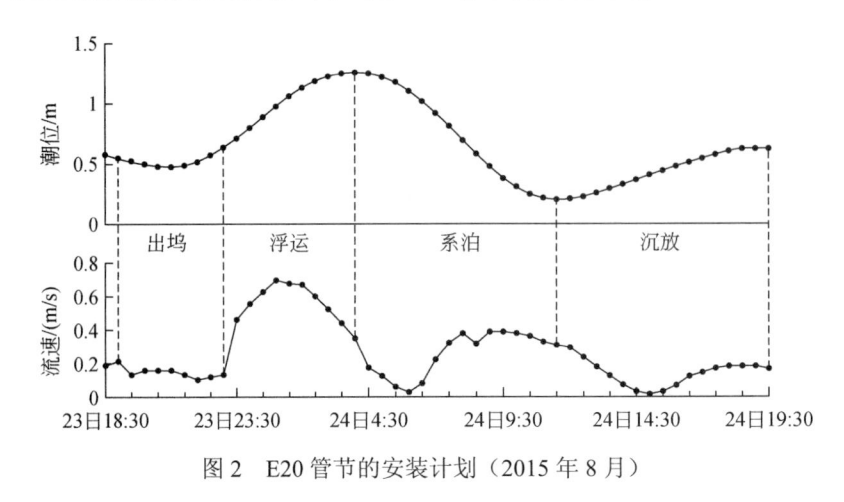

图 2　E20 管节的安装计划（2015 年 8 月）

3　出　　坞

出坞的工艺与时机选择与坞口的海流情况直接关联。由于本工程的沉管管节的体积大，在出坞过程中为了保证管节结构的安全，避免碰撞，需要较多的缆绳来约束管节的运动。这就要求需要较多次数的带缆与解缆作业来完成出坞。而带缆与解缆作业的时间越长，出坞作业需要的时间就越长，可选的出坞窗口的流速就越大。反向思考，如果简化带缆作业，减少管节的缆绳约束，出坞作业的时间就可缩短，这样就可以选择更好的出坞作业窗口。

最终实施的出坞方案是利用坞口原有的山体掩护（图 3），基于坞口的流速观测，将管节置于观测流速最小的区域进行拖轮的连接。管节选在落潮的时候出坞，将出坞窗口的流速控制在 0.4 m/s。

图 3　坞口的管节与拖轮连接

4 管节在受限海域的拖运

4.1 拖轮配置

由于是在受限的航道拖运沉管管节，尽管有流速预报，在该海域拖运不得不考虑可能出现的复杂海况包括突发大流速的情况，拖运方案采用 4+8 的多拖轮协作的编队模式（图 4a）。

（a）实际照片

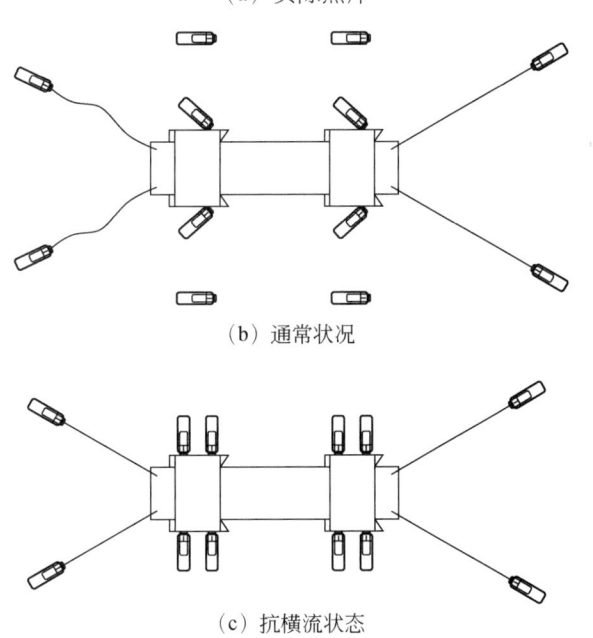

（b）通常状况

（c）抗横流状态

图 4 管节拖运时的拖轮布置

典型拖运情况见图 4b，4 艘拖轮与管节顶部的系缆柱连接，拖运方向的 2 艘拖轮提供动力，另外 2 艘控制姿态及必要时的制动。为确保随航拖轮有足够的反应时间，4 艘拖轮紧贴着安装船，随着管节一起前行；另外4艘拖轮离安装船的距离也不超过200 m。在预报的天气情况恶劣时还会增加一艘拖轮作为备用。

当出现复杂海况或遭遇横流时，另外8艘随航的拖轮通过顶推管节上的安装船来控制管节的姿态，确保不偏航，并抵抗水流力，如图4c所示。

4.2 管节与安装船的连接方式

上文提到8艘拖轮可以通过顶推2艘安装船来控制管节的姿态，是间接的方式。因此为了让拖轮的推力有效地传递给管节，安装船与管节的连接方式在竖向采用支墩（图5），在水平向依靠摩擦力。支墩底设置了橡胶垫来增大摩擦系数。

为保证摩擦力，管节与安装船之间的压力通过图6a的方式获得。图6b为连接过程及支墩部位竖向内力增大示意。首先，两个安装船进入干坞内，从管节的上方依次套入管节。其次，通过安装船的压载水，安装船的干舷降低，与安装船的4个支墩与管节的顶面接触。随着安装船的继续加载，安装船与管节之间的竖向力逐渐增大。通过安装船与管节共同的干舷高度的变化可求出支墩上的竖向内力。最后，再用管节沉放用的吊缆施加一定量的竖向预紧力。关于受力更详细的分析见文献[2]。

图5 安装船与管节之间的4个支墩

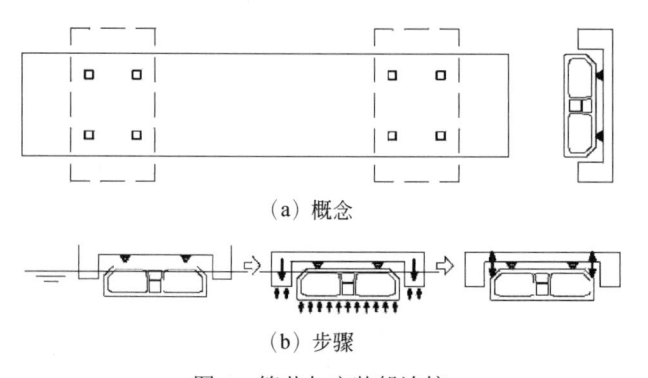

(a) 概念

(b) 步骤

图6 管节与安装船连接

4.3　隧道基槽内的拖运

本工程海底隧道的沉管段长 5.664 km，这也是隧道基槽的长度。所以管节浮运到隧道上方后，取决于具体位置，可能还需要在隧道的基槽内拖运较长的距离。前文已述该区域海流方向与隧道基槽垂直，在基槽内拖运管节的迎流面积大因而姿态较难控制。为了确保管节的受力可控，将所有管节在隧道基槽内拖运的距离限制在 1 km 以下。前文的图 1 中，浮运航道 1 和浮运航道 2 是先前就有的，而靠东侧安装的 E21～E33 管节在隧道基槽内的拖运距离仍然较长，因而专门开挖了浮运航道 3 用来拖运这一批管节。

4.4　浮运导航系统的开发

即便通过以上拖运方式能够抵抗水流力，在海上拖运时，并无可以参照之物，指挥长（本文第一作者）与船长也不知道管节是否偏离了航路。因此，本工程开发了专门的浮运导航系统。

上文已述安装船与管节靠摩擦连接，且在水流力小的情况下是静摩擦。因而系统假定管节与安装船是刚体，通过定位安装船的位置来定位管节的位置。定位用的天线架立在安装船的顶楼，目的是实现信号的畅通及信息的实时传递，因为指挥人员也在安装船上。定位数据通过开发的导航软件换算成管节的速度，以及管节外轮廓与基槽的关系。定位软件实时显示界面如图 7 所示。

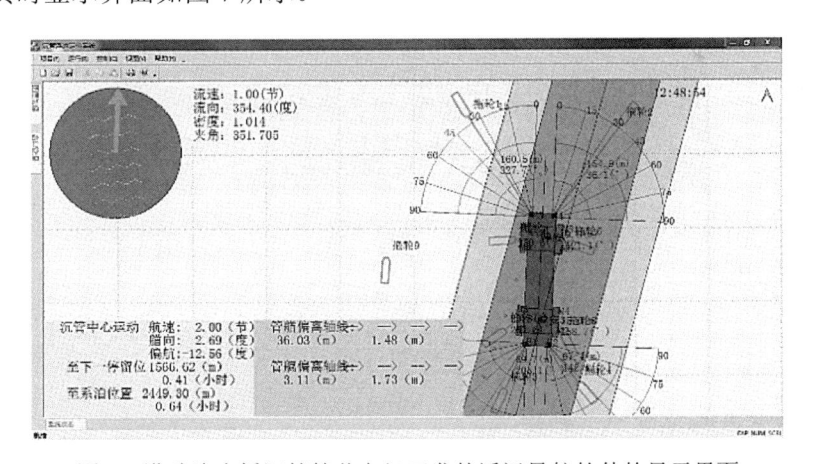

图 7　港珠澳大桥沉管管节专门开发的浮运导航软件的显示界面

更重要的是，指挥 12 艘拖轮的协作即便对于有丰富的外海巨轮拖运经验的船长而言也是很大的挑战。所以，为了方便船长之间的交流，除了对管节自身的定位，经作者提议，对所有拖轮的位置也进行定位，而且所有拖轮与管节的定位数据都集成在管节上方的安装船的指挥室中，供主船长与指挥长（第一作者）查看，不仅如此，这些信息也在所有参与工作的拖轮的屏幕上实时显示，供每艘拖轮的船长查看。

该设置使得拖轮的方向与管节前进方向的轴线的夹角是可以在导航系统的软件显示屏幕上直接描述的，进而保证了主船长与各艘拖轮船长交流的指令精确、无误。

管节与拖轮的定位均采用信标机，其优点是信号稳定，虽然精度在亚米级。为了防止导航系统失灵而"盲拖"管节，针对管节还额外采用了一套独立的 GPS-RTK 定位系统。该系统使用的前提是需要额外设置基站。为降低导航软件失灵的可能，这两套系统的供电也是分离的。

4.5 管节安装前的 4 次拖航演练

前文已述管节上方的安装船上的船长就需要指挥 12~13 艘拖轮的共同作业，而且每艘拖轮上的船长收到指令后也要做出正确的响应。大规模的船队在海上的配合作业是罕见的。尽管 4.4 节的导航系统可以实现将各个拖轮协作时的状态与位置，以及管节的位置都实时地共享给所有船长，但是需要足够的实际演练来让船长适应协作。演练也是对上述专门开发的导航软件系统进行实际工作的运行与调试。拖航演练的被拖物采用与管节质量接近的船进行，一共进行了 4 次，如图 8 所示。

图 8 拖航演练

4.6 其他保障措施

拖运时的一些其他保障措施如下。

1) 海事警戒船护航以避免其他船舶撞击浮运船队，特别是撞击管节。

2) 管节浮运的前方设置海洋垃圾清扫船舶，以避免漂浮物如树木和渔网撞击或附着在管节前端的端封门与 GINA 止水带上。

3) 对管节安装阶段（包括浮运）气象与海况实时预报的保障系统。这将在另一篇文章中专门讨论。

4) 管节浮运位置前方 1~2 km 有移动测流船，实时观测海流的变化，如发现异常用短信的方式通知安装船上的人员。

5 系　泊

沉管管节系泊是管节沉放前的承上启下的一步。通过系泊让管节从自由状态重新回到受到缆绳约束的状态。同时利用系泊的时间做好管节沉放的准备工作。而且，因为管节沉放通常选择海流最小的平潮期（slack water），这意味着管节的系泊需要抵抗较大的海流。

5.1 横流定位

本工程的沉管管节的系泊是横流定位。标准管节的迎流面积 180 m×11.3 m，海流流速水面以下平均值最高达到 0.8 m/s。图 9 为本工程管节与安装船采用的安装前的系泊形式。单侧采用 4 根直径 ϕ65 mm 的钢丝缆。系泊缆绳的伸缩可以通过操作安装船上的额定拉力为 120 t 的锚机控制。

系泊缆绳的安装顺序取决于系泊时的海流的方向。先安装可以起到抗流作用的一侧的缆绳，因为系泊缆的抗流作用及对管节位置的控制效果被认为比拖轮更加安全。

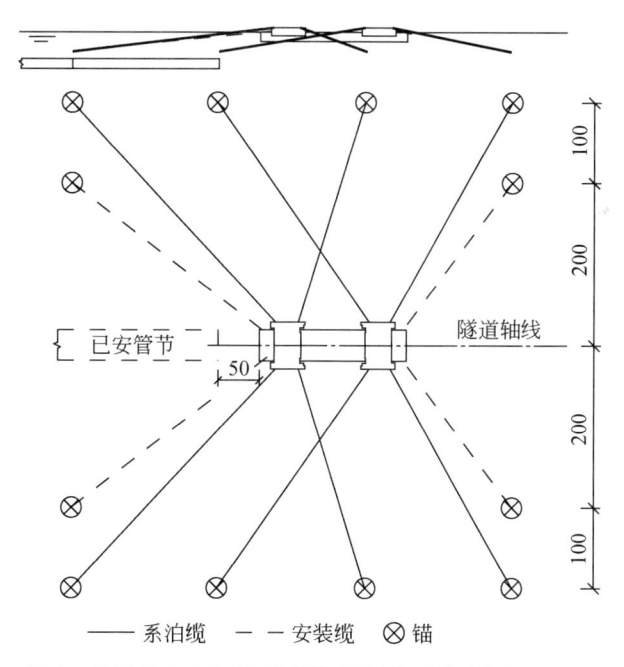

图 9　港珠澳大桥沉管管节的系泊平面图（单位：m）

管节横流系泊的另一个保障是保留 4 艘拖轮在管节的四周待命，不抛锚。在海流超出预期时与系泊缆共同抗流，或者在系泊系统失效时能控制管节。

此外值得一提的是，为避免待安管节在系泊时碰撞到已安管节，管节系泊的位置距离已安管节约有 50 m 的净距（图 9）；需要安装时再通过安装船上的绞车操控系泊缆移动管节。

5.2 锚抓力试验

即便锚机与系泊缆绳能够抗流，走锚仍然会导致管节抗流失效，因此在工程前期进行了锚抓力的试验，试验概况见表1，详见文献［3］。目的是降低系泊作业及后续管节沉放与对接作业发生走锚的风险。并且试验起到指导锚型选择的作用，因为锚型选择影响的方面多，包括锚艇的选择、系泊的工效及施工费用。而系泊的工效又影响第2节的安装计划。

表 1　试验概况

锚型	试验次数	抓力/kN	抓力与锚重之比	起锚力与抓力之比
HYD-14	5	370~400	9.3~10.0	0.56~0.69
AC-14	5	90~150	2.3~3.8	—
HY-17	3	640~700	21.3~23.3	0.54

6　讨　论

港珠澳大桥的33个巨型沉管管节在受限的海域进行了35次的拖运与系泊，风险较大。经观察主要的风险是来自大自然的复杂与系统的复杂，在施工方案与实战中执行了3个理念来应对这两种复杂情况，从而有效地控制了风险：

1）系统的冗余。例如，浮运时配备足够多的拖轮以确保管节在复杂的海况下仍然受控。又如，管节横流定位期间仍然保留拖轮以共同抗流或在系泊失效时起到补救的作用。而且管节在浮运时，导航系统也设置了多套独立的设备及独立的供电。

2）预演与试验。管节的重量78 000 t，且需要多艘拖轮同时协作。因此在正式拖运管节以前通过在实际路线上拖运重量近似的船舶，进行了4次演练，令船长找到管节拖运的感觉，同时也测试了新开发的导航系统。管节横流系泊的关键系泊锚也做了大量的试验来选择。

3）利用天时与地利。通过简化出坞的带缆工序来缩短出坞的时间，缩短的时间改善了出坞窗口的选择，降低了出坞时可能出现的最大流速，从而管节更受控，而且带缆工序可以简化，从而进一步控制出坞的时间，形成良性循环。又如，利用缆绳出坞后管节需要与拖轮连接，利用坞口天然的山体遮掩，基于坞口长期的流速的观测，选择了一块遮掩效果最好的区域作为管节的拖轮编队区，从而降低了这一管节最易失控的时刻的施工风险。并且，从系泊到系泊的施工计划与执行是作为一个整体来安排的。落潮时出坞从而利用掩体，涨潮时拖运从而利用顺流来提高沉管管节的可操控性。最后，隧道基槽接近6 km，与海流方向垂直，管节在横流中拖运的风险大，因此让不同区段的管节分别走 3 条不同的支航道，将管节在隧道基槽内的拖运距离限制在 1 km 以内。

致谢

王晓东协助绘制部分插图。

参 考 文 献

[1] 王强. 外海沉管沉放对接施工技术应用研究[D]. 广州：华南理工大学，2016.
[2] 苏长玺，冯海暴. 大型沉管与沉放驳摩擦型连接受力分析[J]. 中国港湾建设，2016，36（12）：19-22，28.
[3] 苏长玺，冯海暴. 大型沉管安装工程用锚选型及锚系设计试验研究[J]. 中国港湾建设，2017，37（5）：82-86.

沉管隧道混凝土管节与碎石基床摩擦力原型观测与试验[*]

林 巍[1]，尹海卿[2]，张建军[3]，王晓东[2]，尚乾坤[3]，林 鸣[1]

（1. 中交港珠澳大桥岛隧工程总部设计分部，珠海；2. 中交港珠澳大桥岛隧工程项目总经理部，珠海；3. 中交港珠澳大桥岛隧工程V工区，珠海）

摘　要：本文报告港珠澳大桥33个沉管管节水下拉合作业的摩擦力的观测。观测数据有三个来源，管节原型拉合作业与纠偏作业，小尺寸模型试验，以及最终接头永久焊接过程的相邻管节的运动。内容包括混凝土与碎石，混凝土与淤泥，以及混凝土与砂基床的摩擦力。试验分析了碎石粒径、压力、方向、面积等因素对摩擦系数的敏感性。并且，对管节拉合过程中的实际摩擦力及摩擦系数进行了观测与统计。

关键词：沉管隧道；摩擦力；港珠澳大桥；安装

1　概　述

在港珠澳大桥沉管隧道的33个管节的拉合与精调系统的设计前，进行了摩擦力系数试验[1]。在33个管节的拉合过程中，也对拉力做了记录，进而可推算摩擦系数。沉管隧道的最终接头安装后，意外地观察到了相邻管节接头的张开现象。本文报告沉管管节摩擦力的观测。

2　摩擦力试验

2012年6月13日至7月23日共分12批，做了127次试验。

2.1　试验方法

2.1.1　模型

试验模型见图1，采用小尺寸模型。管节模型为 8.55 m×1.803 m×0.2 m 的混凝土

---

[*] 本文曾刊登于《水道港口》2018年增刊2。

板，混凝土板上面安装 8.51 m×1.5 m×0.4 m 的密封钢水箱，用来模拟不同的接触和压力。为了测试水下的摩擦力，还制造了水槽。

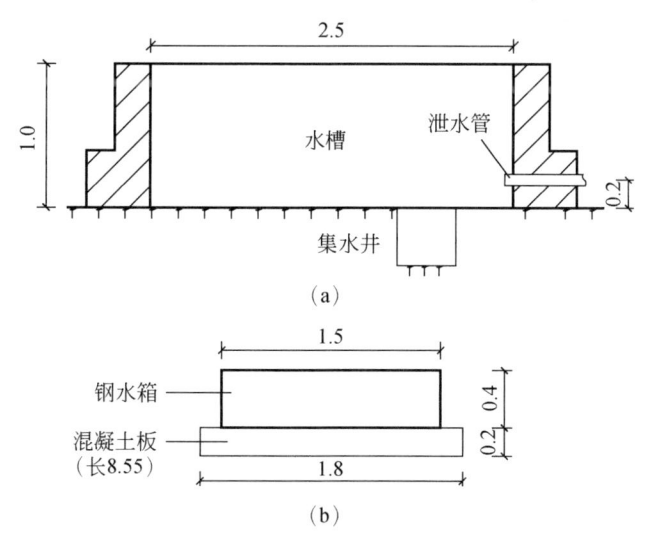

图 1 水槽及可调节底板压力的水箱-混凝土板构件（单位：m）

2.1.2 管节运动方式

总体上可分为平动（图 2a、图 2b）和转动（图 2c～图 2h）两种方式（工况），分别对应沉管管节的拉合作业及管节的精调作业。

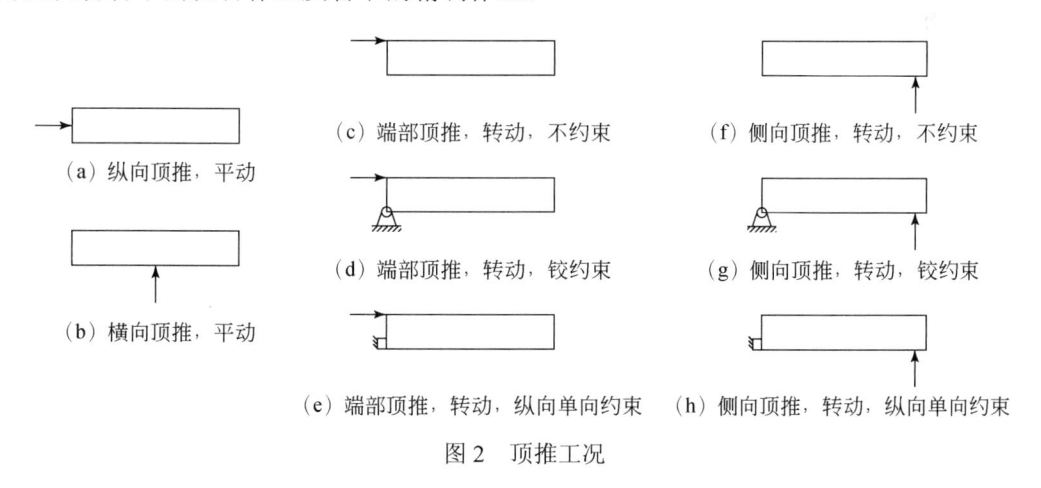

(a) 纵向顶推，平动
(b) 横向顶推，平动
(c) 端部顶推，转动，不约束
(d) 端部顶推，转动，铰约束
(e) 端部顶推，转动，纵向单向约束
(f) 侧向顶推，转动，不约束
(g) 侧向顶推，转动，铰约束
(h) 侧向顶推，转动，纵向单向约束

图 2 顶推工况

2.1.3 基床类型

沉管管节的基床的测试的工况如下（图 3）：

1)碎石粒径 2～6 cm 满铺;
2)碎石粒径 2～6 cm 带垄沟;
3)碎石粒径 2～6 cm 横推;
4)碎石粒径 1～3 cm 带垄沟;
5)碎石粒径 1～3 cm 满铺;
6)碎石粒径 2～6 cm,带淤泥碎石基床;
7)砂基床。

试验用的基床厚度为 35 cm,下面为混凝土硬底,这一点与港珠澳大桥沉管隧道管节的实际情况接近,因为本工程采用组合基床的方案。图 4 为两种形状的基床剖面,分别是满铺的和带垄沟的。后者与管节碎石基床实际的垄沟尺寸相符。

(a)满铺碎石基床　　(b)垄沟碎石基床　　(c)带淤泥的碎石基床

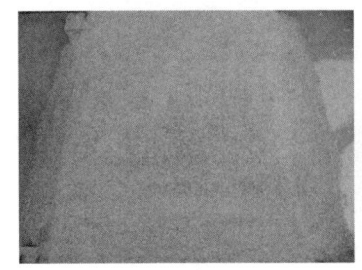

(d)砂基床　　(e)管节模型置入水槽　　(f)可称量管节模型重量的吊钩

图 3　基床铺设

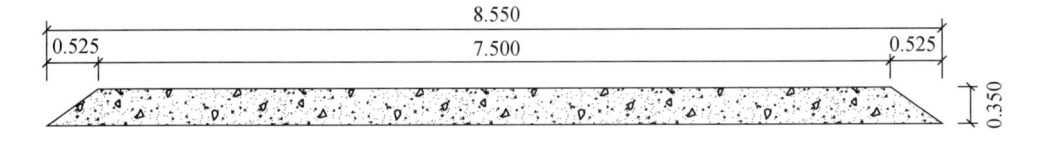

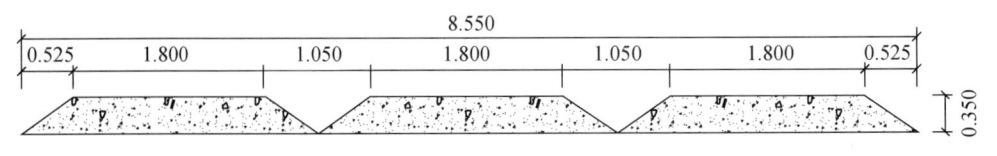

图 4　满铺与垄沟基床的剖面(单位:m)

2.1.4 管底压强

考虑管节安装时可能产生的负浮力,模拟几种不同的基底压强,范围在 0.9～2.4 kPa。为便于比较,基底压强统一按照竖向重量除以管节底面与碎石基床接触面的外轮廓的总面积计算;不考虑压缩变形后的接触面积的略微改变。

2.1.5 试验过程

试验时,将模型管节调入水槽内预先铺好的碎石基床上。然后将油压千斤顶和压力传感器固定在反力架上,压力传感器顶住模型管节一端的钢封板,在模型管节的另一端外设置位移传感器。逐级加载,同时记录压力与位移。

2.2 试验结果与讨论

2.2.1 平动试验结果

平动顶推试验结果汇总见表1。

表 1 摩擦力试验平动顶推试验结果汇总

试验工况编号	碎石粒径/cm	基床形状 第1次	基床形状 第2次	基础材质	平整度/cm	推动方向	竖向荷载/kN	水平荷载/kN 第1次	水平荷载/kN 第2次	摩擦系数 第1次	摩擦系数 第2次
T1	2～6	满铺	满铺	碎石	±1	纵向	12.56	4.94	4.61	0.39	0.37
T2	2～6	满铺	满铺*	碎石	±4	纵向	18.77	7.02	7.84	0.37	0.42
T3	2～6	满铺	满铺*	碎石	±4	纵向	25.07	9.95	10.71	0.4	0.43
T4	2～6	满铺	满铺*	碎石	±4	纵向	31.27	12.97	14.17	0.41	0.45
T5	2～6	垄沟	—	碎石	±1	纵向	12.86	5.05	—	0.39	—
T6	2～6	垄沟*	垄沟	碎石	±4	纵向	13.54	5.81	5.29	0.43	0.39
T7	2～6	垄沟	垄沟*	碎石	±1	纵向	14.54	5.40	5.81	0.4	0.43
T8	2～6	垄沟	垄沟*	碎石	±1	纵向	18.01	7.15	7.92	0.4	0.43
T9	2～6	垄沟	垄沟*	碎石	±1	纵向	22.43	9.42	9.74	0.42	0.43
T10	2～6	垄沟	垄沟*	碎石	±1	纵向	27.08	11.44	11.73	0.42	0.43
T11	2～6	垄沟	垄沟*	碎石	±4	纵向	37.06	15.94	17.71	0.43	0.46
T12	2～6	垄沟	垄沟*	碎石	±4	横向	13.51	5.27	5.80	0.39	0.43
T13	2～6	垄沟	垄沟*	碎石	±4	横向	18.05	7.10	6.97	0.39	0.39
T14	1～3	垄沟	垄沟*	碎石	±1	纵向	13.53	5.55	6.41	0.41	0.47

续表

试验工况编号	碎石粒径/cm	基床形状 第1次	基床形状 第2次	基础材质	平整度/cm	推动方向	竖向荷载/kN	水平荷载/kN 第1次	水平荷载/kN 第2次	摩擦系数 第1次	摩擦系数 第2次
T15	1~3	垄沟	垄沟*	碎石	±4	纵向	18.04	7.38	8.13	0.41	0.45
T16	1~3	垄沟	垄沟*	碎石	±4	纵向	22.56	9.64	10.56	0.43	0.47
T17	1~3	垄沟	垄沟*	碎石	±4	纵向	27.06	10.98	12.59	0.41	0.47
T18	1~3	满铺	满铺*	碎石	±4	纵向	18.80	7.57	8.42	0.4	0.45
T19	1~3	满铺	满铺*	碎石	±4	纵向	25.05	10.30	11.45	0.41	0.46
T20	1~3	满铺	满铺*	碎石	±4	纵向	31.32	12.77	15.10	0.41	0.48
T21	1~3	满铺	满铺*	碎石	±4	纵向	37.58	15.76	17.73	0.42	0.47
T22	2~6	垄沟	垄沟*	淤泥	—	纵向	13.53	3.85	5.52	0.28	0.41
T23	2~6	垄沟*	垄沟*	淤泥	—	纵向	18.04	5.52	6.18	0.31	0.34
T24	2~6	垄沟*	垄沟*	淤泥	—	纵向	22.55	5.56	7.57	0.25	0.34
T25	2~6	垄沟* 垄沟*（第3次）	垄沟*	淤泥	—	纵向	18.04	3.67 5.57（第3次）	4.60	0.2 0.31（第3次）	0.25
T26	—	垄沟	垄沟*	砂	±1	纵向	13.53	5.91	6.17	0.44	0.46
T27	—	垄沟	垄沟*	砂	±1	纵向	18.04	8.37	8.41	0.46	0.47
T28	—	垄沟	垄沟*	砂	±1	纵向	22.55	10.60	10.65	0.47	0.47

注：1. 管节模型底面接触面积为 8.550 m×1.803 m；管底压强可根据表中的竖向荷载除以该值计算。
2. 基床类型无*号为基床重新铺设，标*号代表基床未重新铺设。

管底压强的增加基本会导致摩擦系数的增加，见图5。而对于前文所述的其他因素，它们在这个范围的变化对摩擦系数的影响并不明显。

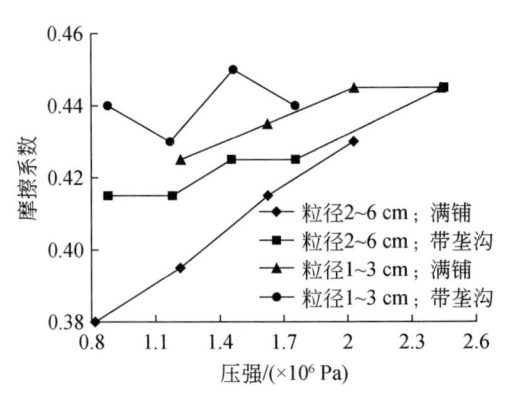

图5 摩擦系数与管底压强

此外观察顶推过程发现摩擦力达到极值后仍有缓慢增长的趋势（图6）。其原因可能是管节模型的底板的碎石存在滚动，刚开始的运动为结构底部的摩擦与碎石滚动的结合，随着行程增加，滚动的成分减少。

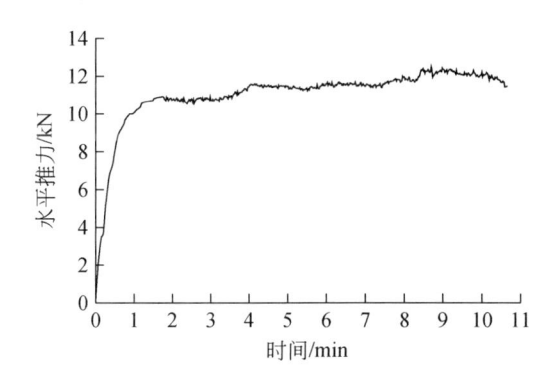

并且，淤泥有降低摩擦力的趋势；而砂垫层会增加摩擦力。

图 6 试验推力-时间曲线（对应表 1 中 T3）

2.2.2 转动试验结果

转动顶推试验结果汇总见表 2。

从表 2 中可见数据的规律性强。试验过程观察到管节在碎石垫层上的运动是平动与转动的同时进行的结合，但是数据有一些离散性，经分析原因可能是，精调的力取决于管节转动所需的弯矩，弯矩取决于摩擦力的方向，摩擦力的方向由管节的运动方向决定，而管节的运动方向伴随着平动与转动，两者的比例随着精调位移的大小而不同。

表 2 摩擦力试验转动顶推试验结果汇总

工况	碎石粒径/cm	基床类型	平整度/cm	竖向荷载/kN	约束	加载位置与偏心距离/m	水平荷载/kN 第1次	第2次	第3次	第4次	第5次
R1	2～6	垄沟*	±4	13.51	无	尾部 3.6	2.46	—	—	—	—
R2	2～6	垄沟*	±4	18.08	无	尾部 3.6	3.96	—	—	—	—
R3	2～6	垄沟*	±4	22.55	无	尾部 3.6	5.01	4.96	—	—	—
R4	2～6	垄沟	±4	13.51	纵向	尾部 3.6	2.68	—	—	—	—
R5	2～6	垄沟	±4	18.08	纵向	尾部 3.6	4.05	—	—	—	—
R6	2～6	垄沟*	±4	22.55	纵向	尾部 3.6	4.45	5.90	6.17	—	—
R7	2～6	垄沟**	±4	13.59	转动	尾部 3.7	2.54	3.01	—	—	—
R8	2～6	垄沟*	±4	13.56	转动	尾部 4.2	2.57	2.79	3.05	3.19	3.28
R9	2～6	垄沟**	±4	18.05	转动	尾部 3.8	3.70	3.98	—	—	—
R10	2～6	垄沟*	±4	18.04	转动	尾部 4.2	3.78	3.83	4.05	4.71	—
R11	2～6	垄沟**	±4	22.55	转动	尾部 3.7	4.56	5.27	—	—	—
R12	2～6	垄沟*	±4	22.56	转动	尾部 4.2	4.65	5.50	4.94	5.46	—
R13	2～6	垄沟**	±4	13.54	转动	端部 0.9	12.62	14.00	—	—	—

续表

工况	碎石粒径/cm	基床类型	平整度/cm	竖向荷载/kN	约束	加载位置与偏心距离/m	水平荷载/kN 第1次	第2次	第3次	第4次	第5次
R14	2~6	垄沟*	±4	13.53	转动	端部0.9	14.37	12.59	14.79	14.71	13.82
R15	2~6	垄沟**	±4	18.03	转动	端部0.9	17.48	16.97	—	—	—
R16	2~6	垄沟*	±4	18.04	转动	端部0.9	19.57	20.54	19.73	19.91	—
R17	2~6	垄沟**	±4	22.55	转动	端部0.9	24.68	25.70	—	—	—
R18	2~6	垄沟*	±4	22.56	转动	端部0.9	24.67	24.64	24.77	26.32	—
R19	2~6	垄沟*	±4	13.53	无	端部0.9	5.66	5.73	6.03	6.09	
R20	2~6	垄沟*	±4	18.04	无	端部0.9	8.61	9.05	8.98	8.73	
R21	2~6	垄沟*	±4	22.55	无	端部0.8	10.51	10.50	10.85	10.29	
R22	2~6	垄沟*	±4	13.53	纵向	端部0.8	4.62	5.34	5.42	5.06	
R23	2~6	垄沟*	±4	18.04	纵向	端部0.8	7.38	7.81	7.84	8.12	
R24	2~6	垄沟*	±4	22.55	纵向	端部0.8	9.70	10.05	9.82	10.00	

注：1. 管节模型底面接触面积为 8.550 m×1.803 m；管底压强可根据表中的竖向荷载除以该值计算。
2. 标*号代表基床未重新铺设；标**号代表除第1次试验基床重新铺设外，后续次数的试验都未重新铺设；其他为基床重新铺设。

3 管节拉合时的摩擦力的观测

3.1 管节拉合作业描述

本工程的沉管管节的沉放作业，通过往管内加水，管节下沉，浸入水中后管节有 8000~10000 kN 的负浮力，在管节着床前该负浮力与竖向缆绳提供的拉力平衡。竖向缆绳包括吊缆与操控缆，前者提供与负浮力平衡的主要贡献。管节着床以后，仍保持一部分的力，在管节端部顶上的两个拉合千斤顶伸出，与前一节管节上的拉合台座连接（图7）。接下来的拉合过程分为几个阶段：拉合千斤顶与拉合台座连接并预紧；拉合管节，直至管节的 GINA 止水带接触被连接段的管节的端钢壳。

图 7 管节顶面水下千斤顶拉合示意图

上述这个阶段的拉合千斤顶的力的大小基本等于摩擦力，方向与摩擦力相反，是摩擦力观测的取值来源。之后的阶段由于 GINA 止水带的反力的介入，拉力将继续增大，这部分内容未进行研究。

在拉合过程中，管节与基床的底面积为 4000～6700 m²。

3.2 典型管节的拉合过程

E25 管节的拉合过程如图 8 所示。

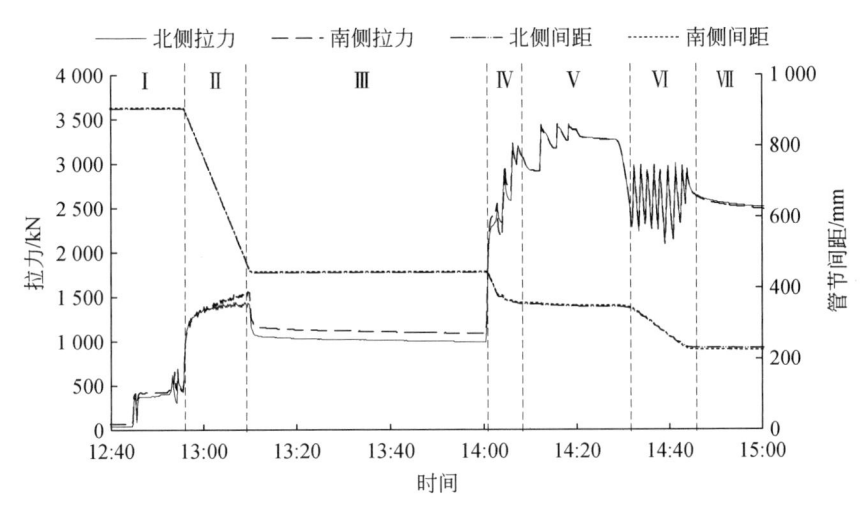

图 8 E25 管节拉合过程的千斤顶的力、管节端面间距与时间的曲线

（2016 年 3 月 31 日；图中，阶段Ⅰ：拉合千斤顶搭接；阶段Ⅱ：拉动管节，直至 GINA 止水带的鼻尖与已安管节稍微接触；阶段Ⅲ：保持拉合力，位移不变，为水下检查；阶段Ⅳ：拉合，直至 GINA 止水带的鼻尖完全压缩；阶段Ⅴ：保持拉合力，为水下检查；阶段Ⅵ：水力压接；阶段Ⅶ：后续）

3.3 33 个管节拉合观测汇总

表 3 汇总了 33 个管节拉合时的施工记录。对于部分记录健全的数据，估算了摩擦力与摩擦系数。摩擦力的计算扣除了由于纵坡坡度引起的纵向分力。摩擦系数的计算中，正压力扣除了吊缆与操控缆的拉力。计算摩擦系数的范围在 0.4～0.8，较多的情况集中在 0.5 左右。

4 E4 与 E5 管节的精调记录及分析

4.1 精调操作描述

港珠澳大桥沉管隧道进行过两次精调作业，分别是 E4、E5 管节。之后改用免精调

表 3 港珠澳大桥沉管隧道 33 个管节拉合记录与摩擦系数估算

管节	负浮力/kN	设计坡率/%	竖向分力①/kN	纵向分力②/kN	竖向吊缆力③/kN	摸控缆竖向力④/kN	正压力⑤=①-③-④/kN	基床压力计算 管底接触的面积/m²	管底压强*/kPa	拉合千斤顶监测读数 平均拉力⑥/kN	拉合千斤顶监测读数 最大拉力⑦/kN	计算摩擦力 平均⑧=②+⑥/kN	计算摩擦力 最大⑨=②+⑦/kN	摩擦系数 平均=⑧/⑤	摩擦系数 最大=⑨/⑤
E1	7 848	2.996	7 844.5	-235.0	—	—	—	4 070.1	—	—	—	—	—	—	—
E2	7 848	2.465	7 845.6	-193.4	—	—	—	4 070.1	—	—	—	—	—	—	—
E3	9 810	1.614	9 808.7	-158.3	—	—	—	4 070.1	—	—	—	—	—	—	—
E4	7 848	1.447	7 847.2	-113.5	—	—	—	4 070.1	—	—	—	—	—	—	—
E5	7 848	1.500	7 847.1	-117.7	—	—	—	4 070.1	—	—	—	—	—	—	—
E6	7 848	1.517	7 847.1	-119.0	—	—	—	4 070.1	—	—	—	—	—	—	—
E7	7 848	1.708	7 846.9	-134.0	—	—	—	4 070.1	—	—	—	—	—	—	—
E8	8 338.5	1.848	8 337.1	-154.1	—	—	—	4 070.1	—	—	—	—	—	—	—
E9	8 338.5	1.908	8 337.0	-159.1	—	—	—	4 070.1	—	—	—	—	—	—	—
E10	8 436.6	1.443	8 435.7	-121.7	—	—	—	4 070.1	—	1 764.2	2 079.7	1 642.4	1 958.0	0.72	0.79
E11	9 810	0.773	9 809.7	-75.8	—	—	—	4 070.1	—	1 596.5	2 403.5	1 520.7	2 327.6	0.48	0.53
E12	9 810	0.287	9 810.0	-28.2	—	—	—	4 070.1	—	数据异常					
E13	9 810	-0.098	9 810.0	9.6	—	—	—	4 070.1	—	2 477.6	3 237.3	2 487.2	3 246.9	0.69	0.80
E14	9 810	-0.325	9 809.9	31.9	—	—	—	4 070.1	—	数据异常					
E15	9 810	-0.300	9 810.0	29.4	—	—	—	4 070.1	—	2 885.9	3 874.8	2 915.4	3 904.2	0.52	0.56
E16	9 810	-0.300	9 810.0	29.4	—	—	—	4 070.1	—	1 555.6	1 893.3	1 585.1	1 922.8	0.64	0.69
E17	9 810	-0.277	9 810.0	27.2	—	—	—	4 070.1	—	2 647.1	2 770.9	2 674.3	2 798.1	—	—
E18	9 810	-0.000	9 810.0	0.0	—	—	—	4 070.1	—	2 715.5	2 844.9	2 715.5	2 844.9	—	—
E19	9 810	0.167	9 810.0	-16.4	4 198.7	1 579.4	4 031.9	6 665.9	0.60	2 930.3	3 221.5	2 913.9	3 205.1	—	—
E20	9 810	0.300	9 810.0	-29.4	—	—	—	6 665.9	—	—	—	—	—	—	—
E21	9 810	0.300	9 810.0	-29.4	4 159.4	1 540.2	4 110.3	6 665.9	0.62	1 985.6	2 226.9	1 956.2	2 197.4	—	—
E22	9 810	0.319	9 810.0	-31.3	5 817.3	1 402.8	2 589.8	6 665.9	0.39	1 821.1	2 095.1	1 791.7	2 065.6	—	—
E23	9 810	0.129	9 810.0	-12.7	—	—	—	6 665.9	—	—	—	—	—	—	—
E24	9 810	-0.023	9 810.0	2.3	2 776.2	1 334.2	5 699.6	6 665.9	0.86	2 964.1	3 178.4	2 966.4	3 180.7	—	—
E25	9 810	-0.441	9 809.9	43.3	3 806.3	1 599.0	4 404.6	6 665.9	0.66	2 770.0	3 001.9	2 813.2	3 045.1	—	—
E26	9 810	-1.508	9 808.9	147.9	—	—	—	6 665.9	—	3 179.9	3 416.6	3 327.9	3 564.5	—	—
E27	9 810	-2.551	9 806.8	250.2	—	—	—	5 800.7	—	—	—	—	—	—	—
E28	9 810	-2.695	9 806.4	264.3	—	—	—	5 800.7	—	2 587.4	2 746.8	2 851.7	3 011.1	—	—
E29	9 810	-2.360	9 807.3	231.5	10 182.8 数据有误	1 138.0	—	6 233.3	—	2 054.2	2 275.9	2 285.7	2 507.4	—	—
E30	9 810	-2.207	9 807.6	-216.5	—	—	—	6 233.3	—	1 823.7	2 001.2	1 607.2	1 784.8	—	—
E31	9 810	-2.147	9 807.7	-210.6	5 768.3	529.7	3509.7	6 665.9	0.53	1 599.8	2 177.8	1 389.2	1 967.2	0.40	0.56
E32	9 810	-2.671	9 806.5	-261.9	5 120.8	686.7	3999.0	4 935.4	0.81	2 095.6	2 376.7	1 833.6	2 114.7	0.46	0.53
E33	9 810	-3.013	9 805.6	-295.4	2 766.4	765.2	6274.0	4 935.4	1.27	2 861.9	3 356.2	2 566.5	3 060.7	0.41	0.49

注：坡率+代表西高东低，-代表西低东高；*代表管底压强为管节与碎石垫层接触的外边线围的面积，不扣除可能的碎石沟的脱空面积。"—"为数据未记录，或统计不全。

技术，拟在另一篇文章中专门讨论。对于 E4、E5 管节，安装完成后，从隧道内进行贯通测量，并在已安管节与待安管节之间的结合腔内的侧墙部位设置千斤顶（图 9）。千斤顶提供偏心顶推力 F_1。E4 管节精调时，在另外一侧相同的位置还设置了 3 台纵向千斤顶，起到约束纵向位移、避免精调时管节接头张开量过大的作用。

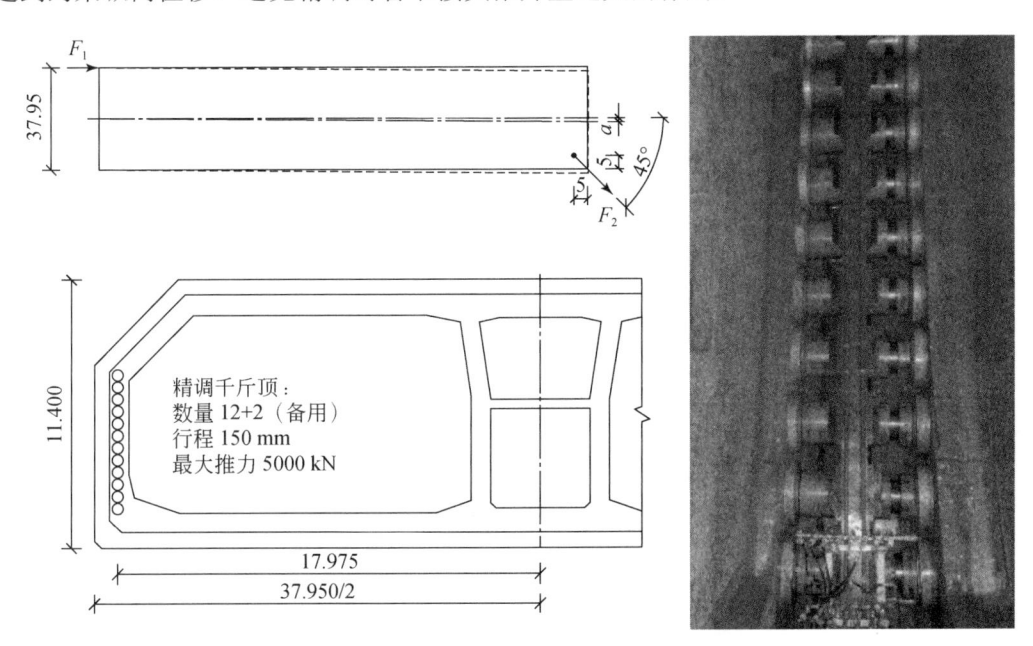

图 9　管内精调作业照片与位置（单位：m）

4.2　精调过程关键数据记录

精调过程关键数据记录如表 4 所示。其中的 F_1、F_2 对应图 9。

表 4　精调过程令管节运动的最大精调力及有关记录

管节	次数	竖向荷载/kN	F_1/kN	F_2/kN	运动量 a/mm	备注
E4	1	47 392	37 425	—	0.8	接近临界启动状态
E4	2	27 772	28 253	—	26.8	
E4	3	14 038	—	491	25.3	—
E5	4	14 715	19 542	—	10.0	
E5	5	12 753	24 319	392	27.5	—

5 最终接头合拢焊接时的观察

5.1 合拢焊接情况描述

最终接头位于 E29、E30 管节之间。在它安装以后，E29、E30 管节端部的水压力消失，引起轴向大约 96 600 kN 的不平衡力，见图 10。这部分消失的水压力必须由 E29、E30 管节自身的摩擦力抵抗。摩擦力的来源是 E29、E30 管节下方的基床及四周的回填对它们运动的阻碍。

为了保证足够的静摩擦力，对它们进行了加载，包括管顶回填，管内压载混凝土，以及保留压载水箱内的水，将 E29 管节对基床的竖向荷载控制在 360 892 kN，将 E30 管节对基床的竖向荷载控制在 373 180 kN。如果综合摩擦系数取 0.4，管节应当不会运动。然而，实际情况却出乎预料。

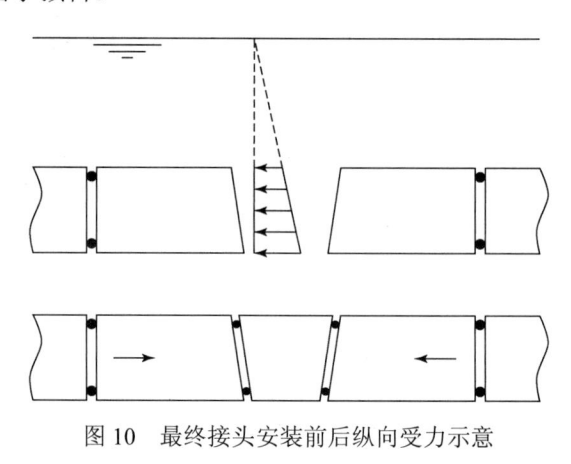

图 10 最终接头安装前后纵向受力示意

5.2 观　　察

最终接头于 2017 年 5 月 4 日完成安装，在之后的几天里，观察到 E28～E29 管节的接头有接近 2 mm 的张开；而 E30～E31 管节接头的底板有 1 mm 的张开，顶板未发现张开（图 11）。一种可能是，在波浪的动力作用下，管节克服了临界启动摩擦力，缓慢地向前运动。

6 讨　　论

后铺法施工的管节在拉合时需要克服的摩擦力较小。比较而言，管节在碎石垫层上拉合时需要克服的摩擦力大得多，尽管在水下摩擦系数有所减小。

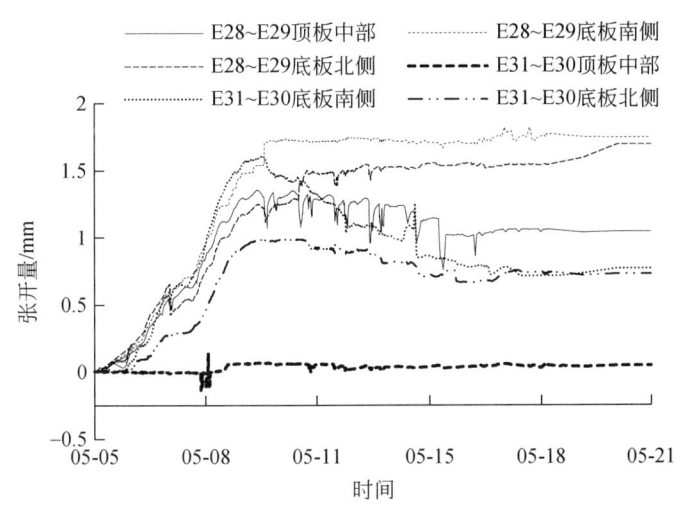

图 11　E30～E31、E28～E29 管节接头张开量-时间监测曲线

比较第 2 节的试验结果与第 3、4 节的实际观测，可发现试验观测的摩擦力与实际情况较符合。

实际作业中，通过控制竖向缆绳的拉力可以进一步控制摩擦力的大小。对于管节的精调，摩擦力的贡献有一定的规律性的同时又有离散性。此外，即使不考虑碎石垫层的施工精度的偏差影响，由于回淤分布的随机性与沉管荷载分布的差异性，摩擦系数及摩擦力都会表现出不均匀性与离散性。因此，在港珠澳大桥沉管隧道安装的拉合压接过程中，即便采用了行程与拉合力双控措施，沉管管节实际轴线与目标轴线总会发生偏离，偏离的方向是随机的，偏离的量受到摩擦力的大小及管节的重心位置的影响。后者可将沉管管节作为刚体，通过运动方程的解析来证实，拟在其他文章中详述。

参 考 文 献

[1] 尚乾坤，王殿文.钢筋混凝土沉管管节与基床摩擦阻力的试验研究[J].中国港湾建设，2015，（7）：46-48.

沉管隧道节段接头可注浆止水带使用改良[*]

林 巍[1]，林 鸣[2]，Joel Van Stee[3]，尹海卿[2]，董 政[2]

(1. 中交公路规划设计院有限公司，北京，中国；2. 港珠澳大桥岛隧工程项目总经理部，珠海，中国；
3. Trelleborg B.V.，Ridderkerk，Holand)

摘 要：港珠澳大桥岛隧工程沉管隧道有219个节段接头，其中60%水深超过40 m。每个节段接头的环向长度90 m。为了保证可注浆止水带的止水效果，对可注浆止水带的使用进行了系统的改良。2013年5月至2017年3月，33个管节已在水下安装，节段接头部位均未发现漏水。本文讨论可注浆止水带使用改良的方法与原因。

关键词：沉管隧道；止水；止水带；工厂法；港珠澳大桥；岛隧工程

1 背 景

港珠澳大桥岛隧工程沉管隧道的节段接头的防水是个挑战。沉管段中有3 km区段的水深超过40 m（最大水深约46 m）。而且，节段接头总数量达到219个，每个接头的水密长度为90 m。尽管如此，沉管管节从2013年5月开始安装，至2017年3月已全部安装完成，节段接头未出现渗漏水。

考虑工程的规模与风险，该工程的节段接头止水设计一开始采用四道止水措施：聚脲层+可注浆止水带+遇水膨胀胶条+OMEGA止水带。其实施情况是，遇水膨胀胶条施工难以实施，被取消了；聚脲层在拖航过程中在波浪的作用下较容易脱落。所以关键的两道止水是可注浆止水带与OMEGA止水带。

其中，可注浆止水带靠外侧，因此是节段接头的首道止水。选择了Trelleborg B.V.的止水带产品，该止水带在沉管隧道的应用与发展已近30年[1]。OMEGA止水带是第二道止水，其功能是拦截可能渗入的水。在本工程的实施过程中，就改善中埋止水带的止水效果问题进行了一系列改良的尝试，本文将介绍相关情况。

2 可注浆止水带的应用问题

2.1 工作原理

中埋止水带埋入节段接头中，如图1所示。止水带的正中间与节段接头缝垂直，并

---

[*] 本文曾刊登于《水道港口》2018年增刊2。

与其相交。止水功能主要由中间的橡胶与两端的钢板构成,理想状态是混凝土能与止水带完美结合,进而形成有效止水功能。实际上,接头可能会因沉降或张开发生变形,为了适应变形在止水带中心部位设置了一段海绵体,两侧设置了橡胶球状体。为了防止混凝土施工缺陷的渗漏风险,钢板的非临海侧粘有可注浆海绵,该部位用来注入环氧树脂,填充可能的缝隙。为实现注浆,埋设了钢注浆管。钢注浆管需要顶在止水带的钢板上,注浆管中间的带螺纹的芯棒穿过钢板上预先开凿的孔,并穿过海绵,与另一侧的螺帽连接。为避免浇筑的混凝土渗入钢板与钢注浆管的缝隙,该部位设置橡胶圈。通过拧紧螺帽,压缩螺帽与芯棒之间的橡胶圈来实现该部位的密封。

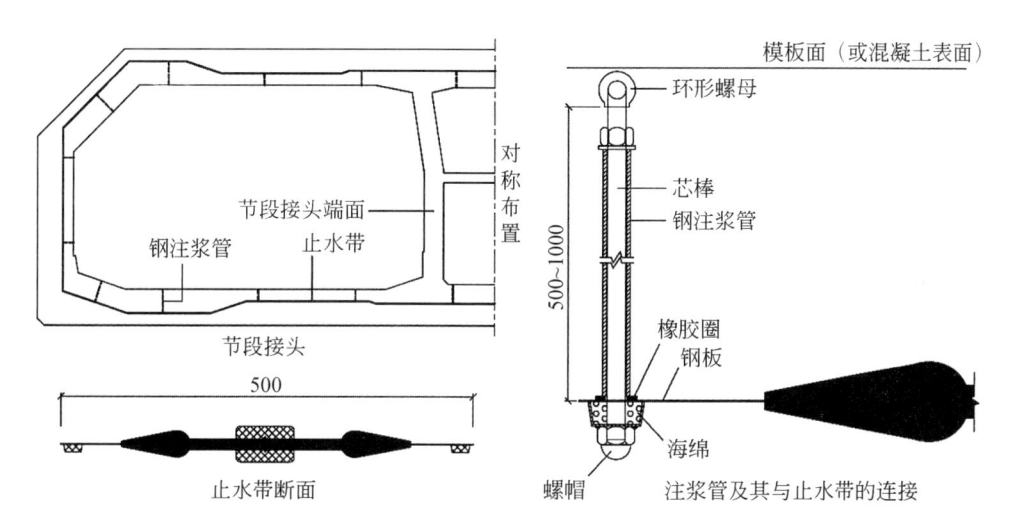

图 1　可注浆止水带原方案

从水的入侵路径来理解可注浆止水带的原理:外侧的水首先平行地进入节段接头的缝隙,垂直地向着止水带前进,直到接触止水带;因为止水带的存在,水会向左或向往右转 90°,往止水带的两端行走,首先经过止水带的橡胶部位,橡胶通过与混凝土的密贴有可能阻止水继续前进。当该部位的止水失效,水则继续向前,到达止水带两端的钢板部位,如果该部位已注入环氧树脂,则能起到止水作用。

2.2　问　　题

(1) 结构性问题

止水带呈环状布设,混凝土浇筑密实性因此受到限制,振捣时析出的气体和水会在止水带表面形成空隙,成为接头渗漏隐患。现场观察到,排气条件、振捣条件相对差的转角、水平布设止水带的下表面密实性情况较为严重。而高水压条件会加剧接头渗漏发生。

这个观点也从另外两方面得到了印证。①通过接头部位的足尺浇筑及切片实验,从切片上可以看到孔隙缺陷(图2)。②通过对节段接头注浆情况的统计,每个接头的平均注浆量达到 49.95 kg；其中，最大的节段接头注浆量达到 100 kg，折算成体积约为 0.1 m³。

图 2 节段接头部位足尺浇筑试验及切面

（2）接头张开问题

节段式管节解除临时预应力以后，水压力消失，节段接头约束得到释放，并有可能张开，引起可注浆止水带橡胶部位被纵向拉伸，橡胶的厚度相应减薄，橡胶与混凝土不再密贴，或它们的结合面脱开，造成渗水通道。理想的解决办法是，选择在管节水下安装，并在它的纵向结构发生变形以后，再进行注浆。但是，如果注浆过后，节段接头因运营期的隧道沉降再次发生张开与错动，可注浆止水带仍然可能失效。

注浆有效的前提是注浆管的有效，但在一些情况下，注浆管很难做到有效，下面以本工程遇到的问题为例详述。

（3）注浆管成活问题

安装工序上，图 3 为该止水带的安装总体流程。因为止水带位于节段接头中间，且由于钢筋的存在，就必须先装止水带，再将注浆管及芯棒与止水带连接。混凝土浇筑完成以后，需要注浆时再取出注浆管内的芯棒。

因为钢筋较密（图 4），注浆管的安装较难。并且，考虑图 3 的工序，注浆管必须在结构混凝土表面以下，模板才能闭合（底板除外，因为无顶面模板）。这意味着混凝土浇筑完成后，对管节墙体与顶板的注浆时，首先要开凿混凝土表面来寻找注浆管，才能拧出注浆管内的芯棒。

部分芯棒无法从注浆管被拧出，或者，如果强行拧芯棒，对环形螺母施加较大扭力时，又会导致注浆管破损。其原因是浇筑的混凝土渗入了注浆管内，凝结后将芯棒与注浆管锁住。经分析，混凝土渗入注浆管的原因如下。

1）现场钢筋密级，注浆管需要穿过钢筋，与中埋式止水带连接，受空间限制，注浆管的实际角度与理论角度易存在偏差，该偏差导致连接部位的橡胶圈与止水带的钢板不密贴，存在缝隙。混凝土浇筑时，浆液可以通过橡胶圈不密贴的部位而进入注浆管与芯棒的缝隙中。

2）工人较难控制适宜的扭力，使注浆管对橡胶圈的压缩正好可以止浆。如果扭力过大，注浆管与止水带的钢板连接部位易损坏；如果扭力过小，橡胶圈的压缩量不足或仍与钢板存在缝隙。总之，扭力过大或过小都可能导致漏浆。

(a) 步骤一　　　　　　　(b) 步骤二　　　　　　　(c) 步骤三

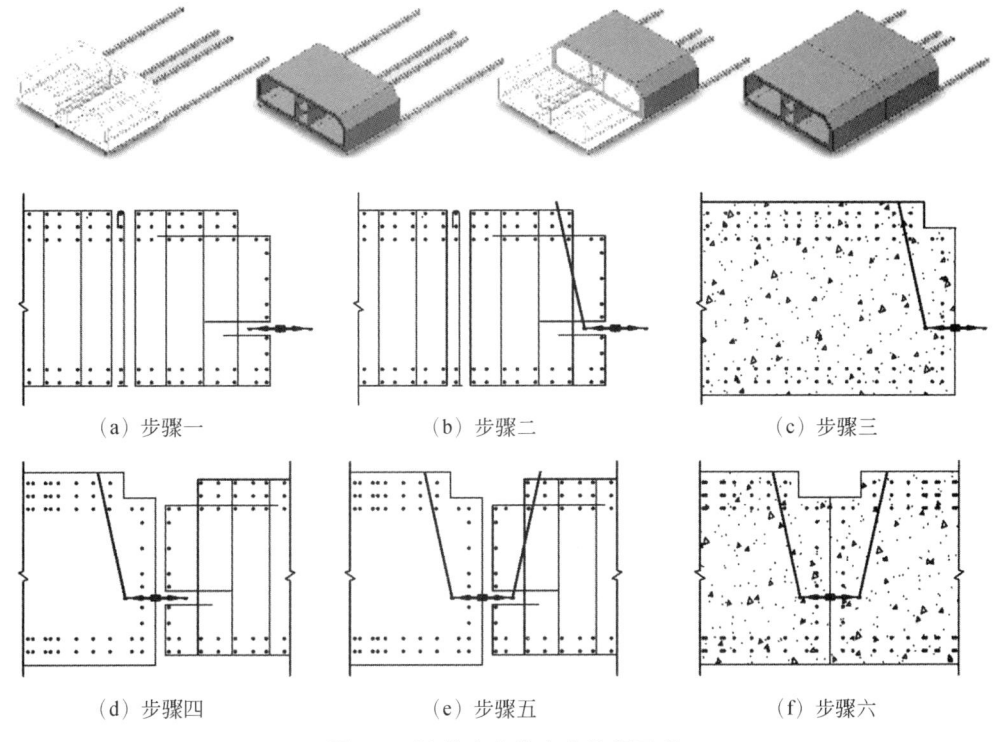

(d) 步骤四　　　　　　　(e) 步骤五　　　　　　　(f) 步骤六

图 3　可注浆止水带安装流程示意

图 4　节段接头端部钢筋

3）混凝土振捣棒输出的能量将注浆管损坏，或将接头振松，导致漏水。

此外，混凝土浇筑时也有可能引起注浆管的移位，导致其被埋入混凝土中，无法找到。

综上，仅从施工质量控制角度较难保障 219 个节段接头，每个接头的 48 个注浆管，都可注浆。非 100%保证率意味着节段接头注浆止水的缺口。该现象在侧墙与顶板比在底板更为突出，原因是底板不设模板，就不需为了找注浆管而开凿混凝土，芯棒的取出时机较早，混凝土弹性模量较低，因而注浆管存活率较高。此外，考虑本工程沉管隧道节段接头的特点是大周长（90 m）与大水深（40 m 以上），接头止水效果具有一定的不确定性。因而对原止水带的注浆构造进行了改良。

3 改 良

3.1 节段接头张开的限制

通过保留管节的纵向永久预应力（这种沉管隧道纵向新结构形式我们称为"半刚性"，拟在其他文章[2,3]单独介绍）对节段接头的张开（与错动）进行限制，降低了可注浆止水带的变形与受力的概率。在管节施工期间对节段接头的张合量进行持续的监测，测点与仪器见图 5。在管节回填及管内路面施工完成后，节段接头张开量的观测数据见图 6，可见节段接头基本不张开。因此注浆时机不必再等待管节完成一定量的变形，而是可以在预应力张拉完成后，就开始注浆。这样带来的额外好处是，由于混凝土龄期短，弹性模量较低，注浆管的成活率相对较高。

需注意，节段接头不张开的另外一个必要条件是隧道的基础处理得好。工程采用了复合地基+组合基床的处理方案（它文详述），将沉管隧道施工期的沉降总体控制在 5~6 cm，差异沉降控制在 1 cm 以内[4]。

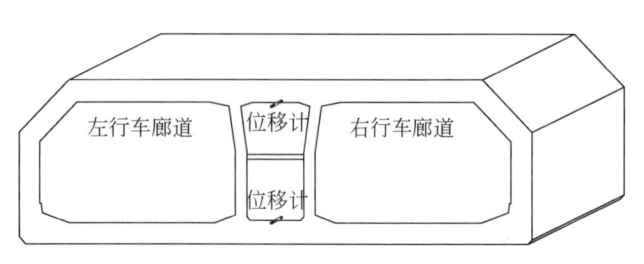

图 5 节段接头张合量监测方案图

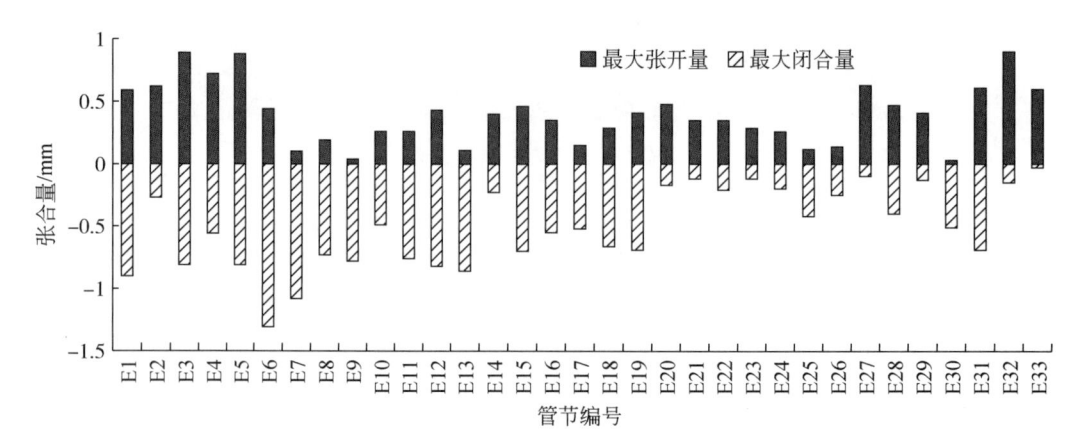

图 6 沉管隧道节段接头的最大张合量

3.2 注浆改良

1）增设一道可注浆胶条，相当于在水的流通路径上又设置一道关卡，见图7。进而从概率上较大幅度地提高了节段接头止水可靠度。值得指出的是，采用注浆软管形式可以获得施工便利的优势。不同于钢注浆管，需要在止水带装入钢筋笼后再将其穿过钢筋笼与止水带连接，软管可以先与可注浆止水带连接，再作为一个整体与钢筋笼固定。此外，软管不影响混凝土模板的闭合，可以允许其伸出混凝土的表面，注浆前不必开凿混凝土。此外，还需确保注浆软管与混凝土的结合面的防水，不然将成为一道渗水通道。金属注浆管同样存在该问题。

2）此外，通过工艺试验重新选择适宜本工程施工条件的橡胶圈，确保在较大扭力作用下，橡胶圈不会被破坏，且仍能起到止浆作用。橡胶圈也能容忍较大的安装角度偏差（图8）。

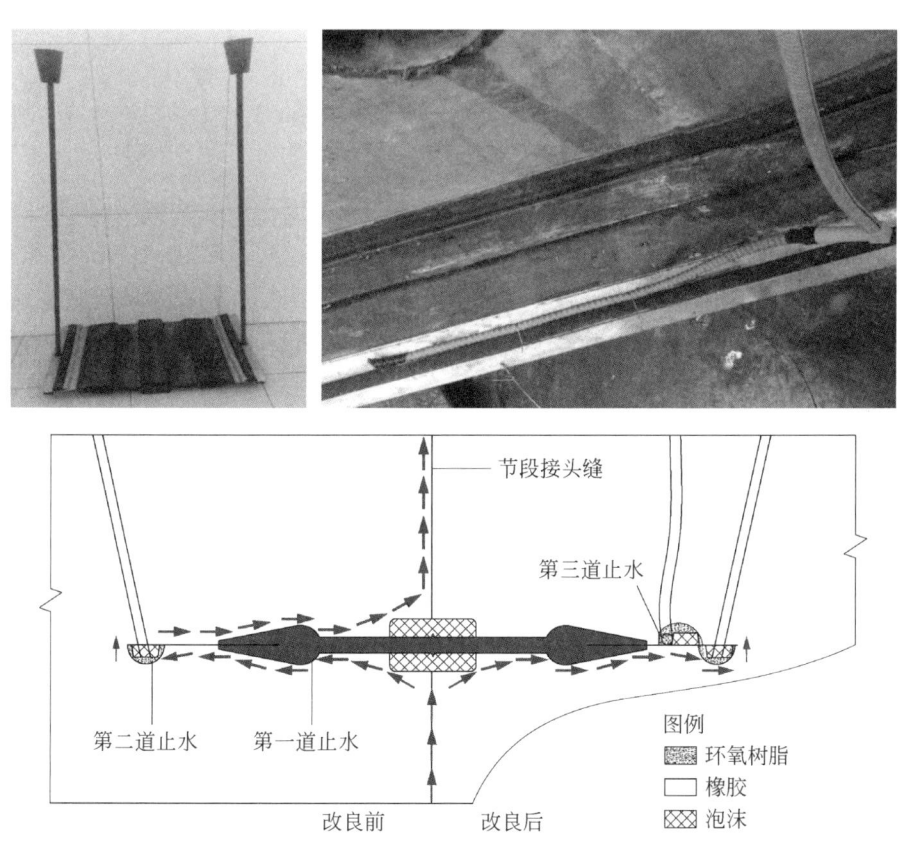

图7 改良前后止水带断面及水入侵路径

(a) 橡胶圈、金属注浆管与钢边　　　　(b) 橡胶圈的比选

图 8　选择橡胶圈

3.3　注浆管间距优化

在容易注浆管失效的部位加密注浆管的数量，如图 9 所示。节段接头单侧 48 根注浆管加密至 68 根。目的是即便注浆管仍然出现失效的情况，出浆口间距从平均 4 m 缩短至平均 2.6 m，注浆防水措施更有保障。

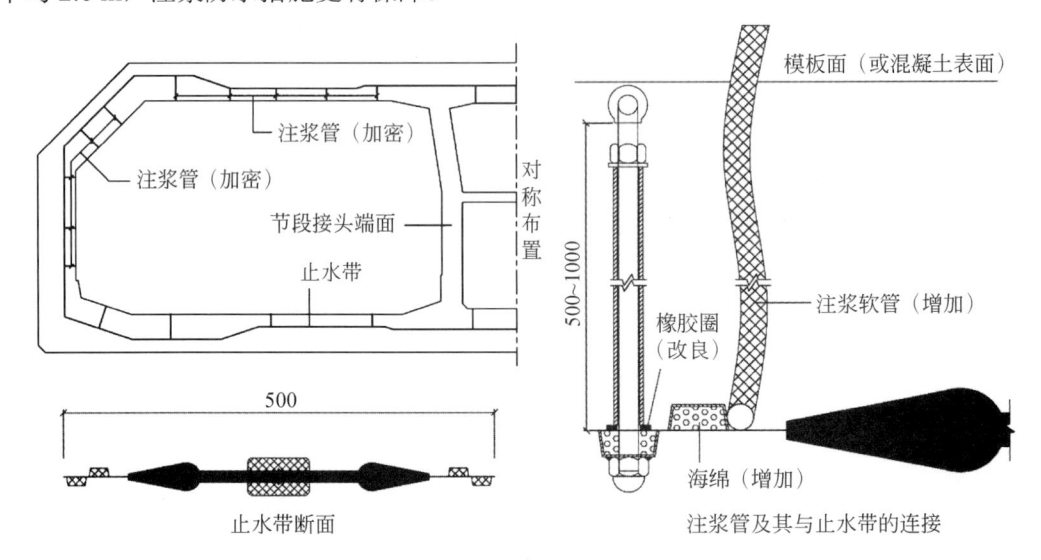

图 9　注浆改良措施

3.4　改善混凝土振捣施工

从管理方面，为了提高振捣质量，明确责任，让每个工人只做一种工作，并对应管节的某个部位。每浇筑一层混凝土，都要进行检查，即采用了"三定"措施——定岗、定人、定工艺。

从技术方面，为了提高混凝土与可注浆中埋止水带的密贴效果，比选了不同的振捣棒（图10）；在钢筋密级区域设置了振捣棒的通道；在转角部位及顶板、底板部位注意弯折可注浆中埋止水带的角度以获得更好的混凝土的排气效果。为确保混凝土不开裂，采用低水化热高性能混凝土，做到了均性好的效果；控制入模温度、浇筑强度、材料稳定性。

(a) 振捣试验及振捣棒比较　　(b) 35 cm直径2850 r/min转速　　(c) 45 cm直径12 000 r/min转速

图10　振捣棒的比选

4　结　　果

改良从E15管节开始。管节节段接头的注浆量统计见图11。中埋式止水带改良后，节段接头压水水密试验发现，一次止水成功的概率显著提高。在预制厂内需要修补的渗漏点大量减少（数据遗失）。从2013年至今，所有33个管节已经在水下安装完成，节段接头部位未发现渗漏。

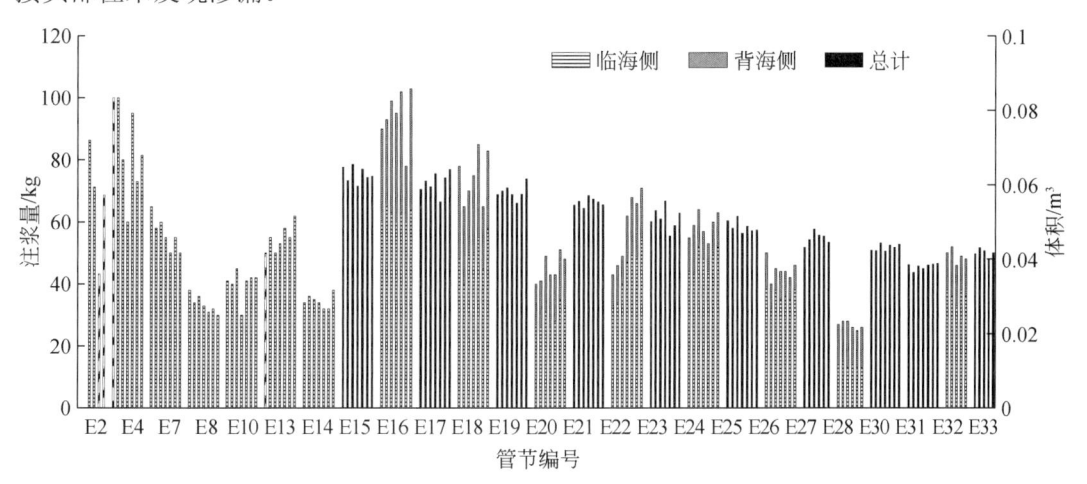

图11　节段接头注浆量统计图（E1~E14管节仅在临海侧注浆；部分管节未分别统计临海侧与背海侧的注浆量，只有两侧注浆量的总计）

每个管节安装后,对可注浆止水带的止水效果通过压力进行了监测。在每个节段接头的底部的中间,在中埋式可注浆止水带与OMEGA止水带之间的部位预埋水管,水管连接至管内并设置压力表(图12)。压力表的读数如果为零,则说明中埋式可注浆止水带的止水成功,如果读数近似等于隧道外的水压,则说明可注浆中埋式止水带已经失效。当前,施工期所有荷载已经完成,包括回填与管内路面作业。压力监测结果统计见表1。由此可知,219个节段接头的可注浆止水带目前均是有效的。

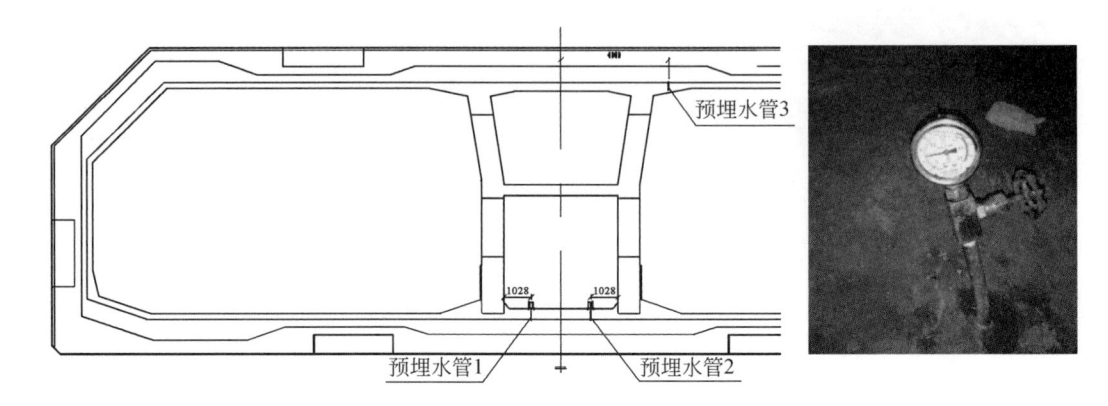

图12 节段接头压力监测方案图

表1 节段接头处压力监测统计

监测范围	监测接头数量	监测持续时间/min	监测统计/%（监测压力 P/MPa）	
			$P=0$	$0<P\leq 0.11$
E1~E12	78	4~9	93.6	6.4
E13~E16	33	7~11	96.9	3.1
E17~E23	49	6~12	93.9	6.1
E24~E28	33	7~9	100	0
E29~E33	31	5~8	100	0

注：存在压力的检漏孔在后续监测中压力无变化,判断为残留水。

5 结　语

节段接头的止水是一个系统问题,可注浆止水带作为首道止水,可靠是关键。本工程对该止水带效果的保障不仅从止水带自身出发,还考虑了影响该止水带的止水效果的外因。具体应考虑以下4个问题。

1)结构性缺陷的不可避免性。从注浆量统计可见止水带部位与混凝土难免存在间隙,因为振捣、混凝土收缩等原因。

2)可注浆性。

3）混凝土施工管理。

4）限制接头位移控制可注浆止水带的受力与变形。

所以，需要改良的地方并不是止水带本身，而是止水带的使用方法。

本工程为了确保它与隧道结构的密贴，加密了原有注浆位置的间距，并在另外一侧额外增加了一道注浆措施。

对于混凝土，通过对它的质量控制确保无温度裂缝，通过对它的浇筑质量的控制确保与止水带密贴。

对于止水带的受力与变形，如果节段式管节在水下安装后剪断预应力，传统解决思路可能是在止水带发生了受力与变形以后，甚至从隧道内发现漏水后，再注浆。本工程采用的是另一种解决思路，即不允许节段接头受力与变形，用永久预应力限制节段接头的位移。正因为此，止水带的注浆作业有条件在环境相对较好的沉管预制场完成，而不是在水下隧道内进行。

本文对止水效果保障的系统认识及细节处置，可供其他工程，特别是大水深、大断面的工程参考。

致谢

王晓东协助绘图；陈伟彬、陈聪、张洪提供统计数据及现场验证试验。在此一并感谢。

参 考 文 献

[1] Janssen Ir W. Waterproofing of the tunnel structure[C]//Immersed tunnels. Delta Tunnelling Symposium. Amsterdam：Tunnelling Section of the Royal Institution of Engineers in the Netherlands，1978：34-38.

[2] 林鸣，林巍. 沉管隧道结构选型的原理和方法[J]. 中国港湾建设，2016，(1)：1-5, 36.

[3] Lin M，et al. Semi-rigid element of immersed tunnel structure[C]//ITA AITES. WTC DUBAI 2018. Dubai：MCI GROUP，2018.

[4] 林鸣，林巍，李哈汀，等. 港珠澳大桥沉管隧道运行情况[J]. 中国港湾建设，2018，38（1）：1-6.

沉管隧道线形管理[*]

林 巍[1]，尹海卿[2]，林 鸣[2]，张秀振[2]，刘兆权[2]

（1.港珠澳大桥岛隧工程项目总经理部，珠海；2.港珠澳大桥岛隧工程项目总部设计分部，珠海）

摘　要：沉管隧道的工法是在陆上预制管节，并在水下逐个安装，因而这个工法需要确保隧道能够合拢，并确保隧道的线形符合其运营的功能要求。这两点可通过线形管理来保证，尤其对于外海长沉管隧道而言很关键。然而，以往的文献缺少这方面的论述。所以，本文系统地讨论沉管隧道的线形管理。基于港珠澳大桥沉管隧道的建设这种方法得以发展并通过工程结果得到了验证。

关键词：沉管隧道；线形；管理；测量；端钢壳；基础

1　问　题

沉管隧道的线形管理与盾构法或钻爆法的不同，因为工法截然不同，后两者是掘进，而沉管隧道是在岸上分节预制[1]，再将预制段（"管节"）依次运输至隧址[2]，在水下拼装。所以预制、定位、拼装的方法与管理都会影响线形的结果。而且水下拼装时（"安装"），水作为介质，与空气不同，能见度差，无法进行光学测量，也无法传递电波。如果管节安装暴露于外海环境，水动力还可能影响管节定位的精度。再者，当沉管隧道较长，线形的误差如果不主动控制，就会以管节安装为周期而逐渐累积。因此，建设较长的沉管隧道需要回答三个问题：

1）怎样让隧道的轴线接近理论轴线？

2）怎样控制沉管隧道的管节之间的错边？错边可能带来隧道内部的净空损失。

3）如何控制沉管隧道的合龙口的形状？合龙口的错边或偏角会导致最终接头无法安装或不便于安装。

本文旨在回答这三个问题。

港珠澳大桥岛隧工程安装了 33 个管节与 1 个最终接头[3]，实际平面线形达到的精度结果见图 1、图 2。最终接头安装前，合龙口的错边与转角见图 3，为最终接头的安装提供了一个理想的条件。沉管隧道的结果与线形管理的策略和执行密不可分。

---

[*] 本文曾刊登于《水道港口》2018 年增刊 2。

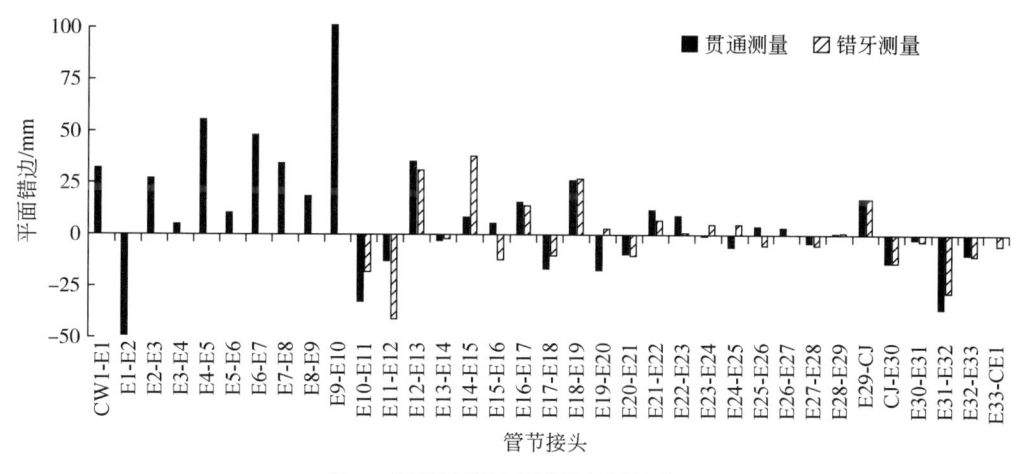

图 1 沉管隧道管节错边量测量结果

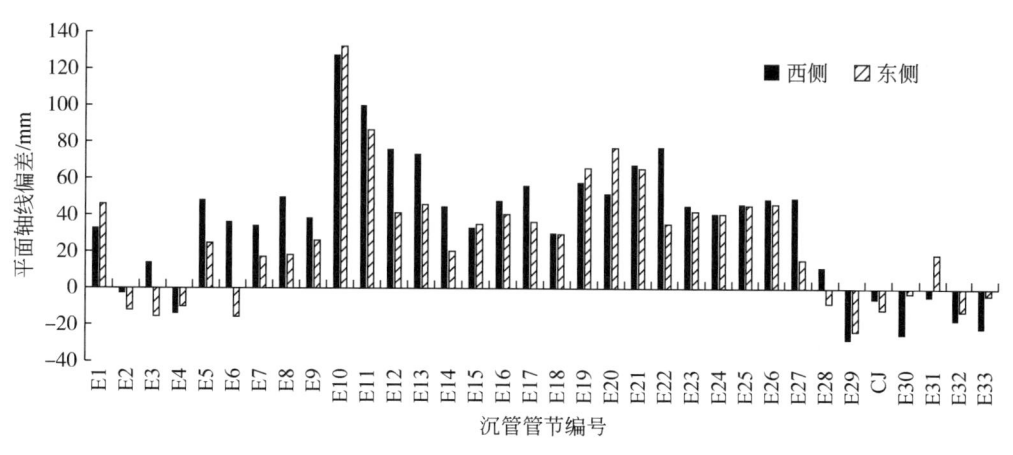

图 2 沉管管节轴线偏差贯通测量结果

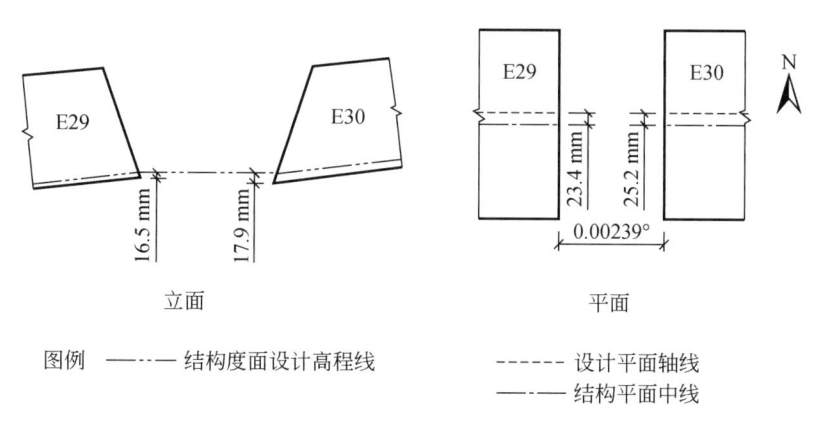

图例 —··— 结构度面设计高程线   ------ 设计平面轴线   —·— 结构平面中线

图 3 最终接头合龙口的平面与竖向偏差

2 原　　则

从港珠澳大桥岛隧工程的实践中归纳了两点原则，或者策略。

第一，系统地提高测量的精度与定位的精度。精度的提高不仅需要从测量本身努力，还需要从沉管工法的制定，管节安装装备的制造（改造），舾装件的设计，以及风险管理这些方面努力。仅从测量方面努力是不可能显著提高测量精度的。这一点容易被忽略。因为，管节预制和拼装在空间上不连续，全方面地、系统地看待问题可以避免测量的系统错误，降低测量的系统误差。港珠澳大桥岛隧工程的沉管管节的预制采用工厂法。两条生产线，分别由两个团队承担，而沉管管节的安装由另外一个团队承担，三个团队意味着线形管理在组织与管理上不是一个整体。因此，作者组建了中心测量队，一个特别的机构，负责沉管隧道所有的测量工作，从而将测量的组织一体化，将测量错误或误差过大的风险降至最低。而且，要求中心测量队的技术负责人从项目初期就参与所有工法的讨论、所有工艺与设备的研发，进而将测量的精度尽可能地提高。

第二，使用极简的管控手段。具体是，不为线形调节而改变沉管管节的外轮廓（预制要求与线形管理独立化）；也尽量不在沉管管节对接后对管节进行精调，而是基于线形预测在管节对接的过程中使用既有的安装设施主动地调节管节的姿态。

线形管理可分为高程线形管理与平面线形管理，两者相对独立，高程线形管理的问题相对简单，但是一旦出问题，后果极其严重。下文首先讨论高程线形管理的要点，然后讨论平面线形管理，再讨论测量与定位的一些细节中的关键。

3　高程线形管理

3.1　为抵消沉降，预先抬高沉管管节的安装高程

额外抬升沉管管节的安装高程（"预抬高"），是为了让管节在安装与发生沉降后，其实际高程与理论高程基本一致。如果采用后铺法的安装工艺，管节尾端的高程可在贯通测量后通过竖向千斤顶略微调整，首端的高程取决于前一个已安管节的鼻托的高度，是否需要预抬高取决于地基是否会沉降。如果采用先铺法，预抬高的量值不仅需要考虑瞬时沉降量，还要考虑（地基的）随着时间缓慢发展的沉降量。即预抬高量为碎石垫层的预抛高量与整体预抬高量之和；前者用来抵消瞬时沉降，控制相邻管节的竖向错边（图4b、图4c；岛隧工程沉管"组合基床"未示出）；后者用来抵消工后沉降（图4c、图4d）。

安装后的沉管管节的高程难免与目标存在偏差，如果偏差较小，下一个管节的安装目标仍然不变。因为管节接头的设计通常允许一定量的竖向错边，在隧道路面施工也将

覆盖竖向错边的影响。如果偏差较大，制定预抬高量的目标时就需要兼顾对竖向错边的控制。

港珠澳大桥岛隧工程沉管的工后沉降假定为 50 mm，整体抬高量的目标就定为 50 mm。为了确认预抛高量，对于不同地基处理段及碎石垫层，进行了大量原位试验与陆上的足尺试验。

需要注意，高程管理的精度与水下碎石垫层的铺设精度直接关联。港珠澳大桥岛隧工程开发了碎石垫层铺设平台，适用于该项目 50 m 水深的碎石垫层铺设作业，高程精度控制在±50 cm。

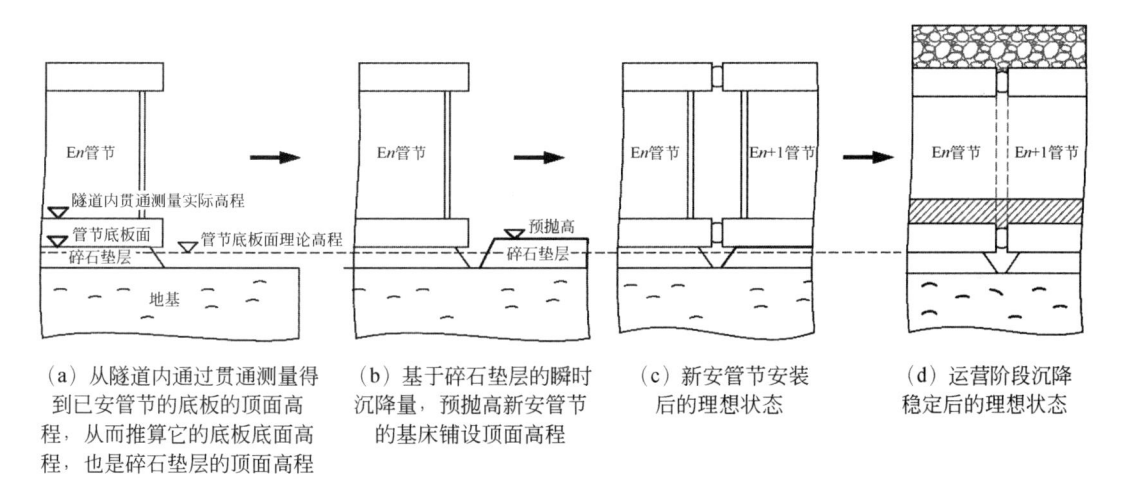

(a) 从隧道内通过贯通测量得到已安管节的底板的顶面高程，从而推算它的底板底面高程，也是碎石垫层的顶面高程

(b) 基于碎石垫层的瞬时沉降量，预抛高新安管节的基床铺设顶面高程

(c) 新安管节安装后的理想状态

(d) 运营阶段沉降稳定后的理想状态

图 4　高程线形管理的机理

3.2　控制沉降及回淤的影响

沉降会改变隧道的高程；差异沉降会改变管节间的错边量，如果管节的竖向位移尚未被锁定。前面已讨论预抬高可以抵消沉降。但是不规则的或不收敛的沉降是无法通过预抬高来管理好的。笔者认为这种沉降发生的原因主要来自地基表层土的扰动与回淤（沉管隧道基础在单独一篇文章中讨论）。所以线形管理应包括对基础设计方案与实施质量的控制。港珠澳大桥岛隧工程的沉管隧道施工期的沉降监测结果表明，绝大多数管节的沉降被控制在 5～6 cm，差异沉降为 1 cm 左右，为线形管理提供了一个较稳定的环境。

此外，回淤会复杂化沉管隧道的沉降的规律（同时还带来安装的风险）。这种工程环境下的沉管安装需要经常做是否清淤的决策。岛隧工程的沉管隧道有 4 km 长的一段在近 30 m 深的深槽内安装管节，暴露于较强的回淤环境，基槽内的淤泥累积速度很快。为了降低风险，笔者从设计方面提出了复合基床，以提供一个良好的"基准面"清淤；从施工方面工程开发了专用清淤船、整平平台一体化的专用清淤头（可以清淤但又不扰动碎石垫层）、拦淤屏；从管理方面采用 GO/NO GO 决策及回淤预警与预报系统来降低沉管坐落在夹杂淤泥的基床上的可能。通过以上这些综合手段的应用来将回淤的影响与风险最小化。

3.3 端钢壳竖向角与碎石垫层坡度的匹配

必须强调,对于先铺法施工的沉管,一个致命且隐蔽的问题是每个管节的纵坡与管节预制端面角度的匹配,如图5的夸张示意。如果不匹配,管节的安装一定会失败。在港珠澳大桥岛隧工程,碎石垫层水下铺设的坡度决定了沉管管节安装后的纵坡,而管节两个端面的俯仰角度在预制场被决定,对这个致命环节,作者制定了"检查三遍"的管理流程来保证不出错:设计者比较设计数据与实际数据的差异,同时比较实测碎石垫层的纵坡与管节端面俯仰角的匹配性;中心测量队与沉管安装的团队也分别背对背地核查一遍。

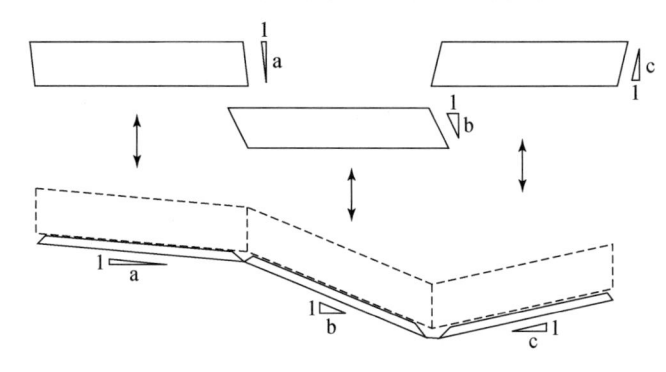

图5 管节基床纵坡与管节预制端面俯仰角度的匹配的夸张示意

3.4 每个管节安装后更新信息并调整目标

最后需强调,高程(及平面)线形管理的过程是基于每个管节安装后的测量信息的更新而动态调整的。每次安装后都需要对下一个管节安装的高程的目标值进行重新定义,从而对下一个管节碎石垫层的铺设的实际高程提出要求——当前流行的 BIM 思想与高程线形管理思想不谋而合。港珠澳大桥岛隧工程的33个管节的碎石基床铺设的目标高程与安装完成后的初始贯通测量高程见图6。

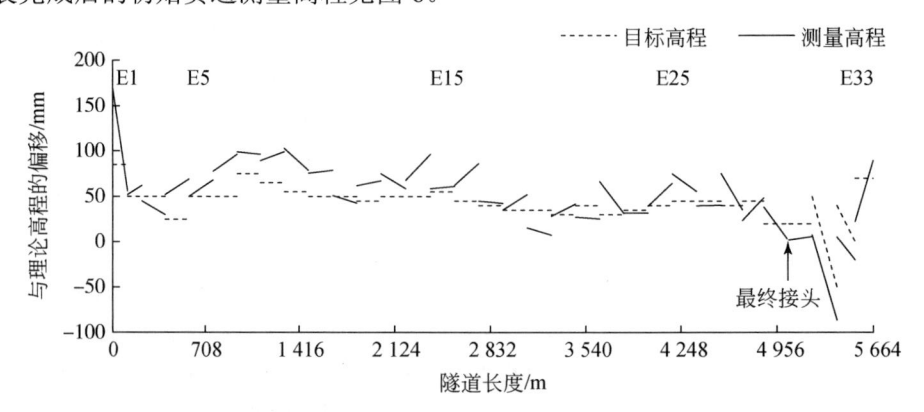

图6 目标高程与测量高程较理论高程的偏移量

4 平面线形管理

平面管理的总流程与高程管理的（参考 3.1 节）类似：都是预测、实施、测量反馈与目标调整四个步骤；并以单个管节的安装周期为循环。图 7 反映了这个过程，每次安装完成后管节轴线距离理论位置的偏移量的测量结果是图中的实线，实线尾端紧接着的虚线是对下一个甚至两个管节的安装轴线位置的预测。管理内容如下。

1）测量已安管节的实际位置；
2）测量已预制的、即将安装的管节的几何特征；
3）基于1）和2）预测已预制的管节安装后的位置，该工作在港珠澳大桥岛隧工程中被称为线形拟合；
4）基于3）的预测结果的指导，制定下一个安装的管节的纠偏措施。由图 7 可见，刚开始的一些管节试图通过平面错边（方法后文详述）来调节管节的轴线位置。后来不再依靠错边，而是预测管节尾端的位置，在安装时适当往理论平面轴线的方向偏转（后文详述）；
5）管节安装时的定位精度是沉管工程师水下的一双眼睛，不仅影响纠偏的效果，还可能直接影响沉管隧道线形的偏差与错边。

可见，这个管理过程环环相扣，任何误差都将累积至最终的隧道线形偏差。所以下文的 5、6、7 节讨论精度的控制及对偏差累积的修正。

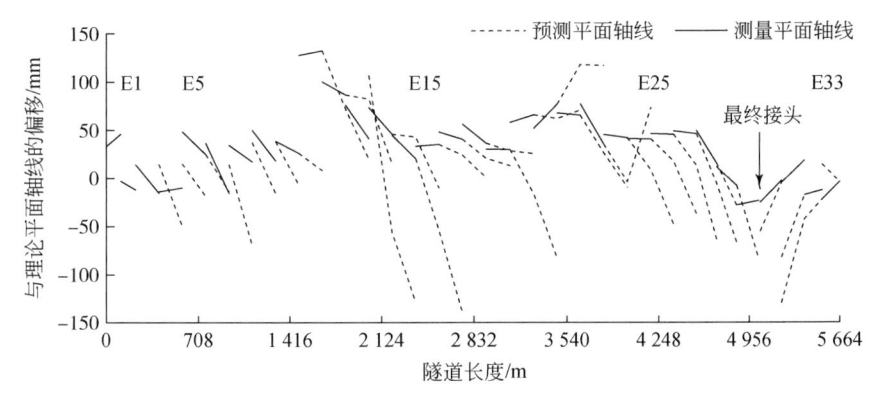

图 7　目标平面轴线与测量平面轴线较理论中线的偏移量

5 隧道线形的测量与平面线形的预测

5.1 贯通测量

沉管管节安装之后，从隧道内进行贯通测量，必须将该测量的精度控制得足够高，以反映已安装的隧道部分在水下的实际位置。因为贯通测量的结果不得不被假定为隧道的实际位置。由于岛隧工程的海中隧道段长 6.7 km,而单侧行车廊道的宽度仅为 14.55 m,从西人工岛到最终接头的长度约 4 km,贯通测量网呈长条形状。为了加强该测量网的健壮性,经过测量人员的多轮优化,测量网用"锁网"的布置方式。在锁网中,隧道长度方向每隔 720 m 借用沉管管节中墙上预留的人员逃生孔洞来横向通视,连接两个行车廊道,见图 8。

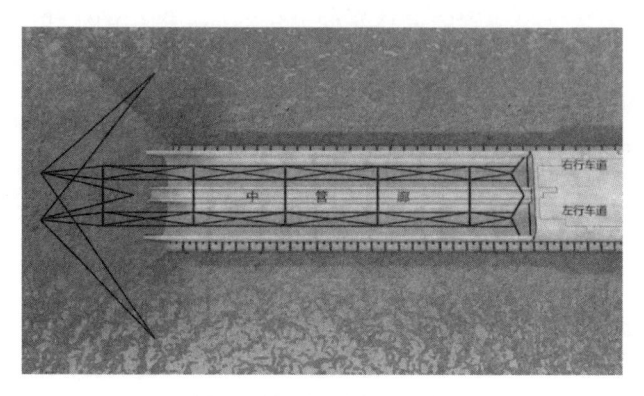

图 8 贯通测量布置方案

5.2 端钢壳测量

隧道轴线的走向取决于每个沉管管节两端端面的平面偏转角度,而且上文 3.3 节已述管节端面的竖向角度也是关键,所以在沉管管节预制时就需要管理管节两端端面的形状。管节的端面是端钢壳,所以端钢壳的安装精度决定了管节的端面形状,也就基本决定了管节在水下安装以后的线形(这里用"基本"这个词是因为可以通过对接时的 GINA 止水带的不均匀压缩来略微调整,在后文详述)。港珠澳大桥岛隧工程的端钢壳的环向长度近 100 m,在端钢壳上等间距地布置了 96 个测点,每隔约 0.5 m 布置一个,用于全站仪的测量。因为管节采用工厂法预制,端钢壳的形态在管节生产的流水线上会改变,所以需要多次测量。在港珠澳大桥岛隧工程中,第一次测量是为了端钢壳的放样,而且边测量边调整端钢壳的位置。第二次测量是在管节主体结构的混凝土浇筑完成以后。第三次测量是在管节顶推以后。最后一次测量是预应力张拉以后,管节起浮之前。最后一次测量的同时也是为了后续一次、二次舾装设备的放样,也要对整个管节的顶上、内部,以及轴线进行标定来建立相互联系(在港珠澳大桥岛隧工程中被称为建立"管节坐标系"),这在第 7 节详述。

5.3 线形拟合

将 5.2 节的管节平面转角与 5.1 节的已安装隧道的测量数据联系起来,就可预测出预制好的、待安管节在理想对接时的平面偏转的角度与偏移量,见图9。

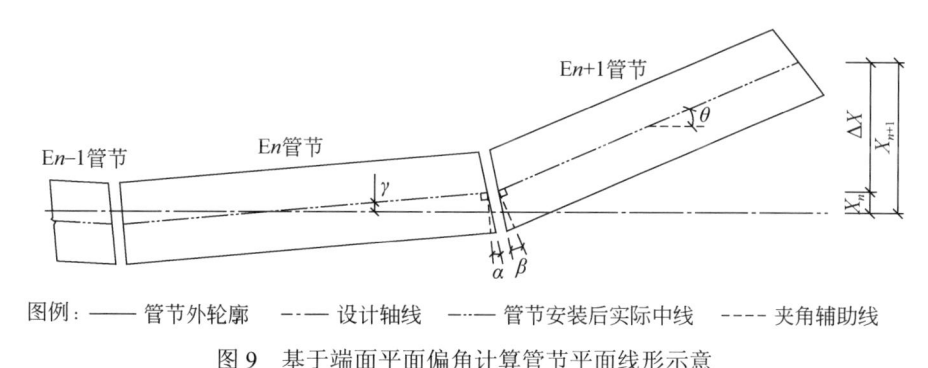

图例: —— 管节外轮廓 –·– 设计轴线 —— 管节安装后实际中线 ---- 夹角辅助线

图9 基于端面平面偏角计算管节平面线形示意

根据图9,如果GINA止水带均匀压缩,En+1管节对接后,它的平面轴线偏角与尾端轴线偏差分别为

$$\theta = \alpha - \beta + \gamma \quad (1)$$
$$X_{n+1} = X_n + \Delta X = X_n + L \times \sin\theta \quad (2)$$

其中,α——En管节尾端的实际平面与理论平面夹角,逆时针为正;

β——En+1管节首端的实际平面与理论平面夹角,逆时针为正;

γ——En管节实际轴线与设计轴线的平面夹角,逆时针为正;

L——En+1管节平面投影长度。

管节与管节之间还有一个柔性的GINA止水带,GINA止水带允许一定量的不均匀压缩,使得管节在接头部位可以适应一定量的平面转角,进而管节的轴线方向角及管节的非对接端或自由端可以通过控制GINA止水带的不均匀压缩量而进行一定程度的调节。

6 沉管管节平面线形的纠偏

第5节的管理目标是为了线形预测的准确。基于准确的预测结果,本节讨论线形调节。调节工作也被称为"纠偏"(下文用此名)、"精调"或"方向调节"。以往的沉管管节纠偏方法可以归纳为两类,一类是在管节预制时就调整管节端面的形状,或者在管节舾装时或安装前调节导向装置;另一类是在管节对接以后,进入新安管节内,根据实时的贯通测量的结果,调节新安管节尾端的方向。

港珠澳大桥岛隧工程沉管隧道的所有管节都按照设计的理论的形状来进行预制,而不进行第一类纠偏。E4、E5管节安装后根据贯通测量的结果进行了管内的纠偏(6.3节),花了3 d的时间。纠偏的过程中需要降低管节底部的摩擦力,所以管节的上方仍然需要连接安装船,来提供吊力,安装船在海上长时间系泊的风险较大。

为此,作者通过实践得到了第三类纠偏方法,只在沉管管节安装的拉合阶段中利用管节尾端的缆绳的拉力进行纠偏。作者在 E5 管节以后安装的 27 个管节均采用了这个方法并在现场指挥，结果是均达到了线形管理的目标，再也没有使用前两类纠偏手段。可见，这是一种极简的纠偏理念。

下文将依次讨论沉管工程已有的三类纠偏方法。

6.1 通过端钢壳的平面方向角纠偏

图 10a 的端钢壳形式便于调节管节端部的方向。但是在港珠澳大桥岛隧工程前文已述执行的理念是不改变端钢壳的角度，管节的预制就按照理论的设计来做。本工程采用图 10b 的一次成型构造（厄勒海峡沉管隧道据说也是采用该构造），不仅提高了工效，还避免了端钢壳预制复杂化而带来的额外的线形风险。

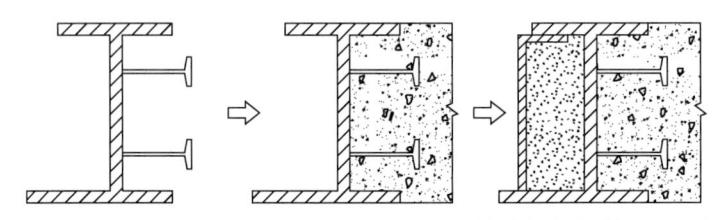

（a）二次成型端钢壳：钢壳与混凝土连接以后，基于线形预测情况，通过
焊接另一块钢壳并在背后注浆来调节管节端部的平面方向角度

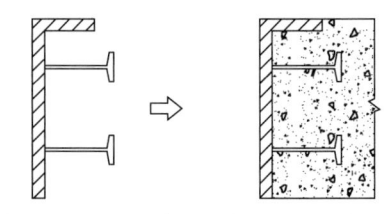

（b）一次成型端钢壳：无法进行第二次的调节，但是工效相对较高

图 10　通过端钢壳的平面方向角纠偏

6.2 通过导向装置纠偏

该法也属于第一类纠偏。导向装置的安装位置决定了沉管隧道管节之间的平面错边。对于长隧道，笔者的建议是尽量不利用横向错边来调节隧道的线形。因为对横向错边的利用意味着对施工横向错边允许容差的缩减。而且，即便利用了横向错边，如果管节轴线的平面角度或隧道的总体走向没有被纠正，错边对隧道线形的长远影响微小，平面线形仍然会朝着远离理论设计轴线的方向发展。所以关键问题仍然是改变新安管节的平面方向角。

图 11 为港珠澳大桥岛隧工程沉管隧道使用的导向托架，该装置安装在管节的非对接端，另一端即管节的对接端安装导向杆。沉管隧道在安装前，导向托架的初始间隙比导

向杆的外径约宽 10 cm，当导向杆进入导向托架以后，将新安管节的定位居中，潜水员在水下将导向托架两端的螺母拧紧。这个工序确保了导向杆可以顺利地进入导向托架而不会被卡住，同时也保证管节间的平面错边在允许的范围内。导向托架用不同颜色是为了便于潜水员在水下辨别南北。

图 11 导向托架（导向杆在管节另一侧）

6.3 贯通测量后通过千斤顶纠偏

第二类纠偏是通过千斤顶，根据已有的形式可分为管内和管外纠偏（图 12a）。20世纪 90 年代管内纠偏在日本的几个沉管隧道的建设中均有所采用，港珠澳大桥岛隧工程 E4、E5 管节也采用了这个方法，如图 12b 所示，但是因该工程的沉管管节坐落在碎石的垫层上，摩擦力远大于后铺法的沉管管节，纠偏的效果并不理想，且耗时 3 d，花费大；而且管节的安装船在纠偏过程中不能撤离，如果遭遇台风等恶劣天气，存在安全风险。还有两种管外精调的方法，土耳其博斯普鲁斯沉管隧道使用反力架与千斤顶，照片如图 12c；釜山—巨济沉管隧道使用 EPS。这两种方法的设备均需要在水中使用，设备的维护可能是控制性的问题。

但是以上两种方法的纠偏量都取决于隧道内的贯通测量的结果。贯通测量的前提是要将管节对接部位即结合腔的水排掉，并打开端封门上的水密门，形成已安管节与新安管节间的通视。而在调节过程中，如果不关闭舱门，意味着可以继续贯通测量，但是存在精调导致 GINA 止水带张开量过大而漏水的风险。如果关闭舱门，则调节的精确程度无法被知道，只能通过水上的定位系统判断，或千斤顶的行程来估计管节轴线的转角与自由端的移动量。在港珠澳大桥岛隧工程是采用关闭舱门的方法纠偏，通过比较千斤顶的行程与管节尾端位移的水上 GPS 测量数据，发现两者的发展规律性不强，这说明管节不是刚体，也说明纠偏千斤顶所发生的行程不能近似地等同于管节端部的运动量，也可能是管节结构的变形或两者之和。

(a) 管内、管外两种千斤顶纠偏的示意

(c) 土耳其博斯普鲁斯沉管隧道纠偏设施，该设施置于待安管节的尾端的底部，同管节一起安装

(b) 港珠澳大桥岛隧工程的E4管节的管内纠偏作业时结合腔内的顶推端的千斤顶，千斤顶的后面是GINA止水带

图 12　贯通测量后通过千斤顶纠偏

6.4　利用尾缆与定位系统纠偏

前节已述，作者从 E5 管节以后不再进行贯通测量后的精调，而是通过拉合过程控制。方法是在拉合过程中通过控制尾缆的拉力来调节管节尾端的横向移动趋势，见图 13。但是这种方式成立的前提是掌握正在安装的管节的精确的位置，即管节安装时的精准的实时定位，特别是管节尾端的位置。所以在港珠澳大桥岛隧工程的沉管管节的下沉与对接过程中，采用首端+尾端同时定位的方式。而令笔者惊讶的是，其他很多沉管工程只采用首端定位。下一节讨论为沉管管节安装定位的管理。

7　为沉管管节安装而做的测量与定位

沉管管节安装时的现场定位是为了知道管节每时每刻所在的绝对位置及在水下的已安管节的相对位置。为了获得满意的精度，定位设备及工法是关键。此外，需要关注定位设备安装时的放样。

7.1 定 位 设 备

港珠澳大桥岛隧工程的沉管管节首端采用无线声呐系统，与已安管节的被对接端的端面建立相对的定位，尾端采用测量塔与GPS绝对定位（图14）。管节的倾斜度通过管内的倾斜仪进行监测。为了兼顾6.4节描述的第三类纠偏，管节的非对接端的平面定位精度在5 cm以内。为了导向杆进入导向托架，新安管节首端与已安管节的相对平面定位精度在10 cm以内。无线声呐及其固定支架在已安管节的被对接端也要被预先安装，为确保支架在水下不被移动或破坏，在管节安装前才通过潜水员来安装支架。支架的定位的精度也是线形管理的一部分。类似地，测量塔的定位精度及它在海流作用下的挠度都会影响测量精度，测量塔的结构刚度设计也需要结合线形管理的目标来权衡。

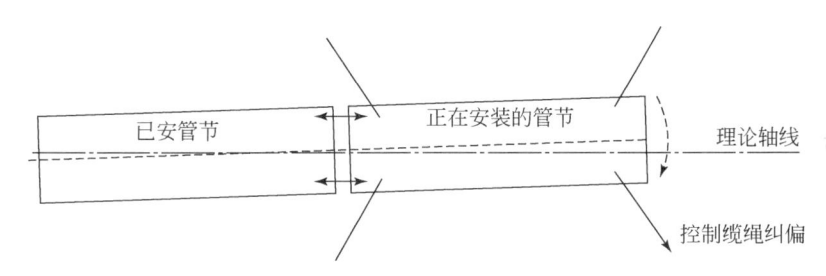

图13 拉合过程中利用尾缆纠偏

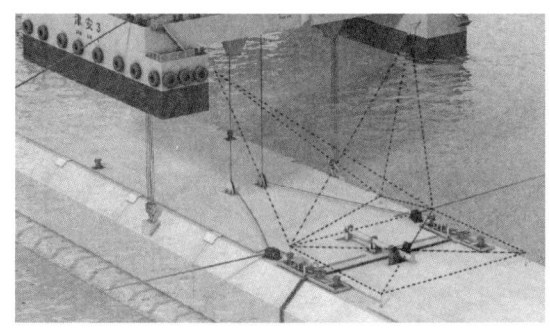

（a）首端无线声呐定位　　　　　　　　（b）尾端测量塔GPS定位系统

图14 管节沉放

7.2 定位设备的放样

定位的精度还取决于定位设备安装时的放样精度。港珠澳大桥岛隧工程受限于工程条件，导向装置、测量塔均在管节漂浮的状态下进行安装，所以需要在沉管管节起浮前通过测量建立管节的顶部、内部与轴线（或端面）的几何关联，特征点布置如图15所示。

管节顶板的测量塔、导向装置、无线声呐的固定架在漂浮的状态安装。为避免管节漂浮的倾斜度影响这些装置安装时的精度，直接在管节的顶部用全站仪来放样，放样的测量是基于沉管管节漂浮前已经确认的特征点（图15b）。而且，全站仪需要关闭倾斜补偿，即转换为漂浮测量模式。

在漂浮的管节的内部安装倾斜仪。该倾斜仪的归零，通过管节顶部的水准仪结合管节内部的压载水箱来完成。

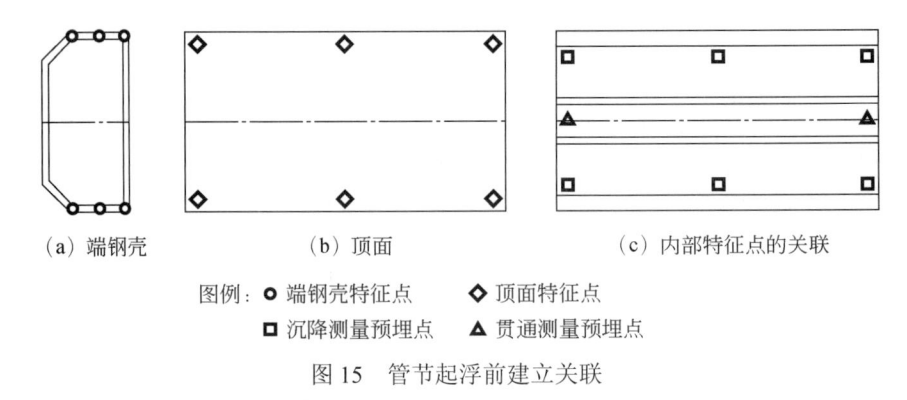

（a）端钢壳　　　　（b）顶面　　　　（c）内部特征点的关联

图例：○ 端钢壳特征点　　◇ 顶面特征点
　　　□ 沉降测量预埋点　　▲ 贯通测量预埋点

图 15　管节起浮前建立关联

8　管节长度的变化

贯通测量结果显示了管节接头里程偏差的系统规律（图16），从而得到的一个经验是：管节的设计或预制应适当地考虑预应力的作用（该工程沉管管节采用永久预应力）及管节沉放后其两端所受到的水压所造成的管节长度的缩短。在港珠澳大桥岛隧工程管节缩短的长度是厘米级的。首先，根据纵向预应力的大小，计算管节的压缩量；再根据管节安装时尾端的水压力大小（由于水压力最终成为GINA止水带的反力，考虑橡胶会有一些松弛），估算管节长度的再压缩量。这两部分的压缩量应被当作每个管节结构长度设计时的补偿值。对于长隧道，这个问题无法忽略，否则就需要用最终接头的预制长度来补偿。

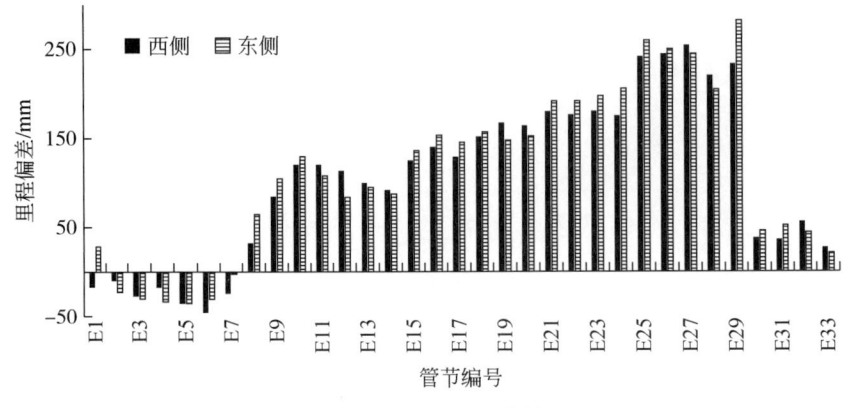

图 16　隧道的里程偏差

9 结 语

线形管理是制定目标、达到目标、结果反馈、重新制定目标的反复过程。对于安装了 33 个管节的港珠澳大桥岛隧工程,包括 33 次高程目标与 33 次平面目标的制定与行动。测量是工程的眼睛,直接决定了线形管理的结果,甚至成败。其中,管节安装过程中的定位是沉管工程师的水下的眼睛。而定位的精度取决于定位的设备的放样精度,以及它们与代表管节内外轮廓的特征点的几何关系的精准描述。所以,为了提高精准度,标定工作要尽可能地在管节起浮前就完成。

基于上述认识,港珠澳大桥岛隧工程的沉管隧道长度达到 5.664 km 且在外海安装,在线形管理的实践与反思中发展出的三个特点如下。

1)可调节的导向装置以提高管节对接端的精度。

2)管节的定位。在管节的对接端用水下声呐相对定位引导新安管节的导向杆进入已安管节的导向托架;在管节的非对接端采用测量塔法绝对定位,精度在 5 cm 以内以实现免精调。

3)测量本身及其与测量有关的工程设计、工艺、装备均被导入线形管理的风险管理中。

致谢

王晓东协助绘制了部分插图。

参 考 文 献

[1] 林巍,王晓东,董政,等. 沉管隧道 76000 吨管节多点式分段顶推[J]. 水道港口,2018,39(S2):43-48.

[2] 林巍,林鸣,花田幸生,等. 沉管隧道管节出坞、拖航、系泊与沉放准备的关键问题[J]. 水道港口,2018,39(S2):49-53.

[3] 林鸣,林巍,刘晓东,等. 整体式主动止水最终接头技术及其与沉管管节的一体化[J]. 中国港湾建设,2017,(11):1-11.

沉管隧道最终接头新工法的几个特殊结构问题[*]

林 巍[1]，刘凌锋[1]，苏怀平[2]，岳远征[3]，林 鸣[2]

（1.中交港珠澳大桥岛隧工程设计分部，珠海；2.中交港珠澳大桥岛隧工程项目总经理部，珠海；3.中交港珠澳大桥岛隧工程V工区，珠海）

摘 要：为了降低工程综合风险，港珠澳大桥沉管隧道的最终接头用新的方法施工，即整体式可逆主动止水最终接头工艺，然而在方案发展的过程中遇到了很多特殊问题。本文旨在讨论其中四个关键的结构问题，即小梁的结构分析、超短距大压缩量预应力张拉、结合腔的进气与排水，以及钢混三明治组合结构垮塌分析。

关键词：沉管隧道；最终接头；结构；风险；垮塌分析

0 引 言

港珠澳大桥沉管隧道最终接头是一个可逆式主动止水结构，这导致了它的第一个特殊点——两端的可伸缩的小梁。第1节为了结构设计方向的正确，首先要搞清楚可伸缩小梁及相邻结构的受力。搞清楚的意思并不是指如何用数值方法（如FEA）或解析来计算，而是找到正确的计算思路，而后者的前提是了解力的来源，掌握受力与构造在变化中的相互影响。其他已发表的特殊问题详见文献[1,2]。

最终接头的纵向长度平均只有约10 m，因纵向设计需要最终接头在长度方向上被分成两部分，中间设置柔性的永久GINA止水带。GINA止水带在最终接头下水前就需要通过预压来止水。受限于结构尺寸预应力筋的长度只有约5 m，而GINA止水带的压缩量要求是14 cm，这种超短预应力、大压缩量的情况非常少见，因此在正式施工前作者进行了专门的试算，详见第2节。

最终接头与相邻管节的结合腔的进气与排水，与一般沉管管节的水力压接过程不一样[3]，后者伴随着管节的移动，且只有一个结合腔，而前者没有移动，且有两个结合腔同步作业。第3节通过分析可找到潜在的风险，从而相应的措施得以发展。

最终接头还是一个钢-混-钢三明治复合结构[4]。尺寸效应[5]引发了钢壳与混凝土协同作业失效的风险。第4节假设协同作业失效时试算最终接头垮塌的可能。

---

[*] 本文曾刊登于《水道港口》2018年增刊2。

1 可伸缩小梁的受力与构造

简要回顾最终接头的工法：两个可伸缩小梁与主体结构组成了最终接头，因为最终接头要与两边的沉管管节同时对接，所以有两个可伸缩小梁，分别在主体结构的两端。可伸缩小梁预制以后，插入三明治主体结构，并通过千斤顶连接成整体。安装时，最终接头被沉入水底并着床，可伸缩小梁向外伸，可伸缩小梁端部止水带接触相邻管节并被压缩，形成水下密闭间（结合腔）。然后将结合腔内的水抽掉，置换成空气并与外界正常大气压连通。之后，工人在结合腔内施工最终接头与相邻管节的永久连接结构（刚性接头），这大约需要用 15 d。15 d 过后不再关心可伸缩小梁的受力，因为可伸缩小梁的止水作用已经被在它的"庇护"下施工的刚性接头替代。从施工过程中判断，可伸缩小梁结构要重点关注的是它与主体结构的连接、它与相邻管节的对接，以及结合腔排水过程——这决定了可伸缩小梁及周边结构的设计策略。最终接头新工法的详细描述见文献[6]。

可伸缩小梁的总体形状是一个扁平的"口"字形。可伸缩小梁在垂直于纸面方向的结构抗弯刚度，取决于 GINA 止水带的水密要求。千斤顶通过可伸缩小梁将压力传递给 GINA 止水带，从而压缩 GINA 止水带来临时止水，而可伸缩小梁背后的千斤顶是间断设置的，如图 1 和图 2 所示。所以，理论上，千斤顶之间的 GINA 止水带的压缩变形曲线与水密压缩量决定了可伸缩小梁的最小抗弯刚度。

图 1 可伸缩小梁背后的千斤顶的布置

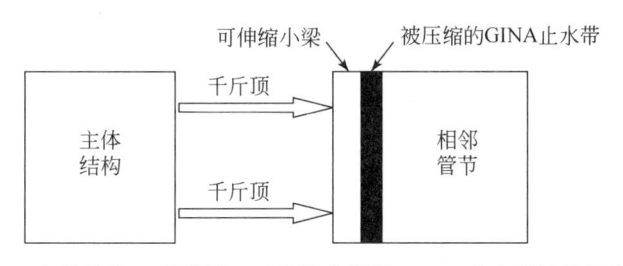

图 2 主体结构、千斤顶、可伸缩小梁及 GINA 止水带连接示意图

可伸缩小梁插入主体结构时需要间隙。一是因为在钢结构加工厂拼装时的可插入性需求；二是为了在可伸缩小梁伸缩过程中控制摩擦力；三是与竖向荷载与位移有关，下文详述。

如果没有差异沉降，以上就是可伸缩小梁结构特殊考虑的全部。但这种形式的最终接头的差异沉降是一定存在。有两个来源：第一个来源是地基刚度不均匀。由于最终接头对地基的初始压强是相邻管节的30倍，这个来源已经通过安装前的预压载与超载，以及最终接头落地以后的半小时内，消除了大部分；第二个来源是结合腔抽水。抽水以后，最终接头与相邻的管节，通过可伸缩小梁及可伸缩小梁上的GINA止水带连成了一个整体。这个整体在可伸缩小梁部位有竖向的内力（水平内力的问题在后文讨论），这个内力可以通过将最终接头作为隔离体分析出来，分析的方法是比较它在结合腔抽水前后的受力变化，如图3所示。我们通过将最终接头端面设置成6°的倾角，将这个变化控制在最小范围内。排水以后，理论上只会在最终接头产生约2000 kN向下的力。

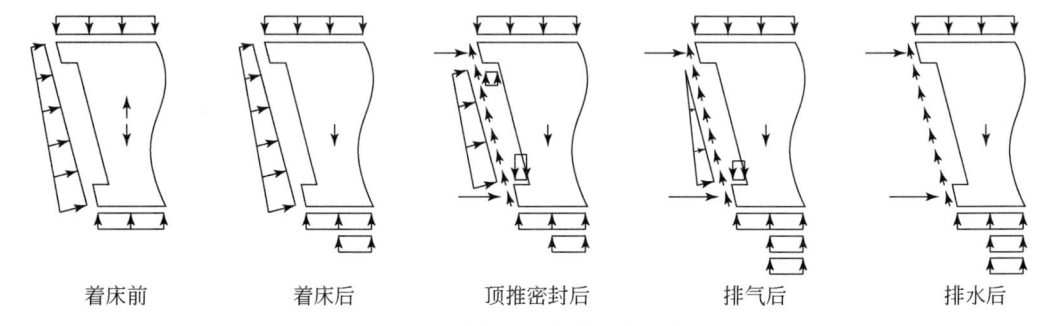

图 3　最终接头隔离体受力示意

以上措施消除了绝大部分的竖向不均衡力。余下的力，是结构受力及设计的输入，即可伸缩小梁结构受力计算的切入点。分析思路是从整体到局部（图4），关心的局部反应，必须从整体反应推导过来。

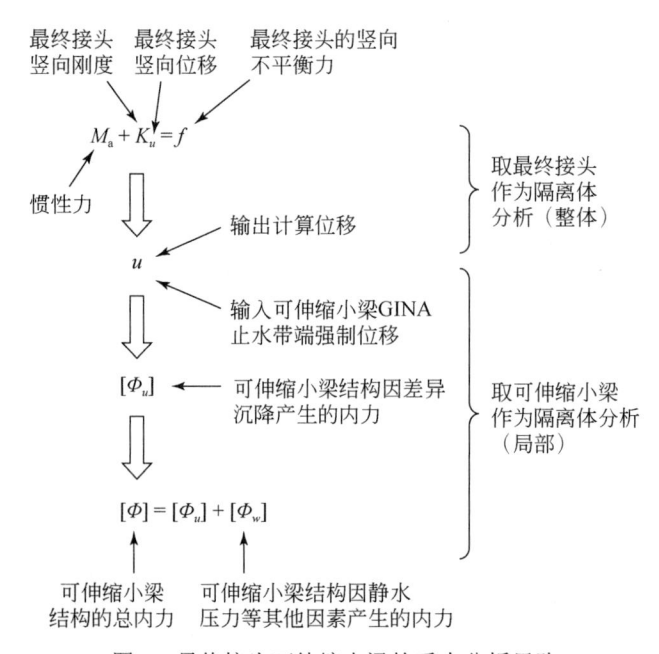

图 4　最终接头可伸缩小梁的受力分析思路

首先分析整体问题（惯性力后文将讨论）。最终接头与相邻管节的竖向刚度体系见图5。当最终接头整体发生一个向下的力 f 时，从图 5a 可以看出，f 到地基有两条路可走：一条是顺着最终接头结构直接向下传入地基；另外一条是先通过可伸缩小梁与 GINA 止水带，到达相邻的管节，再从相邻的管节进入地基。也可以用弹簧系统刚度来描述，见图 5b。

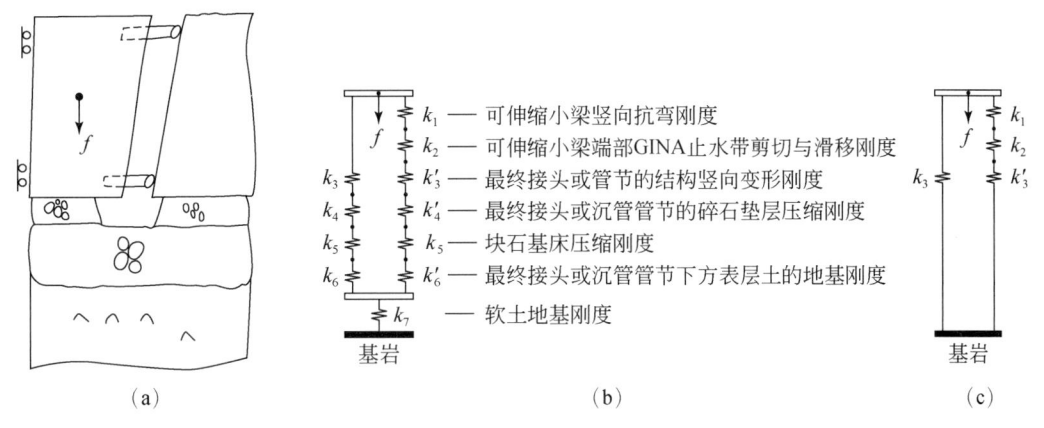

k_1 —— 可伸缩小梁竖向抗弯刚度
k_2 —— 可伸缩小梁端部GINA止水带剪切与滑移刚度
k_3、k_3' —— 最终接头或管节的结构竖向变形刚度
k_4、k_4' —— 最终接头或沉管管节的碎石垫层压缩刚度
k_5、k_5' —— 块石基床压缩刚度
k_6、k_6' —— 最终接头或沉管管节下方表层土的地基刚度
k_7 —— 软土地基刚度

图 5　最终接头竖向刚度弹簧示意图

从图 5b 可以直接计算出竖向总刚度 K。

如果可以判断碎石垫层、可伸缩小梁与 GINA 止水带的竖向刚度相比其他刚度因素小得多，则可以忽略其他刚度的影响，此时图 5b 可简化为图 5c。

从这一段（图 5c）竖向刚度的组成与求解可以看出，如果差异沉降可接受，可伸缩小梁的竖向抗弯刚度 K_1 理论上不必要做得很强。因为做得越强，越多的竖向不平衡力就会被可伸缩小梁吸引。

求得竖向刚度以后，可伸缩小梁的端部位移近似是

$$u = \frac{f}{K} \tag{1}$$

再将这个 u，从最终接头隔离体中计算得到的结果，作为可伸缩小梁与千斤顶的局部隔离体的外界作用——令可伸缩小梁 GINA 止水带端发生一个强制性的位移 u。然后就可以计算可伸缩小梁、千斤顶连接部位的受力。

可伸缩小梁的受力取决于它的根部的连接方式（即千斤顶与主体结构的连接方式），以及它与周边的接触情况。千斤顶与主体结构的连接方式见图 6，箭头方向为千斤顶的可活动方向。第一种（图 6a）是港珠澳大桥实际采用的连接方式，这是因为可伸缩小梁插入主体结构后需要逐个插入销轴，受限于销轴的插入方向及结构的临时开孔不得不选择这种方式。事实上，在方案的发展中还考虑过另外两种连接方式：第二种连接方式（图 6b）将可伸缩小梁设置为在平行于水压力的方向上可活动，类似一个静定的结构，这有利于保护千斤顶结构；第三种连接方式（图 6c）可以更好地适应竖向差异沉降（即适应上面的"u"），可伸缩小梁与主体结构在竖直面上可以自由地转动。

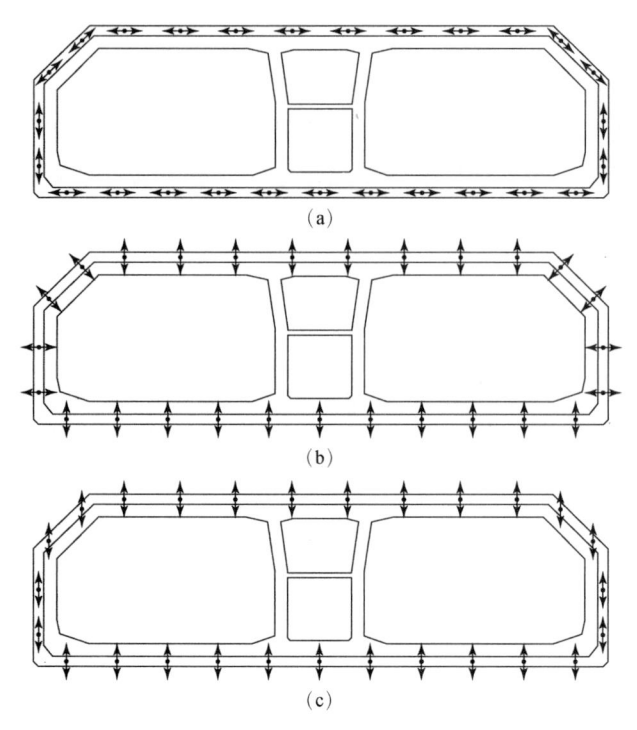

图 6 可伸缩小梁与主体结构的多种连接方式示意

另外一个问题是可伸缩小梁在竖向变形过程中，身体部位可能与主体结构内设置的（传力或滑动）垫块相接触。即可伸缩小梁的端部在被强制移动位移 u 的过程中，由于它与主体结构之间的间隙只有 1~2 cm，有可能形成一个新的竖向传力点，属于接触非线性问题。但是只要可伸缩小梁的结构是在弹性的范围内，我们只需要将 u 分解为接触前的强制位移 u_1 和接触后的强制位移 u_2，并当作两个边界条件不同的静力学问题分别计算出可伸缩小梁上的受力 $[\Phi_{u_1}]$ 和 $[\Phi_{u_2}]$，可伸缩小梁在强制位移 u 的作用下的总体受力就是这两者直接相加。

得到可伸缩小梁因竖向差异沉降产生的内力 $[\Phi_u]$ 以后，再将这个力与静水压力或其他静力作用对可伸缩小梁产生的内力 $[\Phi_w]$ 直接相加，就是结构设计所需的可伸缩小梁内力（同样的原因可伸缩小梁处于弹性阶段）。

至此，讨论完了可伸缩小梁受力的分析思路，关键的作用在于对工程决策的指导：作为可伸缩结构的小梁究竟应当做得壮一些（刚），还是柔一些？如果选择壮，最终接头就像一个塞子一样撑在了相邻的管节上，而选择柔的结果则是最终接头在某段时间内可以相对独立地沉降。结合地基"瞬时沉降"的工程判断，选择了后者。

2 最终接头中部的柔性接头与临时预应力

由于沉管隧道的纵向设计需要，最终接头的中部设置了一个柔性接头，首道止水采用永久 GINA 止水带,需要被纵向临时预应力压缩 14 cm 以确保永久使用的止水。

第一个特殊问题是超短距-大压缩量的预应力张拉。为了将止水带压缩到要求的程度,需要压力约 96 000 kN,在顶板、底板共设置 54 束预应力筋来达到该要求。考虑施工可行性及经济性,不可能对所有的预应力筋同时张拉,需要分批张拉。而分批张开就带来第一个难题。受制于最终接头结构的长度,预应力筋的平均长度仅 4.5 m,其伸长量远小于 GINA 止水带的压缩量。这就意味着在分批张拉的过程中,前面被拉长的预应力筋将随着 GINA 止水带的压缩而恢复原状,失去伸长量。预应力损失意味着需要比通常沉管管节纵向预应力张拉次数更多的张拉批次。现场决定使用 8 台张拉设备。按照一次张拉 8 束 15 000 kN 或 6 束 11 250 kN 计算,需要张拉 28 轮次才能达到理想的 GINA 止水带的压缩量。每个批次,扣除预应力损失之后的张拉力及其累积值见图 7a,GINA 止水带的压缩量见图 7b。可想而知,单个千斤顶张拉力越大,或使用千斤顶的数量越多,张拉所需的总轮次越少。在选择夹具等关键张拉部件时,工区预先有了安全的考虑。此外,实际张拉时,由于最终接头的钢壳本身也存在一定的柔性,张拉的轮次比预计的还要多。

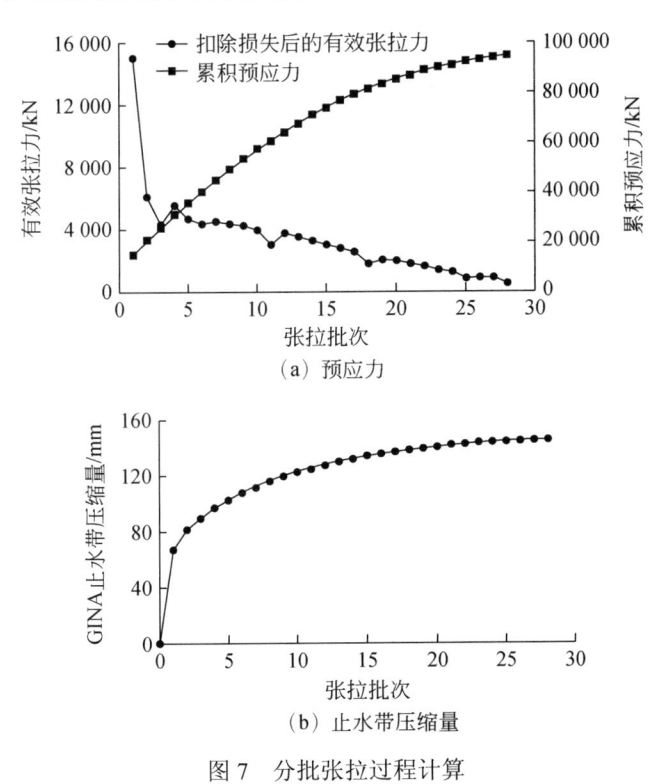

图 7 分批张拉过程计算

第二个特殊问题是张拉后的预应力损失。主要来自两部分:①GINA 止水带的松弛导致的预应力损失;②随着最终接头的下沉,纵向水压力逐渐增加,GINA 止水带将再次被压缩,因而最终接头的纵向长度会随着下沉而改变,伴随着预应力的损失。此外,预应力自身也有损失。综上,为了安全,预应力张拉完成后在止水带部位进行纵向限位(锁定),避免止水带在水下二次压缩。

从这两个特殊问题的处理中，获得的启发是将来的项目如果将最终接头做长，预应力筋的伸长量随着其长度的增加可以有所增长，张拉批次可以有所减少。有条件时，也可以不在最终接头的中部设置一圈柔性接头，而是将两边的管节做短，两个管节与最终接头三者形成一个整体的刚性结构。

3 结合腔排水的动力问题

结合腔是沉管管节（最终接头）在水下对接时，产生的带有高压水的密闭腔。腔内的水终究需要排出去，方法是通过连通管，将腔内的水与相邻沉管管节的内部空间连通。结合腔排水都是通过打开连通管上的阀门。

但是，对于结合腔排水时的反应，最终接头与普通沉管管节有所不同。普通沉管管节的结合腔排水时，它的尾端是自由的（与海水接触）。一旦结合腔内进气，管节对接端的水压力将消失，而尾端的水压力仍然存在，这导致它在长度方向的力失去平衡，尾端的水压力将它推向已安管节，对接端的 GINA 止水带因此被大幅度地压缩，即沉管工程师常说的水力压接（hydraulic connection）。比较而言，最终接头的结合腔的排水没有这个压接过程，因为它两端的平行于隧道长度方向的水压力是同时消失的。排水时，打开连通管上的阀门，结合腔内的高压水向相邻沉管内涌出（水往低处流），由于水几乎不可压缩，结合腔内形成真空，隧道内的空气通过同一根连通管向结合腔内涌入（气往低压走），结合腔内的高压水变成了正常的水，即腔内任意高度的水压力基本等于静水压力，见图 8。

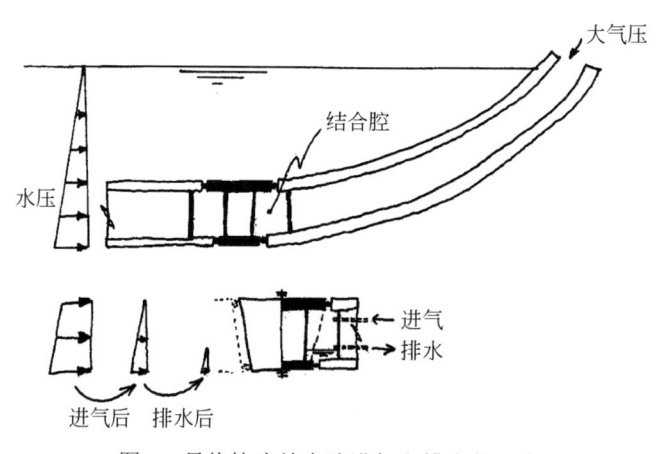

图 8 最终接头结合腔进气和排水的示意

问题是，从 25 m 的水头到 10 m 水头（10 m 对应的是结合腔内的储水高度），最终接头每端的水压力减少了 8000 kN，这个过程究竟有多快？这是一个流体力学的问题。如果这个过程所花的时间比最终接头水平方向的结构自震周期短，则会带来动力效应。为了避免这个问题，在结合腔排水前，设置一台泵往结合腔内持续打入空气，这样就可以在排水过程中可控地减小结合腔内的流体压力。另外一个担心是最终接头两端的结合腔的压力的减小不均衡，这可能引起最终接头发生运动，偏向一边。对此，解决方法是在两个结合腔之间设置一根连通管。

4 最终接头整体垮塌的思想试验

在港珠澳大桥沉管隧道的最终接头建设之前，世界上只有两座全三明治结构的沉管隧道——日本的那霸港临港公路沉管隧道和新若户公路沉管隧道。目前，还有一座新隧道正在东京的船坞中预制。其中，那霸港临海公路沉管隧道规模最大，它水深最深的管节是 E3、E4 管节，顶板高程-12.5 m，钢面板板厚 8~12 mm。港珠澳大桥沉管隧道最终接头所处的环境与构造，和已有的三明治沉管结构形式不同。基于剪切连接设计的钢混结构桁架近似计算法，是否能完全涵盖或体现三明治结构的受力变形规律。三明治结构中的高流动性混凝土自诞生至今只有 20 多年，对该类型混凝土被泵送后的力学性能、耐久性随时间的变化研究较少。即便认为较可能的结果是更密实、更耐久，因为少了人为振捣的不确定因素，其实际情况是否如此，我们不得而知。

基于上述两点考虑，我们作了一个思想试验：

1）剪切连接设计失效，即 L 角钢不能令混凝土和钢壳协同作业；

2）混凝土失去承载力。

即荷载完全由内、外面板及隔板承担，验算整个最终接头主体结构的塑性承载力（虽然混凝土不能与钢壳协同作业，但是假定起到防止钢壳屈曲的作用）。

垮塌分析可以用有限元软件的塑性分析来进行，下面只是简单手算。

通过将最终接头简化为平面结构，画出基本垮塌模式（图9）。

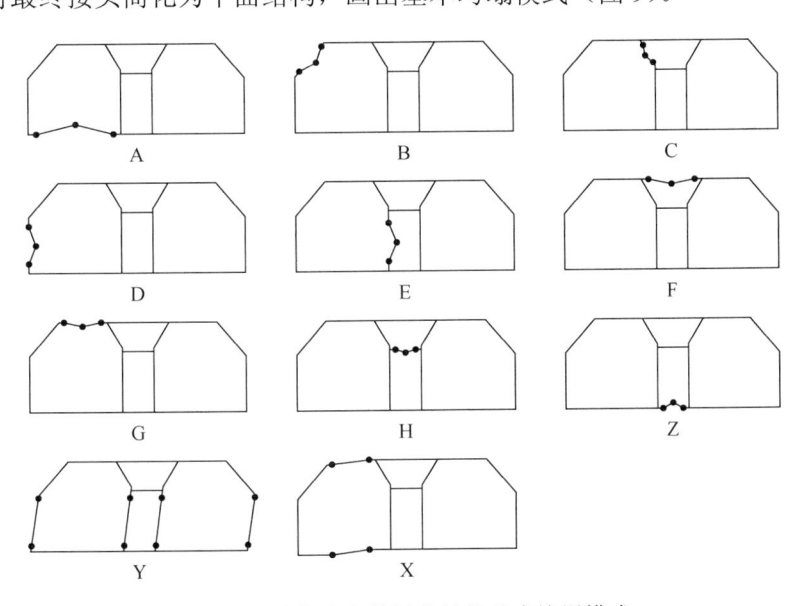

图 9 最终接头主体钢壳结构基本垮塌模式

将基本垮塌模式组合，还可以发现一些典型垮塌模式（未穷尽）见图 10。

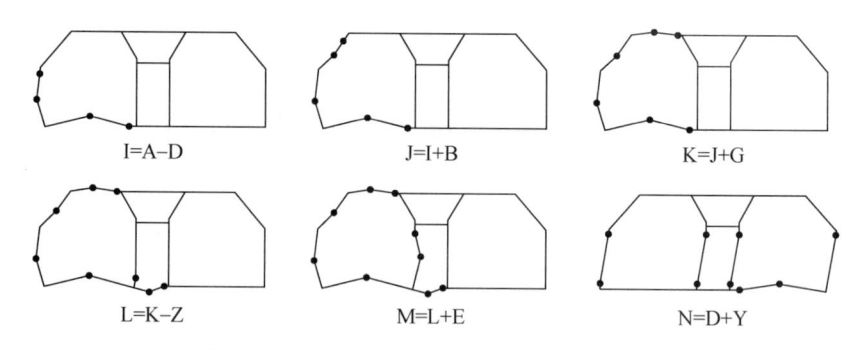

图 10 最终接头主体钢壳结构组合垮塌模式

接下来从中找到最有可能垮塌的模式，或者接近最有可能垮塌的模式。基于最终接头结构具有如下特点。

1）水压力、土压力方向由外向内，所以总体失效形状向内较易；
2）底部水压力大；
3）底板最窄；
4）荷载对称。

判断较接近实际的垮塌情况是底板向上拱起，也就是图 9 的 A 模式。

结构受力。从相邻沉管段横断面的有限元计算中，获取运营期最不利状况的包络轴力 4980 kN。三明治结构的结构钢是 Q345 钢，所以 $4980\times1000/345\approx14435$（mm²）；$14435/2/18\approx401$（mm）；取一段钢混三明治结构的截面（图 11），考虑轴力以后的全截面塑形发展弯矩为

$$M^p = 2\times\left\{(1500\times18\times345)\times\frac{1500}{2}+(350\times18\times345)\right.$$
$$\left.\times\left(400+\frac{350}{2}\right)\right\} = 16472 \text{ kN}\cdot\text{m} \tag{2}$$

几何匹配性： $\qquad 5.5\theta=\delta \qquad$ (3)

能量守恒： $4\times(M^f\cdot\theta)=2\times\left[(8.25P)\cdot\frac{2}{3}\delta\right]$ (4)

联合（3）和（4），得到结构失效时的塑性铰弯矩：

$$M^f = 15.13P \approx 15.13\times740 = 11196.2 \text{ kN}\cdot\text{m} \tag{5}$$

比较（2）和（5），可知，垮塌弯矩 M^f 小于截面塑性抗弯弯矩 M^P，塑形铰未完全形成。

通常，大部分的结构设计是基于弹性分析。虽然上述计算并不能用于支撑结构设计或者指导任何结构尺寸的确定，但是在混凝土与钢壳结构的连接失效时能够较好地体现结构的实际表现，对实际施工有一定的指导作用。

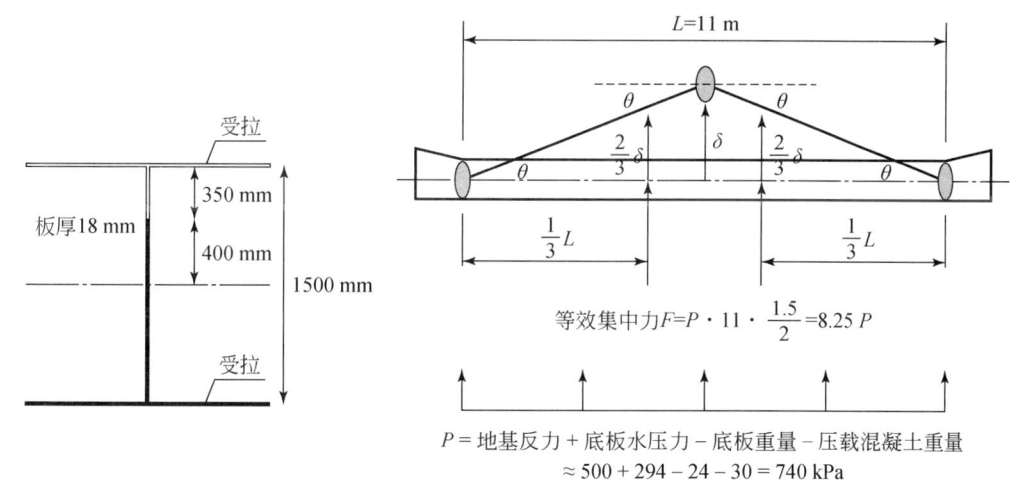

图 11 试算辅助图

参 考 文 献

[1] 刘凌锋,林巍,尹朝晖,等. 港珠澳大桥沉管隧道最终接头吊装解析[J]. 中国港湾建设,2018,38(2):53-60.

[2] 林鸣,梁桁,林巍,等. 沉管密闭腔抬升方法的构想与实践[J]. 水道港口,2017,38(3):1-6.

[3] 林巍,刘晓东. 沉管隧道曲线段管节水力压接 GINA 不均匀压缩分析[J]. 中国港湾建设,2016,36(4):51-53,76.

[4] 林鸣,刘晓东,林巍,等. 钢混三明治沉管结构综述[J]. 中国港湾建设,2016,36(11):1-4,10.

[5] 林鸣,刘晓东,林巍. 钢混三明治沉管结构发展历史及设计方法适用边际研究[J]. 中国港湾建设,2016,36(12):1-7.

[6] 林鸣,林巍,刘晓东. 整体式主动止水最终接头技术及其与沉管管节的一体化[J]. 中国港湾建设,2017,(11):1-11.

沉管隧道整体式最终接头的地基刚度差异问题及处置措施*

林 鸣[1]，林 巍[2]，姬 海[2]，刘亚平[1]

(1.中交港珠澳大桥岛隧工程项目总经理部，珠海；2.中交港珠澳大桥岛隧工程总部设计分部，珠海)

摘　要：在港珠澳大桥，沉管隧道的最终接头在水下的浮力比相邻管节小很多，所以安装时对地基的初始压力是相邻管节的30倍，不处理就有差异沉降。为制定有效的处理措施，本文通过现场原位载荷板试验、陆上碎石基床压载试验，以及沉管管节沉降数据分析，证实了沉管基础"瞬时"沉降的规律；并基于此规律制定与实施了预压载、超载与接头底部密闭腔压浆的处理措施。

关键词：沉管隧道；沉降；风险；基础；最终接头；港珠澳大桥

1　概　述

港珠澳大桥沉管隧道的最终接头位于 E29、E30 管节之间。最终接头底部的水深约 28 m。按照常规工序，只要相邻沉管管节安装完成，就可以继续安装最终接头。

本工程采用了整体式的最终接头新工法，详见文献［1］。整体式的最终接头结构虽然也有端封门，但是它的浮力相对于相邻的 E29、E30 管节很小。因而预计最终接头安装时对地基的压力是相邻沉管管节的 30 倍。由于基础的初始压力不在一个量级，地基刚度的差异也很大。这将带来如下风险：

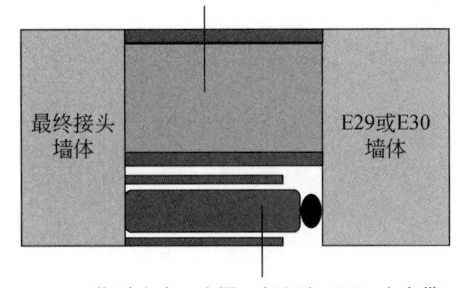

图 1　最终接头与相邻管节连接部位示意

在施工期，最终接头临时止水后需要从隧道内部实施永久的止水兼连接。这个转换过程需要半个月。差异沉降将导致永久连接实施过程中已经焊接的钢板变形、撕裂，如果差异沉降过大，甚至带来临时止水失效的重大施工风险。

在运营期，隧道顶部将逐渐增加较大的回淤荷载，因地基刚度差异的存在，最终接头与相邻管节的永久连接部位会产生较大的内力。而该连接部位是整个隧道最薄弱的环节，因为

---

* 本文曾刊登于《水道港口》2018 年增刊 2。

相比其他部位,临时止水构造占了一部分主体结构的空间,如图 1 所示。

2 加载分析

不考虑特殊处理措施的工序,见图 2。两边管节内的水箱压满水后就可安装最终接头,并与管节刚接,之后再进行隧道两边的一般回填和顶部的防护回填[2],管内的压载混凝土置换压载水[3]。在这以后的运营期,淤泥将逐渐在隧道顶部累积带来上覆荷载。表 1 统计了该过程的最终接头及相邻的 E29、E30 管节上增加的荷载。

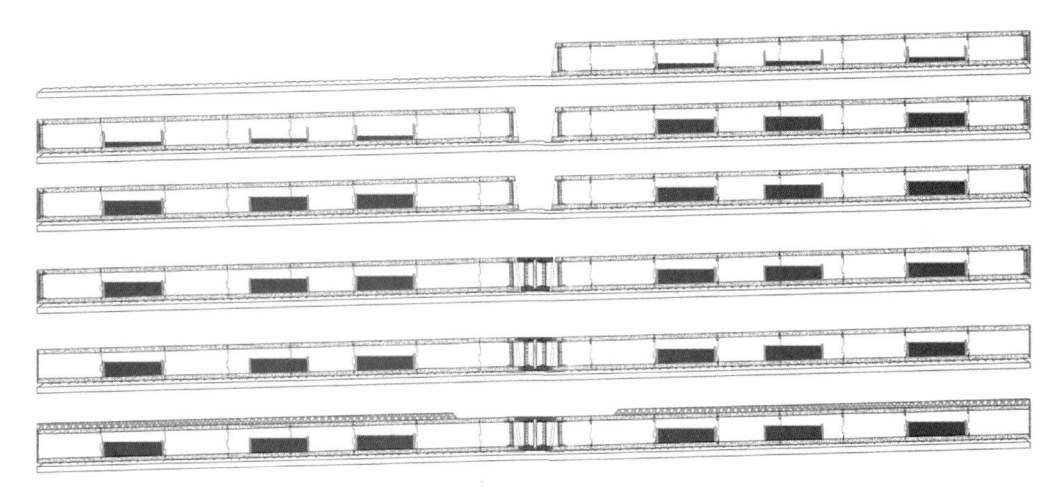

图 2 常规加载工序

表 1 最终接头及相邻管节加载 （单位:kN）

	E29	最终接头	E30
着床荷载	10 000	18 000	10 000
水箱加载	60 000	—	60 000
回填	229 280	30 560	229 280
管内压载*	300 960	39 250	294 040
交工荷载	319 920	40 410	313 000
回淤	494 710	47 630	359 320

* 包含水箱拆除的载荷。

根据荷载计算基床压力（荷载集度）。地基压力取决于上部结构的刚度。最终接头的地基压力基本等于其荷载除以接触面积。但是沉管管节长,在不发生变形时（即假设为刚体）管节的地基压力趋向于平均,发生变形时荷载可能只通过节段向下传递至地基。因而,为了包络这两种极端情况,对 E29 和 E30 管节计算整个管节的平均压力与单个节段的平均压力两个极端情况,分别见表 2 和表 3。

表 2 最终接头及相邻管节基础压力　　　　（单位：kN/m²）

	E29	最终接头	E30
着床荷载	1.5	50.0	1.5
水箱加载	9.2	—	9.2
回填	35.2	84.5	35.2
管内压载	46.3	108.6	46.3
交工荷载	49.1	111.8	45.2
回淤	76.0	131.8	62.0

表 3 最终接头及相邻节段地基压力　　　　（单位：kN/m²）

	E29S7	E29S8	最终接头	E30S1	E30S2
着床荷载	1.2	1.6	50.0	1.6	1.2
水箱加载	—	—	—	—	—
回填	27.5	35.7	84.5	35.7	27.5
管内压载	49.9	64.8	108.6	63.4	48.8
交工荷载	52.8	68.6	111.8	67.2	51.8
回淤	72.4	90.0	131.8	84.6	63.1

从表 2 可见，刚接后，尚未进行后续加载时，最终接头对基础的压力为 50 kN/m²，相邻沉管管节为 1.5 kN/m²，地基压力差异近 30 倍，从而导致基础刚度差异。从表 3 可见，管节的每个节段受到的荷载存在不均匀性且端部节段的荷载偏小，这是由于压载水箱布置、端封门重量、端封门外侧整体内凹的浮力损失的影响因素。

本工程采用了半刚性管节结构[4,5]，对基础地基压力的实际情况介于表 2、表 3 的结果两者之间。从结果的范围可判断管节与最终接头存在较大的基床预压力差异，则地基刚度有差异，进而会引起不均匀沉降。如不处理，将带来永久连接施工安全风险，如连接部位结构损坏、水密失效、耐久性等一系列问题。

3　对沉降规律的判断与验证

在制定措施前，为了对症下药，3.1 节首先讨论对沉降特征及规律的判断，并通过 3.2~3.4 节进行了验证。

3.1 沉降规律

由于沉管管节在水中的重量轻，而且该工程基槽开挖深度大，深层土将受到的最大应力不会超过其历史应力。所以沉降很可能只发生在表层。该工程的组合基床方案消除了表层土的沉降问题[6]，所以大多数的沉降只可能发生在基床层。而又因为碎石基床的沉降特点是瞬时沉降，这个沉降特点就提供了预压载消除地基刚度差异的可能。

因而，通过试验及已安装的沉管隧道的沉降监测数据验证瞬时沉降规律。

3.2 已安管节的沉降监测

对每个已安管节的沉降按节段进行了持续监测（图3）。监测频率不低于一周一次。结合管内卸载、加载及管外回填的时间，观察沉降的特点。

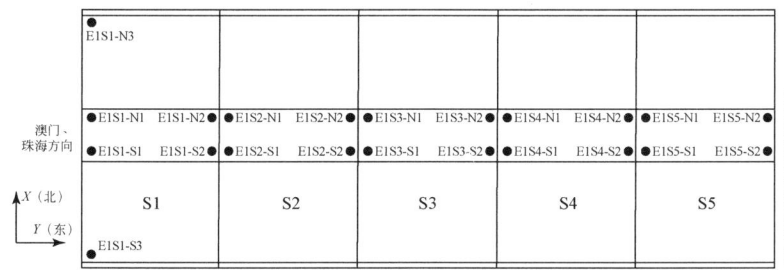

图 3　沉降测量照片与管节平面测点布置

典型管节沉降监测与时间的曲线见图 4。可见，管节施工加载时间与沉降发生的时间吻合，不加载时 1~2 年时间的沉降总量约 1 cm，且很快收敛。相反地，随着时间缓慢增长的沉降（即地基土的固结）所占的比例很小，说明瞬时沉降是主要的沉降。此外，管节卸载时（压载水抽走及水箱拆除）几乎观察不到地基的回弹现象。

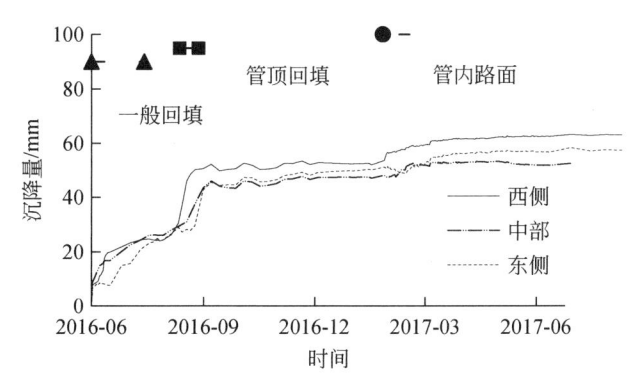

图 4　E27 管节沉降-时间曲线

3.3 水下原位载荷板试验

采用水下载荷板对不同基础处理形式的地基进行了水下原位载荷板试验，见图 5。试验采用单级加载方式。测量 48 h 以内的沉降的变化。

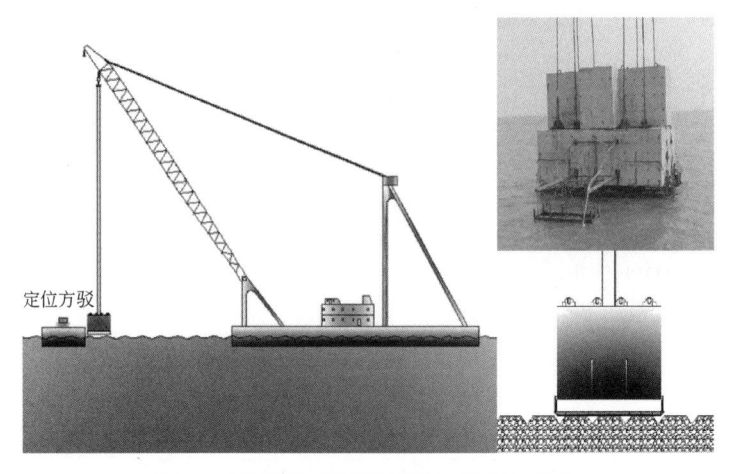

图 5　水下原位载荷板试验示意图与照片

图 6 为典型测量结果。可见大多数情况沉降发生都在半个小时之内（瞬时）完成。该试验验证了由碎石组成的基床层的沉降确实属于"瞬时"沉降。

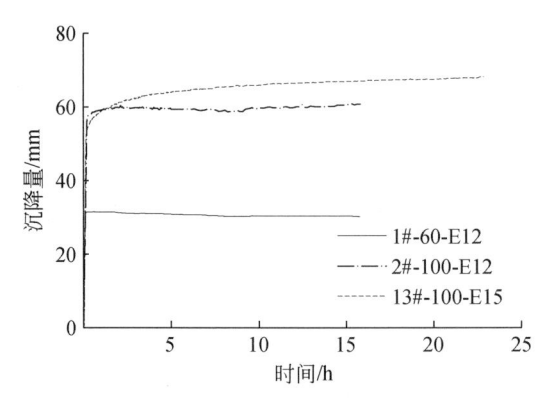

图 6　水下原位载荷板试验沉降-时间曲线

3.4 最终接头碎石基床陆上加载试验

对最终接头的碎石基床进行了陆上加载试验。分三步加载，典型试验照片见图 7。沉降测量时扣除了基床下方基础的沉降。试验典型结果见图 8，阶梯状的曲线证实了碎石垫层下方的基床的瞬时沉降的规律。并且可观察到随着荷载集度的增加，碎石基床的压缩刚度也在增加。

图 7　复合基床加载试验照片

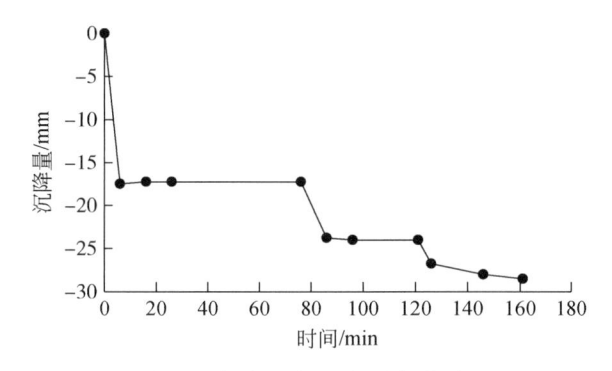

图 8　复合基床沉降-时间曲线

3.5　总　　结

通过上述的三个观察，一个实际的沉降观察，一个水下的原位载荷板试验，一个陆上的基床压缩足尺试验，得到了三点结论。

1）最终接头、E29 管节、E30 管节在加载后的沉降是"瞬时沉降"；
2）基床刚度随荷载集度增加而增加；
3）卸载后的基础回弹可忽略。

基于这三点结论，制定地基刚度差异改善措施是预加载与超载。详见下文。

4　措　　施

4.1　预加载及超载

在最终接头安装前，对相邻管节进行预加载和超载（下文统称"加载"），令绝大部分沉降在最终接头安装前就完成。

图 9、图 10 是加载作业方案与实施情况。主要是在管顶回填并压载混凝土块，管内保留压载水的同时打设压载混凝土。考虑最终接头的龙口线形的安装需要，加载过程中对管节姿态、纵坡进行监控。考虑节段接头受力安全，加载过程中也对节段接头运动位移及张开量进行监控，并管理加载的量与顺序。

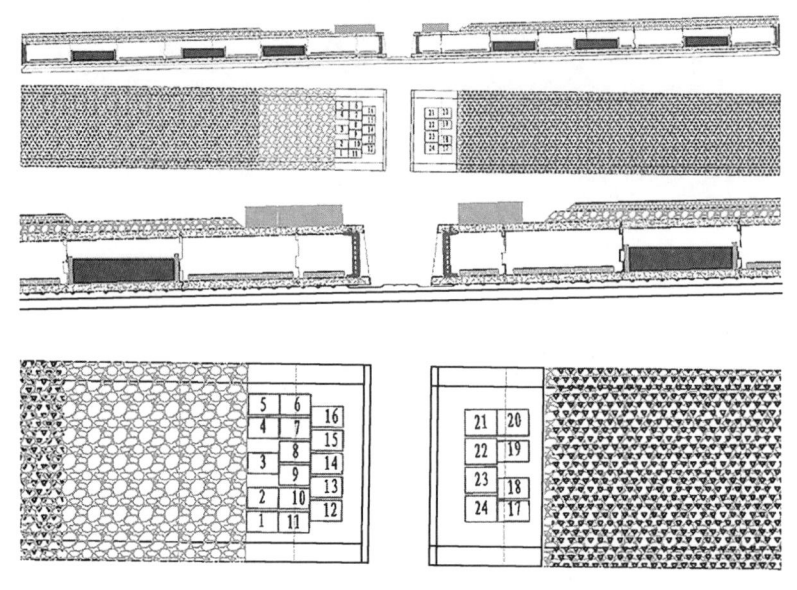

图 9　预加载及超载方案

图 10　预加载及超载实施照片

如果按照管节平均的原则（对应表2），每个沉管管节需要加载500 000 kN；如果按照节段平均的原则（对应表3），即考虑与最终接头相邻的两个节段的基础压力的协调，并考虑其他节段的过渡（避免荷载突变），管节上需要更多的加载。

另外，本工程能够提供所有的加载措施的荷载总量只能达到交工荷载的水平，而无法达到远期回淤发生时的运营期最大的荷载的水平。因此，加载措施至少可以（也只能）消除最终接头与相邻管节进行永久连接时的施工期的安全风险。

最终接头与相邻管节的永久连接施工完成后，在压载水箱置换混凝土和管顶混凝土块移除的过程中，存在卸载，但是这个卸载正如上一节的证明，估计不会带来基础的回弹，从而不会带来永久连接部位的结构的内力。

实施情况概述。加载完成后E29管节平均发生了约3 cm沉降，E30管节发生了4 cm沉降。图11总结了沉降-荷载集度-时间的关系。卸载后，隧道内的测量未观察到地基的回弹。

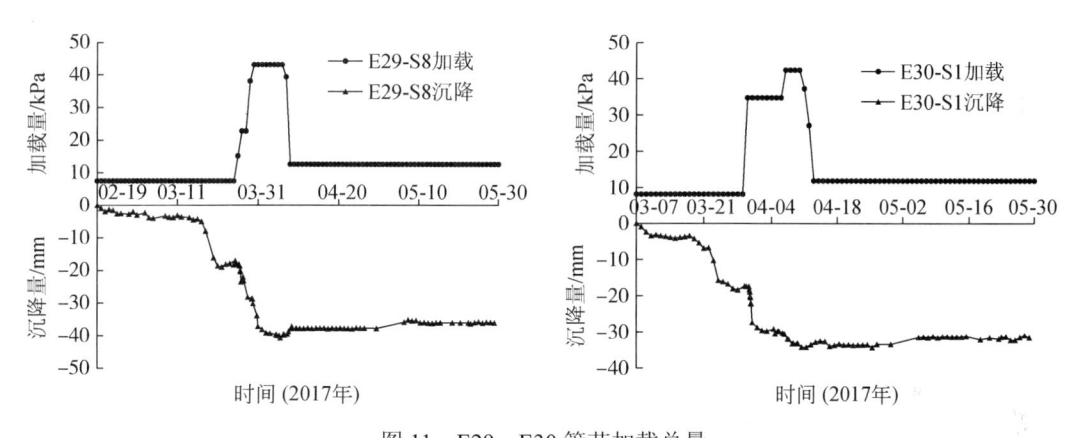

图11 E29、E30管节加载总量

4.2 密闭腔压浆

前文已述即便本工程用上了所有的加载措施，实际加载的总量仍然达不到运营期隧道顶部回淤覆盖后的最大荷载。所以管节的基础刚度仍然小于最终接头的基础刚度，后期仍存在差异沉降，而且考虑以下因素。

1）最终接头碎石垫层的尺寸与沉管管节的存在差异。

2）回淤荷载上来以后，隧道管节基础的历史应力未被超过，但是最终接头的历史应力可能被超过，从而最终接头的基础有可能比相邻的管节发生更多的固结沉降，这部分也是差异沉降。

3）最终接头与管节的连接部位是整个6.7 km的海底隧道的薄弱环节。设计理念上应当尽量让该部位少承担内力。

综上考虑，通过在最终接头与管节连接部位的下方的空当里用高压压入水下不分散混凝土来进一步协调沉降。

通过在管节与最终接头底部的密闭空间内注入水下不分散混凝土，对刚度不同的碎石基床起到过渡作用，保证 E29、E30 管节与最终接头作为整体结构沉降均匀，达到预压基床，协调沉降目的。该工艺在处理 E31～E32 管节的异常沉降时实施过一次，详见文献 [7]。压浆布置如图 12 所示。

压浆过程的主要监测数据见图 13。

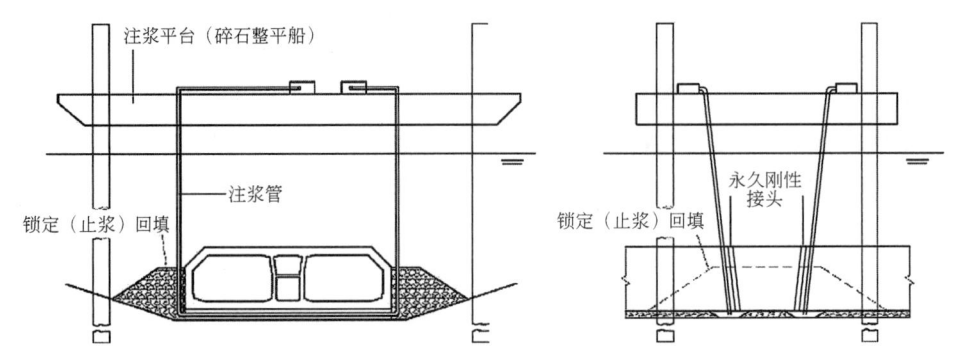

图 12 最终接头-相邻管节接头底部密闭腔压浆方案图

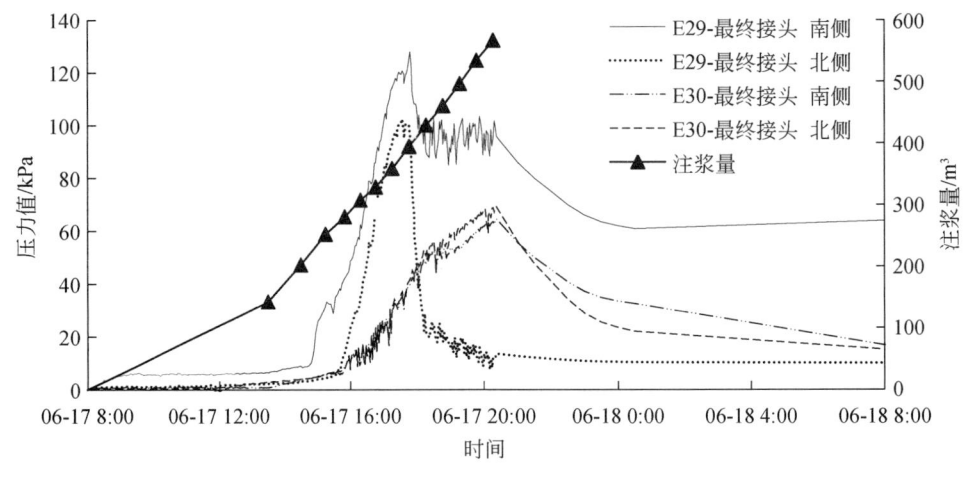

图 13 密闭腔压浆压力、注浆量过程

5 结　果

合拢焊接顺利完成。并且，焊接阶段对最终接头与相邻管节的竖向差异沉降监测表明差异沉降值小于 1 mm（图 14）。最终接头部位未发现变形或漏水现象（图 15）。

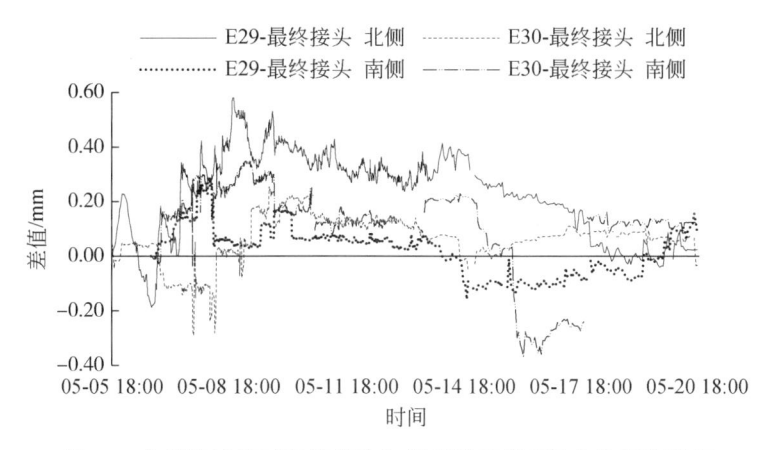

图 14 合拢焊接施工最终接头与相邻管节相对竖向位移监测值

"+"代表 E29/E30 较最终接头向下；"−"代表向上

图 15 最终接头管内

6 总 结

该工程的整体式最终接头安装后对地基的初始压力是相邻结构的 30 倍,初始压力差异带来基础刚度差异,因而可以预见施工期和运营期存在差异沉降。因此第一个解决措施是在最终接头安装前,对相邻沉管管节的顶部和内部尽可能多地施加额外的荷载,让相邻管节预先完成沉降,并提高地基的刚度。该措施的重要前提是基础的沉降是"瞬时"的。"瞬时"沉降的特点由两个试验和沉降实测的结果证实。

最终接头安装并与相邻管节连接以后,因为长期的回淤荷载,差异沉降仍然可能损坏连接部位。因此采用密闭腔压浆进一步协调差异沉降。

7 讨 论

虽然日本已有整体式最终接头[8]，但是这种形式的最终接头的基础可能存在的基础刚度差异问题。本文首次揭示了这个问题并给出了一种解决方案，实施后当前监测情况正常。还有另一种解决思路，即通过最终接头与沉管管节的一体化来从根源上消除差异沉降，这在文献[1]中已论述。

参 考 文 献

[1] 林鸣，林巍，刘晓东，等. 整体式主动止水最终接头技术及其与沉管管节的一体化[J]. 中国港湾建设，2017，(11)：1-11.

[2] 林巍，张志刚. 海中沉管隧道回填防护设计的讨论[J]. 中国港湾建设，2013，(5)：29-33.

[3] 林巍. 港珠澳大桥沉管隧道管节压舱水系统[J]. 中国港湾建设，2014，(2)：11-16，44.

[4] 林鸣，林巍. 沉管隧道结构选型的原理和方法[J]. 中国港湾建设，2016，(1)：1-5，36.

[5] 林鸣，刘晓东，林巍，等. 沉管隧道半刚性管节结构[J]. 水道港口，2018，39（S2）：1-13.

[6] 林鸣，刘晓东，林巍，等. 沉管隧道与人工岛的理念与实现——港珠澳大桥岛隧工程[J]. 水道港口，2018，39（S2）：23-31.

[7] 林鸣，梁桁，林巍，等. 沉管密闭腔抬升方法的构想与实践[J]. 水道港口，2017，(3)：1-6.

[8] 林鸣，史福生，表莲. 日本沉管隧道最终接头施工新工法[J]. 中国港湾建设，2012，(4)：1-4.

沉管隧道的设计[*]

林 巍[1]，刘凌锋[1]，林 鸣[2]

(1.中交公路规划设计院有限公司，北京；2.中国交通建设集团有限公司，北京)

摘 要：沉管隧道工法具有其独特的优势，但施工风险大，故需通过适宜的设计尽量降低风险。本文基于港珠澳大桥沉管隧道建设的实战经验（在设计-施工总承包模式下），结合历史文献调研，详述了沉管隧道的设计问题。本文深入讨论了沉管隧道存在的理由，沉管隧道工法发展历史，设计的方法、思想与主线，指出了设计与施工的互动，以及设计多因素之间的联动，并辨识出决定工程成败的设计要点是预制场地、浮运航道和止水。最后，基于过去与现状预测了沉管隧道技术未来的发展。

关键词：沉管隧道；设计；施工；结构；悬浮隧道；港珠澳大桥

1 存在的理由

《结构的哲学》作者爱德华多·托罗佳（Eduardo Torroja）说："为了洞悉与规划一个结构或建筑，我们必须首先调查与了解它存在的理由。"

"没有桥梁的城市（湾区）就像没有电梯的高楼"，金门大桥总工施特劳斯说。但桥梁有时存在局限，比如阻碍船舶通行的时候，见图 1。如果桥梁修建在机场附近，桥塔也可能影响飞机的起降。

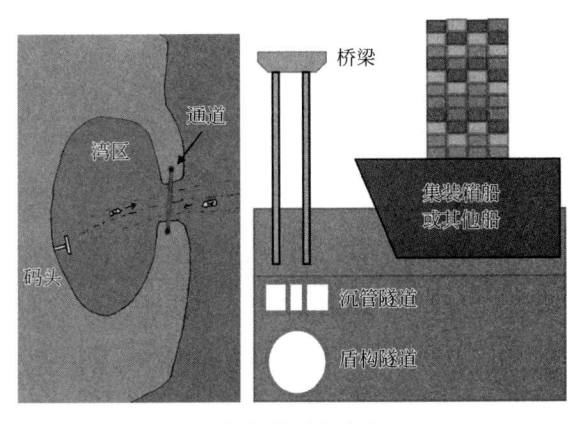

图 1 海底隧道存在的理由

---

[*] 本文曾刊登于《水道港口》2018 年增刊 2。

另外，湾区中生长的动物和植物，它们已经习惯了在湾区特定盐度的水中生活。而湾区水中的盐度取决于内陆淡水与外海海水汇入湾区的比例，一旦修建了跨海大桥，如图2所示，就可能改变这个比例，湾区的海洋生态就可能失去平衡。这是厄勒海峡沉管隧道开挖补偿"零阻水率"设计理念[1]的由来。港珠澳大桥全线的阻水率不允许超过10%。

航空限高及"零阻水率"设计理念是水下隧道存在的重要理由，决定选择沉管隧道工法还是盾构工法取决于具体工程条件，其中经济性的考量[2]见图3。港珠澳大桥选择沉管隧道工法主要考虑了两个因素：①港珠澳大桥是桥-岛-隧方案，选择沉管隧道工法时，人工岛的面积可以比盾构工法减少50%，阻水面积小，有利于海洋环境；②在该地区地质条件下，盾构隧道存在遇见孤石的风险。

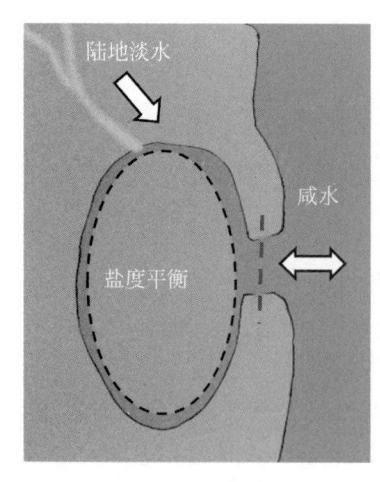

图2 阻水率概念

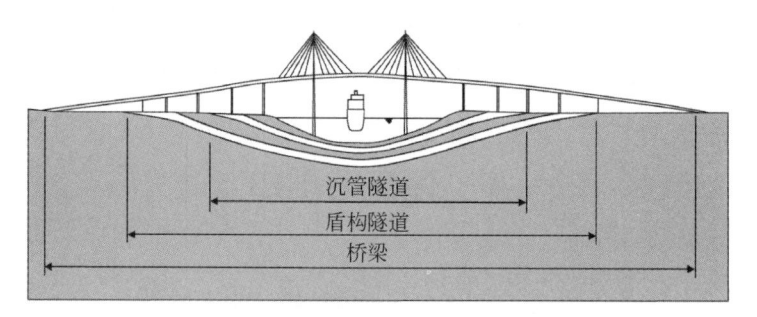

图3 沉管隧道与盾构隧道、桥梁的长度比较

2 工法构想：百年的等待

沉管隧道工法就是将若干个预制段（管节）分别浮运到海面或河面现场，并一个接一个地沉放在已开挖的基槽内，港珠澳大桥岛隧工程施工流程如图4所示。

沉管隧道工法最早的尝试是在1810年的英国。工程师查尔斯·怀特（Charles Wyatt）在泰晤士河隧道的竞标中提出沉管隧道工法的概念。用砖头砌一个15.2 m长的封闭圆筒（管节），并将其浸入水中，下沉至挖过的河床中，再回填，然后恢复河床。为了连通，再从圆筒的内部移除圆筒两端的砖块穿顶。怀特明智地提出了做一个浅水试验的要求。试件是两个7.6 m长、内径2.74 m的圆筒。试验做得很仔细，其结果被认为是成功的。可惜的是，造价远超出预估，工程被废止了。之后沉管隧道工法概念一直未被实施，直到1893年，波士顿建造了3条直径1.8 m的排污渠。第一条有规模的沉管是1910年建造的，如图5所示，管节两端有临时挡水用的端封门。为了下沉，允许水进入管节的一部分，管节着床以后，浇筑导管混凝土，将水泵出，移除管节两端的封门，再从内部施工，类似矿山法隧道的衬砌[3]。

图 4　港珠澳大桥岛隧工程沉管施工流程概要

当前世界最长的公路沉管隧道是港珠澳大桥沉管隧道，该隧道长 5664 m，已于 2017 年 5 月 4 日贯通，由 33 个管节和一个最终接头（可折叠的管节）组成。该记录可能很快会被菲尔马恩通道超过，其隧道由 89 个管节组成，长度约 20 km。

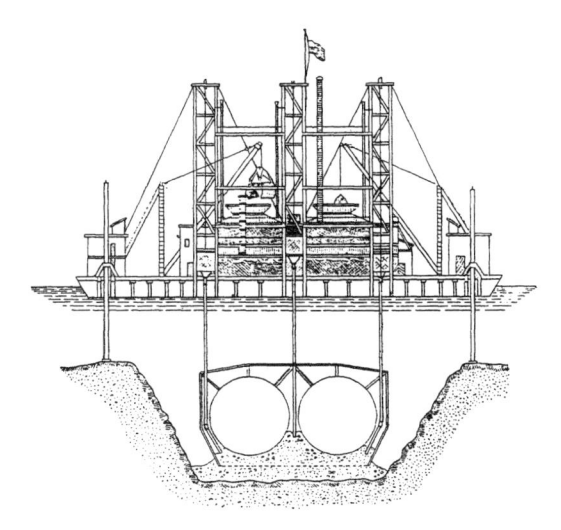

图 5　底特律河水底铁路隧道

3　总　体　设　计

尽管科技在进步，面对大海，我们的认知有限，沉管仍是风险极高的工法。管节的沉没、水淹，以及撞损，在世界各地的施工中并不罕见[1,3]。因此，设计的一个重要目标，应当是如何通过设计方案与技术要求，有效地降低施工风险。

沉管隧道的外部环境（如外部荷载）取决于将沉管安装在哪里，所以需要先固定路线。对于平面线形，主要取决于路线接入点。对于纵面线形，也就是确认隧道段的竖向高程，首先需要确定隧道两头的高程与中间段的高程。两头的高程不能太高，不然沉管安装水深不足；也不能太低，以避免运营阶段从隧道洞口涌入大量的水（因为下雨或越浪）而淹没整条隧道；中间段的高程往往取决于船舶航道的净空要求。

确定了两头与中间，余下的问题是怎么画线。从最小化沉管预制量、最小化水下开挖量的角度来考虑，前人总结了一个原则：一头尽快扎下去，另一头尽快抬升起来，曲率半径尽量小。通过图6可证明这个原则。

确认了路线，就确认了沉管隧道工法及沉管隧道所要面对的环境，外部的影响因素，如风、浪、流、水深等，接下来就可以设计结构了。

沉管隧道由多个管节组成，也有单管节的沉管隧道工程，如日本早期修建的沉管隧道。设计沉管隧道其实就是设计沉管隧道的管节，由于每个管节所处的环境都不同，所受环境影响不同，因此设计时需要区别对待，参见图7。

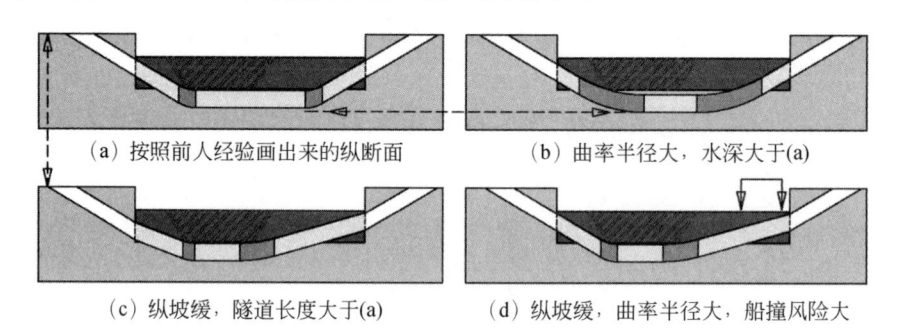

(a) 按照前人经验画出来的纵断面　　(b) 曲率半径大，水深大于(a)

(c) 纵坡缓，隧道长度大于(a)　　(d) 纵坡缓，曲率半径大，船撞风险大

图6　沉管纵面线形原则的证明

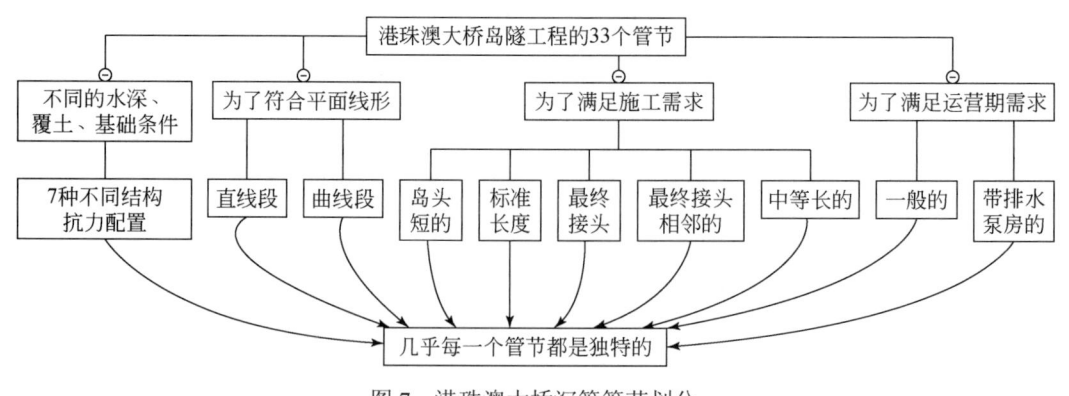

图7　港珠澳大桥沉管管节划分

对于每个管节，也许可以将设计策略比作笛卡儿的怀疑论：人通常不能很好地同时思考多个问题，所以需要将问题分解成多个小问题，将多个小问题排列成最易于解决的

形式，再解决，再合并；即为了挑出筐子里的坏苹果，将所有苹果都倒出来，将好的拾起，放回筐里。

3.1 横向设计

沉管隧道的横向设计需要同时满足三个条件：结构抗力、重量平衡与内部空间。

结构抗力是结构工程师熟知的项目。需要注意的是，沉管的边界条件与荷载不仅考虑最终状态，还考虑沉管在预制厂时的状态，以及沉管在浮运、安装时的状态[4]，见图8，因为沉管的最终状态不一定是沉管结构所承受的最不安全的状态。

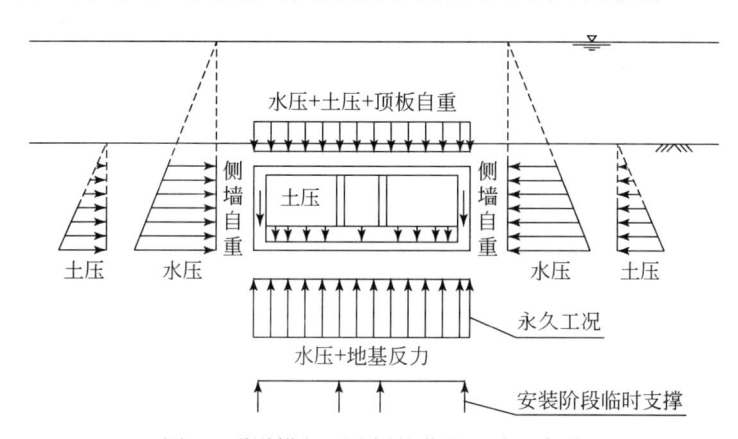

图 8　隧道横断面分析的荷载及边界条件

重量平衡，即沉管在被运输的时候能够浮起来，在被安装的时候能够通过加载沉得下去（施工需求）。并且，考虑通车后可能出现的极端波流作用，还需满足运营阶段的最小稳定重量的需求（运营期稳定需求）。需要注意的是，沉管安装设备及工法的选择也会影响沉管管节的干舷（重量平衡的设计），如沉管的安装船的选择，见图9。

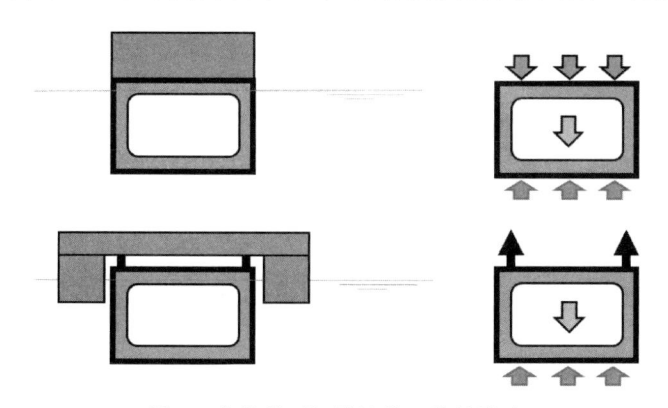

图 9　安装船对沉管管节干舷的影响

内部空间，一是考虑交通建筑限界的需求（即通车规范所定义的最小空间要求），二是考虑内装空间的需求，如为风机等交通工程设施预留空间[5]，见图10，三是考虑水下安装作业偏差，以及沉管预制的偏差，即可实施性，见图11、图12。

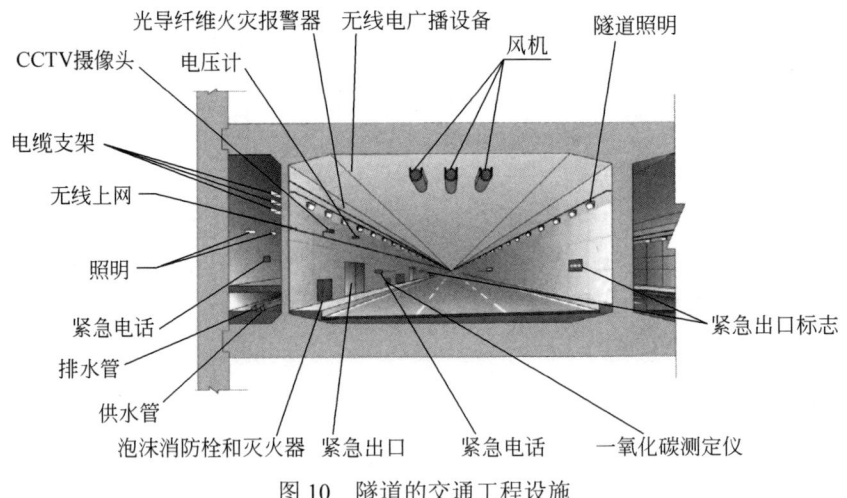

图 10 隧道的交通工程设施

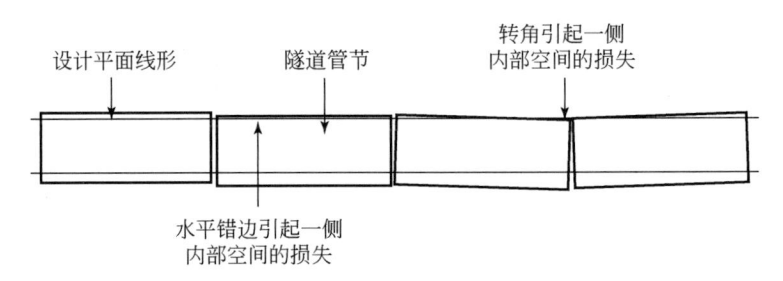

图 11 水下安装横向误差需要的额外净空

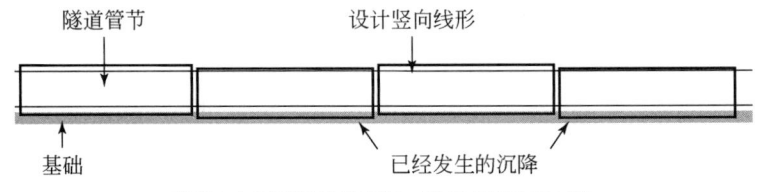

图 12 水下安装竖向误差需要的额外净空

当今人类文明程度持续提高，仅仅满足上述三个条件已经不够，还需兼顾通风设置与交通安全等方面的因素。

通风方案决定了横断面的布置。图13所示分别是隧道工程的纵向通风、半横向通风与横向通风。横向通风的效果最均匀，半横向通风效果次之，而纵向通风是将隧道内的气体从一端吹到另一端。除非设置壁龛，隧道的通风方式也决定了横断面是更宽还是更高。可见，纵向通风较横向通风需要较高的横断面，会导致隧道纵向线形更低，安装水深也更大，而横断面的宽度有所降低。两种方案对隧道基槽开挖的方案也有影响[2]，见图14。

图 13　通风方案示意

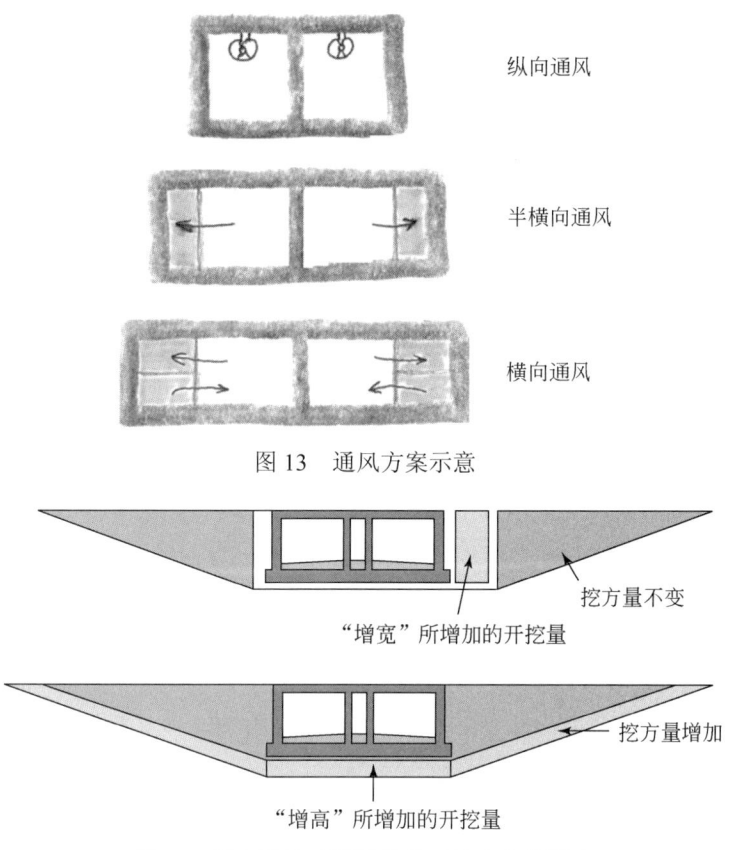

图 14　横向设计对隧道基槽开挖方案的影响

人们交通安全意识的增强可从隔墙的设置方式看出。如果双向车道被设置在单洞内，车辆相撞的概率较大；双向车道用一墙隔开可降低相撞概率；但是，一洞发生火灾时，人逃到另一个洞时仍易被撞；所以双洞之间可设置逃生通道（即双墙分隔），从而降低了人逃生时被撞的风险；进而，考虑火灾工况，在逃生通道上方设置一道横隔墙，将火灾产生的烟吸入隔离的排烟道，提高火灾时人员的视线并避免烟呛，提高逃生成功率。

从结构抗力角度来看，中隔墙可降低顶板、底板的跨径。日本在 20 世纪 90 年代期间建造的混凝土管节均采用两孔两管廊的断面形式，其双边墙构造对受力与防水均有利。从重量平衡的角度来看，隔墙有增重的作用。

3.2　纵　向　设　计

管节纵向设计的三个要素是结构体系、管节长度及接头构造。

最早的沉管结构体系采用了整体式管节，其横断面是圆形的钢壳结构。由于圆形横断面的内部空间利用率不高，1937~1942 年荷兰建造了第一座矩形钢筋混凝土结构整体式管节[6]。20 世纪 90 年代日本找不到合适的管节预制场地，发明了可以浮态浇筑的全三明治整体式管节[7]。混凝土节段式管节就是将管节在纵向分段进行预制，每段的混凝土采用一次浇筑,取消了纵向施工缝。节段与节段之间允许一定量的相对位移,能适应一些基础变形。节段式管节的代表工程是厄勒海峡沉管隧道,是世界上第一次采用工厂法流水线预制管节。港珠澳大桥沉管隧道,基于节段式管节构造,将原先用作安装用的临时预应力变为永久使用,并在必要时补充预应力。这一措施使得纵向拉力与节段间的摩擦力转变为结构的额外抗力。当荷载较小时,拉力令节段接头不张开,摩擦力令节段接头不滑动,管节力学特征接近整体式的"刚";当荷载较大时,节段接头允许一定的竖向相对位移与转动,管节力学特征接近节段式的"柔",所以是一种刚柔并济的结构体系。更详细的描述见文献[8]。

沉管隧道长度固定以后,管节长度决定了管节的数量,也就决定了管节接头的数量。因此管节长度是设计的关键要素,需从以下两个方面进行考量。

管节越长。①管节接头的数量就越少,包括端封门、预埋件、永久橡胶止水带等,接头的施工费用就越低;②管节安装的费用也会相应降低,因为总次数减少了;③安装的次数少了,海上作业的风险降低了。因为沉管工程的施工风险主要来自于管节的安装。

管节越短。①单次海上作业的费用越低;②管节建造费用越低,因为场地费投入降低;③对不均匀沉降问题敏感度降低,结构设计的经济性可能好转;④预应力费用降低。

管节接头设置的目的主要有两个,一是确保永久使用阶段,即便发生不寻常的事情时,如地震、沉船、甚至隧道被鲸鱼撞击,接头也能够起到止水的作用;二是实现管节水下的对接与安装。

3.3 设 计 联 动

为了获得较优的方案,如果将前文所述的纵横向设计工作称为分析(analysis),即了解事物背后的多个影响因素,下一步工作就是合成(synthesis),即首先了解因素之间的联系,再通过反复试验的方法找到最满意的方案。

横向设计的三个条件相互关联,例如:如果隧道结构需加强,就意味着板厚增加,或配更多钢筋(混凝土结构),或加厚钢板(钢结构),导致管节增重,原有重量平衡被打破,就可能需要调整隧道的内部空间来找到新的重量平衡。反之,如果需要扩大内部空间,管节浮力就会增加,就可能需要调整结构的板厚来保证重量的平衡。

类似地,纵向设计的三个要素之间也相互关联,且与横向设计关联。当横向设计的墙体需要加厚时,纵向设计的接头的剪力键的承载力就有提高的空间,因为剪力键的承载面积加宽了。更高的抗剪承载力可以允许更长的管节,因为接头可以适应更大的差异沉降。而更长的管节意味着结构体系采用混凝土节段式或半刚性较经济。当然,其前提是有适宜的干坞来预制这种结构体系的管节,并且有可达的航道来连通干坞与隧址。

综上,沉管设计有多因素,且相互影响,为了获得较优的方案,不得不经历一个尝试与反复的过程,见图15。从图中及前文的讨论也可看出,沉管设计与施工关联十分密切,如果先设计、后施工,就容易出现设计输入条件不足的认知问题;所以,如果将好的沉管设计理念比作一粒种子,种子生长的好土壤就是设计施工模式,见图16。

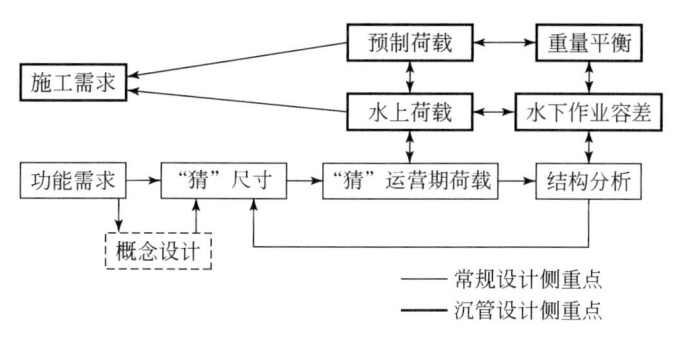

图 15　沉管设计与常规设计侧重点的差异

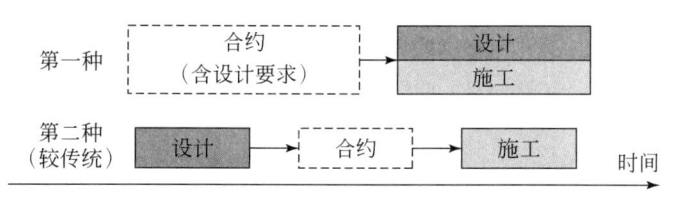

图 16　两种合同模式示意

在设计与施工的联系中还包括与时间、空间联系。沉管隧道的预制在一个地方，安装在另一个地方（水上），隧道内部作业是又一个地方。因而存在空间上的不连续。同样，时间上也有先后顺序需要遵守，如图 17 所示。沉管隧道的设计方案某种程度上显现出的不可复制性，这可以从沉管设计优化的任务是尽量消除沉管施工过程中时间与空间的不匹配性的这一本质上来体现。

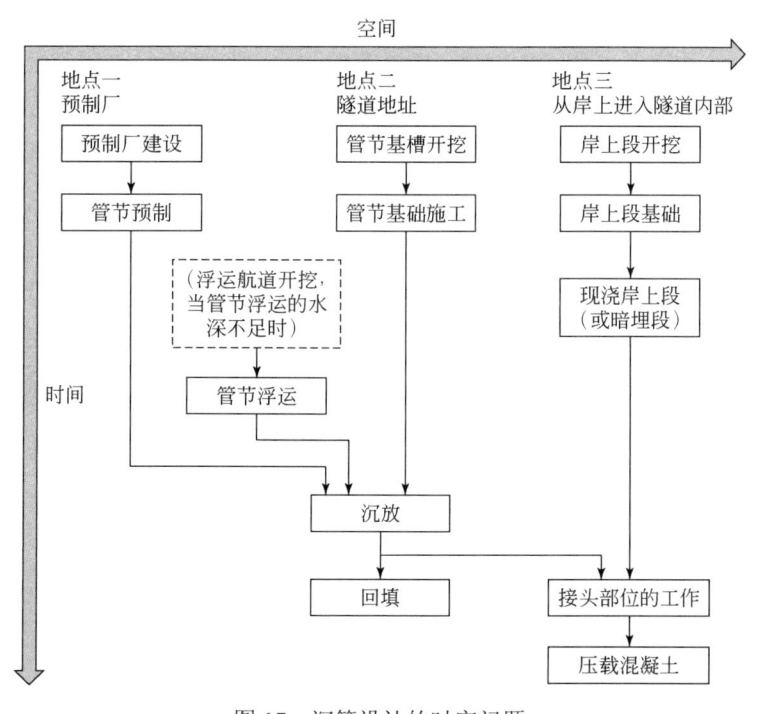

图 17　沉管设计的时空问题

3.4 设计的三个要点

干坞、浮运航道与止水是沉管隧道设计的三个要点，影响着沉管工程的成与败。如果将一个管节比喻成船舶，每个管节都是一艘巨轮，吃水深且重量大，这个特点给干坞与航道选址带来了两个问题：一是如何将陆地上制造好的管节移入水中；二是从干坞到需要修建隧道的地方，有没有天然水深条件或水下开挖的可能，来确保一条能够令管节在漂浮状态下达到最终目的地的路径。举例说明，港珠澳大桥岛隧工程需要制造33艘"管节船"，每艘的质量78 000 t，而泰坦尼克号的重量是46 000 t。管节的吃水深度11 m，在水深不足11 m的地方，管节就会搁浅。预制厂先选在广州市南沙区附近，后经岛隧工程项目部优化，选择了珠海市的桂山岛，由此获得了三个优势：①地基是硬岩，适宜工厂法流水线顶推作业；②管节浮运距离大幅度缩短；③预制厂可以在生产2个管节的同时，寄存6个管节，管节不需要在坞外寄存，消除了台风侵袭的风险。

沉管是借用水之力的工程，利用水的浮力移动、利用水的重力下沉、利用水的推力连接，但是水能载舟、亦能覆舟[9,10]。只要结构存在一点缺陷，水就能进入其内。渗水途径可以是结构的裂缝、接头的间隙、管节临时封门的管道。设计要确保这些情况不发生，以及这些情况的诱导因素也不能发生（如基础不均沉降引起的结构开裂）。因此，对止水的重视，需要贯穿整个隧道的设计过程，包括基础、结构、接头、舾装与施工技术要求。

4 未　　来

沉管隧道的未来需求是更快、更宽、更深[2]。如何应对？真空隧道也许能通过沉管隧道工法实现，解决更快的问题。组合结构也许是解决更宽的问题的经济解答，如横向预应力与钢筋混凝土，或钢混组合结构。更深的问题包括深埋与深水，港珠澳大桥岛隧工程发明的半刚性沉管管节[8]与记忆支座[11]分别保护了节段接头和管节接头，进而扩展了沉管隧道在深度上的应用范围；当水深极大时，悬浮隧道是一种解决方案。已故沉管专家格伦兹（Grantz）说：悬浮隧道运营状态不就是沉管隧道安装的悬停状态么？即用相似性的方法转换沉管技术用于实现悬浮隧道。

5 结　　语

沉管隧道具有两个特点。①施工风险大，需通过设计尽量降低风险；②沉管隧道由管节组成，由于位置、环境、施工与运营需求差异，几乎每一个管节的设计都是独特的。

沉管管节横向有三个条件：结构抗力和重量平衡、内部空间，它们决定横向设计。

沉管管节纵向有三个要素：结构体系、管节长度和接头构造，它们决定纵向设计。

设计有两个特点。①多因素互相联系：设计与施工联系、与时空联系。因此，为了得到满意的设计方案，需要先分解、再合并，经历反复尝试的过程；②与施工互相联系。

沉管隧道设计有三个要点。干坞、航道、止水，它们决定工程的成败。

沉管隧道有三个发展方向。更快、更宽、更深。

致谢

本文改编自港珠澳岛隧工程 V 工区岳远征和宁进进举办的总工讲堂的讲稿。董政对岛隧工程干坞选址优势的总结被采纳。一并致谢。

参 考 文 献

[1] Øresundsbro Konsortiet. The Tunnel[M]. Denmark：The Øresund Publication，2011.

[2] Lunniss R，Baber J. Immersed Tunnels[M]. Boca Raton：CRC Press，2013：1-486.

[3] Grantz W C. Steel-shell immersed tunnels——Forty years of experience[J]. Tunnelling and Underground Space Technology，1997，12（1）：23-31.

[4] Sonoda Keiitirou. 沈埋函トンネル技術マニュアル[M]. 改訂版. 東京：財団法人沿岸開発技術研究センター，2002.

[5] Tung N K，Li W，Thanh N M，et al. Application of immersed tunnel technology in saigon east-west highway project[J]. Electronic Journal of Geotechnical Engineering，2014，(19)：4207-4214.

[6] Glerum A. Developments in immersed tunnelling in Holland[J]. Tunnelling and Underground Space Technology Incorporating Trenchless，1995，10（4）：455–462.

[7] 林鸣，林巍，刘晓东，等. 日本交通沉管隧道的发展与经验[J]. 水道港口，2017，38（1）：1-7.

[8] 林鸣，刘晓东，林巍，等. 沉管隧道半刚性管节结构[J]. 水道港口，2018，39（S2）：1-13.

[9] 杨文武. 跨海沉管隧道工程技术创新和展望[R]. 上海：2016 五省一市二区桥隧高新技术论坛，2016.

[10] 林鸣，林巍. 沉管隧道结构选型的原理和方法[J]. 中国港湾建设，2016，36（1）：1-4.

[11] 林鸣，林巍，尹海卿，等. 记忆支座——沉管隧道管节接头差异沉降问题解决方案[J]. 中国港湾建设，2018，38（6）：1-8.

沉管隧道最终接头超短束大位移张拉工艺[*]

张 洪，刘经国，游 川

（中交二航局第二工程有限公司，重庆）

摘 要：港珠澳大桥沉管隧道最终接头采用整体式主动止水最终接头，通过体外预应力将两半块独立的钢壳结构和中间夹着的一圈 GINA 止水带张拉合并在一起，由于预应力钢束仅长 4.5 m，GINA 止水带具有可压缩性，且最终压缩量成倍于钢束张拉量，故在预应力张拉过程中需要多次循环张拉，逐步将预应力施加在 GINA 上使之均匀压缩。本文所阐述的即为该种特殊的超短束大位移张拉的特点、计算原则、计算方法，以及在施工过程中需要注意的问题。

关键词：港珠澳大桥；最终接头；超短束大位移张拉；预应力

1 概 述

港珠澳大桥岛隧工程海底隧道长 6.7 km，其中沉管段长 5.664 km，由 33 个管节组成，最终接头位于 E29-S8 与 E30-S1 节段之间。最终接头采用整体式主动止水设计、V 形块工法[1]，长度方向上宽下窄的 V 形楔块，横断面尺寸与标准隧道断面一致，上口长 12 m，下口长约 9.6 m，本体为三明治结构。最终接头示意见图 1。

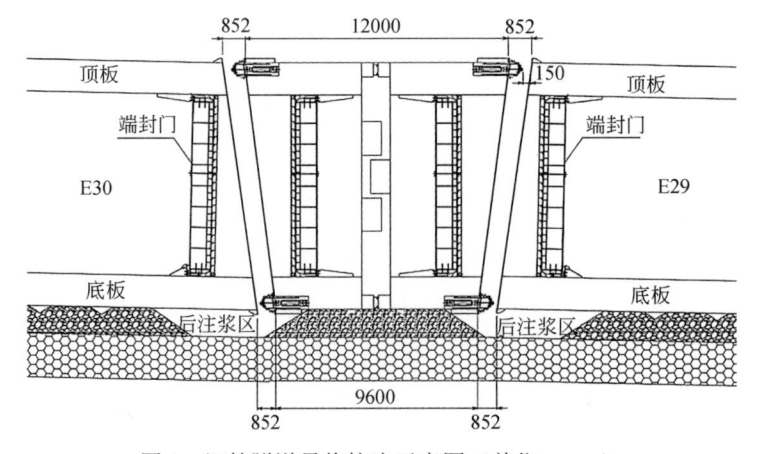

图 1 沉管隧道最终接头示意图（单位：mm）

---

[*] 本文曾刊登于《水道港口》2018 年增刊 2。

最终接头在陆地工厂制造完成钢壳本体结构[2]，钢壳结构分成两节段制造，中心里程处通过 GINA 止水带压缩进行柔性连接，并临时锁定形成最终接头整体结构。GINA 止水带的压缩通过设置于结构内侧端封门牛腿上的预应力束张拉实现。在最终接头吊装对接的过程中实现水压力对预应力的置换，在最终接头施工完成后放张预应力，使 E29 管节与 E30 管节间形成柔性连接。

全断面共 54 束预应力，分别位于顶板及底板，侧墙无预应力束。其中顶板 28 束，编号 T1-1~T14-1（左侧）、T1-2~T14-2（右侧）；底板 24 束，编号 B1-1~B13-1（左侧）、B1-2~B13-2（右侧）。预应力钢束采用直径为 15.20 mm 的高强、低松弛钢绞线，抗拉强度为 1860 MPa，计算弹性模量为 $1.96×10^5$ MPa，单束规格为 15-12。最终接头预应力布置见图 2。

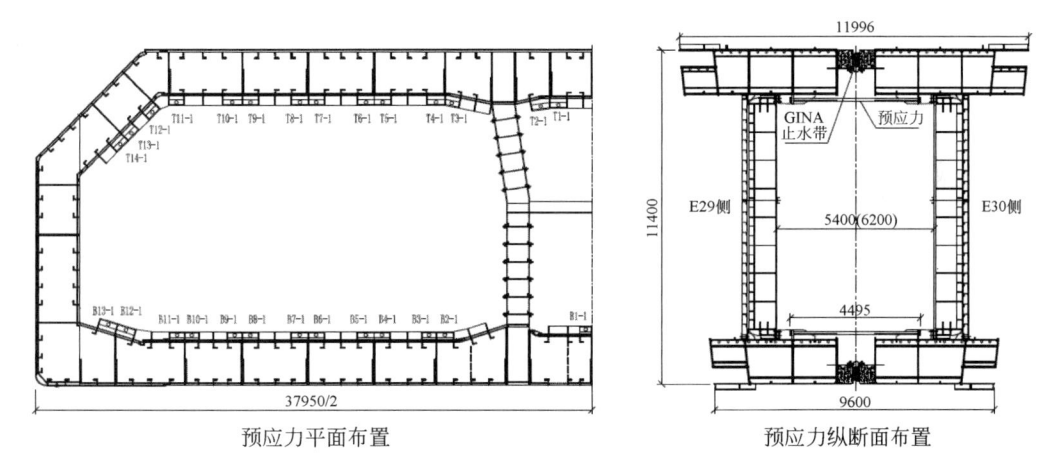

图 2 最终接头预应力布置图（单位：mm）

2 特点与难点

（1）超短索、大位移量张拉

张拉属于超短索、大位移量张拉（斜拉桥调索仅相对类似[3]，但仍有不同），钢绞线张拉长度约 4.5 m，其最终工况伸长量仅为 23 mm，然而 GINA 止水带压缩量为 146 mm，则在张拉过程中预应力的损失对于 GINA 止水带压缩极其敏感，为避免预应力损失到零的状态，需要对钢绞线进行多轮次张拉，直至两端钢结构间的内力达到 GINA 止水带的设计压缩量，且保持各束钢绞线受力均匀。

（2）临时体外预应力

钢结构的张拉目的是通过预应力张拉，使两段钢壳结构形成内力压缩 GINA 止水带，通过临时锁定使两个钢壳节段在施工过程中形成整体结构，属于临时体外预应力。

(3) 交叉施工频繁

钢壳结构张拉作为钢壳加工的一个工序，在加工厂内进行，场地有限。在张拉过程还存在其他工序交叉作业，施工风险大，需对张拉现场进行封闭处理，并安排专门调度人员协调施工。

(4) 单批次张拉资源需求大

为尽量减少张拉批次，保证夹片安全的原则，同批次需多台千斤顶同时张拉，需要投入的设备和人员较多，一次性投入较大。

3 张拉工艺研究

3.1 总体工艺顺序

由于张拉是在最终接头拼装过程中完成，与其他工作面的搭接需要总体安排和匹配，总体工艺顺序见图 3。

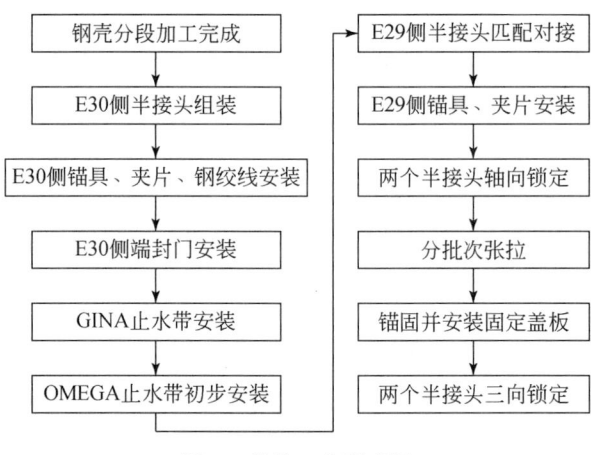

```
钢壳分段加工完成 → E29侧半接头匹配对接
       ↓                    ↓
E30侧半接头组装      E29侧锚具、夹片安装
       ↓                    ↓
E30侧锚具、夹片、钢绞线安装   两个半接头轴向锁定
       ↓                    ↓
E30侧端封门安装         分批次张拉
       ↓                    ↓
GINA止水带安装        锚固并安装固定盖板
       ↓                    ↓
OMEGA止水带初步安装   两个半接头三向锁定
```

图 3 总体工艺顺序图

3.2 张拉顺序分析

预应力束张拉根据张拉目的分三步进行：首先是预应力施加，通过超张使压缩 GINA 止水带的压力快速增加；其次是预应力束均衡，通过调节预应力的控制应力及张拉顺序达到预应力束的最终锚固张拉力值基本均匀；最后调节最后一批次预应力束张拉力值使预应力锚固力值总量满足 GINA 止水带压缩量所需压力的要求。

3.2.1 张拉控制原则

根据规范要求，钢绞线安全的最大张拉力值为：$75\% \times \sigma_{pk} \times A = 75\% \times 1860 \text{ MPa} \times 140 \text{ mm/根} \times 12 \text{ 根} = 2343.6 \text{ kN}$，即 234.36 t；同时，结构预应力锚固牛腿最大受力限值 200 t。根据类似经验，超短束张拉对于张拉力和伸长量的控制应更为严格，采用大顶张拉短束钢绞线不仅出现实测伸长值普遍偏大的现象，而且存在拉断钢绞线的危险[4]。故综合张拉控制力计算方便及安全考虑取定过程中每束张拉控制力为 187.5 t。

最终接头钢结构预应力张拉最终控制原则以 GINA 止水带的压缩量为主，控制应力为辅，预应力钢绞线伸长量作复核计算用。

3.2.2 张拉分批

由于全断面较大，为保证 GINA 止水带全断面压缩均衡，每批次 8 束（最后一批 6 束）同时张拉，共分七批次。即 6 批×8 束+1 批×6 束=54 束。最终接头临时预应力张拉时总体按照全断面均匀受力的原则，分批次进行张拉，具体分批如下：
1）第一批次张拉钢束编号为：T13、T14、B13、B12，共 8 根；
2）第二批次张拉钢束编号为：T2、T1、B2、B3，共 8 根；
3）第三批次张拉钢束编号为：T8、T7、B9、B8，共 8 根；
4）第四批次张拉钢束编号为：T12、T11、B7、B6，共 8 根；
5）第五批次张拉钢束编号为：T4、T3、B5、B4，共 8 根；
6）第六批次张拉钢束编号为：T10、T9、B11、B10，共 8 根；
7）第七批次张拉钢束编号为：T6、T5、B1，共 6 根。

3.2.3 分批张拉顺序

分批张拉顺序按张拉布骤的原则进行计算后得出，每张拉完成一批次计算已张拉批次的预应力损失。在所有批次钢束未张拉前，保证整个施工过程无预应力钢束放张到零的情况，以钢束预应力损失不大于 90%为条件重复已张拉钢束张拉；在所有批次均张拉后，以钢束预应力损失最大的批次为下一张拉批次的顺序。具体以现场计算为准。

（1）GINA 止水带压缩量计算

GINA 止水带材质的压缩曲线（如图 4 所示）得出的压应力与压缩量的公式：
$$P = -2 \times 10^{-6} h^4 + 0.0012 h^3 - 0.1323 h^2 + 7.4918 h - 64.174 \tag{1}$$
$$F = P \times L \tag{2}$$

其中，P——压缩 GINA 止水带的压应力，kN/m；

h——GINA 止水带的压缩量，mm；

F——压缩 GINA 止水带的压力，kN；

L——GINA 止水带周长，m。

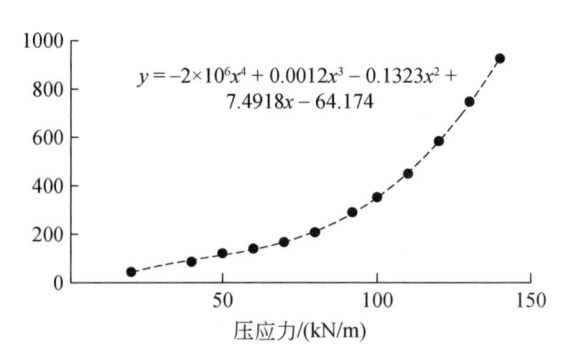

图 4　GINA 止水带压缩曲线图

设计对最终接头结构整体计算要求，GINA 止水带最终压缩量为 h=146 mm；最终接头 GINA 周长为 L=91.18 m。代入式（1）及式（2），得出压缩 GINA 止水带的压力 F=99402.4 kN。

（2）预应力张拉计算

表 1 为预应力钢束基本信息，表 2 为预应力张拉计算表。

表 1　预应力钢束基本信息

项目	数值
每根钢绞线截面积 A_p/mm²	140
截面钢绞线数量	12
全截面钢束面积 A_t/mm²	1 680
钢绞线弹性模量 E_s/MPa	196 000
极限抗拉强度 f_y/MPa	1 860
预应力布设数量	54
预应力钢束初始长度	4 495
8 根钢束面积 /mm²	13 440
6 根钢束面积 /mm²	10 080

表 2　预应力张拉计算表

项目	第一批	第二批	第一批	第三批	第四批	……	第二批	第五批
GINA 止水带压缩量①/mm	66.98	81.95	89.59	97.51	103.23		145.78	146.00
GINA 止水带压应力②/（kN/m）	164.4	231.5	279.2	340.2	392.3		1 030.8	1 035.3

续表

项目	第一批	第二批	第一批	第三批	第四批	……	第二批	第五批
GINA 止水带总压力③/kN	14 992.3	21 108.7	25 455.8	31 017.5	35 771.3		93 987.8	94 402.4
第一批伸长量④/mm	25.2	10.2	25.1	17.2	11.4		22.1	21.9
第一批张拉力⑤/kN	15 000	6 115.0	15 000	10 282.7	6 865.1		13 385.4	13 252.8
第一批预应力损失率⑥/%		59.23		31.45	33.24		10.76	11.65
第二批伸长量/mm		25.1	17.5	9.6	3.8		24.8	24.5
第二批张拉力/kN		15 000	10 457.6	5 732.1	2 308.7		15 000	14 867.5
第二批预应力损失率/%			30.28	61.79	84.61			0.88
第三批伸长量/mm			25.0	19.3			23.5	23.3
第三批张拉力/kN			15 000	11 588.6			14 263.5	14 130.9
第三批预应力损失率/%				22.74			4.91	5.79
第四批伸长量/mm				25.0	24.2		24.2	24.0
第四批张拉力/kN				15 000			14 644.7	14 512.2
第四批预应力损失率/%							2.37	3.25
第五批伸长量/mm							21.2	23.1
第五批张拉力/kN							12 815.7	14 000.0
第五批预应力损失率/%							19.88	
第六批伸长量/mm							22.9	22.6
第六批张拉力/kN							13 850.9	13 718.4
第六批预应力损失率/%							7.66	8.54
第七批伸长量/mm							22.8	22.6
第七批张拉力/kN							10 037.3	9 940.6
第七批预应力损失率/%							28.62	29.31
该阶段加载力⑦/kN	15 000.0	6 115.0	4 342.6	5 557.2	4 747.6		1 110.5	424.9
全截面总预应力⑧/kN	15 000.0	21 115.0	25 457.6	31 014.8	35 762.4		93 997.5	94 422.4
总预应力-GINA 止水带总压力	-7.7	-6.2	-1.9	2.7	8.9		-9.7	-20.0
不平衡力检测	TRUE	TRUE	TRUE	TRUE	TRUE		TRUE	TRUE

计算说明:

1) 本表中有两个值为输入量: 每批次张拉力⑤和 GINA 压缩量①, 其中每批次张拉力参照上述计算取值, 每束 187.5 t, GINA 止水带压缩量为试算取值, 用于验算不平衡力, 设定判定规则为当总预应力-GINA 总压力<30 kN 时, 判定为 TRUE, 否则将继续试算 GINA 止水带压缩量。

2) GINA 止水带压应力②按照公式 1 计算, GINA 止水带总压力③按照公式 2 计算; 每批伸长量④为该批张拉力施加后计算所得伸长量; 每批预应力损失率⑥为其他批钢束张拉时该批的预应力损失率。

3）该阶段加载力⑦为该批预应力实际等效的加载力，全截面总预应力⑧为所有钢束残留预应力值的总和。

根据以上计算规则，计算得出如下分批张拉顺序见表3。

表3 分批张拉顺序表

第1批	第2批	第1批	第3批	第4批	第2批	第5批	第1批	第6批
第3批	第7批	第4批	第2批	第5批	第1批	第6批	第3批	第4批
第2批	第7批	第5批	第1批	第6批	第3批	第4批	第2批	第5批

3.3 预应力束的安装

3.3.1 预应力管道

为适应GINA止水带压缩的大位移，预应力管道采用三件套形式[5]实现管道随GINA止水带压缩而减短。三件套先组装成一根直管，再进行安装。安装时，将三件套两端套管稍微拉出，使两端套管与张拉牛腿固定稳固，并用热塑套包裹做好防水。预应力管道三件套如图5所示。

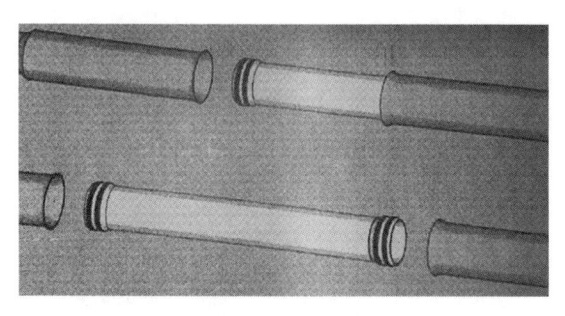

图5 预应力管道三件套示意图

3.3.2 预应力穿束

预应力钢绞线采用人工穿束，由张拉端向固定端进行。

穿束时，每束钢束尽量采用同一盘上的钢绞线，以求力学性能一样，防止因弹性模量互不相等而产生应力不均的现象。

钢绞线穿入后要及时将露出的部分用帆布袋或防水塑料布密封，防止雨水打湿生锈及其他污染。

3.3.3 锚固端锚具安装

考虑总体工艺要求和钢绞线较短的因素,将该预应力设计为单端张拉工艺。由于结构为超短索、大位移量的体外预应力结构:一是钢绞线长度较短,钢绞线伸长量较少;二是增加了 GINA 止水带,压缩量大,故需专门进行工艺设计。

针对钢绞线多次张拉-松弛的循环,需要对夹片的安装进行专门考虑。针对锚固端(非张拉端)在张拉过程中无法通过观察或替换的因素必须考虑必要的保障措施(预防夹片退出工作锚带来钢绞线滑丝或夹片碎裂风险)。

为防止锚固端夹片在张拉循环过程中出现退张松脱的情况,需要将夹片提前进行顶紧。

3.4 预应力张拉

预应力张拉采取 8 台千斤顶同步单端张拉,保证钢壳结构受力均匀,GINA 止水带压缩均匀,张拉的控制原则及方法参考相关规范执行[6]。

3.5 GINA 止水带压缩量监测

在张拉过程中,需对 GINA 止水带的压缩量进行测量监测。GINA 止水带的压缩量监测采用游标卡尺取 GINA 止水带两端的端钢壳的间距差值的方法。监测点布置于 GINA 止水带两端的钢壳内侧,绕 GINA 止水带一周间距 5~7 m 一个监测点,共 16 个监测点。

4 结 语

港珠澳大桥沉管隧道最终接头预应力张拉的目的是利用钢绞线的张拉将预应力传导给中间的 GINA 止水带,将之压缩到安装的工况,待安装完成后再解除预应力,其特点和难点均不同于以往的体外预应力张拉,在张拉计算过程中尤其需要考虑分批多次张拉的顺序、计算原则和计算方法,在安全的前提下,实现最少轮次的张拉,达到最终的目的。

参 考 文 献

[1] 林鸣,林巍,刘晓东. 整体式主动止水最终接头技术及其与沉管管节的一体化[J]. 中国港湾建设,2017,37(11):1-11.
[2] 李英,汉斯·德维特. 港珠澳大桥沉管隧道技术难点和创新[J]. 南方能源建设,2017,4(2):1-16.

[3] 王高航,高锐. 斜拉桥斜拉索二次调索顺序的优化设计初探[J]. 公路交通科技,2017,(7): 316-317.

[4] 吴杰. 预应力短钢束张拉时存在的问题和处理意见[J]. 市政技术,2010,28(A1): 140-141,144.

[5] 刘晓东,李毅,周山水. 沉管隧道用分段粘结式预应力管道:中国,CN204728364U[P]. 2015-10-28.

[6] 中华人民共和国交通运输部. 公路桥涵施工技术规范:JTG/T F50—2011[S]. 北京:人民交通出版社,2011.

管节安装测量塔浮态标定方法研究[*]

锁旭宏，张　超，成益品

（中交一航局第二工程有限公司，青岛）

摘　要：管节二次舾装是在深坞区，测量塔在二次舾装期间安装，标定工作需要在浮态环境下进行，本文论述一种水面浮态管节标定方法。通过在管节上表面指定位置设置RTK测量装置，确定这些RTK测量装置的安装位置在管节坐标系中的位置；进而同时采集管节RTK测量装置及测量塔测量装置的定位信息。该定位信息得出测量塔RTK测量装置在管节坐标系中的坐标，鉴于管节在水面上不停晃动，本方法采取在不同时间段，分别采集指定时长的定位信息的方式获取RTK测量装置在管节坐标系中的坐标的平均值，以使得标定成果更加精确。

关键词：浮态；标定方法；测量塔；高精度；坐标转换

0　引　言

随着社会的进步和科技的发展，沉管隧道越来越广泛地被应用于水上交通工程中，并且日趋成熟[1]。

海底隧道作为重要的水域跨域交通基础设施形式，在管节安装阶段，由于管节会全部沉入水面以下，传统的GPS定位方法无法应用；故需在管节沉放前，在管节的上表面指定位置固定安装测量塔，测量塔高于管节安装区域水深一定高度，从而使得测量塔在管节的安装过程中始终有一部分高出水面，我们通过测量设置在测量塔上的RTK测量装置实现对管节的定位[2]，这就需要我们事先标定位于测量塔上的RTK测量装置与管节定位特征点相对关系。而为了更方便横移及测量塔的安装，测量塔大多是在管节横移至水中才将测量塔安装在管节顶面，由于此时管节位于水中，管节会不停地跟随波浪晃动，这就使得测算测量塔上的GPS-RTK装置与管节定位点的相对坐标变得十分困难。通过试验，港珠澳大桥岛隧工程研究了一种高精度沉管测量塔浮态标定方法，在工程中取得了良好效果。

---

[*] 本文曾刊登于《水道港口》2018年增刊2。

1 标定方法介绍

管节二次舾装完成时，在位于管节顶面 4 个角处的特征点上和 2 个测量塔上的特征点安装 GPS 天线，共 6 台 GPS 同步采集数据。管节顶面 4 个角处的特征点在管节坐标系中的坐标在坞内标定时已经测得，再由 4 台 GPS-RTK 实时测定工程坐标系中的坐标后可以计算两个坐标系之间的实时转换关系。一旦建立起这样的实时转换关系，即可将 GPS 天线位置的工程坐标转换到管节坐标系[3]。标定时的 RTK 位置示意如图 1 所示。

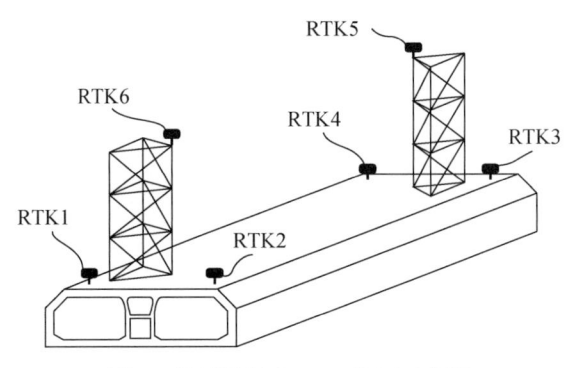

图 1 测量塔标定 RTK 位置示意图

首先在标定现场近岸处设置 GPS-RTK 参考站。选择位于管节顶面 4 个角处的特征点，这些特征点已经在干坞区测得管节坐标系下的坐标。在这 4 个管节顶面特征点上、测量塔上的 GPS 天线位置和棱镜位置上，分别设置共 6 台 GPS-RTK，结合岸上设置的参考站，进行 RTK 定位数据采集与自动记录。数据记录每秒 1 个，一次标定的连续记录时间不小于 12 min。RTK 测量的坐标转换参数可以任意假定一组，但这 6 台流动站必须使用同一组转换参数。同一时刻 6 台流动站的记录数据称为一组记录，在每组记录中全部 6 台流动站的 RTK 均锁定的记录为有效记录，否则任何一台的 RTK 未锁定的记录为无效记录，无效记录须舍弃。在有效记录中，利用 4 台特征点上的 RTK 数据与浅坞区内标定时得到的这 4 个管节顶面特征点的管节坐标系中的坐标，计算三维坐标转换关系。转换关系是每组数据计算一个。利用每组记录计算的转换关系，将同组中的测量塔上的 2 个流动站 RTK 数据转换到管节坐标系坐标[4]。

将各组数据中测量塔上经转换后得到的 2 个点的管节坐标系坐标分别取平均，得到最后的测量塔上的定位设备在管节坐标系中的安装参数，采用残差检查方法，检查各组数据中测量塔上经转换后得到的 2 个点的管节坐标系坐标的一致性。如果某组中任何一个点的残差超限，就应当将该组记录作为无效数据，舍弃后重新计算。标定时总无效组数超过总数据组数 1/3 时，整个标定应视为失败，须重新标定。

1.1 RTK 数据采集及处理

采集 M 分钟各个管节 RTK 测量装置及测量塔 RTK 测量装置的定位信息；同一时刻的各个管节 RTK 测量装置及测量塔 RTK 测量装置的定位信息视为一组定位数据，一组定位数据包括同一时刻的 4 个管节 RTK 测量装置及 2 个测量塔 RTK 测量装置的共 6 个定位信息。

如果一次采集的时间过短，M 小于 5 min，则根据获取的定位信息计算得出的测量塔 RTK 测量装置在管节坐标系中坐标误差较大；而如果一次采集的时间过长，M 大于 15 min，又会造成采集的定位信息数据过大，造成计算复杂。因此，在标定过程中我们优选 5 min $\leqslant M \leqslant$ 15 min。

根据每组定位数据，计算各个测量塔 RTK 测量装置在管节坐标系中的坐标，并根据各组计算出的结果，计算本时段每个测量塔 RTK 测量装置在管节坐标系中坐标的平均值 S。对于每个测量塔 RTK 测量装置来说，其在管节坐标系中坐标的平均值 S 由本时段记录的所有组定位数据计算出的坐标累加并除以组数获得。

应注意，应用各组数据计算测量塔 RTK 测量装置在管节坐标系中的坐标时，如果该组定位数据中，任意一个 RTK 测量装置的定位信息未锁定，则放弃整组定位数据不用；6 个 RTK 测量装置包括 4 个管节 RTK 测量装置及 2 个测量塔 RTK 测量装置的定位信息均锁定的组别数据才会被采用；众所周知，定位信息的锁定是指，该 RTK 测量装置的定位达到指定精度以内，可根据需要设定改变；测量塔标定 6 个 RTK 测量装置的定位信息锁定是指水平方向上定位精度小于 1 cm 时及垂直方向上定位精度小于 2 cm 时，数据被采用。

计算不同时段每个测量塔 RTK 测量装置在管节坐标系中坐标的总平均值 $\overline{S}$。我们选用 6 个不同时段分别执行，以获取在不同时段中测量塔 RTK 测量装置在管节坐标系中坐标的平均值 $\overline{S}$，以测量塔 RTK 测量装置 RTK5 为例：假设我们在 6 个不同时间段获取的 RTK5 在管节坐标系中坐标的平均值分别是 S_1、S_2、S_3、S_4、S_5、S_6；则不同时段 RTK5 在管节坐标系中坐标的总平均值 $\overline{S_{RTK5}} = \dfrac{S_1 + S_2 + S_3 + S_4 + S_5 + S_6}{6}$，此时，我们认定 RTK5 在管节坐标系中的坐标即为 $\overline{S_{RTK5}}$；同样的道理，我们也可以获得第二测量塔 RTK 测量装置 RTK6 在管节坐标系中的坐标 $\overline{S_{RTK6}}$；在后续管节的沉管安装过程中，我们通过定位 2 个测量塔 RTK 测量装置（RTK5 及 RTK6）的实时定位信息，再通过其 RTK1～RTK4 在管节坐标系中的坐标，就可以计算测量塔 RTK 在管节坐标下坐标。

实际应用中，根据残差检查法比较 6 个时段中得到的测量塔 RTK 测量装置在管节坐标系中坐标平均值 S_1、S_2、S_3、S_4、S_5、S_6 的一致性的步骤，任意时段中的任意一个测量塔 RTK 测量装置在管节坐标系中坐标平均值的残差超限，则放弃该时段的所有数据，例如，通过残差检查法发现 S_1 的残差超限，则放弃第一时段获得的所有数据。对于任一测量塔 RTK 测量装置来说，其 $\overline{S}=\dfrac{S_2+S_3+S_4+S_5+S_6}{5}$，而非 $\overline{S}=\dfrac{S_1+S_2+S_3+S_4+S_5+S_6}{6}$。

而在一些情形中，如果全部 6 个时段的数据中，有超过三分之一被放弃时，例如，6 个时段中的数据 S_1、S_2、S_3 的残差均超限，超过了 6 个时段中的三分之一的时段，则各时段数据中仅剩下 S_4、S_5、S_6，此时表示本次标定失败，放弃本次标定获得的所有数据，重新选择时间进行标定。

1.2 坐标系统及其转换

在管节上建立的工程独立坐标系，求取工程隧道坐标与假定坐标的转换参数，通过软件计算进行坐标系统转换。

所谓坐标系是指在不同的参考基准间进行变换。空间直角坐标系的七参数转换方法及平面坐标的多点校准转换方法，原理图如图 2 所示[5]。

设两空间直角坐标系间有 7 个转换参数——3 个平移参数、3 个旋转参数和 1 个尺度参数。

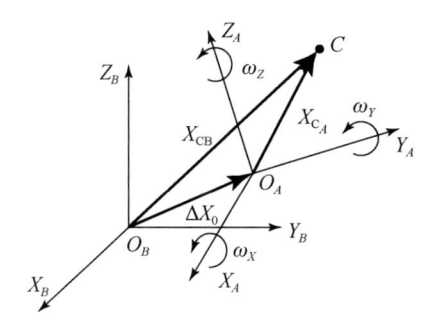

图 2　坐标转换原理图

若：

$(X_A \quad Y_A \quad Z_A)^T$ 为某点在空间直角坐标系 A 的坐标；

$(X_B \quad Y_B \quad Z_B)^T$ 为该点在空间直角坐标系 B 的坐标；

$(\Delta X_0 \quad \Delta Y_0 \quad \Delta Z_0)^T$ 为空间直角坐标系 A 转换到空间直角坐标系 B 的平移参数；

$(\omega_X \quad \omega_Y \quad \omega_Z)$ 为空间直角坐标系 A 转换到空间直角坐标系 B 的旋转参数；

m 为空间直角坐标系 A 转换到空间直角坐标系 B 的尺度参数；

则由空间直角坐标系 A 到空间直角坐标系 B 的转换关系为

$$\begin{bmatrix} X_B \\ Y_B \\ Z_B \end{bmatrix} = \begin{bmatrix} \Delta X_0 \\ \Delta Y_0 \\ \Delta Z_0 \end{bmatrix} + (1+m)\ R(\omega) \begin{bmatrix} X_A \\ Y_A \\ Z_A \end{bmatrix}$$

其中：

$$R(\omega_X) = \begin{pmatrix} 1 & 0 & 0 \\ 0 & \cos\omega_x & \sin\omega_x \\ 0 & -\sin\omega_x & \cos\omega_x \end{pmatrix}$$

$$R(\omega_Y) = \begin{pmatrix} \cos\omega_Y & 0 & -\sin\omega_Y \\ 0 & 1 & 0 \\ \sin\omega_Y & 0 & \cos\omega_Y \end{pmatrix}$$

$$R(\omega_Z) = \begin{pmatrix} \cos\omega_Z & \sin\omega_Z & 0 \\ -\sin\omega_z & \cos\omega_z & 0 \\ 0 & 0 & 1 \end{pmatrix}$$

一般ω_X、ω_Y和ω_Z均为小角度，可以认为

$$\cos\omega \approx 1$$
$$\sin\omega \approx \omega$$

则有

$$R(\omega) = R(\omega_Z) \cdot R(\omega_Y) \cdot R(\omega_X) = \begin{bmatrix} 1 & \omega_Z & -\omega_Y \\ -\omega_Z & 1 & \omega_X \\ \omega_Y & -\omega_X & 1 \end{bmatrix}$$

也可将转换公式表示为

$$\begin{bmatrix} X_B \\ Y_B \\ Z_B \end{bmatrix} = \begin{bmatrix} X_A \\ Y_A \\ Z_A \end{bmatrix} + \begin{bmatrix} \Delta X_A \\ \Delta Y_A \\ \Delta Z_A \end{bmatrix} + K \begin{bmatrix} \omega_X \\ \omega_Y \\ \omega_Z \\ m \end{bmatrix}$$

$$K = \begin{bmatrix} 0 & -Z_A & Y_A & X_A \\ Z_A & 0 & -X_A & Y_A \\ -Y_A & X_Z & 0 & Z_A \end{bmatrix}$$

2 工程应用

2.1 港珠澳大桥沉管测量塔标定

港珠澳大桥沉管安装使用上述方法进行测量塔位置标定，沉管标定分为干坞区一次标定和深坞区的二次标定，一次标定根据管节自身结构建立了管节坐标系，为二次标定提供数据依据，由于测量塔不便于在干坞区安装，因此，安装在测量塔上的定位设备位置参数不能在一次标定期间测定，测量塔是在管节横移至深坞区，二次标定期间标定。

一次标定在干坞里进行，管节处于静止状态，一般采用高精度全站仪进行标定，这一方法技术成熟，标定误差可以忽略。二次标定在深坞区里进行，管节处于浮动状态，需要采用 GPS-RTK 定位，采用动态测量方式进行标定，以减小由于管节晃动带来的误差。

标定前，在标定现场近岸稳定位置处设置 GPS-RTK 参考站。另外，为了更加精确地标定测量塔，测量塔标定期间，将深坞区坞门关闭，选择良好天气平潮时间段，可以很大程度上减小测量塔自身形变带来的误差；提前查看近期 GPS 整体信号状况，避免在信号受阻情况下标定，导致标定效率低，深坞区标定坞门关闭场景图见图 3。

图 3　坞门关闭场景图

为了得到精度更高的标定成果，本工程一般采集 10 组不同时间段的数据，计算测量塔标定值，使得标定数据更加精确，测控系统更加准确地指导沉管安装[6]。

2.2　全站仪精度验证

全站仪比对是一种直接的标定成果检核的方法，检核过程同样需要在坞门关闭，良好天气平潮时间段，通过安装在管内的倾斜仪数据将管节调平，在管节顶面架设全站仪，仪器精平后关闭全站仪补偿器，使得全站仪竖轴与管节坐标系 XOY 平面垂直[7]。使用一次标定数据，对测量塔顶特征点进行标定，标定数据与动态 RTK 标定数据比对，差值在 1 cm 以内，标定成果满足沉管安装要求，否则，重新进行标定，检核示意图如图 4 所示。

根据港珠澳大桥已安装沉管标定成果，每次最终标定结果比对差值均在 1cm 以内，标定精度远满足沉管安装要求，现抽取其中几根管节，测量塔动态 RTK 标定成果与全站仪标定成果差值，详细数据见表 1。

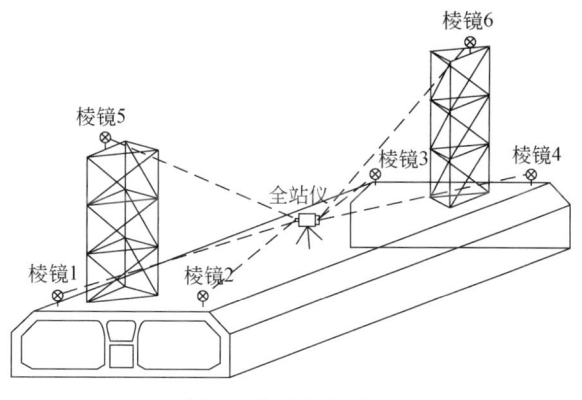

图 4　全站仪检核图

表 1　全站仪与动态 RTK 标定差值对比

管节编号	RTK 动态标定成果与全站仪标定差值/mm		
	ΔX	ΔY	ΔZ
En	3	5	8
En+1	6	2	7
En+2	5	6	5
En+3	7	4	6

由表 1 可知，使用动态 RTK 法标定测量塔精度能满足港珠澳大桥沉管隧道施工的精度要求。

2.3　固定 RTK 精度验证

固定 RTK 精度比对是一种间接的检核标定成果的方法，该方法是通过管顶架设固定 RTK 与测量塔测控系统同步采集同一点的坐标并进行比对，确保测量塔标定数据准确性，软件通过标定成果实时解算该点工程坐标作比对，若管节在稳定期间，通过两种方式比对差值在 1cm 以内，视为标定成果准确，RTK 精度比对如图 5 所示。

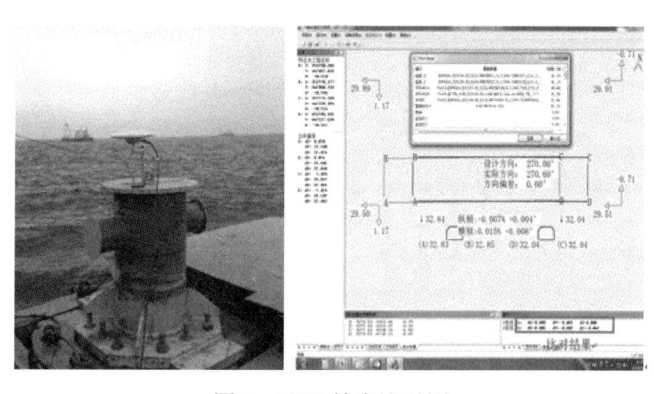

图 5　RTK 精度比对图

抽取港珠澳大桥已安装的其中几个管节，通过测控系统解算固定点位数据和固定 RTK 实测数据比对，确认测量塔标定精度，详细比对数据见表 2。

表 2 测控系统与固定 RTK 差值对比

管节编号	测控系统与固定 RTK 比对差值/mm		
	ΔX	ΔY	ΔZ
En	7	6	9
En+1	5	4	7
En+2	8	3	6
En+3	6	7	4

由表 2 可知，使用动态 RTK 法标定测量塔精度能满足港珠澳大桥沉管隧道施工的精度要求。

3 结　　语

随着沉管工法在修建海底隧道施工中的大量应用，浮态环境下沉管安装测控系统高精度标定对沉管的精确对接有着至关重要的作用。本工程中使用该方法准确地标定了浮态环境下，高度大的测量塔位置，为在其他类似的海洋工程施工中提供参考。

参 考 文 献

[1] 李海全，何青. 海底沉管隧道安放测量[J]. 海洋测绘，2004，24（6）：34-36.

[2] 徐绍铨，张华海，杨志强，等. GPS 测量原理及应用[M]. 武汉：武汉大学出版社，2001.

[3] 李征航，魏二虎，王正涛，等. 空间大地测量学[M]. 武汉：武汉大学出版社，2010：79-84.

[4] 雷巨光. 沉管隧道施工控制测量方法研究[D]. 成都：西南交通大学，2010.

[5] 谢鸣宇，姚宜斌. 三维空间与二维空间七参数转换参数求解新方法[J]. 大地测量与地球动力学，2008，28（2）：104-109.

[6] 丁美，潘永仁. 沉管隧道测量技术[J]. 现代隧道技术，2005，42（1）：11-15.

[7] 黄桂平. 多台电子经纬仪/全站仪构成混合测量系统的研究与开发[D]. 郑州：中国人民解放军信息工程大学测绘学院，1999.

管节沉放姿态控制影响因素分析

苏长玺

（中交一航局第二工程有限公司，青岛）

摘 要：管节沉放是沉管隧道施工中施工技术难度最高、风险最大的工序之一，其中管节姿态控制是沉管沉放的关键因素。本文总结港珠澳大桥岛隧工程20余节沉管管节安装经验，总结、分析影响沉管姿态的主要因素，包括海流、波浪、缆绳缆力、沉放速度、负浮力等，对关键因素加以使用和限制，并增加管节姿态监控系统，可以有效保障管节沉放的安全和了解管节的运动情况。

关键词：管节沉放；姿态；海流；波浪；负浮力；缆力；姿态监测

0 引 言

沉管的沉放对接是沉管隧道施工中施工难度、风险最大的工序之一，一方面施工环境影响明显，另一方面沉管管节体量巨大、惯性大导致控制难度大，通过20余节沉管管节现场实操，影响管节沉放姿态的主要因素包括流场、负浮力、缆绳缆力和沉放速度等。

1 工程概况

港珠澳大桥跨越珠江口伶仃洋海域，是连接香港特别行政区、广东省珠海市、澳门特别行政区的大型跨海通道[1]。岛隧工程是港珠澳大桥的控制性工程，隧道采用沉管方案，沉管段总长5664 m，采用节段式半刚性管节结构，共33节，标准管节长180 m，由8节长22.5 m、宽37.95 m、高11.4 m的节段组成，总重约7.8万t，最大沉放水深约46 m，是目前世界上综合难度最大的沉管隧道之一。

2 对接窗口

外海沉管隧道施工中施工环境的影响因素多，主要包括海流、波浪、风和盐度等。

其中沉管受力主要是海流力、波浪力。

2.1 水 流 力

通过以下阻力公式可计算出沉管在拖航阶段的拖航阻力[1]：

$$R = \frac{1}{2}C_w \rho A V^2$$

式中，R——拖航阻力，kN；
C_w——水阻力系数；
ρ——水的密度；
A——迎流面积，m²；
V——流速，m/s。

2.2 波 浪 力

按《航海手册》推荐公式，浪阻力在0.8 m波高时相当于水流阻力的20%：

$$RH = R_f \times [1+(H-0.8)] \times 0.2 \text{ kN}$$

式中，R_f——水流阻力；
H——波高，$H \geqslant 0.8$ m。

通过分析，波浪阻力值[2,3]在H_s=0.5 m波高，流速V=1.29 m/s的情况下，实验得到的横拖时水深11 m，波浪作用力比静水中水流力的增加值大约为8.73%。

通过以上的数值分析，在港珠澳大桥沉管管节的浮运和锚泊力的计算中，除水流力外还应考虑波浪力的作用，在受波高H_s=0.8 m，周期T_s=6 s的波浪作用下，波浪力的取值分析为水流力的20%计算。

2.3 对 接 窗 口

根据对前期沉管安装经验的总结，结合对现场海流、波浪等实测资料的进一步分析，以及对施工船机和装备能力的实际验证，针对深水深槽区的施工特点和难点，对沉放对接的作业窗口条件进行了重新计算分析，作业限制条件如表1所示。窗口选择在小潮汛期间的次高潮期间。

表1 沉放对接作业窗口条件

作业条件	流速/(m/s)	波高/m	能见度/m	风力	备注
沉放作业	≤0.6	≤0.8	≥1000	≤6	基槽内流速
对接作业	≤0.5				
潜水作业	≤0.5				

3 负浮力

管节负浮力是管节沉放中控制管节姿态的重要因素之一,管节负浮力是指管节结构自重与管内压载水重量的合力大于浮力的部分,沉管负浮力计算公式为

$$F_{负浮力}=(G_{沉管}+G_{压载水}-V_{沉管}\times\rho_{海水})\times g$$

式中,管节结构自重($G_{沉管}$)与排水体积($V_{沉管}$)是定值,施工过程中,通过调整管节压载水重量($G_{压载水}$)来调整管节负浮力($F_{负浮力}$)大小。

在管节沉放过程中,由于表层、底层海水密度相差较大,在不同的沉放深度时,管节的负浮力变化也较大,通过数据的比对可以发现,在管节负浮力较小时,管节晃动幅度较大,管节姿态不易控制;在管节负浮力较大时,管节晃动幅度较小,管节姿态易于控制。因此,在管节沉放过程中,为便于控制管节姿态,根据水流力大小、吊缆(L 缆)缆力设计值等参数,将负浮力控制在 800 t 左右,并根据海水密度的变化,及时调整管节内压载水重量,控制负浮力大小。

4 缆 力

绞车系统是控制管节姿态的主要设备,主要由控制管节竖向位移的吊放缆索(L 缆),控制管节水平位移的安装缆索(H 缆),以及控制安装船水平位移的系泊缆索(M 缆)组成。三种缆索的绞车系统均设置在安装船上,每艘安装船上各有 2 个吊放缆索(L 缆),2 个安装缆索(H 缆),2 个系泊缆索(M 缆)组成,共 2 艘安装船(图 1)。

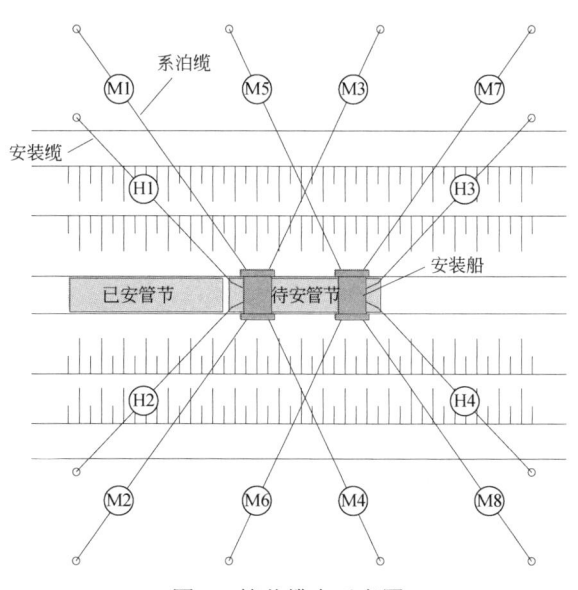

图 1 管节缆索示意图

其中系泊缆索（M 缆），直接通过缆绳与提前布置在海底的大抓力锚连接，用于控制安装船的平面位置。其主要用于船管连接时的绞移，以及控制沉放初期管节的平面位置。

安装缆索（H 缆），通过沉管顶面的四角上的四滚柱导缆器与布置在海底的大抓力锚连接，通过缆绳的绞移精确控制管节的平面位置。其主要用于管节着床前后，精确控制管节的平面位置。

吊放缆索（L 缆），通过缆绳与管节顶面吊点连接，用于控制管节的竖向位置。其主要用于管节沉放过程中管节竖向位移。

4.1 管节平面位移控制

管节沉放期间，管节的平面姿态，主要由安装缆来控制，如图 2 所示，管节沉放初期，由于待安管节与碎石基床及已安管节距离较远，为保证对接窗口，沉放初期沉放速度较快，安装缆缆力较小，对管节姿态的控制较弱；管节沉放后期，待安管节与碎石基床、已安管节距离较近，此时，为精确控制管节姿态，防止意外碰撞，会增加安装缆缆力，提高安装缆索对管节姿态的控制。

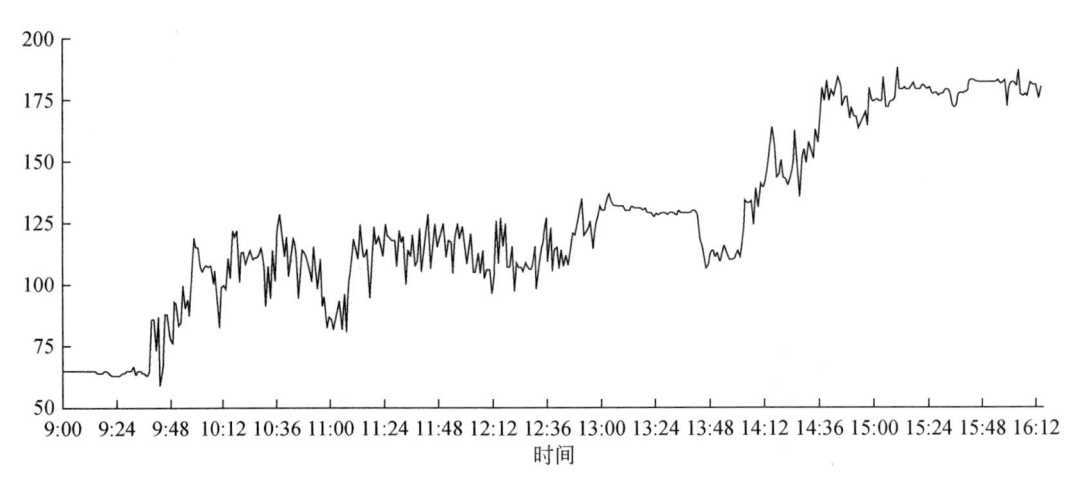

图 2　管节沉放过程安装缆力变化图

4.2 管节竖向位移控制

管节沉放过程中的竖向位移主要由吊放缆索控制，其中吊放缆索的受力大小主要由负浮力决定，而管节沉放的速度则通过缆绳释放的速度决定，在管节沉放初期，吊放缆索的下放速度较快，控制在 0.3 m/min 左右，此时，管节晃动幅度相对较大；管节沉放接近着床后，吊放缆索下放速度控制在 0.1 m/min，此时，管节晃动幅度相对较小。

5 姿态监测

管节沉放姿态监测系统,主要由角速度计、倾角传感器、微机械陀螺、光纤陀螺等仪器组成,通过在坞内模拟管节沉放过程,并与激光跟踪仪进行比对试验可知,该套系统可以较好地监测管节沉放过程中的运动情况及姿态。根据E11~E19管节安装过程中监测的数据,分两种工况进行监测(管顶与泥面平行、管底距离槽底5 m),在流速≯0.3 m/s,浪高0.1~0.54 m 的情况下管节姿态监测数据如表2所示。从监测数据看,沉管姿态控制较好、无明显的晃动。

表2 管节姿态监测统计表

工况	X向位移/mm	Y向位移/mm	Z向位移/mm	Z扭摆/(°)	Y纵摇/(°)	X横摇/(°)
1	3~20	2~20	25~93	0.002~0.04	0.015~0.096	0.012~0.091
2	1.3~22	1~12	19~81	0.003~0.052	0.021~0.076	0.018~0.104

6 结 语

通过现场施工情况看,通过选择较好的作业环境施工、合理控制安装缆力、沉放速度和负浮力等因素可以有效保障沉管姿态,从现场实测的管节姿态数据可知管节姿态均满足施工要求,不存在较大的晃动。下一步将继续深入研究影响沉放对接过程中姿态的因素。

参 考 文 献

[1] 中华人民共和国交通运输部. 港口工程荷载规范:JTS 144—1—2010[S]. 北京:人民交通出版社,2011.
[2] 朱升. 沉管隧道管段浮运和沉放过程中流场和阻力特性的研究[D]. 北京:北京交通大学,2009.
[3] 潘永仁. 上海外环沉管隧道大型管段浮运方法[J]. 施工技术,2004,33(5):52-54.

港珠澳大桥岛隧工程东人工岛岛隧结合部清淤施工工艺浅析*

杨秀武，何 波

（中交广州航道局有限公司，广州）

摘 要：针对港珠澳大桥岛隧工程东人工岛岛隧结合部特殊的工况条件，依据专用清淤船设备特点，制定了特殊的清淤施工工艺。本文对专用清淤船的施工条件、设备特点和施工过程做介绍，分析潮流对船舶施工展布影响，制定安全合理的船舶姿态调动方式，从而确保清淤施工顺利进行；同时为今后类似施工区域狭小，水流条件复杂等作业条件下的船舶施工作业提供借鉴。

关键词：疏浚工程；清淤；港珠澳大桥岛隧工程；船舶姿态

1 工程概况

港珠澳大桥岛隧工程沉管E33管节位于东人工岛岛隧结合部，桩号K6+924～K7+059，总长135 m。为减少挑流对东人工岛岛头基础作业影响，在E33管节南北两侧各布置有顶标高为+1.0 m 的临时导流堤，沉管安放之后拆除。其中北堤与基槽轴线夹角27°方向长为39 m，平行基槽方向长为30 m；南堤与基槽轴线夹角35°方向长为18 m，平行基槽方向长度为84 m [1]（图1）。因E33管节东侧16.2 m 已铺设碎石，并已做好防淤措施。本次施工范围为E33管节西侧剩余区域的碎石垫层铺设前清淤，施工前基槽回淤厚度约30 cm，施工段全长118.8 m（K7+059～K6+940.2），清淤宽度60 m。该施工区域狭小，难以采用常规疏浚方式；且清淤面积大，清淤水深超过16 m，水下吸力泵作业效率低下，经专家会评定采用专用清淤船进行施工。

2 施工设备及方法

专用清淤船"捷龙"轮船舶参数见表1。专用清淤船由深水取砂船技术改造而来，采用定点"盖章"式清淤施工工艺，采用六锚定位法，包括前后中锚、左右艏锚、左右

---

* 本文曾刊登于《水道港口》2018年增刊2。

艉锚。

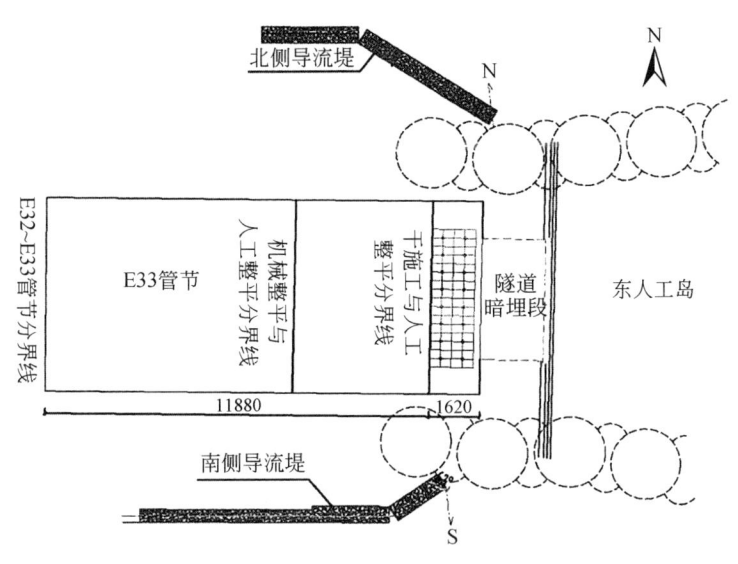

图 1 东人工岛岛隧结合部清淤施工平面布置示意图

清淤船定点清淤施工时,利用清淤监控系统的泥浆密度显示和水深测量装置进行清淤施工监测。当清淤点的浓度和水深达到设计要求后,通过移至收放锚缆移动船舶至下一个清淤点。完成单点清淤后,系统会记录清淤轨迹,操作人员可根据清淤覆盖情况,进行局部加密补吸。施工时,将施工导航文件导入清淤监控系统中,系统自动实时显示的吸淤头位置与施工文件所划分的子区域逐个对照吸淤或抽吸,整体施工顺序呈"S"形布置。为确保吸淤头下放过程中,最大限度地避免对基槽槽底面造成撞击破坏,吸淤头与桥梁架的连接采用铰接结构,通过液压装置实现吸淤头的平稳收放[3]。

表 1 专用清淤船基本参数表

船舶指标	数值	船舶指标	数值
标准生产量/(m³/h)	2000	最大挖深/m	50
生产范围	吸淤	排距(max)/m	1000
吸淤管内径/mm	400	排淤管内径/mm	400
桥梁架长度/m	80	桥梁最大倾角/(°)	40
满载吃水/m	2.15	空载平均吃水/m	1.46
总长/m	120	总吨位/t	1384
型宽/m	14.9	型深/m	4.5

3 施工特点及难点

专用清淤船清淤施工存在以下特点及难点：

1）施工区域狭小，船舶展布困难。E33 管节紧邻东人工岛，而且在 E33 管节南北两侧布置有导流堤，导流堤之间宽度仅 160 m，专用清淤船难以采用常规垂直于基槽的方式展布。船舶需平行于基槽作业，且需要在南北侧导流堤、东人工岛钢圆筒、东人工岛暗埋段等不同位置设置多处地垄。

2）施工区域水流条件复杂，船舶需横流作业。在此施工区域涨退潮水流是影响船舶施工的主要因素，因受东人工岛岛体及导流堤影响，施工区域水流条件复杂。通过数模实验和对东人工岛岛头段海流进行观测，施工区域附近水流呈现如下特点：水流在 E33 管节西侧区域出现最大流速，经测算达到 1.7 m/s，流速由西向东逐渐减小，导流堤内部流速降至最小，流速低于 0.5 m/s[2]。专用清淤船在施工中需部分时段平行于基槽作业，潮流对船体影响很大，安全风险高，施工过程中船舶需实时调整船舶位置，并且需候潮作业。

3）需分南北半槽交叉作业。专用清淤船桥梁长度 80 m，刚性结构[3]，东人工岛岛头卸载过渡段边坡坡比大约为 1∶2，最大清淤深度 19.5 m。当垂直于基槽进行清淤时，因边坡坡度大，造成桥梁在基槽中线附近桥梁搁置，无法下放，导致无法覆盖整个基槽区域（图 2），需专用清淤船调转船头，南北半槽分开作业。同时为保障清淤质量，在半槽分开作业时南北向需搭接一定长度，防止部分区域漏清或者淤泥回流的情况发生。

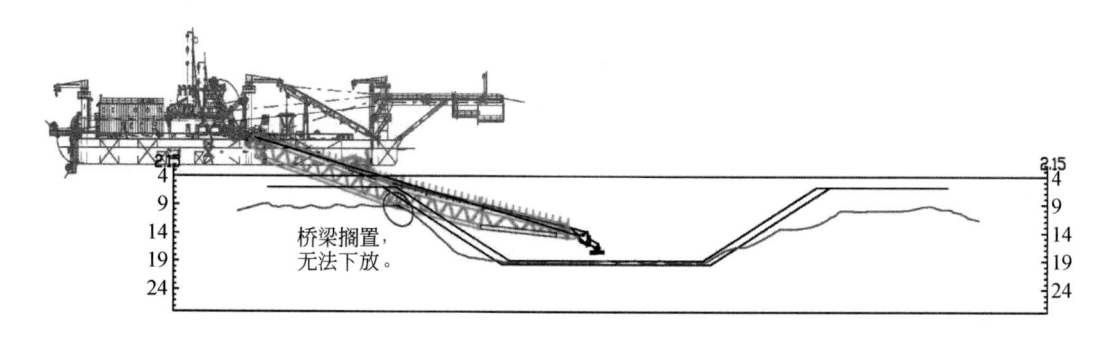

图 2 专用清淤船清淤施工纵断面示意图

4 施工过程

在施工过程中，将施工区域分为 5 个部分，施工过程也分为 5 个阶段，在不同阶段，专用清淤船采用不同的船位及锚位布置方式，以适应工况条件的变化。施工展布原则为减少锚位特别是地垄锚位的调动，提高时间利用率；为了减小潮流对船舶施工影响，尽量使船舶顺水流方向或者逆水流方向摆位，进而减少水流与船体之间的角度，由此避免船舶横流作业。为减小施工风险，清淤整体方向为由导流堤外部逐渐向导流堤内部延伸作业（图3）。

（1）第一阶段

施工区域在导流堤外部，专用清淤船采用垂直于基槽的方式展布。船头朝南，右前锚带南侧钢圆筒地垄，其余锚位按常规方式抛设在基槽边坡以外。这种船位下，清淤范围可覆盖E33管节南半槽西侧50 m；同时船舶与水流方向所呈角度较小，只需在退潮流急时段停工候潮，时间利用率较高。

（2）第二阶段

将船位调转180°，船艏大致朝向北，右前锚带北侧钢圆筒地垄，剩余锚位均抛设于基槽边坡之外，施工状态与第一阶段类似。但由于南侧导流堤长度大于北侧，此锚位布置覆盖区域比第一阶段覆盖区域小，至E33管节北半槽西侧30 m范围。

（3）第三阶段

施工区域逐渐向导流堤内部延伸，为使船舶有更大的摆开角度，以覆盖东侧区域，右前锚带南侧钢圆筒，船位自然顺时针摆动一定角度，其余锚位做相应调整。这个阶段是船舶进入导流堤内部施工的过渡阶段，水流与船舶所呈角度更大，对与施工影响自然明显增大，在涨退潮流急时段需候潮作业。此船位条件下覆盖区域为E33管节北半槽西侧30～50 m。

（4）第四阶段

船位继续向东偏转，以覆盖基槽北半槽最东侧清淤区域。前中锚带北侧钢圆筒地垄，右前锚在南侧导流堤偏东处带地垄，左前锚跨越基槽布锚。该船位条件下，施工越靠导流堤外，船舶受潮流影响越大，故选择在缓平潮水流较小时段对靠近导流堤外侧区域施工。当船舶需候潮停工时，移入导流堤内部，减少潮流影响。该船位覆盖区域为施工区域北半槽东侧70 m范围。

（5）第五阶段

该阶段进行施工区域南半槽东侧70 m施工，船位平行于基槽布置，前中锚需带东人工岛暗埋段地垄，左前锚带北侧导流堤地垄，右前锚地垄向后移，以使得船舶摆位角度更大。此船位条件下当船舶对靠近导流堤外侧的施工区域进行清淤时，水流流向几乎垂直船体，对船舶施工影响最大，因此只能选择平潮时段进行该部分区域清淤。完成清淤施工后，将左右前锚移除地垄，抛设于基槽之外，艉锚做相应调整，将前中锚地垄拆除后即可顺势撤离施工区域。

（6）施工检测

清淤作业完成后，进行人工潜水探摸，对施工质量进行检验。经检测，E33管节清淤效果良好，满足碎石整平施工条件。

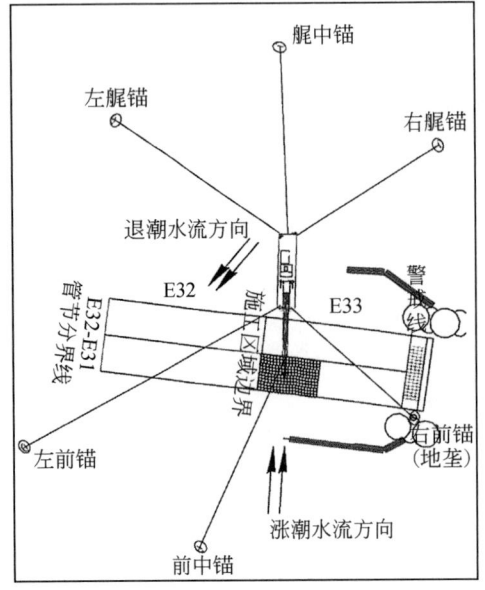

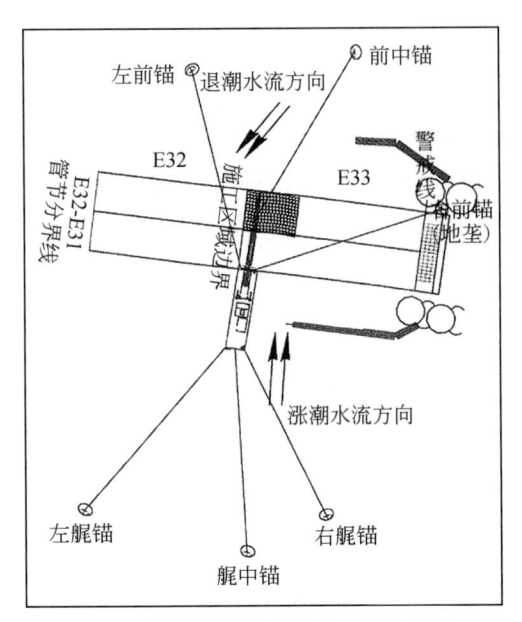

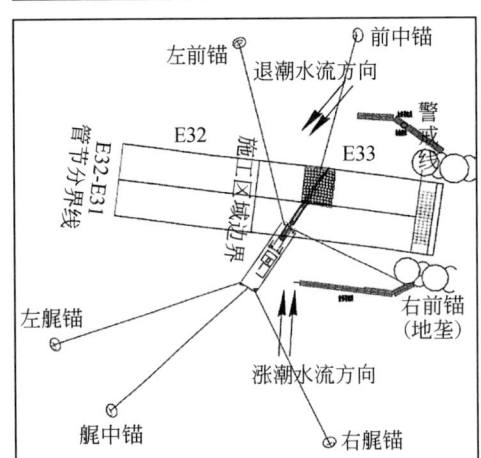

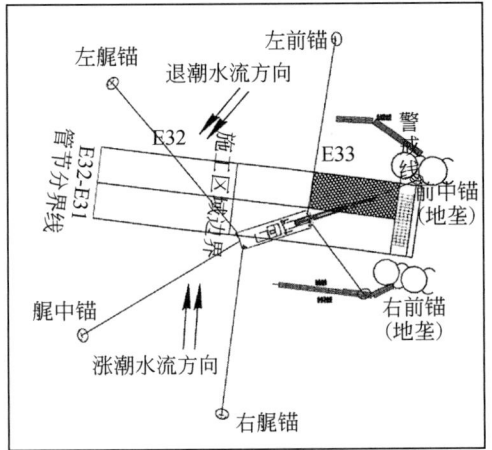

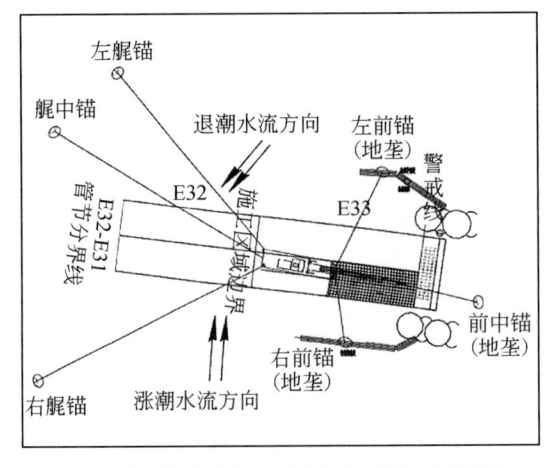

图 3 专用清淤船施工过程船舶姿态示意图

5 质量控制

1）专用清淤船分南、北半槽清淤施工，清淤界面处搭接一定区域，保证在南北交界界面不出现漏清或者淤泥回流的情况发生，保障清淤施工质量。

2）在"捷龙"进场前对 RTK 等仪器参数进行校核，保障清淤平面定位准确[4]。

3）施工过程中对回淤较厚区域进行反复清淤，通过观察浓度计和监控显示的泥浆浓度，实时对清淤效果进行判断，直到浓度达到要求，方可移至下一点进行清淤[5]。

4）在施工过程中进行清淤施工检测，通过多波束水深测量、人工探摸等测量手段，及时对清淤施工效果进行分析。

6 结　　语

东人工岛岛头清淤作为港珠澳大桥岛隧工程隧道基槽特殊区域的清淤施工，工况条件复杂，难度大，安全风险高。在施工中通过设定合理的船舶姿态调整，专用清淤船可以完成狭小区域中对施工区域的全覆盖，高质量地完成清淤作业，为岛隧工程首节曲线段管节的顺利安装奠定基础，同时为今后类似施工区域狭小、水流条件复杂、限制条件较多的疏浚施工提供借鉴。

参 考 文 献

[1] 中交公路规划设计院有限公司. 港珠澳大桥主体工程岛隧工程施工图设计[Z]. 北京：中交公路规划设计院有限公司，2011.

[2] 中交股份联合体港珠澳大桥岛隧工程第 V 工区项目经理部. 东人工岛岛头段海流观测成果[R]. 珠海：中交股份联合体港珠澳大桥岛隧工程第 V 工区项目经理部，2016.

[3] 朱淋淋，何波. 已安沉管尾端钢封门前清淤施工风险防范[J]. 中国港湾建设，2016，(7)：101-104.

[4] 张琦，朱淋淋. 港珠澳大桥岛隧工程沉管隧道基槽开挖及清淤施工的质量控制[J]. 中国港湾建设，2016，(7)：97-100.

[5] 中交股份联合体港珠澳大桥岛隧工程第 IV 工区项目经理部. 港珠澳大桥岛隧工程沉管隧道基槽清淤施工方案[Z]. 珠海：中交股份联合体港珠澳大桥岛隧工程第 IV 工区项目经理部，2012.

港珠澳大桥检修道清水混凝土预制工艺[*]

曾庆喜,刘 宇

(中交二航局第二工程有限公司,重庆)

摘 要:港珠澳大桥岛隧工程检修道预制构件安装位置在沉管隧道内道路行车道两侧,用于运营过程中紧急检修人员通道,同时兼做反光标示牌安放、管线铺设、排水等功用。本文主要针对检修道小型构件在工厂内基于清水混凝土工艺施工进行阐述,供后续类似工程参考。

关键词:清水混凝土;检修道;预制

1 概 况

港珠澳大桥岛隧工程由沉管隧道、人工岛、结合部桥梁三大部分组成,工程起于伶仃洋特别行政区界,沿23DY锚地北侧向西,穿越珠江口铜鼓航道、伶仃航道,止于西人工岛结合部非通航孔桥西端。

沉管隧道全长6 088 m,隧道内行车道两侧设置检修道,用于运营过程中紧急检修人员通道,同时兼做反光标示牌安放、管线铺设、排水等功用。检修道构件模数为1.5 m,构件共计6种型号,及其附属盖板共计25 000余块。为适应港珠澳大桥建设理念,采用工厂化预制,装配化安装工艺。检修道实景安装见图1。

图1 检修道实景安装图

---

[*] 本文曾刊登于《水道港口》2018年增刊2。

为制作高精度、高表观质量的预制构件，通过国内外普遍调研，构件模具最终委托日本丰田机械株式会社进行设计、加工，模具尺寸误差不超过 0.5 mm，面板采用酸洗冷轧工艺一次成型，光滑细腻，平整度不超过 0.5 mm/m。为适应清水混凝土外观面的良好效果，模具采用倒装式设计，保证混凝土成品翻转后顶面光滑美观。模具拆装零件见图2。

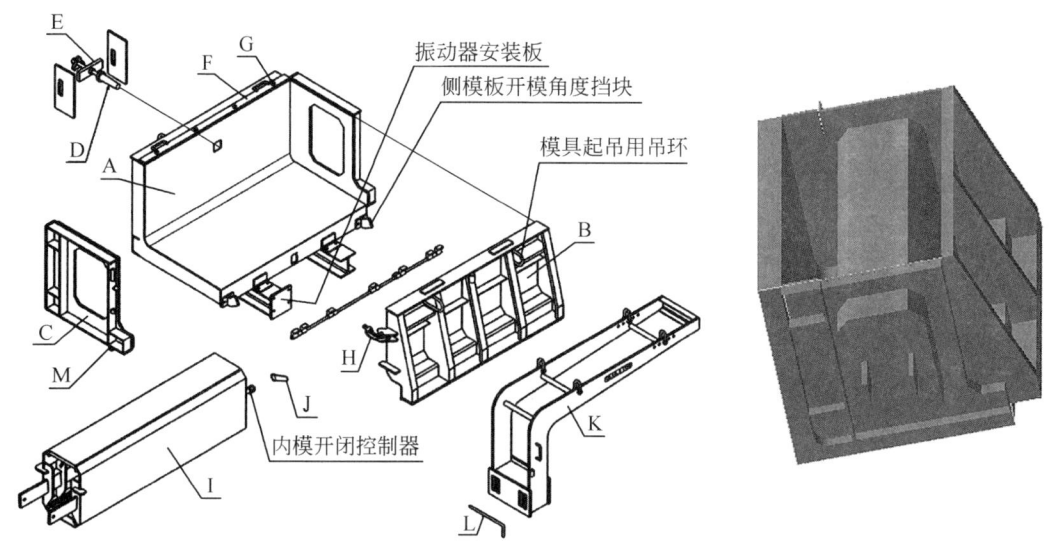

图 2 检修道预制模板组装前后

2 施 工 工 艺

检修道预制构件采用钢筋笼整体绑扎吊装入模、倒装一次性浇筑成型工艺[1]。钢筋在台架上整体绑扎，入模前完全展开模具，垂直吊装入模。模板采用日本丰田机械进口模具，钢筋前关闭外模，钢筋入模后，插入内模，完成模具组装。混凝土采用料斗吊装入模，附着式振动器进行振捣，再使用扁式振捣器进行复振。

2.1 模 具 清 理

模具进场后，进行模具面板清理干净。面板处理完后，用新毛巾擦拭清除表面的灰尘，最后用空气枪吹净。以模具表面用纸巾擦拭，纸巾干净无瑕疵为验收标准。

在模具使用过程中，将模具完全展开后，先用小铲刀清除模具边缘的玻璃胶、水泥残渣等杂物及模具外侧的尘土垃圾，保证模具外观整洁。内模和模具外侧及边缘清理完成后，再清理模具面板。用小铲刀清除附在模具面上的混凝土污点，用毛巾擦拭，清理出的残渣用空气枪吹出面板，清理过程中注意面板的保护，切勿损坏表层保护膜。最后用干净的毛巾进行擦拭清洗至模具光洁。验收标准以模具表面用纸巾擦拭,以纸巾干净无瑕疵为准。

2.2 脱模剂喷涂

通过前期的工艺试验研究,采用水性脱模剂。脱模剂水和原液按 1∶1 的比例调配,且按 kg/m² 的参数化控制,清水混凝土脱模的外观最佳。喷涂方式以空压机喷枪为主,辅以人工抹布擦拭修正。空压机的额定排气压力为 0.8 MPa,公称体积流量 0.67 m³/min,从而保证气压的稳定性。

脱模剂的喷涂对不同部位采用不同的喷涂方式。模具为倒立式浇筑,底面为浇筑部位最易黏模的部位,故对底板进行喷涂两遍,侧面喷涂一遍。具体操作:喷枪打开到 3/4 位置时,每次喷涂喷枪口距底面距离约 30 cm;底板分为两次喷涂,长度 1.5 m 方向两个方位为两个喷涂站位点,其中一个站位点,先横向喷涂 10 次,竖向喷涂 6 次,保证喷涂的均匀性;喷涂完毕后,对喷涂区域进行处理,中间区域进行毛巾轻微拖动 3 次,边角为脱模剂发黄起糙的集中部位,采用毛巾进行集中处理,擦拭表面聚集状脱模剂,使其透明反光;脱模剂喷涂完后,根据施工气温的不同,调节混凝土的入模时间。夏季,混凝土浇筑时间为脱模剂喷涂后 15 min。

2.3 模板安装

模具安装严格按照操作指导书进行,脱模剂涂刷到位经验收合格后,进行模具组装,按照模具的安装顺序依次完成每个模块的安装(以 BW 型为例:安装倒角部件→关闭端模→关闭侧模→安装内模),最后装好锁紧保险部件。

2.4 钢筋笼入模

脱模剂喷涂完成后,进行钢筋笼吊装入模。钢筋笼入模前,模板及钢筋笼及时报监理工程师检查验收。吊装过程中,钢筋笼不能触碰模板,确保模板面光洁无损坏;入模时,调整好钢筋笼的保护层以满足要求,安放临时塑料垫块,固定钢筋笼位置;钢筋笼底部入模后,检查预留孔洞情况,如有阻挡及时调出调整。

2.5 混凝土浇筑参数化控制

混凝土浇筑工艺是决定混凝土最终成型质量的关键控制环节之一[2],混凝土布料分层、混凝土振捣密实度、过振、漏振及养护所有环节的纰漏均会造成构件成品质量的缺陷[3]。因此对混凝土浇筑过程每一个环节控制到尽善尽美,且做到可重复操作,才能保证大规模生产的构件成品质量。

2.5.1 布料参数化控制

混凝土采用料斗吊装入模的方式,分 3 次布料其分层厚度,严格控制分层厚度不超过 30 cm[4]和布料分层布置示意见图 3。从中间向两侧布料,速度均匀缓慢,确保混凝土均匀平整。

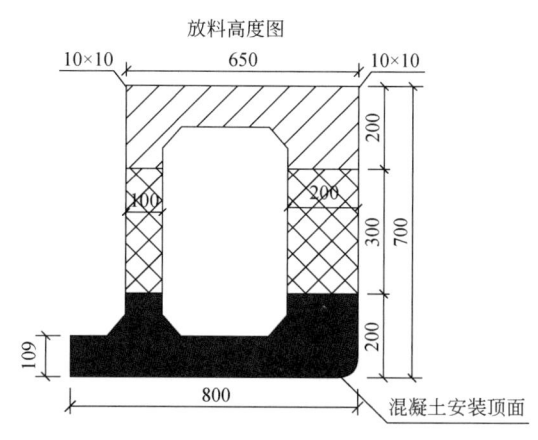

图 3 预制构件布料分层布置示意图（BW 型为例）（单位：mm）

2.5.2 振捣参数化控制

混凝土振捣方式采用以附着式振捣器为主,插入式振捣器为辅。每层基准振捣时间和基准频率见表 1,施工过程中根据混凝土自身性能、气泡的排放、翻浆等情况,对振捣时间和频率进行微调。

表 1 振捣时间、频率参数表

构件分类标准	构件编号	布料层数	布料后混凝土高度/cm	振捣频率/Hz	振捣时间/min
检修道有底板,侧高 70 cm	BW	第一层	20	160	3
		第二层	50	180	3
		第三层	70	200	4
检修道有底板,侧高 85 cm	OW1、OW2、OW3	第一层	30	160	3
		第二层	60	180	3
		第三层	85	200	4
检修道无底板,侧高 85 cm	BN1、BN2	第一层	30	170	3
		第二层	60	180	4
		第三层	85	190	3
盖板长 1497 mm	BN1/BN2	第一层	20	160	3
		第二层	30	170	3
		第三层	20	180	3

单个构件混凝土整体浇筑完成后,采用扁式振捣器进行二次振捣。沿长度方向 1.50 m 布置 6 个点位,见图 4,遵循快插慢拔的原则,先进行宽边振捣,再进行窄边振捣,拔出时提棒速度为 5 cm/s,振捣时间约为 60 s,用秒表计时做到施工参数的精准性,保证每一件成品施工条件的相同性。

图 4　扁式振捣器定位点(单位:cm)

2.6　养　护

混凝土养护分为两个阶段,蒸汽养护与自然养护。蒸汽养护的作用是加快混凝土强度的上升,当混凝土初凝后,开始蒸汽养护,加快新浇筑构件水化作用。蒸汽养护时,使用油布形成蒸养罩,开启蒸汽管道,根据室外气温、室外湿度、脱模时间严格控制通入蒸汽后蒸养罩空间温度,每隔半小时使用红外测温仪进行温度测量。蒸汽养护温度一般控制在 40 ℃。蒸汽养护过程,严格按升温阶段、恒温阶段、降温阶段的相关温差速度要求进行控制。严禁温度猛增猛减,避免温差裂缝。

检修道成品脱模后,即在场内自然养护区存放,待到混凝土表面完全变色,无色差,自然养护工作完成。

2.7　脱 模 存 放

当混凝土蒸养完成后,进行混凝土脱模,脱模严格按照立模的反顺序进行。首先拔下预留孔洞的橡胶棒,松开模具顶面倒角模,松动收缩内模,再用配套的专用吊具吊出内模,最后专用工具撬开模具的连接扣,使侧模展开。

确认混凝土强度后,安装相应的专用吊具,进行成品的吊装出模。吊具安装时必须使吊具吊点与成品混凝土的重心点处于同一垂直线上,使成品混凝土外侧面在吊装时避免擦刮形成表观缺陷。起吊前,务必确认吊具的固定装是否锁定。成品混凝土吊装出模过程必须缓慢,避免擦碰(图 5)。

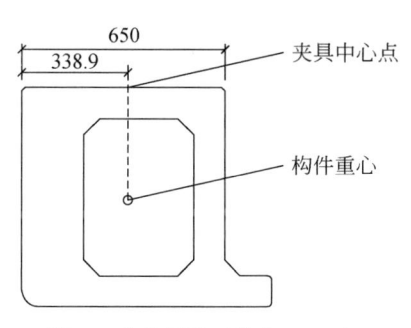

图 5　成品吊装（单位：mm）

成品出模后，任何人不能站在搬运装置的下方及行进方向；混凝土成品吊出模具后，及时进行翻身转存于临时堆放区进行自然养护。成品翻转的过程中，作业人员保持双手洁净，并使用专用白色翻转带翻转，保证成品不受到人为污染。

检修道预制构件，盖板成品存放按照间距为横向 30 cm，纵向 30 cm，沿直线依次放置，成品下方垫用塑料薄膜包裹的木方，防止成品安放时被污染，边角破坏。摆放要求同厂内堆放。

2.8　硅烷喷涂

检修道混凝土成品自然养护完成、混凝土表面颜色水化均匀后，进行硅烷喷涂，让其表面形成一层耐脏污膜，保护成品预制安装和运营期间表面防脏污。硅烷喷涂在车间内规定的喷涂区域进行作业，硅烷喷涂前先将混凝土成品表面的尘土清理干净。硅烷混合液严格按照厂家给定配合比进行原液与水的配制，通过空气压缩机喷枪喷散成雾状均匀喷散在混凝土成品表面，静置 48 h 风干形成膜。混凝土成品在静置风干期间，不得有水污染表面。

2.9　成品存放与保护

硅烷喷涂完毕，及时用叉车或吊车将产品吊装转运到场外堆场进行集中存放。为避免安装前及安装过程中受到损伤和污染，在堆放区对成品采用乳白色 PE 塑料薄膜进行包裹。PE 塑料薄膜长度方向为 1.6 m，由成品顶面由上至下包裹到成品底部，先对薄膜边角进行初固定，再使用胶质刮刀均匀排出薄膜与成品之间的空隙，最后采用专用黏性薄膜对薄膜进行全封闭，保证包裹区域密封性，美观性能，见图 6。产品下方用木方进行支垫，支垫的木方用薄膜全封闭包裹，保证产品在存放期间风吹雨淋，不受木方污染。

产品转运至场外后，在产品规定的部位及时进行产品的标识。产品标识包括产品类型、工厂名称、生产日期、混凝土强度等信息，标识必须清晰[5]。

图 6　产品包裹

3　结　语

为了打造清水混凝土优质构件,港珠澳大桥小构件生产经历长达 3 个月的工艺试验,经历了无数挫折,从混凝土配合比、水性脱模剂选取、混凝土振捣方式、振捣布置、振捣时间、振捣频率等进行多方面优化总结,预制成品光滑,细腻有光泽[6]。本文所阐述的关于小构件的标准化生产流程,更是工艺试验阶段总结的成果,希望能为行业内提供一定的参考借鉴。

参 考 文 献

[1] 张建雄,缪昌文,刘加平,等. 清水混凝土外观质量评价方法的研究[J]. 混凝土,2008,(1):95-100.

[2] 赵红梅,吕仕民,王长明,等. 清水混凝土的控制措施[J]. 广东水利水电,2007,(2):238-243.

[3] 杨魁. 论清水混凝土表面气泡的特征与防治[J]. 四川建筑科学研究,2009,(2):213-215.

[4] 杨腾宇. 清水混凝土技术的研究与应用[J]. 四川水泥,2018,(2):127.

[5] 魏丽灿. 清水混凝土的特点与发展应用[J]. 门窗,2018,(2):232-233.

[6] 燕霄. 清水双层板施工技术在具体工程中的应用[J]. 中国建设信息化,2017,(16):75-77.

港珠澳大桥人工岛清水混凝土建筑的结构设计[*]

梁继忠[1]，肖春发[2]，刘观发[2]

(1.中交机场勘察设计院有限公司，广州，2.中交第四航务工程勘察设计院有限公司，广州)

摘　要：本文通过分析港珠澳大桥东西两个人工岛岛上清水混凝土建筑的结构设计特点，对影响结构设计的相关因素及结构设计要点进行研究，让清水混凝土建筑的结构构件变得更加耐用和美观，为今后清水混凝土建筑的结构设计提供合适的参考。

关键词：人工岛；清水混凝土；结构设计；耐久性设计；裂缝控制

　　港珠澳大桥东西两个人工岛位于广东省珠江口伶仃洋航道之中，东西人工岛主要是衔接跨海大桥与沉管隧道之间的过渡，岛上主体建筑具有港珠澳大桥的养护、消防、监控、沉管隧道通排风及管理办公等多种用途。

　　岛上主体建筑作为粤港澳三地的地标性建筑，主体建筑采用了清水混凝土框架结构，采用的清水混凝土技术是按照国内外混凝土工程的最高标准进行规划实施。其中，岛上清水混凝土建筑对设计和施工的技术要求都相对较高，无论是从设计或者施工技术上均与普通混凝土建筑有着较大差异。

　　然而，目前国内外关于如何在外海人工岛上采用清水混凝土建筑的结构设计研究资料及文献较少，本文将通过分析港珠澳大桥东西两个人工岛岛上清水混凝土建筑的特点，结合在设计过程中遇到的具体情况，对影响结构设计的相关因素及结构设计要点进行研究，令岛上清水混凝土建筑的结构构件变得更加耐用和美观，为日后的清水混凝土建筑的结构设计提供合适的参考。

1　岛上清水混凝土建筑的特点

　　岛上清水混凝土建筑主要有以下几个特点：处于恶劣的海上环境中、外观质感要求高、岛上施工条件受到严重限制等。

　　（1）海上环境

　　港珠澳大桥东西两个人工岛处于外海环境，海上环境具有温差大、湿度大及含盐

---

[*] 本文曾刊登于《水道港口》2018年增刊2。

高等特点。由于清水混凝土建筑在混凝土现浇施工成型后，其外观表面将不再进行过多的修饰处理。海上恶劣的环境将直接导致岛上清水混凝土建筑的材料性能产生严重的退化，必将严重影响岛上建筑的正常使用。因此，清水混凝土建筑的耐久性设计是结构设计的关键。

（2）外观质感

岛上清水混凝土建筑将按照地标性建筑的标准进行规划实施，清水混凝土的外观质感要求按照"零瑕疵、零修补"的超高标准进行全过程的管控。

然而，在普通的混凝土建筑里面，混凝土构件表面出现细微裂缝是比较常见的问题，如何解决这类裂缝问题在清水混凝土建筑中就变得尤为重要。因此，对清水混凝土构件的表观细微裂缝控制将是结构设计的关键。

（3）岛上施工条件

由于岛上的施工场地相对较小，常规的清水混凝土施工工艺在这种特殊的环境条件下受到了极大的限制，岛上清水混凝土建筑的设计方案及施工工艺将成为清水混凝土技术能否施展的决定性因素。因此，结构设计方案还须综合考虑岛上特殊的施工条件等制约因素。

2　岛上清水混凝土建筑的结构设计

岛上建筑的设计使用年限为120年，岛上清水混凝土建筑的材料所对应的耐久性要求已超越了国内现有规范的适用范围。根据人工岛所处的海洋性气候环境，岛上建筑基本处于海上大气区范围。在结构设计的过程中，经过国内专家的多次论证，岛上清水混凝土建筑除了参照国内规范[1-3]的耐久性设计要求外，还严格按照《港珠澳大桥混凝土结构耐久性设计指南》专项研究成果的相关要求进行耐久性专项设计，并参考规范[4]要求在清水混凝土表面涂刷耐候性较强的硅烷类防腐涂层作为附加的防腐蚀措施，确保清水混凝土建筑在设计使用年限内能满足岛上建筑工程的正常使用。

岛上清水混凝土建筑作为混凝土建筑艺术的最高体现，外观质感要求按照"零瑕疵、零修补"的超高标准进行全过程的管控，在结构设计过程中，为了解决清水混凝土构件表面的裂缝问题，对以下几个方面进行了重点控制。

1）结合岛上建筑所处的外海环境，在结构设计过程中对钢筋混凝土构件按照环境类别三 b 类所对应的裂缝控制等级，将清水混凝土结构构件的表面裂缝最大宽度控制在0.10～0.18 mm内，裂缝控制要求均高于国内同类型清水混凝土建筑的设计标准。

2）岛上主体建筑的各楼层平面尺寸均超过了55 m，局部平面尺寸已接近100 m，主体建筑已属于超长结构范畴。岛上建筑位于夏季炎热且暴雨频繁地区，按照规范[2]要求，钢筋混凝土结构伸缩缝的最大间距也同样需要适当减少。综合了多种的不利因素，岛上清水混凝土建筑出现收缩裂缝的风险均明显大于普通的混凝土建筑。为了保证清水混凝土建筑的整体外观质感，结构设计团队结合实际的施工工艺，要求在施工过程中采用低收缩高性能混凝土材料、分段浇筑及加强养护等多种有效措施,并在混凝土结构产生温度应力较大的区域,采取增配抗温度应力钢筋及设置控制缝等专项控裂技术,对清水混凝土收缩裂缝进行有效控制。

3)岛上主体建筑采用了预制拼装的施工工艺技术,框架梁与框架柱之间的连接部位均存在结构施工缝,结合清水混凝土建筑的整体外观造型,在受力较大的框架梁端-柱边的施工缝位置留设适当的明缝[3]造型,将可能出现的裂缝风险控制在明缝宽度范围内,有效避免了表面裂缝影响了清水混凝土建筑的整体外观效果(图1)。

图1 清水混凝土框架梁端-柱边施工缝设置明缝造型

岛上建筑的施工场地相对较小,清水混凝土建筑常用的构件预制拼装技术在人工岛上将受到限制。岛上清水混凝土建筑的结构设计与施工技术方案主要围绕"标准化、工厂化、装配化"的思路[5],经过结构设计团队与施工技术团队的多次攻坚克难,制定了适合港珠澳大桥东西人工岛岛上清水混凝土建筑的设计-施工整体技术方案,其中包括了以下几点:

1)将清水混凝土结构构件实现外观尺寸的标准化,最大限度地提高清水模板的使用效率,降低清水混凝土工程的综合造价。

2)对体量较小的清水混凝土构件及大型结构构件的钢筋骨架均采用预制加工方案,为了提高施工效率及浇筑质量,结构钢筋的排布间距及规格数量均进行了多次的设计优化,结合桂山预制厂的加工技术优势,小型清水混凝土构件及钢筋骨架的预制加工精度要求均达到了工厂化标准,预制加工方案不仅满足了施工现场的快速安装需求,对清水混凝土预制构件的成品质量也得到了有效控制(图2)。

3)为了实现清水混凝土模板快速装配,缩短现场支模工期,结构构件的纵向钢筋采用了国内外先进的钢筋灌浆套筒连接技术[6,7],通过现场实践证明,基本解决了钢筋在清水模板预留预埋的施工工艺问题，施工效率也得到明显的提高（图3）。

图 2　工厂预制清水混凝土构件及钢筋骨架预制加工

图 3　清水混凝土模板快速装配

岛上清水混凝土建筑在结构设计过程中通过充分考虑海上恶劣的环境因素、外观质感"零瑕疵、零修补"的超高标准及岛上有限的施工条件等多个因素，经过不断创新设计-施工整体技术方案，不仅能将岛上施工现场的工作效率实现最大化的提升，还确保了清水混凝土的施工成品质量达到国内领先水平。经实践证明，岛上清水混凝土建筑的成品质量达到了混凝土艺术品级别的预期目标，施工整体效率相比常规的施工方案也有了大幅提高（图4）。

图 4　东人工岛主体建筑清水混凝土外观效果

3　清水混凝土建筑的结构设计要点

结合岛上清水混凝土建筑的特点,如何有效确保清水混凝土建筑工程的耐久性、美观性及施工便利性就成了结构设计的关键。在清水混凝土建筑中,结构设计时须注意以下几个方面。

(1) 耐久性

清水混凝土建筑应根据建筑物的设计使用年限及所处环境进行专项的耐久性设计,耐久性设计主要包括以下几个要点:

1) 确定环境类别及作用等级。

2) 确定耐久性控制指标,如混凝土的强度等级、混凝土保护层厚度等指标。

3) 明确清水混凝土构件的表面养护要求。

为了确保清水混凝土建筑的结构设计使用寿命,建议对重要的结构部位采取适当的外加防腐措施作为保障结构耐久性的辅助措施。

(2) 美观性

在结构设计过程中,为了保证清水混凝土建筑的美观性及解决清水混凝土构件表面的裂缝问题,裂缝控制主要包括以下几个要点:

1) 根据清水混凝土建筑所处的环境,按照环境类别所对应的裂缝控制等级,对清水混凝土结构构件的表面裂缝最大宽度进行合理控制,裂缝宽度的控制要求建议不宜大于 0.2 mm。

2) 针对存在超长结构的清水混凝土建筑,结构构件出现收缩裂缝的风险均明显大于普通的混凝土建筑。为了保证清水混凝土建筑的整体外观质感,建议结合实际的施工工艺,在施工过程中采用低收缩高性能混凝土材料、跳仓分段浇筑及设置控制缝等多种有效措施,并在温度应力较大的区域采取增配抗温度应力钢筋等专项控裂技术,对清水混凝土结构收缩裂缝进行有效控制。

（3）施工便利性

结构设计方案与施工技术方案是影响清水混凝土建筑的施工质量及施工效率的关键，通过结构设计与施工技术紧密联动，制定适合清水混凝土建筑的设计-施工整体技术方案，在结构设计方案时可遵循"标准化、工厂化、装配化"的思路，其中包括以下几个要点：

1）将清水混凝土结构构件的外观尺寸进行标准化设计，充分提高清水模板的周转效率，降低清水混凝土工程的综合造价。

2）对部分小型构件或部分钢筋骨架采用工厂预制、现场拼装的方案，将大部分的现场施工工序提前在预制工厂完成，这不仅能提升清水混凝土的施工质量，还能有效提高现场的施工效率。清水模板的钢筋预留预埋是常见的施工工艺问题，钢筋连接技术也将影响结构设计的安全可靠。为此，结构构件的钢筋连接技术需结合施工技术方案进行匹配选择，充分发挥先进技术优势，带动施工效率提升。

3）在设计时建议适当增大结构钢筋的排布间距，钢筋数量也应匹配模数要求，钢筋规格种类尽量简化统一，这不仅能有效降低施工现场的操作难度，对控制混凝土浇筑质量也将更有保证。

4 结 语

港珠澳大桥东西两个人工岛岛上主体建筑作为粤港澳三地的地标性建筑，主体建筑采用的清水混凝土技术是按照国内外混凝土工程的最高标准进行规划实施。经过不断创新设计-施工整体技术方案，岛上清水混凝土建筑的成品质量达到了混凝土艺术品级别的预期目标，施工整体效率相比常规的施工方案也有了大幅提高。本文通过分析岛上清水混凝土建筑的特点，对影响结构设计的相关因素及结构设计要点进行研究，为今后的清水混凝土建筑的结构设计提供合适的参考。

参 考 文 献

[1] 中华人民共和国住房和城乡建设部. 混凝土结构耐久性设计规范：GB/T 50476—2008[S]. 北京：中国建筑工业出版社，2009.

[2] 中华人民共和国住房和城乡建设部. 混凝土结构设计规范：GB 50010—2010[S]. 北京：中国建筑工业出版社，2011.

[3] 中华人民共和国住房和城乡建设部. 清水混凝土应用技术规程：JGJ 169—2009[S]. 北京：中国建筑工业出版社，2009.

[4] 中华人民共和国交通部. 海港工程混凝土结构防腐蚀技术规范：JTJ 275—2000[S]. 北京：中国人民交通出版社，2001.

[5] 梁继忠. 人工岛岛上建筑工程的结构设计分析[J]. 中国港湾建设，2016，36（9）：22-25.

[6] 中华人民共和国住房和城乡建设部. 装配式混凝土结构技术规程：JGJ 1—2014[S]. 北京：中国建筑工业出版社，2014.

[7] REINFORCING BARS: ANCHORAGES AND SPLICES 5th Edition[S]. CRSI，2008.

挤密砂桩施工参数及充盈系数试验与分析

尚乾坤，魏红波，宋江伟

（中交一航局第二工程有限公司，青岛）

摘　要：砂桩属于散体桩复合地基的一种，是处理软弱地基的常用方法之一。砂桩与传统的地基处理方式有相对明显的优势，利用其置换作用和排水作用在软弱地基中可形成砂桩复合地基，可快速提高地基的整体抗剪强度与承载力，减少地基的沉降量和不均匀沉降。自日本引入我国后，逐渐在离岸、外海工程地基加固中得以广泛应用。

关键词：挤密砂桩；体积变化率；体积压缩率；充盈系数；标准贯入试验

0　引　言

从国内某人工岛软弱地基处理情况看，采用挤密砂桩来改善软弱地基的方式效果较好[1]。挤密砂桩的施工参数直接决定了施工质量和施工成本，而充盈系数则可以反映出成桩质量的好坏，本文以某人工岛周围地基加固施工为例，简述挤密砂桩的施工参数和充盈系数的确定方式。

1　试验目的

1）通过现场成桩试验检验船机性能能否满足设计要求，确定施工工艺及施工控制要求；
2）确定充盈系数，取得填砂量、提升高度、挤压时间等施工参数；
3）验证挤密砂桩施工质量是否达到设计要求，指导后续施工；
4）确定人员、设备及原材料配置计划。

2　试验前技术准备

2.1　套管编码器补偿倍率测定

套管编码器（GL）数据测量发射系统安装于桩架中部位置，通过计量轮轴（上面缠绕测绳）转动圈数，将数据发送至主控计算机数据接收器，系统自动计算得到套管贯入深度值。

操作室主机接收 GL 发射器发送的套管贯入深度值（以海水平面为 0 点）后，减去当时潮位数据，得到套管端部实际贯入的高程。GL 数据的准确性直接影响套管是否贯入到实际的设计高程，所以试验首先对 GL 滑轮补偿倍率进行测定，以确保挤密砂桩打设深度能达到设计要求。

1）GL 滑轮补偿倍率测定；
2）测量前将套管准确标定，然后在套管上固定测绳，并做好初始标记；
3）提升（或下放）套管，测量并记录测绳长度及对应的操作台显示套管标高；
4）计算测绳长度与操作台显示套管标高比值，即为套管编码器补偿倍率。

2.2 ASL 测量系统校准

ASL 砂面计主要用于套管内砂面计高度的测定，以计算套管内砂的排出量，控制套管提升速度与下砂速度均衡，根据测量的数据计算成桩所用砂量是否满足设计要求。

具体校准方法如下。

1）砂桩船 3 根套管同时下放至指定位置，操作台进行套管准确标定；
2）套管上提至套管贯入深度为 2.0~2.5 m，套管内保证压力为 0，则此时套管内水面与外部水面保持在同一水平高度；
3）启动砂面计，在主控计算机参数设置中进行校准，此时砂面计返回的砂面检测仪（SL）测量数值为套管端部与套管内水平面的高差减 1，如砂面计测量数值准确，则显示的 GL 值 a 与 SL 值应符合水面高程-GL-1=SL，考虑套管标定、干舷测量及水面标定等其他因素，二者差值小于 10 cm 即认为 ASL 工作正常；若差值大于 10 cm，则需重新进行校准，直至符合要求为止。

3 试 验 参 数

3.1 试验中使用的基本参数

振动锤偏心值： 40000 kg·cm
套管长度： 1.0+10.0+5.0+5.5+7.5+11＝40.0 m
套管外径： 套管底部高 1 m（出砂处），外径 1016 mm，壁厚 32 mm；
套管上部高 39 m，外径 812.8 mm，壁厚 32 mm
成桩直径： 1600 mm
桩间距： 2.7 m×2.7 m

3.2 相关数据的计算及录入

试验中使用其他数据根据设计资料进行计算,并在试验过程中进行调整。

3.3 参数理论计算

(1) 提管高度和下砂量计算

SCP 施工中的关键是确定每根桩所需投入的砂量。因此,施工中应不断确认套管底端的深度和套管内砂面的高度。监测套管底端深度的装置称为深度计(GL 计),监测砂面高度的装置称为砂面计(SL 计)。由这些装置所监测到的数据自动进行记录并显示。套管内砂料排出模式如图 1 所示。

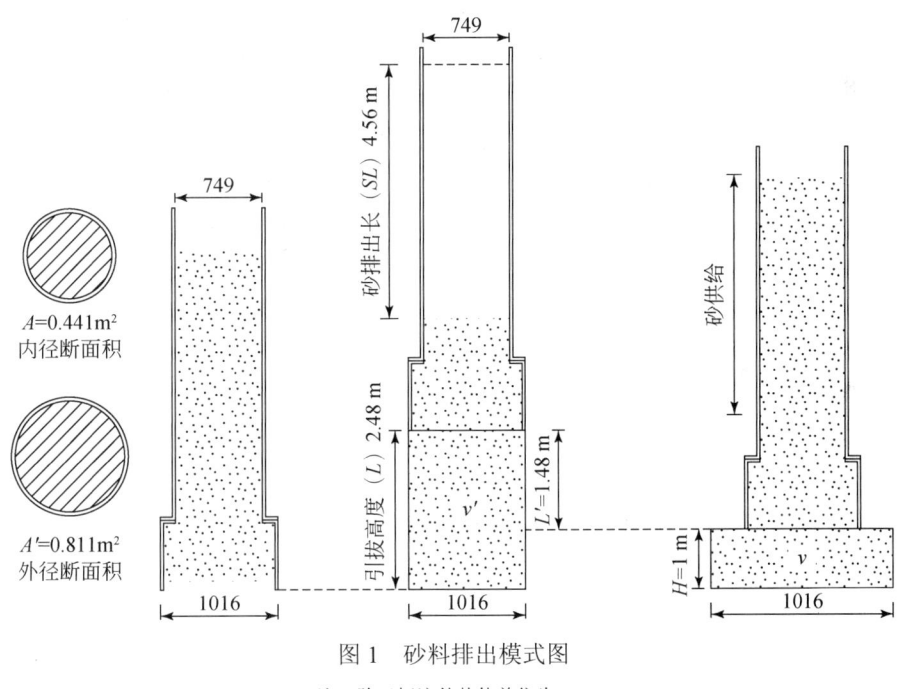

图 1 砂料排出模式图

注:除已标注外其他单位为 mm

挤密砂桩施工采用 KS-REACT 循环打回方式制桩,每制造 1 m 高度砂桩套管的提升高度和下砂长度(以本工程为例)计算说明如下:

底端套管外径为 $\phi 1016$ mm,上部套管内径为 $\phi 748.8$ mm,砂桩直径为 $\phi 1600$ mm。

1) 直径为 $\phi 1600$ mm,1 m 高砂桩的体积(V):

$$V = 1.6^2 \times \pi/4 = 2.011 \text{ m}^3$$

2) 提管高度(H):

$$H = V \div A' = 2.011 \div 0.811 = 2.48 \text{ m}$$

式中，V——1 m 高度砂桩体积，m^3；

　　A'——底端套管的外径横断面积，m^2，$A'=1.016^2 \times \pi/4 = 0.811\ m^2$。

3）打回高度（H'）：
$$H' = H - 1.0 = 2.48 - 1.00 = 1.48\ m$$

4）提管时，套管内排出砂量长度（SL）：
$$SL = V \div A = 2.011 \div 0.441 = 4.56\ m$$

式中，V——1 m 高砂桩的规定砂量，m^3；

　　A——上部套管的内径横断面积，m^2，$0.749^2 \times \pi/4 = 0.441\ m^2$。

（2）压力计算与设置

压力设置的主要目的是在套管提升时，使套管内部压力与套管端外部压力达到平衡，从而使套管内的砂料能够顺利排出形成砂柱。

根据挤密砂桩施工区域分区情况，以及各分区的勘探孔地质资料，分别进行土压力[2]计算。计算时，不考虑海水涨潮和落潮海水深度变化对计算结果造成的影响。

土压力的计算需要计算出桩底高程深度以上的土压力。自水面以下，每 1 m 作为一个计算点，计算不同深度位置的土体压力。例如：高程-35.0 m 位置土压力需计算出水平面以下，从-1.0～-35.0 m 累计 35 个深度点的土压力。

泥面以上仅有海水形成的压力，泥面以下为海水压力和土层产生压力之和。根据挤密砂桩的桩底高程及地质资料判断，在其桩长范围内是否有比较明显的土层变化点，如果有，计算时注意按照不同的土层厚度分别进行计算。

根据日本三清公司的挤密砂桩试验验证结果，计算的压力数值与土层不同深度位置实测的土压力数值较为接近。

1）土压力计算公式。

套管端部土压力的计算：
$$P = \gamma \times z \tag{1}$$

式中，γ——土体重度，kN/m^3；

　　z——计算点距填土表面的深度。

2）西人工岛挤密砂桩土压力计算。根据西人工岛地质勘查资料，按照各个分区地质情况对应的勘探孔进行了分类汇总，根据不同的土层情况，确定其土体重度和深度位置，代入式（1）进行计算，得到不同深度位置土压力，参考挤密砂桩工艺试验经验数据，对其进行微调。

3）压力设置。土压力计算出后，在程序里进行设置，考虑计算出的土压力数据为非线性变化，且砂桩船的自动加压系统特点，自零高程以下，每 5 m 分为一段进行压力设置。

每段设置的目标压力数值为此段 5 个计算压力值的平均值。砂桩船的自动加压系统根据设置的目标压力值自动向套管内加压，与目标值相同时停止加压。操作手根据积累的挤密砂桩打设施工经验，在套管贯入和提管制桩过程中，对套管内的目标压力值进行微调。

微调后套管内压力值需满足如下三个要求：第一，套管端部首次排泥前套管内泥面高度符合要求（控制在 2~3 m 内）；第二，提管时套管内的砂料能够顺利排出；第三，套管内压力不能过大，使套管内砂料混合气体喷出对原土层造成破坏。

4 实验内容检测方法

4.1 原材料体积变化率 R'_v 测定

松散状态砂料进入套管内后，经过振动锤振动，套管内砂料体积发生变化，松散状态砂料体积与变化后砂料体积比值即称为体积变化率。

测定方法：

1）用事先制作好的钢板将套管端部封死；
2）通过送料斗向套管内加入砂料，启动振动锤 2 min，记录振实后砂面高度 h_0；
3）继续向套管内加砂，记录振实前砂面高度 h_1；
4）再次启动振动锤，记录振实后砂面高度 h_2；
5）重复上述第 3~4 步骤，累计 3 次；
6）整理记录数据并计算体积变化率 R'_v（取 3 次计算平均值）。

$$R'_v = \sum h_1 \div \sum h_2 \tag{2}$$

实验结果见表 1。

表 1　原材料体积变化率 R'_v 记录表

加砂斗数	状态	砂面高度/m	高度差/m	体积变化率 R'_v
第一斗	振实后 SL	5.48		
第二斗	振实前 SL	12.92	7.44	
	振实后 SL	12.49	7.01	1.061
第三斗	振实前 SL	19.81	7.32	
	振实后 SL	19.41	6.92	1.058
第四斗	振实前 SL	26.82	7.41	
	振实后 SL	26.39	6.99	1.061
总差值	振实前总差值		22.17	
	振实后 SL		20.91	1.06

4.2 桩机贯入能力试验

套管提升高度验证试验：贯入至设计桩底高程后，提管制桩时，套管提升高度设置两种方式：第 1 种提升计算高度 2.6 m，打回 1.6 m，下砂 4.78 m，制桩过程中，在套管提升 2.6 m 后，为保证下砂量充足，又继续提升 5 cm，发现在回打过程中，扩径困难；第 2 种提升 2.48 m，打回 1.48 m，下砂 4.56 m 的方式能正常扩径，且试验区内打设砂桩通过标准贯入检测均满足设计要求。

4.3 体积压缩率 R_v 确定

体积压缩率 R_v 是指套管贯入至设计桩底高程后，提管至计算高度，然后向下打回使砂桩挤密、扩径达到设计要求桩径和标贯击数，在这一过程砂料体积变化前后的比值，称为体积压缩率 R_v。

本次试验借鉴日本三清公司及港珠澳大桥项目的经验数据，R_v 取值 1.3~1.4，通过试验检测成桩质量，来验证其设置的准确性。

4.4 不同土层扩径试验

在试桩第二阶段，选择 1 组 3 根砂桩，进行本项试验。打设此 3 根砂桩时，在套管提升计算高度后，打回过程不按照计算打回高度控制，而是打回至套管不能下沉为止，如此循环制桩，直至整根砂桩打设完成。打设过程记录不同土层每段最大打回的深度，成桩后，选取 1 根做标准贯入试验，作为充盈系数的参考依据。通过对 B-002 桩打设试验，发现施打过程中多次出现扩径困难现象，分析附近地质土层变化大及试验区外标准贯入检测结果远超设计要求。成桩曲线见图 2。

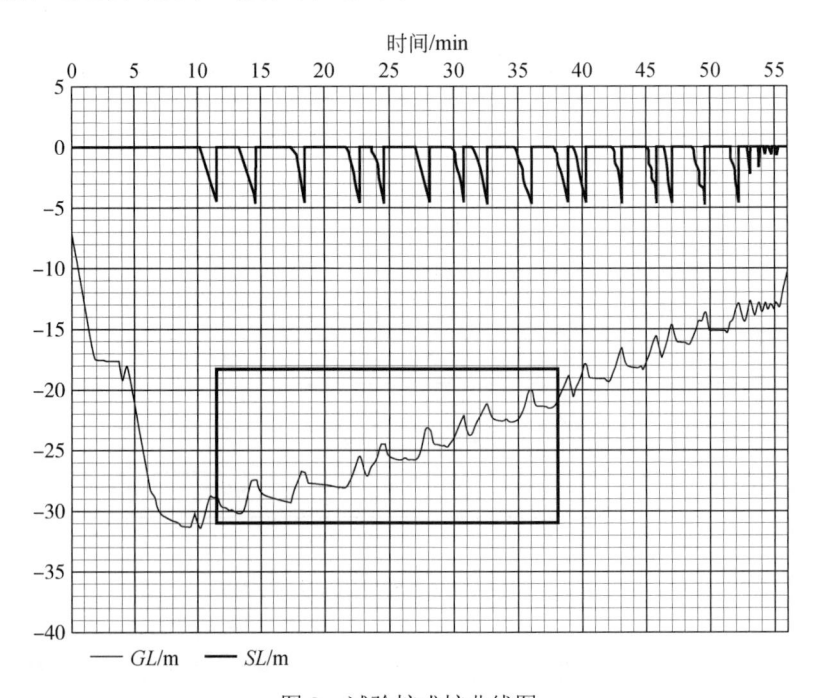

图 2 试验桩成桩曲线图

4.5 标准贯入试验[3]

挤密砂桩打设完成后，选取 3 根砂桩进行标准贯入试验，检测砂桩质量能否达到设计要求。标准贯入试验要求连续，即每 1m 都检测其标贯击数。利用砂桩 3 号作为试验检测平台，需要做标准贯入试验的砂桩打设完成后，将套管提升至套管端部，安装试验设备进行标准贯入试验检测成桩质量。

试验区外 6 根砂桩任意抽取一根进行标准贯入检测，检测结果见表 2、图 3。

表 2 试桩标准贯入检测记录

试桩标准贯入检测记录							
桩号：S-009		桩长：17.27m		桩顶～桩底标高：-13.11～-30.38m			
杆长	试验深度	标高	击数			总击数	进尺/cm	描述
19	16.70～17.15	-13.40～-13.85	4	5	6	15	30	中粗砂
20	17.80～18.25	-14.50～-14.95	8	7	9	24	30	中粗砂
21	19.00～19.45	-15.70～-16.15	11	12	14	37	30	中粗砂
22	20.20～20.65	-16.90～-17.35	15	21	14	50	25	中粗砂
23	21.30～21.75	-18.00～-18.45	11	13	15	39	30	中粗砂
24	22.10～22.55	-19.20～-19.65	15	13	18	46	30	中粗砂
25	23.00～23.45	-20.30～-20.75	15	12	16	43	30	中粗砂
26	23.70～24.15	-21.60～-22.05	14	14	21	49	30	中粗砂
27	24.50～25.00	-22.80～-23.30	13	11	15	39	30	中粗砂
28	25.30～25.75	-24.00～-24.45	14	13	17	44	30	中粗砂
29	26.00～26.45	-24.70～-25.15	10	19	18	47	30	中粗砂
30	26.80～27.30	-25.90～-26.40	14	19	18	51	25	中粗砂
31	27.60～28.10	-27.10～-27.60	16	21	15	52	24	中粗砂
32	28.80～29.30	-28.30～-28.75	11	16	22	49	30	中粗砂
33	30.10～30.60	-29.60～-30.10	12	30	10	52	23	中粗砂
34	31.70～32.20	-31.20～-31.70	22	15	20	57	20	中粗砂

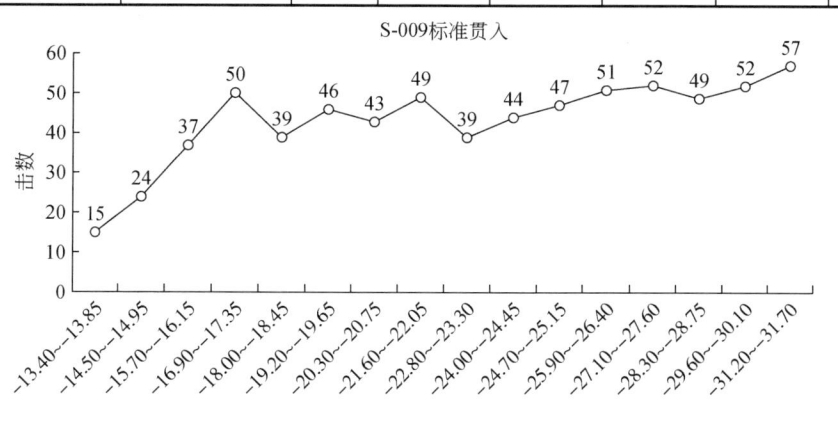

图 3 标准贯入折线图

根据试验结果分析，砂桩各种参数均为较合理的状态，成桩质量能够满足设计要求，质量较好。

5 充盈系数确定

挤密砂桩施工时，砂料存在一定程度的损耗。按照每天成桩 21 根、441 延米（理论桩长 21 m）计算砂损耗。主要分为以下几方面：

1）为保证砂桩桩底 1 m 成桩质量，套管一次排泥和二次排泥时，排出 1 m³ 砂料，则损耗为 2.3%。

2）砂桩打设完成，将套管提起移船打设下组砂桩时，由于套管端部 1 m 为敞开式，没有约束，所以每根砂桩打设完端部至少 1 m 高度砂料排出，约 1 m³ 砂损耗，则损耗为 2.3%。

3）每组砂桩打设完成后进行保砂处理，即对套管内剩余砂进行保留，由于保砂受前后两组砂桩打设间隔时间影响，时间过久会导致保砂失败。其中每天最后一组和停锤期间不能成功保砂。按照每天每个套管损耗 8 m 砂计算，则损耗为 2.4%。

4）挖机供砂、移动料斗加料按照每根桩损耗 1 m³ 计算，则损耗为 2.3%。

综合以上四个方面的理论砂损耗系数为 1.093（损耗 9.3%）。

砂桩试验中共打设 42 根砂桩，打桩程序显示累计散砂用量为 2063 m³，设计砂量为 1564 m³。砂料加入套管后从松散到成桩体积变化系数为 1.32。

根据程序累计总用砂量计入理论损耗系数后，充盈系数为 1.44。

6 结 语

挤密砂桩打设施工成功应用于港珠澳大桥岛隧工程建设施工中，且效果良好，而且施工工期较短，成本造价较低。但目前来看，挤密砂桩施工经验仍然相对缺乏，在以后的施工中我们将通过不断地积累经验，继续改善、简化施工方法，在保证施工质量的前提下提高施工效率，控制施工成本。

参 考 文 献

[1] 吕清泉. 砂桩加固软弱地基的效应分析[D]. 成都：西南交通大学，2007.

[2] 赵琴彦. 土压力计算理论中的若干问题研究[D]. 长沙：长沙理工大学，2012.

[3] 冯创志. 浅谈水下挤密砂桩施工工艺及质量控制[J]. 中国水运，2013，13（12）：366-367.

BJ200 无缝伸缩缝标准化施工工艺研究*

张　洪，游　川，刘国柱，魏长城

（中交二航局第二工程有限公司，重庆）

摘　要：BJ200 无缝伸缩缝作为英国 Ennis 旗下 Prismo 公司的主打产品，进入国内市场已有近十年，在旧桥面或旧路面伸缩缝维护中多有运用，但对于其作用机理却缺乏理论支撑，施工工艺及验收也没有相应的规范及标准，其产品仅作为成品采购，施工依靠经过 Ennis 培训过的技术人员作为施工现场指导，其施工的程序和质量完全依赖于母公司的技术保密程度和受培训的人员素质，十分不利于规范化、标准化的施工需求。本文主要依托对港珠澳大桥岛隧工程新建路面中采用的 BJ200 无缝伸缩缝施工，为规范施工工艺流程，满足验收的需要，在普遍调研国际案例的基础上，通过生产性试验、首件施工等方式制定了一系列关于 BJ200 无缝伸缩缝的标准化施工工艺流程，可为国内后续类似工程提供参考与借鉴。

关键词：BJ200；无缝伸缩缝；标准化；施工工艺流程；港珠澳大桥

0　引　言

BJ200 无缝伸缩缝作为英国 Ennis 旗下 Prismo 公司的主打产品，进入国内市场已有近十年，在旧桥面或旧路面伸缩缝维护中多有运用，如江苏常州龙城大道隧道改造中采用了 BJ200 无缝伸缩缝，工程量将近 700 m（2015 年），已建成的港珠澳大桥岛隧工程新建路面中也采用了 BJ200 无缝伸缩缝，工程量将近 2000 m（2017 年），其他地方公路桥梁伸缩缝改造中也有较多运用案例，其中 G213 线临合公路[1]、G310 线天巉公路[2]等已有论文发表。但笔者在与 Ennis 相关技术人员和国内代理商的交流中得知，目前国内对于 BJ200 无缝伸缩缝的施工基本没有规范和标准，完全依靠经过 Ennis 总部培训过的技术人员，再通过技术人员对国内工人进行培训，以近似口口相传的方式来完成施工并保证施工的质量，这种施工方式存在着极大的问题和风险：对该体系缺乏理论支撑及研究，在实施过程中缺乏针对性，降低了该体系的优化空间；缺乏一定的规范指导，施工质量完全依靠技术人员和操作工人的素质，质量风险高。正因为此，规范该材料的使

＊ 本文曾刊登于《水道港口》2018 年增刊 2。

用,规范其施工的工艺流程,是非常重要且必要的。

1 概 述

港珠澳大桥沉管隧道采用的是沉管工法,隧道纵向有 34 个管节接头,管节接头在端面上是一圈柔性的橡胶。因地基荷载、温度等因素影响,管节接头部位存在纵向与竖向的相对位移,路面层施工完成后,在运营期上述现象仍然会发生,管节接头上方的路面层就可能出现反射裂缝。为了适应管节接头近 3 cm 的张合运动与预计最大 1 cm 的竖向相对运动,同时兼顾行车舒适感,采用沥青伸缩缝接头的解决方案[3]。根据国内外普遍调研和比选,最终选用了 Ennis-Prismo 的 BJ200 无缝伸缩缝进行施工。

在正式施工前,平行调研了科来福的 Matrix 501/502 等产品[4],实地考察了常州龙城大道隧道、广州杨荷大桥、北兴 1 桥等(图 1、图 2),同时先在龙城大道隧道口进行了一段生产性试验,再在港珠澳大桥沉管隧道内进行了首件施工(长度 12.5 m,图 3)。

图 1 常州龙城大道隧道及伸缩缝

图 2 广州杨荷大桥、北兴 1 桥伸缩缝

图3 生产性试验与首件施工

2 构造及要求

2.1 系统构造

无缝伸缩缝系统主要由耐高温泡沫条、高分子聚合物改性沥青胶涂层、桥接板、改性沥青混合料、高分子聚合物改性沥青封层五部分组成，其构造详见图4。

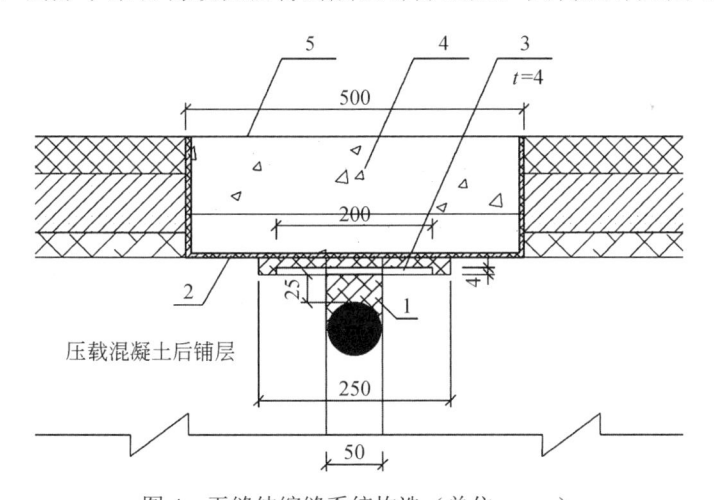

图4 无缝伸缩缝系统构造（单位：mm）

1：耐高温泡沫条；2：高分子聚合物改性沥青胶涂层；3：桥接板；4：改性沥青混合料；5：高分子聚合物改性沥青封层

2.2 耐高温泡沫条

为保证BJ200胶在施工过程中不渗入伸缩缝中，并避免下部水汽进入混合料，在接缝处设置一道耐高温泡沫条，顶部距离缝平面2~3 cm，同时需嵌紧密实，防止施工过程中上浮。耐高温泡沫条应符合下列规定：
1）耐高温性能不低于220℃。
2）在工作温度下不得出现膨胀、收缩、脆断等现象。
3）应具有良好的耐久性，以及良好的防止酸、碱、油、水的性能。
4）断面宽度应与变形缝宽度一致。

2.3 高分子聚合物改性沥青胶涂层

该层与混合料、封层所用材料相同。为了对 BJ200Red 进行有效的质量控制，确保产品质量合格、稳定，根据 Ennis 提供的产品质保书和其他相关资料，结合国内规范并进行相应测试后，拟对其进行软化点、针入度、弹性恢复等试验[5]。由于《公路工程沥青及沥青混合料试验规程》（JTG E20—2011）中沥青试验多数都是参照 ASTM、AASHTO、ISSA 等美国及国际标准编写、制定，且在针对原材料样品按照 JTG E20—2011 方法进行质保书所含试验项目测试后，测试值基本吻合，故在正式生产的原材料进场后，采用 JTG E20—2011 对 BJ200Red 进行检测，以控制原材料质量，其技术要求应满足表 1 的规定。

表 1　高分子聚合物改性沥青技术要求（BJ200Red）

性能指标	数据	测试方法	参照标准*
软化点/℃	≥95	JTG E20—2011 T0606	ASTM D-36
针入度（100g，25℃）/dmm	10～30	JTG E20—2011 T0604	EN13880
	≤90	JTG E20—2011 T0604	ASTM D-3407
回弹性（弹性恢复，25℃）/%	40～70	JTG E20—2011 T0662	ASTM D-6084
施工温度（现场拌和）/℃	185～200		
最大安全加热温度/℃	216		
最大安全加热时间/h	≤7		

*可参考其中一个规范执行检测。

2.4 桥 接 板

桥接板设置的目的是为防止混合料施工过程中撒漏在伸缩缝中，造成混合料不饱满、混合料进入缝内造成挤压变形等缺陷，为防止桥接板在施工过程中发生移动，在中部设置销孔，采用销钉进行固定，桥接板的构造见图 5，桥接板的厚度选用详见图 6，桥接板的宽度及材质选用见表 2。

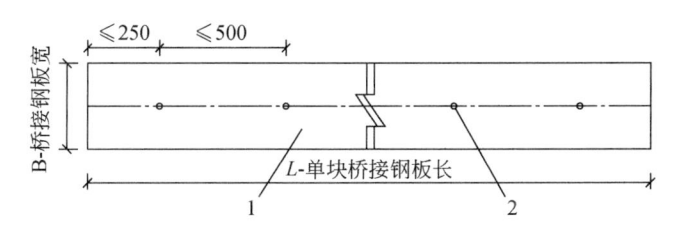

图 5 桥接板构造与限位销钉布置示意（单位：mm）

1：桥接板；2：限位销钉

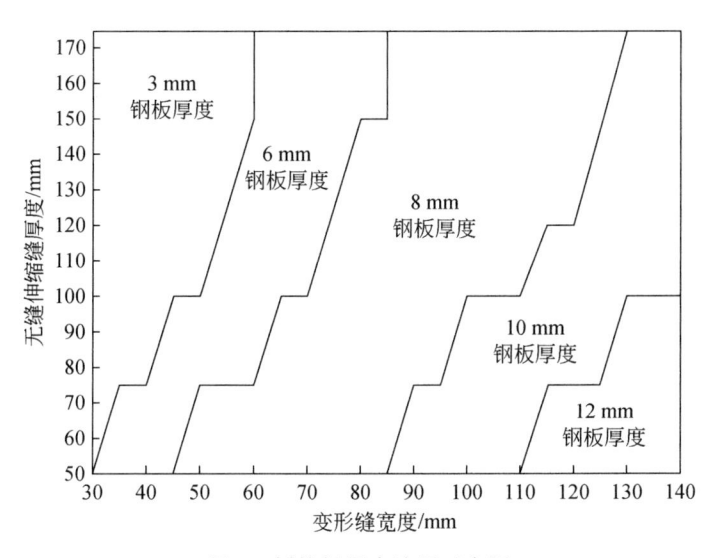

图 6 桥接板厚度选用示意图

表 2 高分子聚合物改性沥青技术要求（BJ200Red）

变形缝宽度/mm	桥接板材质	宽度/mm
0～30	钢板/铝板	100
30～50	钢板	150
50～90	钢板	175
>90	钢板	225

为缓解过渡钢板对无缝伸缩缝产生的反射裂缝，钢板位置将混凝土基面铣槽。槽口宽度 25 cm，深度 10 mm。

2.5 粗骨料

粗骨料选用花岗岩、玄武岩、辉长岩、斑岩或粗砂岩等（一般不用石灰岩，但必须用时，应进行强度检测），石料经清洗，两次粉碎，保证多角形或立方形[1]，采用单级配粒径。港珠澳大桥所用骨料选用 15～20 mm 的辉长岩，其执行的测试指标及标准见表 3。

表 3 粗骨料试验测试指标及执行标准

试验项目	单位	要求	试验方法
强度	MPa	—	—
表观相对密度		≥2.6	《公路集料试验规程》JTG E42—2005 T0316
压碎值	%	≤20	《公路集料试验规程》JTG E42—2005 T0316
磨光值	%	≥44	《公路集料试验规程》JTG E42—2005 T0321
洛杉矶磨耗损失	%	≤24	《公路集料试验规程》JTG E42—2005 T0317
吸水率	%	≤1.5	《公路集料试验规程》JTG E42—2005 T0304
坚固性	%	≤12	《公路集料试验规程》JTG E42—2005 T0314
细长扁平颗粒含量（混合料）	%	≤12	《公路集料试验规程》JTG E42—2005 T0312
黏附性	级	≥5	《公路集料试验规程》JTG E20—2011 T0616
软石含量	%	≤2.0	《公路集料试验规程》JTG E20—2011 T0320

注：坚固性试验可根据需要进行。骨料采用单一级配，粒径范围 15～20 mm。骨料必须用高压水将骨料中粉尘、泥土冲洗干净，并将其晾干后使用。

3 施工工艺

3.1 施工工序

无缝伸缩缝须在沥青面层实施完成后方可进场施工。施工单位进场后须根据无缝伸缩缝设计宽度进行现场放线，宽度复测无误后，方可进行伸缩缝两侧沥青面层的切割及清除。无缝伸缩缝应按照如下方式进行施工：

1）放线：根据变形缝中心位置及相应无缝伸缩缝设计宽度现场精确定位，在沥青面层画出切割线位置。

2）切割、清除沥青面层至设计宽度、深度，并去除防水层至混凝土基面，开槽中线与变形缝中心偏差要求±20 mm。槽边线应平顺、美观，宜满足每延米 5 mm 平直度。

3）清理凹槽，混凝土基面的浮灰应清除干净，不应有杂物、油类物质、有机质等；用高压热气喷管将基面烤干。

4）用耐高温泡沫条填充变形缝顶部，应保证其平顺、与变形缝边缘密贴，嵌入深度 2～3 cm。

5）用加热好的高分子聚合物改性沥青封缝。

6）在伸缩缝上铺装桥接板，刷涂加热好的高分子聚合物改性沥青，确保凹槽底部及侧面全部涂刷到位，打底 6～8 mm，两侧 3 mm 左右，目测必须完全覆盖。

7）填入按配比拌和好的高分子聚合物改性沥青与骨料的混合料，骨料粒径、骨料与高分子聚合物改性沥青的拌制须严格遵循厂家提供的配合比;进场施工前须根据伸缩缝长度计算备料,施工单位现场可根据凹槽深度、宽度及压实机械的性能确定是否分层填筑、压实,如分层填筑、压实,层间需涂刷高分子聚合物改性沥青,沥青用量以填满混合料空隙,热沥青不再下渗为准。

8)振动机压实接缝,采用滚筒或板式碾压机沿接头纵向和横向夯实混合料。碾压温度要求:90～100℃,采用红外线测表面温度。顶面压实,用沥青胶封面、修平,确保平整。

9)刷涂高分子聚合物改性沥青封层,所有石料缝隙必须完全填满。

3.2 施工过程的质量管理与检查

在施工过程中应随时对施工质量进行自检、抽检,如实评定质量;当发现有异常情况时,应立即追加检查。施工过程中无论是否已经返工补救,所有数据均必须如实记录,不得丢弃。施工过程中,可以量化的指标如下。

1)BJ200胶的检测温度:185～220℃。
2)石料加热检测温度:180～220℃。
3)混合料摊铺,摊铺温度≥160℃。
4)第一层摊铺厚度:7～8 cm。
5)第二层摊铺高于路面:6～10 mm。
6)第二层摊铺后混合料碾压温度要求:90～100℃。
7)振动平板夯或振动压路机的碾压次数:多次碾压,压实次数不低于10次,压实,平齐或略高于路面。
8)密封胶刷底要求:侧面和底部全部覆盖,底部胶厚度≥8 mm。
9)石料和密封胶搅拌时混合比:100 kg石料加入10～15 kg密封胶,确保每个石料都要被胶水裹敷。
10)第一层摊铺后面层封胶要求:密封胶全部渗透入混合料内并全部覆盖混合料。
11)第二层摊铺并碾压后面层封胶要求:密封胶全部渗透入混合料内并全部覆盖混合料,小心刮平,要求表面平整、无气泡、无皱褶。胶层厚度小于1 mm。
12)面层封胶前两侧贴耐高温胶带,要求与槽口平行,距离槽口尺寸要求为1～2 cm。所贴胶带宽度大于6 cm。
13)施工结束,伸缩缝总体高度凸出路面≤3 mm。
14)混合料的松铺系数:1.05～1.07。

3.3 验收控制指标

无缝伸缩缝交工验收时应检查验收其各项质量指标,包括外观、平整度、渗水系数等,交工检查与验收质量标准按表4的规定进行。

表 4 无缝伸缩缝验收阶段工程质量的控制标准表

项目		检测频度及单点检测评价方法	质量要求或允许偏差	试验方法
外观		随时	表面平整密实，不得有明显轮迹、裂缝、推挤、油汀、油包等缺陷，且无明显离析	目测
接缝		随时	紧密平整、顺直、无跳车	目测
		逐条缝检测评定	不大于 2 mm/m	T0931
施工温度 /℃	摊铺温度	逐缝抽检	≥160，≤216	T0981
	碾压温度	随时	≥90，≤100	红外线测温仪实测
平整度		随时，接缝处单杆评定	2 mm/m	T0931
横坡度/%		每条缝一个断面	±0.3	T0911
无缝伸缩缝表面渗水系数*，不大于		每 1 km 取一条缝，每条缝 3 处取平均值	20 ml/min	T0971

* 渗水系数的测定应在铺筑完成后未遭行车污染的情况下测定，表中渗水系数以平均值确定，计算的合格率不得小于 90%。

4 结　语

BJ200 无缝伸缩缝是一种引自国外的伸缩缝产品，其主要成分 BJ200 胶需要进口，其进场检测及原材料标准还需继续研究以适应国内规范和标准（国内对改性沥青桥梁伸缩缝已有相关研究[6]），但是对于其施工工艺本身应该通过试验进行工艺固化和指标量化，其验收的指标应该更加明确。本文依托港珠澳大桥工程的建设，通过室内试验、现场生产性试验、首件工程等对施工工艺进行指标量化，形成了一套关于 BJ200 无缝伸缩缝的标准化施工工艺流程，可为国内后续类似工程提供参考与借鉴。

参 考 文 献

[1] 刘韵贵. BJ200 材料在 G213 线临合公路桥梁伸缩缝维修中的应用[J]. 内蒙古公路与运输，2010，(3)：12-14.

[2] 汪晓红. BJ200 桥梁无缝伸缩缝施工流程及质量控制[J]. 甘肃科技纵横，2012，41（1）：94-95.

[3] 林鸣. 港珠澳大桥沉管隧道路面问题的探讨与改良构想[J]. 中国港湾建设，2017，37（10）：1-5，73.

[4] 王敬楼. 沥青加强型无缝桥梁伸缩缝系统施工技术的应用研究[J]. 安徽建筑，2017，24（1）：44-46.

[5] 中华人民共和国交通运输部. 公路工程沥青及沥青混合料试验规程：JTG E20—2011[S]. 北京：人民交通出版社，2011.

[6] 杨涛. 改性沥青桥梁伸缩缝性能及其应用技术研究[D]. 成都：西南交通大学，2013.

BIM 技术在港珠澳大桥东人工岛室外水电管线预埋工程中的应用

钟明乾[1]，刘 宇[2]

（1.中交三航局第二工程有限公司，上海；2.中交三航局第二工程有限公司，上海）

摘 要：港珠澳大桥东人工岛因岛面面积有限，且室外构筑物繁多，致使室外管线布置密集，又交叉频繁，管线预埋工作存在较大困难。通过探索将 BIM 技术引入工程管理，实现二维、三维联动进行管线综合调整、可视化技术交底及交互式现场管理模式，对施工过程进行优化。

关键词：BIM 技术；管线预埋工程；工程管理优化

1 工程概况

港珠澳大桥东人工岛东连香港，西连隧道，通向珠海、澳门。东人工岛东西向长约 625 m，南北向最宽处约 215 m，是一座典型的外海人工岛，具有场地狭小、设施较多、易受环境影响等特点。

东人工岛室外工程水电管线预埋工程，主要涉及给排水、电气两个专业，具有材料种类多、管线数量多、受场地影响大、交叉作业频繁、质量要求高等特点。做好管线综合规划，保证预埋管线的质量，对确保土建等各专业正常施工，避免或减少后期道路及地面的破坏，竣工后确保各种设施的正常使用，都有着非常重要的作用。因此，必须充分考虑外海人工岛的特点，根据实际情况，采取新的技术管理措施，对施工过程进行优化。

2 工程主要特点及施工难点分析

2.1 预埋管线种类、数量多

东人工岛室外工程水电管线预埋工程包括整个岛面的电力、照明、控制穿线管和给水、消防、排水管路，以及各种附属设施的配套管路；主要分为电气和给排水两大系统，每个系统根据用途的不同,将管道分为若干种,如给排水系统包括消防及给水管、重力雨水管、压力雨水管、污废水管、压力废水管等。各类预埋管总长约2万延米,管线平面布置如图1所示。

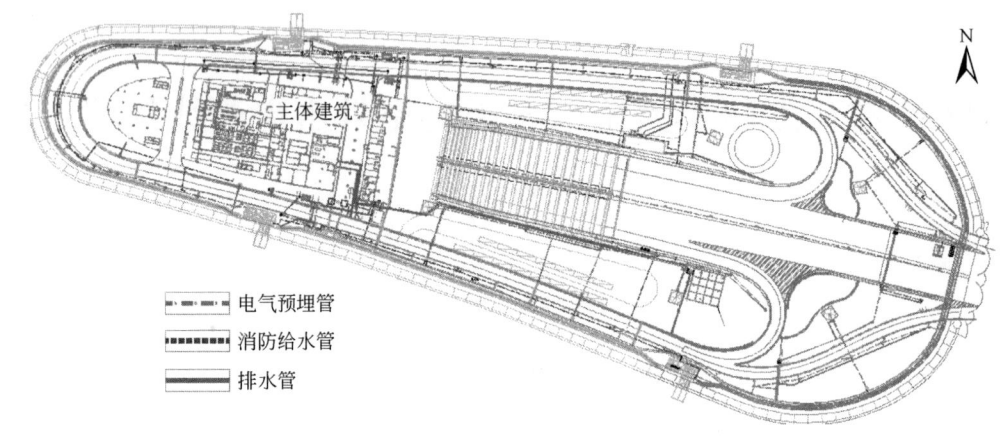

图 1 管线平面图

2.2 受场地限制严重、管线交叉多

东人工岛为外海人工岛,成岛施工难度大,这就导致岛面面积有限。其平面上基本呈不规则椭圆形,西窄东宽,主体建筑位于隧道暗埋段之上,靠近岛西侧,建筑周围设有环岛道路,这就使得主体建筑外南北两侧可进行管线埋设的区域更为狭窄,致使各类管线排布密集,交叉频繁。如图1所示,东人工岛平面面积约10万 m^2,仅主体建筑北侧约2500 m^2 的区域内,管线总长约2700延米,约占管线总长的14%。施工过程中不可避免出现大量管线间、管线与构筑物间的碰撞现象,需进行大量调整工作。

2.3 与土建交叉作业频繁,施工难度大

由于场地限制,土建与电气、给排水等专业施工间相互影响较大,不可避免地出现交叉作业、平行施工的情况,材料运输、机械作业都会相互牵制,现场协调问题多、难度大。

3 BIM 技术对工程管理的优化

3.1 利用二维、三维联动进行管线综合调整

3.1.1 二维管线综合

东人工岛室外工程管线预埋包括给排水、电气两大专业,由于各专业之间信息传递

的延时，获取图纸不对称等不确定因素，使各专业间的管线布置难免存在一定的碰撞及冲突。为了保证室外水电管线预埋工程的施工进度及工程质量，避免由于未及时发现管线碰撞而造成误工或返工，影响整体施工进度，故需对室外水电全专业管线布置进行综合分析，绘制管线综合平面图。

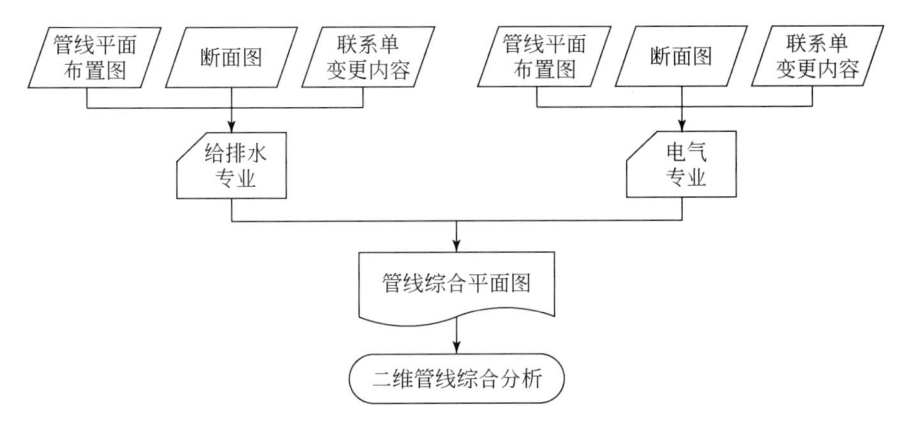

管线综合平面图涵盖内容及功能，如图 2 所示，它是将水电专业的各类管线综合绘制在同一张底图上，利用线性及颜色的不同加以区分，使可能存在问题的区域更为突出。将管线规格、标高、排列形式及管道间间距以文字和大样图的形式，标识在相应管道平面位置旁，使管线表达得更为直观。着重查看各类管线密集和交叉重叠的地方，局部绘制断面图，以检验是否发生管线错、漏、碰、缺等问题。

图 2　管线综合平面图涵盖内容及功能

3.1.2　三维管线综合

对于某些构筑物较多、管线复杂且布置密集的区域，仅通过管线综合平面图无法直观、高效地表达，这给管线综合调整工作的推进造成了较大的阻碍。所以，我们通过引入 BIM 理念，利用三维技术对管线布置密集区域进行模拟并综合分析，以检验管线或构筑物是否存在碰撞。

以东人工岛北侧 1 号越浪泵房与环岛道路间区域内管线为例，此区域的特点为狭小空间内构筑物繁多，且管线布置密集。借助 Autodesk Revit 软件，建立局部区域三维模型，如图 3 所示，将二维图纸中不易表达的难点，更清晰、直观地展现。模型建立后，利用 Autodesk Navisworks 软件，完成碰撞检查及生成相关的碰撞报告，如图 4 所示，便能快速、准确地定位碰撞；管线调整秉承"以柔让刚，以小让大，以有压让无压"的原则，综合考虑各专业管线布置，及其周围构筑物情况，初步形成相应管线调整方案，如图 5 所示；管线调整后，再次通过碰撞检查进行方案可行性验证，相关碰撞报告如图 6 所示，确认碰撞数量为 0，以避免调整后产生新碰撞，即管线调整方案可行。

调整方案尽快报业主、设计和监理，确认后及时补充在施工组织及技术交底中。管线综合在管线预埋施工中，将起到十分积极的作用。

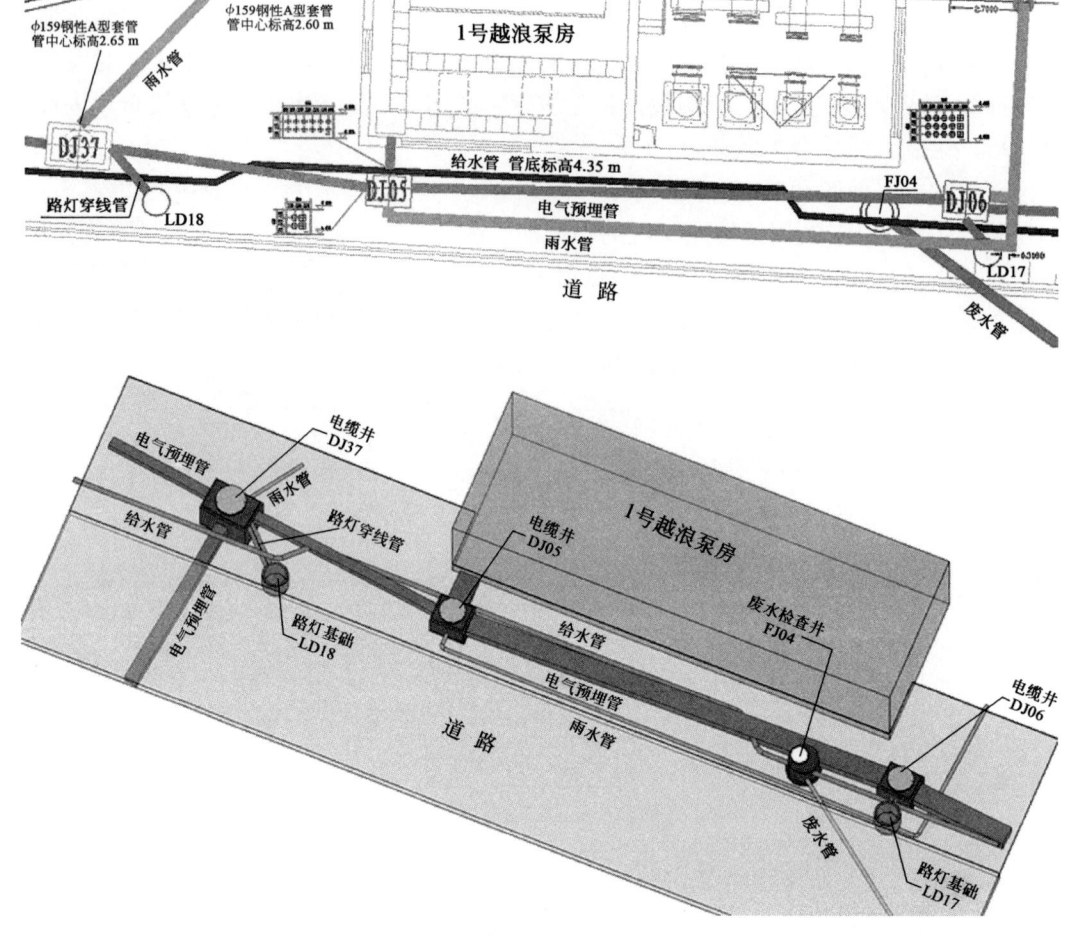

图3 原管线及构筑物布置

图4 碰撞报告

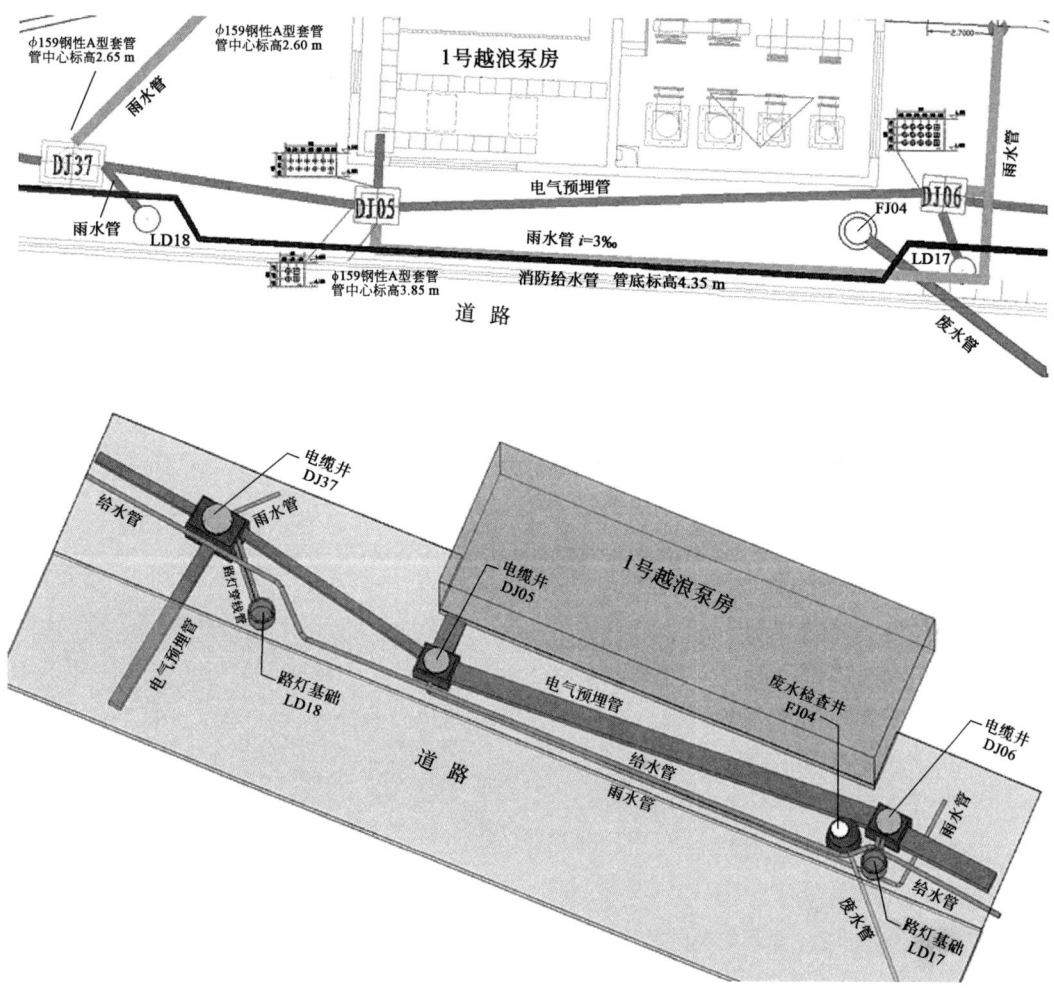

图 5 调整后管线及构筑物布置

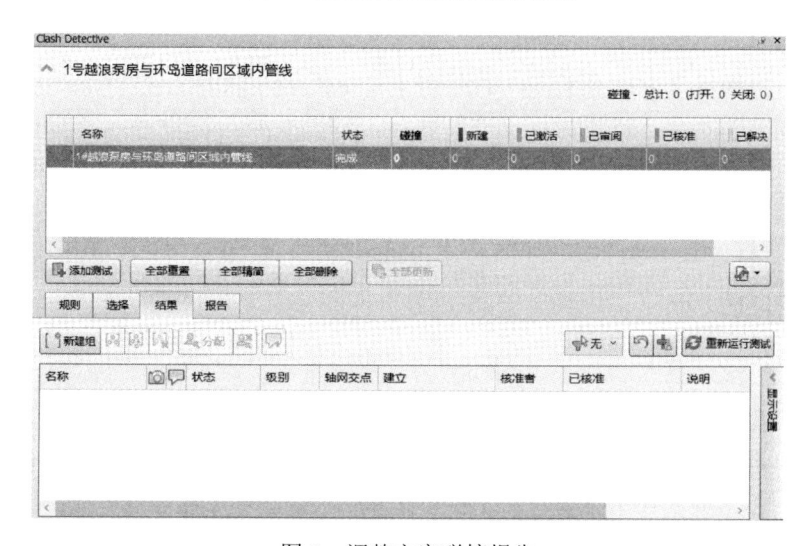

图 6 调整方案碰撞报告

3.2 BIM 可视化技术交底

施工开展前，技术交底是非常重要的一环。由于管线预埋的差异性，每处管线的标高、长度、坡度、规格型号、数量及周围构筑物的情况均存在差异。因此，通过 BIM 模型建立构筑物剖面，并将剖面视图导出，生成局部剖面图，如图 7 所示，将此图纸及 BIM 模型同时用于技术交底，由此实现二维、三维联动地 BIM 可视化技术交底。可视化技术交底使作业人员对区域内管线排列、走向等有更清晰直观地认识，再同技术措施、质量要求、现场情况、注意事项等方面有机地结合起来，通过加强提前沟通，将隐藏的问题暴露出来，真正提高施工效率，同时保证施工质量。

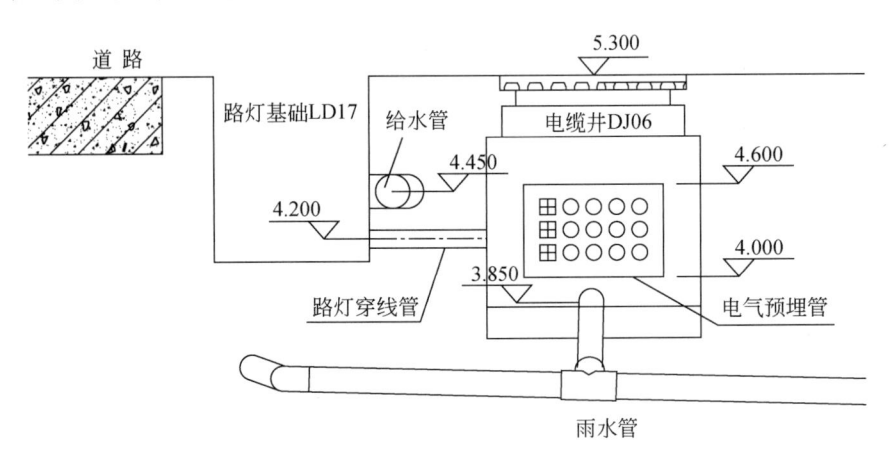

图 7 BIM 模型生成局部剖面图（单位：m）

3.3 结合 BIM 进行交互式管理模式

室外工程预埋工作中，由于施工界面分散，各施工点上工作量较小，且与土建交叉作业频繁，在水电管线预埋施工中，密切配合土建专业施工显得尤为重要。并充分利用 BIM 技术可视化和数据集成化优势，形成土建专业与水电专业有机的交互式管理模式，高效、有序地完成管线预埋施工。结合 BIM 技术的交互式管理模式执行方式如下：

1）共同进行土建专业与水电专业图纸比对，如发现矛盾，通过 BIM 模型确定最优解决方案，避免施工过程中出现不必要的问题；

2）利用 BIM 模型，以"土建先行，水电穿插，由深及浅"为原则，共同商讨完成综合施工方案，确定各类管线布设的切入点及施工工序，确保施工过程井然有序；

3）利用 BIM 模型，根据综合施工方案，制定相应的材料采购、进场计划，达到高效的使用材料及堆场的目的。

在室外工程预埋工作中，通过利用结合 BIM 技术的交互式管理模式，可以直观、高效地制定缜密的综合施工预案，从而实现"进退自如"的土建、水电协同施工模式。

4 应用效果

在东人工岛室外水电管线预埋工程中，通过引入二维、三维联动管线综合审图模式，使审图工作高效、细致地推进，利用 BIM 模型及碰撞检查功能，快速、准确地发现布置密集区域频繁交叉管线间的碰撞及管线与构筑物的碰撞，形成可行的初步管线调整方案，报业主、设计和监理确认，完成审图工作。应用二维、三维联动进行管线综合调整有效地缩短了审图周期，提升了方案的可行性，避免遗漏管线错、漏、碰、缺等问题。

利用 BIM 模型及通过模型生成的剖面图实现 BIM 可视化技术交底，使交底资料更直观，使资料对工况及施工要求的表述更详尽，方便施工人员了解每处管线的标高、长度、坡度、规格型号、数量及周围构筑物的情况，在实际应用中取得了良好的效果。

在交互式管理模式的作用下，两专业互创工作界面，从"相互掣肘"的恶性循环，变为"相互促进"的良性循环。通过 BIM 技术的引入，使综合施工预案规划更加周详，防止重复作业、无效施工的出现；施工交叉点处理更加合理，杜绝专业交接时，相互误工的可能；施工材料管理也更加精准，精确的材料采购计划及施工材料控制，使材料利用率得到极大的提高，同时配合综合施工预案，制定分批次材料进场计划，从而大大缓解由于人工岛面积有限，路场施工开挖，而造成的材料运输、堆放的压力。结合 BIM 技术的交互式现场管理模式使用东人工岛室外工程管线预埋工期得到保证，并有效控制了工程质量及施工成本。

5 结　　语

港珠澳大桥东人工岛因其独特的地理环境和施工条件，使管线预埋工程具有一定的特殊性。通过探索将 BIM 技术引入施工管理，贯穿于审图阶段、施工准备阶段及工程实施阶段，尝试施工全周期可视化工程管理。利用二维、三维联动的方式进行管线综合调整和可视化技术交底，从源头保障施工质量；通过结合 BIM 技术的交互式现场管理模式，正确处理交叉工序的开展，极大提高了施工效率，控制施工成本。BIM 技术对工程管理的优化的探索可为日后类似工程提供借鉴。

平台式碎石铺设整平船抬升系统齿轮齿条失效分析

王明祥,李家林

(中交一航局第二工程有限公司,青岛)

摘 要:平台式碎石铺设整平船"津平1"连续完成24节大型沉管管节碎石基床的铺设,抬升机构实际运行时间已经大大超出设计使用寿命,为满足港珠澳大桥岛隧工程后续沉管安装需求,保障施工和船机设备安全,需对抬升齿轮齿条进行计算分析。

关键词:抛石整平船;抬升齿轮齿条;强度;重合度;计算;分析

0 引 言

平台式碎石铺设整平船"津平1"是港珠澳大桥岛隧工程沉管隧道碎石垫层铺设的大型专用施工船舶,采用自升式、回字形平台结构,船舶主要参数见表1。

表1 主要设备参数

名称	主尺度
总长/m	88.8
型深/m	5.5
型宽/m	46.0
设计吃水/m	4.2
桩腿总长/m	90.0
桩腿直径/m	2.8
桩腿壁厚/mm	50.0
单根桩腿重量/t	约470
桩腿插入最大深度/m	约20
桩腿预压载最小支反力/t	2114
桩腿预压载最大支反力/t	2150
风暴工况最大可变载荷/t	约174
作业工况最大可变载荷/t	约379

续表

名称	主尺度
抛石管移动时最大负荷/t	约12
抛石管载荷/t	110
铺设整平精度/mm	±40
一次最大碎石铺设厚度/m	1.7
夏季载重线排水量/m³	7391.4
空船重量/t	6226.201
中间开口尺寸	59m×30m
一次驻位有效整平面积/m²	48×25

该船具有4根桩腿，分别位于平台的四角，单根桩腿的重量为450 t，每根桩腿都有8套相对安装的升降装置，升降装置位于顶甲板上，升降装置的锁紧工作由驱动电机的制动器完成，在顶甲板下方围井内每根桩腿处设置1套锁紧机构，用于锁止桩腿齿条。"津平1"抬升锁紧系统见图1。

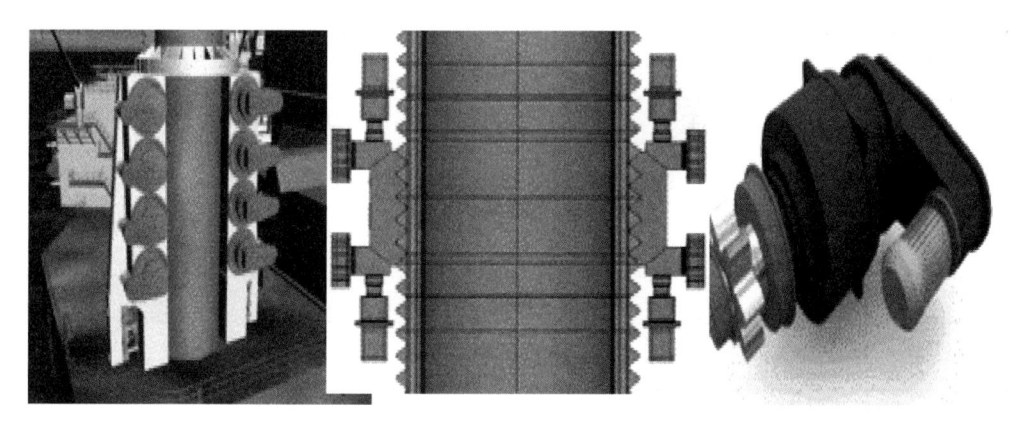

图1 抬升锁紧系统

"津平1"于2012年建造完工抵达港珠澳大桥岛隧工程施工现场后，连续完成了24节大型沉管管节碎石基床的铺设施工，抬升机构实际运行已经近900 h，超过了桩腿齿轮齿条700 h的设计使用寿命，抬升齿轮齿条严重磨损、塑性变形与应力裂纹，主要损伤包括磨损、啃伤、齿面塑性变形、齿面裂纹。

1 技 术 参 数

抬升机构的爬升齿轮和齿条模数为80 mm，爬升齿轮齿数为7个齿，设计参数见表2。

表 2 抬升机构参数表

项目	负载情况	单套机构能力/t	抬升速度最大值/(m/min)
额定抬升载荷		200	0.46
预压抬升载荷	最大抬升载荷	300	0.23
预压下降载荷		300	
预压静载荷	最大静载荷	320	
风暴下自存载荷	最大风暴载荷	454	

重载齿轮的相关参数分类标准见表 3～表 5。

表 3 重载齿轮的分类

重载齿轮分类		说明
代号	类别	
Ⅰ	一般设备	齿轮失效仅引起单台设备停产
Ⅱ	重要设备	齿轮失效引起机组、生产线或全厂停产，设备损坏
Ⅲ	高安全要求设备	齿轮失效引起设备、人身事故，如起重设备、载人电梯齿轮等

表 4 磨面极限磨耗率

重载齿轮分类	磨面极限磨耗率 M/%	
	$V < 10$ m/s	$V \geqslant 10\sim20$ m/s
Ⅰ	40	30
Ⅱ	30	20
Ⅲ	15	10

表 5 齿轮最小齿根弯曲强度安全系数

重载齿轮分类	Ⅰ	Ⅱ	Ⅲ
S_{pmin}	1	1.2	1.4

2 齿轮齿条失效判据分析

根据《重载齿轮 失效判据》（JB/T 5664—2007）对重载齿轮失效判据有两种：

1）任何一种磨损或多种磨损同时存在，当齿根两侧耗损量之和 ΔS（mm）与齿轮法向模数 m_n（mm）的百分比 M（$M=\Delta S/m_n$）达到规定指标时，该齿轮应被判为失效[1]。

2）按照 GB/T 3480 中齿轮弯曲强度计算方法及实测得磨损后齿轮的各项参数，计算磨损后的弯曲强度，若磨损后轮齿弯曲强度计算安全系数小于许用值，该轮齿应被判定为失效，齿轮、齿条及主机构有限元分析见图 2。

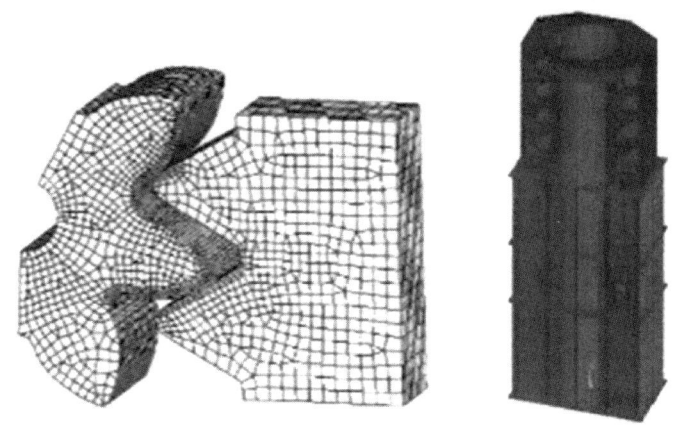

图 2 齿轮、齿条及主机构有限元分析

综合分析，抛石船抬升系统齿轮齿条按表 3～表 5 中Ⅲ类齿轮计算，其失效判据如下：

根据 1），爬升齿轮和齿条磨损总量达到 12 mm 判定为失效；

根据 2），爬升齿轮磨损总量达到 8 mm，齿条达到 12 mm，可以判定失效爬升齿轮齿根或齿面存在深层裂纹。

上述计算只从强度方面考虑，没有考虑齿轮、齿条塑性变形及齿轮齿条啮合情况，齿面上塑性变形区域实际影响深度还要增加 2～5 mm。

3 抬升系统齿轮齿条磨损后强度计算

齿轮齿条的校核计算采用 AGMA 和 CCS 规范。计算时分别取齿轮、齿条双面磨损总量为 6 mm，单套装置额定动载为 200 t、预压动载为 260 t，弯曲疲劳强度满足使用要求[2]，齿轮齿条磨损后强度校核计算见表 6。

表 6 磨面极限磨耗率 M

AGMA 2101-D04					REV.2	
1. 基本参数				齿轮各减薄 6 mm		
编号	描述	符号	小齿轮	支架	小齿轮	支架	单位
1	齿轮法向模数	m_n	80		80		mm
2	小齿轮齿数	Z_p	7		7		
2. 齿轮齿条强度计算							
2.1 载荷工况							
编号	描述	符号	小齿轮	支架	小齿轮	支架	单位
1	额定载荷	F_1	200	200	200	200	MT
2	预压载荷	F_2	300	300	260	260	MT

续表

		AGMA 2101-D04			REV.2		单位
3	抬桩载荷	F_3	60	60	60	60	MT
4	风暴载荷	F_4	454	454	454	454	MT
5	最大载荷	F_5	454	454	454	454	MT
6	额载寿命	L_1	420	420	600	600	h
7	预压寿命	L_2	50	50	70	70	h
8	抬桩寿命	L_3	230	230	330	330	h

2.2 弯曲强度计算

编号	描述	符号	小齿轮	支架	小齿轮	支架	单位
1	传递的切向载荷-动载	F_t	1.99E^{+06}	1.99E^{+06}	1.89E^{+06}	1.89E^{+06}	N
2	切向载荷-暴风载荷	F_{t2}	4.45E^{+06}	4.45E^{+06}	4.45E^{+06}	4.45E^{+06}	N
3	齿跟以下齿圈厚度	t_R	212	250	212	250	mm
4	支撑率	m_B	1.38	1.62	1.38	1.62	
5	齿圈厚度系数	K_B	1	1	1	1	
6	端面模数	m_t	80	80	75.78	74.91	mm
7	齿跟弯曲强度-动载	σ_F	495.45	410.39	525.78	447.02	MPa
8	齿跟弯曲强度-暴风	σ_{F2}	1108.69	918.33	1232.33	1047.72	MPa

2.3 弯曲强度校核

编号	描述	符号	小齿轮	支架	小齿轮	支架	单位
1	许用弯曲应力值	σ_{FP}	366	324	366	324	MPa
2	弯曲强度的应力循环系数-动载	Y_N	2.03	1.87	1.94	1.8	
3	弯曲强度的应力循环系数-暴风	Y_{N2}	3.21	3.21	3.21	3.21	
4	许用弯曲强度-动载		872.47	710.99	836.08	684.92	MPa
5	许用弯曲强度-暴风		1382.49	1223.2	1382.49	1223.2	MPa
6	许用安全系数-动载	S_F	1.5	1.5	1.4	1.4	
7	许用安全系数-暴风	S_{F2}	1.00	1.00	1.00	1.00	
8	结论-动载		OK	OK	OK	OK	
9	结论-暴风载荷		OK	OK	OK	OK	

4 齿轮综合分析

4.1 齿顶磨损对重合影响分析

齿条的齿顶磨损直接影响齿轮重合度。齿轮齿条的重合度主要影响齿轮传动的连续性和平稳性，如果重合度小于 1，会导致该齿轮不能连续受力，而其他装置受力增大，并可能发生超载现象，同时，对齿轮会有一定的冲击。通过对齿轮齿条的重合度进行分析，为了尽量保证齿轮齿条重合度大于 1，并考虑同一条桩腿 8 套抬升装置的承载能力和使用寿命，应对齿条齿顶磨损量超过 5 mm 的齿进行齿形修复，达到设计齿形。

4.2 齿条导向间隙分析

齿条导向主要是用来保证齿轮齿条中心距，使齿轮齿条正常啮合。导向间隙大小也会影响桩腿 8 个爬升齿轮与齿条的重合度的大小，若间隙过大，可能会导致某几个齿轮的重合度小于 1。

上导向原设计理论间隙为 6 mm，对应的齿侧间隙为 7.7 mm；当上导向间隙为 0 时，理论的齿侧间隙为 1.7 mm。此时，该齿轮对称布置的另一侧齿轮，其重合度为 1.02，抬升齿轮齿条啮合见图 3。

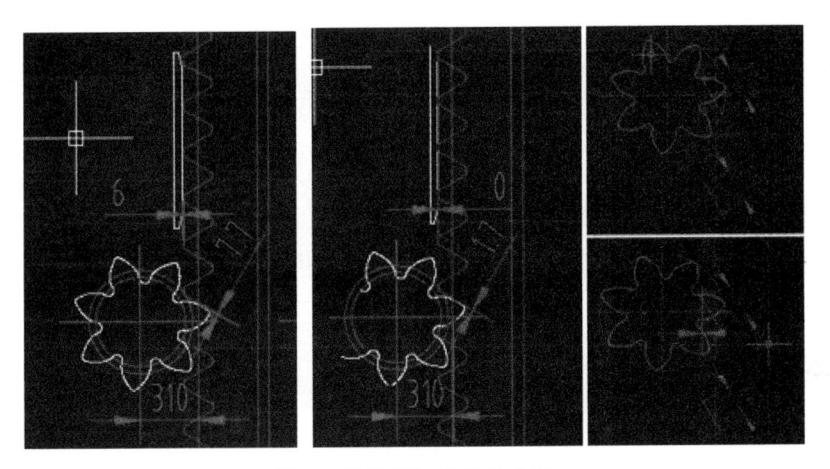

图 3 抬升齿轮齿条啮合图

原设计齿顶至齿顶理论距离为 3600 mm、上导向块内开档尺寸为 3612 mm、中部导向块内开档尺寸为 3616 mm，为降低齿顶的修复标准，减少需修复工作量，通过更换耐磨板背面的垫板厚（磨板本身无需更换）对导向间隙进行调整，调整后的上导向块（耐磨板）内开档尺寸改为（3606±1）mm、中部导向块（耐磨板）内开档尺寸改为（3608±1）mm、下导向块（耐磨板）内开档尺寸无需修改。

5 齿轮齿条修复要求

对于爬升齿轮和齿条，齿根和齿面不允许有未去除的深层裂纹[3-6]。

1）齿轮双面磨损总量≥6 mm，进行更换。

2）齿条双面磨损总量≥6 mm，修复尺寸到原齿面，模板测量，齿面允许公差为-1～0 mm。模板应在齿面多次测量，保证同一齿面压力角相同。

3）齿条齿顶磨损>5 mm，需要修复齿顶，修复到全齿高为（152±1）mm（原齿高154 mm）。

4）修复后打磨后齿面粗糙度<0.1 mm。修复完成后齿面和齿顶要保证平整度±0.3 mm。

5）对上部和中部导向块（耐磨板）内开档尺寸进行修改，修改后尺寸见图4。上部导向到中线距离改为1803（0/1 mm），中部导向到中线距离改为1804（0/1 mm）。

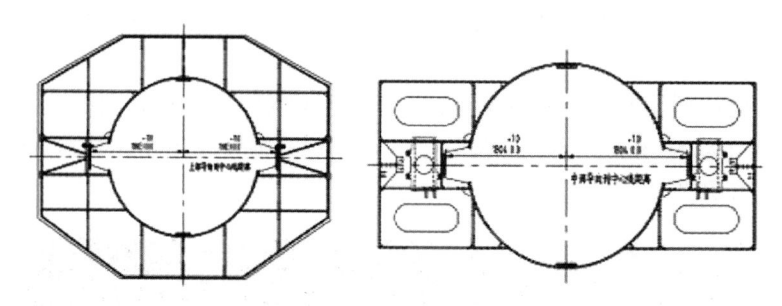

图4 导向块内开档尺寸图

6）齿条有裂纹并经过打磨去除的，打磨深度和原齿面磨损量之和≥6 mm，按照第2）条进行修复。其余打磨裂纹产生的凹坑应该打磨光滑，保证齿面平整。

7）修复后齿面和齿顶需要进行100%外观检验和100%MT检验，不允许出现裂纹。

参 考 文 献

[1] 中国船级社. 海上自升式钻井平台桩腿裂纹检验与修复指南：GD 09—2007[S]. 北京：人民交通出版社，2007.

[2] AGMA 2101-D04-2004 fundamental rating factors and calculation methods for involute spur and helical gear teeth.

[3] AWS D1.1/D1.1M：2010 Structural Welding Code—Steel.

[4] DIN EN1714-1997+A1：2002 Ultrasonic Testing（UT）of Groove Welds.

[5] ASTM E709-2001 Guide for Magnetic Particle Inspection.

[6] 中华人民共和国国家质量监督检验检疫总局,中国国家标准化管理委员会. 厚钢板超声波检验方法：GB/T 2970—2004[S]. 北京：中国标准出版社，2004.

地下空间电气设备用房通风空调设计探讨

许伟航

(中交第四航务工程勘察设计院有限公司,广州)

摘　要：本文以港珠澳大桥东人工岛岛上主体建筑的地下空间电气设备间为例,通过比较全面机械通风、直流式空调系统和全空气一次回风空调系统三种方案消除余热的优缺点,从而得出适合本项目的降温方案。

关键词：地下空间；设备间；空调；通风

0　引　言

地下空间电气设备用房发热量巨大,自然通风条件较差,消除电气设备用房余热和防排烟成为地下空间通风空调设计的难点之一。以变压器室为例,《35 kV～110 kV 变电所设计规范》(GB 50059—2011)规定,其最高设计环境温度为 40℃。当正常运行最高环境温度为 45℃时,变压器的负荷率应减少到 96%；当最高环境温度为 50℃时,变压器的负荷率应减少到 91.9%,否则会影响变压器的使用寿命。合适的室内环境对提高配电变压器的效率有重要意义,为建筑物提供高质、稳定、连续、可靠的供电。

1　项目简介

本文以港珠澳大桥东人工岛上主体建筑为例,该项目毗邻深圳市区,建筑面积 43 733.79 m²,地上建筑面积为 31 710.45 m²,地下建筑面积为 12 023.34 m²,电气设备用房位于地下负二层。根据电气专业提供的各设备用房发热量见表 1。

表 1　房间发热量表

序号	房间名称	建筑面积/m²	温度控制/℃	发热量/kW
1	35 kV 变压器室	118	≤35	100
2	10 kV 高压室	114	≤35	50
3	35 kV 高压室	300	≤35	6

续表

序号	房间名称	建筑面积/m²	温度控制/℃	发热量/kW
4	蓄电池组房	30	≤35	3.3
5	继保室	32	≤30	10
6	电容器室	40	≤35	15

注：设备用房的总发热量约为 184.3 kW。

2 设 计 方 案

2.1 方案 1：全面机械通风

该项目电气设备用房位于地下空间负二层，无法进行自然进风，考虑机械送风、排风的全面通风方式，将室外空气送入负二层与电气设备用房空气进行充分热湿交换后排出室外，室外通风温度取深圳市夏季通风温度 31.2℃，由于负二层层高较低，出风温度即近似认为房间的控制温度 35℃，机械通风所需要的换气量 L：

$$L = \frac{Q}{0.337(t_p - t_j)}$$

式中，Q——余热量，kW；

t_p——排出空气的温度，℃；

t_j——进入空气的温度，℃。

$$L = \frac{184300}{0.337 \times (35 - 31.2)} = 143917 (\text{m}^3/\text{h})$$

虽然全面机械通风无需设置冷源，但如此大的通风量需要将近 5 m² 的排风通道，在宝贵的地下空间中布置通风管道和通风井相当困难甚至无法布置，风机噪声也很大。

2.2 方案 2：直流式空调系统

地下空间电气设备用房都按无人值班设计，设备散热成为很大的显热负荷，除了极少量通过底板和侧墙渗透形成的湿负荷外无其他散湿源，热湿比（ε）线很陡，直流式空调系统的 h-d 图如图 1 所示。

由图 1 可以得出，继保室需要的送风量为

$$L_2 = \frac{Q_2 \times 3600}{1.2 \times (h_{N_2} - h_L)} = 1695 (\text{m}^3/\text{h})$$

其他房间需要的总送风量为

$$L_1 = \frac{Q_1 \times 3600}{1.2 \times (h_{N_1} - h_L)} = 27377 \, (\text{m}^3/\text{h})$$

空气处理机需要处理的冷量为

$$Q = \frac{L \times 1.2 \times (h_W - h_L)}{3600} = 436 (\text{kW})$$

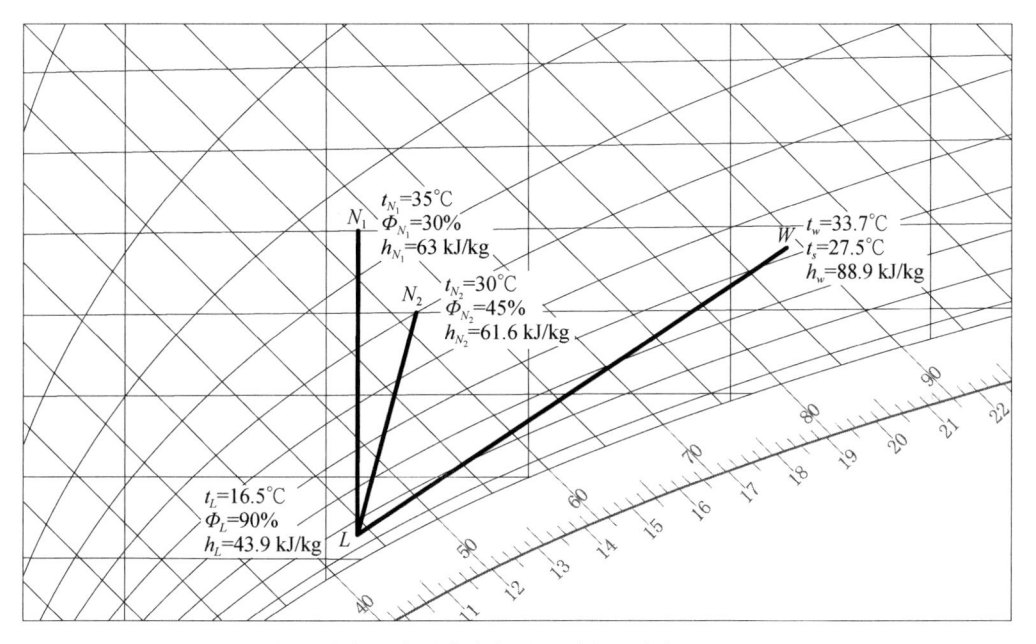

图 1　电气设备用房空气处理过程（全新风工况）

N_1：变压器室、高压室、电容器室等室内设计状态点；N_2：继保室内设计状态点；W：室外状态点；L：机器露点状态点；继保室计算冷负荷为 10 kW，其他房间为 174.3 kW

2.3　方案 3：全空气一次回风空调系统

地下空间电气设备用房采用全空气一次回风空调系统的 h-d 图如图 2 所示。

由图 2 可以得出，回风工况各房间所需要的风量与全新风工况一样，空气处理机所需要处理的冷量为

$$Q = \frac{L \times 1.2 \times (h_C - h_L)}{3600} = 210 \, (\text{kW})$$

虽然电气设备用房的室内最高设计温度（35℃）高于当地夏季空调室外计算干球温度（33.7℃），但因设计的相对湿度较低，回风比焓值低于室外空气的比焓。

可以看出，采用回风后空气处理机需要处理的冷量比直流式空调系统减少了 226 kW。需要的冷量相差一倍以上，采用一次回风空调系统比直流式空调系统在通风量相同的情况下，运行费用低得多。

三个方案的优缺点比较见表 2。

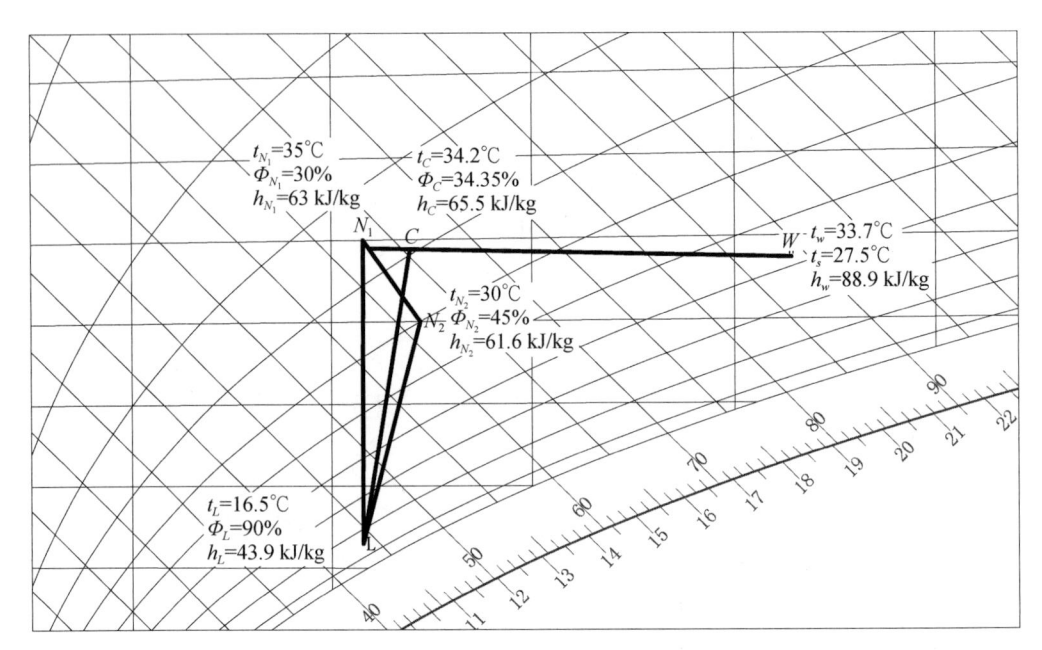

图 2　电气设备用房空气处理过程（回风工况）

N_1：变压器室、高压室、电容器室等室内设计状态点；N_2：继保室室内设计状态点；W：室外状态点；L：机器露点状态点；C：混合空气状态点；新风量取系统总风量的10%

表 2　优缺点比较

项目	方案 1	方案 2	方案 3
优点	无需设置冷源	温度均衡	风量相对较小，便于安装
	耗能少	空气质量好	过渡季节可全新风运行
缺点	通风管道大，安装困难	需要设置冷源	需要设置冷源
	风机大、噪声大	耗能大、运行费用高	控制复杂

3　结　　语

地下空间电气设备用房由于其特殊性，采用单纯的全面机械通风系统，则受地下空间大小限制，实际中难于实施；采用直流式空调，空气处理机需要处理的冷量又特别巨大，运行费用高；考虑地下空间电气设备用房经常处于无人状态，建议采用全空气一次回风空调系统，需要输送的风量和冷量都相对合适，在实际工程中易于实施，过渡季节还可以不需要开启冷源全新风运行，节约运行成本。

外海人工岛岛上建筑工程的给排水设计分析

陈海琪

（中交第四航务工程勘察设计院有限公司，广州）

摘　要：本文通过分析外海人工岛岛上建筑工程的特点，结合港珠澳大桥主体工程西人工岛主体建筑工程实例，对影响给排水设计的相关因素及给排水设计要点进行研究分析，使外海人工岛岛上建筑工程的给排水设计更加安全、科学、耐久、合理，为更好地促进外海人工岛岛上建筑的给排水设计和施工建设积累了宝贵的工程经验。

关键词：外海人工岛；给排水设计；耐久性；防腐蚀；地基沉降

随着国家经济不断发展，填海人工岛正在被交通运输、国防建设、房地产和旅游等行业广泛采用。填海人工岛的建设不仅使得海洋沿岸滩涂资源被充分利用，还能提高城市的人口承载能力，填海工程逐步由沿岸向外海发展。目前国内关于在外海人工岛岛上建筑工程的给排水设计的研究资料及文献较少，本文将通过分析外海人工岛岛上建筑工程的特点，结合港珠澳大桥主体工程西人工岛主体建筑工程实例，对影响给排水设计的相关因素及给排水设计要点进行研究，使外海人工岛岛上建筑工程的给排水设计更加安全、科学、耐久、合理，为未来外海人工岛岛上建筑工程的给排水设计提供参考。

1　人工岛岛上建筑工程特点

（1）外海人工岛远离大陆

通常外海人工岛的建设是远离大陆，物资运输多依靠临时便桥或者船运，岛上的淡水资源十分珍贵，根据国内已建成人工岛岛上建筑经验，运营期间的淡水多依靠桥上自来水管道或船舶进行输送，但是，管道超长距离的输送，用水量偏低，自来水的流动性差，这必然导致水质下降，最终影响岛上建筑运营管理人员的健康。

另外，为防止外海水体污染、保护环境，目前多数人工岛污废水不直接外排，因此，淡水水质的保证及环境保护的控制是人工岛岛上建筑工程的给排水设计要点之一。

（2）受台风天气影响

我国沿海地区常年多发台风，极端天气将会对外海人工岛岛上建筑雨水排水安全性造成极大影响。据广东省气象局统计，1961~2016年，登陆广东省的台风总数为202个，平均每年 3.6 个,严重影响广东省的台风年均有 5.3 个。

暴雨强度公式是一种暴雨灾害管理的重要基础模型,是计算地面径流的重要依据。《室外排水设计规范》(GB 50014—2006)[1]规定,在进行排水管网设计时,雨水管网的设计排水量应通过当地的暴雨强度公式计算,目前常用暴雨强度公式是根据在陆地上多年收集的降雨数据整理计算而成,而无外海降雨实测数据做出来的公式显然会有偏差,因此,暴雨强度、径流计算也是人工岛岛上建筑工程的给排水设计要点之一。

(3)外海环境相对恶劣

人工岛四面环海,室外环境具有湿度大、盐度高、夏季温度高等特点,空气中的氯离子含量高,极容易对岛上建筑物内的给排水管道产生腐蚀,缩短管道的使用寿命。同时,填岛主要回填材料为海沙,海沙含盐量较大,海沙中含有大量氯离子,极其容易对暗埋在地下的金属管道产生腐蚀及化学反应,影响给排水系统的正常运行,在运营管理期间将会留下隐患。因此,管道材料的耐久性及防腐蚀设计也是外海人工岛岛上建筑工程的给排水设计要点之一。

(4)岛面陆域地基条件较差

国内人工岛陆域通常采用围海填岛技术,填岛主要回填材料为海沙,人工岛陆域的软基处理通常会采用井点降水联合堆载预压法加固软土地基,在堆载荷载和水位下降引起的有效应力增量的共同作用下,软土层得以快速加固,但是,在岛上建筑使用期间也会发生不同程度的陆域回填沉降,给排水系统在室外暗埋多种有压及无压管道,当岛内陆域基础发生差异沉降时容易对管道连接部位造成拉裂破坏,这必然给岛上室外暗埋给排水管道的密封性产生影响。

因此,以海沙为主要回填材料的软土地基上的暗埋给排水管道,管道的防沉降处理将也是人工岛岛上建筑工程的给排水设计要点之一。

2 工程实例

港珠澳大桥岛隧工程西人工岛位于广东省珠江口伶仃洋航道上,西人工岛通过约 22 km 桥梁连接至珠海,西人工岛岛上建筑除了作为沉管隧道通风及排烟的大型功能性机房外,还兼顾大桥监控、运营管理、消防求援等用途。

1)西人工岛自来水水源由珠海陆域给水加压泵房供给,共铺设两路 DN250 给水管至东人工岛、西人工岛,自来水输送至西人工岛距离长达 22 km,西人工岛最大小时用水量为 35.7 m³/h,供水点基本位于输送路由的末端,运输距离长,而且用水量不大,自来水在管道内的流动性差,容易导致藻类加速繁殖、水体浑浊、细菌病毒的滋生,最终发生自来水的二次污染。参照《生活饮用水卫生标准》(GB 5749—2006)[2]部分水质指标要求见表 1。

表 1 水质常规指标及限值

指标	限值
1.微生物指标	
总大肠菌群/(MPN/100 mL 或 CFU/mL)	不得检出
耐热大肠菌群/(MPN/100 mL 或 CFU/mL)	不得检出
大肠埃希氏菌/(MPN/100 mL 或 CFU/mL)	不得检出
菌落总数（CFU / mL）	100
2.感官性状和一般化学指标	
色度（铂钴色度单位）	15
浑浊度（散射浑浊度单位）/NTU	水源与净水技术条件
臭和味	无异臭、异味

因此，为解决人工岛自来水长距离运输而产生的二次污染问题，本项目在给排水系统设计时，在生活水箱总出水管上设置紫外线消毒仪，以紫外汞灯为光源，利用灯管内汞蒸气放电时辐射的 253.7 nm 紫外线为主要光谱线，破坏及改变微生物的 DNA 结构，使细菌当即死亡或不能繁殖后代，达到有效杀菌的目的，通过在给排水设计中设置紫外线消毒仪可提高岛上建筑自来水的水质，并且定期对岛上自来水进行水质化验。

另外，西人工岛地处伶仃洋中华白海豚国家级自然保护区核心保护区，岛上污废水不得向外海排放，因此，在给排水设计中设置污水回用处理系统，系统日处理量为 50 t/d，处理原水为人工岛生活污废水，处理后的水质按《城市污水再生利用 城市杂用水水质》（GB/T 18920—2002）[3] 标准要求，回用池内所蓄中水由洒水车定期抽吸用于岛上绿化浇灌或道路喷洒，超出回用池储存量的回用水将用槽罐车运送至岸上进行处理，污泥池内的污泥由吸污车定期抽吸清运到指定点进行专门处置。

2）西人工岛所处的珠江口海域缺少相应的降雨实测数据，粤港澳三地暴雨强度公式计算方法存在一定差异，因此，港珠澳大桥项目在初设及施工图阶段进行一系列的专题研究报告，结合项目实际情况，对三地暴雨强度公式进行计算比对，按照"就高不就低"的设计原则，最终确定使用深圳暴雨强度公式计算岛面及建筑屋面雨水排水量，同时，西人工岛地理位置靠近香港，因此，采用 200 年重现期，5 min 降雨历时的香港暴雨强度 q=840.3 L/s·hm² 进行复核，验证岛上建筑雨水及室外岛面雨水沟排水能力，确保岛上雨水排水设计的安全可靠。

3）西人工岛所处的周边环境具有湿度大、盐度高，夏季高温等特点，同时，岛上地基主要回填海沙，岛上建筑物内的管道及室外暗埋管道容易受氯离子腐蚀。因此，为保障岛上饮用水水质安全，经多地项目调研及论证，室内生活给水管采用薄壁紫铜管，薄壁紫铜管的化学性能相对稳定，抗腐蚀能力强，铜离子具有能有效杀死自来水中"军团菌"的功效。室外压力废水管道采用抗腐蚀能力强的 PE 塑料给水管，室外直径 1000 mm 的压力雨水管采用内外热镀锌钢管，钢管壁厚 20～25 mm，镀锌层厚度不小于 100 μm，外防腐采用环氧煤沥青涂料特加强级防腐（六油二布）。

4）西人工岛陆域经过软基处理后，在进行岛上回填土沉降监测中发现在施工及后期使用期间会产生不同程度的残余沉降，出户管道极容易受到不均匀沉降而产生剪力破坏。因此，结合《给水排水管道工程施工及验收规范》（GB 50268—2008）[4]要求，室内给水及消防管道在穿侧壁结构墙位置应设置柔性防水套管，并且结合防沉降措施。

①给水及消防管道穿越地下室侧壁结构墙时在管道下部预留足够的活口（10～15 cm），并采用柔性材料填塞，柔性材料可采用发泡聚乙烯或聚氨酯。

②当给水、消防管道采用金属管材时，入户管、出户管于室内设置不锈钢波纹管。

港珠澳大桥岛隧工程西人工岛岛上建筑工程在给排水设计中充分考虑了外海人工岛远离大陆因素、台风及极端天气因素、外海环境相对恶劣因素、岛面陆域地基条件较差等多重复杂因素，使岛上建筑工程的给排水设计更加安全、科学、耐久、合理。

3 岛上建筑工程的给排水设计要点

结合人工岛岛上建筑工程特点，有效确保岛上建筑工程的安全性、科学性及耐久性是给排水设计的关键，应注意以下几个方面。

3.1 给排水设计的水质安全性

外海人工岛岛上建筑工程远离大陆，超长距离的输送，自来水的流动性差，水质安全性降低，在岛上建筑工程的给排水设计方案中应充分考虑自来水的消毒、过滤、定期化验的设计，生活给水分区时充分利用市政管道压力供水，尽量减少加压水箱体积，使加压水箱内自来水的储存时间减少，避免自来水在长时间不流动的情况下产生细菌。加强水质管理，防止自来水二次污染，提高岛上建筑自来水的水质安全性，为岛上后期运营创造良好的生活条件。

3.2 降雨及排水设计

对于外海的人工岛，位置偏远，常常会由于缺少该区域的海上降雨量和暴雨强度公式使得人工岛岛上建筑工程的雨水排水无法按现行规范[1]进行设计。因此，岛上雨水排水设计必须根据人工岛项目实际情况展开多项观测及调研，经过系统论证分析，需选取合适的暴雨强度公式，适当提高暴雨重现期进行校核。对于关键局部位置如隧道敞开段或其他重要节点在有条件时应做物模试验，利用试验数据进行全面分析，确保排水方案的准确性。

其中，在人工岛项目开展初期就需要委托当地气象部门对工程区域进行降雨实测分析及暴雨强度公式的校正，以便获取更加全面、具有代表性的实地观测数据，为岛上建筑雨水排水设计、运营管理提供可靠、详细的基础依据。暴雨强度公式应以当地气象部门最新公布的为准，同时，可参考《建筑给水排水设计手册》（第 2 版）上册[5]附录内的暴雨强度公式。

3.3　给排水系统耐久性设计

人工岛岛上建筑工程的给排水设计应该根据本项目设计使用年限和所处的环境特征进行耐久性设计。

1）岛上建筑室内的给水管道应选用耐防腐可靠的管材，可采用薄壁紫铜管、不锈钢管、塑料给水管及经可靠防腐处理的钢管，根据工程实践经验，塑料给水管由于线胀系数大，在支管连接处累积变形大，容易断裂漏水，故室外架空给水管建议采用金属管或钢塑复合管。

2）参考《消防给水及消火栓系统技术规范》（GB 50974—2014）[6]及《给水排水工程管道结构设计规范》（GB 50332—2002）[7]要求，埋地钢管和铸铁管，应根据土壤和地下水腐蚀性等因素确定管外壁防腐措施，海边、空气潮湿等空气中含有防腐性介质场所的架空管道外壁，应采取相应的防腐措施。各种管材寿命有差异，应根据项目使用年限及要求选取合适的管材。

3.4　给排水管道防沉降设计

1）室外给排水管道基础应根据管道材质、接口形式和地质条件确定，可采用刚性接口或柔性接口，污水及合流管道宜选用柔性接口。当管道穿过粉砂、细沙层并在最高地下水位以下，或在地震设防烈度为 8 度设防区时，应采用柔性接口。对地基松软或不均匀沉降地段内，管道基础应采取加固措施，当埋地管直径大于 DN100 时，应在管道弯头、三通和堵头等位置设钢筋混凝土支墩。

2）给水管道不宜穿越伸缩缝、沉降缝和变形缝，如必须穿越时，给水及消防管道采用塑料材质时，宜优先采用 Z 形折角穿侧壁方式进行防沉降补偿，亦可在室外加设阀门井或检修井，并设置不锈钢波纹补偿器和防剪切变形的装置。在人工岛陆域通常采用围海填岛技术的背景下，室外陆域地基的不均匀沉降变形对给排水管道设计的影响是相当大的，直接影响到系统的安全使用。

4　结　　语

随着国家经济不断发展，外海人工岛项目逐渐增多，本文通过分析外海人工岛岛上建筑建设的特点，结合港珠澳大桥主体工程西人工岛主体建筑工程实例，对岛上建筑给排水设计中的水质安全性、暴雨强度公式的选择、生活给水管管材选择、岛上暗埋管道防沉降处理进行逐一分析，为更好地促进外海人工岛岛上建筑的给排水设计和施工建设积累了宝贵的工程经验。

参 考 文 献

[1] 中华人民共和国建设部. 室外排水设计规范：GB 50014—2006[S]. 北京：中国计划出版社，2016.

[2] 中华人民共和国卫生部，中国国家标准化管理委员会. 生活饮用水卫生标准：GB 5749—2006[S]. 北京：中国标准出版社，2007.

[3] 中华人民共和国国家质量监督检验检疫总局. 城市污水再生利用 城市杂用水水质：GB/T 18920—2002[S]. 北京：中国标准出版社，2009.

[4] 中华人民共和国住房和城乡建设部. 给水排水管道工程施工及验收规范：GB 50268—2008[S]. 北京：中国建筑工业出版社，2008.

[5] 中国建筑设计研究院. 建筑给水排水设计手册(上册)[M]. 第2版. 北京：中国建筑工业出版社，2008：1068-1090.

[6] 中华人民共和国住房和城乡建设部. 消防给水及消火栓系统技术规范：GB 50974—2014[S]. 北京：中国计划出版社，2014.

[7] 中华人民共和国建设部. 给水排水工程管道结构设计规范：GB 50332—2002[S]. 北京：中国建筑工业出版社，2002.

适用于大型浮式坞门的新型坞口底板结构[*]

黄丹苹，马 勇，陈良志

（中交第四航务工程勘察设计院有限公司，广州）

摘 要：港珠澳大桥桂山沉管预制厂项目中，深坞浮坞门庞大的体型和其承受的巨大的水压力，给坞口底板的设计带来了极大挑战。经过一系列分析研究，巧妙设计了一种具有导向和承压功能的坞口底板结构。本文对这种新型坞口底板结构进行介绍，重点阐述其设计理念、设计方法和结构特性等关键技术。该结构在预制厂的运营期间发挥了良好的使用效果，有效地保证了浮坞门安装就位的精准度和挡水作业时的安全稳固。

关键词：坞口底板；大型浮式坞门；港珠澳大桥；导向和承压

0 引 言

近年来，随着大型沉管隧道项目的发展，"工厂法"作为一种更先进的生产工艺，逐步被应用于沉管预制。与传统的"干坞法"预制沉管不同，"工厂法"采用类似于盾构隧道管片的流水线式生产模式，利用多级船闸的工作原理，设两级坞池（浅坞区和深坞区）实现管节的检漏、舾装和出坞，可不影响预制厂房内的沉管预制工作，实现全天候、流水线作业，使得各道工序的质量更有保证[1]。但是，"工厂法"也对深坞坞门提出了更高的要求，传统的干坞为抽空坞内水，提供干地作业条件，坞门承受坞外侧的水压力，水压呈三角形分布，水压相对较小；而"工厂法"中需坞内蓄水（坞内水位高于坞外），以实现沉管管节由浅坞区到深坞区的浮运平移，此时坞门承受的水压力呈梯形分布，其水压力约是传统干坞门的3倍。

在这种情况下，作为坞门坐底就位时的底部支撑结构，坞口底板设计面临以下问题：

1）蓄水工作时，坞门内外存在较大的水头差，坞口底板需抵抗作用在坞门上的巨大水平向静水压力；同时，需确保坞口底板与坞门之间的有效止水，以及坞口底板与地基之间的可靠防渗。

2）浮坞门体量大，坐底就位时需确保安装就位的精确度，以免坞门损坏。

3）浮坞门和坞口底板均为大尺寸刚性构件，其表面的平整度偏差难以避免，若两者

---

[*] 本文曾刊登于《中国港湾建设》2018年第2期。

直接接触，势必存在接触不均导致的应力集中问题，因而产生极大的压应力，可能导致坞门的破坏。

为了解决上述技术问题，本文结合港珠澳大桥桂山沉管预制厂项目的成功经验，介绍一种适用于大型浮式坞门的坞口底板结构。

1 工程背景

港珠澳大桥沉管预制厂是全球第二次、国内首次采用"工厂法"预制沉管管节。目前，全世界范围内仅厄勒海峡沉管隧道工程成功应用"工厂法"预制沉管，能查询到的厄勒海峡沉管预制厂的相关设计资料极为有限，同时国内没有相似的工程可以参考，设计过程中面临诸多技术难题。

为满足工厂化流水线生产沉管管节的技术要求，现场设置了深坞区和浅坞区两个功能区，其中深坞坞口是沉管出坞的咽喉，为适应坞内蓄水和管节出坞的需求，深坞坞口处设置了具备反复启闭功能的浮坞门结构，其典型断面见图 1。浮坞门选用钢筋混凝土沉箱结构，长 59 m、宽 25.2 m、高 29.1 m，总重量约为 13 600 t[2]。蓄水工作时，浮坞门内外最大水头差为 15.87 m。庞大的结构尺寸、巨大的水压荷载、多次浮运启闭的功能需求等客观条件，使得坞口底板设计过程中存在的技术难题更为突出。在这种情况下，巧妙地设计了一种具有导向和承压功能的坞口底板结构。

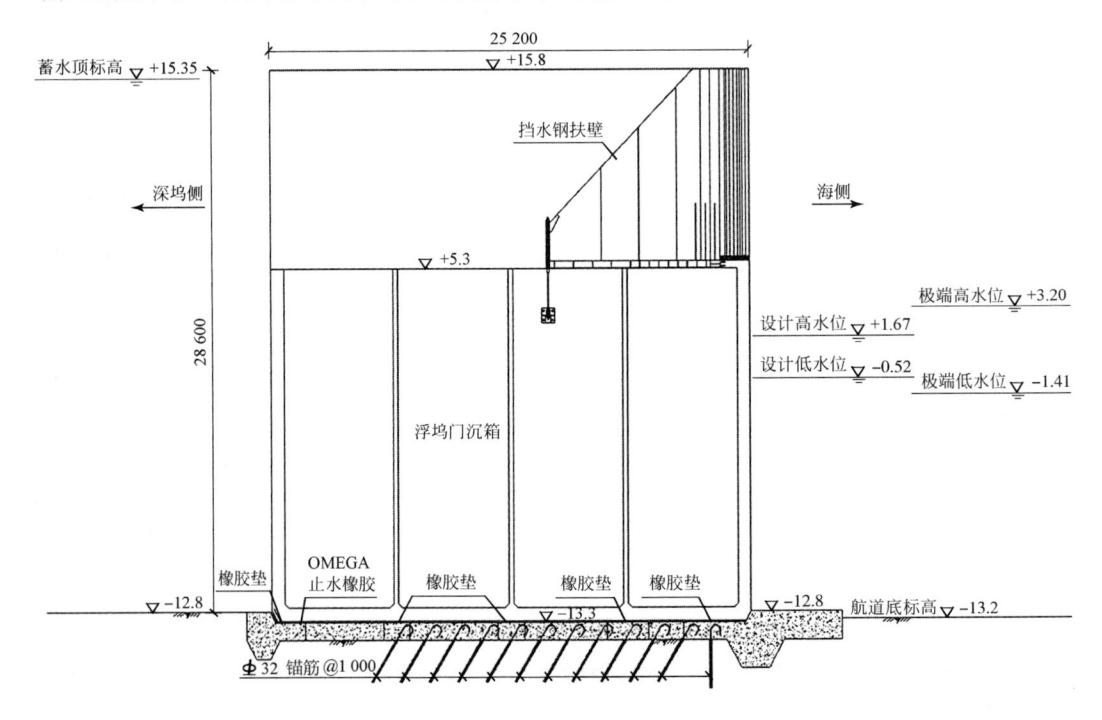

图 1 深坞浮坞门典型断面图（蓄水工作状态）（单位：标高为 m，尺寸为 mm）

2 结构方案

深坞坞口底板包括防渗混凝土基梁（深坞内侧）、抗剪混凝土基梁（海侧）和 3 条支撑混凝土基梁，5 条混凝土基梁之间采用混凝土连系板或连系梁连接[2]，具体结构详见图 2。

为满足坞口底板的功能需求，采取以下措施。

（1）浮坞门的坐底支撑基础

在对应浮坞门沉箱纵向隔板位置设置支撑基梁，两端的支撑基梁由防渗基梁和抗剪基梁兼顾；为保证 5 条梁的整体性，彼此之间采用连系板或连系梁连接。

为了适应浮坞门底面和坞口底板的不平整度，消除两者之间因接触不均导致的应力集中问题，在基梁顶部对应浮坞门纵横隔板交叉处设置缓冲垫，每个缓冲垫由多个 0.5 m×0.5 m×0.09 m 的橡胶垫组成，橡胶垫的布置见图 3。

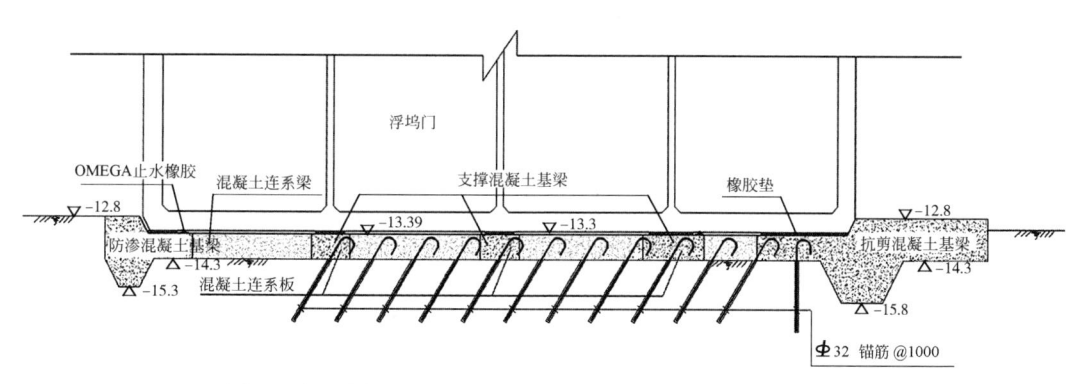

图 2 坞口底板典型断面图（单位：标高为 m，尺寸为 mm）

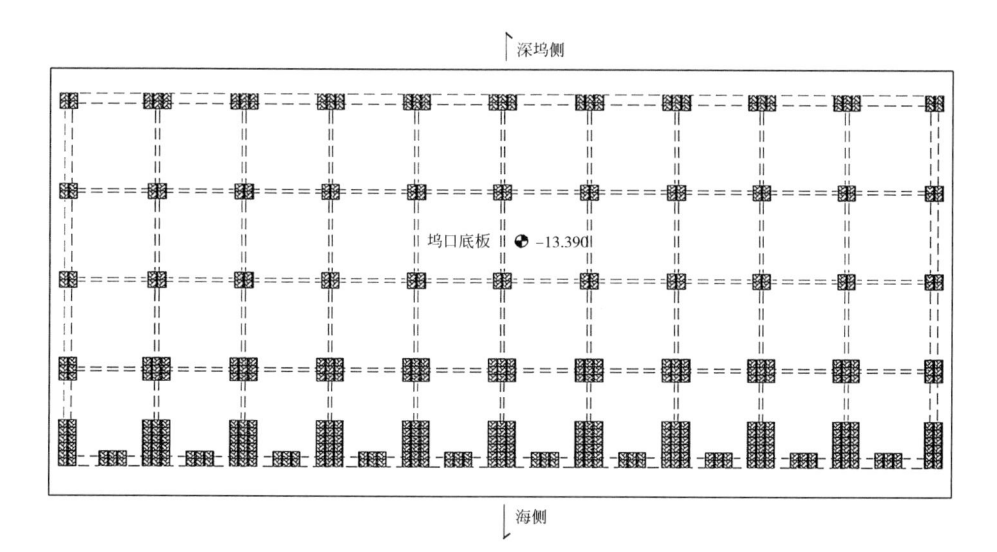

图 3 橡胶垫布置图

根据现有的预制工艺条件，平整度偏差可控制在 5 mm 以内，考虑橡胶的抗压强度约为 10 MPa，设计要求橡胶垫的压缩变形能力需满足以下条件：5 MPa 面压作用下压缩变形在 20 mm 左右[3]。

通过采用有限元软件 ANSYS 对橡胶垫与浮坞门之间的相互作用进行数值模拟，得到作用在橡胶垫上的最大面压为 2.53 MPa[3]，考虑浮坞门底板存在 5 mm 的平整度偏差，则作用在橡胶垫上的最大面压为

$$\sigma = \sigma_1 + \frac{\Delta t}{t} E = 2.53 + \frac{5}{70} \times 17.22 = 3.76 \text{ (MPa)}$$

橡胶垫平均压应力限值：σ_c=10 MPa> σ =3.76 MPa，满足设计要求。

C40 混凝土轴心抗压强度：f_c= 19.5 MPa > σ =3.76 MPa，满足设计要求。

（2）抵抗坞内蓄水工作时作用在浮坞门上的水平向静水压力

在坞内蓄水工作状态，浮坞门承受巨大的水平向静水压力，抵抗该荷载仅靠浮坞门与坞口底板之间的摩擦力难以实现，因此在海侧设置了抗剪基梁，其顶部设置抗剪牛腿，高 0.59 m，沿坞口纵向通长布置（长 61 m）。浮坞门受力时与抗剪牛腿贴紧，将水平向静水压力传递给坞口底板。

为了确保坞口底板的抗滑能力，抗剪基梁底部设置抗剪凸榫，嵌入微风化岩层，凸榫高 1.5 m。同时，在抗剪基梁、支撑基梁及连系板底部设置 12 排ϕ32 锚杆，一端锚入基础底板，一端嵌入基岩中，沿坞口纵向间距为 1 m，沿坞口横向间距为 1.5 m，在基岩中的锚固长度为 2.5 m，从而将底板锚固在基岩上，用于增强坞口底板的抗滑能力。

抗剪基梁顶部抗剪牛腿按照《混凝土结构设计规范》（GB 50010—2002）[4]第 10.8 条规定进行设计，相关计算结果见表 1。

表 1 抗剪牛腿强度复核

竖向力设计值/(kN·m^{-1})		配筋设计		抗裂验算	
承载能力极限状态	正常使用极限状态	计算所需配筋面积/mm^2	配筋方案	计算裂缝宽度/mm	裂缝宽度限值/mm
2 853.4	1 902.3	2 853.40	ϕ25@100（4 417 mm^2）	0.11	0.25

坞口底板的抗滑稳定性按照《重力式码头设计与施工规范》（JTS 167—2—2009）[5]第 2.5 条相关规定进行验算，见表 2。

表 2 坞口底板抗滑复核

抗滑力 R/(kN·m^{-1})			滑动力 S/(kN·m^{-1})		富余系数 R/S	结论
结构自重	锚筋	被动土压力	水压力	波浪力		
3 491	1 371	1 620	4 044	155	1.54	满足要求

（3）与基岩之间完全嵌固止水

在坞口内侧设置防渗基梁，其底部设置 1.0 m 高的混凝土凸榫，嵌入底部微风化岩层，用于增加坞口底部的渗径长度，减小渗水量，满足结构的防渗要求。

防渗基梁与相邻支撑基梁之间设置 11 条连系梁，用于将二者连成整体，连系梁长 4.195 m，宽 2 m，高 0.91 m（顶标高-13.39 m）；同时，连系梁之间设置倒滤井，用于消散渗透水压，减小扬压力对坞口底板的不利影响。

（4）与浮坞门紧密接触，实现两者之间的密封止水

坞门与坞口底板之间采用 OMEGA 止水橡胶进行止水，OMEGA 止水橡胶设置于靠坞内侧的防渗基梁顶部，沿坞口纵向通长铺设，两端延伸至坞门墩两侧与坞口侧止水结构密封连接，从而形成完整的止水面。因蓄水工作时坞内水位高于外侧，底止水橡胶应尽量布置在靠坞内侧，使作用在坞口底板上的扬压力主要由坞外侧水位引起，从而减小浮托力，增加坞门的稳定性。

如图 4 所示，设计要求 OMEGA 止水橡胶高出橡胶垫 3 cm[2]，保证就位坐底时坞门底板与止水橡胶压紧密封止水，同时，橡胶垫的布设，可确保止水橡胶不会产生过大的压缩变形，避免其损坏。

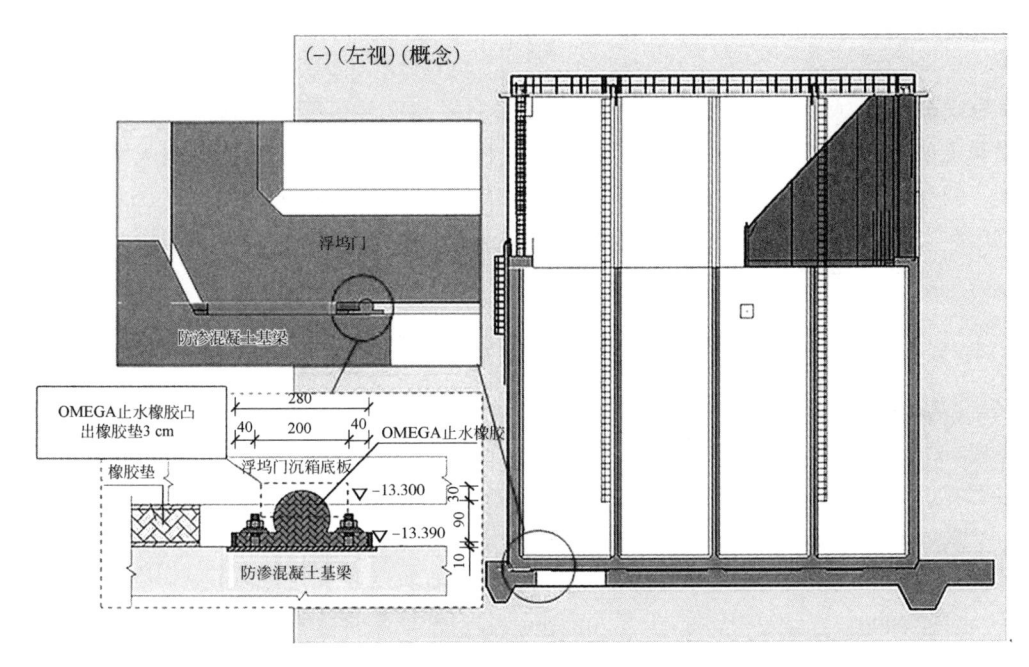

图 4 深坞坞口底止水断面图（单位：标高为 m，尺寸为 mm）

（5）导向功能

为保证坞门安装就位的精确度，防渗基梁、抗剪基梁与支撑基梁上分别设置导向槛；防渗基梁与抗剪基梁上的导向槛沿坞口纵向通长布置，抗剪基梁上的导向槛由抗剪凸榫兼顾；支撑基梁上的导向槛在靠近坞门墩的两侧沿坞口横向布置。各导向槛上的导向面倾斜向下，坡度为 2:1，相对的导向面呈倒八字布置；同时，在坞门底板的四周边沿进行削角，形成与导向槛倾斜度一致的斜面，在坞门坐底安装时，只要坞门定位在导向槛围成的楔形凹槽上方，即可按导向面自动滑至安装位置，此措施可将坞门的定位偏差放宽至 50 cm，在保证安装精准度的同时，降低了操作的难度。

3 使用效果

桂山沉管预制厂自交工投产以来,使用状况良好,运行高效,有力地保证了港珠澳大桥岛隧工程的实施。至今坞内蓄水、浮坞门启闭共计20余次,浮坞门和坞口底板的使用一切正常,启闭操作简便高效,结构牢固、止水效果良好,已圆满完成全部沉管管节(共计33节)的出坞任务。

4 结 语

本文介绍的新型坞口底板结构,对大型浮动式坞门具有良好的适用性,其最大的结构优点是选用橡胶垫作为承压缓冲装置,可有效地避免大体积混凝土构件之间的刚性接触;导向槛的巧妙设计,化拙为巧,既可保证安装精度又可降低操作难度;同时,防渗基梁和抗剪基梁的设计,可有效保证防渗效果和抗滑稳定性[6]。在港珠澳大桥桂山沉管预制厂的使用效果良好,充分验证了这种坞口底板结构的合理性和可行性,对大型浮动式坞门的发展具有重大意义,应用前景广阔。

参 考 文 献

[1] 中交第四航务工程勘察设计院有限公司."工厂法"沉管预制厂建设关键技术研究[Z]. 广州:中交第四航务工程勘察设计院有限公司,2012.
[2] 中交第四航务工程勘察设计院有限公司. 港珠澳大桥岛隧工程桂山沉管预制厂工程水工结构施工图设计说明[Z]. 广州:中交第四航务工程勘察设计院有限公司,2011.
[3] 马勇,黄丹苹,陈良志. 用于大型浮式坞门的橡胶垫结构设计[J]. 中国港湾建设,2017,37(8):60-63.
[4] 中华人民共和国建设部. 混凝土结构设计规范:GB 50010—2002[S]. 北京:中国建筑工业出版社,2004.
[5] 中华人民共和国交通运输部. 重力式码头设计与施工规范:JTS 167—2—2009[S]. 北京:人民交通出版社,2009.
[6] 卢永昌,梁桁,陈良志. 具有导向和承压功能的坞口底板:201320775708.5[P]. 2014-07-09.

港珠澳大桥岛隧工程精细化质量管控[*]

刘忠鹏，陈 虓

（中交一航局第三工程有限公司，大连）

摘 要：港珠澳大桥岛隧工程站在超级工程高度，始终将质量体系的持续改进作为质量管理工作重点，严格执行施工规范标准，抓好重点工艺、技术的改进，深化标准化、精细化建设，积极推进质量行为和实体质量标准化活动。本文主要论述了高标准、高质量要求下的港珠澳大桥岛隧工程在质量管理工作中，为达到精细化质量管控目的所采取的措施、亮点及创新，为类似工程的质量管理提供借鉴。

关键词：港珠澳大桥；精细化；质量管控；创新点

0 引 言

港珠澳大桥岛隧工程作为一项举世瞩目的地标性建筑、世界级通道、世纪工程，具有其独特的特殊性和重要性。面对 EPC 总承包管理模式和大量采用新技术、新工艺、新材料、新装备的形势，在港珠澳大桥岛隧工程施工的全过程中，始终将做好质量体系审核和持续改进工作作为质量管理工作的核心，高度重视措施落实，强化目标管理，注重细节施工，加大精细化管控力度，完善每道工序、每一环节、每个步骤达到完全可控的宏观控制要求，升级监控手段，强化精品意识，持续深入开展混凝土质量通病治理工作，全力以赴确保工程 120 年设计使用寿命的质量目标的顺利实现。

1 工程概况

1.1 工程简介

港珠澳大桥跨越珠江口伶仃洋海域，是连接香港特别行政区、广东省珠海市、澳门

---

[*] 本文曾刊登于《公路》2018 年第 8 期。

特别行政区的大型跨海通道。岛隧工程起止里程 K5+972.454（特别行政区界）～K13+413（主线桥梁分界线），总长 L=7440.546 m。

港珠澳大桥岛隧工程沉管隧道由 33 个管节组成，总长度为 5664 m，是迄今为止世界上规模最大的海上沉管隧道工程，隧址穿越伶仃西航道和规划 30 万吨油轮航道，最大水下深度达 46 m。沉管隧道与东西人工岛暗埋段相连，两侧暗埋段长度均为 163 m。

1.2 工程建设特点

港珠澳大桥岛隧工程（简称岛隧工程）作为国内首次在外海实施的超大型海底沉管隧道工程，除超大型工程所普遍具有的规模宏大、工期紧张、作业环境困难、施工及技术难度高、未知因素多而复杂、施工风险极大等显著特点外，还具有社会关注度高、三地政府共建共管、采用设计-施工总承包模式等独有特点。

2 质量目标及工作特点

2.1 质量目标

实现"工程质量、质量管理、现场管理达到国际标准""建设世界级的跨海通道、为用户提供优质服务、成为地标性建筑"建设目标的质量内涵。

确保成为粤港澳三地最优品质的跨海通道。

使用寿命达到 120 年，工程满足国家、行业及《港珠澳大桥专用质量检验标准》等相关标准规范的要求，确保达到合同规定的质量标准。检验批、分项、分部工程施工质量检验合格率达到 100%，单位工程一次验收合格率 100%。

2.2 质量管理工作特点

2.2.1 质量管理专业化

由于岛隧工程大量运用新工艺、新技术，常规检验手段已不能满足项目质量管理要求。为确保工程质量，港珠澳大桥岛隧工程大力推行"三专"活动：由拥有专业技术的管理人员专职负责，明确管理责任；对相关人员进行专业技术培训与考核；对施工班组进行动态管理，实行专班专岗、减少人员更换，确保质量的同时提高工效。

2.2.2 质量检验多样化

为避免因专业技术和施工经验的缺乏导致出现检验盲区，岛隧工程在常规检验的基础上，增加项目总经理部、施工管理顾问和外部专家三道监督检验程序，通过外部监督的手段，不断提高工程质量。

针对涉及工区多、工序交接频繁的特点，制定了专项验收办法，明确各道工序交接程序和检验要求，部署各阶段检验流程，提高管理效率。

针对沉管预制单道工序工作量大、工艺复杂、质量要求高的专项工程，组建了专项质量管理体系，对各工序施工和检验方法编制作业指导书，对施工关键节点设置检验停滞点，细化工序检验流程，单独编制验收项目，对工序进行分步验收，确保管节预制整体施工质量。

2.2.3 质量检验标准化

针对岛隧工程体量大、管理工作点多面广的特点，推行标准化质量检验，制定分项工程标准化方案，实施标准化的施工方法和检验流程，促使不同人员在不同工点的施工质量达到同一水平。

3 精细化质量管理工作

3.1 质量管理体系和规章制度的建立健全

为规范岛隧工程质量监督管理，切实落实全员质量责任，项目总经理部紧紧围绕既定的管理方针和质量目标，结合本工程特点和承包模式，确立质量管理要素和质量程序，分配管理职能，制定岗位职责和质量责任，将各项质量管理要素落到实处。贯彻落实创新驱动发展要求，形成管理创新长效机制。依据工程内容和项目标准，确定质量管理流程和方法，制定质量措施，保证工程质量始终处于受控状态。以系统的观点逐步建立健全以规章制度为主体、各项标准为支撑、适应"五商中交"、适合本单位的全员、全方位、全过程的质量制度体系。

3.2 质量通病（质量顽症）治理

项目总经理部秉承"内外质量相统一"的理念，以创建国内质量通病治理样板工程为目标，始终将质量通病治理作为质量管理的重点，加强"三检制"，强化施工现场管理，制定专项质量管理措施，持续提高施工质量；建立健全质量通病治理台账，有针对性地制定质量通病治理方案、措施，落实治理责任，严格监督检查和考核，不断消除质量通病；积极推行"首件制"，开展现场观摩教育、交流学习等活动，认真总结施工经验，优化施工工艺，提高工效，并在后续施工中加强治理工作，不断提高施工质量，提升质量管理水平。同时，项目总经理部以"工程质量治理两年行动""质量月"等专项质量活动为载体，全面推动质量管理工作，在专人负责、专业管理、专班施工"三专管理"的总体要求下，混凝土质量通病治理工作卓见成效，实体质量稳步提高，施工关键过程得到有效控制。

3.3 《质量发展纲要（2011—2020年）》宣贯和落实

《质量发展纲要（2011—2020年）》（简称《纲要》）的颁布实施，是我国质量发展史上的里程碑，对推动港珠澳大桥工程质量提升具有重要意义。项目总经理部以《纲要》为指导，根据工程质量管理特点，开展综合治理和"质量年""质量月"等专项活动，深入学习贯彻落实，强调工程质量目标，普及"质量安全"概念，强化质量责任，建立"职责明确、一票否决、有错必究"的质量责任追究制度。同时开展了一系列监督检查和专项质量活动，提高实体质量和管理水平，为《纲要》的贯彻落实保驾护航。

3.4 《中国交建工程质量治理两年行动方案》贯彻落实

为贯彻落实中国交建相关文件精神，项目总经理部积极开展了"港珠澳大桥岛隧项目工程质量治理两年行动"，全面推动质量终身责任制的落实，健全质量监管机制，提升工程质量水平。为保证本次行动顺利实施并取得实效，项目总经理部把贯彻落实列入重要工作日程，牢固树立"质量即是生命、质量决定发展效益和价值"的理念，加强管理、督促和落实，有针对性地开展质量通病治理工作，立足当前，着眼长远，突出重点，注重实效，有计划、有步骤、有措施地开展此项活动，努力开创质量工作新局面，为岛隧工程高质量地完成打下坚实基础，全面实现向社会承诺的质量目标。

3.5 推行质量信息系统

项目总经理部推行信息化管理手段，积极配合大桥管理局完成质量监督管理系统的建设，协助完成了程序开发和界面设计并逐步启用，所有质量检验文件均通过"广东省交通工程质量监督管理系统"填报、审批，最后直接输出打印作为竣工资料使用。同时，自行开发、应用了内网及外网系统，做到OA平台全单位覆盖、视频监控系统全工点覆盖。

4 质量管理工作亮点

4.1 风险管理

为全面完成项目的安全、质量、进度、成本及环保等目标，按照全面风险管理的思路,建立了一套沉管隧道施工综合风险管理体系,以风险管理为抓手,以安全、质量、进度、成本及人力资源、船机管理和文明施工等各个方面为着力点,按照"全员参与、全面识别、科学评估、综合防范、持续改进"的风险管理方针,遵循"全员、全过程、动态管理"的风险管理思路,将风险管理活动贯穿于沉管安装施工全过程,力求将风险意识传递到每个现场一线作业人员思想中,加大风险防范措施的投入,开展持续有效的施工风险管理工作,保障了沉管安装的安全受控和顺利完成。

4.2 海洋环境预报保障信息服务平台

岛隧工程紧紧围绕"管节浮运、沉放、锁定、回填施工技术难度大,对气象、海况条件要求极高"的特点,综合应用数据自动监听技术、多源异构数据一体化建模、存储和管理技术、服务聚合技术和多源数据网络可视化技术,构建了一套运行稳定、功能齐全、可有效服务于岛隧工程施工区海洋环境预报保障的信息服务平台[1],为本工程的建设提供海洋环境保障和辅助决策支持。

4.3 监控及施工监测

在本工程施工中,重点对隧道基础、隧道结构及线形、管节舾装等方面进行全过程监控及施工监测。

5 质量管理工作创新点

5.1 深入推行标准化管理

以保安全质量为目标,建立健全现场设施配备管理、作业人员培训考核、施工过程专项监控及反馈、各工序交底及验收总结的标准化管理机制,提高了施工工效,保持了质量的平稳形势。沉管安装实现了一次舾装验收标准化、技术交底层级化、安装系统检查流程化、安装过程记录标准化、协调指挥系统化,增强了对复杂作业的控制能力和突发情况的应对能力。管内施工通过完善组织架构、标准化文件,细化工序流程,有效保证了交叉作业下各项施工有序进行。

结合"工程质量治理两年行动"和"管理提升年"活动,瞄准"世界一流",立足"起点高、标准严、常态化、无死角",深入落实《双标管理活动实施方案》,积极开展培训教育、学习交流、工程创优、建设管理提升年等质量活动,扎实抓好质量基础管理,进一步提高工程质量及管理水平,不断地推进质量管理标准化建设再上新台阶。

5.2　高度重视质量管理队伍建设

为加强岛隧工程的质量管理工作，满足质量管理体系的要求，项目总经理部对各工区质量管理队伍实施动态管理，每半年通过采取座谈、统计的方式，对整个岛隧工程的质量管理队伍建设情况进行调研、分析、评价，加强和完善质量管理队伍建设，确保质量管理人员的数量和素质满足施工生产的需要。同时，通过组织专题培训、方案研讨、QC 小组活动等多种形式，对主要管理人员及施工操作人员进行培训及教育，强化质量意识，提高了业务水平，将"120 年使用寿命"植根于潜意识，在学习实践中不断提高专业能力，以高度负责的态度，用"鸡蛋里挑骨头"的劲头，加大现场管理力度，在各自的岗位上发挥良好的监督作用，并建立常态化的培训机制、考核机制，规范质量管理人员统一的标识性着装，不断提高质量管理队伍的素质和能力。

5.3　混凝土产品认证

岛隧工程接受并通过了澳门土木工程实验室的监督审核，沉管预制厂、东西两个人工岛、新会预制场、东莞预制场 5 个搅拌站全部通过了混凝土产品认证，混凝土成品质量得到了提升[2]。

5.4　实行质量总监制度

为进一步加强项目的质量组织管理、过程控制及相关协调工作，各工区与项目总经理部联动推行质量总监制度，增设质量总监，并通过推行质量"一岗双责"的管理体系，在"本质管理"核心理念下，突出队伍建设，强化监控手段，取得了实质效果。

5.5　坚持混凝土施工过程跟踪监督检查指导制度

岛隧工程混凝土施工一次浇筑方量大，质量要求高，加强混凝土施工过程管控是提高混凝土质量的重要保障。为此，项目总经理部分别成立"非通航孔桥上部结构施工指导组"及"混凝土施工质量指导组"，对岛隧工程沉管预制、暗埋段、敞开段、清水混凝土、非通航孔桥等施工过程坚持跟踪监督检查指导，并协调解决施工过程中出现的问题，确保混凝土施工质量满足要求。

5.6　规范清水混凝土施工

为保障人工岛清水混凝土质量，确保混凝土控裂满足要求，项目总经理部注重科技进步，实施技术推动，积极推广"新材料、新技术、新工艺、新设备"，不断完善清水混凝土施工工艺，形成了一套设计、施工、验评标准体系，及时总结先进成熟、安全可靠的技术体系并加以推广，为达到"世界水平"的表观质量提供了有力的技术支持。

为了规范清水混凝土施工和质量控制，实现清水混凝土施工标准化，提升人工岛清水混凝土表观质量和耐久性，经过国内外调研、现场试验、典型施工，项目总经理部组织编制了《港珠澳大桥岛隧工程清水混凝土施工规程》[3]，并在施工中严格执行，切实做好清水混凝土施工及质量管控、经验总结、规程完善等工作，确保了清水混凝土施工质量，实现了清水混凝土施工标准化、规范化。

为加强清水混凝土施工过程质量管控，成立了清水混凝土施工精品管理小组，明确了职责分工和管理工作重点，并建立长效机制，强调精雕细刻、精品意识的养成和提高，同时加强日常巡查和测量复核，常态化做好清水混凝土施工质量管理工作。

5.7 启用浮运安装决策机制

为高效处置沉管安装施工现场复杂情况，确保管节浮运安装顺利进行，在浮运安装过程中设置4个停滞点，由总指挥召集决策会议，通报当前状况，决定是否进入管节浮运安装的下一步骤。

5.8 升级验收停检制度

为提升沉管预制各个工序质量控制水平，在沉管预制、舾装质量控制过程中实行升级版的驻停验收制度，在关键的工序节点进行停工验收，共编制14项停检节点并在施工过程中严格对照执行，同时针对丝头加工、劲性骨架加工及安装、垫块绑扎、钢筋绑扎、钢筋笼顶推、模板支设等现场关键工序实行验收挂牌制度[4]，增进施工班组、工区管理人员的质量责任意识，使质量管理体系制度能够更有效实施，从而不断提升沉管预制施工质量。

6 结 语

质量管理工作任重而道远。岛隧工程在极其复杂的施工条件下，面对技术攻关任务艰巨、各项施工任务繁重、压力巨大、质量标准要求极高等的风险和挑战，进一步贯彻落实质量管理工作的具体要求，持续以"精细化管理"和"管理提升"作为工作的主题，深入推行"一岗双责"制，牢固树立"本质质量"的管理理念，时时贯彻"确保港珠澳大桥工程120年设计使用寿命"的质量要求，不断加强质量管理队伍建设，持续提高全员的质量意识，紧紧围绕质量管理工作计划，积极开展各项质量管理活动，通过深入开展标准化、精细化管理，持续开展质量通病治理活动，全力推进工程进展，逐步使质量意识深入人心，质量管理体系系统、科学，工程实体质量稳步提升，质量管理工作连创佳绩。

参 考 文 献

[1] 国家海洋环境预报中心，北京市海洋环境工程公司. 港珠澳大桥岛隧工程区海洋环境预报保障信息服务平台技术总结报告[R]. 北京：国家海洋环境预报中心，2012.

[2] 港珠澳大桥管理局. 港珠澳大桥混凝土认证细则（A版）[S]. 珠海：港珠澳大桥管理局，2013.

[3] 中交股份联合体港珠澳大桥岛隧工程项目总经理部. 清水混凝土施工规程（试行版）[S]. 珠海：中交股份联合体港珠澳大桥岛隧工程项目总经理部，2015.

[4] 梁杰忠，陈刚强. 超大型沉管预制构件质量管理[J]. 中国港湾建设，2015，35（7）：131-133.

外海施工人员水上交通解决方案[*]

彭晓鹏

(中交股份联合体港珠澳大桥岛隧工程项目总经理部，珠海)

摘 要：本文通过介绍港珠澳大桥岛隧工程施工水上人员交通船舶配置和管理情况，对外海工程施工水上人员交通船舶的建造、租赁和安全管理具有很好的借鉴作用。

关键词：外海施工；水上交通；解决方案

0 引 言

港珠澳大桥岛隧工程是目前世界上在建已建规模最大、综合难度最高的人工岛和隧道组合工程之一。岛隧工程施工现场位于珠江口伶仃洋上，远离岸线，海洋环境复杂。在为期7年的施工历程中，近3000名施工人员常年驻守孤岛或工程船，每天往返施工现场施工人员近300人次。岛隧工程项目总经理部新建新购租赁客船以解决水上人员交通难题，并摸索出一整套管理方案。

1 水上施工人员交通现状

近20年来，国内水上工程施工人员交通安全事故频发，且多为较大及以上安全事故。究其原因，施工人员水上交通既不属于水上客运管理的范围，也不完全在工程施工监管水域范围内，存在制度、监管和船舶配套上的不足。

通常水上施工人员交通采取拖轮、渔船、货船等非载客船舶接送人员，或者采取载客定额12人以内的交通船超载、客货混装，均属于违规作业，已经被安全监管严令禁止。

为了解决水上人员交通难题，港珠澳大桥岛隧工程项目总经理部在开工之初新建客船3艘，先后租赁高速客船十多艘，开创了国内大型工程施工人员水上交通先例。在为期7年的施工历程中，交通船舶单程航次近万次，接送人员达到35万人次，未发生一次水上交通人员伤亡安全事故。高规格的交通船舶投入使用还大大节省了作业人员往返施

---

[*] 本文曾刊登于《公路》2018年第8期。

工现场时间，提供了一个安全舒适乘坐环境，体现了以人为本的社会理念。

施工人员水上交通管理是一项系统工程，涉及船舶配置、船舶维修保养管理、船员管理、海务管理、船舶调度和安监管理等各个方面，与常规工程船舶管理有相同点，也存在较大差异。

2 管理组织体系

岛隧工程项目总经理部从专业分工管理出发，由设备部门牵头并具体负责组织协调和船舶、船员管理，工程部负责船舶调度管理，安监部门负责安全和海务管理，并先后制定了《交通船管理办法》《交通船乘坐安全管理办法》《船员考评管理办法》；编制了《乘客安全教育登记簿》《船舶值班记录簿》《船舶安全活动记录簿》《船舶物料清册》《船舶日常检查记录簿》等管理表格，量化日常管理；每月下旬召开交通船管理例会，不定期召开交通船调度协调会议协调解决日常管理中存在问题，不断提高管理水平。

3 船舶配置

3.1 船舶建造

岛隧工程项目总经理部于2011年先后建造载客定额30客和50客高速客船两艘，46客普通客船一艘，主要用于港珠澳大桥主体工程监理人和咨询人水上交通。在对中国船级社《海上高速客船入级及建造规范》和中国船级社《国内航行海船建造规范》深入研究的基础上综合考虑船舶载客定额、航行速度、船舶吨位、船舶结构和外形、船舶主机选型、船舶建造成本和运营成本等因素，根据实际运营环境确定配置要求，进行设计和建造。鉴于前期施工水域环境复杂，选择了钢质船体保证船舶安全性能，选择复合纤维上盖保证上建美观，具备会务和游览功能。

3.2 租赁

岛隧工程项目总经理部先后采取"光租"的方式租赁一艘12客高速交通船用于水上施工指挥；采取"期租"的方式先后租赁了一艘96客和一艘150客高速客船仿照客班船的运营方式每天定时定点接送施工人员；参照"程租"的方式租赁200客以上高速客船多次用于防台施工人员撤离和重大作业及活动。

大型高速客船有既定的航线和用途，应急和临时租赁高速客船需要报请海事部门临时调整航线并提供监管，长期租赁还需要办理施工用船许可手续。

4 船舶管理

4.1 交通船舶管理的特点

交通船舶,尤其是高速客船和普通客船运用于水上施工人员交通既不同于工程施工船舶管理,也不同于专业航运公司客船运营管理,存在海务协调难度大,载客管理复杂,航行路线多变,安全管理风险大等特点,项目总经理部明确岗位和职责,制定管理制度,采取针对性措施,控制安全管理风险,消除安全隐患,确保安全。

4.2 海务管理

国家现行法律法规《国内水路运输管理条例》《水上客运重大事故隐患判定指南(暂行)》和《中华人民共和国高速客船安全管理规则》等对 12 客以上客船和高速客船运营提出严格的管理要求,高速客船和普通客船在施工项目上的使用存在部分条款限制。项目总经理部本着确保安全,允许创新,保障大桥建设的宗旨与海事和交管部门多次协商,得到监管部门支持和业务指导。

4.3 船员配员管理

项目总经理部优选劳务管理公司提供船员对自有船舶和"光租"船舶进行管理。新到船员经过一段时间试用合格后独立值班。载客定额 12 客以上的普通客船和高速客船船员需要持有客船特殊培训合格证,高速客船高级船员还需要持有高速客船特殊培训合格证。项目总经理部联系船员培训学校组织船员培训取证,确保船员持证合规。

4.4 载客管理

交通船舶按照使用功能主要分三类,第一类是班船,出发时间、停靠地点和航线固定,主要用于接送施工管理和作业人员;第二类是现场施工指挥和参观用船,根据具体要求制定用船方案;第三类是应急用船,根据应急处置需要调动船舶。第一类班船载客管理,项目总经理部先后采取了乘船证和船票两种方式进行管理。各个工区(项目分部)根据往返现场作业人数领取乘船证和船票,对乘客进行安全教育,乘客凭证上下船。乘船证可以重复使用,船票印有时间和工区名称,只能当天使用。第二类现场施工指挥和参观用船，项目总经理部采取登船前集中安全教育，乘船过程中专人负责安全监督管理。第三类应急用船，执行防台应急预案和伤病员救治应急措施。

5　安全监督管理

项目总经理部在船舶配置、船舶设备、船舶配员、载客管理等方面将安全放在第一位，在日常安全监管方面从细节出发，不放过一个安全隐患。7 年来采取了以下监管措施：施工管理和作业人员乘船须经项目总经理部或工区进行身份核实，进行安全教育后发放登船证或船票，严格着装并穿戴救生衣后方可登船；团体参观乘船须填写用船申请，经项目总经理部审批后根据海况天气安排；将乘客上下船、20 人以上参访团、乘客随身携带物品、夜间和异常海况天气用船、非常规停靠点和非常规航行路线等作为安全监管重点；定期检查船况和配员；关心船员身体和精神状态，每年进行体检；定期对码头上下客通道防滑处理，等等。

6　推广和应用

施工或其他生产作业水上人员交通使用载客定额 12 人以上的普通客船和高速客船是行业发展和安全管理的必然趋势，需要得到相关制度支持，便于监管部门监管和使用部门日常管理。水上客运公司建造专用客船服务于施工生产水上交通具有专业化程度高、管理成本低、安全可靠等优点，但受到运力和主要航线限制，难以提供长期稳定的水上交通服务，需要得到政策上的支持。

船舶相关图片见图 1～图 4。

图 1　船舶建造照片　　　　　图 2　日常管理周例会照片

图 3　高速船作为班船接送人员照片

图 4　高速船作为防台应急船撤离人员照片

港珠澳大桥岛隧工程施工计划与进度控制管理[*]

刘 洋[1]，吴凤亮[2]，李德辉[1]

（1.中交二航局第二工程有限公司，重庆；2.中交第一航务工程局有限公司，天津）

摘 要：作为控制性工程的港珠澳大桥岛隧工程，包括沉管隧道和东人工岛、西人工岛。其施工难度大，工期紧，项目采取了设计-施工总承包模式。作为总承包方，为实现岛隧工程项目的进度管理目标，需要制定详细的施工计划，并在工程建设过程中进行有效的进度控制管理。本文结合岛隧工程建设实践，从总承包方角度详细介绍了项目的施工计划与进度控制管理经验，以期为同类工程提供参考。

关键词：港珠澳大桥；岛隧工程；施工计划；进度控制

1 工程概况及项目特点分析

1.1 工程概况

港珠澳大桥是连接香港、珠海和澳门三地的一项超级工程。工程主要包括三地口岸、三地连接线及桥隧主体工程，其中长约 29.6 km 的主体工程是一项超大型的综合集群跨海通道，采用了 6.7 km 的隧道与 22.9 km 的桥梁组合方案[1]。

主体工程中的岛隧工程，主要包括两座人工岛和一条沉管隧道，该沉管隧道是当今世界同类工程中综合难度最大的工程之一[2]。港珠澳大桥岛隧工程全长 7440.546 m，其中隧道长 6.7 km，预制沉管隧道长度 L=5664 m。东人工岛、西人工岛长度分别为 625 m，

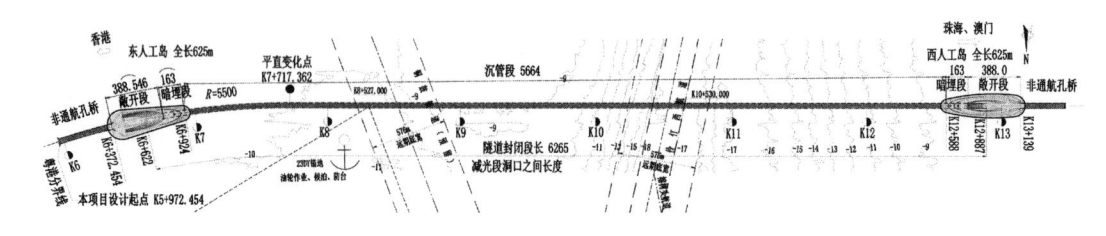

图 1 岛隧工程总平面图

---

[*] 本文曾刊登于《公路》2018 年第 8 期。

东人工岛结合部非通航桥长 L=390.546 m，西人工岛结合部非通航桥长度 L=264 m。岛隧工程总平面布置见图1。

1.2 项目特点及难点

港珠澳大桥岛隧工程项目建设具有以下特点：

1）社会关注度高：在"一国两制"条件下建设的大型跨海通道，三地人民寄予厚望；当前世界范围内综合难度和规模最大的沉管隧道，备受业界瞩目。

2）三地政府共建共管：大桥由三地政府共同出资建设，参建单位要充分理解和掌握三地的法律法规、标准规范、建设项目管理惯例和管理程序。

作为我国首条在外海进行施工的深埋沉管隧道，工程具有以下技术难点：

①工程穿越海洋生态敏感区，环保要求高。

②工程施工水域通航环境复杂，施工安排及安全管理难度大。

③三地标准与要求均需满足，设计寿命120年，质量及耐久性要求高。

④规模大、工期紧、工艺新。

此外工程还有大量接口限制，与世界上其他类似工程相比，工程量远大于同类工程，工期十分紧迫，对项目策划、组织与执行提出了更高的要求。

2 计划进度的控制管理

2.1 岛隧工程项目进度管理目标

作为承担岛隧工程建设任务的设计-施工总承包方，需要实现项目管理的多项目标，进度管理目标就是其中重要的一项。在本工程中，项目进度管理目标就是在合同工期内完成岛隧工程全部建设任务，在2017年底具备通车条件。

2.2 项目施工计划制定

要实现岛隧工程项目的进度管理目标，首先需要制定详细的施工计划。在项目投标阶段所做前期工作的基础上，岛隧工程总承包方于2010年底编制了港珠澳大桥主体工程岛隧工程总体计划，经上报监理、业主审批同意后，以此计划作为控制港珠澳大桥岛隧工程施工进度的基本依据。该总体计划不仅包含了总体施工进度计划网络图与横道图，还包括了隧道施工进度计划、西人工岛施工进度计划、东人工岛施工进度计划、总部营地施工进度计划、管节预制工厂建设施工进度计划、管节预制及安装施工进度计划、疏浚施工进度计划等多项专项施工进度计划横道图及相应的编制说明，另外该计划中还加入了重点设备制造和材料采购进度计划、施工图需求计划、施工图出图计划等,以全面指导项目推进。

2.3 项目施工计划执行与调整

在监理、业主对 2010 版总体计划批复同意实施之后,总承包方又编制了 2011 年年度计划、季度计划及月度计划,对总体计划中的施工任务进行进一步分解、细化。此后定期进行每月计划、每季度计划及每年计划的编制上报,并经监理、业主审批同意后实施,整个建设期累计编制上报 120 余份施工计划。在岛隧工程施工过程中,由于台风袭击、原材料供应不足、施工水域上游采砂导致回淤等各种不利因素的影响,部分施工计划在执行过程中出现了偏差,原计划无法继续准确地指导后续施工,为此及时对计划进行了调整,例如,2012 年 5 月对总体计划进行了调整上报,2011 年 8 月对 2011 年度计划进行了调整上报,各类调整的计划均及时得到了监理、业主的肯定批复意见,总承包方在计划批复后立即根据新计划重新组织现场施工,对工程建设的顺利推进起到了积极的作用。各类上报的计划文件见图 2。

图 2 岛隧工程的部分计划文件

2.4 项目施工进度控制管理

项目施工进度控制其实就是计划不断编制与调整的过程。得益于业主方港珠澳大桥管理局的前期工作,项目施工进度控制管理工作开展顺利。港珠澳大桥管理局提出的具有良好运行效果及平衡性能的岛隧工程设计-施工总承包管理模式,对处于关键线路的岛隧工程进度控制起到极为重要的作用,仅用 221 d,就完成全部钢圆筒打设[3]。如前所述,作为设计施工-总承包方,施工计划的编制与调整始终贯穿于整个建设期;同时作为总承包方，项目还建立了完善的组织机构，其中包括了负责总体管理的项目总经理部及专门负责施工的施工工区，在施工过程中，项目总经理部对工区的施工进度进行了控制管理，通过各种管理手段实现进度管理目标，具体有以下一些做法。

1）根据岛隧工程项目的总体工期要求，结合业主方提出的必须相应的里程碑时间节点，通过对工程的关键线路和技术难点分析，总承包方将工程施工划分为了四个阶段，并将各阶段的各项工作定义为四大战役，每个战役都以一项重要的施工节点为战役目标，分别为打设第一个钢圆筒的第一战役、首节 E1 管节浮运沉放的第二战役、隧道贯通的第三战役及项目完工的第四战役；由于四大战役分别对应的建设期长短不一，工作任务也不尽相同，因此又在每次战役中设置了不同的时间节点目标。这样就将时间跨度巨大的总体进度目标逐步分解为短期的节点目标，对工程总体施工进度起到了较好的控制作用。

2）编制内控实施进度计划，定期以正式文件形式将施工任务下发至各施工工区。内控实施进度计划的形式有多种，包括横道图、按工序分时间段编制的施工计划详表、专项施工进度计划等。一般情况下会每个月编制下发施工计划，包括年度、季度及月度施工计划等；在每一周末会根据现场情况制定下周施工计划；在局部工程工期紧张或者施工难度较大时，还会编制每日工作计划或者专项施工计划，以督促现场施工进度。

3）实施节点考核及综合考评措施，对各工区施工进度进行考核。根据四大战役制定的各项时间节点目标，将各工区分别需要完成的重要施工项目和完工时间以正式文件形式下发，或者签订相应的考核责任书，明确各工区在该阶段的施工任务，并辅以一定的奖励机制。至节点时间截止时由项目总经理部进行统一考核，综合各工区在进度、质量、安全及文明施工等各方面的表现，对各工区进行考核评优，对于优胜单位予以奖励，激励各工区不断提升。

4）开展各类劳动竞赛，激发各工区的竞争意识。除了实施综合考评，项目总经理部还紧跟工程建设需求不定期地开展各类专项劳动竞赛，如在 2017 年下半年开展的"大干四十天，全面完成主体结构施工任务"专项劳动竞赛。通过这些劳动竞赛，有效提高了各工区积极性，优质高效地完成了各项工作任务，保证了施工进度。

5）定期召开生产调度会，对生产任务完成情况进行汇总分析，对施工进度计划进行及时调整更新。项目总经理部会定期召开年度工作会、季度生产调度会、月度生产调度会、生产周例会等，随时对现场的施工计划执行情况进行检查分析，发现偏差立即进行原因分析与计划调整，做到进度控制的动态管控。同时项目总经理部会根据总体计划要求，对各工区分项工程施工进度、资源投入情况、工作界面划分等进行统一协调与调度，并为工区提供必要的各方面支持，确保各工区在一个整体的进度计划管理系统内各尽其职，避免工程总体施工进度受到影响。

6）针对部分关键线路施工，定期召开专项施工推进会，如每周的沉管浮运安装推进会、房建工程推进会等；对于一些重难点项目，也会不定期召开专项施工协调会，及时解决影响进度的问题，研究加快施工进度的方案方法，落实进度保障措施。

2.5 项目计划进度控制管理取得的成效

通过系统有效的计划进度控制管理，岛隧工程不仅创造了"当年开工、当年成岛"的工程奇迹，还创造了"一年安装十节沉管"和"半个月内连续安装两节沉管"的中国速度，在 E15 沉管管节遭遇两次安装失败、预制厂停工近三个月等各种艰难条件下，通过合理地计划调整与进度管控手段，最终仍然圆满地完成了岛隧工程全部建设任务，在 2017 年底具备了通车条件。

3 结 语

港珠澳大桥岛隧工程作为一项超大型复杂工程，其施工任务多，建设工期长，如果不对施工计划与进度控制进行系统的管理，将面临严重的工期延误风险，并可能最终导致大桥无法按时具备通车条件。通过岛隧工程建设实践，可以总结出以下一些经验：

1）建设超大型复杂工程可以优先考虑采取设计-施工总承包管理模式，从总承包方的角度来说，可以更好地发挥设计施工联动作用，在实现方案优化的同时，能更大程度地加快设计施工的对接速度，减少界面接口，有效提高工作效率，加快工程建设的推进。

2）对于类似岛隧工程这样的超长工期、大型复杂工程的建设，首先必须在项目实施初期就建立一个明确的最终工期目标，并且在施工过程中要严格执行。其次要将此目标进行进一步分解，并在施工中对进度进行动态管理。在超长工期工程建设过程中，必然会因许多不确定因素导致实际进度与计划进度产生偏差，此时要及时调整节点目标，将与之相关的各项工作重新制定新的计划，例如，岛隧工程在 E10 管节安装时遭遇深水深槽难题、E15 管节安装遭遇基床突淤等情况，这些不确定因素导致了工程进度滞后，原节点目标无法实现，为此项目及时进行节点目标调整，将沉管预制、沉管安装、基槽开挖、基床抛石夯平等各项相关施工的计划进行了统一调整，保证了最终工期目标的实现。

3）在施工过程中，要采取各类进度控制管理措施，如及时进行施工计划编制与调整、进行各种考核考评、开展专项劳动竞赛、建立完善的会议制度等，对项目施工进度计划进行全过程的动态管理，才能实现最终的项目进度管理目标。

参 考 文 献

[1] 李英，陈越. 港珠澳大桥岛隧工程的意义及技术难点[J]. 工程力学，2011，(a02)：67-77.
[2] 尹海卿. 港珠澳大桥岛隧工程设计施工关键技术[J]. 隧道建设，2014，34（1）：60-66.
[3] 高星林，张鸣功，江晓霞，等. 超大型复杂工程计划进度管控及其思考[J]. 公路，2017，(6)：228-232.

港珠澳大桥沉管预制自防水混凝土施工关键技术*

刘 洋，李德辉，孟庆龙

（中交二航局第二工程有限公司，重庆）

摘 要：港珠澳大桥沉管预制采用工厂法全断面浇筑工艺，每个预制节段混凝土方量约 3400 m³，采用自防水混凝土结构，主体结构抗渗等级不小于 P12。在超大断面混凝土浇筑的条件下，要实现沉管 120 年的使用寿命，就要求沉管具有良好的工作性能、高抗裂、低渗透和耐久性。自防水混凝土的质量成为预制沉管成败的关键。本文结合港珠澳大桥沉管预制工程实践，提出混凝土配合比设计、温度控制、浇筑质量控制、养护质量控制四大关键技术，为同类工程提供参考。

关键词：港珠澳大桥；沉管预制；自防水混凝土；关键技术

港珠澳大桥沉管采用工厂法进行分节段预制，单节段长 22.5 m，混凝土重量超过 8000 t，由 8 段组成一节标准长度的沉管管节。沉管设计采用局部预应力半刚性沉管结构，不允许渗水，结构表面无湿渍（空气冷凝水除外），满足一级防水要求。使用自防水混凝土结构，管节结构抗渗级别不低于 P12。每个节段采用全断面一次浇筑，不允许设置纵向、横向施工缝及后浇带。

管节混凝土具有体量大、构造庞杂、预设预埋繁多等特点，导致结构自约束大，若混凝土温升过高，极大可能出现有害裂缝；管节深埋在 40 m 海底基槽内，表面裂缝可能进一步发育，形成渗漏路径，导致管节抗渗能力下降甚至失效，且加速氯盐对结构的侵蚀[1]。同时，沉管管节长埋于水下，本体无法修复，只能通过注浆等措施补救，对管节使用寿命有较大影响。在超大断面混凝土浇筑的条件下，要实现沉管 120 年的使用寿命，就要求预制沉管混凝土密实无裂缝，沉管的工作性能良好，结构耐久无渗水[2]。

1 预制沉管自防水混凝土施工关键技术

1.1 混凝土配合比优化设计

预制沉管混凝土的配制遵循"抗渗性、抗裂性、工作性能并重，混凝土各项性能均

---

* 本文曾刊登于《公路》2018 年第 8 期。

衡发展"的原则[3]。通过降低水泥用量、提高骨料堆积密度降低空隙率、选择合适水胶比、增大矿物拌合料、采用高效减水剂等措施,经过大量配合比优化试验及足尺模型试验,得出配合比参数如表1所示。

表1 沉管隧道的混凝土配合比

胶凝材料用量/(kg/m³)	水胶比	水泥		水	粉煤灰		矿粉		河砂	粗骨料(5~10 mm)	细骨料(10~20 mm)	减水剂	
		%	kg/m³	kg/m³	%	kg/m³	%	kg/m³	kg/m³	kg/m³	kg/m³	%	kg/m³
420	0.34	40	168	142.8	25	105	35	147	725	773	331	1	4.2

1.2 混凝土温度控制措施

1.2.1 温控指标

港珠澳大桥沉管温控标准,包括入模温度、最高温度、内表温差和降温速率4项指标。

(1)混凝土浇筑温度控制

高温季节:入模温度≤28℃;常温季节:入模温度≤23℃;低温季节:入模温度≤20℃。

(2)最高温度控制

结构内最高温度≤70℃(高温季),结构内最高温度≤65℃(常温和低温季)[4]。

(3)温差控制

最大内表温差≤25℃。

(4)降温速率控制

拆模后≤3℃/d。

1.2.2 原材料温度控制指标及措施

根据预制沉管的温控要求,研究提出混凝土原材料的出入料仓温度指标和降温措施见表2。

表2 原材料温度指标和降温措施

材料	温度控制指标/℃	温度控制措施
水泥	≤55	水泥出厂≤70℃,船运上岛转入中间仓,使用温度≤55℃
矿粉	≤45	出厂温度≤50℃,中间仓储存倒运,使用温度≤45℃
粉煤灰	≤45	出厂温度≤50℃,中间仓储存倒运,使用温度≤45℃
砂	≤30	材料提前进场、入库储存,料场搭棚遮阳

续表

材料	温度控制指标/℃	温度控制措施
石	≤30	材料提前进场，入库储存，料场搭棚遮阳，必要时洒水降温砂石料上料皮带廊道和称量仓底部通冷风
水	≤5	2台5 t/h的制冷机组制取冷水
外加剂	≤30	材料入库储存，现场储罐刷白

1.2.3 混凝土生产、运输及浇筑过程温度控制

混凝土生产、运输及浇筑过程中主要采取以下手段确保混凝土入模温度不超标：

1）正式生产前检测原材料实际温度，结合混凝土的出机温度要求，得出理论加冰量；生产过程中按时监测入模温度，通过增减加冰量来控制入模温度恒定。

2）为了减小高温天气和阳光照射所带来的温度上升，罐体外增设了吸水帆布，并且淋水降温，同时控制运输、等待浇筑的时长[5]。

3）集中布置拖泵，设置较大面积的遮阳棚，高温季节洒水降温，泵管包裹海绵，定时洒水降温。

4）控制浇筑区域温度，浇筑前及浇筑过程中，采取6台冷风机向模板内输送冷空气，使振捣环境温度控制在25℃左右，减缓了混凝土入模后的温升速度及最高温度。

经过以上措施，出机温度控制在20℃左右完全满足温控要求。混凝土运输、等待、泵送过程中的温升，由7℃降低到2.1~4.0℃，各项温控措施见图1。

图1 混凝土运输浇筑过程中温控措施

1.3 混凝土振捣质量控制措施

通过设计优化，钢筋笼侧墙、中墙均设有竖向、横向的振捣通道，确保振捣人员可

以振捣到钢筋笼的大部分位置，在端部钢筋密集区域，振捣通道无法到达的地方，设置振捣棒串筒辅助振捣棒到达预埋件及钢筋密集区域，确保混凝土振捣质量。

混凝土浇筑时，技术人员进行 24 h 全程监督，严格控制混凝土分层厚度在 30～50 cm 内，振捣棒插入间距以 50 cm 为准，振捣时间 30～45 s，不欠振、漏振和过振，并采用进口高频低振幅振捣棒进行振捣，确保混凝土振捣质量。

1.4 混凝土养护

混凝土养护系统具体功能如下：

1）可对沉管工厂化生产线上的三节 22.5 m 长的节段分别进行养护；

2）厂房内外加设养护棚厂房内养护棚为折叠式，可自由伸缩；厂房外养护棚需为固定框架结构，具有防台风的能力；

3）养护棚具有较好的保温效果，使棚内在一段时间保持一个相对稳定的温度、湿度；

4）节段混凝土中心及表面中将埋设温度、湿度传感器，如实测混凝土内外温差超过 25℃、养护环境湿度低于 90%，养护系统自动报警，并自动控制工业冷暖主机进行工作，将循环水调温后通过雾粒直径为 25 μm 的喷雾喷头喷出，且喷头设置的位置可保证养护棚内部温度、湿度均匀。

混凝土浇筑完毕后，对混凝土进行覆盖土工布洒水保温保湿，对拆模后的管节使用养护棚进行养护，根据现场监控的情况，控制喷雾量大小、时间；管内利用模板针形梁设置喷雾养护管路；端头和管廊内挂帘封堵减少水分散失及温差引起的管道风。经过现场认证，喷雾后湿度基本达到 90%以上满足预制沉管养护要求。混凝土养护见图 2。

图 2 混凝土外部洒水覆盖养护，内部喷雾养护

2 结 语

1）在超大断面混凝土浇筑的条件下，要实现沉管 120 年的使用寿命，就要求沉管具

有良好的工作性能、高抗裂、低渗透和耐久性。自防水混凝土的质量成为预制沉管成败的关键。

2）自防水混凝土施工的关键技术：配合比设计，温度控制，浇筑质量控制，养护质量控制；四大要素缺一不可。

3）通过各种手段控制和确保混凝土入模温度、浇筑环境温度，可以很好地控制混凝土最高温升、内表温差，从而有效控制混凝土内部裂缝的发育。

参 考 文 献

[1] 王胜年，苏权科，范志宏，等. 港珠澳大桥混凝土结构耐久性设计原则与方法[J]. 土木工程学报，2014，(6)：1-8.

[2] 王胜年，李克非，范志宏，等. 港珠澳大桥主体混凝土结构120a使用寿命耐久性对策[J]. 水运工程，2015，(3)：78-84，92.

[3] 刘可心，吴柯，刘豪雨. 港珠澳大桥超大断面隧道混凝土裂缝控制技术[J]. 水运工程，2015，(8)：139-143.

[4] 李超，王胜年，王迎飞，等. 港珠澳大桥全断面浇筑沉管裂缝控制技术[J]. 施工技术，2012，41（22）：5-8，18.

[5] 李进辉，李阳，刘可心，等. 超大断面预制沉管混凝土裂缝控制技术[J]. 混凝土，2014，(4)：146-151.

港珠澳大桥沉管隧道管内 HSE 标准化建设[*]

王国发，吕宏宇，高昊然，陈光友

（中交一航局第一工程有限公司，天津）

摘　要：港珠澳大桥沉管隧道内施工涉及端头钢封门拆除、压载混凝土浇筑、OMEGA 止水带安装、防火板安装、射流风机安装等众多风险等级较高的施工。本文介绍了施工过程中为控制施工风险所开展的一系列 HSE 标准化建设，可作为今后类似工程 HSE 管理参考。

关键词：标准化；风险；管理

0　引　言

港珠澳大桥隧道施工采用预制沉管安放工艺，隧道从管节沉放到后续管内施工涉及各类风险。工区在岛隧工程项目总经理部的领导下，深入分析各类风险，多部门联合做好 HSE 管理策划，成立管内施工管理机构，积极推动标准化建设，取得了一定成绩，确保了沉管隧道施工安全可控。

1　组建管理机构，落实管理责任

在岛隧工程项目总经理部的统一领导下，由岛隧Ⅰ工区落实组建沉管隧道管内分部，负责管内施工的现场协调管理、动力保障、安保工作、HSE 管理及文明施工的监督检查（图1）。

为规范沉管管内各工区及工序之间作业流程，规避工区、工序交叉作业造成的管理漏洞，达到"安全与风险可控，施工组织流畅，施工现场井然有序，外观质量美观"的总体要求，制定了《沉管管内作业管理制度汇编》，包括管内作业交接及接口管理、HSE 及安保管理、动力保障、文明施工四个方面。管内分部每月组织开展一次月度风险分析和 HSE 例会，分析讨论当月工作并制定下月工作落实重点。

---

[*] 本文曾刊登于《公路》2018 年第 8 期。

图1 管内分部组织机构

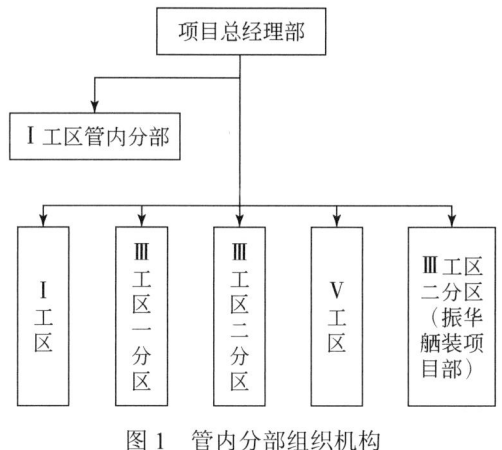

2 安全文化建设

安全文化建设对各项管理措施的落实起到了很重要的作用，管内施工管理秉承了沉管沉放的"每一次都是一次"等良好的安全文化，注重现场警示宣传，在每一处需要安放警示牌的位置及时设置警示牌，多个重要场所设置提示牌，利用图文并茂的形式营造现场可视化的安全氛围。从教育着手，利用"入场三级安全教育"、经常性教育、专项安全教育相结合的手段，不断提升作业人员安全知识。开展应急救援演练，提升作业人员安全技能。实现作业人员遵章守纪，规范生产，作业过程严格执行安全生产"一票否决"制度，形成了"不安全，我不干"的安全文化。

3 HSE管理标准化建设

3.1 开展风险辨识，强化风险管控

管内分部注重风险管控，坚持了良好的风险管控制度。每月各工区开展风险辨识，对风险进行风险等级划分并制定安全防范措施。每季度岛隧工程项目总部组织管内分部、各工区开展风险综合分析，分析风险管控效果，制定下一步风险防范重点。

（1）临时用电管理

出于对隧道内空气质量、环保、安全管理的要求的考虑，隧道供电方式采用2台10.5 kW高压发电机于隧道外发电通过高压电缆输送、6座箱式变压器（变压器设有烘干保护装置）转换成低压电向隧道内各点进行供电。

供电采用TN-S系统，依照《施工现场临时用电安全技术规范》（JGJ 46—2005）要

求实行"三级控制、二级保护",做到"一机一闸一箱一漏"。对施工现场电闸箱统一编号上锁,明确责任人,配备 7 名专业电工负责日常用电管理,保证电闸箱内外保持整洁,杜绝私拉乱接。为减少用电负荷,隧道内所有使用的照明灯均为 LED 节能型灯具,每隔 8 m 设置一盏照明灯。

管内分部为电工班组配备了漏电保护测试、绝缘电阻测试仪等仪器,每月电工班组人员按照检查制度对用电设备、电箱、供电电缆进行检查巡视,如实填写检查巡视记录。箱式变压器厂家定期到现场对变压器、高压发电机进行维护,确保安全可靠。

(2) 封门管理

隧道内推进段端头始终保证留有三道钢封门以保证安全,专门设立封门安全管理班组,实行 24 h 值班制度,对端头处的空气质量、封门安全状态进行监控并做好记录。凡是进入最后三道封门处的人员均需要实时登记,并安排专人跟随,避免人员误操作发生意外。封门处空气流通相对其他地方差,设置了临时通风扇,且值班人员实行 3 h 一轮换制度。

(3) 止水带保护

沉管对接实现推进需要靠止水带的止水,管内在对接成功后安装第二道止水带(OMEGA 止水带)以加强阻水效果。一旦忽视止水带的保护,施工或者通行车辆对止水带造成破坏,就有可能发生海水渗入,严重的会导致海水的灌入,产生不可估量的重大事故。每次沉管安放后由 V 工区用材料对止水带进行保护,保护措施安装后移交管内分部管理(图 2)。

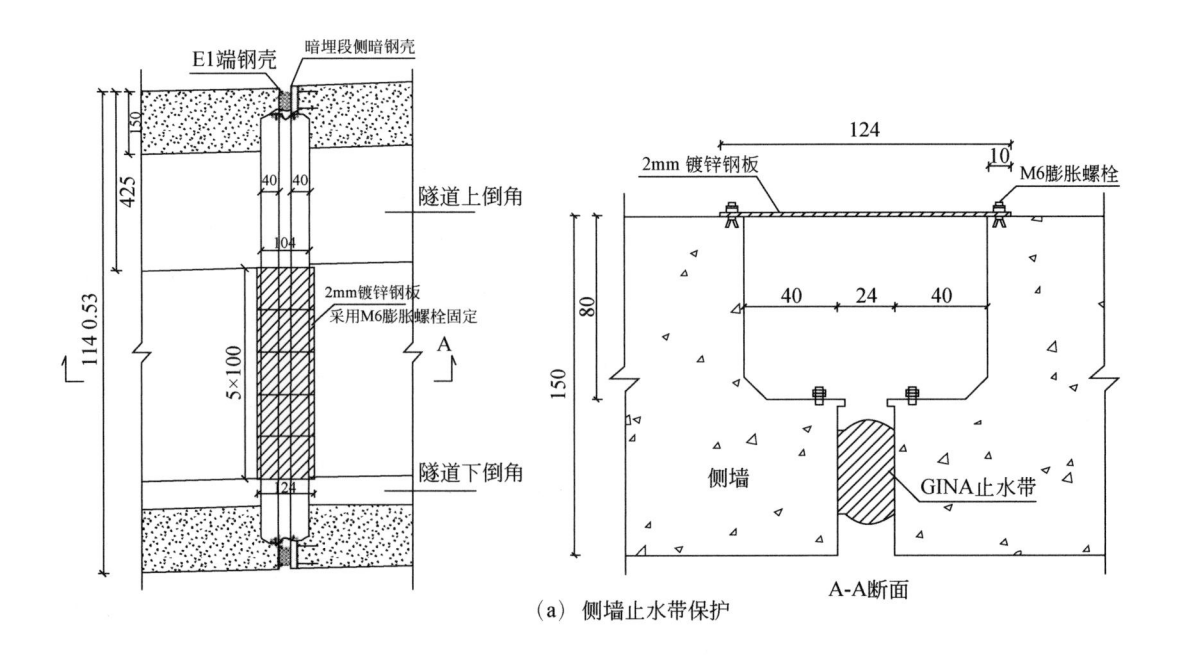

(a) 侧墙止水带保护

(b) 节段接头处止水带保护

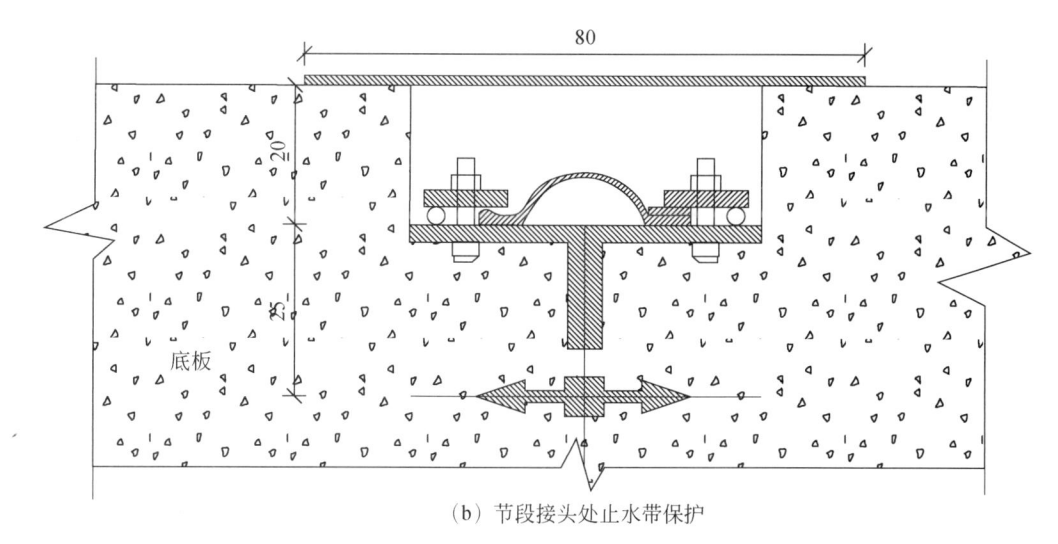

图 2 止水带保护（单位：mm）

（4）防火管理

隧道内禁止存放汽油、柴油等易燃易爆物品，各类车辆油箱加油不得超过车辆自身油箱的三分之一，作业所需气瓶设置专用存放棚存放于岛上。

进入隧道施工人员禁止携带火柴、打火机等火种，火柴、打火机等统一寄存在隧道口保管箱内。隧道内休息、吸烟实行集中管理，由管内分部设置标准化吸烟区，配备灭火器、不锈钢垃圾桶等设施。点烟使用点烟器，避免人员随意携带火种而发生火灾事故。

（5）交通管理

隧道内实行交通管制，非工程机械车辆不得进入隧道，大型施工车辆进入隧道必须提前向管内分部报备，避免隧道内机械车辆过多增加事故风险。管内分部对进入隧道的车辆实行统一编号，集中管理，隧道内车辆必须相互避让，正常行驶速度不得超过 20 km/h，穿越施工段时速度不得超过 5 km/h，一旦发现司机违反规定取消其进入隧道资格。

隧道施工人员及外来参观人员统一使用四轮电瓶车接送，电瓶车每 15 min 发出一辆，始发点和隧道终点时刻确保有 2 辆车候命。电瓶车参照特种设备管理，每年由珠海市特种设备检验检测机构进行检验，物设部负责交通电瓶车的每日检查、维护和保养。

3.2 人员管理

（1）教育培训

入场作业人员实行三级教育，各工区培训、交底后凭相关教育资料到管内分部办理长期作业人员芯片登记。作业人员首次进入隧道时由管内分部派专人对作业人员进行入隧统一培训。人员退场时各工区将退场人员名单及芯片报管内分部注销。

（2）进出隧道管理

隧道施工人员进出管理采用"隧道人员考勤安全管理系统"在隧道进出口设立门

禁，安排专人值守。该系统采用了当时最先进的开放式 2.45G RFID 射频识别技术，工人在安全帽内粘贴预先录入了个人信息的芯片（图3），通过隧道内布设的识别设备对进出隧道的人员进行监控，并显示在隧道门禁出入口处的 LED 显示屏上（图4），掌握每个管内作业人员的进出时间和具体位置。

外来参观人员进入隧道需提前到岛隧工程项目总经理部开具"隧道参观审批单"，持有"隧道参观审批单"并在隧道门禁处登记、领取参观人员芯片卡方可进入隧道。

图3　射频芯片　　　　　　　图4　LED 显示屏

（3）班组安全管理

隧道内施工实行"10+1"制度，即每10名作业人员任命一名班组长，统一佩戴袖标。班组长每天作业前组织召开班前会，配合 HSE 管理人员做好施工人员教育交底和日常监督工作。

3.3　施工安全管理

（1）检查

管内分部执行日常巡视、半月检查、专项检查相结合的检查机制，及时排查 HSE 隐患，保障安全生产。每天由工区和管内分部 HSE 管理人员对现场施工个点进行检查确认，填写巡视检查表。每半个月管内分部组织各工区开展 HSE 综合检查，适时开展季节性、节假日等专项检查，严查事故隐患，避免事故发生。

（2）危险作业管理

管内危险性较大的作业严格执行作业许可制度，作业前作业单位填写"作业许可审批单"（如高处作业审批、动火作业审批等），经管内分部确认人员、设备、措施落实均到位后方可允许作业。

3.4　环保管理

为保证隧道内材料、垃圾及时出运，创造良好的施工环境，大大降低各类事故和职业病的发生,管内分部成立了隧道文明施工整理班,负责对隧道内的文明施工、公用安全防护设施、标识等进行维护。采用局部清扫和大功率吸尘器吸尘相结合的方式控制隧道内因车辆行驶、施工等造成的扬尘。同时管内分部投放了可打包环保厕所,解决施工人员大小便问题。健康监测单位、隧道HSE管理人员定期对管内空气质量、环境健康等进行监测。

3.5 应急管理

管内分部成立之时,组织各工区一同编制了《管内HSE应急管理办法》,并依据管内应急管理办法配备了相应的应急物资(表1)。每年管内分部负责组织相关人员对《管内HSE应急管理办法》进行更新,并对各工区进行培训。每季度管内分部组织各工区开展隧道施工灾害应急演练,保证每名作业人员掌握隧道内应急逃生技能。

表1 沉管隧道应急主要设施

序号	应急设施名称	数量	标准	备注
1	消防救生呼吸装置	2套	—	隧道左右幅各一套
2	应急救援车	2辆	—	紧急情况下可临时调用其他车辆
3	应急药品、器械	1套	—	
4	防爆应急灯	750盏	21盏/管节	
5	消防灭火器	1320具	19具/管节	4 kg干粉18具 30 kg干粉1具
6	应急电话	70部	1部/管节	

4 HSE设施标准化建设

4.1 劳动防护

所有作业人员统一工作服,配备反光衣、安全帽、劳保鞋、防尘口罩、隔声耳塞等劳动防护用品,定期对所配备劳动防护用品进行检测,及时更换过期和损坏的劳动防护用品。

4.2 视频监控与通信

沉管隧道进出口处和隧道内部重要施工部位,都安装了可进行360°旋转的工业级高清摄像头,对进出人员及隧道内情况实施24 h全程监控,确保岛隧工程项目总部调度中心和岛上管内分部可以及时掌握现场安全动态(图5)。为减少外界对讲机信号干扰,隧道还实行独立数字信号模式,建立独立的对讲器通信基站,稳定通信信号,减少岛上对讲器指挥信号干扰产生的安全风险。

图 5　视频监控

4.3　临时通道、临边防护

为确保人员安全,实现人车分流,隧道内利用交通警示锥、防护护栏进行临边和通道分隔警示,每隔 30 m 设置一具夜间警示灯,警示过往车辆注意安全(图 6)。

管节内临时通道统一使用可调节高度的标准化步梯,按照安全通道设计数量配备跨管廊通道,安全通道口处悬挂安全警示标识,隔墙开孔处设置引导标识。

图 6　人车分流

4.4　形象识别与警示

隧道内安全警示标牌制作严格执行中交形象视觉识别系统,按照国际化、标准化原则,参照《公路水运工程施工标准化指南》样式设置。

隧道口张贴大型施工标识牌,包括施工简介、进洞须知、火灾逃离路线、HSE 管理方针、危险源识别及控制方式、作业示意图、空气质量及天气预报。隧道内每个管节张贴管节标识牌、宣传标语,安全通道口及各危险区域张贴安全警示标牌。

4.5 防护设施、设备

隧道内光线相对偏暗,各项环境条件不佳,为确保施工风险降低,大力推动了设备设施专业化,保护措施标准化工作。实施了交流焊机设置二次降压漏电保护装置(图7);氧气、乙炔设置专用推车,配置防回火截止阀;管沟安装设计专业台车;搪瓷钢板安装标准化平台(图8);机械设备安装防护罩等多项标准化工作。

图 7　交流焊机二次保护装置　　　　图 8　搪瓷钢板安装标准化平台

4.6 防火设施

隧道内一旦发生火灾未能及时扑救,将对隧道内施工人员生命安全构成威胁,造成隧道结构破坏,后果不堪设想。除加强管理外,管内分部结合隧道内施工特点对每节管节进行了消防设施标准化配备。每节管节配备 30 kg 推车式干粉灭火器 2 具,每 22.5 m 配备 2 箱干粉式 4 kg 手提灭火器,隧道变压器附近额外设置 1 辆推车式和 2 具 4 kg CO_2 灭火器。

5　结　语

在港珠澳大桥的建设历程中隧道施工占了 5 年,这 5 年里我们不断探索、不断实践,掌握了许多外海沉管隧道管内施工 HSE 标准化建设的宝贵经验。2017 年沉管隧道的顺利贯通,是对所有人努力付出的一个肯定。

西人工岛房屋建筑负一层模板及混凝土质量通病治理[*]

吕 鹏，杨润来，陈三洋

（中交一航局第一工程有限公司，天津）

摘　要：质量通病具有"小病难治"特点，是影响主体建筑质量的重要因素，尤其对混凝土结构的安全性和耐久性。本文介绍了港珠澳大桥岛隧工程西人工岛主体建筑负一层混凝土结构质量通病的治理情况，从模板工程质量通病防治、混凝土表面一般缺陷质量通病防治等方面进行了深入的总结，形成了一系列外海房屋建筑质量通病的治理措施，可供指导同类型工程施工借鉴。

关键词：港珠澳大桥；主体建筑；模板；混凝土；质量通病

1　工　程　概　况

港珠澳大桥西人工岛主体建筑作为工程竣工后运营期间的管理中心，其地面以上部分共计3层，建筑高度为20.2 m。主体建筑平面围绕隧道通风排烟（中央风孔）周边布置。利用岛上隧道暗埋段空箱结构形成负二层，首层地面与隧道暗埋段顶板形成负一层。首层以上各楼层高分别为7 m、6 m、7 m。西人工岛主体建筑负一层结构平面布置图见图1。

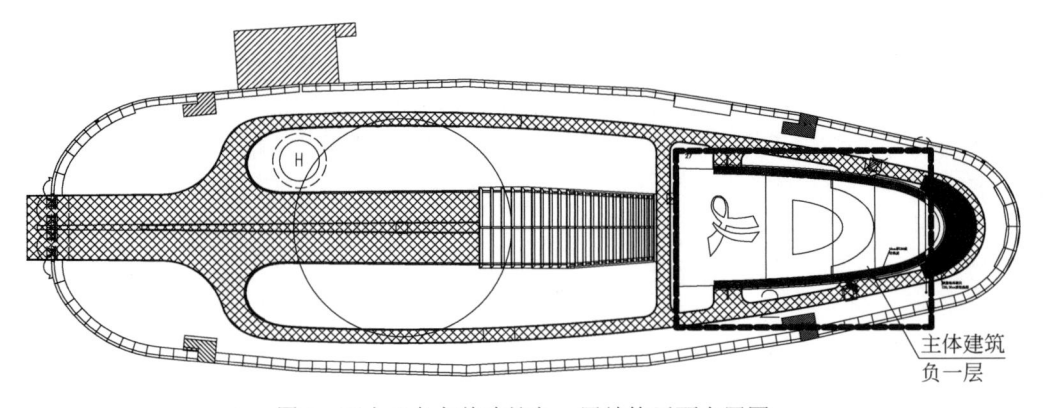

图1　西人工岛主体建筑负一层结构平面布置图

---

[*] 本文曾刊登于《公路》2018年第8期。

本工程质量管理主要特点如下。

1）西人工岛主体建筑建筑面积达 3.2 万 m^2，采用框架结构，为满足建筑功能及承载需要，各楼层主次梁设置繁多，交错布置；特别是首层梁板，结构上部荷载大，功能划分多，结构设计异常复杂，对于梁柱、主次梁、梁板节点的结构尺寸、模板止浆等提出了较大的挑战。

2）负一层结构底板为西人工岛隧道结构顶板，设置有 2.98%纵坡，顶板为水平面，侧墙及立柱高度渐变，特别是立柱模板底口的止浆十分困难，容易形成烂根。

3）房建结构构造复杂，边角及边线繁多，与此同时，混凝土观感质量极高。采用传统支模及分部浇筑工艺，易在混凝土表面形成支模工艺缺陷，现拼模板亦容易形成模板拼缝错台、漏浆，因此对现场的精细化施工提出了更高要求。

2 质量通病防治措施及效果

港珠澳大桥岛隧工程西人工岛工程的质量目标是争创鲁班奖、詹天佑奖、国家优质工程奖。其中西人工岛主体建筑为钢筋混凝土框架结构，是港珠澳大桥岛隧工程地标性建筑。在施工中我们积极分析研究各分项质量通病产生的原因和防治措施，以提高混凝土的内在质量及耐久性，确保工程 120 年使用寿命。

2.1 模 板 系 统

模板的施工工艺及形式直接影响混凝土的观感质量及现场操作方便性，西人工岛主体建筑负一层按照 CW2、CW3-1、CW3-2、CW4-1、CW4-2 共计 5 个分段依次浇筑。各分段浇筑区域均采用梁、板、墙一体浇筑方式，其中对于立柱高度较高的 CW2~CW4-1 节段，提前完成立柱浇筑，再一次性完成其余部分施工。对于立柱高度较低的 CW4-2、CW5 节段，采用梁、板、柱、墙一体浇筑工艺。考虑主次梁构造尺寸多样，楼板分块众多等特点，结合工程实际情况，项目部综合考虑，采用现拼木模工艺，以适应主体建筑复杂结构施工。具体模板工艺为：①对于独立浇筑的立柱，采用钢框木模形式；同梁、板一次浇筑成型的立柱，采用木框木模形式。②对于负一层侧墙，为适应墙身结构变化，采用现场拼装木框木模形式，采用三段式对拉系统进行模板加固。③对于主次梁，采用承插型盘扣式支架，14 号工字钢作为主龙骨，10 cm 木方作为次龙骨，17 mm 胶合板作为面板。

模板工程质量通病防治措施如下。

1）主体建筑负一层 CW2 区段梁板顶板浇筑完成后，经检测梁底部平整度较差，局部梁底呈现不规则波浪形特征，对梁底观感质量及边线顺直度造成不利影响。经综合分析，产生上述现象的原因主要为梁底模板次龙骨（10 cm×10 cm 木方）结构尺寸存在正负偏差，梁底模板铺装遇到相邻木方正负偏差累加，当梁上钢筋、混凝土荷载加载后，因模板刚度过小形成表面高低差;此外,本工程中模板次龙骨 10 cm×10 cm 木方按照间距 30 cm 设置,模板板面为 17 mm 胶合板,板面抗弯能力较弱,进行钢筋绑扎作业时,如混凝土垫块放置于次龙骨中间(图2),将导致混凝土浇筑时垫块处集中受力,使模板产生变形。

图 2　垫块放置次龙骨间

通过深入分析并试验对比测试,项目部要求模板施工班组使用压刨机将进场木方逐一进行标准化压刨处理,见图 3,保证梁底模板铺装的木方尺寸标准、统一,进而确保模板面与模板底木方贴合紧密,且高度一致,以满足模板表面平整度要求;同时,钢筋绑扎时,要求钢筋班组将混凝土垫块放置于次龙骨上方模板处,保证浇筑混凝土时上部荷载直接作用于次龙骨之上,最大限度提高梁跨顺直度及观感质量;经过以上改进,房建负一层梁底平整度及边线顺直度得到极大提高,见图4。

图 3　进场木方裁切图　　　　　　　　图 4　梁跨顺直

2)负一层部分节段侧墙浇筑完成后,经检查发现墙脚局部因漏浆导致烂根、砂斑砂线,极大地影响了混凝土结构观感质量。产生上述现象原因主要是侧墙施工缝为斜面,而模板模型按照方形加工,模板表面与已浇筑混凝土贴合高度过大(图5),贴合处受力削弱,导致漏浆。

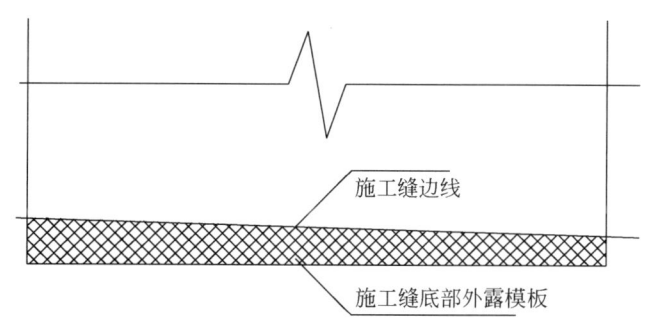

图 5 模板底口安装示意图

通过分析后，项目部采用如下措施防治侧墙局部漏浆现象发生：

①按照实际高度+5 cm 进行制作，确保模板底口与已浇筑混凝土贴合不超过 5 cm，以保证模板板面与已浇混凝土结构贴合严密；

②加厚止浆条，局部采用双道止浆条，即上下各一条；

③制作前，对次龙骨 10 cm×5 cm 木方逐一检查，对不顺直或尺寸偏差超出规范允许的木方，采用压刨机统一处理，确保次龙骨尺寸统一，减少次龙骨因尺寸偏差受力不均；

④模板对拉加固完毕后，对底口与已浇混凝土贴合处模板，采用小片木楔楔入次龙骨木方与模板之间，加强模板板面与已浇混凝土贴合程度。

3）主体建筑负一层为钢筋混凝土框架结构，梁、柱节点是整个结构主体受力关键部位和核心区，因此其施工质量将直接影响结构的安全性和美观性；然而，梁、柱节点构造复杂，往往模板难以加固彻底，容易出现漏浆、胀模、紧缩、扭转、上下错位、倾斜等质量通病，最终施工质量不尽人意，为此，深入分析其产生原因后并结合立柱同梁、板一体浇筑和分体浇筑两种支模方式进行控制：

①柱节点处制作定型的转角模板，同梁模板结合在一起制作；设置钢抱箍，从外侧对拉抱箍使模板与已浇筑的立柱贴合严密；对于立柱上部模板，提前在柱内设置对拉螺杆，防止发生胀模。

②在梁柱节点处，避免使用步步紧等加固工具，因振捣可能对该类工具的紧固性能产生影响，导致松动。

4）建筑楼板模板拼装时易出现拼缝过大，达不到止浆效果，发生局部漏浆现象。为此，模板安装过程中，第一片模板安装完成后，对相邻拼缝粘贴止浆条，见图 6；钉固第一片模板后，将相邻模板安装到位，并采用人工或液压千斤顶顶推方式确保其与已安装板面贴合紧密；这样逐步压缩每片模板缝止浆条，确保密实，达到止浆效果。当模板拼装完成后，对拼缝进行整体打磨见图 7，确保平整度及拼缝处观感质量。

5）支模前涂刷脱模剂，如图 8 所示，混凝土浇筑前采用吸尘器清除模板内杂物见图 9。拆模后及时进行除锈清理和检查，如有损坏及时修理，确保模板平整度和混凝土外观质量。

图 6 止浆措施

图 7 模板打磨

图 8 涂刷脱模剂

图 9 吸尘器清理杂物

通过模板质量通病防治措施落实,提高了混凝土内在品质及外在观感质量。

2.2 混凝土外观一般缺陷

2.2.1 主体建筑负一层结构立柱底部烂根现象防治措施

西人工岛主体建筑负一层设置的立柱繁多,立柱底部为暗埋段隧道顶板。受暗埋段隧道顶板收面平整度及其设置了 2.98%的纵坡影响,立柱模板安装时底口止浆困难。采用传统工艺进行立柱混凝土浇筑时(如 CW2 空箱立柱浇筑),首先在立柱底部浇筑回型台座,通过台座找平立模区域内平整度并确保其表面水平,模板安装时可直接蹲底于台座上。但采用该方案浇筑的立柱,立柱底部易形成烂根现象,模板蹲底难以严密,止浆困难,特别是构件浇筑完成后底部回型台座在凿除时,易形成立柱底部烂根状疤痕,对混凝土观感质量产生不利影响,见图 10。为此,项目部结合现场实际制定两种简单易行方案防治立柱底部烂根现象发生。

(1)立柱底部烂根治理方案一

针对房建负一层 CW2 区段立柱底部观感质量出现的问题进行技术改革,浇筑回型台座时,将原回型台座内部净尺寸增大到立柱截面加柱模板截面尺寸。回型台座浇筑完成后制作与台座同高异形模板并嵌入台座内轮廓，采用对拉螺杆圆台螺母，将异形模板四向顶紧，具体详见图11。立柱模板安装时，直接蹲底与台座内预埋模板对接，并沿立柱模板底部采用砂浆提前密封，完美解决了立柱底部不平整、不水平条件下所导致的立模困难及由此产生的立柱烂根问题，省去了后期凿除台座后的修补过程，保证了立柱观感质量（图12）。

图10　底部烂根

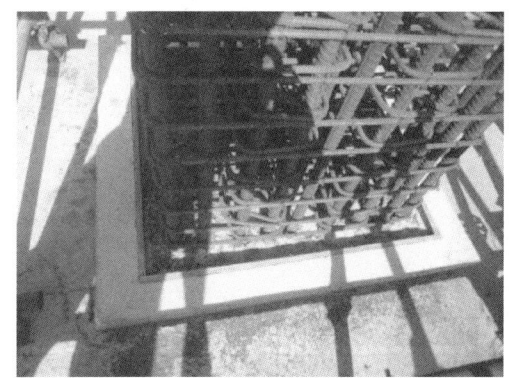

图11　找平层浇筑

图12　方案一浇筑后效果

（2）立柱底部烂根治理方案二

由于房建首层以上结构设计方案为清水混凝土，对构件观感质量要求进一步提高。进行首层以上立柱施工时，对负一层立柱底部施工工艺进一步优化：按照结构构件尺寸先浇筑7cm混凝土台座，见图13。然后在台座四周粘贴5mm厚止浆条，最后进行立柱模板安装，由原工艺立柱模板直接蹲底于回型方式改为立柱模板帮夹底方式（图14）；有效防止了立柱烂根现象（图15）。

图13　7cm台座浇筑

图 14　立柱模板安装　　　　　　　　图 15　方案二浇筑后效果

2.2.2　对拉系统圆台螺母孔漏浆防治措施

西人工岛主体建筑负一层侧墙模板采用木框木模拼装形式，使用圆台螺母与对拉螺杆组合工艺加固模板。模板拆除后，采用环氧砂浆对圆台螺母孔进行修复。由于模板安装加固施工工艺限制，实际操作过程中，因板面平整度误差、圆台螺母构件质量及完整度、工程实操水平等多方因素，难以实现圆台螺母完全紧贴模板表面。混凝土浇筑过程中，模板受力发生轻微外胀，水泥浆渗漏进入圆台螺母后，易在圆台螺母周边形成砂线、砂斑，极大地降低了混凝土观感质量。

此外，混凝土强度达到规范要求后，模板拆模后大量圆台螺母难以拆除，需采取电镐等措施，充分破坏圆台螺母周边混凝土方可将其取出，造成圆台螺母孔修补后，修补点外观尺寸不规则，极大地降低了混凝土观感质量。

针对以上问题，项目部专门成立 QC 小组研究解决，重点采取了以下措施：

1）圆台螺母提前放置于柴油桶中浸泡处理，以在其表面形成一层膜状体，降低与混凝土的黏接程度，便于圆台螺母拆除，从而提高了混凝土观感质量。

2）在圆台螺母与模板接触面增加 5 mm 厚圆形橡胶垫，用于填充二者间缝隙，降低在模板加固过程中圆台螺母与模板接触面存有缝隙的风险，有效地避免了圆台螺母处漏浆现象发生；如图 16、图 17 所示为在圆台螺母处增加橡胶垫前后变化效果图。

3）采用专用拉杆孔眼电动凿毛机，对孔眼内壁松散层混凝土进行凿毛处理，并清洗圆台螺母孔，提高新老混凝土的黏结效果。

4）采用巴斯夫 1438 环氧砂浆进行修补，修补材料配合比严格按照规范要求称量，确保其强度、抗冻及抗氯离子渗透等性能同步于结构混凝土。修补完成后，粘贴塑料薄膜保湿养护。

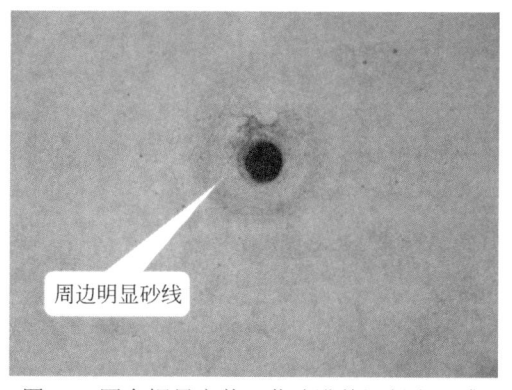

图 16 圆台螺母安装工艺改进前混凝土观感

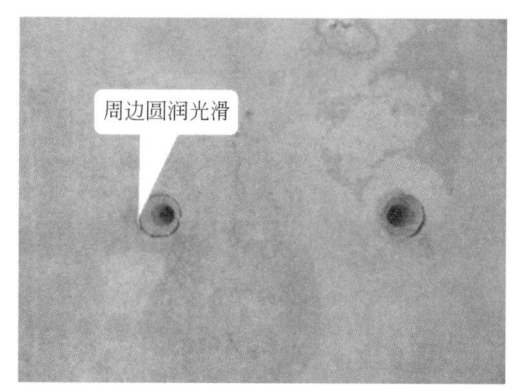

图 17 圆台螺母安装工艺改进后孔洞成型规则

2.2.3 混凝土表面蜂窝、松顶防治措施

主体建筑负一层设置大量立柱，其中 CW2-CW4-1 段空箱立柱均采用立柱先浇，梁、板后浇施工工艺。在立柱模板拆除后，发现柱顶表面四周出现明显砂浆层（图 18、图 19），经分析原因如下：

1）混凝土坍落度较大；
2）过分振捣，使得粗骨料下沉、水泥浆上浮；
3）下料层厚控制不严，未严格分层振捣。

针对以上原因分析，采取如下措施防治：

1）严格控制混凝土坍落度，到达现场每车混凝土需要现场检测符合要求后使用；
2）严格控制振捣时间（根据实际混凝土坍落度而定），严禁过振和漏振；
3）按照技术交底要求，混凝土下料层厚不大于 50 cm，每层振捣密实；
4）当混凝土浇筑过程中发现上部出现浮浆和泌水时应及时清除；
5）混凝土浇筑完成半小时后，对顶部进行二次振捣。

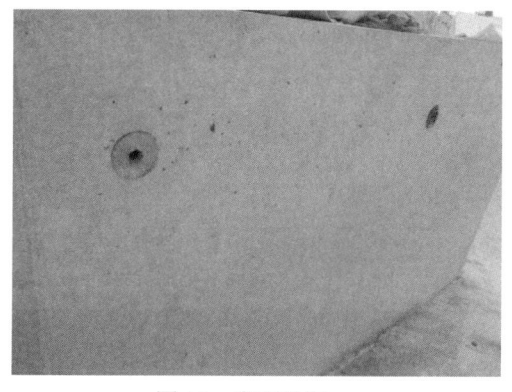

图 18 表面孔洞

图 19 柱顶砂浆层

2.2.4 混凝土控裂措施

西人工岛主体建筑结构设计使用寿命为 120 年，为保证主体建筑结构耐久性和观感质量，项目部采用一系列控裂措施：

1）在墙体混凝土浇筑前，在侧墙顶施工缝处持续喷洒淡水润湿，保持施工缝断面持续湿润达 48 h，以保证施工缝充分湿润，便于新老混凝土接合。

2）浇筑时间均选择在气温较低的早晨或夜间进行，尽量避免在高温或大风时进行混凝土收面，加快混凝土水分流失。

3）降低混凝土坍落度，将坍落度控制在 180 mm 左右，以减少收缩差异。

4）混凝土搅拌时加冰处理，降低混凝土的入模温度，并持续观测大气温度、出罐温度、入模温度。

5）混凝土浇筑过程中，应均匀下料，严禁下料堆积，并严格控制振捣参数。

6）加强混凝土收面管控，严禁收面时大量洒水抹面，并严格控制抹面次数。

7）墙体模板拆模时间均大于 14 d 养护期。

8）拆模后及时覆盖土工布并进行洒水密封养护。

2.3 外海混凝土养护质量通病防治措施

混凝土养护是混凝土形成结构的关键工序，对提高混凝土内在品质及外在观感起到重要作用，然而看似平常的工序，往往被人忽视，常常出现不按规定时间养护、覆盖物不完整、人工洒水不彻底等现象，这样养护不当的方式，易产生干缩裂缝，影响混凝土结构强度及耐久性。为此，项目部采用多项措施，对混凝土养护重点检查。

1）房建负一层楼板采用 3 层覆盖物养护，混凝土浇筑后首先铺设一层塑料薄膜洒水养护，然后在塑料薄膜上铺设两层土工布养护，通过多层覆盖方式，减少水分蒸发，达到养护效果（图 20）。

2）受海风影响，现场土工布往往随风而起，容易出现局部土工布掀起现场，影响混凝土养护效果，为此，安排专人定时查看现场土工布铺设情况，并洒水养护（图 21）。

图 20　铺设塑料薄膜　　　　　　　　图 21　铺设土工布

3）侧墙混凝土养护时，易出现土工布与墙体表面分开现象，养护效果大大降低，利用 10 cm×10 cm 木方在底部挂坠，并使用尼龙绳紧固土工布，以便土工布与墙体充分接触。

通过以上细节把控，混凝土养护达到了预期效果。

2.4 混凝土结构施工缝质量通病防治措施

由于西人工岛房建施工周期长，工程变更造成施工不连续，且该工程结构尺寸庞大、构造复杂，混凝土浇筑施工时，受结构特点、施工工艺、机械设备等制约因素，需要分层施工。混凝土施工缝是影响主体建筑结构的整体性、耐久性及观感质量的关键部位，如果操作不当施工缝处容易出现错台、漏浆、流坠、混凝土骨料集中、混凝土酥松、新老混凝土接茬缝隙明显等质量缺陷，影响工程质量，严重的会危及结构安全，甚至发生质量事故。在本工程中负一层侧墙底口施工缝为暗埋段施工预留，距离负一层空箱侧墙施工间隔时间较长，因此，新老混凝土接茬面结合效果是施工的关键控制点。

为此我们按照以下措施进行防治施工：

1）将凿毛区域在施工缝表面进行弹线，凿毛区域为混凝土结构边线内缩 1 cm；要求现场严格按照弹线区域进行混凝土凿毛。

2）将施工缝表面混凝土的松散层进行凿除，混凝土强度达到 2.5 MPa 时进行人工凿毛，将表层浮浆凿除露出粗骨料，并在上层混凝土浇筑前 24 h 洒淡水浸润，用清水冲洗干净，铺一层水泥基渗透结晶防水材料。浇筑前，用空压机将混凝土表面低洼处的积水冲干，做到饱和面干。在浇筑混凝土前，浇洒与混凝土相同水灰比的水泥浆。

3）充分考虑混凝土侧压力及振捣棒频率及施工中其他其他因素对模板的影响，合理配置模板，保证模板刚度，以便在混凝土浇筑过程中不发生过大变形。

4）测量班精确施测第二层模板底部安装线见图22，模板底口位于施工缝处下 5 cm，模板安装前需要提前在前期混凝土施工缝侧面粘贴 5 mm 厚橡胶止浆条（图23），有效保证了上下分层接茬平整顺直。

5）充分填充模板与混凝土面缝隙，避免出现漏浆、错台现象。

6）混凝土浇筑过程中，安排专人不定时查看模板，发现漏浆现象及时进行对拉系统紧固。

通过以上防治措施的落实，大大减少了混凝土施工缝质量通病的出现，减小上下分层的约束应力，有效提高了混凝土内在品质及观感质量。

图 22 第二层模板测量安装线

图 23　止浆条粘贴

3　结　　语

通过采取一系列措施，西人工岛主体建筑负一层质量通病得到了有效的治理，收到了预期效果。施工在模板安装、混凝土表面一般缺陷及防裂控制等多个方面，形成了一系列的质量通病治理措施，在提高施工质量的同时，也为公司进行类似房屋建筑工程积累了丰富的施工经验，可供同类型的工程参考借鉴。

港珠澳大桥东人工岛房建大台阶精细化安装工艺[*]

刘 宇，游 川

（中交二航局第二工程有限公司，重庆）

摘 要：港珠澳大桥东人工岛大台阶采用清水混凝土预制构件安装成型，大台阶完成后为外露形象工程，结构表观质量、洁净度、线形及整体视觉美观度要求高，其中大台阶的安装精度是保证其整体美观的一项重要指标。本文针对其安装工艺进行阐述。

关键词：清水混凝土；大台阶；精细化；安装工艺

1 工 程 概 况

港珠澳大桥主体工程岛隧工程位于珠江口伶仃洋海域，通过设置东人工岛、西人工岛实现桥隧转换。东人工岛主体建筑在建筑东侧斜屋面上铺设大台阶，大台阶采用清水混凝土预制构件安装成型，分三层共计124阶，建筑总高度23.6 m，南北跨度近80 m，采用M15普通水泥砂浆与主体结构连接。构件呈平面布置，包含梯步部分台阶安装、平台位置的地砖安装及台阶两侧灯箱和景观花池安装。结构图见图1。

图1 大台阶结构图

---

[*] 本文曾刊登于《公路》2018年第8期。

2 工程特点

港珠澳大桥作为超级工程，世界范围尚属首例，质量标准要求极高。其结构均为混凝土构件，表面易脏，且构件棱角分明易破损，中间倒运次数多，成品保护及施工难度大。

预制构件安装施工高度高、跨度大，普通吊装机械无法使用，只能使用塔吊，且场地紧张，与房建主体作业交叉多，施工压力大。

3 总体安装工艺

凡高品质建筑一定是精湛的工艺技术的产物，因而工艺技术是塑造建筑品质的必要条件[1]。

正式施工前通过长达 2 个月典型施工安装工艺试验，并对首段施工质量安全进行专项检查验收[2]，优化、确定安装工艺流程。整个安装工艺流程分为支撑点预埋→测量放样→构件转运→构件吊装→构件安装→灌浆→成品保护→花篮及灯箱安装。

3.1 支撑点预埋

大台阶单块构件重约 300 kg，安装前，需在支座浇筑时提前预埋定位钢筋，定位钢筋上焊接支撑调节螺栓（后场加工）对大台阶支撑及标高调整。钢筋直径为 12 mm，单根长 80 mm，外露长度 25 mm，见图 2。

图 2　大台阶支座预留支撑示意图

钢筋埋设时要竖直并固定牢固，保证混凝土施工完成后预埋钢筋外露长度及竖直度满足台阶安装标高及稳定性要求，若有个别松动或者遗漏需在房建斜屋面防水层施工前进行处理，避免对防水层造成破坏。

埋设钢筋前对已浇筑支座基础进行测量抽样复核，确认已施工支座平面及标高位置不影响大台阶安装并保证钢筋预埋位置准确。

此外，安装之初，考虑经济且简便，采用 $\phi 12$ 钢筋上焊接支撑螺栓作为台阶支撑。安装过程中发现，由于钢筋焊接接触面不平整，螺栓与其焊接钢筋焊接完成后整体垂直性难以保证，且钢筋植入后与支座平面垂直度更不易控，现场预埋钢筋支撑存在较多不合格情况，加大了现场安装难度。后期安装改用 3 分空心钢管，把螺母焊接在其顶部，很好地解决了垂直度问题，且植入支座后稳定性更高。

3.2 测量放样

为适应房建结构布局，建立独立坐标系，采集已施工房建结构面数据推导出大台阶安装中轴线，以中轴线往南、北进行安装排版，建立大台阶安装平面坐标系。

采集数据排版后，在独立坐标系中得到每一层大台阶四个角点及中轴线，以此作为平面基线点来控制。高程采用绝对高程控制。

安装之前，对现场每层每幅大台阶轴线、边线、标高进行测量放点，以纵向每 5 级台阶设高程点作为每级标高控制基准点，横向每 4 块构件设轴线点作为每列构件边线控制基准点，形成 5 级×4 列的网格线，网格线通过拉高强钢丝线得以实现，在安装过程中不拆除，用以全程把关和监控。

3.3 构件转运

东人工岛作为施工现场基地，地处外海，为孤岛作业。大台阶均由桂山预制场经货轮运至东人工岛施工区域，场地内转运采用平板车和随车吊，装卸车采用叉车。

构件转运过程中叉车必须做好防护措施，叉齿用土工布包裹，形成软接触面，叉起构件时，叉齿不超过梯步边。构件均可重叠堆码，层间设保鲜膜包裹木方，底部铺垫木两端不可超出构件边缘，避免构件棱角脆性破坏[3]。运输过程注意平稳、减少运输中的磕碰，增强运输过程中的稳定性。

3.4 构件吊装

安装施工高度高、跨度大、多作业面作业，工期紧张。因普通吊装机械无法使用且场地不足，与房建主体交叉作业多，吊车使用时间有限，安装主要设备只能为塔吊。但塔吊吊装起落幅度大，构件易碰撞损坏，起初试验段采用吸盘吸附构件表面再吊装的方法，后因安全隐患较大且工效低而弃用。最后通过定制专用夹具且在接触面位置黏附软胶垫作构件保护，现场专设起重指挥进行吊装。吊装前，为避免受力不均，构件滑落，卷尺量构件中线后，以此为吊点进行吊装，见图3。

图 3　专用夹具吊装图

3.5　构件安装

在第一批构件安装过程中，要求将全部线可以安装到位，如此确保后期构件安装使用相同一个轴网，最大限度降低多次放线出现的误差，确保全部的构件都可以在其自身允许的误差内，进而将其安装调整到位[4]。

从中心线处开始安装第一阶第一块台阶，以中心线往两边分的方式进行安装。根据5级×4列的钢丝网格线，以大化小，以小化"0"，零偏差的目标精确到现场每一块台阶，每一阶每一块台阶严格按网格线基准点进行安装。总体精度控制：缝宽偏差控制在±0.5 mm，标高±2 mm，单阶直线度偏差 5 mm 以内。

现场采用水平管检查安装过程台阶标高、红外线复测线型。对每层台阶第一阶每一块台阶平面位置，设计标高进行测量复核并三方报检，确保安装位置无误。根据上下阶台阶相对高差 15 cm、平面位置相差 38 cm，定做专用工装尺，见图 4，以第一阶台阶为准依次安装调节其余台阶。

一个安装小组为 4 人，大台阶分 3 层、南北共 6 个作业面同时进行安装。安装前先利用工装尺粗调定位螺栓标高，台阶吊装摆放后，用绳抬辅以人工的方式对台阶位置进行移动、调位。从中心线往两边开始安装，上下阶台阶边线一定要对齐，为避免相邻台阶安装过程中发生碰撞，相邻台阶距离约 5 cm 后进行位置微移，相邻台阶夹 2 mm 厚胶片进行缝宽控制。利用胶锤敲动，对台阶的平面位置进行精调，控制好工装尺，从台阶后边缝用扳手精调定位螺栓标高，直至达到设计标高。一阶安装完后，现场进行校核。直线度≤5 mm；相邻两块接缝高低差≤1 mm；标高±2 mm；缝宽偏差≤1 mm，复查无误后即灌浆。

图 4　定制工装尺工装

3.6　灌　　浆

大台阶施工环境为斜屋面，采用吊装料斗，利用高差进行重力式灌注。在已安装大台阶上方铺设木板，依次移动料斗，从左至右对每块台阶进行灌浆。灌浆前采用干砂浆对边缘台阶封边作模，灌浆浆液与台阶顶部齐平，保证底板密实。由于调节螺栓仅能基本固定台阶，为避免台阶滑动，砂浆需用料槽进行过渡，放料速度也要控制得当，灌浆间隔为一阶一灌，待砂浆初凝后即可安装下一阶台阶。

安装时上下阶台阶搭接缝位置贴双面胶进行密封止浆。灌浆过程中，砂浆的冲击力易对刚调好的台阶造成平面位置上的错动，需专人来回检查复核，及时补调，避免台阶间出现局部错动现象。

3.7　成 品 保 护

从构件预制到最终完成安装，成品保护理念贯穿全过程。

台阶本色为灰白，投入使用前涂有透明保护面漆，在阳光照射下会呈现玉质光泽，从桂山小构件生产车间预制完成，进行精心的养护和包裹保护，防止转运过程表面污染。安装过程中，受工艺限制无法用薄膜覆盖，台阶毫无遮掩呈现出来，所有安装人员需戴白色手套及鞋套进行施工。为尽量避免构件受到碰撞，现场采用手工代替设备，对台阶进行安装调整。

台阶灌浆完毕后，清洁构件表面，采用干净土工布对其进行整体覆盖防护，并做好压重避免土工布被风刮走。在防护好的台阶上用绿色地毯铺一条临时人行通道，通道两侧设栏杆围护，需从台阶通行的人员必须按要求走专用人行通道。

3.8　花篮及灯箱安装

大台阶上的花篮是房建重要的景观之一，与传统的绿植盆栽不同的是其外部框架支撑采用清水混凝土进行打造，保持与主体建筑群风格相统一。花盆通过在构件预制厂批量预制完成后，在内部嵌不锈钢缸盆，最后种植景观花木，再运至人工岛进行安装。而灯箱则是用于安装在东人工岛房建大台阶之上，一方面作为大台阶上摆放花盆盆景的支座，另一方面与其内部安装的灯具作为大台阶的重要装饰，在夜晚使人工岛主体建筑群的夜景显得更加美丽。

4 重难点控制

大台阶完成后为外露形象工程，结构表观质量、洁净度、线形及整体视觉美观度要求极高，保证其安装精度成为施工过程最大重点、难点。

大台阶分3层南北共6幅，层间平台采用规格为 2 m×0.6 m×0.06 m 的地砖与台阶相连。整个安装结构面如一幅立体拼图，每块构件都有其相应的空间位置。若上一块构件的安装位置出现偏差，将累积到下一块构件上，6个作业面不同班组同时施工，误差的累积是巨大的，关系着最终成品的精致。除通过加强对作业人员培训、增强质量意识等措施外，施工现场采取多种检查方式并用进行控制，及时检查、纠偏。如红外线及现场拉线控制线型，水准管、测量、工装尺三种措施同时控制标高。

误差分为平面和高程误差。微小平面偏移误差可通过构件间拼缝缝宽调整消除，高程误差则微调单阶台阶坡度消除。

5 结　　语

从安装结果来看，大台阶区域横纵距离大于 70 m，南北分两幅，在平台位置连通，横纵缝缝格平直：纵向约 40 条缝，长度约 80 m 范围直线度均控制在 5 mm 内，横向含台阶边线在内超过 150 条缝，长度超过 70 m 范围的直线度均控制在 5 mm 以内。美好的品质包括精致的成品和精细的施工操作，港珠澳大桥岛隧工程所有小构件在工厂内采用清水混凝土工艺集中预制[5]，实现预制构件设计精细化，在现场采用高标准、极其严苛的工艺要求进行安装，实现安装过程精细化[6]。作业人员发扬岛隧工匠精神，最终成品呈现出极为美观的艺术效果，作为东人工岛旅游观光必经之处，将是港珠澳大桥的最佳亮点之一。

参 考 文 献

[1] 国萃. 论工艺技术对建筑品质的作用[D]. 北京：清华大学，2012.
[2] 邓志良，周广良. 装配式混凝土结构质量行为控制要点初探[J]. 混凝土与水泥制品，2017，（12）：69-73.

[3] 柴琳. 装配式建筑预制构件施工工艺[J]. 天津建设科技, 2016, 26（4）: 31-33.

[4] 侯文红. 房屋建筑装配式结构关键技术分析及质量监督措施[J]. 中国标准化, 2017,（24）: 70-71.

[5] 母天刚. 预制装配式混凝土结构构件施工技术研究[J]. 建材与装饰, 2018,（3）: 14-15.

[6] 徐家麒. 预制装配式建筑精细化设计研究[D]. 长春: 吉林建筑大学, 2013.

港珠澳大桥西人工岛混凝土产品认证技术总结[*]

江宪权，陈国平，洪志军

（中交一航局第一工程有限公司，天津）

摘 要：港珠澳大桥主体结构混凝土设计使用寿命为120年，对混凝土质量要求极为严格，为加强混凝土的质量管理，实行混凝土产品认证制度。西人工岛前接隧道沉管段，后接桥梁标段，负责西人工岛所有混凝土产品的生产。通过委托澳门土木工程实验室进行西人工岛搅拌站混凝土产品认证工作，借鉴港澳地区混凝土品质管理经验，提高了混凝土搅拌站建设管理水平，保障了由原材料、混凝土生产至成品全过程的质量，使混凝土品质得到了良好保证，从而为类似项目提供借鉴。

关键词：混凝土；产品认证；质量计划

0 引 言

港珠澳大桥跨越珠江口伶仃洋海域，是连接香港特别行政区、珠海市及澳门特别行政区的大型跨海通道，主体工程采用桥隧组合方案，海中桥隧主体工程全长约29.6 km，包括两个长度为625 m的隧道人工岛及直线长度为5664 m的海中沉管隧道。

港珠澳大桥主体的桥梁、隧道、人工岛等为混凝土结构，受伶仃洋海域的海水、海风、盐雾、潮汐、干湿循环等众多因素影响，会因氯离子侵蚀、化学介质侵蚀等因素作用导致结构性能退化，危及结构的安全使用，而港珠澳大桥主体结构混凝土设计使用寿命为120年，因此对混凝土质量要求极为严格。为加强混凝土的质量管理，对用于港珠澳大桥主体工程的混凝土实行产品认证制度。

由于混凝土生产供应模式、技术标准、试验方法及实验室管理法规等方面各地存在不同程度的差异，港珠澳大桥不能直接搬用香港QSPSC标准。为使混凝土认证工作顺利开展，在不改变认证原则和管理工作要求的前提下，港珠澳大桥参照香港QSPSC标准编制了适用于本项目的《港珠澳大桥混凝土产品认证细则》，委任澳门土木工程实验室担任港珠澳大桥主体工程混凝土认证工作，保障由原材料、生产至成品全过程的质量，均符合混凝土质量要求。

---

[*] 本文曾刊登于《公路》2018年第8期。

1　混凝土产品认证定义

产品认证是由认证机构通过工厂检查和产品检测等方法确认受认证产品满足标准所进行的系统性的、独立的并形成文件的过程，主要包括质量管理体系审核和产品检验，即认证阶段的体系审核和型式检验，监督阶段的体系监督审核和产品监督检验。

1.1　认 证 阶 段

认证审核，指的是混凝土搅拌站首次认证时，全面评价搅拌站质量管理体系及型式检验结果。

质量管理体系是指在质量方面指挥和控制组织的管理体系；审核是指为获得审核证据并对其进行客观的评价，以确定满足审核准则的程度所进行的系统的独立的并形成文件的过程。型式检验，是由认证机构或认证机构认同的独立的试验检验机构对一个或多个具有生产代表性的产品样品，通过一系列试验及合理评价来证明受试样品是否符合其相应标准的过程。

1.2　监 督 阶 段

监督审核，是指产品通过认证后，认证机构对生产单位的质量保证能力进行定期复查，使其持续实施已经建立起来的质量体系，从而保证产品质量的稳定。

监督检验，是指产品通过认证后，认证机构对生产单位的最终产品抽取样品，由受认同的、独立的检验机构进行检验，以确保认证产品能持续符合相应标准。

2　西人工岛混凝土产品认证过程

西人工岛前接隧道沉管段，后接桥梁标段。西人工岛施工现场设有 2 座 2 m³ 的混凝土搅拌站，负责西人工岛所有混凝土产品的生产。按照港珠澳大桥管理局《港珠澳大桥混凝土产品认证细则》的要求，为加强西人工岛混凝土质量管理，开展混凝土产品认证工作。

为保证混凝土认证工作的顺利开展和确保混凝土产品质量，搅拌站选用国际一流的混凝土生产设备，采用骨料遮阳、冷却水拌和、仓面喷雾等多种措施严格控制混凝土温度；建立健全完整的质量管理体系，编制质量手册和程序文件并按其实施，强化原始记录，从原材料进场、生产、成品检验等各个环节，提高混凝土生产的质量管理水平，促进搅拌站管理科学化、规范化、制度化。

2.1 申请阶段

进行混凝土产品认证应首先向认证机构进行申请。

2.1.1 递交申请

至少确定一个搅拌站作首次认证审核，并任命一个人作为管理者代表，负责申请单位和认证机构的沟通。

向认证机构递交申请表，并依照认证机构的要求提交申请资料。申请资料包括：西人工岛搅拌站《质量管理体系文件》《西人工岛搅拌站管理制度》《西人工岛搅拌站混凝土生产经历介绍》《西人工岛搅拌站仪器设备清单及计量标定证书》，以及试验室《备案文件》《仪器设备清单及计量标定证书》《质量手册》《程序文件》《作业指导书》等。

2.1.2 建立认证混凝土质量计划

建立《西人工岛搅拌站认证混凝土质量计划》，作为认证机构评审的基础。质量计划包含以下内容。

1）总则。对搅拌站混凝土认证的目的、适用范围及相关执行标准进行阐述。

2）职责、权限与沟通。建立搅拌站质量管理组织机构，并规定搅拌站相关人员的职责和权限，以便各部门和班组及时掌握、相互协调和准确操作。

3）质量管理体系评审。搅拌站质量管理体系建立后，应组织内审组实施内审，内审每半年进行一次，确保质量管理体系的有效运行和持续改进。

4）人员。确保主要工作人员具备足够能力并拥有相关工作资格证明，包括：从事原材料及混凝土检测工作人员、从事配合比设计工作人员和从事混凝土搅拌站设备的操作人员。

5）记录控制。有完善保存质量记录的规定，以便为质量体系的有效运行提供持续的保障，同时为生产的混凝土的质量和数量提供确认依据。质量记录需全面、详细，使混凝土和试验的材料具有可追溯性，需表明发生的变化和采取的措施，要求质量记录至少需保存 6 年。

6）混凝土配合比的控制。对混凝土配合比控制进行规定：规定混凝土配合比设计、设计结果评审和验证及设计结果确认人员的资格，按已确认的混凝土配合比在生产工厂进行试运行和验证，需要修改的混凝土配合比必须进行重新验证和确认；生产过程中，按确认的配合比进行生产，若有偏差，应有相应的纠正方法，并且作记录。

7）原材料的控制。建立原材料质量控制体系，确定混凝土原材料质量满足相关标准或文件要求。进场混凝土原材料必须按要求进行检验，对验收技术要求、供方控制要求、内部质量控制要求、储存和标识要求及不合格品的处理要求进行规定。

8）生产工序的控制。针对原材料的称量、搅拌过程、运输过程制定有效的生产控制，确保混凝土质量满足要求。

9）混凝土的控制。规定混凝土的技术要求、质量检测与验收要求。

10）生产场所及设备的控制。对搅拌站环境控制、设备维修和维护、设备的校准进行规定。

11）混凝土标识。对混凝土供料单进行规定。

12）不合格的控制。对原材料、生产工序及混凝土的不合格项控制进行规定。

13）数据分析。进行原材料供方供应稳定性分析、用于生产的原材料控制指标变化分析、混凝土控制指标的变化分析。

2.2 认 证 阶 段

2.2.1 认证准备阶段

1）认证机构收到申请后，对提交的申请资料进行文件评审；
2）如有必要时，组织对现场进行视察；
3）组织成立审核组；
4）准备审核所需文件。

2.2.2 进行首次认证审核

首次认证审核时，认证机构审核组主要进行以下各项检查：

（1）审核质量管理体系

检查西人工岛搅拌站是否按《质量管理体系 要求》（GB/T 19001—2008）标准和《港珠澳大桥混凝土认证细则》文件要求建立完善的质量管理体系。

质量管理体系包含承包人质量责任、符合质量要求的措施、生产和运输、原材料和生产控制、混凝土质量检测与验收、培训、质量管理体系评审、质量记录等。

（2）审核搅拌站现场

1）审核搅拌站硬件环境。检查搅拌站场地布置是否合理，设备性能是否符合生产和质量控制需要，计量校核是否准确有效，人员配置合理、数量是否足够且均经过培训。

2）审核搅拌站操作活动。用监理审批通过的配合比进行混凝土生产全过程操作，检查搅拌站操作手是否按要求进行操作，是否有随意增加用水等违规行为；检查混凝土搅拌投料顺序和搅拌时间是否按要求执行；对出机混凝土拌和物进行坍落度和坍落扩展度检测并检测混凝土温度；留置混凝土抗压强度试块、混凝土抗氯离子扩散系数试块和混凝土中氯化物含量试块。

（3）审核资料中心

1）审核混凝土用原材料、半成品和成品产品质量。检查混凝土用水泥、粉煤灰、矿粉、粗骨料、细骨料、减水剂及拌和用水报告，检查是否按相关标准或文件要求进行检验，检验项目是否齐全，结果是否合格，是否建立原材料稳定性分析。如果存在不合格项，不合格项如何处理并检查不合格处理文件。

2）审核搅拌站混凝土记录。检查《混凝土浇筑令》《混凝土配料通知单》《混凝土施工记录》《混凝土生产记录表》《搅拌站供料单》等质量记录表是否完整，记录是否合理有效，签字是否齐全。

（4）进行型式检验

对混凝土用原材料进行取样封样，连同留置的混凝土抗压强度试块、混凝土抗氯离子扩散系数试块和混凝土中氯化物含量试块共同送至认证机构认同的独立的试验检测机构进行型式检验。审核组将根据型式检验的结果来评审搅拌站的质量控制水平，同时审核相关记录，验证搅拌站的质量管理体系是否有效，确认混凝土的生产和供应是否符合相关规范或文件要求。

（5）检查混凝土中碱骨料反应控制水平

审核组按照要求检查混凝土中碱骨料反应控制水平，主要检查骨料碱骨料反应活性和混凝土中总碱含量的控制水平。

（6）形成审核报告

认证审核结束后，审核组将形成报告，认证审核有四种结果：

1）没有不合格项。审核组向认证机构推荐该搅拌站生产的混凝土通过认证。

2）存在一些不会对质量管理体系和产品质量构成较大影响的轻微不合格项。两周内对轻微不合格项整改完成并提交一份整改报告，审核组向认证机构推荐通过认证。

3）存在一定数量的不合格项，有可能造成质量管理体系和产品质量的较大问题。申请人需要在两周内提交一份纠正措施报告，详细描述针对不合格项采取的纠正、纠正措施及完成时间，并在其后的4～12周内实施完毕。重新评审通过后，审核组向认证机构推荐通过认证。如果在6个月内没有整改完毕，则本次申请将作废，申请人需要重新提出申请。

4）存在严重不合格项或一定数量的轻微不合格项积累起来将导致质量管理体系和产品质量的重大问题，如果审核组认为这些不合格项达到无法在6个月内整改完毕的程度，则申请人至少要在本次认证后6个月才能再次申请认证。

2.2.3 认证证书的获得

首次认证审核后，必须同时满足以下几条，认证机构才会同意正式发布证书：

1）审核组推荐；

2）申请人同意认证机构的认证条款和规定并签名确认；

3）认证机构认为申请人的质量计划和申请认证的搅拌站符合《港珠澳大桥混凝土认证细则》的规定。

2.3 监督阶段

获得认证后,审核组将定期对搅拌站进行监督审核和监督检验。

2.3.1 常规监督审核和监督检验的频率

第一年的认证常规监督审核和监督检验频率为每 4 个月一次;
第二年的认证常规监督审核和监督检验频率为每 6 个月一次;
第三年及随后的认证常规监督审核和监督检验频率为每 12 个月一次。

2.3.2 常规监督审核和监督检验的内容

(1)搅拌站现场
审核组按照认证细则的技术条例对搅拌站现场和设备进行评审,包括设备的校准和质量计划的实施情况。
(2)资料中心
审核组通过审核生产记录和质量记录审核评审搅拌站的质量体系。
(3)产品检测
审核组将通过产品检测评审搅拌站的质量控制水平,通过审查有关质量记录评审质量管理体系的执行情况,从而验证混凝土质量。
(4)混凝土碱骨料反应控制
审核组按照要求评审搅拌站对混凝土碱骨料反应的控制水平。

2.3.3 常规监督审核和监督检验的结论

每次监督审核和监督检验结束后,审核组通报发现的不合格项,并形成建议报告,报告有 4 种情况:
1)保持认证。搅拌站和资料中心运行符合要求,没有不合格项。
2)有条件保持认证。存在一些不会对质量管理体系和产品质量构成影响的轻微不合格项,两周内提交纠正和纠正措施报告并于 4 周内实施完成。
3)暂停认证。存在严重不合格项或一些系统性的对质量管理体系和产品质量产生实质影响的轻微不合格项。申请人需要在两周内提交一份纠正措施报告,审核组将会评审纠正和纠正措施方案,若能切实有效地消除不合格项,审核组在 12 周内进行部分或完整的重新评审。不合格项清除后,给予恢复认证推荐。
4)撤销认证。暂停认证后,仍不能有效清除不合格项。

3 结 语

港珠澳大桥主体工程推行"大型化、工厂化、标准化、装配化"的施工方法,而港珠澳大桥主体结构混凝土设计使用寿命为 120 年,为加强混凝土的质量管理,港珠澳大桥管理局参考香港、澳门的相关管理模式,对用于港珠澳大桥主体工程的混凝土实行产品认证制度。

港珠澳大桥岛隧工程西人工岛搅拌站,在采用先进设备、先进技术、优质原材料和完善的质量保证体系的基础上,借鉴香港、澳门地区混凝土品质管理经验,通过委托澳门土木工程实验室进行的认证审核和监督审核,提高了混凝土搅拌站建设管理水平,保障了由原材料、混凝土生产至成品全过程的质量,使混凝土品质得到了良好保证,从而为类似项目提供借鉴。

港珠澳大桥珠澳口岸人工岛陆域形成回填材料关键技术研究[*]

杨昌斌，陈 聪

（中交四航局第二工程有限公司，广州）

摘　要：港珠澳大桥珠澳口岸人工岛陆域形成选用何种回填料作为筑岛材料曾让诸多专家和学者困惑。珠澳口岸人工岛填海回填材料可选种类众多，包括开山土石、砂、淤泥、惰性拆建物料等。各类回填材料在适用性、优缺点、地基处理及填料检测方法等方面均有其各自的特点。本文详细介绍了珠澳口岸人工岛陆域形成回填材料比选分析的过程，可为同类工程借鉴。

关键词：港珠澳大桥；口岸人工岛；回填料；比选

0　引　言

海上人工岛是在近岸浅海水域人工建造一种具有多功能的近海工程结构物，它可作为深水港、海上机场、海上城市，也可为近海油气开发、海底矿产（如煤矿、铁矿、砂矿等）开发、水产品加工、废品处理等充当基地。我国明代嘉靖年间就已有建造人工岛的文字记载。随着经济建设的发展，土地资源相对变得越来越紧缺，人类对海洋空间利用的需求不断增加，人工岛建设工程也日益增多。人工岛的建设涉及陆域形成和地基加固两方面。为了保证人工岛上部建筑物的承载力要求或运营期间的正常使用，通常要采取措施对人工岛地基土进行两次加固处理。第一次地基处理是针对陆域形成的回填料及原状软土进行地基处理，其目的尽快让形成陆域的地基土具备一定承载能力并完成大部分固结沉降。第二次地基处理主要是根据人工岛上拟建（构）筑物对地基及基础的要求进行。两次地基处理的方法和能取得的效果均与陆域形成选用的回填材料有极大的关系。皮之不存，毛将焉附，陆域形成和地基处理对人工岛成岛建设来说是至关重要的，其回填料的选择与陆域形成方案、地基处理方案直接关系到人工岛的投资和建（构）筑物在营运期间的稳定安全。

---

[*] 本文曾刊登于《公路》2018 年第 8 期。

陆域形成回填材料是否符合将来场地使用的要求，需要进行比选。本文主要研究可以用于陆域形成回填材料的性质，结合依托工程将各种纳入比选的回填材料进行对比，提出依托工程最优回填材料及最佳地基处理方案，为依托工程设计提供依据。

1 工程概况

珠澳口岸人工岛由珠海口岸管理区、澳门口岸管理区、大桥管理区三个区域组成，是港珠澳大桥主体工程与珠海、澳门两地的衔接中心，建成后也将是我国唯一一个可实现香港、珠海及澳门三地旅客及车辆通关的互通陆路口岸。港珠澳大桥珠澳口岸人工岛填海工程是从大桥分别进入珠海和澳门分流点，位于珠海拱北湾南面和澳门半岛东面海域拟构筑人工岛而成。项目可行性研究阶段设计的珠海口岸人工岛和澳门口岸人工岛的方案为两个独立的人工岛，后经过比选采用两个口岸同岛的方案，人工岛岛形近似"壶"状。港珠澳大桥珠澳口岸人工岛填海工程包括四大部分，即人工岛护岸（建造环形隔海围堤）、陆域形成（围堤内填海造陆）、地基处理（填海造陆后进行地基处理）及海巡交通船码头等。人工岛工程填海面积 217.56 万 m^2，护岸长度 8011.8 m，规模巨大，国内少见。项目交工标高为+4.8 m，形成的陆域标高为+5.3m，东、南护岸挡浪墙顶标高+6.65 m，可抵御珠江口 300 年一遇的洪潮。

2 工程地质条件概况

珠澳口岸人工岛填海工程场地海底面比较平坦，由西向东微倾斜，标高在-3.5～-1.5 m（1985 国家高程基准）。拟建西人工岛壁离岸约 1 km，其周围岸边附近为丘陵区和南部伶仃洋水域。在丘陵区零星发育台地、冲海积平原、滨海平原和潟湖平原。水深 2～3 m。

岩土层分布特征综述如下：

1）本区地层主要由第四系覆盖层（地层代号①～⑥）、残积土（地层代号⑦）和风化花岗岩（地层代号⑧～⑪）组成。

2）覆盖层中的①淤泥层为海相沉积地层，遍布全区，平均厚度 10.44 m，层中夹有流泥等透镜体或流泥不连续分布，无明显的单元土体划分的界限，局部夹有砂层或底部呈淤泥质土，该层含水率大于 70%，强度低，高压缩性。

3）覆盖层的②层为陆相沉积，几乎遍布全区，位于①淤泥层之下的黏性土，褐黄等色，可塑为主，局部揭露有松散-稍密的砂层，该层厚薄兼有，含水率一般在 30%左右，强度中等，中等压缩性。

4）覆盖层的③及⑤层为海陆交互相沉积地层，工程区内多呈透镜体或不连续分布或缺失，一般厚度不大，局部较厚，以黏性土为主，多呈淤泥质土或粉质黏土状，间有砂层。该层含水率一般小于50%，强度较低，中等-高压缩性。

5）覆盖层的④及⑥层为海陆地层，遍布全区，分别位于③及⑤层之下。主要由黏性土及砂层组成，砂层比较复杂，各种砂均有，并混有黏性土，同时状态差异很大，犬牙交错，多与黏性土互层。黏性土含水率一般在30%左右，强度中等，中等压缩性。砂的状态由松散-密实都有且没有规律。

6）残积层比较单一，分布较广，含水率一般小于30%，强度中等，中等压缩性。

7）风化花岗岩遍布全工程区。强风化花岗岩强度较高，中等压缩性。

本场区以软弱土-中软土为主，场区上覆软软土厚度大、含水率高、强度低、压缩性高，特别是①淤泥层厚度大，根据澳门、珠海两地的设计和施工经验，陆域形成后最终沉降量大于 2 m。若不采取加固处理缩短沉降周期，即使陆域形成，也会造成将来人工岛管网和市政设施因沉降过大而无法正常使用。设计时应根据工程建设标准和建设周期，采取合适的地基处理方法对回填材料形成的陆域和陆域下卧的软土地基进行加固，并减少工后沉降。

3 陆域形成候选回填材料分析[1]

本工程回填量巨大，因此陆域形成材料中的一种或几种储量需足够丰富，回填料的选择原则主要有四个：

1）回填材料便于处理，不应成为后期地基处理施工的障碍。

2）回填材料经适当的地基处理后能达到预定的承载能力和变形能力即可，不需要在地基处理方面过多耗费大量的资金、资源和工期。

3）回填材料地基处理施工能符合周边环境的要求，首先是开展施工所需的场地、能源要求要符合实际，地基处理产生的振动、噪声、废弃物应符合环保部门相关的要求。

4）回填材料尽可能满足就地取材的要求，且储量丰富。

从就地取材的角度出发，开山土石、淤泥、惰性拆建物料、砂可作为本工程人工岛的陆域形成回填料候选材料。

3.1 淤 泥

人工岛陆域形成需要的回填料方量巨大，且为海上作业。如果采用陆运回填，需用汽车从陆上运至岸边，再倒运到船上，然后再运至人工岛后进行回填。这种回填方法不仅需用大量汽车和船只，而且来回倒运，费力、费时、工期较长，且造价高。沿海已有许多采用吹填淤泥形成陆域的港口工程实例。吹填法处理疏浚泥土，是借助挖泥船挖出并送往岸线进行填筑堤堰、平台、陆地等的一种施工方法。吹填法处理疏浚泥土不仅能使泥土综合利用，为国民经济的多方面服务，而且避免了疏浚泥土回淤航道的可能性（尤其是在珠江三角洲河口地区），是一种较优的方案。天津港港域面积，自中华人民共和国成立后呈几倍甚至十几倍的扩大与发展，全部都是利用本港港池和航道挖出的淤泥而形成的。现今靠港的临海工业区，也是利用航道挖出的淤泥来形成陆地。正在兴建的由北大防波堤围成的大面积人工岛，也是依靠港池挖泥来形成。以上工程实例说明填筑淤泥技术已趋成熟，吹填淤泥完全适合人工岛建设。

3.1.1 吹填淤泥工程特性

需要注意的是，吹填淤泥是比一般海相淤泥还要差的高含水量、高孔隙比、高压缩性、低强度的现代人工堆积超软淤泥类土。吹淤过程中的粒度分选作用以横向为主，垂向分选作用则不明显；而吹填淤泥土的蒸发失水特性使其物理力学特征得到了很大的提高和改善，为后期加固工程的实施提供了十分有利的条件。吹填淤泥工程特性具体如下：

1）受吹填工艺的影响，吹填物质的分选现象十分明显，特别是砂粒和黏粒之间，分选的结果使造陆区形成了两个不同的沉积单元即微三角洲形吹填砂区和吹填淤泥区。在今后的造陆工程中，应选择合理的吹填工艺，使吹填体尽可能均匀，从而为后期软基处理创造条件。

2）由于受施工过程地下水位反复升降及表层蒸发的影响，吹填淤泥属于超固结土，其渗透固结特性完全不同于正常固结土。

3）吹填结束后，对吹填进行蒸发晾晒，可在其表层形成一硬壳层，从而为后期软基处理施工创造条件。因此，在今后的造陆工程中，应加强吹淤后的排水工作，适当延长吹淤体的晾晒时间，使吹淤体表层可以形成较厚的硬壳层，便于软基处理施工。

4）吹填淤泥的物理力学性质与海相淤泥有较大差别，其工程性质更差，高含水量、高压缩性、高孔隙比、高灵敏度、结构性差、固结程度低、承载力低的工程特性比海相淤泥更显著，但其渗透性远大于海相淤泥，这是吹填淤泥可用于填海造陆并可以与海相淤泥共同进行排水固结法软基处理的重要保证。

3.1.2 吹填淤泥优缺点

1）吹填淤泥的优点：

①料源充足，就地取材。可利用澳门、珠海诸港口、航道挖出的淤泥，在满足环保要求的前提下，作为人工岛填海造陆的填料。

②有利于废物利用和环境保护。综合利用航道维护和疏浚挖出的海底淤泥作为造陆填料可解决航道挖掘抛弃废土的困难问题，且节省一定的弃土费用，解决因抛弃距离过近带来的大量回淤造成海水污染，达到减少对海洋环境污染的目的。

③节省砂石等建筑材料，减少建设投资。

2）吹填淤泥的缺点：

新近吹填淤泥强度低，先表层处理然后常规处理的方法具有较大的难度、需要较长的工期，且工后沉降较大，因此需要采用合理的地基处理方法、施工设备、施工工艺以克服这些缺点。

3.2 惰性拆建物料

惰性拆建物料是从建筑、挖掘、翻新、拆卸和道路工程产生，香港地区建筑工程产生的拆建物料的组成成分为：约 70%为惰性软料，包括泥土、泥浆，能用作填料，可用于填海和填土工程；12%～15%为惰性硬料，包括碎石、碎混凝土和碎砖等，可用于建造填海工程中的海堤，或经再造为颗粒料后，可用于路堤基层和排水管道垫层；余下15%～18%为拆建废料，包括金属、塑胶、木材和包装废料，其中未受污染的可回收再造，受污染的必须弃置于堆填区内。

根据香港相关法律，上述拆建物料需要经过有效分选，并将惰性拆建物料和拆建废料分别置于填料库和堆填区。

从供应量和经济性角度讲，香港地区建筑工程每年产生约 1400 万 t 的拆建物料，即有 1148 万～1190 万 t 的惰性拆建物料可作为填海造地回填材料使用，香港方面可以长期低价甚至免费供应惰性拆建物料。根据国家海洋局南海分局检测中心每月对处置区附近海域环境状况监测所提供的资料显示：从环保角度讲，惰性拆建物料对填海地区及其附近区域的污染，按照目前的技术手段和要求，可以控制在所容许的范围内。到目前为止，已运载约 850 万 t 拆建物料到广东台山广海湾处置试点区处置，检测效果良好。实践证明惰性拆建物料作为填海造地回填材料是可行的。

3.2.1 惰性拆建物料的工程特性

惰性拆建物料的工程性质主要有以下三点：

1）与一般土体相比，在相同荷载作用下，惰性拆建物料的压缩变形量比较小，对比不同土类的 P-S 曲线可以发现，惰性拆建物料的沉降量，无论是干燥状态还是湿润状态，变形量基本在 5 mm 以内，几乎是淤泥质黏土沉降量的 1/30。

2）根据不同堆填时间下惰性拆建物料的 P-S 曲线可知，经过一定时间的堆填，惰性拆建物料承载能力得到提高。产生这些现象的原因主要是由于惰性拆建物料成分的复杂性、多样性和不均匀性，惰性拆建物料是一种包含大粒径的散粒体结构土，由于垃圾土中存在着大量的孔隙，在堆填的初始阶段，外荷载主要由大颗粒之间的摩擦来承担，随着堆填的不断进行，颗粒之间的滑动和摩擦使得小颗粒不断地被充填到大颗粒形成的孔隙中，同时，在外荷载作用下，垃圾土中硬度较大的成分（如砖石等）又不断被压缩破坏，故使得垃圾土受荷载时表现出小变形特性和时效效应。

3）由于惰性拆建物料是一种包含大粒径坚硬散粒体的结构土，故堆填区建筑物不宜采用预制桩基础。

3.2.2 惰性拆建物料优缺点

1）惰性拆建物料的优点：
①加强废料利用，减轻城市垃圾处理压力；
②香港方面已经进行过有效分选，可根据需方的要求将块石、混凝土块等碎化至一定粒度之下，并可以长期低价甚至免费供应；
③香港距离澳门和珠海较近，且海上运输能力能满足本工程要求；
④工期较短。工期相对回填疏浚泥或砂要短。

2）惰性拆建物料的缺点：
①协调手续复杂、需要与海关、环保、海洋、国土资源等部门沟通协调，并办理相关手续；
②由于含有大尺寸的块石、混凝土块等，对地基处理和建筑物基础形成一定制约；
③由于其尺寸的影响，惰性拆建物料的堆填要经过车辆运输、推土机推平、碾压机械碾压等几个工序，对于超大方量的填筑而言，经济性差，耗费的时间长等成为制约它使用的关键因素。

3.3 砂

由于本工程回填材料大于 2000 万 m^3，回填量巨大。根据调查，若采用河砂，由于砂源主要来自内陆，一方面不能满足就地取材原则，造成运输压力大、单价高；另一方面办理相关手续烦琐，因此不推荐使用回填河砂。若要选用砂做回填材料，推荐采用海砂。

从供应量角度，珠江口近年来海砂开采区面积约 1557.54 hm^2，累计许可采砂量为 1030 万 m^3/a，能基本满足填海造陆的要求。砂作为一种常见的填筑材料，广泛使用于国内外围海造陆工程，将海砂作为陆域形成的回填材料是一个可行的选择。同时，对砂类土地基加固已有成熟的施工方法和施工技术，也在众多大型填海工程中得到应用。因此，将海砂作为本人工岛陆域形成的回填材料是可行的。

海砂的工程特性与河砂类似，具有河砂的优点，海砂一般多为中砂，具有颗粒坚硬、级配良好、含泥量少等优点，但存在的问题是海砂中含较多盐量及硫酸根离子，常混有贝壳碎片。

海砂含盐量主要是含氯盐的问题。氯盐能破坏混凝土钢筋表面的碱性保护膜，从而促使钢筋发生锈蚀。混凝土中钢筋不断锈蚀的结果，不但削弱了钢筋截面，而且由于锈蚀产物的膨胀作用而使混凝土保护层开裂、剥落，影响结构的正常使用。氯盐对于预应力钢筋的危害性更大。另外，海砂中的氯盐还可能对混凝土拌和物有促进凝结硬化的作用（含盐量在 0.2%~0.3%以上时比较明显）；对于大体积混凝土则有初期温升较高的问题；使用含盐量较高的海砂的混凝土早期强度较高，但后期强度可能较低，海砂中的盐分还可能使混凝土的干燥收缩增加。总之，氯离子是导致混凝土中钢筋腐蚀的最为有害的物质。

贝壳属于有害物质中的轻物质范畴。贝壳类主要成分为 $CaCO_3$，贝壳类虽然为惰性材料，一般不会与水泥发生化学反应，但这些轻物质往往呈薄片状，表面光滑，本身强度很低，且较易沿节理错裂，因而与水泥浆的黏结能力很差。一般来说，当贝壳类等轻物质含量较多时，会明显使混凝土的和易性变差，使混凝土的抗拉、抗压、抗折强度及抗冻性、抗磨性、抗渗性等耐火性能均有所降低。因此必须对其含量加以限制。

采用海砂直接吹填，若在吹填地基上不建设建（构）筑物，则海砂中的盐分及硫酸根离子不会对吹填地基的使用产生一定的影响；若在吹填地基上建设建（构）筑物，由于大部分海砂含有过量氯离子及硫酸根离子能加速钢筋腐蚀，降低混凝土耐久性，最终导致建筑结构的破坏，在一定程度上会缩短建筑物的安全使用寿命。

3.4 开山土石

珠海及珠海市周边地区有大量工程处于建设当中，其中仅高栏港开发建设 1 年内就可以为本工程提供数百立方米开山土石作为陆域形成的回填料。许多新建围海造陆工程，也有用开山土石来形成陆域的。但本工程作为近岸外海工程，开山土石无法直接通过陆运到达人工岛，需要提前修建临时上料码头接纳开山土石；但若采用开体驳抛填，由于项目区水深仅 2~3m，无法利用开体驳抛填。此外，开山土石将对人工岛拟建建（构）筑物桩基础施工带来困难。

4 陆域形成回填材料比选

人工岛填海规模大，进度紧，根据当时建设方安排，珠澳口岸人工岛拟定于 2009 年 12 月开工，2012 年 12 月交工，之后进行后续建设，没有给地基土完成自然固结沉降预留足够的时间。考虑人工岛建设场地本身就存在深厚软弱土，需要进行软土地基处理。在当时 DCM 技术（水下深层水泥搅拌桩技术）和配套的 DCM 船尚未引进到香港、澳门和内地情况下，采用插打塑料排水板排水固结法对原本存在的深厚软基进行加固是最佳方案。若采用惰性拆建物料或开山土石，由于塑料排水板难以穿过碎石、碎渣硬层，所以插打塑料排水板应在陆域回填前实施完成，在时间上已经不具备实施条件。

惰性拆建物料产地在香港，属于进口建筑材料，前期准备和施工期间需要协调港珠澳三地海关、边防、检疫等工作，管理程序复杂，不具备可操作性。鉴于工期紧迫性和实施管理难度大，惰性拆建物料最终从比选材料中剔除。

开山土石开采和运输成本均比吹填泥和吹填砂要大得多，原状土插打排水板的地基加固措施需要提前实施，鉴于工期紧迫性和成本考虑，开山土石最终从比选材料中剔除。

对于吹填泥做回填材料，由于原状软土最佳地基处理方法为插打排水板，且吹填过后应有不少于 2m 厚硬壳层工作区，为增加排水固结效果，应增加水平向排水系统，硬壳层材料为中粗砂最佳。

经过对回填材料的综合分析,最终选择吹填泥、吹填砂作为陆域形成回填材料。究竟选择何种材料作为陆域形成回填材料推荐方案,需要进一步对吹填泥、吹填砂作技术经济比较分析。

4.1 回填方量的计算[2]

陆域形成吹填方量计算时,不仅要考虑设计预留标高在内的吹填土方量,还需考虑施工期间吹填土固结、原状土受压后固结沉降、吹填料流失因素,其关系式为

$$V=(V_1+V_2+V_3)/(1-P)$$

式中: V——吹填土方量;

V_1——设计预留标高在内的吹填土方量;

V_2——施工期间吹填土固结所增加的工程量;

V_3——施工期间,原状土受荷载作用发生的固结沉降所增加的工程量;

P——吹填料流失率。

经过计算,吹填砂方案需要用砂 2425 m³;吹填泥方案需要用泥 2281 万 m³、中粗砂 886 万 m³。

4.2 吹填泥形成陆域施工方法及地基处理

使用吹填泥作为形成陆域的回填材料时,在东、南方向利用东、南护岸结构做掩护条件,在西、北侧依托西、北护岸结构实施的地基处理真空联合堆载预压条带作为掩护条件,在外围无需另作其他临时围堰。

为增大吹填流动范围,减少流失,将吹填区用两条砂袋分隔围堰(一条分隔围堰走向为东西向,另一条分隔围堰走向为南北向),分隔为 4 个区。吹填泥材料来源考虑港珠澳大桥主体工程和东人工岛、西人工岛的疏浚开挖土料。结合主体工程和东人工岛、西人工岛施工进度安排,用隔埝将人工岛范围划分为 4 个纳泥区。待护岸初步形成掩护条件后,开始容纳主体工程和东人工岛、西人工岛疏浚挖泥,通过绞吸式挖泥船直接吹填造陆。

由于新近吹填泥物理力学性质差,需进行浅表层硬化处理,使浅表层快速排水固结具备一定承载力,为后续工序施工水平、竖向排水系统提供施工平台。用绞吸式挖泥船直接吹填至标高+5.8 m,然后用皮带船抛填 2 m 厚中粗砂作为砂垫层,铺设砂垫层后插打塑料排水板,然后进行真空预压或堆载预压施工。2 m 厚砂垫层也可作为水平排水系统使用。吹填土浅表层硬化处理可采用中交四航工程研究院有限公司研发的"一种超软弱土浅表层快速加固系统"发明专利,在此不再赘述。

4.3 吹填砂形成陆域施工方法及地基处理

使用吹填砂作为形成陆域的回填材料时，同吹填泥一样，在东、南方向利用东、南护岸结构做掩护条件，在西、北侧依托西、北护岸结构实施的地基处理真空联合堆载预压条带作为掩护条件，在外围无需另作其他临时围堰。用一条砂袋分隔围堰（走向为东西向）将吹填区分隔为南、北两个区（方便后面南、北施工标段管理）。材料来源考虑珠海周边的海砂。在护岸附近开挖两个储砂坑并清淤以减少砂料含泥量。在护岸施工的同时，采用民船由内侧向外部倒退抛填中细砂至标高±0.00 m，待护岸初步形成掩护条件后，通过绞吸船吹填中粗砂至标高+2.00 m后插打塑料排水板。排水板施工完毕后，分层吹填（或回填）砂对软土地基进行分级堆载。吹填砂形成陆域的地基处理方法有强夯法、振冲密实法、井点降水联合堆载预压法、堆载预压法、真空联合堆载预压法。这些地基处理方法各有优劣，最终推荐选择井点降水联合堆载预压法，选择过程可参考文献[3]，在此不再赘述。

4.4 陆域形成回填方案比较[1-3]

吹填泥和吹填砂方案各自对应不同的软土地基处理方法，与地基处理方法结合后，陆域形成回填方案比较见表1。

表1 陆域形成回填方案比较表

方案比选	吹填泥方案+真空联合堆载预压	吹填砂方案+井点降水联合堆载预压法
技术	技术成熟、可靠；加载速度快；对真空的密封性要求高	技术成熟、可靠；加载速度快；需要依靠搅拌墙截断海水补给，搅拌墙技术指标要求高
安全	联合堆载厚度小，对护岸稳定影响小；堆载时可利用护岸开挖的砂，但用量较少，倒载厚度小，堆载临时边坡的自稳性较好	联合堆载厚度小，对护岸稳定影响小；堆载时可利用护岸开挖的砂，但用量较少，倒载厚度小，堆载临时边坡的自稳性较好
加固效果	吹填泥后，需进行浅表层硬化处理，需要进行地基处理的软土层厚度变大，排水板长度增加，固结排水效率相对较低，地基处理时间长。吹填泥的含水量比原状土要大，导致地基处理难度增大，真空联合堆载预压加固效果一般，总沉降量相对较大，残余沉降量大	加固效果好，总沉降量相对较小；吹填砂使得原状软土获得较大的附加荷载，软土和吹填的砂层在施工期间完成的沉降占总沉降比例大，残余沉降符合设计要求
施工复杂程度	需要设置南北走向的砂袋分隔围堰，吹填余水含黏性土颗粒多，吹填泥的岩土物理力学性能差异大，可控性差	不需额外设置南北走向的砂袋分隔围堰，吹填余水含黏性土颗粒少，吹填砂的岩土物理力学性能差异小，可控性高
造价	714 元/m^2，其中地基处理费用为 282 元/m^2	689 元/m^2，其中地基处理费用为 126 元/m^2
对主体工程和周边环境影响	可接纳主体工程及东人工岛、西人工岛疏浚土，由于减少了废弃物倾倒数量，整体来说保护了海洋环境；但在施工过程中，吹填余水含有大量黏性土颗粒，造成海域污染	不能接纳主体工程及东人工岛、西人工岛疏浚土，增加了废弃物倾倒数量；在施工过程中，吹填余水含有少量黏性土颗粒，对海域污染小。当前砂属于紧缺资源，价格受市场需求波动大，受利益驱使，偷采或不按规定合理开采海砂对海洋环境生态破坏非常严重

经综合比较，吹填砂方案+井点降水联合堆载预压法具有施工简单、施工费用低、加固效果明显、残余沉降较小等特点，故陆域形成推荐使用吹填砂方案，地基处理方案推荐井点降水联合堆载预压法。值得注意的是，吹填泥方案陆域形成的费用为 432 元/m^2，比吹填砂方案陆域形成的费用为 563 元/m^2 更具有经济性。若工期不是 2 年而是 5 年甚至更长，吹填泥方案对应的软土地基处理可选择堆载预压法，其地基处理费用仅为 148 元/m^2，则吹填泥方案+堆载预压法更具有优势。

5 结 语

1）根据回填料选择的 4 个原则，从就地取材的角度出发，开山土石、淤泥、惰性拆建物料、砂均可作为类似工程陆域形成回填材料。

2）吹填泥作为陆域形成回填材料具有经济优势，但地基处理难度增大，残余沉降大，周期长，使得在工期紧的条件下，可选择的地基处理方案少，花费代价大；吹填砂作为陆域形成回填材料不具有经济优势，但地基处理相对容易，可选择的地基处理方案多，花费代价小，残余沉降小，周期短。

3）本文得出的结论对类似工程选择陆域形成回填材料有借鉴意义，在选择回填材料时，不能盲目地单看材料价格下决定，而应综合考虑回填材料工程特性、材料供应情况、材料价格和地基处理代价等多方因素后进行决策。

参 考 文 献

[1] 中交四航工程研究院有限公司. 港珠澳大桥珠澳口岸人工岛填海工程初步设计阶段大面积软基处理关键技术研究[Z]. 广州：中交四航工程研究院有限公司，2009.

[2] 梁桁. 珠澳口岸人工岛成岛关键性技术研究[D]. 天津：天津大学，2014.

[3] 钱所军，陈囡，刘军军. 港珠澳大桥珠澳口岸人工岛地基处理方案[J]. 中国港湾建设，2014,（6）：11-14.

浅析降水井打设工艺改进[*]

莫日雄，代 伟

(中交三航局第二工程有限公司，上海)

摘 要：原降水井打设工艺的工效低及产生大量废弃泥浆，不符合环境保护的要求。本文根据港珠澳大桥岛隧工程东人工岛岛内降水井施工的经验，介绍改进的降水井打设工艺，该工艺主要改进了降水井成孔的方法，不同于传统的泥浆护壁成孔法，该工艺通过合理选用设备，达到无浆成孔的效果，同时大大提高了打设工效，成井时间有效缩短至 1~1.5 h。在此基础上，本文提出了关于进一步提高打设工效的设备改进方向，可供类似工程参考。

关键词：降水井；工艺改进

1 工程概况

港珠澳大桥岛隧工程东人工岛平面基本呈椭圆形，起止位置为 K6+964～K6+339，从人工岛挡浪墙外边线计算岛长 625 m，横向最宽处约 215 m，工程处天然水深的泥面标高约-10.0 m，人工岛顶面交工标高为 4.26 m。陆域形成方式：基槽开挖至-18.0 m，打设 59 个直径 22 m 的钢圆筒，而钢圆筒间打设副格连接形成围堰，围堰内回填中粗砂。

围堰内回填中粗砂至-6.0 m 时需进行降水井打设，底标高为-22.5 m（进入开挖面 4.5 m），然后接长降水井管，并回填至+5.0 m 标高，将水位降至-18.0 m 以下，使中粗砂的浮容重变成饱和容重，增加上部回填中粗砂的压载力，提供超载预压。

2 地质条件

工程区地层主要由第四纪覆盖层（地层代号①~④）、残积土（地层代号⑤）和全、强、中、微风化混合花岗岩（地层代号⑦$_1$~⑦$_4$）组成。而降水井施工时主要穿透 12 m 厚的中粗砂层及插入第一大层 4.5 m。第一大层的土质情况如下[1]：

①$_1$ 淤泥（Q_{4m}）：灰色，流塑状，个别钻孔呈流动状，高塑性，含有机质，有臭味，

---

[*] 本文曾刊登于《公路》2018 年第 8 期。

局部混少许粉砂，平均标贯击数 $N<1$ 击。该层厚达 1.50～4.50 m。

①$_2$ 淤泥（Q_{4m}）：灰色，流塑状，高塑性，含有机质，有臭味，局部混少量粉细砂，夹粉细砂薄层和贝壳碎屑。平均标贯击数 $N<1$ 击。

①$_3$ 淤泥质黏土（Q_{4m}）：褐灰色，流塑-软塑状，中塑性，局部夹粉细砂薄层和少量贝壳碎屑。部分钻孔该层夹有淤泥夹层及透镜体。平均标贯击数 $N=1.8$ 击。

3 降水井结构

降水井开孔与终孔直径均为 325 mm，井底标高为-22.5 m，井管直径 250 mm，过滤管总长 10 m，结构如图 1 所示。

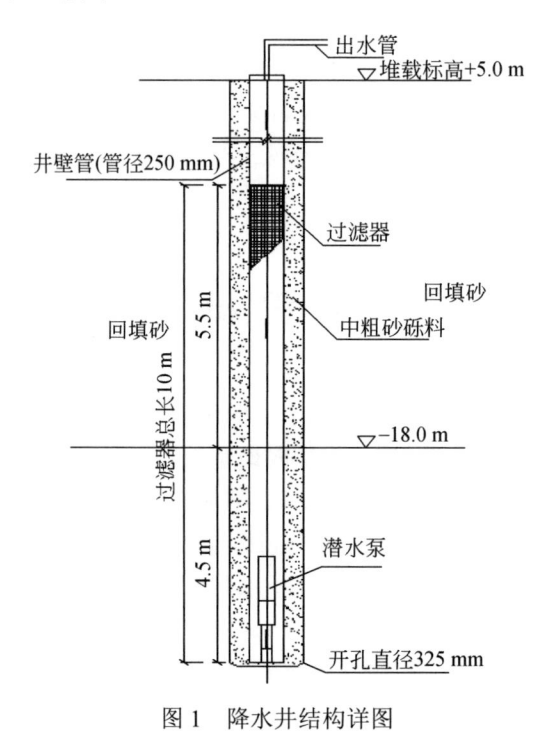

图 1 降水井结构详图

4 原工艺流程

原降水井埋设工艺流程如图 2 所示。

原工艺缺点如下：

1）泥浆护壁法成孔后会产生大量的废弃泥浆，泥浆的妥善处理增加施工成本。为了防止泥浆污染砂层而影响塑料排水板及降水井的排水效果，大量废弃泥浆不能直接排放到砂层，需制作泥浆箱收集泥浆；东人工岛所处海域为中华白海豚国家级自然保护区，环

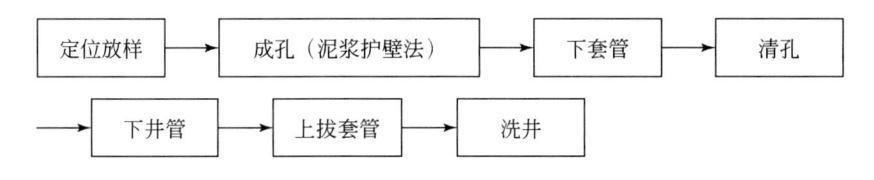

图2 原降水井埋设工艺流程图

境保护要求更高，收集的废弃泥浆严禁直接排放到海里污染环境，需运回岸上进行处理。

2）工序繁多，工效低。主要影响整体工效的工序为泥浆护壁成孔及清孔，成孔耗时 3~4 h（若钻机功率低或工人操作不熟练，时间将更长），清孔耗时约 2 h，而本工程降水井施工需穿透 12 m 厚砂层，容易塌孔，所需泥浆比重较大，更加影响工效。

5 工艺改进

5.1 工艺流程

针对原工艺的缺点进行工艺改进，改进后的工艺流程如图3所示。

图3 改进后的工艺流程图

1）定位放样。利用 R8 GPS 结合设计图纸的放样坐标进行放样，然后安放锥形套管头，锥形头嵌入砂层 25 cm，如图4所示。

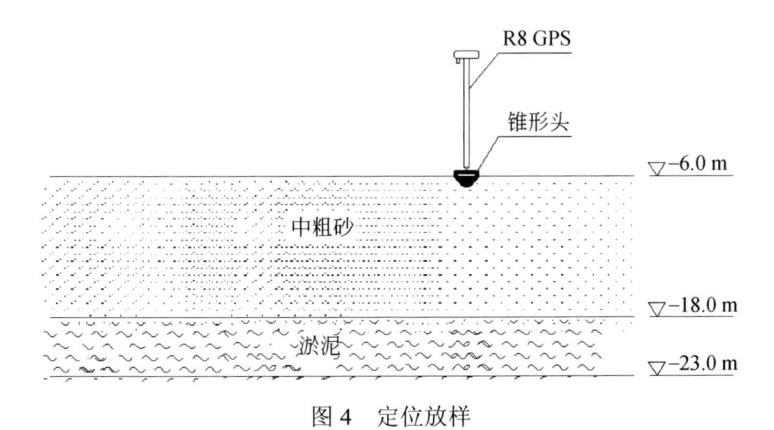

图4 定位放样

2）打设套管至设计底标高。利用起重机起吊液压振动锤，振动锤夹起套管，人工将套管嵌入放样点上的锥形头，然后开启振动锤将套管振沉至设计底标高，如图 5、图 6 所示。

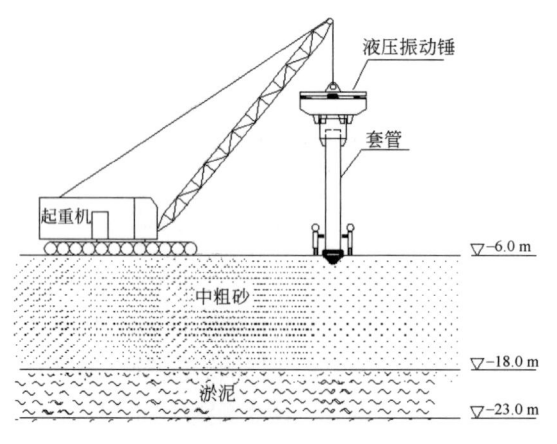

图 5　打设套管（一）

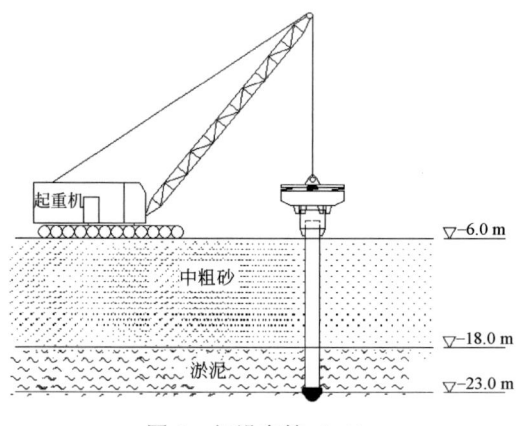

图 6　打设套管（二）

3）套管内灌水。套管振沉至设计标高后，利用水管将其灌满水，减少下井管及上拔套管时井管与套管的摩擦，防止井管上的滤膜损坏。

4）下井管。利用起重机将井管吊放至套管内，如图 7 所示。

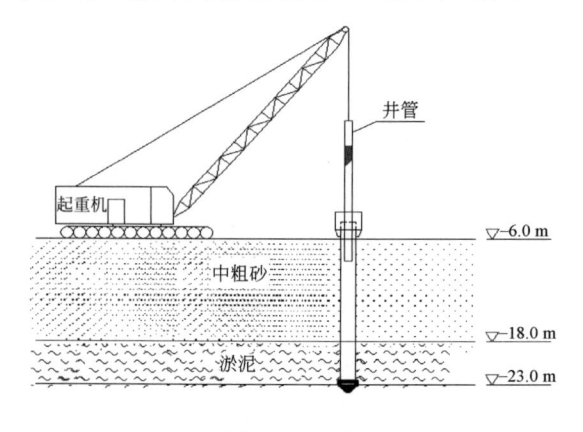

图 7　下井管

5) 上拔套管。利用起重机起吊液压振动锤，振动锤夹住套管，边振动边上拔，锥形头留置在土层，如图8所示。

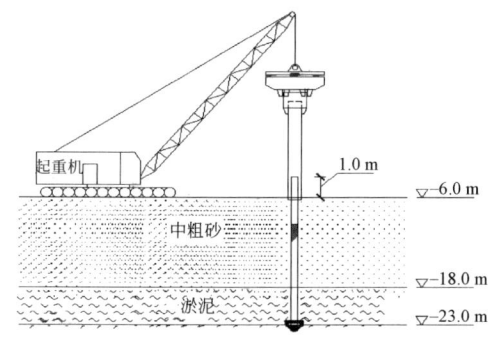

图 8　上拔套管

改进的工艺优点为以下两点。

1) 泥浆零排放（处理）。成孔时不用泥浆护壁，而直接将套管打至设计底标高，该套管的底端封闭，在成孔过程中，有效防止淤泥涌进，成孔后不需清孔或洗孔，可直接下井管。整个流程不需泥浆，达到泥浆零排放的效果。

2) 工序少，工效高。改进后的工艺减少了清孔、洗井等工序，整个成井流程只需 1～1.5 h，工效得到很大的提高。

5.2　工　艺　设　备

改进的工艺较原工艺主要使用的设备：套管、锥形套管头、液压振动锤。

（1）套管

套管的尺寸：长 17.5 m，底面直径 325 mm，壁厚 10 mm，具体尺寸见图 9。套管长度等于打设深度（16.5 m）加富余长度（1.0 m，预留长度便于振动锤起夹及井管往上对接）；采用壁厚 10 mm，环刚度大于 8 级的波纹管，防止套管在液压振动锤的激振力作用下开裂。

（2）锥形套管头

锥形套管头作用如下：①减少与砂料及淤泥层的接触面以降低套管的贯入阻力；②防止砂料及淤泥进入套管，进一步减少桩侧摩擦力。套管嵌入锥形头 4 cm，锥形头与套管接触面内径 330 mm，比套管直径稍大，这样既能在激振力作用下有效防止砂料及淤泥进入，又便于上拔套管时锥形头与套管脱离而不会影响套管内井管的埋入深度；③定位并固定套管，保证套管的垂直度。

锥形套管头由两部分组成：壁厚 5 mm 的钢抱圈及锥形混凝土块。锥形套管头的结构如图 10 所示。

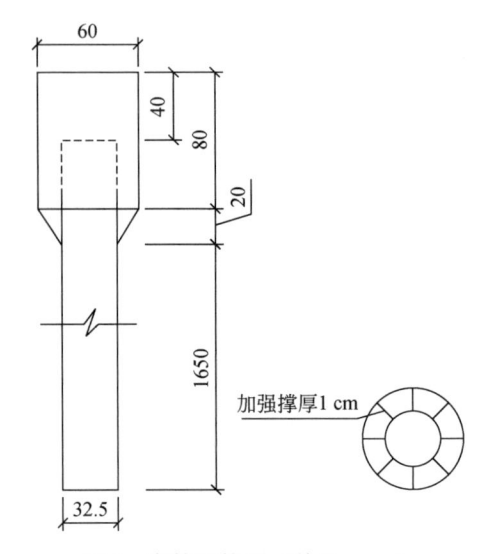

图 9　套管结构图（单位：cm）

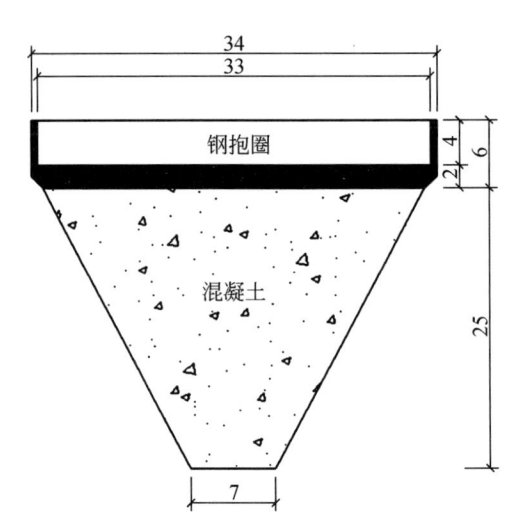

图 10　锥形套管头断面图（单位：cm）

（3）液压振动锤

液压振动锤作用如下：①快速打设及上拔套管，耗时均约 4.5 min；②振动上拔套管时，有效将井管四周的砂料振密实，使井管稳定。

套管打设至设计底标高的条件：$\sum G + F_{激振} \geqslant F_{侧摩} + F_{桩端}$ （1）

本工艺中采用的液压振动锤重 8 t，激振力 1600 kN，套管重 0.7 t，则 $\sum G + F_{激振}$ =87+1600=1687 kN。

桩侧摩擦力由三部分组成：套管摩擦力 $F_{侧摩1}$，钢抱圈摩擦力 $F_{侧摩2}$，锥形头摩擦力 $F_{侧摩3}$。根据地质资料[1]淤泥层极限桩侧摩擦阻力标准值 15 kPa，中粗砂极限桩侧摩擦阻力标准值 75 kPa。

则 $F_{侧摩1}$=12×π×0.325×75+4.5×π×0.325×15=987.84 kN

$F_{侧摩2}$=0.06×π×0.34×15=0.96 kN

$F_{侧摩3}$=0.177×15=2.66 kN（0.177 为锥形头表面积，计算过程略）

因砂层厚达 12 m，且中粗砂的桩端阻力远大于淤泥，为了确保套管能顺利穿透砂层，计算桩端阻力时采用中粗砂的桩端极限阻力，根据地质资料中粗砂的桩端极限阻力标注值为 5000 kPa，则 $F_{桩端}$=0.25×0.07^2×5000=6.125 kN。

即 $\sum G+F_{激振}$=1687 kN≥$F_{侧摩}+F_{桩端}$=994 kN，工艺所选液压振动锤满足施工要求，而在实际施工中，并未出现难以振沉至设计标高的情况，一般只需 4.5 min 就能将套管振沉至设计底标高。

5.3 进一步改进的建议

本文所述的锥形套管头虽制作简单（可现场制作，且对混凝土的强度要求不高），但只能使用一次，造成材料浪费，而且若打设过程中遇到硬土层，容易打偏，影响井管的垂直度。建议制作如图 11 所示的钢套管，套管底端为可对半打开的锥形阀门，两阀门各有一对拉器，对拉器上各系一条尼龙绳。

工作机理：打设前，拉紧两尼龙绳，并系在两侧的拉环，使对拉器绑紧，令两半锥形阀门闭紧，然后打设至设计底标高，下放井管到套管内后，松开尼龙绳，阀门上的对拉器随之松开，并随阀门向两侧打开，最后上拔套管。

这样可省去制作锥形头的费用，套管可循环使用，同时，可相应提高工效。

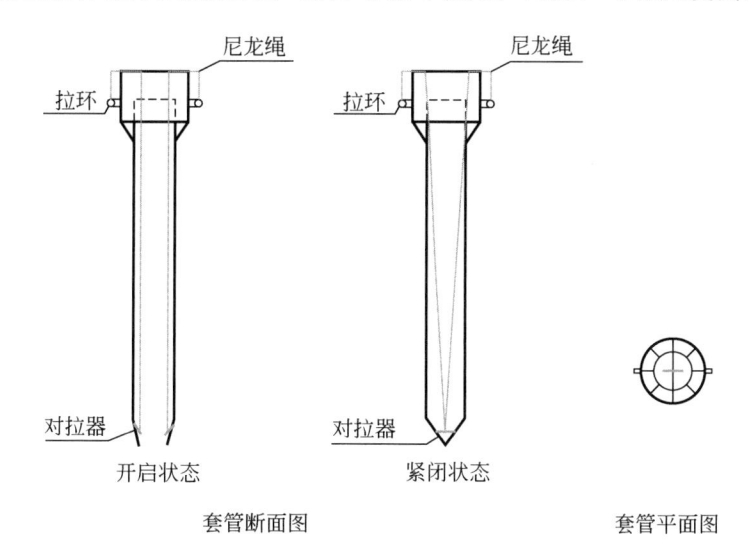

图 11 改进套管的结构示意图

6 结　语

原工艺成井的关键在于成孔时合理选择泥浆的比重[2]，配制泥浆的比重过大，黏度也随之增大，井壁泥皮增厚，维持裸眼钻孔时间更长，便于有足够的时间下套管，但泥浆稀释难度大，洗井的时间长，甚至难以冲洗导致井眼报废，故需耗时根据现场情况反复配制。而且，该工艺产生大量废弃泥浆，需要增加成本对泥浆进行无污染处理。本文所述改进的工艺无需考虑泥浆比重，施工中不产生泥浆，节省了钻孔、洗井的时间，提高了工效，且该工艺可适用于深层土体孔隙水压力计、分层沉降标埋设等需钻孔的项目，故适应性强，工效高。

参 考 文 献

[1] 中交第四航务工程勘察设计院有限公司.港珠澳大桥岛隧工程东人工岛地质勘察报告[R]. 广州：中交第四航务工程勘察设计院有限公司，2011.

[2] 吴炳富.降水井施工承压水与泥浆性能指标的关系[J]. 江淮水利科技，2008，（6）：36-37.

港珠澳大桥东人工岛非通航孔桥锚下有效应力控制技术[*]

刘海青，莫日雄，陈利军

（中交三航局第二工程有限公司，上海）

摘　要：港珠澳大桥东人工岛非通航孔桥采用现浇预应力连续箱梁结构，锚下有效应力是确保箱梁耐久性的关键因素。本工程因地制宜制定了切实可行的措施，使钢绞线伸长率偏差在±6%以内，并经第三方检测，锚下有效应力满足设计要求。本文阐述了施工中所采用锚下有效应力控制技术，可供类似工程参考。

关键词：预应力张拉；伸长率；锚下应力

1　概况简介

港珠澳大桥桥隧主体工程总长约 35 km（其中香港界内约 10 km），采用桥隧组合方案。隧道长 5.99 km，位于伶仃西和铜鼓航道处，隧道出口与桥梁相接处修建东人工岛、西人工岛衔接，两人工岛间平面距离为 5584 m。东人工岛靠近香港侧，西侧与隧道衔接，东侧与桥衔接。

东人工岛岛桥结合部非通航孔桥作为港珠澳大桥一部分，主梁分两幅两联设计，为预应力混凝土连续梁。全桥跨径布置为（4×55）m+（3×55）m，全桥处于半径为 5500 m 的平曲线上，由于上下岛加减速需要，主梁为变宽，且左右幅不对称，主梁距设计线 7.5 m 处梁高 3.2 m。箱梁纵向按全预应力结构设计，采用 C55 海工耐久混凝土，预应力束采用直径 15.2 mm 的高强、低松弛钢绞线，抗拉强度为 1860 MPa，计算弹性模量为 1.95×10^5 MPa，管道采用高密度聚乙烯波纹管。预应力张拉采用张拉吨位与伸长量双控，以张拉力控制为主，典型张拉断面如图 1 所示。

2　主要施工控制技术

2.1　预应力管道位置及线型控制

本工程预应力管道采用预埋式波纹管，即在箱梁钢筋绑扎过程中进行安装，安装后

---

[*] 本文曾刊登于《公路》2018 年第 8 期。

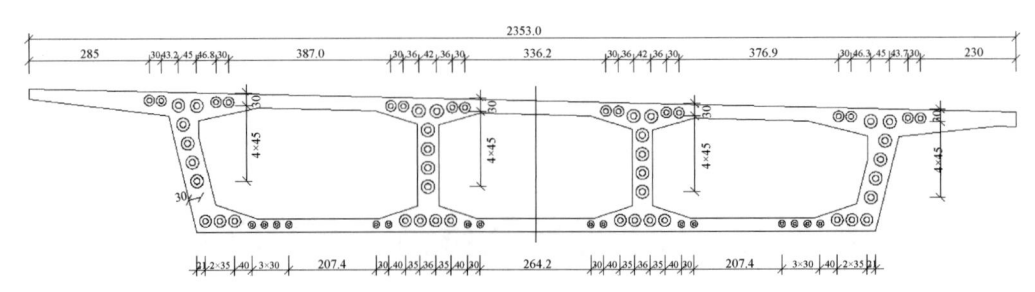

图 1 第二联张拉典型断面（单位：cm）

浇筑混凝土。波纹管作为钢绞线与混凝土的隔离物，其位置及线型影响了钢绞线在张拉时所受的摩擦力，以及整个箱梁断面预应力分布的均匀性，必须严格控制。为确保管道的位置准确、线型顺直（竖弯、平弯处平滑过渡），重点控制以下关键点：

（1）波纹管位置计算

根据设计图纸中典型张拉断面的管道位置图及竖弯、平弯大样图，推算每根管道在两端、竖弯及平弯处转折点中心离底板、相邻腹板、支座、桥墩等的距离（在实际施工中，底板边线、腹板边线、桥墩中心线均已测量放样，并做好标识），便于现场施工班组在钢筋骨架上拉线放样，准确安装波纹管。具体换算方法以图 2 中钢束 N7 在弯点 3 处的管道坐标为例，因该点邻近桥墩中心线，故计算时选取桥墩中心线设计管道横断面图（图 3）作为计算图：①梁长方向：根据 N7 纵断面布置图，可得点 3 到桥墩中心线即点 1 的距离 L 为 603.1 cm；②梁宽方向：根据图 3 可得点 1 到底板边线的距离 B，若 N7 在点 3 与点 1 之间没有平弯，则点 1 处的梁宽位置即为点 3 在梁宽方向的位置；若两点之间有平弯，则需要根据平弯大样图计算两点之间在横断面的偏移量 b，由 B 加（减）b 而得到点 3 到底板边线的距离，故 B=581.7 cm（本案例无平弯）；③梁高方向：根据图 3 可得点 1 到底板的距离 H，由 H 减去点 1 与点 3 之间高差，即为点 3 到底板的距离，则

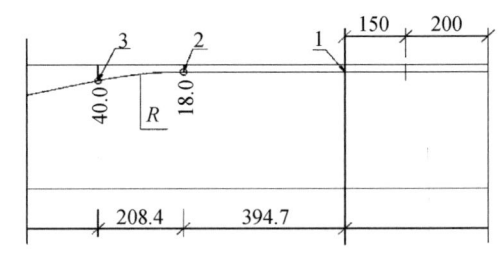

图 2 N7 纵桥向布置（单位：cm）

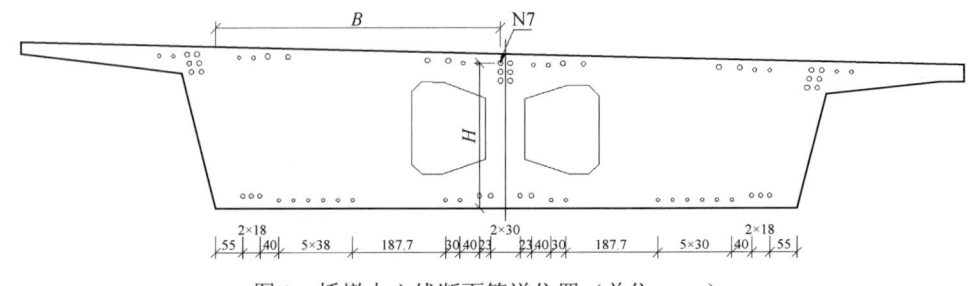

图 3 桥墩中心线断面管道位置（单位：cm）

点 3 处距底板的高度=$H-$（40-18）=$H-22$ cm（点 1 与点 2 在同一平面同一条直线上）。

（2）管道定位安装

根据计算的管道位置在钢筋骨架上放线，由固定端往张拉端逐步安装。安装过程中采取以下措施确保位置准确、线型顺直：①采用封闭 U 型钢筋固定予以固定（同时可有效防止张拉或压浆过程中，管道涨裂及混凝土浇筑过程中管道上浮），如图 4 所示，并严格控制封闭 U 型筋的间距：直线段 60~80 cm；竖弯、平弯处两端起弯点设置 U 型筋，弯曲处间距 20~40 cm。②管道连接处采用热熔连接：在接长处套入一节大一级直径的同类型管道（长度为 18 cm，两端各插入 9 cm）及热缩带（长度为被连接管道内径的 5 倍），然后用热烘枪对热缩带加热，使其与管道熔合，在确保接头处密封性的同时使管道平顺连接。③张拉端处锚垫板用螺栓固定在封头模板上，避免混凝土浇筑施工过程中波纹管位置偏移，同时在锚垫板两侧对称插入 4 根 $\phi 16$ mm 的钢钎（每侧两根），以增强锚垫板处混凝土的握裹力，防止张拉时该处混凝土强度不足而凹陷，严重影响锚下有效应力。④安装完成后安排专人复核波纹管的位置。⑤锚垫板与封头模板之间的倾角必须控制准确，因为它将直接影响张拉时千斤顶对梁体的应力分布，锚垫板的喇叭口应该在螺旋筋正中央，这样能使锚垫板周围的混凝土受力尽可能均匀。

异常情况处理：①腹板处波纹管位置与钢筋冲突：在保证波纹管位置正确的前提下适当挪动钢筋，必要时调整钢筋尺寸，然后用加强筋进行补强[1]。②底板上的波纹管位置与支座支腿冲突：在支座支腿的地方采用平弯过渡，并保证支腿处波纹管的净保护层厚度。如图 5、图 6 所示。

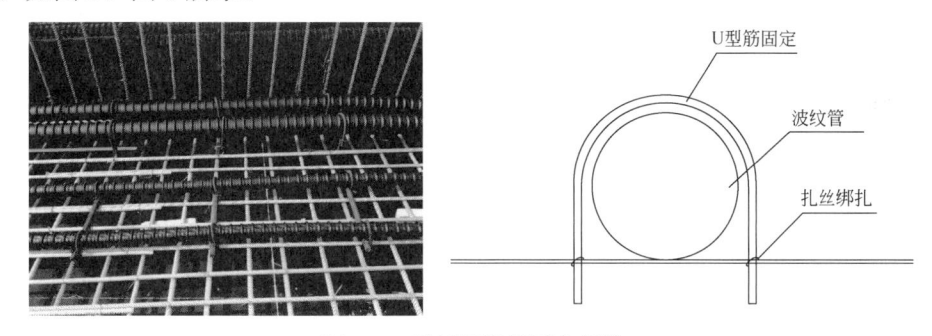

图 4 U 型封闭钢筋固定管道

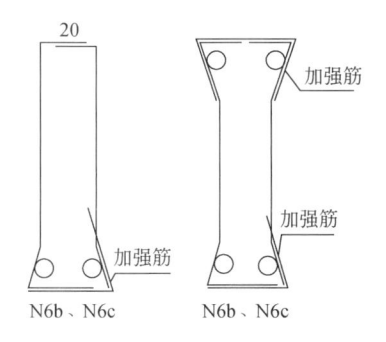

图 5 钢筋变更后大样图

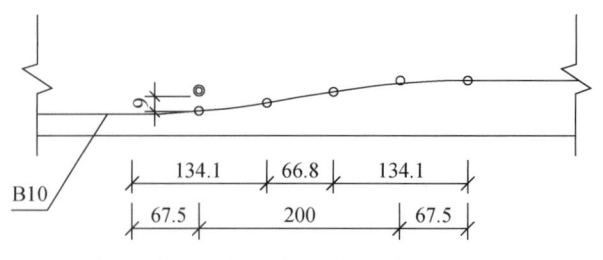

图 6 与支座支腿冲突处理（单位：cm）

2.2 钢绞线下料及穿索质量控制

为减小钢绞线损伤及穿束时钢绞线与管道间的摩擦阻力，保证钢绞线安装质量，下料及穿束时采取以下措施：①下料时钢绞线支垫在木方，并用土工布覆盖，防止雨水侵蚀；②采用砂轮锯切割钢绞线，避免焊割或氧割而损伤害钢绞线；③同一钢束使用弹性模量相同或相近的钢绞线进行编束，以保证张拉时同束钢绞线的伸长量尽可能一致，避免局部断丝；④钢绞线编束时，用梳束板梳理顺直，并用扎丝每隔 1~1.5 m 进行捆绑，防止钢束缠绕；⑤在同束钢束的每根钢绞线上编号，一方面确保每束钢束的钢绞线数量正确，另一方面确保每根钢绞线与连接器及工作锚对号穿入，能有效避免张拉时钢绞线缠绕引起的断丝；⑥实行整体穿束，确保钢束顺直，不缠绕；⑦穿束完成后用塑料袋将暴露在外的钢绞线保护，防止雨水侵蚀，减少因张拉端钢绞线锈蚀引起的断丝，同时减少钢绞线与千斤顶之间的摩擦阻力。

2.3 理论伸长量计算

理论伸长量的准确计算直接影响张拉后的伸长率大小，若计算失误，将影响对张拉结果的准确判断，而后张法预应力钢绞线张拉伸长值计算公式[1]如下：

$$\Delta L = P_p L / A_p E_p \tag{1}$$

$$P_p = P \times [1 - e^{-(KX+\mu\theta)}] / (KX + \mu\theta) \tag{2}$$

式中影响计算的结果的参数较多，为了确保计算结果准确，本工程在计算时重点考虑以下内容：

（1）弹性模量 E_p 的取值

弹性模量 E_p 是决定理论伸长量计算值的一个重要因素。经对不同批次的钢绞线进行力学性能检测，其弹性模量 $E_p = (1.96 \sim 2.04) \times 10^5$ MPa，E_p 非常数，故在 E_p 取值时需注意：①必须采用实测的弹性模量；②取同束钢绞线弹性模量的平均值。

（2）θ 的取值

θ 为张拉端至计算截面曲线孔道部分切线夹角之和，在采用分段法计算钢束的整体伸长量后，如果某分段钢束是直线，则 θ 为 0，如果分段钢束为曲线，θ 为该段曲线段的切线夹角（rad），即等于相邻直线段的倾斜角。定义中的 θ 也可认为是空间曲线的包角，等于每段线段的曲率乘以弧长。

（3）分段计算

将钢束按纵断面的变化点划分为若干段，则 X 为每段长度，A_p 为钢束的截面积，L 也为每段长度。从而能够算出每段的理论伸长量，将每段的伸长量求和则得到总伸长量 ΔL。其中需要注意第一段一般为千斤顶工作长度。

以本工程箱梁第二联第一施工段预应力钢束 N1 某一曲线段的理论伸长量计算为例（N1 由 22 根钢绞线组成）：

由图 7 可知 X=2084 mm，L=2084 mm，θ=12.027°（化为弧度为 θ=0.2099107），本工程采用 ϕ15.2mm 直径的高强低松弛钢绞线，其抗拉强度 f_{pk} 为 1860 MPa，A_y=140×22=3080 mm²，则张拉吨位 P=0.75f_{pk}×A_y+F=0.75×1860×3080+0=4296.6 kN（其中 F 为圈口损失力，精确施工后可忽略）。根据本工程采用的波纹管类型及钢绞线特征，取 K=0.0015，μ=0.15，则 KX+ $\mu\theta$=0.0015×2.084+0.15×0.2099107=0.034612612，预应力平均张拉为 P_p= P×[1-e$^{-(KX+\mu\theta)}$]/(KX+ $\mu\theta$)=4116296.633 kN，ΔL=$P_p L$/$A_y E_p$=14.28 mm。根据上述方法算出每段的伸长量 ΔL，得到总伸长量 L=415 mm。

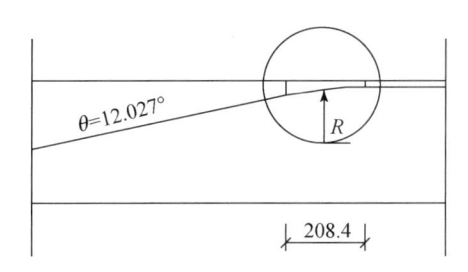

图 7 钢束 N1 纵向布置截图（单位：cm）

2.4 钢绞线张拉控制

钢绞线张拉作为预应力工程的关键工序，在施工中，主要控制以下三个方面。

1）控制锚固端、张拉端及波纹管密集处的混凝土成品质量。混凝土梁体是承受张拉力的主要构件，特别是直接承受千斤顶压力的张拉端及钢束拉力的锚固端，该处混凝土的密实性及其强度都将对张拉结果产生至关重要的影响，故在浇筑混凝土过程中，加强施工班组振捣时的责任心，确保齿板、锚固端、张拉端及波纹管密集处的振捣频率，不漏振、不过振，保证锚固端及张拉端混凝土密实，拆模后无明显缺陷、气孔或裂缝。

2）控制张拉前梁体的工况。浇筑混凝土时，制作试块（强度、弹性模量各 3 组），进行同条件养护。在施加预应力前，对试块进行检测，混凝土强度达到设计强度的 90%（现场回弹校核），弹性模量达到 85%以上（3.55×10⁴ MPa），且混凝土已经养护 7 d 以上才可进行张拉。同时，张拉前及时解决梁体的约束：拆除外侧模板、拧松箱室内模支撑、拆除约束支座活动的锁定装置等，以便梁体在张拉时自由变形，不影响钢绞线的伸长量。

3）严格控制分级加载。加载不合理，容易发生断丝等质量事故，在张拉过程中，须严格控制分级加载，按照以下操作要点进行，确保锚下有效应力及伸长率偏差满足要求。①根据工程所用的千斤顶的最大行程及钢束最大理论伸长量确定加载级数，以防止进行某级张拉时，伸长量超出千斤顶行程而影响最终伸长量。在本工程中，所使用的千斤顶最大行程为 20 cm，最大理论伸长量为 455 cm，综合现场试验结果后，决定进行 5 级加载：15%、30%、60%、85%、100%。②根据千斤顶与油压表配套标定的线性方程推算每级加载的油压读数，在油压表上做好标示，便于现场控制。如表 1 所示。③分级加载时严格按照经推算的各级加载油压进行加载，并准确测量每次加载后千斤顶的行程。④在进行下一级加载前，千斤顶须回油使行程归零（除了第一级加载，伸长量较小），然后加油至回油前的油压，并测量此时千斤顶的行程，方可继续加压至下级油压。⑤前四级加载后，稳压时间不小于 2 min，以便技术员测量千斤顶行程，最后一级稳压 5 min，以防止钢绞线回缩。⑥加载后，及时准确计算实际伸长量及伸长率，以判断张拉力是否满足要求，实际伸长量的计算如表 2 所示，伸长率在 6% 以内，方可锚固，否则，须查明原因，重新张拉。

表 1 各级加载油压表读数[2]

钢束	千斤顶号	油表号	各级加载的油表读数/MPa				
			15%	30%	60%	85%	100%
22	811	2013.10.4562	6.35	12.89	25.96	36.86	43.39
16			4.57	9.32	18.83	26.75	31.51

线性方程：$y=98.60155x+18.12029$，式中：y 为输出力，单位为 kN；x 为油压表读数，单位为 MPa[3]，则 $x=(\theta y-18.12029)/98.60155$，式中 $\theta=$15%、30%、60%、85%、100%

22 束钢绞线的 100% 张拉控制应力 $F=1860\times15.2^2/4\times\pi\times22\times0.75\times100\%=5566.135$ kN

表 2 某钢束实际伸长量及伸长率计算

理论伸长量/mm	各级加载的伸长量读数/mm								回缩量(I)	伸长量(L)	伸长率/%
	15%		30%		60%		85%		100%			
	A	B	C	D	E	F	G	H			
354	72	138	19	110	16	110	26	73	3	352	-0.56

$L=2\times(B-A)+D-C+F-E+H-G-I$

伸长率＝（伸长量-理论伸长量）/理论伸长量

式中：A、B、D、F、H 为首次加载的千斤顶行程，C、E、G 为千斤顶回油后加载至回油前油压时的行程

3 锚下有效应力控制成果

1）通过整理现场计算的每一施工段的张拉伸长率数据，本工程每一束钢绞线的张拉伸长率都在 6% 以内，张拉断丝率被严格控制在 1% 左右，未出现整根断裂或是夹片飞出等不良质量情况。

2)由第三方检测单位分别对右幅第二联第二施工段 G 断面(共抽检了 30 束合计 538 根)、左幅第Ⅰ联第一施工段 F 断面(共抽检了 34 束合计 586 根)进行了锚下应力检测,检测结果如表 3、表 4 所示,均符合要求。

表 3 右幅第二联 G 断面检测数据分析汇总表[3]

项目		设计张拉控制应力	锚下预应力标准值	允许偏差/%	单点极值偏差/%	实测值/%	备注
锚下预应力偏差	单根	0.75	178	±8	±9	−8.6~8.1	
	整束	—	—	±5		−4.8~3.6	
	断面	—	—	±4		3.4	

表 4 左幅第一联 F 断面检测数据分析汇总表[3]

项目		设计张拉控制应力	锚下预应力标准值	允许偏差/%	单点极值偏差/%	实测值/%	备注
锚下预应力偏差	单根	0.75	178	±8	±9	−8.8~8.1	
	整束	—	—	±5		−3~5	
	断面	—	—	±4		0.9	

4 结　　语

锚下有效应力是决定预应力工程质量的关键,主要从原材料及设备的性能稳定,减少管道摩擦阻力,混凝土构件本身的强度及实体质量达标,以及张拉顺序及行程合理几个方面控制。每一道工序均经过精密的计算及合理有序的安排,才能保证影响张拉应力的因素可控。经专业锚下应力检测公司检测,港珠澳大桥东人工岛非通航孔桥现浇预应力箱梁的锚下有效应力符合设计及规范要求,所采用的相关控制技术有效,可供类似工程参考。

参 考 文 献

[1] 中华人民共和国交通运输部. 公路桥涵施工技术规范:JTG/T F50—2011[S]. 北京:人民交通出版社,2011.
[2] 柳州铁路工程质量检测中心有限公司. 千斤顶校验报告(T201403390018)[R]. 柳州:柳州铁路工程质量检测中心有限公司,2014.
[3] 广州盛翔交通工程检测有限公司. 港珠澳大桥主体工程岛隧工程东人工岛结合部非通航孔桥现浇箱梁锚下预应力检测报告(BG-2014-QLJ-00002、00008)[R]. 广州:广州盛翔交通工程检测有限公司,2014.

东人工岛管线槽预制弧形侧板安装工艺[*]

莫日发，张世杰

（中交三航局第二工程有限公司，上海）

摘　要：港珠澳大桥岛隧工程东人工岛非通航孔桥现浇预应力箱梁外侧设置管线槽结构，该结构分为现浇承板、预制弧形侧板及盖板三部分，其中预制弧形侧板首次在国内公路工程中采用，目前暂无相应的安装标准。本文主要阐述预制弧形侧板的精细化安装及安装效果，进而提出其安装验收标准，供同类型工程作参考。

关键词：预制弧形侧板；精细化安装；验收标准

1　工 程 概 况

港珠澳大桥岛隧工程东人工岛非通航孔桥全长 386.25 m（含桥台），主梁分两幅两联设计，全桥跨径布置为（4×55）m+（3×55）m，全桥处于半径为 5500 m 的平曲线上，由于上下岛加减速需要，主梁为变宽，且左右幅不对称[1]。第一联主梁外侧设置管线槽供桥上照明等设施的电缆安放，左幅梁全宽 17.8～29.19 m（含管线槽），右幅梁全宽 17.8～28.4 m（含管线槽），桥面标准横坡 2.5%，第一联顺桥向坡度为 2.0%，第一联左、右两幅长度均为 220 m。管线槽断面见图 1。

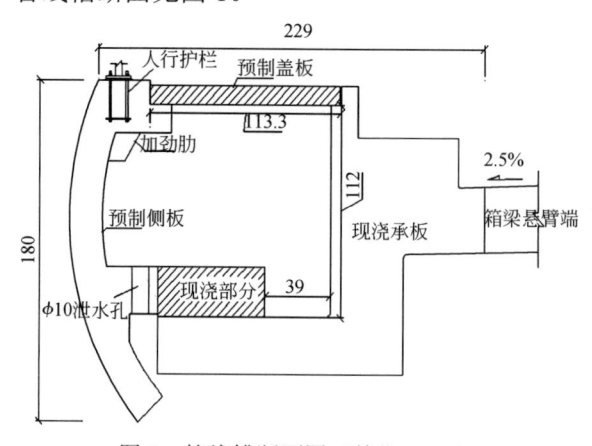

图 1　管线槽断面图（单位：cm）

---

[*] 本文曾刊登于《公路》2018 年第 8 期。

管线槽高度为 1.8 m，顶面宽 2.29 m，主要分为现浇承板、预制弧形侧板和盖板。预制弧形侧板每块长 2 m，共需安装 210 块，其中 45 块带泄水孔，单件重约 3 t，安装后主要通过预留后浇段与现浇承板形成整体。

2 预制弧形侧板精细化安装

2.1 吊点设置

工程区域位于亚热带季风区、伶仃洋海域，受热带气旋、强冷空气和强对流天气影响，伴随大风，而预制弧形侧板为薄壁结构，不易控制位置调整；构件单位重量大，且重心处于支承面的外侧，安装后容易翻落。

根据预制弧形侧板的受力情况，分析出构件加工和堆放时必须侧端面朝下和安装时需翻转，工区提前与设计、预制厂关于预制弧形侧板预留吊装孔的问题达成一致。预制厂加工时在构件侧端面朝上一面预留三个深度为 5 cm（孔内带套丝），$\phi2.5$ cm 的吊点，利用侧面吊点进行加工和堆放的垂直吊运；在构件顶面预留两个深度为 27.5 cm，$\phi4$ cm 的吊孔作孔配合翻转与安装时的移动吊点，见图 2。

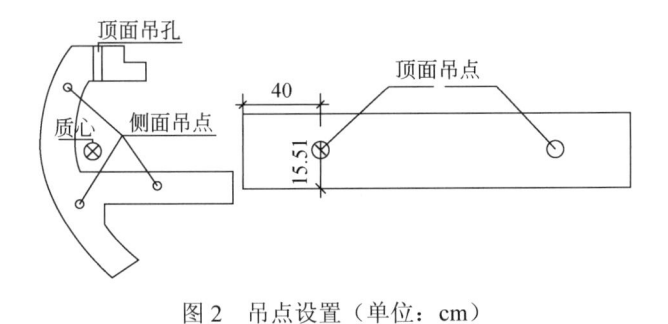

图 2　吊点设置（单位：cm）

2.2 线型控制

第一联箱梁顶面宽度变化与纵、横坡度的存在导致箱梁线形局部出现折角，现浇承板根据此线形施工会导致后续管线槽预制弧形侧板在折角处无法安装；第一联箱梁平面曲线变化导致预制弧形侧板的安装线型为曲线布置，要减少错台适应弧线变化，平面弧线需实现以直代曲。

2.2.1 调整线型基准面

预制弧形侧板搁置在现浇承板上，它决定了预制构件安装的线形。通过现场情况与设计图纸的对比，与设计协商调整现浇承板线型事宜。调整方案以符合预制构件安装要求，且不影响结构安全及功能[2]。

以某一段为例：左幅 5 号墩中心线（里程 K6+182.334）至 3 号墩中心线（里程 K6+072.454）箱梁顶面宽度为 19.4 m，而 3 号墩中心线（里程 K6+072.454）至 1 号墩中心线（里程 K5+962.454）箱梁顶面宽度由 19.4 m 渐变至 15.4 m，如此则导致现浇承板在 3 号墩中心线处出现凸角，则无法安装圆弧侧板。为保证预制弧形侧板顺利安装，在现浇承板施工时对 L（图 3）宽度调整（表 1），可满足圆弧侧板安装要求，调整后承板边线见图 4。

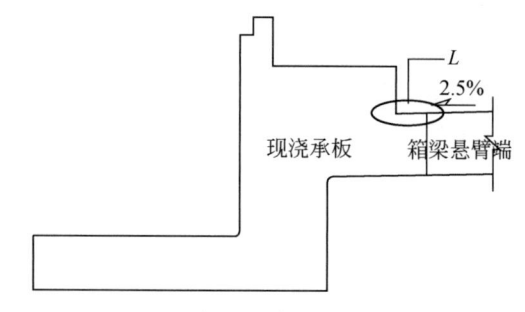

图 3 箱梁宽度调整位置 L

表 1 L 调整具体参数

里程	K6+077.454	K6+074.954	K6+072.454	K6+069.954	K6+067.454
L/cm	15	12.8	10.5	12.8	15

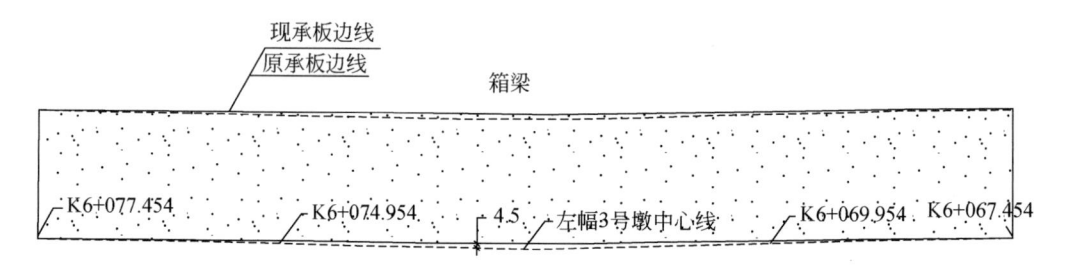

图 4 左幅 3 号墩调整后承板边线图（单位：cm）

2.2.2 以直代曲

构件要实现以直代曲，会出现构件总长度与现浇承板不一致的问题。图纸中预制侧板长度仅考虑桥梁中心线长度，未考虑曲线对内外侧长度的影响。经过仔细研究并与设计进行多番沟通，统一构件类型及尺寸[3]，构件长度均为 2 m，左右幅各需 105 块。

优化以直代曲效果，还要处理好相邻构件间的过渡，即保证安装时相邻构件匹配度，使拼缝更加平顺。在安装前对每块预制弧形侧板进行尺寸测量并编号，使尺寸相近的构件相邻安装，减少构件预制偏差带来的影响，且需满足设计排水要求，每 5 块预制弧形侧板安装的第一块构件是带泄水孔的。经过首段试装,现场发现以构件东、西面安装支撑面至顶面的高度(图5)来匹配最佳。测量数据列举出左幅前5块,见表2。

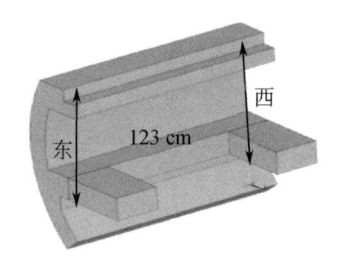

图 5 安装支撑面至顶面的高度

表 2 左幅构件安装顺序表

安装顺序	有无泄水孔	东/cm	西/cm
1	有	123.2	123.0
2	无	123.0	123.1
3	无	123.1	123.4
4	无	123.4	123.3
5	无	123.5	122.5

2.3 精准定位

安装前,先确定每一块预制弧形侧板所在现浇承板上的位置。测量员根据图纸放样确定预制弧形侧板的标高控制线和平面位置控制线,并在相应的位置弹墨线做好标识。构件与现浇承板的结合面是高度为1.5 cm环氧砂浆层,环氧砂浆黏结性强和硬化时间短,安装完后再灌入有利构件调整与拼接。因而在灌入环氧砂浆前,需要在结合面处用水泥砂浆根据标高控制线制作台口,并用水平靠尺校核台口平整度和标高,保证构件安装搁置面的平整度及标高。

2.4 吊装工艺

2.4.1 初始就位

根据构件3 t重量,选用50 t或以上吨位的汽车吊起吊构件。起吊前,给汽车吊的主钩配上定滑轮,在构件顶面两个吊孔里装吊耳后用钢丝绳与定滑轮连接;副钩系吊带与侧面三个吊孔用吊耳连接。专人检查起吊机具安装经确认无误后,起重指挥发指令让吊车副钩将构件竖直起吊至2 m以上,然后利用定滑轮和主副钩协同作业,通过"副钩松,主钩起"方式实现预制弧形侧板的空中翻转(图6)。在翻转完成后派专人在钢丝绳两端系缆风绳并控制其来调节构件姿态,在起重指挥指令下使构件逐渐靠近安装区域,防止受风力影响发生碰撞。

图 6　起吊与翻转

2.4.2　精准调整

预制弧形侧板靠近预定位置时，利用缆风绳将构件的姿态调整到位，拆除构件拼缝处柔性垫片，缓慢下放构件使得构件结构下边线与控制边线重合，后用定尺木方限位。测量并调节构件顶面平整度和平面位置，同时用定尺木方限位使盖板搁置面尺寸符合要求。

2.4.3　固定与复核

构件安装到位后，马上用拉伸装置进行固定，防止翻落。拉伸装置是利用直径不小于 M24 型的花篮螺栓配合定加工的 ϕ20 mm 钢筋弯钩对构件临时加固，钢筋弯钩一端连接顶面吊耳预留空，另一端连接 H250 mm 型钢（H 型钢提前装于护栏基础顶面且其下翼板面与护栏基础预埋 M30 螺栓固定）形成的，见图 7。通过调节花篮螺栓长度使加固后构件定位符合设计要求，测量员用水准仪校核构件顶面与标高控制线之间的高差，与设计高差对比，若标高正确，则可进行下一块安装，若不正确，则用 1 mm 镀锌垫片支垫，保证标高准确无误。

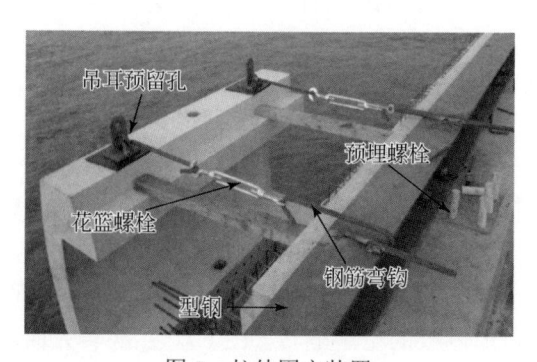

图 7　拉伸固定装置

2.5 结合面与后浇带细部处理

构件安装完成后，及时对结合面填充环氧砂浆。结合面通过依次做到三点使四周密封、结合性良好和填充密实：①将结合面用双面胶带缠绕，双面胶带厚度大于台口厚度；②双面胶带范围内进行精凿毛；③灌浆从标高较高侧灌入，待环氧砂浆充满结合面并从进浆口溢出后方可停止灌浆。灌浆结束后，进行后浇带施工，当同条件养护的试块强度达到100%设计强度后方可拆除临时支撑。

2.6 成品保护

1）在构件转运或堆存的过程中，下方搁置点用塑料薄膜包裹的木方支垫。
2）转运和安装均须派专人指挥和专人司机搭配，并强化各施工人员、起重指挥和吊车司机配合。
3）安装时，用柔性橡胶垫片靠在安装拼缝处，构件安装姿态调整到位后方可移除垫片。
4）临时加固钢构件需作防腐处理，吊装吊具与构件接触面垫片须用薄膜包裹用。
5）施工人员在吊运和安装构件时需换戴干净手套方可接触构件，卸扣时使用爬梯，不能用脚直接踩踏构件。
6）后浇带施工时，施工人员须穿戴鞋套作业。

3 安 装 效 果

对现场已安装完成的构件进行实测，构件轴线偏位差、顶面安装标高差、相邻块间盖板支撑面高低差和相邻块间间隙都在 5 mm 以内，表 3 列出左幅一开始安装的 5 块构件实测数据。

表 3 左幅一开始安装的 5 块构件实测数据

编号 \ 内容	轴线偏位/mm	顶面安装标高/mm	相邻块间盖板支撑面高低差/mm	相邻块间缝隙/mm
1	1	+1	1	0
2	3	−1	2	1
3	2	0	1	0
4	5	+3	2	2
5	4	−2	1	1

安装效果总体上来看，第一联左右幅线形预制弧形侧板线形美观，实现了以直代曲，无折角出现；构件间无错台，有利于开展后序预制盖板和人行护栏的安装工作。经过不

断加强成品保护力度，安装后表面无碰损、光洁和无污染。安装效果图见图8、图9。

图8 侧视图

图9 俯视图

4 安装验收标准

本工程参考了《公路工程质量检验评定标准》（JTG F80/1—2012）及《港珠澳大桥岛隧工程东、西人工岛结合部非通航孔桥施工及质量验收标准（修订版）》的相关要求，结合现场安装情况拟出管线槽预制弧形侧板安装标准（表4），并经设计方（中交公路规划设计有限公司）同意采纳使用。

表4 管线槽预制弧形侧板安装实测项目情况表[4]

项次	检查项目	规定或允许偏差	检查方法和频率	权值
1	后浇带混凝土强度	在合格标准内	按JTG F80/1—2012的附录D检查	3
2	轴线偏位/mm	10	全站仪：抽检10%构件，每块构件纵、横向各测量2点	3
3	顶面安装标高/mm	±5	水准仪：抽检10%构件	2
4	相邻块间盖板支撑面高低差/mm	5	尺量：抽检10%构件	2
5	相邻块间缝隙/mm	≤5	尺量：抽检10%构件	1

外观检查：安装后表面应无碰损，光洁和无污染，不符合要求时各减1~3分。

5 结　　语

本工程在国内尚未有类似工程可作参考的提前下，通过提前谋划、精细化施工优质、安全地完成了预制弧形侧板安装，且安装效果达到线型顺直、缝宽小和美观，得到港珠澳大桥管理局、驻地办监理、项目总经理部等上级单位的一致好评！本次预制弧形侧板的安装经验和标准可供同类型工程作参考。

参 考 文 献

[1] 中交公路规划设计有限公司. 港珠澳大桥主体工程岛隧工程施工图设计[Z]. 北京：中交公路规划设计有限公司，2011.

[2] 中交股份联合体港珠澳大桥岛隧工程项目总经理部. 工程业务联系单 A22-2-DS-762：关于调整东人工岛非通航孔桥第一联现浇承板线形事宜的申报[Z]. 珠海：中交股份联合体港珠澳大桥岛隧工程项目总经理部，2015.

[3] 中交股份联合体港珠澳大桥岛隧工程项目总经理部. 工作联系单 AZ-DSSF-1800：对东人工岛非通航孔桥管线槽预制构件相关事宜的补充回复[Z]. 珠海：中交股份联合体港珠澳大桥岛隧工程项目总经理部，2015.

[4] 中交股份联合体港珠澳大桥岛隧工程项目总经理部. 工程联系单 AZ-DSSJ-1937：对东人工岛结合部非通航孔桥管线槽预制构件安装验收标准的回复[Z]. 珠海：中交股份联合体港珠澳大桥岛隧工程项目总经理部，2015.

港珠澳大桥东人工岛无填料振冲技术的参数设置及应用[*]

黄存东，王 聪

（中交三航局第二工程有限公司，上海）

摘 要：振冲法是提高地基承载力、减少沉降的一种快速、经济有效的地基加固方法，分为振冲挤密法、振冲置换法和无填料振冲。本文结合港珠澳大桥东人工岛工程，基于人工岛软基厚度大、地基情况复杂、周期短、工程量大的工程特性，采用无填料振冲法，通过现场分区对比振冲试验，确定最佳振冲工艺参数，并详细介绍了无填料振冲法于人工岛软基处理中的应用。

关键词：中粗砂；无填料振冲；工艺参数

1 工程概况

1.1 地质概况

港珠澳大桥东人工岛位于港珠澳大桥线路中部附近，该区属于伶仃洋水域，包括部分南黄海北部海域地貌区。东人工岛位于中部伶仃洋水域与东部低山丘陵区之间，海底泥面高程一般为-9.50~-10.10 m，水下地形较平坦，地貌形态较为简单。

东人工岛地层主要分为四大层。第一大层为淤泥和淤泥质黏土，底标高-18.1~-33.6 m，流塑状，淤泥平均标贯击数<1 击，淤泥质黏土平均标贯击数<2 击。第二大层为粉质黏土，可塑状，局部软塑状，中塑性，混较多粉细砂，夹粉细砂薄层，底标高-23.55~-26.71 m，平均标贯击数 5.6 击。第三大层为黏土和粉质黏土，厚度 0.9~39.3m，平均标贯击数 8.8~13.0 击。第四大层为粉细砂、中砂和粗砾砂，上层粉细砂平均标贯击数 28.3 击，下层中粗砂平均标贯击数 40 击。

东人工岛钢圆筒打设完成后，-18 m 高程以上开挖置换回填中粗砂，钢圆筒区及岛内软基处理采用塑料排水板、降水联合堆载预压、PHC 桩。

东人工岛隧道结构基础下将在 PHC 桩施工完成后，对钢圆筒区及岛内进行标准贯入度检测，若标贯击数<18 击，则对回填砂进行振冲密实处理。根据标准贯入度检测结果，

---

[*] 本文曾刊登于《公路》2018 年第 8 期。

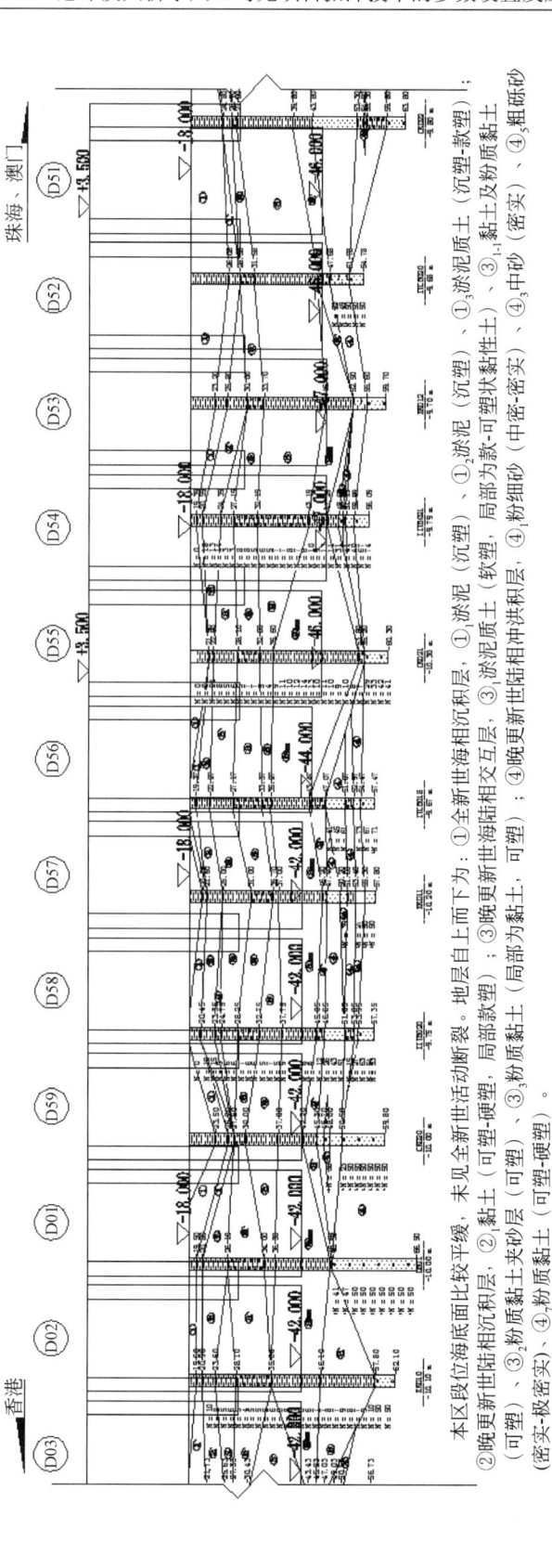

图1 东人工岛地质情况北侧局部纵断面图

本区段位海底面比较平缓，未见全新世活动断裂。地层自上而下为：①全新世海相沉积层、①₁淤泥（沉塑）、①₂淤泥质土（沉塑-软塑）；②晚更新世陆相沉积层、②₁黏土（可塑-硬塑、局部软塑）、③淤泥质土（软塑、局部为软-可塑状黏性土）、③₁₋₁黏土及粉质黏土（可塑）、③₂粉质黏土夹砂层（可塑）、③₃粉质黏土（局部黏土、可塑）；④晚更新世陆相冲洪积层、④₁粉细砂（中密-密实）、④₃中砂（密实）、④₅粗砾砂（密实-极密实）、④₄粉质黏土（可塑-硬塑）。
本区段地下水类型为承压水，主要赋存于策④大层中砂层中。

钢圆筒区标准贯入度（简称标贯）合格，取消振冲作业，岛内振冲深度均小于岛内回填中粗砂的深度，因此，振冲位置地质均为中粗砂。东人工岛地质情况如图1所示。

1.2 工程概况

东人工岛平面呈椭圆形，人工岛东西向长 625 m，南北横向最宽处约 215 m，振冲区域为钢圆筒岛壁内侧岛内陆域，不含岛内沉管基础及路基段基础，采用无填料振冲工艺。

如图2所示，分为 A1、A2、A3 三个区域进行振冲密实作业。其中：

1）A1 区域为暗埋段、敞开段基础，部分区域打设 PHC 桩，该区域刚性复合桩地基振冲密实桩位间距为 3 m，按正三角形布置，并根据 PHC 桩位进行略微调整；天然地基桩位间距为 2 m；振冲密实施工面积为 19 510 m²，振冲桩数为 4380 根，单桩振冲深度为 8～18 m。

2）A2、A3 区域分别为室外工程南北区域，位置从暗埋段、敞开段结构边线到钢圆筒内侧边线，桩位间距 3.5 m，振冲密实施工面积合计为 36 579.531 4 m²，振冲桩数为 4891 根，单桩振冲深度为 11.5～12.5 m。

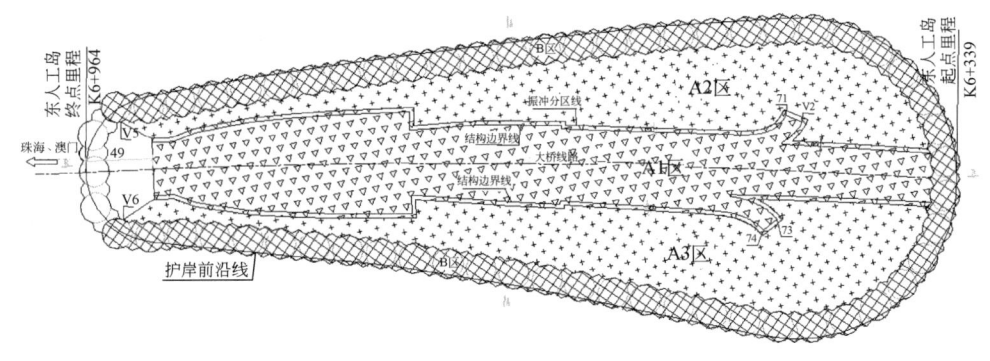

图 2　东人工岛振冲密实平面布置图

2　振冲参数设计

2.1　对比试验

东人工岛大面积振冲作业前，先于敞开段 OE3 区域选点分区域进行工艺性对比试验[3]，调整各项参数，以期得到最佳参数设置。现场共分三组试验。

振冲密实作业涉及初始参数有：下沉速率（1～1.5 m/min）、上拔速率（0.5～1 m/min）、留振时间（15～45 s）、密实电流（80～120 A）、水压（0.2～0.8 MPa）、孔位偏差（±100 mm）、桩芯偏差（±200 mm）、垂直度（≤0.5%）等[1]。试验主要观察调整留振时间、水压、下沉上拔时间参数。

第一组试验：保证各项参数不变，调整水压：①下沉上拔均为 0.8 MPa；②下沉上拔均为 0.2 MPa；③下沉为 0.8 MPa，上拔为 0.2 MPa。

第二组试验：保证各项参数不变，调整升降速率：①升降均为 1 m/min 左右；②升降均为 0.5 m/min 左右；③下沉为 1 m/min 左右，上拔为 0.5 m/min 左右。

第三组试验：保证各项参数不变，调整留振时间：①每米留振 15 s，孔底留振≥30 s；②升降过程中不留振，孔底留振≥30 s；③不留振，超出振冲底标高，振冲深度增加 0.5～1 m。

2.2 参数设置

待各组对比试验完成，砂层稳固 7 d 后，对试验区域进行标贯检测，标贯击数≥18 击为合格。根据检测结果，优化工艺，取消留振，改为增加振冲深度 0.5～1 m、降低上拔速率，设计振冲参数如表 1 所示。

表 1 无填料振冲密实施工参数

名称	密实电流/A	下沉速率/(m/min)	上拔速率/(m/min)	冲孔水压/MPa	成孔水压/MPa	孔心偏差/mm	孔位偏差/mm	孔深偏差/mm	垂直度
数值	80～120	1.5～2.0	0.5～1.0	0.6～0.8	0.2～0.3	≤50	≤100	±200	≤0.5%
检验方法	电流表读数	秒表计时	秒表计时	水压表控制	水压表控制	用钢尺量	用钢尺量	用钻杆或重锤量	铅垂测量或目测

2.3 设备选型

由于东人工岛振冲施工区域面积大、振冲桩数多，以及对振冲场地、振冲质量的考虑，采用 2 台 ZCQ-132 型振冲器及其相应的配套设备，并配备 2 台 80T 履带吊、3 台 30 kW 高压水泵、2 台 10 kW 清水泵、2 个移动式集水池（3 m×5 m×1.5 m）。

3 施工工艺

振冲密实施工工艺流程[2]：
施工准备→定位放线→振冲机定位→振冲设备检查完好性→下放振冲器至砂面标高→启动水泵→启动振冲器→振冲冲孔→达到设计深度→缓速分段提升→成孔→提升 1～2 m 后移至下一孔位→重复振冲→效果检测→补填平整→验收。

3.1 施工准备

平整场地，压实，修筑临时施工道路。由于东人工岛采用无填料振冲技术，通过桩顶以上增设 2~3m 中粗砂覆盖层，代替填充碎石料，以达到振冲密实效果。

3.2 测量放线

振冲桩位以 2 m（隧道底天然地基）、3 m（刚性桩复合地基）、3.5 m（室外工程地基）为间距按照等边三角形布置，并避开已打设的 PHC 桩。振冲前，根据场区周围的高等控制点，利用 GPS 全站仪在振冲区域放测出各排头尾角点坐标，再使用 50 m 皮卷尺，连接各排头尾角点，等间距施放各桩点位置。控制点、小区角点、桩点位置经监理复测符合要求后方可进行振冲施工。

3.3 无填料振冲密实

施工过程中，使用圆桶区外侧的清水泵供水，蓄水于场地内已有的集水池。

振冲法的湿法施工需用足量的高压水，为满足高水压和出水量的要求，现场采用 30 kW 的高压离心式水泵供水，输送到振冲器的水压力要求控制在 0.2~0.8 MPa。施工要保证连续供水，流速控制在 50 m³/h 左右。

振冲孔施工顺序延直线逐点逐行进行，施工时振冲器对准桩位，先开启高压水泵，待振冲头出水口喷水后，再启动振冲器，通过履带吊及人工拖曳调节振冲器垂直度，再将振冲器徐徐贯入砂中，直至达到设计深度以下 0.5~1.0 m。为防止塌孔，振冲头下放贯入速度为 1.5~2.0 m/min，冲孔水压为 0.6~0.8 MPa，振冲头下放到振冲底标高后，将成孔水压调节到 0.2~0.3MPa，以 0.5~1 m/min 的速度匀速提升振冲器，逐渐振密至孔口。

现场振冲器每贯入或提升 1 m，施工人员应记录一次深度、水压、密实电流和时间数值，直至该振冲桩完成。

3.4 场地平整、回填孔

当一个桩位的振冲孔成孔，振冲器拔出并移至下一孔位后，应让挖机及时将振冲孔挖砂回填、整平，以待砂层稳定固结。

4 振冲处理效果

东人工岛岛内敞开段基础振冲作业面积 19 510 m²，振冲桩数 4380 根，砂体表层平均沉降量为 0.5~0.8 m，标贯检测击数均≥30 击，满足设计要求[4]。室外工程南部消防废水池区域，振冲面积约 1000 m²，振冲桩数 165 根，砂体表层平均沉降量为 0.5~0.7 m，标贯击数均≥30 击，满足设计要求。敞开段 OE10 段标贯检测结果如图 3 所示。

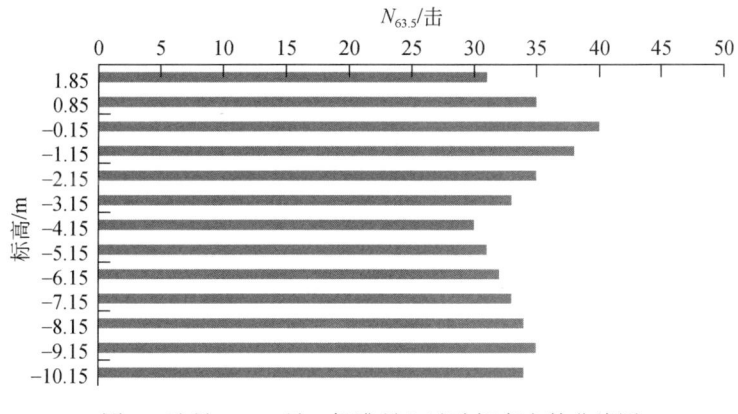

图 3　孔号 OE10 号 1 标准贯入试验标高击数曲线图

5　质量控制措施

1）振冲施工前，须进行场地整平，以便于控制施工区域内砂面标高；同时需对振冲器进行改造，通过点焊的方式，每隔 1 m，于管壁周身做标记，以便控制下沉深度。

2）由于岛内回填砂砂体不均匀，造孔时易向砂层软的一侧偏移，造成垂直度偏差及孔位偏差。纠正方法为提前根据振冲深度计算判断出偏移量，使振冲器对准桩位砂层硬质一侧造孔，并根据偏移量调整贯入角度，以减小偏差值。

3）振冲过程中，要避免电缆线、水管线缠绕振冲器管壁，防止因震动摩擦导致电缆线、水管线管身破损，出现漏电漏水现象。

4）为避免产生减震器锁扣因中粗砂层产生的高摩擦损耗，现场对其改造，改用麻芯钢丝缆绳替换锁扣，以提高使用效率、延长工作寿命。

5）振冲完成后，须进行成孔回填并平整场地，待砂层稳定固结 7 d 以后，方可进行后续工序。

6）振冲过程中，需严格控制升降速度与水压，根据现场实际情况，及时做出相应调整。雨天施工，可以适当降低水压，防止砂层过度液化，影响振冲效果。

7）当出现振冲器未达到振冲底标高，但密实电流已超出最大额定预警值 125 A 时，应考虑停止冲孔下沉作业，改为成孔上拔，避免因过振导致振冲器损坏。经标贯检测，此类情况，标贯击数均＞18 击，满足设计要求。

6　结　　语

受地理位置的影响，港珠澳大桥东人工岛属于孤岛作业，采用无填料振冲工艺、增设覆盖层，对于提高地基加固质量及承载力，加快工程进度，起到了至关重要的作用，极大地提升了施工效率。敞开段的标贯检测结果证明了无填料振冲工艺在人工岛软基处理应用中的成功，也为后续东人工岛室外工程地基加固处理提供了强有力的技术支持。

参 考 文 献

[1] 国家发展和改革委员会. 水电水利工程振冲法地基处理技术规范：DL-T-5214-2005[S]. 北京：中国电力出版社，2005.

[2] 周健，王冠英，贾敏才. 无填料振冲法的现状及最新技术进展[J]. 岩土力学，2008，29（1）：37-42.

[3] 范美华，袁秀荣，魏延峰. 中粗砂地基振冲加密试验初探[J]. 黑龙江水利科技，2000，28（1）：31-32.

[4] 港珠澳大桥管理局. 港珠澳大桥施工及质量验收标准[S]. 珠海：港珠澳大桥管理局，2013.

东人工岛水下钢套箱承台施工工艺[*]

黄存东，吕 迪

（中交三航局第二工程有限公司，上海）

摘 要：港珠澳大桥岛隧工程东人工岛结合部非通航孔桥承台施工采用整体式钢套箱施工承台工艺。本文详细分析了该施工工艺的选择原因，承台施工过程中钢套箱的拼装、吊运、安装，封底混凝土的计算及浇筑等施工技术，还详细介绍该施工工艺在港珠澳大桥中的运用，可供有关工程技术人员参考。

关键词：整体式钢套箱；封底混凝土；高性能混凝土；温度控制

1 工程概况

港珠澳大桥主体工程岛隧工程东人工岛结合部非通航孔桥位于伶仃洋海域，该海域水流速度 180 cm/s，水位 -1.08～3.47 m/s。桥型布置如图 1 所示。东人工岛结合部非通航

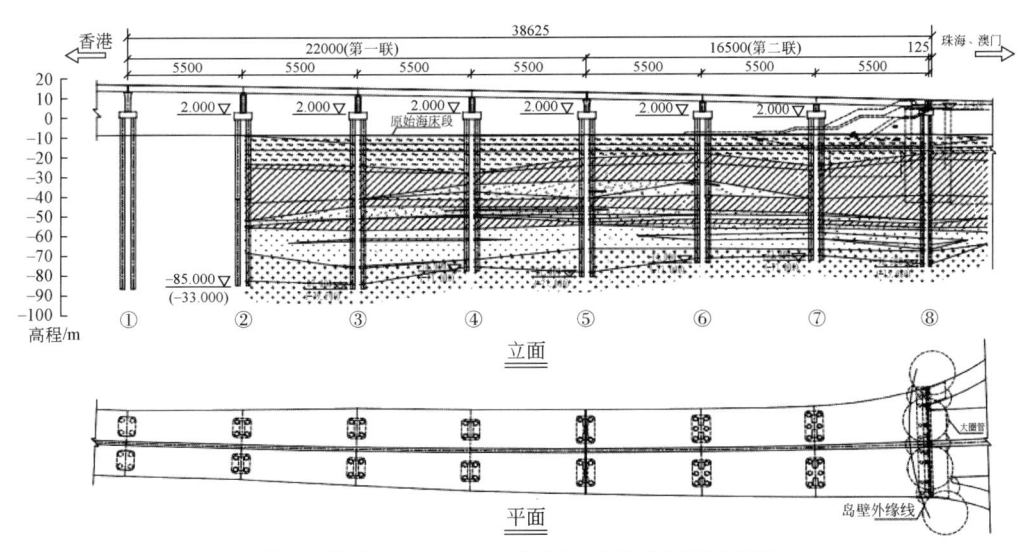

图 1 港珠澳大桥东人工岛非通航孔桥桥型布置图

注：尺寸标注单位为 mm，标高单位为 m

---

[*] 本文曾刊登于《公路》2018 年第 8 期。

孔桥承台下桩基采用钻孔灌注桩。承台平面为矩形，角点采用圆弧倒角过渡，承台厚3.5 m，承台顺桥向宽度均为 8.7 m，承台横桥向长度为 10.2～15.2 m。由于施工区域流速较大，采用现场拼装型钢套箱施工的难度及危险性较大，而采用整体性钢套箱整体吊装安装的可靠性更高。由于承台桩基数量、平面布置及承台外形尺寸有多种形式，施工时需要解决钢套箱及扁担梁等的通用性以便于周转使用。

2 钢套箱设计与计算

2.1 钢套箱尺寸选择

本工程承台底标高为-1.5 m，顶标高为+2.0 m，高 3.5 m，由于承台底标高始终低于设计低水位，因此我们采用带底钢套箱方案施工承台。封底混凝土设计高度 1.5 m，则钢套箱底标高为-3.0 m；钢套箱顶标高考虑重现期 5 年的设计高水位 2.5 m+1.5 m 波高，则顶标高为+4.0 m，因此钢套箱总高为 7.0 m，并且扁担梁的安装标高为+2.8 m。平面上，钢套箱为圆角矩形结构，和承台的平面外形尺寸相符。表 1 为各墩的承台钢套箱（模板）尺寸参数表。

表 1 各墩的承台钢套箱（模板）尺寸参数表

墩号	钢套箱规格	圆角半径/cm	底标高/m	顶标高/m	重量/t
7 号墩	1520cm×870cm×700cm	R150	-3.0	+4.0	137.3
6 号墩	1370cm×870cm×700cm	R150	-3.0	+4.0	129.5
5 号墩	1370cm×870cm×700cm	R150	-3.0	+4.0	128
4 号墩	1020cm×870cm×700cm	R150	-3.0	+4.0	102
3 号墩	1020cm×870cm×700cm	R150	-3.0	+4.0	102
2 号墩	1020cm×870cm×700cm	R150	-3.0	+4.0	102

2.2 钢套箱通用性问题

（1）钢底板

钢套箱底板一次性消耗，不能周转。底板上设置 4 个连通管，在封底混凝土达到强度前，保证钢套箱内外水位平衡。连通管顶高出底板 1.1 m，管口设法兰连接。底板与侧模间采用长 2.26 m ϕ25 的螺栓连接，间距为 300 mm，因此底板上带了一圈高度 40 cm 的侧模，侧模顶设置连接板，板上预留螺栓孔与侧模底部的连接板螺栓孔相对应。

（2）侧模

钢套箱侧模横桥向长 10.2 m 的钢套箱侧模在平面上分为两端带圆角的"["段和中间直线段，共 4 片，分片间采用螺栓连接。横桥向长 13.7 m 和 15.2 m 的侧模是在 10.2 m

的基础上,对称地在直线段两侧各加一片长度为 1.75 m 或 2.5 m 的直线段,可周转使用。各分块板缝间采用橡胶止水条止水,钢套箱的分块如图 2 所示。

（3）扁担梁

每个套箱设两根主梁,主梁方向为横桥向。主梁与钢套箱侧模采用牛腿搁置,螺栓对穿的方式连接,方便拆装,也可以周转使用。垂直于主梁设三根次梁,中间一根次梁同样与钢套箱侧模采用牛腿搁置,螺栓对穿的方式连接。另外主梁与次梁间还设双榀⌐100×10 的等边角钢作水平连系,加强整体性。在长梁上对应于短套箱的位置增加了和梁端端板一致的钢板,施工短套箱时,割除多余位置就可以直接周转。钢套箱的扁担梁如图 2 所示。

（4）吊筋

底板与扁担梁间采用直径 36 mm 的吊筋相连,主要承受封底混凝土的重力。

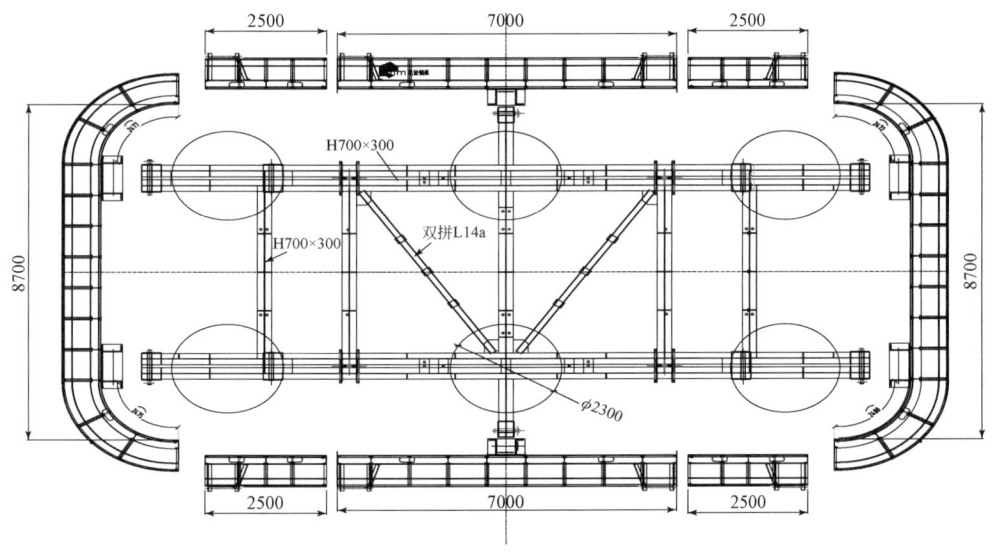

15.2 m 承台钢套箱拼装示意图

图 2　7 号墩钢套箱分块示意图（单位：mm）

2.3　各工况下钢套箱安全计算

2.3.1　主要参数

以结构尺寸 15.2 m×8.7 m×3.5 m 的 7 号承台为例,主要结构参数和水文参数如下：钢套箱自重 G_1：137.30 t；钢扁担自重 G_5：24.40 t；钢套箱底标高 H：-3.0 m；承台平面面积 S：130.31 m²；钢护筒直径 D：2.30 m；设计最高水位 H_{WL}：+3.82 m；设计最低水位 L_{WL}：-1.63 m；设计平均水位 M_{WL}：+0.54 m；水下封底混凝土与钢护筒握裹力系数 f_1：17 t/m²；

干浇封底混凝土与钢护筒握裹力系数 f_2：25 t/m²。

2.3.2 工况验算

1）工况一：水下封底混凝土达到强度，抽水，但未拆除扁担梁，设计最高水位时，验算抗浮。

经验算，封底混凝土和钢护筒间的握裹力大于钢套箱所受的浮力，满足抗浮的要求。

2）工况二：水下封底混凝土达到强度，抽水，拆除扁担梁，干浇 0.5 m 厚封底混凝土，设计最低水位时，验算抗沉。

经验算，封底混凝土和钢护筒间的握裹力大于钢套箱及混凝土的重力，满足抗沉的要求。

3）工况三：浇筑 3.5 m 厚承台混凝土，设计最低水位时，验算抗沉。

经验算，封底混凝土和钢护筒间的握裹力小于钢套箱、封底混凝土及承台混凝土的重力，不能满足抗沉的要求，则反算浇筑承台混凝土结束时要求的最低水位 H_H=-0.36 m，即浇筑承台混凝土结束时要求水位不低于-0.36 m，可满足抗沉。

2.3.3 验算分析

根据以上对封底混凝土的承载力验算，一次浇筑 3.5 m 厚承台混凝土的工况是最危险的工况，需要考虑浇筑时最低水位不低于-0.36 m，最好的解决办法就是增加封底混凝土的承载力。故将封底混凝土分为两次浇筑，第一次为水下封底 1.0 m 厚度，第二次为干浇 0.5 m 厚，其目的就是为了在第二次干浇时可以在这一层混凝土内采取在钢护筒上焊接锚固筋的方式以增加护筒和封底混凝土之间的握裹力，确保承台混凝土浇筑时不会发生钢套箱脱落的事故。

2.4 钢套箱结构受力的有限元模型计算分析

采用有限元软件 MIDAS 进行建模分析，模板主要构件模型类型及参数见表 2。有限元分析模型如图 3 所示，钢护筒底固定约束，内支撑梁与侧板铰接连接。泥面标高-10.0 m，采用假想嵌固点法计算，嵌固点标高为-20.0 m。

表 2 主要构件模型参数表

序号	体系名称	构件名称	材料	构件规格	单元类型
1	底板体系	钢底板	Q235	厚 8 mm	板壳
		底板主梁	Q235	2［20a	梁
		底板次梁	Q235	［12.6	梁

续表

序号	体系名称	构件名称	材料	构件规格	单元类型
2	侧板体系	钢侧板	Q235	厚 8 mm	板壳
		竖梁	Q235	[20a	梁
		内圈梁	Q235	[12.6	梁
		外圈梁	Q235	I40a	梁
3	内支撑体系	挑梁	Q235	$H700 \times 300 \times 13/24$ $2H700 \times 300 \times 13/24$	梁
		水平连系	Q235	2∟100×10	梁
		吊筋	Q235	$\phi 36$	梁
4	封底混凝土		C30		实体
5	钢护筒		Q235	$\phi 2000 \times 20$	梁

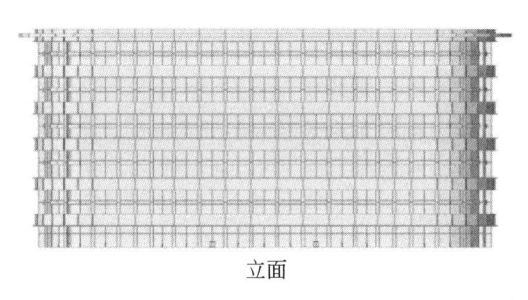

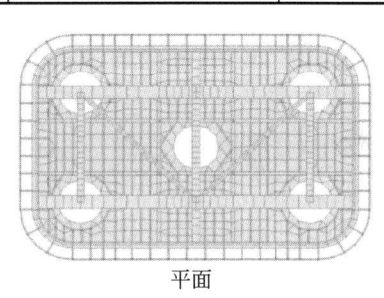

立面　　　　　　　平面

图 3　有限元模型图

经有限元建模分析后得出的结论为：各工况下的承载力、强度、最大变形均满足设计及规范要求。

3　施 工 工 艺

3.1　钢套箱拼装、安装和加固

3.1.1　钢套箱制作与拼装

钢套箱由专业的钢结构加工厂制作，现场拼装完成后，模板的外形尺寸、倾斜度、平整度、焊缝等均满足要求后方可使用。

钢套箱拼装顺序为：钢底板安放→侧模分片拼装→扁担梁安装→吊筋安装→栏杆爬梯安装。

在承台桩基完成后，用全站仪测出钢护筒中心坐标，再测出桩身倾斜度和方向。根据中心坐标及倾斜度，计算出钢套箱底板标高-3.0 m 处的桩中心坐标，根据实测桩位调整钢套箱底板开孔位置。

3.1.2 现场准备工作

1)施工平台拆除;
2)钢护筒顶部限位:根据扁担梁与钢套箱实际平面和标高相对位置,测放扁担梁在钢护筒顶的安装边线和标高+2.8 m,电焊工按放样点切割出扁担梁边线在钢护筒上的梯形限位(开槽),限位与安装边线预留 1 cm 的空隙以便安装时精确调整钢套箱位置。

3.1.3 钢套箱吊运

东人工岛非通航孔桥最大的钢套箱重量为 137.3 t,使用扒杆式起重船秦航工 65 号进行整体安装,经计算选择直径 72 mm,公称抗拉强度为 1550 N/mm^2 的 6×61 钢丝绳作吊索,并配置相应大小的卡环吊运钢套箱。

3.1.4 钢套箱安装

东人工岛非通航孔桥钢套箱的安装工艺见图 4。

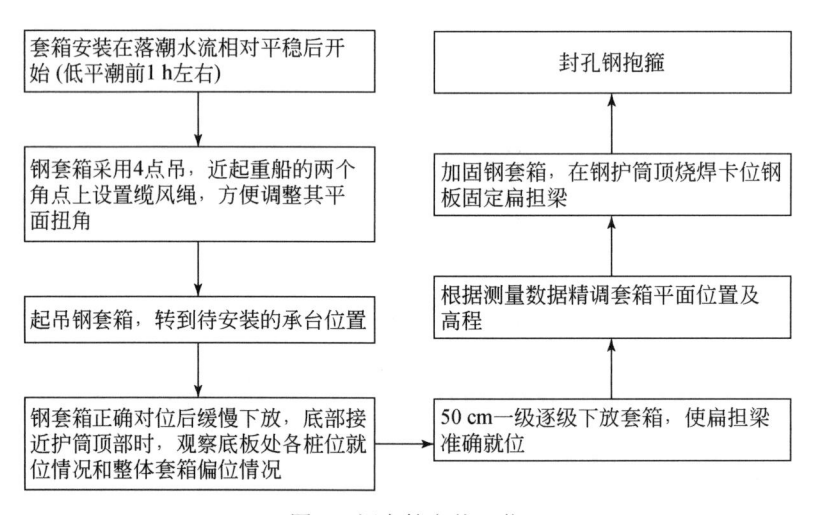

图 4　钢套箱安装工艺

3.2　封底混凝土

3.2.1　水下封底混凝土

(1)封底前的准备工作
在对钢套箱封底之前,由潜水员下水检查套箱底板封孔的情况,并由潜水员清理钢护筒上的附着物，以增加混凝土和钢护筒间的握裹力。

（2）封底混凝土浇筑

封底过程中钢套箱底板上的连通器应保持打开，保证钢套箱内外水位基本一致，保证封底混凝土不受水头压力作用而破坏。水下封底混凝土的浇筑顺序见图5。

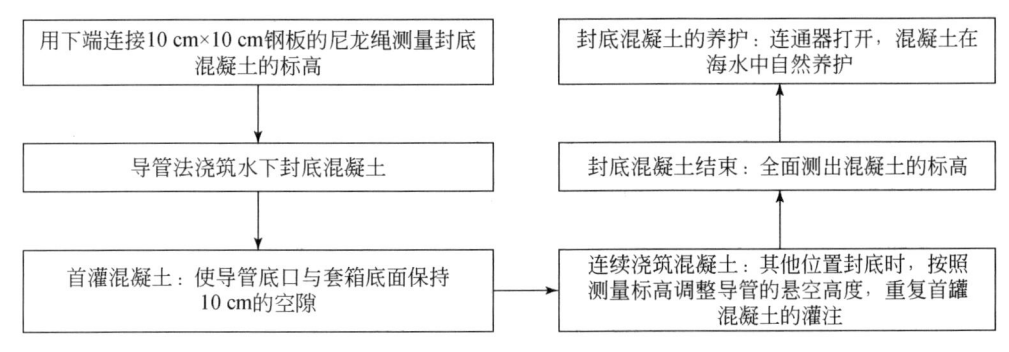

图5 水下封底混凝土浇筑顺序

3.2.2 干浇 50 cm 厚封底混凝土

（1）抽水

1）和封底混凝土同期制作的混凝土试块在海水中同条件自然养护，待混凝土试块抗压强度达到设计强度的90%后，在低潮位时封闭连通管；
2）采用潜水泵将水抽干；
3）抽水完成后，2～7号墩12个钢套箱内均无渗水，封底效果良好；
4）用高压水枪冲洗，清理混凝土表面和钢套箱内壁的泥浆或其他附着物。

（2）干浇 50 cm 厚封底混凝土

1）50 cm 厚的封底混凝土在形成干施工环境后浇筑，为提高混凝土和护筒间的握裹力，在护筒外壁上焊锚固筋。锚固筋为"L"形 ϕ16 mm 的钢筋，焊缝长度为 16 cm，伸入混凝土 560 cm，沿护筒四周布置，间距 30 cm，距混凝土顶面 15 cm；
2）在护筒和钢套箱上提前测量好混凝土浇筑的顶标高，并用油漆做好标记；
3）现浇 C30 混凝土，振捣密实，表面平整收光。

3.3 结构施工前准备

在封底混凝土强度达到要求后，拆除扁担梁，然后进行桩头凿除。

3.4 结 构 施 工

承台钢筋绑扎前，先对承台深度范围内的钢套箱进行除锈，再涂一层机油作为脱模剂，然后进行承台钢筋绑扎。承台钢筋绑扎完成后，进行承台混凝土浇筑，承台混凝土均为一次浇筑成型。再进行上部墩身结构施工。

3.5　钢套箱拆除

当混凝土强度达到设计强度的75%且墩身混凝土浇筑完成后，进行钢套箱的拆除施工。钢套箱按加工时的分块逐一拆除，对每一块侧模分块来说，先拧下相邻侧模间的螺栓，留上口两个螺栓暂不解除，再拧下该分块侧模与底板侧模间的螺栓（水下部分的螺栓拆除由潜水员施工），然后吊机挂钩，最后拧下剩余的螺栓，吊车将分块吊到驳船或其他平台上，整修后用于其余承台施工。

剩余的钢套箱底板标高低，极端低水位也不会露出水面，所以不用拆除。

4　结　　语

港珠澳大桥东人工岛非通航孔桥承台钢套箱通用性设计、模板安装施工工艺等一系列技术和工艺创新，为确保东人工岛非通航孔桥工程高效、优质、安全、文明地完成起了决定性的作用。希望通过对港珠澳大桥岛隧工程东人工岛结合部非通航孔桥整体式钢套箱施工承台方法的介绍为类似工程提供一些有益的参考。

港珠澳大桥东人工岛清水立柱标准化、装配化施工工艺[*]

彭成隽，陈传正，莫日雄，王 聪

（中交三航局第二工程有限公司，上海）

摘 要：通过标准化、装配化施工，可在保证施工质量的前提下有效的推进施工进度，本文阐述了东人工岛主体建筑立柱施工标准化、装配化工艺，实现立柱"内实外美"的质量目标，可供类似工程参考，具备推广性。

关键词：立柱；标准化；装配化

1 工程概况

港珠澳大桥岛隧工程东人工岛作为港珠澳大桥的重要交通枢纽，西接沉管隧道、东接香港连接桥，同时定位为观光旅游岛，为了满足岛上观光、娱乐、休闲等功能需要，在人工岛有限的使用面积上，最终选择在隧道暗埋段结构上建设一座耐久性满足120年要求且具有观赏性的混凝土结构建筑物。

东人工岛主体建筑地下两层（建筑面积 14 456.86 m²），地上四层（建筑面积 26 677 m²），建筑高度为23.6 m。主体建筑为钢筋混凝土框架结构，首层层高8.1 m，二、三层层高4.8 m，四层层高5.6 m。立柱主要截面尺寸为0.9 m×0.9 m，混凝土强度等级为C50，单根立柱最大高度8.1 m，钢筋笼重1.7 t，浇筑方量6 m³。

2 场地布置

基于人工岛场地紧张、施工工作面较多，为了合理利用有限的空间，实现流水化施工，对可利用场地进行合理规划：充分考虑场地已有的塔吊设备等吊运能力设置钢筋笼的长度；在已完成的敞开段隧道结构上设置钢筋笼预制及堆存区；充分考虑岛上的临时道路，规划钢筋笼的转运路线，具体如图1所示（图中箭头表示出运方向）。

---

[*] 本文曾刊登于《公路》2018年第8期。

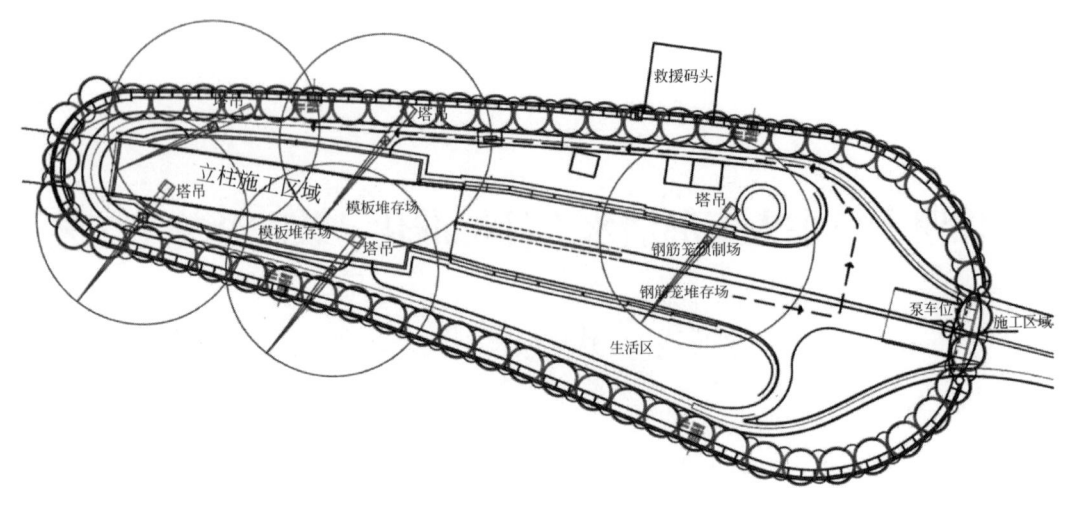

图 1 施工总体布置图

3 标准化、装配化施工

港珠澳大桥东人工岛作为观光旅游岛，对岛上主体建筑外观质量要求高，本工程针对立柱施工过程实施标准化、装配化施工，采用钢筋笼装配式施工、模板模块化配置拼装工艺。施工时，充分利用现有的机械设备，详见表1。

表 1 主要机械设备配置表

序号	类型	作业内容	规格	数量
1	塔吊	吊装	ST7027/ST7030	5
2	履带吊	吊装	50 t/80 t	2
3	汽车吊	吊装	45 t/70 t	2
4	平板车	现场运输	—	3

3.1 工艺流程

主要工艺流程如图2所示。

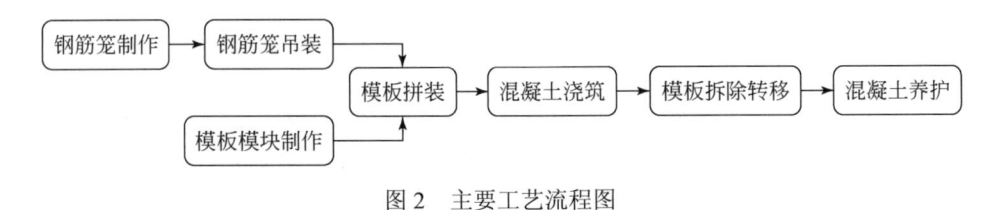

图 2 主要工艺流程图

3.2 钢筋笼预制与安装

3.2.1 标准化预制

为了实现了标准化施工，在预制场地根据钢筋笼的尺寸，设置固定台架（图3）。通过台架精准定位，确保钢筋骨架的尺寸、线型，以便于后续快速对接安装。基于敞开段隧道结构面存在2.98%的纵坡及2.5%的横坡，采用底托可调节的承插型盘口式脚手架搭设固定台架，如图4所示。

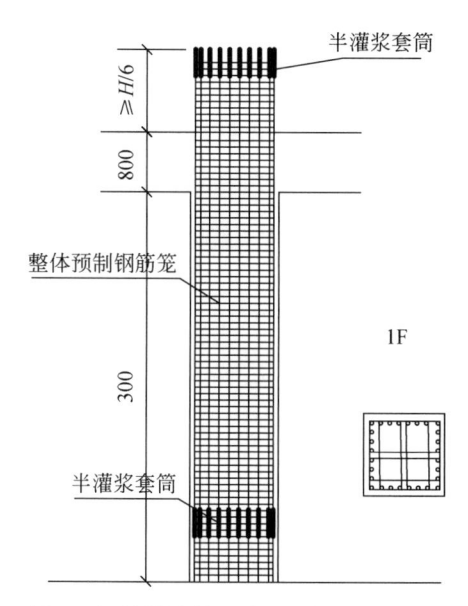

图3 钢筋笼具体尺寸图（单位：mm）

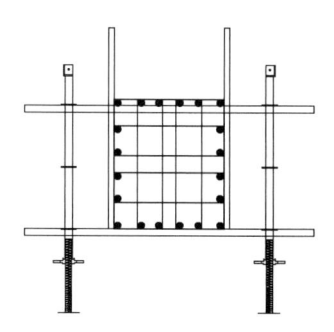

图4 立柱钢筋台架示意图

台架设置完成后，在台架上放置立柱角筋，并在角筋上按照图纸及规范要求画线标识出箍筋的位置，按照角筋上的画线标识进行箍筋绑扎。绑扎时，箍筋的开口要沿受力钢筋方向交错布置，箍筋与竖向钢筋交点均应每点绑扎牢固，并在钢筋笼上部、中部、底部对箍筋及角筋点焊及焊接内箍筋和加强筋以增强钢筋笼稳定性、保证钢筋转运安装时的整体刚度。

钢筋笼制作完成后，打磨钢筋端头至光滑平整，并使用限位板紧靠钢筋端头，配合水平靠尺检测端头平整度，以便于后续安装对接。同时，现场使用限位卡尺对钢筋间距进行检测，若检测不合格立即返工处理；检测合格后方可安装半灌浆套筒，半灌浆套筒安装时，丝口端需保证拧紧，钢筋外露丝口不超过 2P[1]且注浆嘴朝向外侧保证钢筋保护层，同时为了确保钢筋丝头深入灌浆套筒套丝端深度符合要求，在钢筋距丝头 10 cm 处画线标记，如图 5 所示，以便于丝头旋入套筒深度测量，确保连接质量。

基于港珠澳大桥东人工岛地处恶劣海洋腐蚀环境，受海水、海风、盐雾、潮汐、干湿循环、天气多变等众多因素影响，对立柱钢筋笼上部预留钢筋腐蚀快，现场在钢筋笼运至堆存区后立即对其涂刷水泥净浆防锈，如图 6 所示。

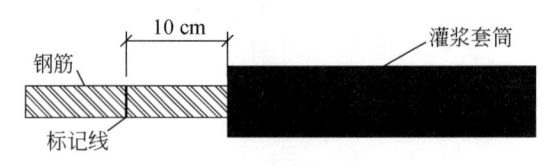

图 5 画线标记示意图

图 6 涂刷部位示意图

3.2.2 吊装

钢筋笼安装前用磨光机对上一层预留钢筋进行重新打磨平整便于后续灌浆施工，打磨后用水平靠尺测量钢筋端头整体平整度，确保钢筋顶部标高一致。然后在距丝头 30 cm 处画线控制预留钢筋与灌浆套筒灌浆端的连接长度，控制线标记完成之后将橡胶密封垫安装在预留钢筋上以便钢筋笼的对接安装，如图 7 所示。

采用塔吊将钢筋笼水平吊起放置到平板车上，再由平板车运到立柱施工区域进行安装。钢筋笼转运到安装现场后利用起重设备进行起吊，吊至套筒连接位置后进行套筒连接。套筒连接完成后，通过吊铅锤方式检测并调整钢筋笼垂直度，复核无误后在钢筋笼设置两道限位固定后进行灌浆套筒灌浆。

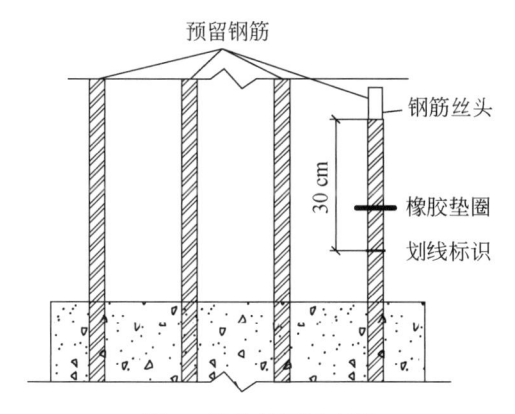

图 7　橡胶垫圈示意图

根据规范要求环境温度高于 30℃时不宜施工[2]，故选择在早晚间进行灌浆施工。灌浆时，严格按照产品说明书进行水灰比搅拌及控制搅拌时间，灌浆料拌和完成之后，按照规范要求进行流动度检验且每班不得少于 1 次并留取试块进抗压强度检验。灌浆时结合规范要求现场采用四个为一组灌浆，出浆口和进浆口用扎丝拧紧，防止灌浆后期压力高时漏浆；压浆时保证匀速稳压，且压力维持在 0.2～0.3 MPa；灌浆密实饱满，所有出浆口出浆。为避免跑浆现象，灌浆套筒注浆完成后先在出浆口和进浆口绑扎扎丝，待扎丝绑扎完成之后再拔出注浆管。

4　模板模块化拼装

模板采用清水设计木工字梁模板体系，由两片 L 型模板组成，采用斜拉锁角加三角斜撑方式进行加固，加固方式见图 8。

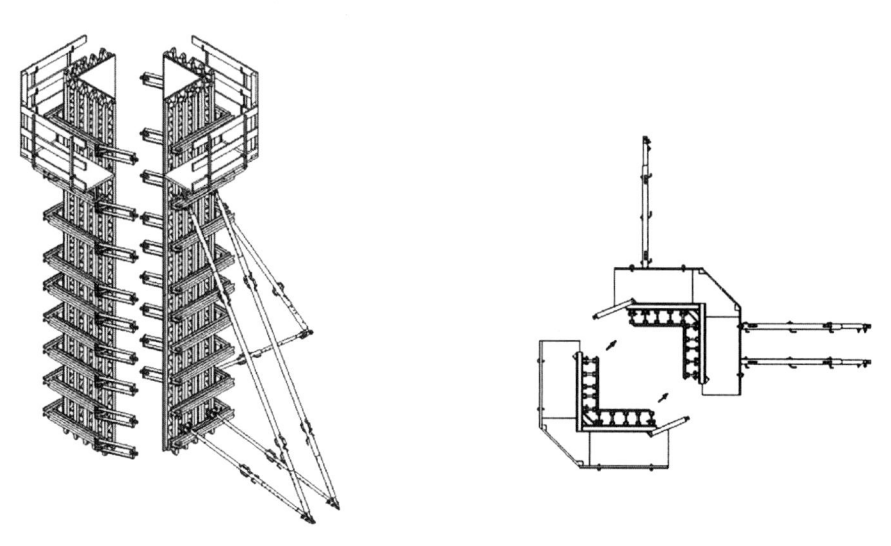

图 8　框架柱模板加固示意图

4.1 模块制作

立柱模板材料进场后，使用吊车、平板车、塔吊等吊装运输设备运输至 CE4 模板拼装场地上，同时在场地上设置模板拼装平台，平台顶面需保证水平。模板拼装在工作平台上进行，拼装顺序如下：

1) 按设计位置将钢梁放置在拼装平台上；
2) 按照设计位置在钢梁上布置 GT24 木工字梁；
3) 在 GT24 木梁上安装 2.1 cm 衬板；
4) 在衬板上安装 2.1 cm 面板；
5) "衬板"和面板铺设完成后将其从平台上架起，架起高度约 180 cm；
6) 木工在下方进行螺钉钉装，将清水混凝土面板加固在"衬板"上；
7) 安装斜撑、工作护栏等。

4.2 模板安装

为保证立柱模板安装中无缝连接及止浆要求，模板安装前提前浇筑立柱台口，截面与立柱一致，高度为 7.5 cm，台口浇筑完成后需进行凿毛，用微型切割机环绕台口边线 3 cm 处做切割线，再用冲击钻进行凿毛。立模板前对模板底端抄平，同时在台口四周贴 5 mm 厚度止浆条。

模板首次安装前，需由专人检查模板面的平整度、光洁度、拼缝缝隙、表面无油污、划痕及明显凹凸，确认无误后进行脱模剂涂刷。脱模剂涂刷以白色海绵条在表面擦拭无流挂物及污渍为施工标准[3]，涂刷合格后进行吊装。

立柱模板由两片型模板组成，采用斜拉锁角加三角斜撑方式进行加固。安装过程中，通过塔吊分别将两块 L 型待装模板吊运至安装部位临时固定，调整好位置以后，安装斜拉螺栓及斜向支撑，待模板初步安装完成后，对垂直度进行测量后，微调模板并加固确保模板体系加固符合要求。

模板安装完毕后，应对其尺寸、垂直度、平整度进行全面检查，测量确认模板安装精度满足设计要求。经检查模板安装符合要求后应对立柱模板上部用油布进行覆盖并用扎丝进行加固防止雨水与脱模剂积水及模板底部积水，见图 9。

立柱模板采用塔吊配合拆除。模板拆除后及时使用清水冲洗模板表面混凝土杂质，然后用湿

图 9 立柱模板安装

润的柔软材料擦拭,擦拭过程中不能混入尖硬物质,最后清理残留水分,以无水流成迹和水滴下落为合格的标准。暂不使用时覆盖油布防止暴晒或雨淋。

5 混凝土施工

基于混凝土的性能、浇筑质量对立柱的耐久性、外观质量起关键作用,在正式施工前,对设计配合比进行试拌、调整、优化,并最终通过模型试验对施工参数、施工配比予以验证,如表2所示。

表2 工艺参数表

工艺要点	具体参数	备注
分层厚度/cm	≤50	控制每罐车的方量
搅拌时间/s	150	搅拌站控制
分层浇筑间隔时间/min	15~20	特别夏季尽量缩短
下料高度/cm	≤100	高于分层厚度,防止堵管
振捣棒的选择	高频	—
振捣时间/s	20~40	根据坍落度控制
提棒速度/(cm/s)	3~5	
振捣间距/cm	50	
振捣棒距模板距离/cm	30	
二次振捣时间/h	1~3	与环境温度有关,需随时观察

为了确保拆模后立柱表面光洁,混凝土浇筑时机选在早晚进行,必要时使用淡水冲淋模板外侧面等措施对模板降温,防止下料时浆液黏在模板面而凝固形成麻面。

浇筑前在振捣棒上做好标识,保证振捣深度为 55~60 cm,为加强新老混凝土之间的结合性,须在立柱底部洒水以湿润结合面。同时,为防止底部积水,浇筑前用强光手电检查模板底部有无积水,发现积水时采用单根长钢筋端部包裹海绵条进行吸水处理。

鉴于立柱高度过高不便于直接下料,故柱子内部设置一根 DN150 导管,距地面 100 cm,随着混凝土面逐渐升高,始终保持 PVC 管距浇筑面不大于 100 cm 进行混凝土浇筑,分层浇筑的分层厚度严格按照《清水混凝土操作规程》要求,并按要求在立柱截面的 4 个角上分别布置一个振捣点进行对角振捣,见图 10。

浇筑标高根据设计要求确定结构内柱浇筑标高高出梁底标高 3 cm,以便凿毛;试验人员根据混凝土的胶凝时间,通知现场复振;复振完成之后应立即用油布对模板上部进行覆盖并用扎丝加固,防止模板上部积水。

经试验检测立柱在完成浇筑之后 24 h 后且温度在 25℃以下方可拆模,拆模后采用塑料薄膜包裹立柱,并用油布包裹顶部预留钢筋防锈,进行 14 d 保温保湿养护,并钉制木条对立柱边角进行保护。

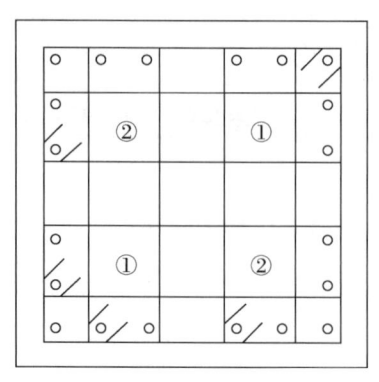

图10 振捣点位布置图

6 施工效果

经对施工完成的立柱外观进行检查，质量均达到清水混凝土的要求，检查结果见表3，效果图见图11。

表3 清水立柱检查结果汇总表

项次	检查项目	检查结果	检验方法
1	颜色	混凝土表面呈自然光泽、无明显色差	距离墙面5 m观察
2	光洁度	表面光洁，无漏浆，无油迹，无粉化物	观察
3	明缝	位置规律较整齐	观察，尺量
4	蝉缝	外观横平竖直，水平交圈，竖向成线。宽度均小于1 mm	观察
5	平整度	1 mm	水平靠尺、塞尺

图11 拆模立柱效果图

7 结　　语

通过严控东人工岛主体建筑立柱的每道工序，主要包括控制钢筋笼制作及安装、模板安装及拆除、混凝土浇筑及养护质量等，主体建筑首层立柱质量均满足设计及规范要求，并形成一整套立柱施工标准化、装配化施工工艺，对比传统施工工艺效率快，可供其他工程参考。

参 考 文 献

[1] 中华人民共和国住房和城乡建设部. 钢筋连接用灌浆套筒：JG/T 398—2012[S]. 北京：中国标准出版社，2013.
[2] 中华人民共和国住房和城乡建设部. 钢筋连接用套筒灌浆料：JG/T 408—2013[S]. 北京：中国标准出版社，2013.
[3] 莫日雄，陈利军. 港珠澳大桥东人工岛清水混凝土外观质量控制[J]. 中国港湾建设，2016，36（7）：89-93.

港珠澳大桥主体建筑清水混凝土控裂研究[*]

刘思楠[1]，王佰文[2]，黄存东[3]

（1. 中交上海三航科学研究院有限公司，上海；2. 中交三航局第二工程有限公司，上海）

摘　要：清水混凝土作为一种特殊的装饰混凝土，其抗拉能力较差、脆性较大的本质使得构件仍然容易产生裂缝。本文以港珠澳大桥东人工岛主体建筑在施工过程中出现的裂缝为例，分析在清水混凝土工程中易产生裂缝的常见原因，以及修补方案和控制措施。

关键词：港珠澳大桥；清水混凝土；裂缝

港珠澳大桥岛隧工程东人工岛岛上主体建筑占地面积约 50 000 m²，总共四层。首层层高 8.1 m，用于东人工岛及大桥的管理办公、养护救援等功能用房；二、三层层高 4.8 m，考虑商业预留；四层层高 5.6 m，布置成港珠澳大桥的模型展厅。主体建筑结构性质为钢筋混凝土框架结构，设计使用年限为一级，混凝土均为清水要求。

主体建筑钢筋混凝土浇筑部分包括立柱、梁板、外廊道、斜屋面、楼梯等结构体，使用年限为 120 年，全部采用强度等级为 C50 的清水混凝土进行浇筑。在施工过程中，发现梁板及外廊道等结构体在拆模之后出现了较多且明显的裂缝，由于港珠澳大桥项目使用设计年限非常长，因此本文对清水混凝土施工中出现的裂缝展开研究调查，并对已出现的裂缝采取相应修补措施。

1　裂缝原因分析

作为当前应用程度最广泛的建筑材料，混凝土自身最主要的缺点便是抗拉能力差、脆性大[1]，出现裂缝是难以避免的。根据目前国内外的大量研究资料可以看出，混凝土中裂缝的种类是多种多样的，表 1 是按照不同因素对裂缝做出的分类[2]。

综合表 1 中所列裂缝种类，对港珠澳大桥东人工岛主体建筑清水混凝土结构体上所出现的裂缝进行归类，可分成以下几种类型。

---

[*] 本文曾刊登于《公路》2018 年第 8 期。

表1 常见混凝土裂缝分类

以何因素分类	裂缝种类
成因	结构性裂缝,非结构性裂缝(收缩、温度、沉降等)
时间	施工期间出现的裂缝(早中期),使用期间出现的裂缝(后期)
形状	纵向裂缝,横向裂缝,剪切裂缝,斜向裂缝,八字形裂缝,不规则裂缝
发展形态	稳定裂缝(可自愈合裂缝、处于稳定运动下的裂缝),不稳定裂缝

1.1 结构体间的约束作用

研究表明,自由收缩的混凝土是不会产生裂缝的,而受到约束的收缩会产生裂缝[3]。主体建筑楼板上的裂缝绝大多数是集中在接近施工缝的位置,这些裂缝的主要形成原因是相邻结构体之间的约束作用。由于结构体浇筑的时间差异,每个结构体的膨胀收缩各不相同,以至于相邻结构体之间会出现相互约束的作用。而后浇筑的结构体与先浇筑的结构体相比,后浇筑结构体的混凝土强度、龄期等性能不如先浇筑结构体,因此后浇筑结构体所受到的约束影响会大于先浇筑结构体。此外,混凝土内部钢筋也会对混凝土自由收缩产生约束作用。

1.2 温 度

温度包括两个方面,一是混凝土内部温度,二是外界环境温度。

影响混凝土的内部温度主要是胶凝材料用量和原材料的温度。由于房建使用清水混凝土强度等级为C50,力学强度的要求较高,胶凝材料用量较多。一般情况下,1g水泥会释放出约502 J的热量[4],因此在混凝土的凝结过程中会产生大量的热量,致使混凝土内标温差较大,容易形成温度裂缝;此外,拌制混凝土所用的原材料由于受气候环境的影响,温度普遍较高,从而提高了混凝土的出机温度与入模温度,进而提高了混凝土的温峰值。

港珠澳大桥东人工岛所处环境终年较为炎热,高温环境作用不仅影响混凝土的出机温度,更会影响混凝土的表面失水程度,失水会引起收缩,由于混凝土表层水分散失快,内部损失慢,因此产生表面收缩大、内部收缩小的不均匀收缩,表面收缩变形受到内部混凝土的约束,致使表面混凝土承受拉力,当表面混凝土承受拉力超过其抗拉强度时,便出现干缩(或者龟裂)现象。此外,在强烈日光照射下,会影响混凝土内部的温度梯度分布,产生温度裂缝。

1.3 荷 载

有资料显示,混凝土结构未达到设计要求的强度而受到外部物体作用,或是遭受撞击,或是超荷堆放,会在受拉区域、受剪区域或振动严重的部位出现裂缝[5]。由于东人工岛主体建筑的工期较为紧张,在施工过程中,难免会出现在未达设计强度的结构体上堆放施工机具、设备、材料,以及出现施工振捣产生荷载的情况,这些荷载极易影响结构体内部的变化,甚至出现裂缝。

2 裂缝修补

混凝土出现裂缝,会极大影响结构体的耐久性能,进而降低整个主体建筑的使用寿命,甚至会危及主体建筑的正常运行,加之东人工岛主体建筑位于海上,环境的腐蚀能力更强,因此必须对已经出现和可能出现的缺陷或裂缝进行修补,恢复结构的整体性,实现结构的致密、防渗和耐久。

根据图 1 所示的裂缝修补总流程图,首先应检测并确定裂缝的类型。选择合适的测量仪器测量裂缝的宽度:对于宽度小于 1.0 mm 的裂缝,应采用测量精度不低于 0.025 mm 测试仪进行测量;对于较宽的裂缝可用卡尺或钢尺测量。采用石膏饼法观测裂缝的稳定性,通过将石膏浆涂刷在裂缝表面并定期观察樱花石膏饼是否开裂来判断该裂缝是否稳定。以某段外廊道护栏板上的裂缝检测为例,测量值见表 2,可以发现主体建筑上的裂缝基本属于 I 类裂缝和 II 类裂缝,且已经处于稳定状态。

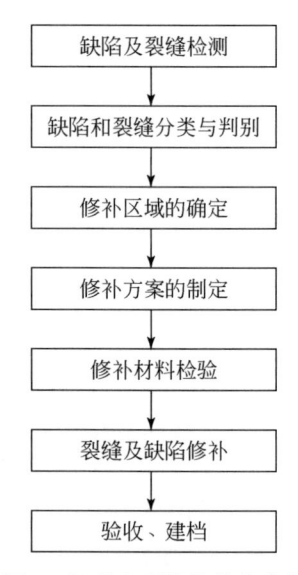

图 1 混凝土裂缝修补总流程

表 2 某段外廊道护栏板上裂缝宽度测量值

裂缝编号	宽度测值/mm			是否稳定
1	0.12	0.10	0.12	√
2	0.18	0.22	0.18	√

续表

裂缝编号	宽度测值/mm			是否稳定
3	0.16	0.20	0.12	√
4	0.10	0.10	0.12	√
5	0.14	0.16	0.16	√
6	0.18	0.14	0.14	√
7	0.12	0.12	0.14	√
8	0.14	0.10	0.10	√
9	0.12	0.12	0.10	√
10	0.10	0.10	0.12	√

注：Ⅰ类裂缝——裂缝宽度＜0.05 mm；
Ⅱ类裂缝——0.05 mm≤裂缝宽度＜0.2 mm；
Ⅲ类裂缝——裂缝宽度≥0.2 mm。

对于不同类型的裂缝，采取不同的处理方法，见表 3，对于Ⅰ类裂缝基本不影响正常使用，不作任何处理；对于Ⅱ类裂缝，采取表层封闭的修补方案。

表 3　裂缝修补方案

Ⅰ类裂缝	不作处理
Ⅱ类裂缝	表层封闭
Ⅲ类裂缝	凿毛密封

表层封闭的修补材料宜采用建筑胶改性水泥基黏结材料，由 P.Ⅱ 42.5 水泥、白水泥和建筑胶水配制而成，三者的比例应根据采用的水泥品种、水泥颜色、构件颜色及施工工艺要求等方面来确定。在修补之前，先对裂缝周边凿毛，并将碎石、尘土清理干净；修补时应仔细涂抹修补材料，确保裂缝与凿毛的位置被完全覆盖，并施压将修补部位嵌填抹平；收浆后在表面粘贴塑料布以进行保湿养护。

3　裂缝控制措施

混凝土裂缝隐匿的危害是不容小觑的，并且港珠澳大桥东人工岛主体建筑全部采用的是清水混凝土浇筑，高标准的外观质量更加不允许裂缝的存在，因而在对已经形成的裂缝作修补处理的同时，东人工岛项目部还对裂缝控制增加和改善相应的措施，以确保将裂缝出现的可能性降至最低，具体措施如下。

1）选择优质的粉煤灰，适当增加胶凝材料中粉煤灰的含量，降低水泥用量，使混凝土内部更加密实，同时也降低早期水化热的产生。

2）采用遮阳、洒水等方式降低砂石料的温度，降低拌制混凝土所用原材料的温度，采用冷水拌制混凝土。

3) 控制好混凝土用水量,坍落度和流动度控制在 220 mm 以内。

4) 控制下料浇筑速度及振捣时间,使混凝土内部更加密实,减小塑性收缩的影响。

5) 浇筑完成后构件顶面需尽快覆盖塑料薄膜或油布,防止早期水分散失过快,在混凝土硬化后仍需定时洒水进行保湿养护。

6) 浇筑完成后构件顶面需尽快覆盖较厚土工布或棉被,构件侧面在拆模之后也需及时覆盖进行保温养护。

7) 在混凝土强度、龄期等性能未达到设计标准之前,尽可能避免施加过多的荷载和受到剧烈的振动。

8) 在孔洞部位或较大预埋件的周围增加斜拉钢筋,利用钢筋补足这些区域混凝土的抗拉强度。

4 结 语

目前清水混凝土在全世界内的应用范围越来越广,在工艺技术难度日益增长的同时,需更加注重提高混凝土自身耐久性能。港珠澳大桥人工岛作为全国最大的清水混凝土建筑群,更有引领全国清水混凝土工艺技术和外观质量共同提高的重要责任。总结裂缝控制措施,重视材料、工艺、技术各个方面的影响,让清水混凝土工程能够朝着积极健康的路径发展下去,更好地服务于社会。

参 考 文 献

[1] 陆晓忠.造成混凝土桥梁裂缝的八大成因及相应处理办法[J].四川建材,2006,32(1):95.

[2] 朱耀台,詹树林.混凝土裂缝成因与防治措施研究[J].材料科学与工程学报,2003,21(5):727-730.

[3] 施惠生,方伟.混凝土早期开裂的原因分析(二)[J].建材技术与应用,2004,(1):19-20.

[4] 鞠丽艳.混凝土裂缝抑制措施的研究进展[J].混凝土,2002,(5):11-14.

[5] 林金洲.混凝土构件荷载裂缝机理分析[J].科技风,2009,(10):39.

浅谈港珠澳大桥东人工岛人员管理[*]

邹宇霆，杨泗兵

（中交三航局第二工程有限公司，上海）

摘　要：港珠澳大桥跨越珠江口伶仃洋海域，远离陆地，施工作业线长达 3 km，距岸最近为 27 km，运输线路长，工程建设周期长，而东人工岛为外海人工岛，规模宏大、内容多、专业广，导致人员数量大；交通不便，地域气候的差异，导致人员流动大，HSE 管理难度更大，因此更需要做好人员管理。

关键词：外海人工岛；HSE 管理；人员管理

1　工程概况

港珠澳大桥东人工岛是港珠澳大桥桥隧东连接枢纽，向东通过非通航孔桥连接香港，向西通过沉管隧道连接至西人工岛，东人工岛整体平面基本呈椭圆形，轴线长度 625 m（以挡浪墙外边线计），横向最宽处约 215 m，建成后由外向内大致为扭工字块、挡浪墙、主干道路、主体建筑，主体建筑位于隧道暗埋段之上，与隧道结构一体。

2　人员对于施工安全的重要性

安全第一，预防为主。安全管理工作理应以预防为主，通过有效的手段，以防止人的不安全行为及物的不安全状态出现，从而使事故发生的概率降到最低。导致事故的因素，不外乎环境、物、管理、人。

施工人员在长期的工程建设过程中，针对不同的环境下的施工需要制定不同的应急预案或施工方案，进行不同的操作规程交底与技术交底，制定不同的管理制度，因此无论从哪一种因素来说，要确保生产安全，预防安全事故发生，人是最直接、最重要的决定因素。通过分析各类安全事故可以看出：从某种角度来说，导致事故发生的最重要原因正是施工人员的安全意识薄弱。

---

[*] 本文曾刊登于《公路》2018 年第 8 期。

3 东人工岛施工人员管理方法

3.1 一人一档规范管理

东人工岛始终坚持遵循"安全管理规范化、现场作业标准化、检查整治常态化"的方针，全力开展各项安全管理工作。并始终采取"一人一档"管理方式来突出解决施工人员流动性较大、施工涉及面广及缺乏对问题综合分析等问题。自开工以来，人员流动数量达到近万人次，极易发生由人员流动性较大、施工涉及面广导致的人员管理的漏、错、乱等问题，项目部通过"一人一档"的管理方式，将施工人员档案进行归档、编号及整合，有效解决了这些问题。

3.2 实行"两会制度"

要搞好现场管理、人员管理，必须要发挥出作为排头兵的班组长的安全管理职能，因此，项目部实行"两会制度"，即"安全周例会制度"和"班前会制度"。

安全周例会要求班组长与会，通过会议将本周出现的安全隐患、三违现象进行通报，同时也可以将上级单位决策、项目部决议等直接传达给班组长。项目部要求班组长起带头作用，牢牢绷紧安全这根弦，严格按照安全规范做事，在工人队伍中做优秀榜样，项目部不断加强对班组长的安全知识和意识培养，然后影响全体施工人员。同时通过事先设置的"HSE 管理曝光展板"，把安全周例会上的安全隐患、三违现象进行曝光，在无形中给管理者增加压力，由被动管理转为主动整改。

班前会是向施工人员进行日常安全教育、通报安全隐患及传达上级单位决策、项目部决议、施工班组指令最便捷的途径，东人工岛工程建设走进第 8 个施工年头，项目部始终如一地坚持"班前会"制度。通过班前会，不断强调劳动纪律，严格要求施工人员遵守安全操作规程，使之养成规范作业的习惯，同时能够直接有效地贯彻安全知识，分享安全经验；同时，更是管理人员了解施工人员诉求、掌握施工人员动态的直接渠道。因此，班前会制度的建立不仅保证了生产上的安全，也保证人员的身心健康。

3.3 安全护照制度

《安全护照》的印制是遵循"以人为本、安全发展"的理念，图文并茂，贴近生产，贴紧生活，具有较强的指导性和可操作性。《安全护照》是由施工人员本人保管并在日常学习中使用，施工人员经过三级安全教育后，经由本人签字并盖章后向其发放。所有未获得《安全护照》的人员，禁止在东人工岛施工范围内从事生产作业活动。《安全护照》类似于施工人员上岗作业的凭证，也是安全生产检查的一项重要内容。《安全护照》内包含有常识性的安全管理制度、施工作业安全注意事项及简单的事故救助方式。同时持有人一旦出现违章现象，安全管理人员会将违章情况记录在内，如果是第三次违章，《安全护照》会被暂扣，并停止其上岗作业，经安全再教育合格后，再重新办理。

3.4 其他制度

东人工岛执行"领导带班制度"，由领导带班深入施工现场了解、检查、督促安全工作，并做好巡查记录，把存在的问题及时记录下来，督促整改。一则让管理人员与施工人员更能重视安全，二则领导也能掌握现场的实际情况，更快地督促解决隐患。

另外，东人工岛施工任务繁重，特型作业项目繁多。项目部要求，每个超过10人的作业项目或者作业面，要求安排一名兼职安全员蹲点进行监督检查。一般情况下，该作业项目的施工组长或副班组长会履行该职责，监督安全管理工作。项目部各项安全制度环环相扣，在施工任务繁重、工期紧张的巨大压力下，项目部HSE部被评为"中交港珠澳大桥岛隧项目2017年上半年先进班组"，同时在2017年指挥部12次文明工地评选中8次获得流动红旗，并荣获中国建筑业协会建筑安全分会颁发的AAA级安全文明标准化工地。

4 对于人员管理采取的措施

4.1 安全教育和培训

东人工岛持续加强施工人员安全教育和培训的力度，施工人员进场必须经过项目部的三级教育、进场安全教育，以及在不断的施工过程中，针对不同的工种，不同的工序持续进行相应的安全教育及安全操作规程交底，同时不定期地通过视频，结合一些典型事故案例及事故遇难者的家庭情况，以及每日的班前会、每周的周例会，不断强化施工人员对安全重要性的认识，提高施工人员的安全意识和安全素质，使安全意识和行为准则渗透到安全生产的各个要素、各个环节、各个方面中，渗透到现场施工人员的一切行为之中，成为安全生产的"润滑剂"。

4.2 现场巡视

现场巡视可以极大地防止施工人员在没有防护的情况下进行高危施工或者进行一些不安全行为，在"领导带班制度""一岗双责"的制度下，做到人人管安全，人人要安全。如在高空临边作业的情况下，系不系安全带可能导致截然不同的结果，有些施工人员安全意识单薄，没有养成良好习惯，只能通过提醒的方式让施工人员做好防护措施，同时现场巡视也能加深管理人员对现场的了解，及时发现并解决现场的隐患，防止意外的发生。

4.3 处罚措施

安全教育和培训是一种手段，虽然能让部分人员拥有一定的安全意识，但是也会有部分人员依旧只存有淡薄的安全意识，对于这部分人员只有通过强制的手段来进行管理。

在现场巡视的过程中，一旦发现隐患问题，立即要求协作队伍整改，做到"隐患不过夜"，而依据安全护照制度，对于部分习惯性违章，项目部会停止相关施工人员的施工作业，并对其进行再教育，情节严重的，则同时对所在队伍进行处罚。

4.4 娱乐活动

东人工岛为外海人工岛，长期的施工作业，导致生活枯燥无味，在这样的情况下，项目部始终坚持以人为本，不定期地组织一系列活动，例如，每年的趣味运动会、夏天的露天电影、春节及安全生产月前后的安全知识竞赛，等等，在加强施工人员的安全意识、丰富施工人员的业余生活同时，也能防止长期的外海作业对心理产生的不良影响。同时，项目部设立乒乓球桌、篮球场及众多健身器材，保证岛上人员的身体锻炼。除此以外，项目部不定期发放生活用品、食材，也可以从一定程度上改善施工人员的生活，保证岛上的生活质量。

5 结 语

建设工程的特点是产品固定而施工人员流动性较大，施工周期长、涉及面广，工程多样化，而且多数为露天作业，受地理环境和气象条件的影响大，而且施工人员的不稳定操作，使建设工程成为高风险的行业，作为外海人工岛，受到的影响更大。但东人工岛先后创造了塑料排水板、降水井等多项打设记录、单次浇筑 5200 m^3 的岛隧施工记录，超前完成非通航孔桥施工和暗埋段施工，清水混凝土施工也取得成功。同时，虽然东人工岛比西人工岛晚开工半年，但施工进度早已和西人工岛齐头并进。

在东人工岛建设过程中，项目部始终坚持"以人为本，安全可持续发展"的理念，不断地完善各种制度，不断地通过各种教育手段加强人员安全意识，通过强制手段进一步加强人员管理，同时组织、举办一些娱乐活动，保证施工人员的良好心态，才能减少事故的发生。

港珠澳大桥东人工岛清水混凝土施工质量管理[*]

宋 奎，赵文俊

（中交三航局第二工程有限公司，上海）

摘 要：港珠澳大桥岛隧工程在国内缺乏前期经验的情况下建成了设计使用寿命120年的国内最大规模清水混凝土建筑群。清水混凝土一次成型外观不加修饰，使得其施工质量管理的要求极高。本文以东人工岛清水建筑群为例，详细介绍了清水混凝土的施工质量管理。

关键词：港珠澳大桥；东人工岛；清水混凝土；质量管理

1 工程概况

港珠澳大桥东连香港、西连珠海和澳门，是集桥、岛、隧等结构一体的大型跨海通道，全长约 55 km。其中东人工岛、西人工岛连接海底沉管隧道与跨海大桥起到桥隧转换的作用。东人工岛规划定位为景观岛，为了提升人工岛的观光价值，岛上护岸结构挡浪墙墙身、现浇隧道敞开段墙身及上部房建结构采用了饰面清水混凝土工艺，清水混凝土总方量约 30 000 m³，清水面总面积约 73 000 m²，是目前国内首次在单项工程中大面积应用清水混凝土工艺的工程。

本工程各结构设计使用寿命达到120年，清水混凝土一次脱模成型不做任何外观修饰，主体建筑中不设置吊顶及内外墙面装饰，以展现混凝土素面朝天、朴实无华、自然沉稳的外观韵味，且本工程在国内外具有极高的社会关注度，这些对工程质量管理来说均是严苛的挑战。

2 质量管理体系

为实现港珠澳大桥管理局提出的"工程质量、质量管理、现场管理达到国际标准""建设世界级的跨海通道、为用户提供优质服务、成为地标性建筑"等建设目标的质量内

---

[*] 本文曾刊登于《公路》2018 年第 8 期。

涵，确保港珠澳大桥主体工程建筑成为粤港澳三地最优品质的跨海通道，项目部从质量管理体系入手，依据国家相关法律法规和合同文件要求，制定了适合港珠澳大桥岛隧工程项目特点的《质量管理手册》和《质量程序文件》，体系文件明确了质量方针和质量目标，阐明了项目部质量体系组织机构、职责和对质量体系的控制要求。

质量管理体系文件具有法规效力，是项目部质量管理的纲领性文件，是所有员工必须遵守的准则，其有效运行为工程质量管理提供了保障。

3 技术质量管理

3.1 制定专用标准

国内现有的设计、施工、检验标准及规范针对的最长的设计使用年限是 100 年，而针对本工程 120 年的设计使用年限，在工程前期准备阶段参考国内外现行规范、标准及本工程的自身特点以更加严格、精细的要求制定了《港珠澳大桥施工及质量验收标准》（通用篇）、《港珠澳大桥混凝土耐久性质量控制技术规程》、《港珠澳大桥岛隧工程人工岛清水混凝土技术标准》、《港珠澳大桥岛隧工程清水混凝土施工规程》等一系列专用标准。

专用标准主要采用三地最高标准，全面规定了清水混凝土施工过程中关于原材料、配合比、混凝土生产和运输、模板的制作和安装、混凝土垫块、钢筋和预埋件的处理、浇筑及振捣、拆模和养护、成品保护等影响混凝土外观的各项技术措施。其颁布旨在确保各结构满足设计使用年限 120 年的同时，混凝土外观质量达到清水混凝土标准，进一步严格了质量管理控制标准。

3.2 混凝土认证制度

港珠澳大桥主体工程推行"大型化、工厂化、标准化、装配化"的施工方法，为加强混凝土的质量管理，港珠澳大桥管理局参考香港、澳门的相关管理模式，对用于混凝土实行产品认证制度。为此，港珠澳大桥管理局专门制定了《港珠澳大桥混凝土认证细则》，包括管理条例和技术条例两部分，在内容编排和表现形式等方面尽可能与香港 QSPSC 保持一致，管理条例和技术条例主要执行内地建设管理法律法规、港珠澳大桥专用技术标准，力求在符合内地法律法规规定、满足港珠澳大桥专用技术标准的前提下，达到与香港 QSPSC 等同的控制管理效果。

经港珠澳大桥三地联合工作委员会批准，混凝土认证工作由澳门土木工程实验室（LECM）负责认证审核，主要审核项目包括项目部质量管理体系运行情况、搅拌站现场及设备运行情况、搅拌站施工生产相关的质量记录、型式检验、骨料反应控制水平等各项内容。从 6 年来认证和监督审核情况来看，项目部混凝土质量管理各项指标均符合《港珠澳大桥混凝土认证细则》相关要求。

2017年8月4日，项目部受邀参加澳门土木工程实验室（LECM）成立30周年首场学术研讨会，分享港珠澳大桥岛隧工程混凝土质量控制经验，如图1所示。

图1 项目部受邀参加LECM成立30周年学术研讨会

3.3 工艺性试验

由于前期清水混凝土施工经验十分缺乏，为确保清水混凝土施工质量满足高标准要求，项目部组织开展了大量试验研究，如清水混凝土配合比选定试验、现场小尺寸模型试验、清水混凝土立柱现场浇筑试验、清水混凝土C30挡浪墙足尺模型试验等。

通过一系列工艺性试验，比选出了最适合的配合比和施工工艺，并分析整个工序的控制要点，为后续现场施工及过程控制提供定量的数据支撑。最终选定的理论配合比和配合比参数如表1、表2所示，现场清水混凝土小尺寸模型试验效果和验证点结论分别如图2和表3所示。

表1 东人工岛清水混凝土优化的理论配合比　　　　（单位：kg/m³）

配合比	水泥	矿粉	粉煤灰	大石10~20 mm	小石5~10 mm	砂	水	外加剂
C30	240	100	60	727	311	752	167	2.8
C45	189	126	105	798	266	770	143	4.0
C50	242	110	88	812	270	752	150	4.0

表2 东人工岛清水混凝土优化的配合比参数

配合比	胶材用量/(kg/m³)	水泥总掺量/%	矿粉掺量/%	粉煤灰掺量/%	水胶比	大小石子比例	砂率	减水剂掺量/%
C30	400	60	25	15	0.42	7:3	0.42	0.7
C45	420	45	30	25	0.34	7.5:2.5	0.42	0.95
C50	440	55	25	20	0.34	7.5:2.5	0.41	0.9

图 2 现场清水混凝土小尺寸模型试验试验块拆模后效果

表 3 现场清水混凝土小尺寸模型试验验证点结论

验证项目	关键验证点	细分	备注
混凝土	坍落度	优先 170～190 mm	需选择高频振捣棒
		190～220 mm	选择普通振捣棒
	出机后等待时间	不超过 1 h	夏季不超过 30 min
施工工艺	分层厚度	不超过 50 cm	保证振捣棒插入下层 5 cm 左右
	搅拌时间	不低于 120 s	
	间隔时间	不超过 2 h	特别夏季尽量缩短
	振捣棒的选择	普通、高频	优先高频 选普通时坍落度放大
	高频振捣棒振捣时间	不低于 20 s	提棒速度不大于 2.5 cm/s
	高频振捣棒振捣间距	不超过 40 cm	
	拆模时间	不低于 2 d	大体积混凝土不低于 3 d
	养护方式	带膜土工布	—
	养护时间	不少于 14 d	—
模板	模板种类	维萨板	—
脱模剂	脱模剂种类	水性	优先水性、雨天油性 挡浪墙水性、立模后喷涂 敞开段油性
	脱模剂涂刷方式	喷涂	优先喷涂 滚涂时控制用量
	刷涂厚度	薄	—

3.4 施工作业人员管理

（1）清水混凝土施工作业人员"技术比武"

为全面提升项目质量管理水平和全员质量意识，提升施工作业人员作业技能，项目部组织开展针对施工作业人员的"技术比武"活动,活动贯穿整个清水混凝土施工期间,主要通过各工种专业培训、考核定级、挂牌上岗、定人定岗、定期考察的形式提高各工种施工作业人员作业技能,并实行奖罚制度,全面提高施工作业人员综合素质。各工种作业人员定级考评流程如图3所示。

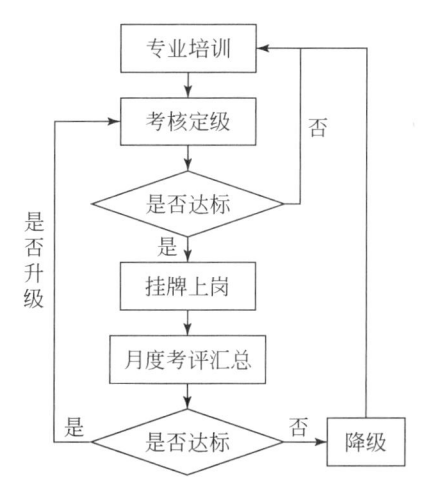

图3 施工作业人员定级考评流程图

(2)质量周例会制度

为确保工程质量持续改进,项目质量管理"PDCA"循环的实施十分重要且必要,质量周例会制度很好地实现了"PDCA"循环管理,项目部技术质量员通过汇总每周现场质量管理情况,以图片或视频等直观形式展现给作业班组,针对现场检查发现的问题及时指出并讨论提出有效的解决方案,落实责任人和整改期限,并指明下一步计划,确保现场质量管理始终处于受控状态。项目部召开质量周例会如图4所示。

图4 项目部质量周例会

3.5 工艺创新

(1) 可移动式台车体系

为了快速移动高大模板,同时避免因频繁起吊模板而引起模板面的损伤给清水混凝土外观质量带来风险,本工程清水混凝土模板系统采用能够行走的钢结构台车作为墙身模板移动、支立、拆除及工人操作的平台,如图5所示。该台车体系在确保清水模板施工质量的同时,实现了模板体系整支整拆整体转移,较大地提高了施工效率。

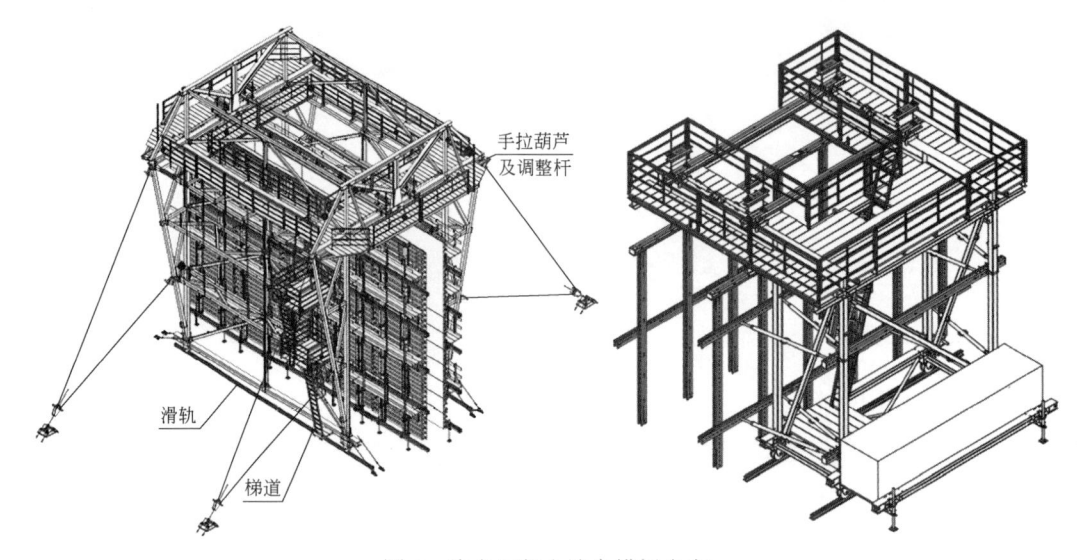

图 5 清水混凝土墙身模板台车

(2) 钢木结合模板体系

本工程模板系统采用德国 PERI 公司生产的钢木结合模板体系,主要由面板、木工字梁、钢背楞组成,为避免螺钉在混凝土表面形成印迹而影响外观质量(图6),混凝土清水面模板采用双层面板设计,面板从背面固定且螺钉不穿过面板,如图7所示。

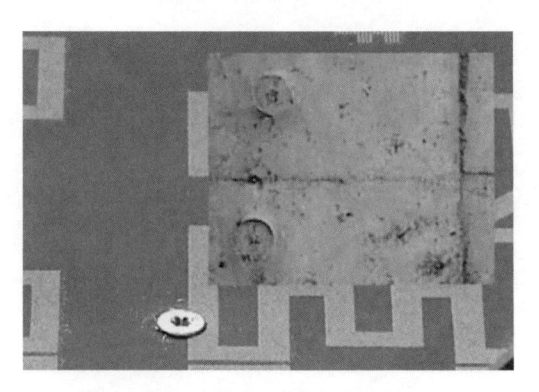

图 6 螺钉在混凝土面上产生的印迹

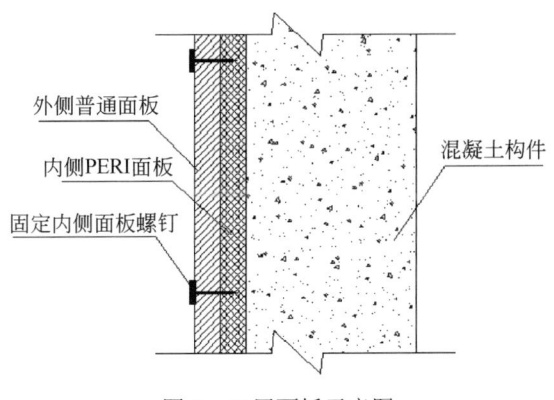

图 7　双层面板示意图

木工字梁的使用是该模板体系的亮点，具有质轻、力学性能优越、可周转使用等特点，高度为 20 cm 的木工字梁力学性能甚至优于 10 号槽钢，且质轻便于操作和使用，与传统的 10×10 木方相比力学性能优势明显，是未来行业内模板体系的发展趋势。其构造及连接如图 8 所示。

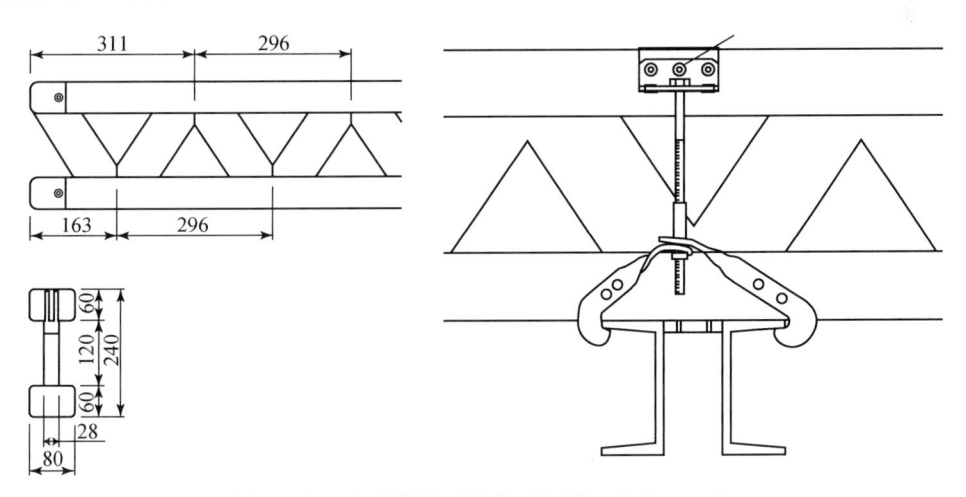

图 8　木工字梁构造及连接示意图（单位：cm）

（3）房建清水混凝土装配化施工

为实现主体建筑清水混凝土标准化、装配化、模块化施工，钢筋工程采用先预制后安装施工工艺，模板工程采用单元模块化整体装拆施工工艺，混凝土采用现场浇筑工艺，该工艺的成功实施，在确保清水混凝土施工质量的同时，较大地提高了施工效率。

房建钢筋均采用后场预制、整体吊装工艺，梁柱钢筋笼骨架均在梁柱节点区域全断面断开，再通过灌浆套筒连接方案，楼板钢筋面筋在预制时考虑保留锚固长度，板底筋采用附加钢筋绑扎搭接并锚固于梁内侧，以实现楼板钢筋整体吊装。具体如图 9~图 11 所示。

(a) 全灌浆接头

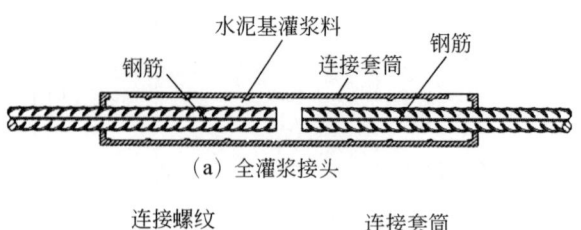

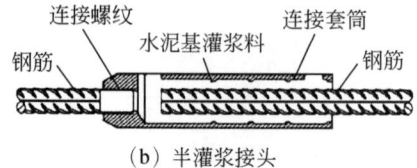

(b) 半灌浆接头

图 9　灌浆套筒工艺示意图

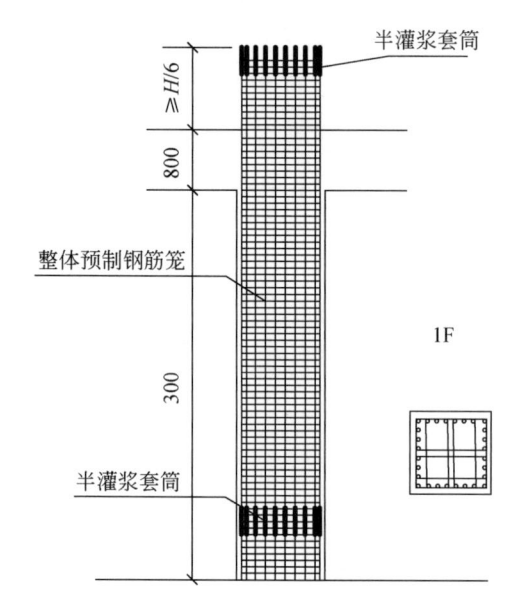

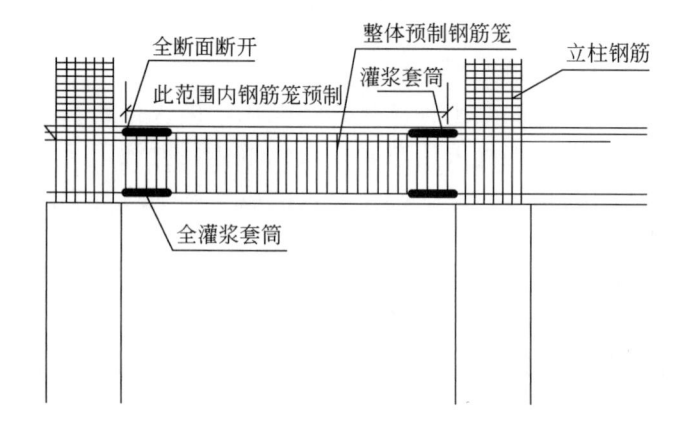

图 10　立柱钢筋安装示意图

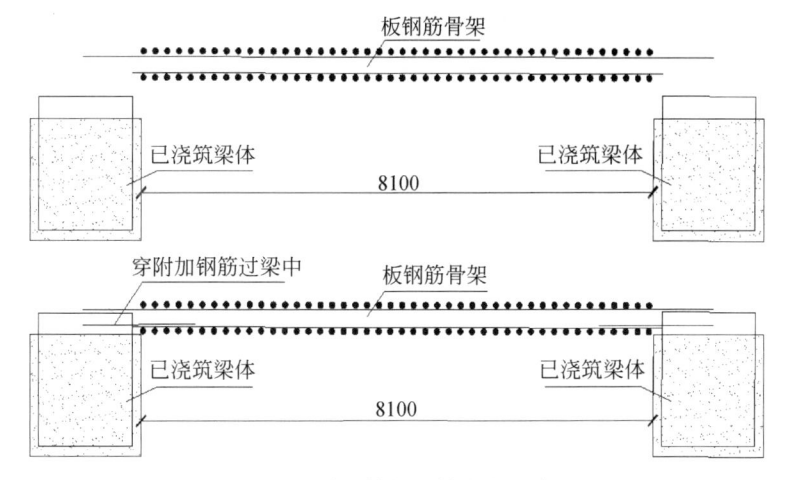

图 11 梁体和楼板钢筋安装示意图

房建清水混凝土模板均采用德国 PERI 钢木结合模板体系，为实现模板体系装配化、模块化施工，梁、板、柱等各结构模板均由模板单元组合而成，单元间设置补模段闭合，模板单元在后场制作完成后整体安装，侧模拆除以模板单元为整体吊除，梁板底模采用专用顶升装置对模板整体下降后整体转移至下一个施工区域。具体如图12～图 14 所示。

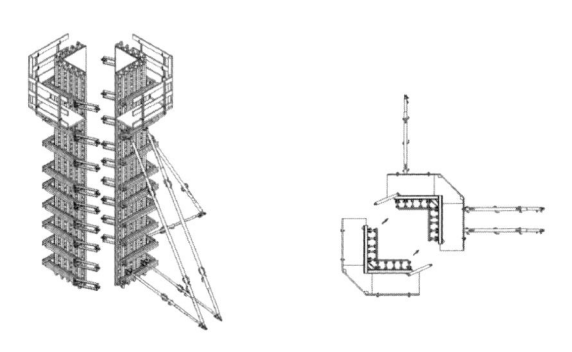

图 12 立柱模板安装示意图

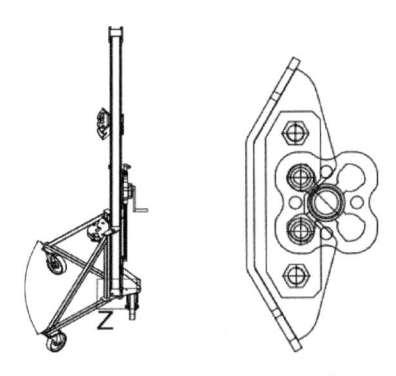

图 13 专用支架顶升装置示意图

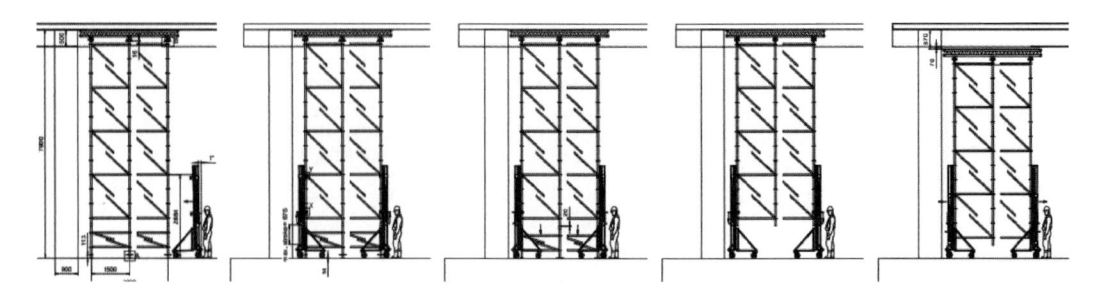

图 14　底模拆除与转移流程图

4　结　　语

项目部在国内首个大型外海清水混凝土建筑群施工过程中，严格落实精细化、标准化质量管理，积极探索并成功实践现浇清水混凝土结构装配化、模块化新路径，秉持"一次要比一次好"的认真负责态度，实体外观质量达到了清水混凝土标准（图15，图16）。得到广东省建设工程质量安全监督检测总站、港珠澳大桥管理局、监理等上级单位一致好评，即本工程的清水混凝土施工质量管理是成功的，所取得的施工经验可供类似工程参考。

图 15　敞开段清水混凝土墙身效果

图 16　房建清水混凝土成品一角

最终接头后注浆基础成套施工技术*

张 洪,苏怀平,王 李

(中交二航局第二工程有限公司,重庆)

摘 要:本文主要基于在港珠澳大桥岛隧工程沉管隧道 E32-E31 管节接头处发生异常沉降之后,提出的沉管基础密闭腔内压浆来实现预压基床、抬升管节的构想。在通过大量调研现有国内外相关研究理论成果基础上,首次提出利用近似帕斯卡定律通过压力传递实现沉管姿态的可控调节。该构想在 E32-E31 管节接头基础后注浆的实施结果中得以证明,起到了基床协调差异沉降、预压密实基床、调控沉降形态的目的。同时,该构想的成功实施创造了一种调控管节沉降的新方法,并在处理最终接头基础刚度问题时再次进行了应用。

关键词:沉管隧道;最终接头;基础后注浆;超低强度水下不分散混凝土

1 概 述

1.1 工程背景

沉管后注浆基础成套技术研究与应用的提出初衷是为了填充最终管底基础垄沟与间隙,提高最终接头[1]基础的整体刚度,保证运营期管节的稳定性。但是该技术的首次使用是在 E32-E31 管节基础处理上,依照港珠澳大桥采用的复合地基+组合基床的方案,经沉放安装、管顶回填及管内压载混凝土浇筑后总沉降应为 45~55 mm,但 E32 管节沉放安装后沉降超过 10 cm 多且不呈收敛趋势;经过多方考虑研究,预备采用整平船和搅拌船结合通过管外对基础进行注浆,并在管底铺设封闭压力腔,经压力腔注浆填充预制沉管和钢混三明治钢沉管[2]基础,抑或达到抬升沉管的目的。管节接头后注浆示意图见图 1。

---

* 本文曾刊登于《公路》2018 年第 8 期。

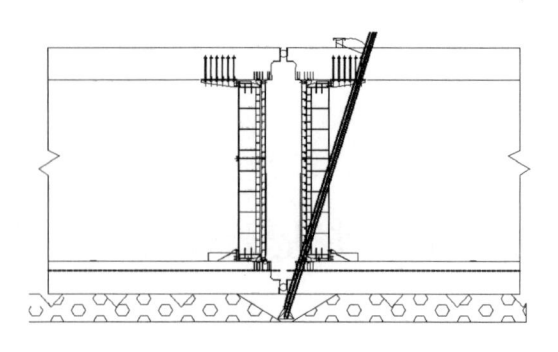

图 1　管节接头后注浆示意图

1.2　最终接头注浆概况

最终接头碎石基床共包括 3 条碎石垄，基床宽 42.95 m，厚 1.3m，采用横向垄结构，垄顶宽 1.7 m，垄沟宽 0.55 m，垄中心距 2.25 m。基床纵坡设计值为 0，垄顶高程设计值为 -27.937 m。管节安装前，在 E30、E29 管节碎石基床垄沟内布设气囊，接头大垄沟内布设注浆管，两个接头处底部安装注浆管路。最终接头安装及锁定回填后在两侧安装竖向注浆管路，采用拌和船对接头部位的基础进行注浆处理。最终接头后注浆基础注浆方量理论值为 550 m³，考虑浆液的扩散流失，需按照 1100 m³ 实施。

2　机　　理

2.1　注浆原理分析

根据整体工艺的安排与部署，基础后注浆的作用主要包括以下三点：
1）形成垫层，减少沉管差异沉降，并减少沉管沉降（被动措施）；
2）提前完成瞬时沉降（主动措施）；
3）帕斯卡原理液压抬升管节（主动措施）。

港珠澳大桥沉管隧道基础处于厚质软土地基上，虽然采用了先铺碎石的方法进行处理，但受不规律的地质活动影响，万吨级沉管同样存在沉降的可能性。参照地质资料，沉管隧道基底为淤泥土、粉质黏土及砂层，可注浆性较差，常规注浆方法难以达到良好的注浆效果，见图 2。

2.2　浆液性能要求

浆液是一种超低强度水下不分离混凝土，需要具备一些特殊性能。
1）浆液在水下能够长距离流动，并保持不分离的状态；

(a) 注浆概念图　　　　　　　(b) 注浆压力概念图

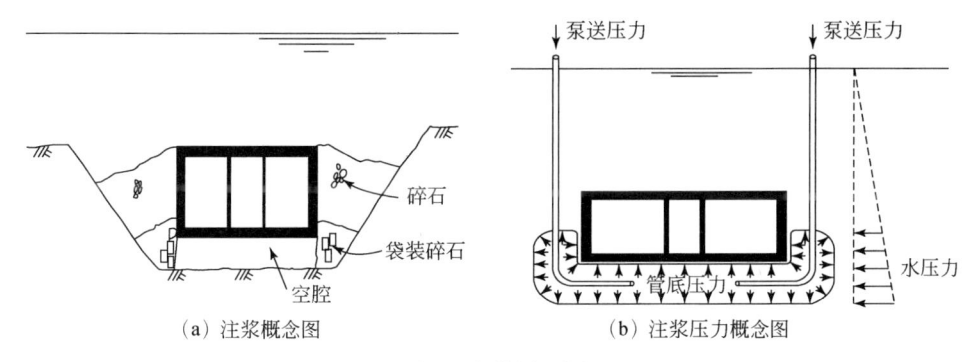

图 2　注浆原理图

2）浆液凝固后具备一定强度且体积稳定；
3）浆体采用超低强度等级混凝土浆液；
4）混凝土的骨料粒径和用量足以保证浆体不渗透析出，且具备自填充性能；
5）浆体适应长距离向下输送的条件，工作性能满足混凝土泵和压浆泵泵送要求。

2.3　注浆压力测算

注浆首先要克服水压力完成基础注浆施工，其次是管节若存在不规则沉降（参考 E31-E32 管节情况）。注浆压力[4]除了克服水压力还需克服管节已有的负浮力、锁定回填的摩擦力。下面模拟测算管节异常沉降后需要抬升的力（参考 E31-E32 管节），浆液凝固前近似液体，如果管节、管节基础及周边回填能形成保压不透浆层，依据帕斯卡原理[1]进行计算。

2.3.1　填充压力测算

1）参考图 2，注浆压力可知：

$$P^{(灌浆压力)} = P^{(出口压力)} = P^{(水压力)} = \rho_W^{(海水密度)} \cdot h \quad (1)$$

2）具体计算如下：

$$P^{(灌注压力)} = P^{(出口压力)} = 0.010025 \times 25 = 0.25 \text{ MPa}$$

2.3.2　异常沉降压力测算

1）参考图 2，需要顶升沉管时，注浆压力可知：

$$P^{(灌浆压力)} = P^{(出口压力)} - \rho^{(浆液密度)} \cdot h^{(注浆口高差)} + P^{(注浆管压力损失)} \quad (2)$$

$$P^{(出口压力)} = P^{(目标抬升压力)} + P_W^{(水压力)} \quad (3)$$

$$P_W^{(水压力)} = \rho_W^{(海水密度)} \cdot h \quad (4)$$

式中：$P^{(目标抬升压力)}$ 取决于是否要将管节顶起来；$\rho^{(浆液密度)}$、$P^{(注浆管压力损失)}$ 应基于试验或经验；

$h^{（注浆口高差）}$与施工方案有关；h指出浆口位置至海平面高差，与施工方案及潮位有关。

根据试算结果，注浆入口压力要求不高。按照最终目的需要将管节首端抬起，克服管节负浮力和侧摩擦力的管底平均压力 18 kPa。

2）参数计算

相关参数采用如下计算：

① $\rho^{（浆液密度）}$=2000 kg/m³；（实际施工中采用浆液值 1820 kg/m³）

② 水面以上 5 m 注浆，水位考虑+2.5 m 的高水位，h=25 m；

③ $h^{（注浆口高差）}$=30 m；

④ $P^{（注浆管压力损失）}$=0.10 MPa；（试验后调整）

⑤ $P^{（通过碎石后压力损失）}$=0.2 MPa；

⑥ 浆液竖向压力只作用在 135 m 管节首端 2 m 范围；

⑦ 不考虑浆液轴向透入碎石垫层。

根据杠杆原理，计算如下：

$$P^{（目标压力）}=\frac{18\times(38\times135)\times(135/2)}{[135-(2/2)]\times(38\times2)}\times10^{-3}=0.61\text{MPa}$$

代入公式（3）得

$$P^{（出口压力）}=0.61+0.010025\times25=0.86 \text{ MPa}$$

再代入公式（1）

$$P^{（灌浆压力）}=0.86-2000\times9.81\times30\times10^{-6}+0.1=0.37 \text{ MPa}$$

2.4 不透浆层的形成

该不透浆层内部能承受浆液压力，等同于公式中的 $P^{（出口压力）}-P^{（通过碎石后压力损失）}$；不透浆层外部受水压力 $P_W^{（水压力）}$；内外压力差等于 $P^{（目标压力）}$。下面论证该不透浆层能否在沉管管节周边形成。主要分析浆液从注浆口出来后的流动路径：

1）首先，浆液需击穿一定厚度的回填碎石，到达管节接头空隙，该处由试验验证；为方便施工作业采用斜管插入管底空隙中。

2）流体习惯于往压力小的地方流动，因此浆液首先会填充管底间隙。

3）往管节侧墙方向流动的浆液，无法渗透进入混凝土墙壁，因此只能往下、往上或往回流动。

4）往下流动的浆液最终会被垫层块石、基础块石或原地层土体拦截，因此下方可以形成不透浆层。

5）往回流动的浆液最终会被回填石料或原地层土体拦截，因此侧向可以形成不透浆层。

6）往上流动的浆液有可能被超过 5 m 高的回填石料拦截（根据经验或试验确认）；或者被先到达的已凝结的浆液拦截（根据经验或试验确认）。

7）如果浆液不凝结，全集中在基槽盆地内，存在一个风险是管节不受控制地被浆液托起，如同河床隧道由于管底回淤物质浮力增加而平衡掉了负浮力一样。

3 基础后注浆混凝土的配制

3.1 性能指标

根据港珠澳大桥岛隧工程设计及施工需求,并结合日本相关工程案例调研结果,初步确定混凝土[6]性能指标参数见表1。

表 1 高流动性混凝土性能指标

类别		性能指标
骨料最大粒径/mm		≤10 mm
流动性	30 min 扩展度/mm	(650±50) mm
	T500/s	3~15 s
	V75 漏斗时间/s	7~20 s
凝结时间/h		≥48 h
水下不分散性	浊度/(mg/L)	<150
	pH	<12
抗压强度/MPa	7d	≥0.15
	28d	≤1.5

3.2 配合比设计与配制

由于该类混凝土在国内未有大规模的施工,亦无明确配合比可用于参照,通过室内室外的模型试验,最终确定生产混凝土的配合比。

3.2.1 室内试验

依据日本土木协会《自密实混凝土施工指南》(JSCE-D101)初步选定一个配合比,并按照规范确定单位粉体量、胶凝材料等。

1)基准配合比研究:拟定多个比对的配合比,并开展相应验证试验。
2)水下自密实:按照选取的两组混凝土配合比,分别配置出两种混凝土用于室内小尺寸模型试验;拆模观察混凝土填充状况,最终比对选取。
3)超长缓凝时间:通过调节复合外加剂中对混凝土凝结时间影响较大的缓凝组分实现混凝土的凝结时间在40~72 h连续可调。
4)低渗透性:试验显示该混凝土的渗透量极少,基本可视为无渗透性。

3.2.2 室内试验

为了比较该混凝土的水下填充性能与灌注的性能;验证优选混凝土配合比的流动性、

填充性、水下不分散性；验证基础后注浆混凝土性能与现场工艺的匹配性，在现场进行了混凝土生产、木模泵送实验和水下灌注、流动性能、常压模型实验。

4 后注浆施工技术

后注浆施工技术关键步骤在于如何让管底成为一个密闭腔体。对于海底作业的复杂性、局限性，制定了一套可用于管外后注浆的施工技术方法。

4.1 基础处理及准备工作

1）布设土工布及气囊：管节安装前，在碎石基床垄沟内布设气囊，垄顶及垄沟内布设两层土工布，采用铁链或碎石等重物进行固定，两侧边坡的土工布采用袋装碎石覆盖。提前对气囊进行打压测试，试验压力 0.24 MPa。

2）管底水平注浆管制作及安装：底部注浆管由管路系统及钢框架结构组合而成，泵管管底部分采用钢框架三角形稳定结构加固；管底垄沟内左右两侧均装有两根泵管，长度均为 18 m，左右两侧均有一根作为备用。注浆管开孔 4 处，间距 5 m，开孔直径约 4.5 cm，出浆口与管间采用单向阀连接。

3）钢框架与注浆管水下安装：安装主要是由潜水员下潜至管底逐一对泵管及固定框架进行安装固定。

4）竖向注浆管：布置完水平注浆管后，需要连接竖向注浆管直通船舶上。竖向注浆管连接采用潜水船吊装、潜水员水下连接法兰盘的方式。考虑风浪的影响，需要起重人员配合完成。

4.2 注浆施工

1）实施过程中为控制填充量或上抬量，需要合理控制注浆速率。注浆开始前，注浆速率应依据浆液凝结时间、施工设备、施工工艺及管底填充空间等因素商定。注浆开始后，必须控制注浆速率，特别当管底压力监控读数接近或达到已能抬升管节的范围时，更应对注浆速率严格控制，保证管节平缓抬升。设计根据整体受力分析后也给出了如下相应要求：

①必须为对称注浆。

②出浆口位置在接头的下方，横向对称布置，间距设置应覆盖浆液扩散半径。

③填充施工时，出口压力应控制为水压压强（考虑潮位变化、海水密度）+（0.05～0.1）MPa。

④抬升管节时，出口压力应控制为水压压强（考虑潮位变化、海水密度）+（0.15～0.2）MPa。

⑤注浆（入口）压力应根据出口压力、浆密度、出入口高差及管道损失等因素核定一次。

⑥在满足工效前提下,应尽量低速注浆,取 5~40 m/h^3 的下限值。

⑦在注浆管道上合理设阀,便于施工控制及反浆等问题。

2)后注浆基础施工位于海上施工,且施工采用的混凝土方量较多,从施工的时间、资金考虑不适合从周边岛上船运至施工场地。同时施工界面需要使用整平船,但该船体不具备混凝土生产供应能力;综合这些因素的考虑,最终决定采用搅拌船施工,即采用搅拌船进行混凝土的生产,完成对基础混凝土料的供应。

3)为防止管底布置的泵管出现堵管现象,两侧注浆需同步进行;注浆主要划分为三个阶段——填充阶段、预压密实阶段和抬升阶段。填充完毕后进入预压密实阶段需要根据压力表、水准仪的读数不间断调整注浆量,即注浆相应时间后停止注浆观测压力表、水准仪变化情况,直至压力表、水准仪在停止注浆后读数能一直保持稳定后即断定为压密阶段完成。压密阶段完成后继续注浆,管节将出现被抬升的状态,但为确保沉管结构不被破坏,需要间断性注浆(间断时间不宜过长)。

5 监　　测

5.1 注浆压力监测

为监测[3]注浆材料沿着管节横向、纵向流动情况,在管节底部接头槽底布置土压力计,监测仪器位置及现场安装情况见图3。

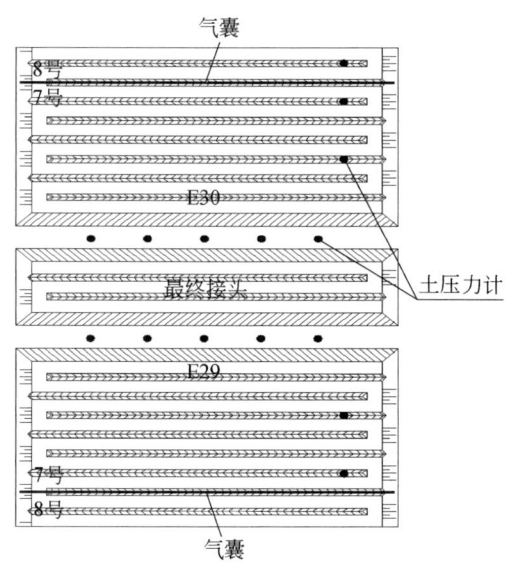

图3　土压力计布置图

5.2 沉管姿态监测

利用连通管原理的静力水准系统可以实时监测两点间的高差变化,在管节中下管廊首尾两端各布置一个静力水准仪,采用连通水管连接,见图4。

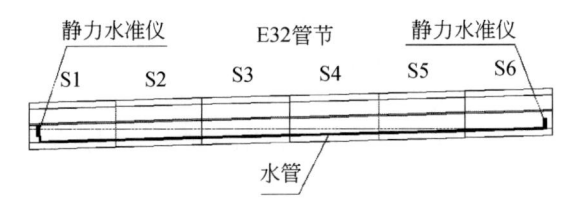

图 4 管节监测静力水准布置平面图

为监测管节尾端的姿态(南北差异沉降)变化,在管节尾端左右行车廊道内各布置1个静力水准仪,采用连通水管连接,仪器安装位置尽量靠近管节尾端端封门处。

6 结 语

针对港珠澳大桥沉管隧道基础注浆的特殊性,设计、工艺的研究均需不断地创新,开展工艺试验验证实施。通过对沉管后注浆基础成套技术的成功实施[5],有力地验证了基础后注入混凝土的国内外调研总结成果、注浆整体设计理念方法、特殊浆液配置方法、注浆压力腔的形成方法、注浆压力及管段上浮控制,以及管底注浆充填效果评价,对基础注浆实施的综合分析。

参 考 文 献

[1] 林鸣,史福生,表莲. 日本沉管隧道最终接头施工新工法[J]. 中国港湾建设,2012,(4):1-4.

[2] 林鸣,刘晓东,林巍,等. 钢混三明治沉管结构综述[J]. 中国港湾建设,2016,36(11):1-4.

[3] 沈永芳,黄醒春. 沉管隧道注浆效果监测与评价的试验研究[J]. 地下空间与工程学报,2013,9(4):758-764.

[4] 叶飞,苟长飞,毛家骅,等. 黏土地层盾构隧道临界注浆压力计算及影响因素分析[J]. 岩土力学,2015,36(4):937-945.

[5] 宋光猛,王颖轶,黄醒春. 沉管隧道基础注浆效果模拟试验研究[J]. 地下空间与工程学报,2013,9(1).:24-30.

基于风险管理的质量要点化控制[*]

杨 震,孙 志

(中交二航局第二工程有限公司,重庆)

摘 要:沉管隧道作为港珠澳大桥主体工程的关键部分,其中预制沉管采用较多新技术、新工艺、新材料、新设备,施工作业环境复杂、组织难度大,工程消耗的人力、物力、社会资源多,建设工期长,在施工过程中遇到的不可预见因素很多,工程施工方面面临很多风险,质量控制持续承压,本文讲述了在预制沉管施工中以风险管理理念为指导的质量控制思路与做法。

关键词:港珠澳大桥;预制沉管;风险管理;质量控制要点

1 风险定义

风险是指在一定的环境和时间内发生不利事件的概率或可能性,风险主要包括两个方面的因素:风险发生的可能性,即风险发生的概率;风险发生的影响[1]。在工程施工过程中,质量问题是最重要的控制内容之一,只有保证工程质量才能发挥工程效益,才能保证建设目的[2]。工程项目风险管理就是为了充分揭示项目可能存在的风险因素,针对风险因素进行评估、衡量,并制定应对防范措施。

2 预制沉管施工质量控制中为何引入风险管理

2.1 质量风险管理的充分性

港珠澳大桥沉管隧道是国内首次采用工厂法预制管节,海底开挖基槽敷设方式施工的大型深埋隧道。整个预制沉管隧道由 33 个管节组成,其中直线管节 28 个、曲线管节 5 个,管节截面采用两孔一管廊形式、体型巨大(宽 37.95 m、高 11.4 m、壁厚 1.5 m、长 180 m、重约 78 000 t),是一个由多种材料、预留预埋构件组合而成的复杂结构。预

---

[*] 本文曾刊登于《公路》2018 年第 8 期。

制沉管生产工艺运用流水线作业方式,整个施工由多道工序组成,质量控制作业面广、控制点数量多、监督控制难度大,一旦其中一道工序出现质量问题将直接影响到整个工作的正常进行,若采用常规的质量控制方式,难以做到有效管控。由此可见,在预制沉管施工质量控制中引入风险管理,做到及时有效的预测、发现、防范质量风险,并有针对性采取控制措施,将会是很有实效的管理方式。

2.2 质量风险管理的必要性

作为迄今为止世界上规模最大的预制沉管,设计使用寿命采用120年的质量目标,采用了粤港澳三地最高标准。同时,由于是国内首次预制大型沉管,无成熟经验可以借鉴,施工中必然会存在各种各样的风险,影响建设质量目标的实现,且在工程项目完成后不可能像其他产品那样可以拆卸或解体后进行检验[3]。因此,为了做到对建设质量目标的主动控制,质量管理人员需要对各种质量风险进行识别、评估,并采取有效应对方法来控制工程质量,尽量规避施工过程中可能遇到的不利结果,以最小的资源投入获取最大的质量保障,确保预制沉管工程质量。由此可见,对于沉管隧道这样投资大、技术复杂的大型工程,引入风险管理是有必要的。

3 预制沉管质量风险管理的实施

3.1 质量控制关键点识别

对于预制沉管来说,质量控制关键点是指若发生质量超标,将可能导致工程出现较大质量问题,影响工程结构安全性、耐久性和主营寿命中的重要环节等[4]。在管节正式预制施工前,项目部进行了足尺模型试验,在验证施工工艺的同时,梳理了质量控制关键点,评估了出现问题后可能导致的不利后果,制定了质量控制关键点清单如表1所示。

表 1 质量控制关键点清单

质量控制关键点	可能导致的不利后果
钢筋笼施工	影响沉管混凝土结构受力及施工过程中钢筋笼自身的稳定性
预留预埋件施工	影响后续施工,诱发混凝土劣化、影响混凝土耐久性
混凝土保护层	保护层偏差过大将影响到结构耐久性及改变局部受力特性
模板施工	影响混凝土结构及外观质量、结构几何尺寸
混凝土浇筑及养护	混凝土密实度较差、不均质、可能出现裂缝导致抗渗能力达不到设计要求
管节及节段接头	影响止水效果及结构耐久性

3.2 质量控制关键点风险评估

通过足尺试验模型段和管节首件节段的精心准备（编制完善了施工组织设计和足尺试验施工方案、沉管钢筋施工方案、沉管混凝土施工方案等重大专项技术方案和作业指导书），以及对预制施工中各种因素的分析，项目部得到了大量的实测数据及实践操作经验，及时进行了施工总结，对质量风险有了客观真实的了解、对不利事件出现的可能性有了主观判断，在此基础上建立了以综合风险等级为标准的风险评价方法。

风险等级划分既要考虑风险点出现的可能性，又要考虑风险出现后对预制施工质量产生的影响程度。在实际施工质量控制中，质量管理小组选用矩阵列表法划分风险等级[3]，见表2，将质量风险出现的可能性和出现后造成的不利影响程度从两个维度来分析，用某种等级来表示。为质量控制提供了一种以实际质量信息与设计及规范、标准相比较，从中找出不符合要求的地方，并按照设计及规范、标准要求采取改正措施的经验管理方法。让各级质量管理人员在施工过程中协调统一，把握重点实现高效管理。

表2 质量风险等级划分表[1]

综合风险分析		风险影响程度			
		严重	较大	适度	低
风险可能性	高	K	M	R	R
	较高	M	M	R	R
	适度	T	T	R	I
	低	T	T	R	I

质量综合风险等级分为K、M、T、R、I五个等级。

K（kill）表示质量风险很强，出现该类质量风险需进行返工处理；M（modify-plan）表示质量风险强，出现该类风险需要优化施工方案采取补偿措施；T（trigger）表示质量风险较强，必须以设计及规范的相关要求为临界值、若超标则要返修处理采取补救；R（review and reconsider）表示质量风险适度，在施工过程中做适当整改便可；I（ignore）表示质量风险很弱，可以忽略[1]。

表2中风险可能性和风险影响程度划分梯度及梯次，根据各项质量控制点在设计及规范、标准中的要求程度，结合自身管理经验确定。例如，钢筋笼施工质量控制中，端面钢筋绑扎间距现场实际检测合格率为93%，较规范要求95%偏差不大，风险的可能性及影响处于适度状态，则对不合格间距点重新调整，达到图纸规定值即可。

3.3 质量风险应对

（1）明确管理方式

风险管理的目的就是要研究怎样降低过程质量风险程度，如何避免风险或减少风损失，因此，在风险点识别和评估后应制定详细的应对措施来实现质量目标。预制沉管包括钢筋施工、预埋件施工、模板施工、混凝土施工、顶推施工、舾装施工等分项，涵盖了多道关联的工序，因此质量风险将主要隐藏于各道施工工序中，质量控制点诸多，质量管理小组采取设立质量控制要点的方式进行日常管理。

在这里，质量控制要点是指根据设计、规范标准、施工方案、项目部管理要求，对各施工工序动作行为、质量标准做出的规定。相比一般质量控制方式，质量要点打破了笼统要求，具有与工序联系紧密、要求细致的特点。例如，箍筋、拉钩筋定位钢筋安装工序中设立有：按设计图纸安装，箍筋、拉钩筋应在主筋同侧、垂直，上下箍对应连接；端面定位钢筋、横向水平筋应保证端面平整、顺直，钢筋间距满足设计及规范要求；拉钩筋两端必须挂住钢筋并绑扎牢固；止水带位置钢筋间距均匀一致，定位牢固，确保止水带安装顺利，转角处钢筋应进行打磨，防止止水带安装时划伤橡胶止水带；钢筋与预埋件、预应力孔道组件位置冲突时需避让，但应确定避让后位置，避免随意变更钢筋位置；扎丝不能伸入保护层等控制要点。

（2）以质量控制要点为支撑，设立质量检查点，提升风险意识

质量管理小组经过对足尺模型段施工经验的总结和第一批正式管节预制过程实际情况的分析，结合设计施工图纸及其他设计资料和港珠澳大桥施工及质量验收标准的相关要求，组织全体质量管理人员集中编写了港珠澳大桥岛隧工程沉管预制质量控制点，把各分项细化为 22 个子分项、116 个工序控制点并根据质量风险分析情况分成最高等级为 3 级的星级控制层次，规定了质量检查方式方法、检查频率、质量要求标准、相关处罚制度，见表 3，从而健全了质量风险管理机制，将质量指标分解到各层次、各岗位，明确了从质量管理人员到普通作业工人在质量风险管理中角色定位，树立了较好的质量风险管理的观念和意识。

（3）质量风险管理活动开展

质量管理小组定期组织质量管理人员进行风险管理学习和培训工作。召开质量分析会按质量要点及工序进行风险点识别、风险评估再学习再梳理，加强质量风险管理与施工方案及技术交底的结合工作。及时掌握各级质量管理人员是否了解各工序中所包含的风险因素，是否意识到风险管理在质量控制中的重要性。

质量风险管理人员在日常施工活动中要实时监控，做好风险识别的记录，根据风险等级和质量要点做出应对处理决定，对于强风险点要上报、通过风险小组研讨决策后作出处理办法，风险问题得到解决后，完善风险资料整理归档做好闭合。

（4）施工质量风险控制方法

预制沉管施工质量风险管理主要是通过两个方面来主动控制，达到回避或者降低风险不利影响的目的。

1）以预防为先导、注重从源头控制，做好设计图纸的审查学习，材料供应的比选和试验复测，做好作业人员的思想教育和技能提升培训，建筑工程施工的时候，建设活动必须要以人为主题，因此对于人的控制显得非常重要[5]，最后做好机械设备的选择和操作使用方式要点培训等质量影响因素方面风险管控工作。

表 3 港珠澳大桥岛隧工程沉管预制质量控制点

分项工程名称：预埋件工程　　子分项名称：OMEGA 止水带预埋件　　质量控制点序列号：ZLKZ-02-01　　版本号：A　　编号：ZLKZ-02

　　2013-01-01 编

序号	项目名称	质量控制层级（按星级分析）	检查方式	检查频率（项目部）	质量标准	质量控制要点	质量处罚制度	备注
1	焊接质量	★★★	0.5 m直尺、塞尺、超声检测	100%自检	止水带接触面平整度≤1 mm/0.5 m，焊缝质量满足Ⅱ级标准	1.应采取有效限位措施控制焊接接头变形；2.严格控制焊缝质量，不得有气孔、夹渣、咬边等质量缺陷，焊接后打磨平整	焊缝平整度无法满足要求时，应限期返工，若抽检不合格者，处以1000元每条焊缝的罚款	
2	接头螺孔间距	★★	游标卡尺	100%自检	孔距：±0.5 mm	焊接前用限位工装限制焊接变形，预留焊接收缩量，焊缝处孔距超标时，应重新焊接	焊缝处孔距无法满足要求时，应限期返工，若抽检不合格者，处以1000元每条焊缝的罚款	
3	全断面注浆管	★★★	目视	100%自检	注浆管固定到位，紧贴钢板角无脱落；注浆导管接头密封性好，露出混凝土，且无堵塞现象	1.注浆管紧贴钢板角，注浆管L接头与注浆管连接处用嵌缝胶填充；2.焊接作业采取措施防止损坏注浆管；3.注浆管及其组件在浇筑过程中加强保护，防止堵塞和变位	1.注浆管接头被堵、破坏者，每根按1000元质量处罚；2.注浆管保护不当、烧伤、接头脱落、注浆管不通者，每根按1000元质量处罚	
4	遇水膨胀止水胶	★	目视	100%自检	胶水半径R=10 mm，沿预埋件连续均匀涂抹	1.预埋件安装前涂遇水膨胀胶，涂抹前将涂抹范围表面清理干净；2.涂抹应均匀连续，形成闭合面和连续性，后续作业应做好保护工作，对接焊缝处及损坏处及时补涂	断开、宽度不够按200元/处进行处罚，并补抹齐	

续表

分项工程名称：预埋件工程			子分项名称：OMEGA 止水带预埋件		质量控制点序列号：ZLKZ-02-01		版本号：A	2013-01-01 编
序号	项目名称	质量控制层级（按星级分析）	检查方式	检查频率（项目部）	质量标准	质量控制要点	质量处罚制度	备注
5	检漏水管	★★★	目视	100%自检	安装固定到位，不堵塞	1.严格按设计位置安装，固定牢固；两端用泡沫封堵严密；2.混凝土浇筑时加强临时保护，振动棒不得直接撞预埋管，拆模后及时清理并安装保护罩	检漏水管破埋、被堵及接头保护不当被损坏，处以5000元/根的质量处罚	
6	安装要求	★	全站仪	100%自检	内净宽度：-5~+10 mm 内净高度：-5~+10 mm	严格按测量放样位置安装，保证端面处与同一平面；安装时严禁割除焊钉和锚筋	1.不符合要求者，返工处理；2.对于锚钉割除者，限时整改，否则处以100元/根的质量处罚	
7	节段匹配	★	靠尺、塞尺	30%抽检	缝隙：2 mm 错合：5 mm	1.匹配前，做好焊渣、油漆、平整度检测；2.钢筋笼顶推时软木橡胶板，安装T晴时推顶保证同步性，确保预埋件密贴、位置正确	1.不符合要求者，限时整改；2.成品错台严重超过10 mm者，处以2000元/根处罚款	
8	油漆补涂	★	测厚仪	30%抽检	三道工序，分层报验总厚度检测，≥650μm	1.油漆补涂前将预埋件表面清理干净，不平整的地方用腻子补平；2.采用加工时相同材料，相同的分层和厚度分层补涂，涂刷均匀、平整	不符合要求者，限时整改，抽检不合格者，处以200元处罚款	
9	螺栓孔保护	★★	目视	30%抽检	无杂物封堵，锈蚀	1.安装前用沉头螺栓封堵，周围涂抹玻璃胶；2.用于固定木盒子时的螺栓应做好防护，拆模后及时用沉头螺栓封堵	1.螺栓孔未封堵的，处花100元/处罚款，并要求清理整改到位；2.螺栓丝牙损坏，螺杆无法安装的，按照每孔1000元处罚款	
10	外观	★	目视	30%抽检	焊钉及锚筋完好，油漆补涂完整，螺孔保护到位	1.钢筋笼整体顶推前必须经验合格；2.拆模后及时清理表面、补涂油漆	不合要求者限时整改，否则每次处200元项次处罚款。	

2）加强现场质量监督检查，及时跟进各作业工序、按设计和规范要求施工，做好过程中问题整改，不让不规范行为影响施工质量，不让不合格工序流入到下一步工作去，更好地实现质量风险管理，确保过程建设质量目标。比如，在节段接头施工质量控制中、严格把关 OMEGA 止水带预埋件的加工制作质量、拼接焊缝质量检测、安装匹配定位监测，发现问题立即纠正，防止、防范节段接头止水质量及后续质量风险。

4 结　语

预制沉管施工从足尺模型试验段到预制完成历经 4 年多时间，完成了 28 个直线管节和 5 个曲线管节的顺利预制、验收工作。基于风险管理理念的施工质量控制思想在质量管理工作中起到了重要作用，为现场施工质量控制和管理水平提升提供了科学的管理工具，得到了实际应用的检验、取得了良好的效果。通过对港珠澳大桥沉管隧道工程预制沉管中引入风险管理理念与质量要点化控制相结合方式的研究，为工程质量提升起到了积极的助推作用。

参 考 文 献

[1] 郭子坚，宋向群. 土木工程经济与管理[M]. 北京：中国建筑工业出版社，2007：89-92.
[2] 王琦，樊丽花. 公路工程质量风险管理问题的研究[J]. 中文科技期刊数据库（文摘版）工程技术，2015，(7)：194.
[3] 虞永强. 建设工程质量控制与风险管理[J]. 成都大学学报（自然科学版），2008，(4)：348-350.
[4] 港珠澳大桥管理局. 港珠澳大桥施工及质量验收标准[S]. 珠海：港珠澳大桥管理局，2013.
[5] 李丽艳. 建设工程质量控制与风险管理讨论[J]. 山西建筑，2015，41(13)：229-230.

浅析班组文化建设在 HSE 管理中的作用[*]

鹿钦周，李德辉

（中交二航局第二工程有限公司，重庆）

摘　要：港珠澳大桥沉管预制厂作为超大型预制工厂，厂房占地面积巨大，施工环境复杂，施工过程中作业人员较多，施工风险性高，容易发生人员伤亡事故或环境污染事故，要将 HSE 管理体系全面推行下去，做到全员化、全方位化 HSE 管理，面临很大的困难。沉管预制厂自开始推行的班组文化建设，起到了很好的推动作用，通过发动班组的力量，全员学习、参与 HSE 管理，保证了沉管预制厂几年来的安全生产。

关键词：沉管预制厂；班组文化建设；HSE 管理

1　班组文化建设开展情况

　　港珠澳大桥岛隧工程是国内首推班组文化建设比较成功的一个先例。项目部自成立之初，积极响应港珠澳大桥管理局及中交港珠澳大桥岛隧工程项目总部关于班组建设的文件要求，组织开展班组文化建设活动，从项目开始到结束，沉管预制厂在班组文化建设方面已经非常完善。

　　班组是项目部直接组织完成生产任务的基层组织，是两个文明建设的第一线，是项目管理的基础和项目活力的源泉。班组管理主要是指班组围绕生产任务，对生产三要素（劳动者、劳动资料、劳动对象）进行有效整合，通过计划、组织、指挥、协调和控制过程实现责任目标所进行的创造性活动[1]。搞好班组文化建设，对充分发挥员工的积极性和创造性，增强项目部的活力和凝聚力，全面提高员工素质，建设一支"四有"员工队伍，对协助开展 HSE 管理，均有十分重要的意义。

　　沉管预制厂成立以项目经理为组长的班组建设领导小组，组员由各部门负责人组成，负责班组建设的长远规划和年度工作计划，制定和完善有关班组建设的规章制度，统一领导和协调解决班组建设工作中的难点、热点问题，并定期部署检查、指导和考核班组建设工作情况。其下设办公室在 HSE 部，负责班组建设的日常工作。沉管预制厂按照施工区域和专业分工的要求，将沉管预制厂施工人员划分成三大责任区，钢筋加工绑扎区、

---

[*] 本文曾刊登于《公路》2018 年第 8 期。

模板混凝土浇筑区、混凝土生产运输区，各个责任区下设 5～6 个作业班组，如钢筋加工班组、搅拌站班组、模板操作班组等。每个责任区都配备一个责任领导，制定可实行的《班组建设管理办法（试行）》，从班组建设的组织机构和职责、基本任务及主要工作方法、六大专员的职责、班组长的任职条件、职责权限及产生方法、奖惩办法等多方面对班组建设的内容作出了明确的规定，出台了 6 项 24 款的考核细则，做到以制度约束人，用标准规范人，实现了工作有尺度、奖罚有标准。

2 班组文化建设在 HSE 管理中的作用

班组作为企业的最小生产单元，只有每一个班组都充满生机和活力，企业才会有较好的经济效益，才会有旺盛的生命力，才能迅速发展[2]。班组管理制度日渐成熟之后，沉管预制厂的班组文化建设较为齐全，除对现场安全文明生产、标准化管理、质量管理等起了积极促进作用，更重要的是对 HSE 管理起了至关重要的作用。

2.1 实现三级 HSE 监管体系

沉管预制厂作为超大型预制工厂，场地面积大，施工环境复杂，施工人员较为分散，要想完全实现沉管预制厂 HSE 监管体系，光靠数量有限的管理人员是很难全部落实下去的，必须发动班组的力量。港珠澳大桥一直贯彻让班组的力量参与到管理中，沉管预制厂也是积极发动班组的力量，让班组的力量在基层生产中发挥出至关重要的作用。在港珠澳大桥岛隧工程项目总经理部的推动下，沉管预制厂形成了由项目总经理部、工区（沉管预制厂）、作业班组组成的三级 HSE 监管体系，作业班组中设专（兼）职安全环保员。在日常的安全生产中，各班组可以实现班组安全自管，班组专（兼）职安全环保员对班组生产活动中产生的 HSE 隐患进行消除、整改，工区（沉管预制厂）、项目总经理部实现一级一级综合监管，实现双控 HSE 管理模式。

实现三级 HSE 监管体系，能够由面到点，再由点反映到面，一级一级落实各自的 HSE 监管职责，能够将施工现场 HSE 管理细化下去，再一级一级地将 HSE 管理中出现的问题汇总起来，从而达到全面的 HSE 监管体系，保证施工现场的长治久安。

2.2 协助开展全面现场风险源识别，加强风险源管控力度

要保证沉管预制厂长久的安全生产，就必须提前对施工现场的风险源进行识别、分类。施工前期，项目部针对施工现场各分部分项工程进行风险源识别，并且制定切实可行的风险源管理措施，但是仅由项目部管理人员参与的风险源识别是不完善的，有些仅局限于施工工艺流程中，存在一定的风险漏洞。因为项目部管理人员仅是参与现场管理，很少参与到现场实际操作中，所以需要班组参与。而风险体系实施与班组建设不仅仅是

班组长的事，它强调的是企业全员参与，特别是全体班组员工的参与，他们是安全、健康管理的基础，每天暴露于工作场所，对职业安全、健康危险最了解[3]。所以在后续的风险源识别过程中，项目部将作业班组纳入进来，针对各分部分项工程由各班组代表提出意见，罗列风险源及管控措施，项目部及时将班组罗列出的风险源及管控措施分析后纳入到项目风险源清单上（图1）。

图1 班组参与风险识别会

在风险源管控过程中，各分部分项工程作业班组严格落实各项风险管控措施，由班组专（兼）职安全环保员对本班组的风险管控情况进行总结，上报项目部，项目部综合监督，形成这样的风险管控模式能够更全面、更具体，将班组的力量发挥最大化，有效地保障施工过程中的安全生产。

2.3 协助开展全面 HSE 检查

沉管预制厂在日日夜夜的生产过程中，由于人的不安全行为或者物的不安全状态，每天都可能产生大大小小的 HSE 隐患，要想全面根除这些隐患，光靠项目部数量有限的 HSE 管理人员去排查面积巨大的沉管预制厂，显然是不可能的，那么就必须要发挥班组的力量。班组是企业的细胞，每一个班组的安全生产情况都关系着整个企业的安全生产形势。企业为了搞好班组的安全检查，开展了形式多样的安全检查[4]。项目部在成立各作业班组过程中，每个班组均设置一名兼职 HSE 管理员，负责日常班组生产中的 HSE 工作。项目部要求各班组兼职 HSE 管理员，每日必须要对各自班组生产场所进行 HSE 检查，排查隐患并整改落实。项目部作为管理层履行综合 HSE 检查职责，项目部 HSE 管理员每日对施工现场各班组活动场所进行 HSE 巡查并打分记录，每周、每月组织开展大型专项检查，要求各班组负责人或兼职 HSE 管理员参与检查。为防止部分兼职 HSE 管理员水平能力有限，项目部还会组织开展专项教育，培训各班组负责人、兼职 HSE 管理员，使其具备 HSE 管理能力（图2）。

只有这样，发挥班组基层的力量，将班组基层纳入 HSE 管理中来，项目部的 HSE 检查机制才能更完善，施工现场的隐患才能排查得更细致、全面，隐患才能得到全部落实。

图 2 班组长协助开展 HSE 检查

2.4 提升 HSE 教育培训质量

为保证安全生产，减少人的不安全行为，防止安全事故发生，那么必然要对施工人员经常进行 HSE 教育及培训。传统的教育培训形式比较单一，对所有施工人员的教育培训内容也千篇一律。沉管预制厂则在班组文化建设的基础上，按照施工任务、工种及作业环境不同划分不同的作业班组，然后有针对性地分析各班组最需掌握的知识，进行专项教育及培训，使其具备当前工作最需要的 HSE 知识、能力及素养。业余时间，项目部要求各班组长组织班组成员学习法律法规、安全操作规程等内容。班组长要当好安全活动的导演。班组长是本班组安全第一责任人，对班组的安全管理负有特殊的责任[5]。为了发挥各班组的主观能动性，项目部还会定期组织开展班组 HSE 文化竞赛，评比最优秀的班组，发放奖励。这样的 HSE 文化氛围熏陶下，沉管预制厂各施工班组都具备了极强的 HSE 文化素养、能力，从思想上杜绝不安全行为，从而保证安全生产（图 3）。

图 3 针对班组工种特点进行专项教育培训

2.5 树立良好的班组形象，提升整体安全素养

建设班组文化应树立良好的形象。从某种程度上而言，班组形象代表着企业形象，也是企业对于班组工作能力的肯定。因此班组长应对班组组员严格规范和要求，引导他们树立起良好的工作形象，注意培养员工素质素养[6]。沉管预制厂几年下来的努力，班组文化已经深入人心，如今，已经作为示范单位在全国推广。沉管预制厂班组形象一直以铁军为目标，如今也已完全实现。例如，日常的班前安全例会，都会要求班组成员着装统一、劳保规范穿戴、站姿整齐划一；晚上开办职工夜校，也会有安排地对各班组进行相关拓展训练，丰富其技能。我们需要的不仅只是满足施工任务的人员，更是需要敢打敢拼、服从指挥、行为规范的铁军（图4）。通过不断的行为规范学习，树立良好的班组形象，提升班组整体的安全素养，班组人员会自觉控制本身行为，那么人的不安全行为则会越来越少，减少HSE隐患的发生。

图 4 班组班前安全例会

3 结　　语

沉管预制厂自建厂以来实现了"零污染、零事故、零伤害"的高标准要求，HSE管理体系与经验也比较成熟，HSE 管理体系的应用与发展离不开班组文化建设的推动，正因为班组的力量参与进来，实现"全员管安全，全员懂安全"，全面发挥班组的正能量，全面促进了沉管预制厂高标准的 HSE 管理，实现了几年以来沉管预制厂的安全生产。

参 考 文 献

[1] 周和平. 班组建设系列讲座之三 班组管理与班组建设[J]. 现代班组，2011，(8)：22-23.

[2] 姚琛. 加强班组建设，提高企业素质[J]. 现代商业，2012，(8)：97-100.

[3] 柏兴山. 安全生产风险管理体系在班组建设中的应用[J]. 云南电业，2010，(12)：43-44.

[4] 王勇. 如何提高班组安全检查的有效性[J]. 内蒙古科技与经济，2012，(19)：31，37.

[5] 林波. 谈基层班组的安全培训[J]. 电力安全技术，2007，9（3）：59.

[6] 孔卫文. 企业班组文化建设与员工素养培育[J]. 中国商论，2017，(35)：183-184.

最终接头本体施工工艺与质量控制简述[*]

杨 震,张 洪,孙 志

(中交二航局第二工程有限公司,重庆)

摘 要:港珠澳大桥沉管最终接头是沉管隧道贯通的关键结构,为了确保施工作业安全和施工质量,创新地选择了整体主动止水结构最终接头,具有快速、可逆、无潜水作业的施工特点。最终接头本体结构由外包钢壳和内部高流动性混凝土组成,为国内首创钢壳三明治复合结构,是世界沉管隧道建设史上全新的施工工法,将水下施工转变为工厂预制和管内施工,是一种有效提升质量和工效的方案。本文对最终接头本体结构施工工艺及质量控制进行了简要介绍。

关键词:最终接头;本体结构;主动止水;钢壳混凝土

1 工 程 概 况

港珠澳大桥岛隧工程沉管隧道最终接头位于 E29 与 E30 管节间,接头埋深约 30 m。沉管隧道最终接头设计采用整体预制安装式最终接头型式,本体采用钢壳三明治混凝土结构,钢壳结构分为 304 个独立隔舱,单个隔舱方量 0.5~10 m³,浇筑总方量约 1280 m³。主体区域隔舱采用高流动性混凝土(免振捣)[1],总体施工概念为:接头采用倒梯形钢壳混凝土组合结构,节段为长度方向上宽下窄的 V 形楔块,横断面与标准管节断面一致,长 37.95 m、立面高度 11.4 m,上口长 12 m,下口长约 9.6 m。首先在工厂内制造完成钢壳,再在钢壳内灌注高流动性混凝土形成钢壳混凝土组合结构,吊装下沉就位后,顶推内藏在最终接头内的千斤顶系统压缩临时止水 GINA 实现与海水隔离,抽排结合腔水,形成管内干作业环境,在管内分别实现最终接头与 E29、E30 管节结构的刚性连接施工,实现沉管隧道贯通[2]。整体概况如图 1 所示。

---

[*] 本文曾刊登于《公路》2018 年第 8 期。

图 1 最终接头概况图

2 工程特点及难点

最终接头作为沉管隧道的关键部位，其施工质量不仅关乎隧道能否顺利贯通也将直接影响整个沉管隧道的设计使用年限。由于采用了创新型结构、国内尚无先例可循，施工难度和质量控制要求面临巨大挑战；钢结构制造精度和各功能可靠性要求高，钢壳混凝土浇筑隔舱众多，整个过程不可逆，混凝土成品无法利用有效手段检查；沉管最终接头本体结构钢壳制造与钢壳混凝土浇筑特点及难点主要如下：

（1）钢壳制造

1）钢壳及顶推小梁分舱众多，截面尺寸大、板材厚焊接变形大，板面平整度保证难度大。

2）最终接头钢壳整体体积大，内部结构复杂，纵向、横向隔板多，板面加劲、开孔较多，施工中存在多次拼装焊接，加工制造精度控制难度大。

3）小 GINA 止水带顶推小梁柔性较大，加工精细度极高，小梁与钢壳主体的匹配安装位置必须准确，小梁环向伸缩同步性难度大，否则将造成卡壳现象，导致止水失败。

4）本体结构两个 1/2 分段预应力拉合均衡性、平行度、相对位置要求高，拉合对接就位难度大，操作不慎容易造成钢壳变形损坏。

5）本体结构钢壳建成后永久处于海洋环境，需满足 120 年寿命要求，结构防腐质量要求高。

（2）钢壳混凝土

1）高流动性混凝土配制难，由于要适应复杂结构的钢壳，需要配制出具有自密实性的高流动性混凝土，国内无经验可循。

2）钢壳混凝土浇筑难，整个浇筑过程具有唯一性和不可逆性，必须保证所有隔舱混凝土一次填充密实。

3）混凝土成品质量检测难，钢壳混凝土属于隐蔽工程，结构本身不允许开展破坏性试验，混凝土的浇筑质量无法通过成品检测来评定，必须通过严格的过程控制确保质量。

3 钢壳制造

3.1 钢壳构造设计

最终接头钢壳制造采用分段制造，整体拼装工艺，由顶板、底板、侧墙、中墙、剪力键、吊点、刚性接头、管廊和顶推小梁构成，主要材质为 Q420C 钢板及 Q345C 型钢和加劲肋，最终接头结构分 20 个分块进行制作（最终接头由 2 个对称的倒梯形构件组成，每个构件分为 10 个分块），共计 304 个独立隔舱，焊缝总长度达 40 000 m。

3.2 工艺流程与施工方法

钢壳制造工艺流程为：钢板预处理→零件下料→零件机加工→板单元制作→块体装配→底板拼装→墙体拼装→顶板拼装→附属部件安装→顶推小梁拼装→结构防腐涂装→1/2 分段拉合→小梁安装调试→钢壳吊装发运。

3.2.1 块体制作

1）钢材进场检验合格后，机床精确下料，严格控制板单元平整度，偏差校正后，根据设计施工图进行焊接加装纵向、横向加劲肋和舱室隔板。

2）开始块体装配，装配前再次检查板单元构件的尺寸、平整度、焊接坡口大小及方向，对不满足要求处进行整改。

3）制作装配专用工装台架，调整架子整体水平度≤2 mm，依次铺设下面板、装配纵横隔板、上面板、焊接连接形成小箱体，卡玛定位、焊接连接各箱体形成结构分段块体。

3.2.2 钢壳拼装

1）块体制作完成后转运至拼装车间，放中心样线、轮廓样线，控制尺寸偏差±1 mm、对角线尺寸偏差 2 mm；根据样线位置布设拼装台架并调整水平。

2）依次吊装底板、中侧墙、顶板块体就位，修整多余量，开焊接坡口。

3）严格按照焊接工艺方案进行块体自检焊接，并检测焊缝质量（图 2）。

3.2.3 顶推小梁制造及安装

顶推小梁为插入式装配结构，精度要求高，顶推小梁自身结构中长度、宽度、高度、内部尺寸，顶推小梁上下部的弯曲度，顶推小梁安装处的开档、滑移面平整度，M形止水带面的平整度，顶推小梁端面上 GINA 止水带面平整度等需要保证。整体制造工艺和钢壳制造类似，采取分段制作、整体焊接安装，顶推小梁整体平整度控制在 3 mm 以内。

图 2 钢壳拼装

3.2.4 结构防腐

最终接头钢壳采用阴极保护和防腐油漆两道防线来共同实现钢壳防腐，结构 1/2 分段拼装完成后在钢壳外体焊接安装活性阳极块，在专用涂装车间进行整体防腐油漆喷涂，外侧迎水面漆膜干厚度控制在 800 mm，内侧大气面漆膜厚度控制在 480 mm。

3.2.5 钢壳总装

防腐涂装施工完成后，将两个 1/2 分段转运至专用平台，进行预应力拉合、舾装件安装，小梁总拼，完成顶推设备安装调试并整体验收合格后发运出厂。

4 钢壳混凝土

4.1 高流动性混凝土工艺试验

钢壳混凝土需要适应接头钢壳内部复杂的结构，设计及施工在国内尚属首次，从混凝土的配制生产到浇筑施工，以及质量控制及成品检测均没有任何可以借鉴的经验，在引进日本关于高流动性混凝土相关规范的基础后，再进行消化、吸收，通过一系列工艺试验，确立混凝土混合料的原材料、配合比、施工工艺参数，确立施工过程的一系列标准化流程，用以指导最终接头混凝土浇筑施工[2]。

1）根据试验不同的验证目的，设置了不同的模型，开展不同类型工艺试验，检验不同的验证效果。沉管隧道最终接头钢壳混凝土模型试验目的及效果评价统计见表1。

表1 钢壳混凝土模型试验目的及效果评价

模型试验类型	浇筑方式	试验目的	试验效果	备注
室内小尺寸试验	V形漏斗	优选配合比，确定初步性能指标	优选配合比满足日本《高流动性混凝土施工指南》	浇筑22件模型
木模试验	泵送+吊罐	验证配合比，不同流动性混凝土的填充性	现场配合比可满足要求	浇筑4件木模型
木模试验	泵送+吊罐	优化配合比，验证浇筑方式变化对混凝土填充性的影响	现场配合比可满足要求，模型填充饱满	浇筑4件木模型
隔舱模型试验（小）	泵送	优化配合比，对比出机到出泵混凝土工作性能变化规律	现场配合比可满足要求，模型填充饱满，顶部无脱空	浇筑2件可视模型
隔舱模型试验（小）	泵送	优化配合比，泵送压力、浇筑速率对混凝土填充性的影响	现场配合比可满足要求，模型填充饱满，顶部无脱空	浇筑3件可视模型
隔舱模型试验（大）	泵送	验证并确定高流动性混凝土配合比及其工作性能控制指标，排气孔孔距是否适当	现场配合比可满足要求，模型填充饱满，顶部无脱空	浇筑2件可视模型

2）开展三阶段工艺试验：第一阶段通过室内试验确定理论配合比；第二阶段通过小型工艺试验对配合比进行修正，优化配合比，同时结合部分工艺进行验证；第三阶段参照实体结构制定试验模型，开展现场实际施工环境的验证试验，验证现场施工工艺可行性、工效、现场设备是否满足条件等，尽量接近实体浇筑状态。

3）根据试验结果确定高流动性混凝土性能指标参数，制定《港珠澳大桥沉管最终接头混凝土施工及质量验收标准》，指导正式浇筑施工。

4.2 钢壳混凝土浇筑

最终接头钢壳混凝土在沉管预制厂深坞区内运输驳船上浇筑，是较为特殊工况下的水上施工作业，受到潮汐的影响，为满足钢壳结构受力需要及船体稳定性要求，需要实时对整个船体的重心进行调节，浇筑时需对称均衡进行。

钢壳混凝土浇筑采用跳舱浇筑方式，每个独立隔舱均设有布料孔和排气孔，浇筑时若混凝土从中间的布料孔进入隔舱、所浇筑隔舱全部排气孔均有混凝土溢出、并与进料口混凝土性能保持一致，判定浇筑饱满，随后进行浇筑下一个隔舱。根据钢壳结构特点和受力变形特点将钢壳混凝土分次进行浇筑，每次浇筑中严格遵循工艺试验确定的浇筑原则。

1）最终接头钢壳混凝土共需要浇筑约1280 m³高流动性混凝土，混凝土生产采用沉管预制厂原有并经过技术升级改造的3台180型搅拌站系统，为"两用一备"机制，保障生产供应。

2）混凝土浇筑布料总体遵循纵横向对称、跳舱浇筑原则，整个钢壳分5次浇筑，每次浇筑完成后待混凝土强度增长到 70%后开始下一次浇筑；浇筑前根据浇筑原则对全部 304 个独立隔舱进行编号标识，确保布料顺序正确；最终接头腔内浇筑采用泵送加三通管实现布料和隔舱转换，顶板及墙身隔舱采用两台布料机进行对称布料和隔舱转换。

5 最终接头本体施工质量控制

5.1 钢壳制造质量控制

5.1.1 驻厂监造

最终接头钢壳制造采用委托专业钢结构厂商进行加工制造，为了督促加工制造单位严格执行最终接头制造加工的质量要求，严格遵守各项设计要求及相关技术规范要求，设定驻厂监造小组，负责质量管控和施工协调。

编制《最终接头钢壳制造监造大纲》，指导监造工作。最终接头钢壳制造的监造方法是根据制作工艺对每一道工序及各施工环节进行跟踪管理。通过过程管控、抽检、成品验收、审阅资料、拍照记录等形式对工厂制作全过程进行监控，严格把关，杜绝质量不合格现象。主要监造措施是严格落实加工制造工艺流程，做好制作加工过程中、出厂验收和装船运输等环节主要控制点监管。

5.1.2 焊接工艺试验

开展最终接头钢壳制造焊接工艺试验，评定制造单位是否有能力焊出符合相关国家或行业标准、技术规范所要求的焊接接头；验证所拟订的焊接工艺指导书是否正确；制定正式的焊接工艺指导书或焊接工艺卡提供可靠的技术依据。通过试验对钢材及焊材、焊接方法、焊接设备、预热温度及道间温度，焊缝检测等进行验证[4]，及时进行试验总结（图3）。

图 3　焊接工艺试验检测

经过焊接工艺试验评定结果表明，钢壳制造焊接接头类型涵盖齐整，力学性能满足技术要求，可以根据试验工艺编制最终接头钢壳制造焊接施工工艺规程用以指导正式施工。

5.1.3 质量控制时间点

根据钢壳制造施工工序特点，建立明确的工序质量试验见证点、通知检验点、停止检验点制度。每道工序检查验收应在班组自检、工厂专职质量员检查的基础上，再报驻厂监造人员验收。监造人员在每道工序过程中随机检查工序过程中的制作工艺执行情况及工序完成后的构件质量情况，以保证最终产品的质量。

5.2 钢壳混凝土质量控制

5.2.1 高流动性混凝土指标要求

最终接头钢壳主体隔舱采用高流动性混凝土，通过泵送工艺浇筑，新拌混凝土具备免振捣自密实性能、高间隙通过性与抗离析性，混凝土水化热与收缩率较低、体积稳定性较高。其配合比要求较高，前期通过工艺试验，确定的新拌混凝土性能、硬化混凝土性能、有害物质含量、温度控制指标要求及试验方法见表 2。

表 2 高流动性混凝土性能指标

混凝土性能			试验方法
新拌混凝土性能	坍落扩展度/mm	650±50	《港珠澳大桥岛隧工程最终接头混凝土施工及检验验收规程》
	V_{75} 漏斗时间/s	10±5	
	T_{500}/s	3～15	
	U 形仪填充高度/mm	≥300	
	泌水率/%	0	《普通混凝土拌合物性能试验方法标准》（GB/T 50080—2002）
	含气量/%	≤5	
硬化混凝土性能	强度等级	C50	《普通混凝土力学性能试验方法标准》（GB/T 50081—2002）
	容重/(kg/m³)	≥2300	《港珠澳大桥混凝土耐久性质量控制技术规程》（HZMB/DB/RG/1（1））
有害物质含量	氯离子含量/(kg/m³)	≤0.3	
温度控制	浇筑温度/℃	≤30	

5.2.2 时间管理

钢壳混凝土浇筑过程控制严格执行时间管理的原则。根据设计文件要求，钢壳高流动性混凝土的工作性能随时间变化较大，需要在有限的时间范围完成从生产到浇筑一系列工作,因此在过程中严密的时间管理成为质量控制关键。经过工艺试验验证,钢壳高流动性混凝土的工作性能保持时间在80~100 min,施工中为保证安全富余度,取定控制时间为70 min,即在该时间内必须完成混凝土生产、出站检测、运输、入模前检测、入舱浇筑的所有工序任务,不得超过时间界限,以确保混凝土在最佳性能状态内浇筑入钢壳隔舱[3]。对全过程时间超出70 min的混凝土,加强性能指标检测,一旦出现一项指标不合格则对该批次混凝土作废弃处理[5]。

6 结　　语

源于三明治沉管结构的思想[6],全新的主动式止水最终接头巧妙地将传统的沉管隧道合龙施工方式转变为工厂预制和管内施工,不仅有效提升质量和工效,而且避开了传统水下施工,极大地保障了施工作业安全。创新型钢壳混凝土沉管隧道结构,在设计、钢壳制造、高流动性混凝土配制及浇筑等方面也为今后国内及世界范围内类似工程提供了可资借鉴的经验。

参 考 文 献

[1] 林鸣,刘晓东,林巍,等. 钢混三明治沉管结构综述[J]. 中国港湾建设,2016,36(11):1-4.

[2] 最终接头钢壳制造专项方案.

[3] 最终接头工艺试验方案.

[4] 港珠澳岛隧工程最终接头焊接工艺评定方案.

[5] 最终接头钢壳混凝土施工专项方案.

[6] 林鸣,史福生,表莲. 日本沉管隧道最终接头施工新工法[J]. 中国港湾建设,2012,(4):1-4.

沉管隧道钢壳高流动性混凝土浇筑施工技术[*]

苏怀平，王 李

(中交二航局第二工程有限公司，重庆)

摘 要：本文基于大量国内外调研和国内现有相关设计标准、规范、研究理论成果，总结了国内外三明治结构沉管结构设计施工的实践经验，通过大量国外设计施工调研、工艺试验参数论证、可行性检测类型的成套技术咨询，依托港珠澳大桥岛隧工程最终接头施工实例，采用"引进、吸收、转化、创新"的思想制定了一套适合最终接头施工的技术方法。

关键词：沉管隧道；最终接头；三明治结构；高流动性混凝土

1 概 述

钢混三明治沉管概念的首次提出是为建设威尔士的 Conwy 河通道。该方法构思的形成，起因于浇筑混凝土的钢模板，完成隧道结构混凝土浇筑后，模板未拆除，连同沉管管节一起安装。因为保留了钢模板，结构抗力验算时对地震等工况考虑了钢结构的贡献，又通过加厚钢板优化了结构尺寸，进而形成了三明治沉管结构的思想[1]。

世界上已建成的公路、铁路交通沉管隧道超过150座，其中使用三明治结构的沉管隧道至今有6座，其中4座为局部三明治结构的沉管隧道，以及2座为全三明治结构沉管隧道，且只存在于日本境内。三明治沉管隧道在1991年已开始建设，距今已近30年，从第一座三明治沉管的建设至今，世界上又建设了约30座沉管隧道。由统计数据可观察，三明治工法的沉管隧道除了在日本，并未在世界范围内兴起，即使在日本国内也未在建设数量上占据主导趋势[2]。

港珠澳大桥沉管隧道最终接头设计采用整体预制安装式最终接头型式，本体采用钢壳三明治混凝土结构（图1），钢壳结构分为304个独立隔舱，单个隔舱方量0.5~10 m³，浇筑总方量约1280 m³。主体区域

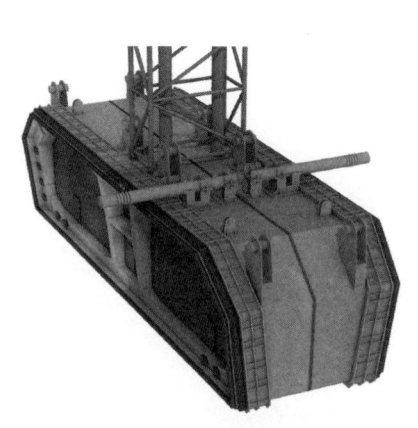

图1 最终接头三维模型图

---

[*] 本文曾刊登于《公路》2018年第8期。

隔舱采用高流动性混凝土（免振捣）[2]，吊耳区域隔舱采用普通高性能混凝土（需振捣）。

2 总体工艺

最终接头钢壳加工完成后运输至预定浇筑点（浇筑点位于沉管预制桂山预制厂深坞区[3]），完成各项准备工作后随即进行钢壳高流动性混凝土浇筑。高流动性混凝土由搅拌站集中生产，待混凝土各项性能参数检验合格后，罐车运输至浇筑点经二次检验合格后进行混凝土泵送。最终接头钢壳分5次依次完成底板、墙体及顶板混凝土灌注。底板通过拖泵+泵管输送布料；中侧墙及顶板采用拖泵+布料机输送布料，其中吊耳区域采用振捣混凝土，布料后采用插入式振捣设备进行振捣。

3 高流动性混凝土生产及运输

高流动性混凝土使用沉管预制厂2台搅拌站进行生产（另备用1台），搅拌站包括搅拌系统、制冰系统、冷水循环系统等。混凝土生产先后向搅拌机投入骨料、冰、粉料，再加入拌和水和外加剂，搅拌时间根据搅拌机性能、混凝土性状，并通过现场工艺试验确定，投料完毕后搅拌时间不少于180 s。为保证高流动性混凝土入舱（入模）温度，使用片冰及冷水进行降温，并对混凝土罐车安装保温层等措施，确保了混凝土出机及进入隔舱温度。混凝土生产完成后进行出机各项性能检测，检测合格后运输至浇筑点。

高流动性混凝土采用混凝土罐车运送，为降低混凝土质量控制风险和废弃量，每车运输量为6 m³。每车次混凝土生产检测合格后，按照既定线路运输约800 m，时间约6 min到达浇筑现场待检区（二次检测）等待，接收到浇筑信号后，立即进行二次检测，合格后方可入拖泵放料位进行投料。每车次混凝土均记录罐车编号、发车时间、到达浇筑现场时间、开始投料时间及投料完成时间等。

4 混凝土布料及灌注

4.1 分次及分舱浇筑

由于最终接头钢壳混凝土浇筑方量相对较大，重量也超过了钢壳本体重量，浇筑加荷过程存在较大的结构变形的风险，所以如何均匀加荷平衡钢壳的受力也极为重要。针对最终接头这种浇筑更为困难、更为特殊的复杂结构我们分别咨询了NCC和HANA两家专业单位，他们结合日本三明治沉管施工经验、施工规范，以及钢结构的受力特性分别给出了浇筑的顺序。基于这两种分次浇筑顺序，也结合钢壳浇筑选址的特殊性（位于船体上浇筑），并通过设计受力测算后，最终接头混凝土浇筑顺序确定为底板→中墙→侧墙→顶板→侧墙→顶板，见图2。

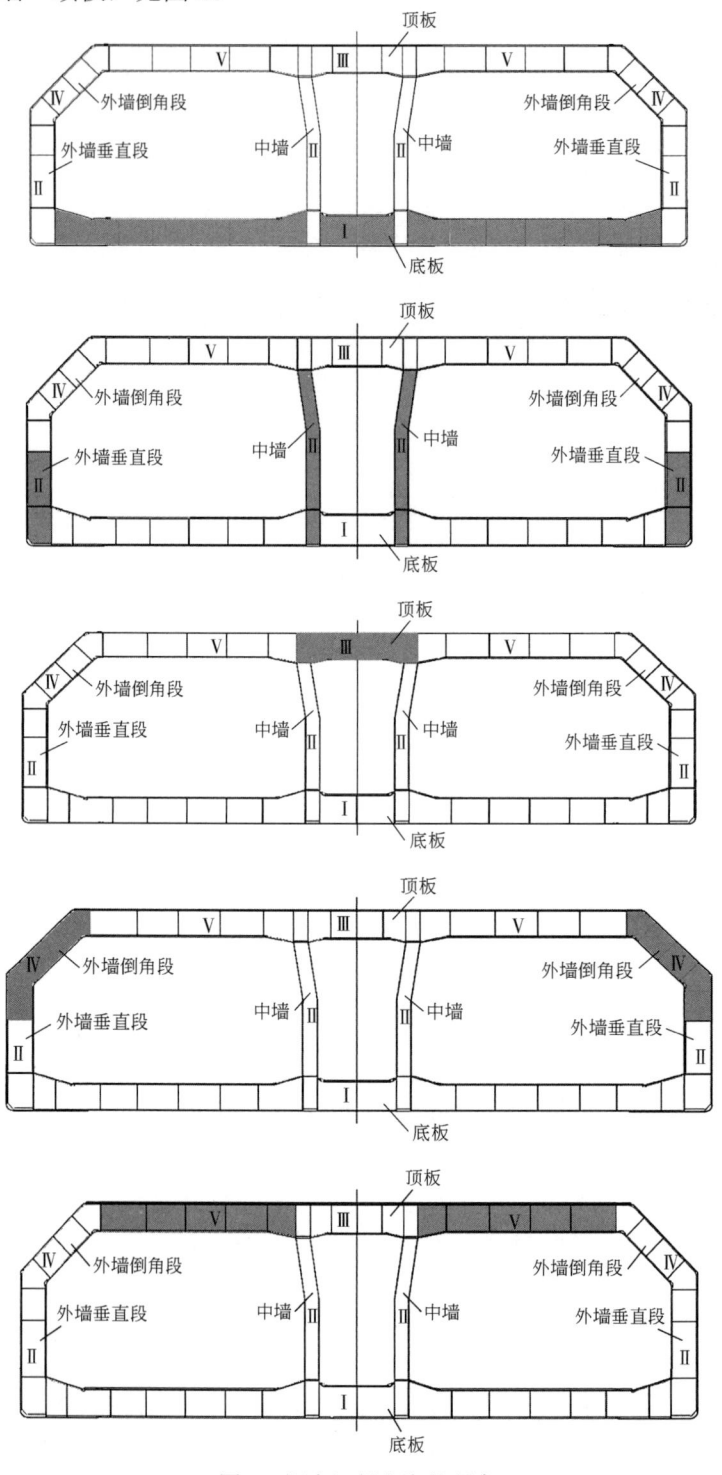

图2 钢壳混凝土浇筑顺序

最终接头钢壳本体采用面板及加劲肋、隔板体系，结合设计针对尺寸效应的研究均匀分布加劲肋与隔板，最终将本体切割成多个小型隔舱（总计 304 个）；并且隔舱在划分时是结合高流动性混凝土的最大流动距离设计，结合工艺试验的成果可知：若某一隔舱尺寸过大即使在其顶板开设有足够多的浇筑孔、排气孔，也很难保证该隔舱内混凝土液面一直处于自流平状态，同时隔舱尺寸过大将导致浇筑时间过长，难以保证浇筑入舱的混凝土处于有效作用时间内。为便于舱体内的施工，隔舱间设有人形孔板可供穿舱施工，所以浇筑前需保证所有的隔舱人形孔板封闭完成。分舱的另一个目的也是为确保浇筑的质量，为贴合品质管理方法，每种性能的混凝土浇筑入舱均可得到记录与追溯，因此对各隔舱进行逐一编号、独立浇筑；最终达到浇筑完成后可查询验证各编号隔舱内混凝土具体性能，为后续品质管理、质量验收及缺陷修补提供技术依据。

参照分次浇筑顺序，浇筑前先对各分次内的钢壳隔舱进行编号，再结合最终接头分次浇筑的顺序确定分舱浇筑的顺序，如图 3 所示。

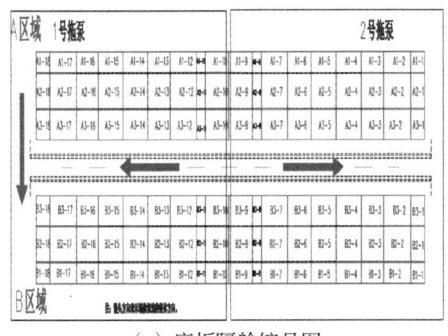

(a) 底板隔舱编号图

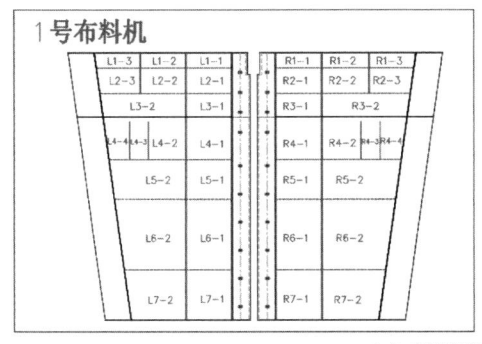

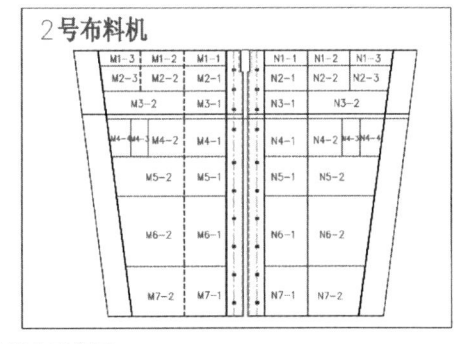

(b) 顶板隔舱编号图

(c) 侧墙隔舱划分示意图

图 3 最终接头分舱浇筑图

4.2 混凝土布料及灌注

钢壳高流动性混凝土浇筑过程中底板采用 2 台拖泵+泵管进行布料，墙体及顶板采用 2 台拖泵+2 台布料机进行布料浇筑。

为满足最终接头钢壳结构受力需要及船体稳定性要求，底板隔舱浇筑从廊道开始向两边行车道进行对称布料浇筑。采用 2 台拖泵泵送混凝土，泵管通过浮桥、端封门布料至每一个隔舱内。

为提高施工效率，底板采用三通泵管+阀门控制混凝土布料。当一端在进行浇筑时关闭另一端阀门并安拆泵管至下一个浇筑隔舱浇筑孔，依次交替完成底板所有隔舱高流动性混凝土浇筑。

墙体及顶板采用 2 台拖泵+2 台布料机进行布料浇筑，如图 4 所示。因墙体较高，且侧墙斜倒角需转向布料，直接采用布料杆软管进行浇筑会导致混凝土下落高度较高及流动距离较远发生离析。为避免上述现象的发生，在墙体内安装可伸缩的塑料软管进行下料，使混凝土能够顺利到达指定位置，确保混凝土质量。中侧墙分为第Ⅱ、Ⅳ两次进行浇筑完成，顶板分为第Ⅲ、Ⅴ两次进行浇筑完成。

图 4 最终接头墙体及顶板浇筑图

在浇筑过程中混凝土通过漏斗进入下料管完成隔舱浇筑，每个隔舱混凝土浇筑分两个阶段进行，混凝土液面 130 cm 以下泵送速度可控制在较大排量（约 35 m³/h），距离隔舱顶面 20 cm 位置停止浇筑约 1 min 待隔舱内混凝土液面高度一致，随后将泵送速度控制在较小排量（约 10 m³/h）继续浇筑直至排气孔液面高度在 30～50 cm，浇筑管内约 50 cm 高度停止浇筑，如图 5 所示。

图 5 隔舱混凝土液面控制图

完成浇筑以后，再往隔舱中混凝土顶面压注环氧来确保所有隔舱被填满[4,5]。

4.3 特殊部位混凝土浇筑

吊耳位于侧墙倒角和顶板中墙上方，结构异常复杂，为提高保障率，采用普通高性能混凝土浇筑，配合 ϕ70 mm、ϕ50 mm 振捣棒振捣密实。顶板吊耳隔舱多为规则方形、三角形的独立隔舱，在第Ⅲ次廊道顶板区域隔舱高流动性混凝土浇筑完成后进行普通高性能混凝土浇筑。

侧墙吊耳隔舱呈不规则形状，在第Ⅳ次浇筑斜倒角的同时进行浇筑。由于侧墙吊耳区域隔舱与其他高流动性混凝土浇筑隔舱连通，所以不能够独立进行浇筑，在浇筑过程中首先从侧墙开始浇筑高流动性混凝土至吊耳位置隔舱，随后更换为普通高性能混凝土浇筑，待吊耳区域隔舱混凝土浇筑完成后再更换为高流动性混凝土。在浇筑侧墙吊耳区域隔舱的同时进行振捣孔和下料孔的焊接密封工作。

5 高流动性混凝土品质管理

由于高流动性混凝土浇筑进入钢壳后拥有隐蔽工程的特性，成型的状态无法通过肉眼进行观测，目前也没有可靠的检测手段进行检测，因此施工中必须确立明确的品质管理办法，严格按照管理办法进行工程的一个个作业步骤的标准化，通过标准化过程管理来保证质量，并对成品质量进行评估或检验。

从原材料检测、储存，到生产、运输、入泵，都需要进行全过程控制。其中最重要的两个控制指标为：混凝土的性能指标和混凝土时间控制指标。

高流动性混凝土性能检测指标有坍落扩展度、T_{500} 时间、V_{75} 时间、U 形仪填充高度、含气量、容重、出机温度等，其中前四项指标为主要指标。在混凝土搅拌完成后，分别采用坍落扩展度测试、L 型仪试验、U 型箱试验、V 型漏斗试验 4 种测试手段来综合评价自密实混凝土的流动性、填充性和抗离析性等工作性能[6]。规范建议坍落扩展度取目标值±50 mm，漏斗流下时间取目标值±5 s，空气量取±1.5%；500 mm 扩展度达到时间，标准值应控制在 3~15 s，并宜根据材料分离抵抗性及浇筑后的流动状况等范围确定。所有指标均需要在混凝土出机和入泵前检测，如主要指标超出预设范围，混凝土必须废弃。

高流动混凝土施工对时间极其敏感，其可使用的时间需要工艺试验进行确定，最终接头钢壳高流动性混凝土试验的时间为 80~100 min（即混凝土出机到入泵的时间），实际施工考虑富余，设定为 70 min。施工过程中必须采取严密的时间管理措施，从工艺和现场组织方面确保浇筑流畅，不能超时，超时的混凝土也必须废弃。

6 结　　语

港珠澳大桥沉管隧道最终接头钢壳高流动性混凝土浇筑为国内首次钢壳三明治结构混凝土浇筑，填补目前国内无类似施工的空白，掌握了第一手资料；通过对钢壳高流动性混凝土施工工艺的可行性进行验证，加深了对本工艺的认识；品质管理体系的有效运用使得钢壳高流动性混凝土浇筑质量、工效及资源利用得到了保证，为国内类似施工提供了参考。

参 考 文 献

[1] 林鸣, 史福生, 表莲. 日本沉管隧道最终接头施工新工法[J]. 中国港湾建设, 2012, (4): 1-4.

[2] 林鸣, 刘晓东, 林巍, 等. 钢混三明治沉管结构综述[J]. 中国港湾建设, 2016, 36 (11): 1-4.

[3] 孙英广, 梁桁, 毛剑峰. 港珠澳大桥岛遂工程桂山沉管预制厂总平面设计[J]. 水运工程, 2014, (2): 42-45.

[4] 林鸣, 林巍, 刘晓东, 等. 整体式主动止水最终接头技术及其与沉管管节的一体化[J]. 中国港湾建设, 2017, (11): 1-11.

[5] 林鸣, 刘晓东, 林巍. 高流动性混凝土综述及在沉管隧道中的应用[J]. 中国港湾建设, 2017, 37 (2): 1-8.

[6] 吕卫清, 王胜年, 吕黄, 等. 钢壳沉管自密实混凝土配制技术研究[J]. 硅酸盐通报, 2016, 35 (12): 3952-3958.

港珠澳大桥沉管最终接头制造技术[*]

游 川，胡 质，王 李

（中交二航局第二工程有限公司，重庆）

摘　要：本文主要基于港珠澳大桥沉管最终接头钢壳制造的研究和实践，简要介绍了复杂钢壳结构制造的工艺流程、本体结构制作的精度控制及两半楔形块滑移合体技术，为后续钢壳沉管施工提供可借鉴的经验。

关键词：沉管隧道；最终接头；钢壳制造，滑移合体

1　概　述

港珠澳大桥岛隧工程沉管隧道总长 5664 m，包含 33 节钢筋混凝土沉管，全部采用工厂法预制。在 E29 和 E30 管节间设置最终接头，最终接头采用"V 型块体工法"[1]，节段为长度方向上宽下窄的 V 型楔块，横断面尺寸与标准隧道断面一致，上口长 12 m，下口长约 9.6 m，本体为三明治结构（钢混组合结构）。接头节段上集成顶推、止水、吊装、定位调节、注浆系统，吊装就位后由顶推小梁顶推就位实现与 E29、E30 管节密封接触，抽排结合腔水，形成沉管内干作业环境。在管内干环境，分别实现最终接头与 E29、E30 结构的焊接刚性连接，实现沉管贯通[2,3]。最终接头示意见图 1。

图 1　最终接头示意图

最终接头钢壳主体结构重量约 950 t，附属结构重量约 1500 t，主体结构分为 304 个独立隔舱，单个隔舱容积 0.5～10 m³。钢混复合三明治结构的沉管管节由墙体、顶板、

[*] 本文曾刊登于《公路》2018 年第 8 期。

底板及端面板分段进行钢构件加工与拼接，再整体组装[4]。

钢壳结构在上海振华南通基地加工[5]，完成后经驳船运至珠海桂山预制厂进行高流动性混凝土的浇筑，总浇筑方量为 1280 m³。

2　本体结构施工重难点

最终接头本体结构制作精度要求高、水密性要求高，具体施工重点难点分析如下：

1）最终接头形体尺寸较大，结构复杂且外形轮廓不规则，内外侧加劲较多且焊接工作量大，构件易产生变形，导致制造精度难以控制；止水带安装面尺寸、位置与平整度要求极高。

2）结构件组拼、转运、翻身等诸多姿态，结构变形难以控制。

3）两半楔形块滑移合体过程中，由于两侧构件倒梯形，对两构件对中及水平相对位置度要求高，本体就位难度很大。

4）港珠澳大桥岛隧工程设计使用寿命为 120 年，最终接头位置处于水下 27 m，保证水密性是工程成败的关键，最终接头主体结构是钢混复合三明治结构，要求钢结构自防水。因为虽然钢结构（壳）内会浇筑混凝土，但是认为混凝土会收缩，不能依靠混凝土与钢结构的结合面来止水[6]。

3　本体结构制造工艺

3.1　结构块体划分

根据最终接头的尺寸和重量结构特点，并考虑车间内制造、吊装、翻身、组拼、内场转运和冲砂等厂房净空、制造设备条件，同时兼顾几何精度控制焊接变形、断面及焊缝布置应尽可能对称布置、对称施焊。将本体结构共分 20 个分段进行制作（最终接头由 2 个对称的倒梯形构件组成，每个构件分为 10 个分段）。具体分段布置见图 2。

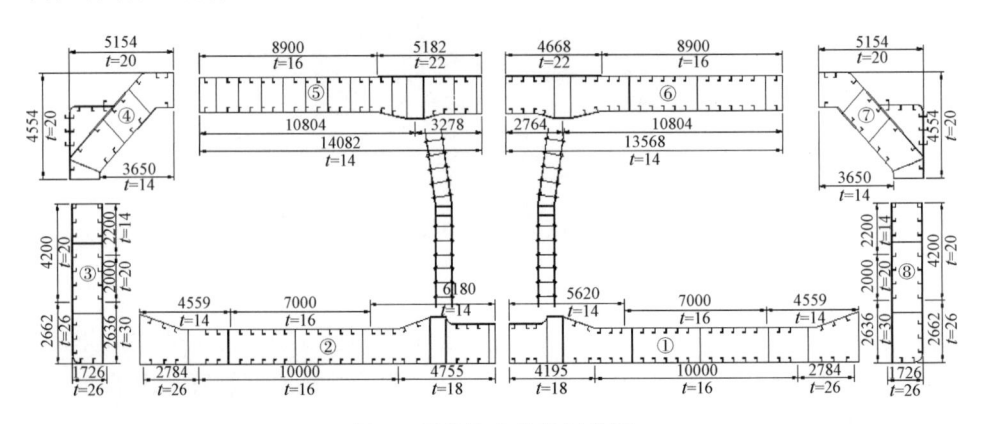

图 2　最终接头分段划分图

3.2 总体制作流程

总体制作流程见图3。

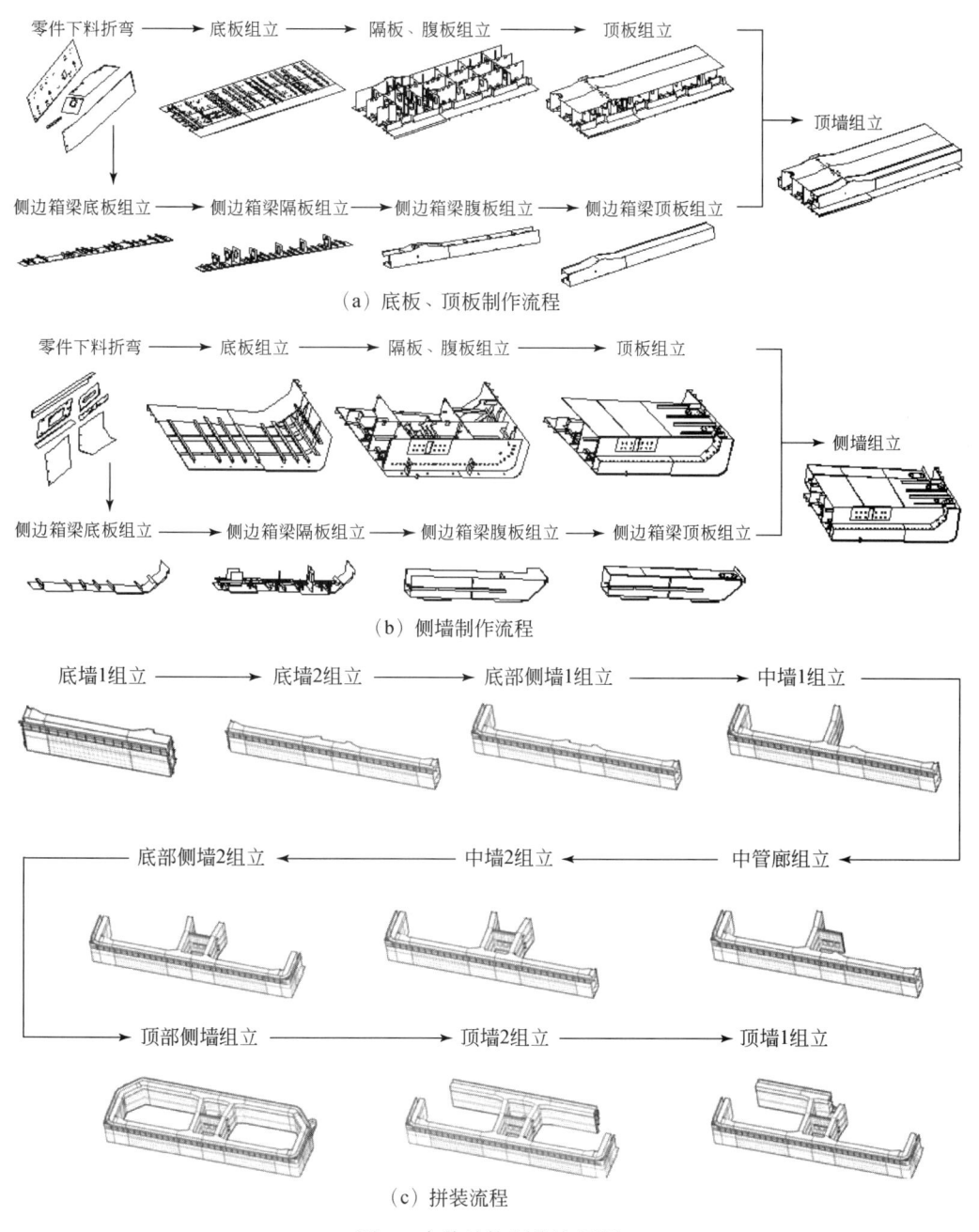

(a) 底板、顶板制作流程

(b) 侧墙制作流程

(c) 拼装流程

图3 本体结构制作流程图

3.3 制作精度控制

在最终接头的制作过程中,受切割、加工、焊接等因素的影响,本体零件、板单元、分段、整体主尺度不可避免地产生实际尺寸偏差、放样尺寸的尺寸偏差和形状偏差。为使实物各制造偏差和变形后形状能够达到标准要求,需对整个制作过程进行精度控制。

3.3.1 零件下料精度控制

本体结构复杂且外形轮廓不规则,内外侧加劲较多,为了有效保证材料下料精度,需采取以下措施:

1)采用计算机三维建模软件(TEKLA)绘制施工图,对难以确定尺寸的零部件采用数字化制造技术放样确定。

2)下料尺寸考虑温差、热切割的熔口宽度、焊接收缩变形等因素,采用精密切割下料。

3.3.2 板单元制作精度控制

板单元为最终接头箱体基本单元,其制造质量是分段质量的基础。小梁槽口和端钢壳因需安装 M 形止水带、GINA 止水带、Lip 止水带、OMEGA 止水带,其平整度是本体工程的重点。根据结构特点,采取以下控制措施。

1)合理分解板单元,对称分解板单元,对称施焊,避免挠曲和扭转变形;减少板单元的焊缝数量,以利于减少焊接收缩变形对板单元精度影响。

2)板单元边缘预留拼装工艺余量。

3)采用小线能量气体保护焊、反变形焊接和减少热矫形等工艺措施控制焊接变形。

4)板单元制作完成后需测量平整度,对于平整度不符合验收标准的进行矫正。

3.3.3 分段制作精度控制

本体结构中分段部分制造单元为带纵肋和横肋的板单元件、小箱体。分段有多个箱体空间,内部焊接工作量大及变形大、作业面小,根据分段制作特点,采取以下控制措施:

1)采用水平刚性台架,整体水平需≤2 mm,严控纵、横隔板(内胎)下料尺寸,以利于几何精度、组装精度的控制。

2)分段结构按照先底板,后纵、横隔板,然后顶板的逐层组装顺序。隔板装配顺序要求:横隔板装配从一端到另一端,纵隔板装配要求每一档从中间向两端,中心线定位每档隔板，控制垂直度和直线度。

3）分段焊接采用四面成型，后翻身方法，使焊缝处于平位置，以利于焊接成型良好，减小劳动强度，分段四面成形后焊接按照"先内侧后外侧，由中间向两端及对称施焊"的原则进行施焊。

4）利用工艺隔板保证 550 mm 开档尺寸确保最终接头本体与顶推小梁的安装，工艺隔板间距为 1 m。工艺隔板在块体焊接矫正完成后拆除。

5）在块体分段焊接校正完成后，对块体分段进行检验。为保证后续整体拼装精度，需对块体分段与顶推小梁安装槽口的开档尺寸、各止水面平整度、整体分段的几何精度重点控制检查。

3.3.4 整体拼装精度控制

为了确保拼装进度和测量精度，减小天气影响、环境温度影响，同时为拼装焊接创造条件，减少施工设施的搬运，提高拼装产品质量。根据最终接头本体结构、分段特点，本体结构选择车间整体侧拼，具体控制措施如下：

1）根据小梁安装槽口中心线及中墙中心线在拼装场地上划出节段外形轮廓地样线，以小梁安装槽口中心线地样线画出整体结构的十字中心线。画线时注意保证地样线基准公差值要求：尺寸偏差±1 mm；对角线尺寸偏差 2 mm。

2）拼装台架采用刚性梁为主要支承，在刚性梁上部增加支座，并采用水平仪校正台架整体水平。

3）根据地样线调整节段位置，保证侧墙节段上小梁安装槽口中心线与地样线对齐、中墙中心线与地样线对齐，同时调整节段位置及垂直度达到图纸要求。

4）整体拼装完成后需要整体复测结构件拼装尺寸，确保结构件各拼装尺寸精度、形状精度和位置精度、坡口间隙及焊接收缩余量符合要求后方可施焊。整体复测各控制尺寸是否满足要求：

$$L_c = L_a + \Delta_1 + \Delta_2$$

式中，L_c——控制尺寸；

L_a——下料尺寸；

Δ_1——焊接收缩变形量；

Δ_2——焊接接头组装间隙。

5）焊接时严格按照要求进行，每一接口焊接完毕后都需对尺寸进行复测，如产生偏差及时调整，不允许一次全部焊接完毕再进行尺寸复测。做到一步一测量，一步一控制。焊接时采用由内到外，左、右两两对称焊接方式。同一个接口截面要求内与外、左与右对称施焊；对称施焊的焊缝焊接方向要一致，施焊顺序及最终接头车间拼装状况见图 4。

焊接顺序：ⓐ→ⓑ→ⓒ→ⓓ→ⓔ

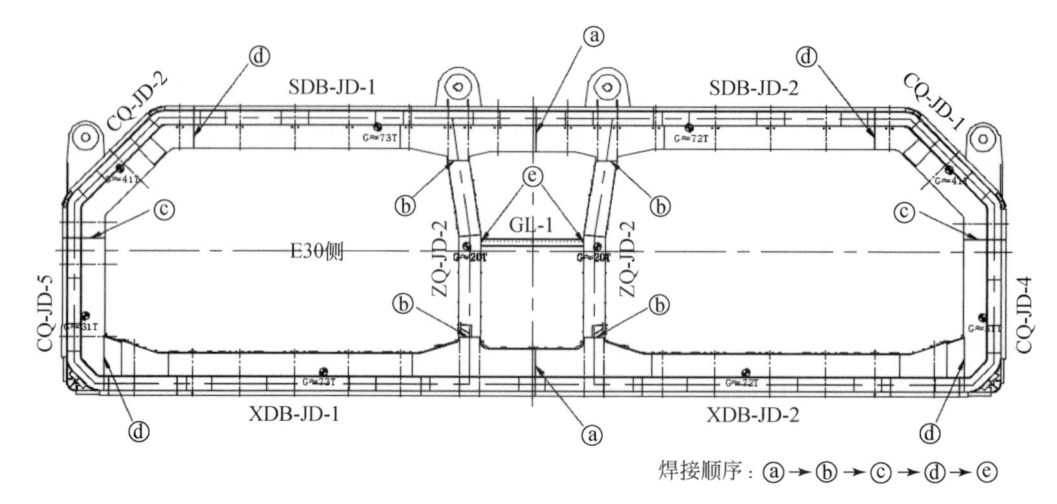

图 4 整体施焊顺序

4 两半楔形块滑移合体技术

最终接头两半楔形块间端部钢壳需要安装 GINA 止水带，而 GINA 止水带是沉管隧道止水的关键部位，GINA 止水带的尖嘴最易受损。因最终接头外形轮廓不规则，采用吊运方法导致止水带容易碰伤，同时两构件对中及水平相对位置度要求高，因此需采用滑移技术将两半楔形块合成为一整体。

4.1 滑移轨道布置

为了安装 GINA 止水带能顺利吊装，两楔形块间距设计为 3 m，根据本体结构钢结构的特点，本体滑移采用工程塑料合金 MGA 板与不锈钢板实现，其摩擦系数干态 0.05～0.09，油润滑 0.02～0.06，压缩强度≥125 MPa。设置 4 条平行顶推滑移轨道，顶推滑移轨道位置设在本体结构侧墙或中墙腹板正下方。

4.2 楔形块滑移顶推

管节滑移采取在管节尾端连续顶推的方法，顶推反力架受力体系通过将千斤顶固定于钢轨道梁上（图 5）。顶推采用两组千斤顶，一组为两个同步顶推千斤顶，通过油压千斤顶顶推的方式在滑轨上缓慢滑移，直至达到装配距离；一组为两个侧向纠偏千斤顶，以满足装配时横向滑移需求，达到精确对位的要求。

图 5 滑轨布置图

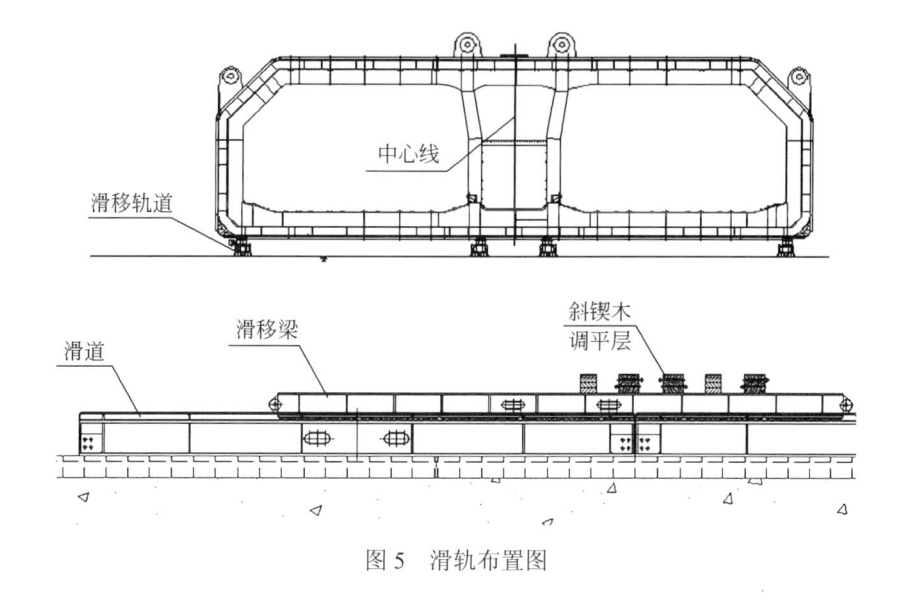

4.3 滑移合体对位精度控制

滑移合体后，为了保证整体精度必须采取以下措施：

1）滑移轨道纵向保持一条线且与两半楔形的中心线平行，滑移轨道顶面应水平，滑移轨道拟采用 6 m 刚性垫梁；轨道梁铺 230 mm 厚（略高于小梁槽外侧加劲肋）钢板调平层。

2）最终接头 V 型块整体制作基准以底平面为基准，半楔形块底平面应调水平。同时左右方向需要对中，确保两侧张拉钢绞线轴孔同心，并减小水下刚性接头对接的错位量。

5 结　　语

港珠澳大桥沉管隧道最终接头钢壳本体结构，具有结构复杂、外形轮廓不规则、内外侧加劲较多且焊接工作量大、构件易产生变形、止水带安装面尺寸、位置与平整度要求极高等特点，通过对钢壳本体结构制造的研究及实践，为国内后续钢壳沉管制造积累了丰富的经验。

参 考 文 献

[1] 林鸣, 史福生, 表莲. 日本沉管隧道最终接头施工新工法[J]. 中国港湾建设, 2012, （4）: 1-4.
[2] 康海波, 赵杰. 钢接头结构优化[J]. 科技创新与应用, 2018, （2）: 71-72.

[3] 李英,汉斯·德维特. 港珠澳大桥沉管隧道技术难点和创新[J]. 南方能源建设, 2017, 4（2）: 1-16.

[4] 林鸣,刘晓东,林巍. 钢混三明治沉管结构综述[J]. 中国港湾建设, 2016, 36（11）: 1-4.

[5] 佚名. "世纪工程"港珠澳大桥最终接头南通造[J]. 城市道桥与防洪, 2017,（5）: 78.

[6] 林鸣,林巍,刘晓东,等. 整体式主动止水最终接头技术及其与沉管管节的一体化[J]. 中国港湾建设, 2017,（11）: 1-11.

沉管隧道中管廊电缆通道隔断隔墙施工工艺[*]

胡 质，李德辉

(中交二航局第二工程有限公司，重庆)

摘 要： 独立的薄壁混凝土结构在现代工程中由于其工序的烦琐、精度和成品质量控制难度大，逐渐被预制装配化施工替代。港珠澳大桥岛隧工程沉管隧道中管廊电缆通道隔断隔墙因其位置的特殊，预制装配化施工难度较大，仍采用钢筋混凝土现浇而成，使其与沉管隧道本体连接，在恶劣的环境下为沉管隧道打造了一条完美的海底脊梁。

关键词： 沉管隧道；模板；薄壁混凝土

1 概　　述

1.1 背　　景

沉管隧道因其自身的封闭性，需设置一道或二道除行车道外的供人员应急通行、水电供应及排烟等功用的通道，港珠澳大桥沉管隧道设计使用两孔一管廊型式（两个行车孔，一个中管廊），其中中管廊位于主体断面的中部，净宽 4.25 m，竖向分为三层，最上层作为排烟道使用，由一道上横隔板隔断，上横隔板在沉管预制过程中浇筑完成，中间层作为人员逃生通道使用，最下层作为电缆及供水布置区，详见图 1。

其中为分隔强电、弱电和供水区域，以及作为逃生通道板的支撑，需要在中部施工一条纵向的支撑结构，即中管廊电缆通道隔断隔墙（以下简称"中隔墙"）。采用成品预制件（钢结构或木结构）虽便于安装，却存在使用寿命短和防火安全难等问题。使用混凝土隔断则能有效保证寿命和防火安全，但是因为其空间的狭窄，预制装配化混凝土极难施工，只有采取现浇方式，而在狭窄空间内现浇混凝土，其工艺、工效及质量必须详细考虑。

1.2 中隔墙施工概况

港珠澳大桥岛隧工程沉管隧道中管廊为一条宽度 4.25 m 的狭长廊道，由行车孔侧通

---

[*] 本文曾刊登于《公路》2018 年第 8 期。

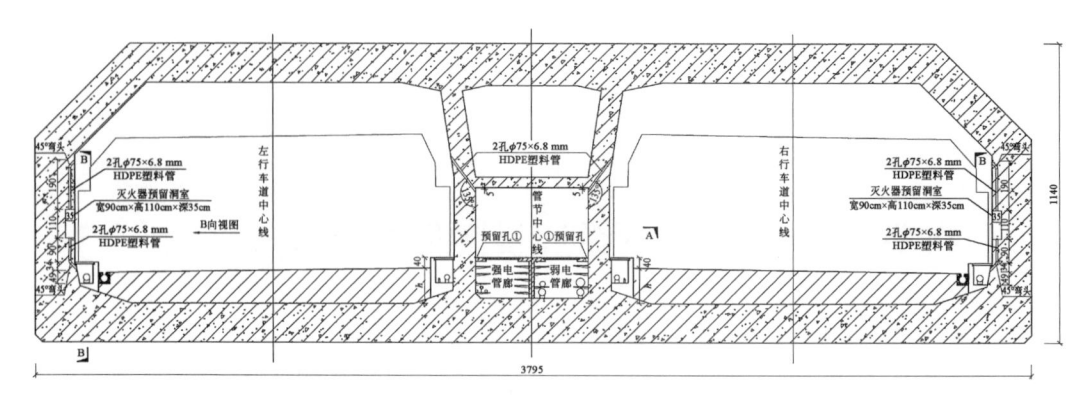

图 1 沉管隧道功能区布置断面图

往中管廊的安全通道口平均间距 90 m，最大达 135 m，所有物资设备及人员只能通过该通道口出入。混凝土单次浇筑方量为 7.5 m³，使用小型龙门吊作为内部施工的吊装设备。

由于地形狭窄，需为龙门吊预留运行空间，故在模板设计时应作考虑。

2 模板系统的选用

2.1 模板材质及支撑形式确定

模板线型控制混凝土浇筑成品的轮廓，刚度至关重要，采用 Q235B 材质 6 mm 厚钢模板，外侧加焊横向通长槽钢，辅立柱，顶部设置对拉螺杆，中部及底部设三角斜撑。模板底部置于砂浆带上，纵向受力较小，利用预留孔插销及模板拼装螺栓即可满足稳定性要求（图 2）。

由于管廊潮湿，整个模板系统除与混凝土接触面外，其余部位均做防腐处理。

图 2 隔墙模板支撑系统

2.2 模板系统受力核算

作用于模板系统上的荷载有水平荷载和垂直荷载，这些荷载有的是恒荷载，有的是活荷载[1]。在进行模板系统设计时，应根据《混凝土结构工程施工质量验收规范》[2]（GB 50204—2015）的规定进行组合。

根据现场及试验检测结果，混凝土浇筑过程最长耗时约为 3 h，初凝时间为 6 h，即混凝土布料完成后，仍处于流体状态，此时，混凝土对模板侧压力为

$$F = 0.22\gamma_c t_0 \beta_1 \beta_2 \sqrt{V}$$

$$F = \gamma_c H$$

代入数据得

$$F=0.22\times23.86\times6\times1.2\times1.15\times0.84=36.51\ (\text{kN/m}^2)$$

$$F=23.86\times1.6=38.176\ (\text{kN/m}^2)$$

取两者较小值，即浇筑区间内混凝土侧压力为 36.51 kN/m²[3]。据图 3 受力分布所示，因系统两侧对称，故取和计算。两侧横向支撑受力为

$$F=36.51/2\times22.5\times1.6=657.2\ (\text{kN})$$

因振捣冲击等原因，取安全系数 a 为 1.3：

$$F_\sigma = F\times a = 657.2\times1.3=854.4\ (\text{kN})$$

地面用马蹄铁单边间距为 1.5 m，共计 30 处，每处用 4 颗 M12×110 膨胀螺栓固定，共计 120 颗。

据《膨胀螺栓规格表》，M12 螺栓每颗抗剪力为：740 kg×9.8=7.25 kN，模板系统容许横向侧压力为：120×7.25=870 kN>F_σ，对拉螺杆起辅助固定作用，不计入主要支撑结构。

综上所述，模板系统受力满足要求。

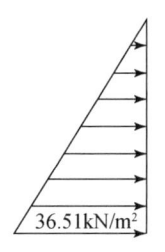

图 3 模板受力分布图

2.3 模板细部设计

为便于模板精度调节，单块模板尺寸为 1.5 m×1.5 m，使用 5.8 m 长，10 cm×10 cm

方管钢将 4 个单块点焊为一整块，单块间采用螺栓辅以点焊连接。E29 管节以前直线段模板除校正外均以 6 m 模数进行施工，E29 管节至东人工岛暗埋段曲线段则以 3m 为模数进行施工。

3 中隔墙混凝土施工工艺

中隔墙施工流程如下：

准备工作→凿毛→植筋→砂浆带施工→钢筋施工→模板清理、吊装→模板精调→混凝土浇筑、收面→模板拆除→后期修饰、保养工作。

（1）准备工作

测量的放线工作最为关键，是决定中隔墙是否顺直的主要因素。沉管隧道在经历了安装和自然沉降后，每个管节必然存在偏差，中隔墙线型需进行拟合，以使其顺直。直线段以每管节为单位（曲线段以节段为单位），从管节接头两端距端头约 2.0 m，同一高度采集管节安装基础数据经测管中心复核后，以廊道结构相对中线为控制基线，接头偏差通过一定范围调节。横向偏位调节原则：实测管节相对横向偏差值 d_i，参照设计施工图纸中隔墙过渡段基本原则：当 400 $d_i \leqslant 22.5$ m 时，$d_i/2$ 过渡段为 22.5 m；当 22.5 m＜400 $d_i \leqslant 45$ m 时，$d_i/2$ 过渡段为 45 m；当 45 m＜400 $d_i \leqslant 67.5$ m 时，$d_i/2$ 过渡段为 67.5 m；……以此类推。

测量人员对安装区域沉管廊道底板标高进行复核抄平，并放出应凿毛区域，作业人员提前凿除沉管管节接头处枕梁。现场管理人员仔细检查正在施工及即将施工的区域内有无影响施工因素并及时排除。

（2）凿毛

根据测量放线向内移动 2 cm 弹线，随后施工人员对弹线区域进行凿毛处理，完全凿除表面浮浆，凿到露出石子即可。凿毛完成后及时清理石渣，用吸尘器清理干净隔墙区域，方便后续施工。

（3）植筋

植筋施工紧接着凿毛施工进行，钢筋采用 HRB400 ϕ12，植筋间距为 600 mm，在管节接头处加密，布置 2 排，间距为 150 mm。

植筋的流程为：定位→钻孔→清孔→钢筋除锈→注胶→植筋→固化→检验。

根据设计施工图纸及相关规范要求，由施工人员放出植筋位置，采用 ϕ14 钻花进行钻孔，钻孔深度为 18 cm。钻孔完毕检查孔深、孔径合格后用吸尘器和空压机将孔洞及连接面区域清理干净，反复进行 3～5 次，直至孔内无灰尘碎屑，最后用棉布蘸丙酮拭净孔壁，将孔口临时封闭然后开始植筋。采用注射式植筋枪注入植筋胶，植筋胶填充量应保证插入钢筋后周边有少许胶料溢出。最后植入钢筋，要求钢筋插入孔底，植入深度及垂直度符合要求。在植筋胶固化过程中，需注意对植入钢筋的保护，不得扰动钢筋（图 4）。

另外在植筋前，需对植筋胶等材料进行深入了解，避免出现植筋胶永不固化现象。

植筋完成后，需按照设计要求比例用拉拔检测仪进行检测。

植筋完成后，按照测量放线标记进行砂浆带砌筑。

图 4　植筋强度抽测

（4）钢筋施工

所植钢筋锚固牢固后按照设计施工图纸进行钢筋绑扎，钢筋整体采用网片形式，扎丝梅花形绑扎，要求牢固不松动。钢筋接长采用冷搭的连接方式，搭接长度符合设计及规范要求。绑扎过程中需用脚手管进行临时双向支撑以免钢筋网倒塌，按要求 4 个/m² 布置安装好垫块，以保证混凝土保护层厚度不小于 4 cm。

（5）模板施工

模板安装前对模板面进行清理并涂刷水性脱模剂，脱模剂表干后将模板标准块拼装成一个整体并装上龙门吊，然后通过龙门吊移至安装区域，从前面倒退向后安装。施工人员根据测量放线数据确定模板底边边线，锁定底部支撑架并用膨胀螺栓固定限位板，调节斜向支撑初步校准模板顶口位置，测量人员对模板进行精确调控，模板顶口标高即为混凝土顶面标高，完成后锁定斜向支撑并安装好对拉螺杆，移开龙门吊。

（6）混凝土浇筑

混凝土通过罐车运输至安全通道口处，通过溜槽放入中管廊的骨料斗中，人工将骨料斗运至施工区域进行布料。布料时，如单点一次性浇筑过高或振捣时间过长，会导致模板侧压力过大，超出混凝土模板支撑体系所能承载的能力，发生胀模[4]。故将布料分三层，每层厚度 50 cm，按规定进行振捣，保证混凝土振捣密实。浇筑完成后进行收面，在最后一次收面完成前，埋入预埋件（图 5）。

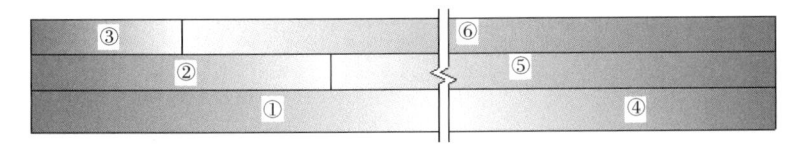

图 5　布料示意图

出于安全因素考虑，中管廊内门吊限速 0.5 m/s，若放料口距浇筑位置过远，则将于运输途中耗费大量时间。为求效率最大化，放料口到浇筑位置使用人力小车转运骨料斗，浇筑位置使用门吊吊装骨料斗布料，考虑循环周转使用，采用两套骨料斗+人力小车（图 6）。

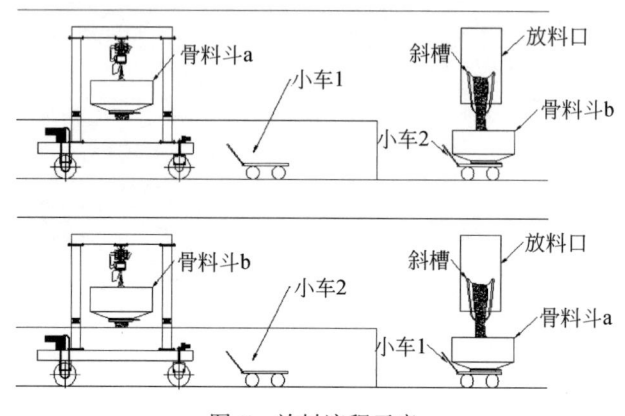

图 6 放料流程示意

因浇筑时会产生"错车"情形，故在工装设计时应考虑小车及料斗尺寸。

（7）混凝土养护

混凝土浇筑完成 10～20 h 后可进行模板拆除，通过龙门吊将模板向两边分开，然后移位到未施工区域进行模板清理，涂刷脱模剂以待下一次使用。混凝土拆除模板后覆盖薄膜进行养护。

（8）后期修饰、保养工作

隔墙浇筑完成后，需定期进行巡查，发现表面污染、缺棱掉角或通条肉眼明显可见的裂缝等问题应立即进行处理。

4 结　　语

中隔墙施工经历了一段时间的摸索、试验和工艺改良，最后形成一套流水线工艺，大幅提高了工效，缩短了工期。在模板的设计和混凝土浇筑工艺的探索过程中，采用机械为主、人力为辅的方法，形成了一套适应于极其狭窄空间的现浇混凝土施工工艺，建立了完善的质量管理体系，严格管控每一道工序。清水混凝土的意义不光体现在建筑本身，同时也是对精细化的施工管理和严格的质量控制的完美诠释[5]。随着清水混凝土施工工艺的不断改进和完善，望能为今后该项工艺的继续提高发展提供些许帮助。

参 考 文 献

[1] 汪永高. 建筑小钢模板及其配板设计[J]. 铁道建筑, 2004, (7): 92-94.

[2] 中华人民共和国住房和城乡建设部. 混凝土结构工程施工质量验收规范: GB 50204—2015[S]. 北京: 中国建筑工业出版社, 2015.

[3] 中华人民共和国住房和城乡建设部. 建筑施工模板安全技术规范: JGJ 162—2008[S]. 北京: 中国建筑工业出版社, 2008.

[4] 王辉. 单面小钢模板在建筑施工中的应用[J]. 建筑技术, 2011, 42 (8): 725-727.

[5] 张泽林, 刘金余, 魏德为. 清水混凝土施工质量控制[J]. 工程质量, 2017, 35 (6): 63-67.

BJ200 无缝伸缩缝的引入与检测分析*

张 洪，魏长城

（中交二航局第二工程有限公司，重庆）

摘 要：本文主要依托对港珠澳大桥岛隧工程新建路面中采用的 BJ200 无缝伸缩缝系统的研究，采用"引进、消化、吸收"的思路，介绍了该系统所采用的规范标准，并通过对其原材料和混合料的室内检测，将其与普通沥青混凝土性能进行比较，加深对该系统的理解和认识，建立一种适合于国内建设工程检验验收程序的新体系，为国内后续类似无缝伸缩缝技术的研究和类似工程提供参考与借鉴。

关键词：BJ200；无缝伸缩缝；港珠澳大桥；路面

0 引 言

目前存在的桥梁的伸缩缝主要有以下几种：对接式、钢制支承式、板式、模数支承式、无缝式等[1]。其中无缝式伸缩缝免除了传统伸缩缝复杂的锚固结构，与路面衔接平整，可完美地解决因国内接缝料缺陷而出现的各种问题，得到很多研究者的青睐，在国内也有很多研究者对改性沥青桥梁伸缩缝进行了大量研究工作，于天来[2]、唐涛[3] 等通过添加热塑性橡胶类改性剂和橡胶类改性剂，对美佳改性沥青结合料进行二次改性，重点研究改性后沥青结合料和混合料的低温性能，最终取得了不错的研究成果；林琳[4] 通过对弹塑体桥梁伸缩缝的弹塑体和混合料进行研究，从研究材料的不同性能着手，最终找出了伸缩缝性能的影响因素，并提出了相应的提高措施，并从社会效益和经济效益分析了弹塑体桥梁伸缩缝的优势[5]。

作为一种极具市场广阔前景的创新型伸缩装置材料，近十年来，随着国外公司如 Crafco、Prismo 等的进入，其无缝伸缩缝产品（如 Matrix501/502 和 BJ200）在江苏、浙江、广东一带已有较为广泛运用，如江苏常州龙城大道隧道改造中采用了 BJ200 无缝伸缩缝，工程量将近 700 m（2015 年），已建成的港珠澳大桥岛隧工程新建路面中也采用了 BJ200 无缝伸缩缝，工程量将近 2000 m（2017 年）。国外无缝伸缩缝尽管已经在国内大规模使用，但是依然存在较多问题：①主要原材料只能靠代理商进口，价格昂贵；②原

---

* 本文曾刊登于《公路》2018 年第 8 期。

材料检测采用的标准为美国或英国标准,还未能与国内标准接轨;③缺乏相应的施工及验收规范。正因为此,为规范该类材料的使用,引入其相关的规范标准,并与国内规范标准体系相融合,是非常重要且必要的。

1 工程概况

港珠澳大桥海底隧道采用的是沉管工法,隧道纵向有 34 个管节接头,管节接头在端面上是一圈柔性的橡胶。因地基荷载、温度等因素影响,管节接头部位存在纵向与竖向的相对位移,路面层施工完成后,运营期上述现象仍然会发生,管节接头上方的路面层就可能出现反射裂缝。为了适应管节接头近 3 cm 的张合运动与预计最大 1 cm 的竖向相对运动,同时兼顾行车舒适感,采用沥青伸缩缝接头的解决方案[6]。根据国内外普遍调研,最终选用了 Ennis/Prismo 的 BJ200 无缝伸缩缝进行施工。

BJ200 无缝伸缩缝是美国 Ennis 集团旗下英国 Prismo 公司(原壳牌子公司)的专利产品(英国专利号 2001379B,欧洲专利号 0000642)。Prismo 在 20 世纪 70 年代就开始研制出第一代 BJ200 桥梁伸缩填缝料,80 年代引进到美国,目前已有 30 多年的生产施工经验。

2 BJ200 特点、性能指标及型号

2.1 特点

BJ200 无缝伸缩缝是一种由高分子聚合体改性沥青配合经挑选的石料形成的高强度、高灵活性的桥梁伸缩缝。它具有黏结性强、弹性大、韧性好的特点,免除了传统伸缩缝复杂的锚固结构,与路面衔接平整,与精选骨料的特殊结合可以提供足够的强度和韧性,其水平方向的伸缩量达±25 mm,接缝平整,其主要的特点如下。

1)完全不透水:有助于防止水进入伸缩缝造成对伸缩缝的损坏;
2)韧性好:可以满足水平方向±25 mm 伸缩量要求,无需复杂的机械装置;
3)提供平稳行驶的路面:汽车驶过接缝时无噪声;
4)兼容性好,可在沥青或混凝土路面施工;
5)施工快速:施工后很短时间内便可通车,天冷 1 h,天热 3～4 h 后即可通车,缩短了道路封路时间和打断交通时间;
6)容易修复:如果造成破坏,很容易修复;
7)可以与相接路面一起修补:在进行路面修补或重铺施工之前,不需事先清除伸缩缝,它可以与周围路面的表面一起刨掉然后再一起铺设修补;
8)接缝表面可以修饰:接缝可以通过防滑面层处理促进安全性;
9)免维护:没有机械部分铺装因此无需替换;

10）排水好：桥梁接缝系统能够迅速排掉表层的水。

2.2 主要性能指标

BJ200 目前采用的标准为美国 ASTM 标准，详细见表 1[7]。

表 1　BJ200 桥梁伸缩缝材料特性

性能指标	数据	测试方法
产品类型	高分子聚合体材料	
软化点/℃	最小 95	ASTM D-36
流动性(60℃)/mm	最大 3	ASTM D-3407
抗拉性/%	≥750	ASTM D-3583
延伸性/cm	≥40	ASTM D-113
渗透性(25℃)/(mm/d)	最大 90	ASTM D-3407
黏结性	合格	ASTM D-3407
回弹性(25℃)/%	≥40	
倾倒温度/℃	190~195	
最大安全加热温度/℃	204	

2.3 主要型号

为适应不同纬度和地区环境的影响（主要是温湿度），BJ200 材料按照软化点分为绿标、红标、蓝标等几种型号，详见表 2。

表 2　BJ200 主要型号及适应范围

物料	软化点/℃	分散度	流率/%	流板/mm	张力（4 h）
BJ 绿色	70~85	25~40	<5	—	—
BJ 红色	95~115	10~30	<5(65℃)	—	—
BJ 蓝色	65~85	40~70	—	<5	3 转，20℃
BJ 超级（ST）	>100	60~85	—	<1	5 转，27℃
BJ 超热带	>100	10~35	<5(85℃)	—	5 转，25℃

3　原材料与混合料检测分析

3.1　基本情况

BJ200 无缝伸缩缝原材料主要包括 BJ200 高分子聚合体改性沥青和粗骨料，其中

BJ200 从英国 Prismo 公司进口，粗骨料则在施工现场附近采购，采用 15～20 mm 单一粒径的花岗岩、玄武岩、辉长岩、斑岩或粗砂岩（一般不用石灰岩，若无以上石料，也可使用，但应进行强度检测）。根据材料特性并结合国内相应规范，在对内地及香港、澳门十余家检测机构调研后，都未找到能进行有效检测的试验室。针对此材料的特殊性，本工程采取了探索式试验，并建立相应验收规定。

3.2 BJ200（红色）原材料检测

参照国内改性沥青常用检测规范，对针入度、软化点、延度、黏度、弹性恢复等多项十余个指标进行测试。根据测试情况，BJ200 黏度大，高温性能好，低温性较差，适用于珠海地区亚热带季风气候，能有效抵抗车辙，但由于其黏度过大，故不适宜对其按照国内改性沥青规范进行质量验收，如必须采用指标进行质量验收时，建议以软化点检测作为关键性指标，控制其原材料稳定性，并作为重要验收依据，试验过程详见图 1～图 3，测试指标及与 SBS 改性沥青比对参考结果详见表 3。

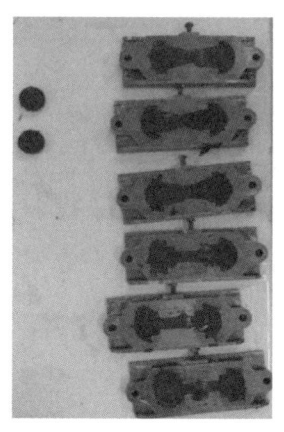

图 1　测试式样及延度试验

图 2　针入度及弹性恢复试验

图 3　软化点及旋转薄膜试验

表 3　BJ200 试验测试指标及 SBS 改性沥青参考结果

试验项目		资料要求	实测结果	SBS 改性沥青参考结果	参考标准
针入度(25℃，100 g[①])/0.1 mm		10～30	25	54	《公路工程沥青及沥青混合料试验规程》JTG E20—2011 T0604
软化点/℃		≥95℃	105.5	92	《公路工程沥青及沥青混合料试验规程》JTG E20—2011 T0606
延度(5℃)/cm			2	32	《公路工程沥青及沥青混合料试验规程》JTG E20—2011 T0605
针入度指数			4.118	0.929	《公路工程沥青及沥青混合料试验规程》JTG E20—2011 T0604
黏度(135℃[②])/(Pa·s)			—	2.8	《公路工程沥青及沥青混合料试验规程》JTG E20—2011 T0625
黏度(175℃)/(Pa·s)			17.7	—	《公路工程沥青及沥青混合料试验规程》JTG E20—2011 T0625
弹性恢复率(25℃)/%			76.0	97.7	《公路工程沥青及沥青混合料试验规程》JTG E20—2011 T0662
储存稳定性(离析软化差)/℃			—	1.0	《公路工程沥青及沥青混合料试验规程》JTG E20—2011 T0661
RTFOT[③] 163℃（老化后性能）	质量损失/%		—	-0.04	《公路工程沥青及沥青混合料试验规程》JTG E20—2011 T0610
	针入度比(25℃)/%		—	77.8	
	延度(5℃)/cm		—	16.9	

注：①因试验室设备限制，无 150 g 荷重，此针入度采用的是 100 g 标准荷重；

②旋转黏度在标准 135℃试验条件下超量程，无法测试，且对设备负荷过大，故采用科研时的 175℃试验温度进行试验，但无法进行相应的评定；

③质量损失（老化）试验在 163℃试验条件下，该种沥青无明显变化，故将试验温度调至 195℃，在 195℃条件下进行试验后无法成型试模，故此试验无结果。

3.3 粗骨料检测

在粗骨料的选择上,国外并没有特殊的要求,故本工程参考国内《公路工程集料试验规程》进行控制即可。无缝伸缩缝粗骨料的选择与港珠澳大桥岛隧工程路面工程 SMA13 选择的料源一致,只是为 15~20 mm 的单一级配,故试验方法、参考标准及测试结果基本相同。由于前期已经进行过多次测试,所以没有单独对 15~20 mm 进行额外测试,而且国标没有 15~20 mm 的单级配评定,所以也未进行级配筛分试验。表 4 所列为路面 SMA13 所选用的辉长岩实测结果。

表 4 粗骨料试验测试指标及辉长岩参考标准

试验项目	要求	实测结果	辉长岩 10~15 mm 参考结果	试验方法
密度/(g/cm³)	≥2.6	2.932	2.932	《公路工程集料试验规程》JTG E42—2005 T0316
压碎值/%	≤20	7.9	7.7	《公路工程集料试验规程》JTG E42—2005 T0316
磨光值/%	≥44	46	46	《公路工程集料试验规程》JTG E42—2005 T0321
洛杉矶磨耗损失/%	≤24	6.7	6.1	《公路工程集料试验规程》JTG E42—2005 T0317
吸水率/%	≤1.5	0.33	0.36	《公路工程集料试验规程》JTG E42—2005 T0304
坚固性/%	≤12	0.18	0.20	《公路工程集料试验规程》JTG E42—2005 T0314
细长扁平颗粒含量(混合料) / %	≤12	2.3	2.1	《公路工程集料试验规程》JTG E42—2005 T0312
黏附性/级	≥5	5	5	《公路工程集料试验规程》JTG E20—2011 T0616
软石含量/%	≤2.0	0.7	0.7	《公路工程集料试验规程》JTG E20—2011 T0320

3.4 混合料检测

混合料成型时,首先按照 180℃进行加热,加热后发现沥青的黏度太大,无流动性,考虑现场实际施工,厂家建议加热温度采用 195℃,试验室对样品升温至 195℃。升温后沥青稠度降低,仍不太明显。按照厂家建议配合比——100 kg（碎石）:15 kg（BJ200）进行了尝试性的试拌,拌和时间为 5 min（SMA 试验室内为 3 min）。

由于此配合比为单一级配,缺少矿粉,孔隙率大,黏结力弱,故成型马歇尔试件后,在冷却过程中,部分试件自行坍塌。为了进行测试,采取试探性措施,在双面击实 50 次后不脱底模放至冷却,但马歇尔试件仍发生了变形,无法达到测试其他项目的规范要求。测试过程照片见图 4~图 6,测试结果见表 5。

图 4　AC-10、SMA13、SMA16、BJ200 混合料对比

图 5　回弹模量与破坏力试验

图 6　剪切试验与拉拔试验

表 5　BJ200 无缝伸缩缝混合料试验测试指标及参考标准

试验指标	要求	实测结果	SMA-16 参考结果	试验方法
马歇尔试件击实次数[①]	双面击各 50 次	双面击各 50 次	双面击各 50 次	JTG E20—2011 T0705
稳定度 kN 不小于	—	3.01	10.33	JTG E20—2011 T0709
流值/mm	—	1.38	2～5	JTG E20—2011 T0709
沥青析漏损失/% 不大于	—	—	0.03	JTG E20—2011 T0732
飞散混合料损失/% 不大于	—	—	1.4	JTG E20—2011 T0733
浸水残留稳定度/%	—	—	90.9	JTG E20—2011 T0709
冻融劈裂试验强度比/%	—	—	93	JTG E20—2011 T0729
车辙动稳定度/(60℃，次/mm)	—	1486	11389	JTG E20—2011 T0719
密度/(g/cm^3)	—	1.720	2.404	JTG E20—2011 T0705
极限弯拉应变/(-10℃，με)	—	18560	—	JTG E20—2011 T0715
抗压回弹模量/MPa	—	1279	—	JTG E20—2011 T0713
20℃剪切试验/MPa	—	0.33	—	参考相关行标、国标
20℃拉拔试验(单层)/MPa	—	2.30	—	参考相关行标、国标
20℃拉拔试验(双层)/MPa	—	1.33	—	参考相关行标、国标

① 马歇尔试件击实后不久即坍落，无法成型，故无马歇尔相关指标结果。

车辙试件成型时，模拟厂家实际施工情况，上下层各涂了一层封闭的胶。成型难度大，且表面平整度不理想，需要多次在热的情况下收面，由于孔隙率较大，胶体会向空隙渗透，在表面形成凹坑，在混合料冷却前，水蒸气、气体上升还容易在表面形成气泡，试件无法形成绝对水平面。

3.5　小　　结

1）根据实际测试情况，针对 BJ200 黏度大，高温性能好，低温性较差，建议只进行针入度及软化点控制，如需延度控制，需进行系统性研究。

2）无缝伸缩缝所用碎石可参照《公路工程集料试验规程》进行控制，由于 15～20 mm 单级配不适合按照国标进行压碎值试验，故建议取消压碎值试验，有必要时对第一次进场的碎石母材进行检验。

3）为了满足伸缩缝变形要求，混合料在现场更接近于骨架悬浮型结构，无法成型标准的马歇尔试件和车辙试件，且无对应检测标准，抗压回弹模量、20℃剪切、20℃拉拔等试验主要在科研中进行检测，在实际控制和现场试验中未应用。根据目前 BJ200 混合料检测情况，在现场施工控制中，应重点控制施工及入模温度，并对冷却后的成品进行平整度等检测。

4 结　　语

BJ200 无缝伸缩缝作为国外一种适用于桥梁伸缩缝的成熟产品被引入国内，已经有一段时间和一些应用，具有施工方便、易于修补等优点，但是国内对其产品的研究还较为缺乏，港珠澳大桥岛隧工程只是针对采用适合于本工程的 BJ200 原材料及混合料进行了一系列的测试，并与目前国内现行的沥青规范相比对，对于适应于其他纬度、地区的产品并未做详细研究和测试，国内应尽早针对该类产品出台相应的技术规范，使施工现场能对原材料及成品进行有效控制，希望本文的测试和研究具有一定的参考意义。

参 考 文 献

[1] 黄瑜珍，姜顺荣. 桥面伸缩缝的类型及施工注意事项[J]. 交通世界，2017，(35)：80-81.

[2] 于天来，唐涛，吴思刚. 改性沥青伸缩缝结合料与混合料低温性能研究[J]. 中国公路学报，2005，18（2）：18-23.

[3] 唐涛. 弹塑体改性沥青桥梁伸缩缝在寒冷地区应用技术的研究[D]. 哈尔滨：东北林业大学，2003.

[4] 林琳. 小变位量桥涵弹塑体伸缩装置的应用研究[D]. 重庆：重庆交通大学，2008.

[5] 杨涛. 改性沥青桥梁伸缩缝性能及其应用技术研究[D]. 成都：西南交通大学，2013.

[6] 林鸣，林巍，刘晓东，等. 港珠澳大桥沉管隧道路面问题的探讨与改良构想[J]. 中国港湾建设，2017，37（10）：1-5，73.

[7] 刘韵贵. BJ200 材料在 G213 线临合公路桥梁伸缩缝维修中的应用[J]. 内蒙古公路与运输，2010，(3)：12-14.

港珠澳大桥岛隧工程路面深化设计方案简介[*]

刘经国[1]，张　洪[1]，刘晓东[2]

（1.中交二航局第二工程有限公司，重庆；2.中交公路规划设计院有限公司，北京）

摘　要：港珠澳大桥沉管隧道是中国第一条外海深埋沉管隧道，拥有其他隧道不一样的特点及难点，在路面设计过程中，应从众多的因素中找到制约路面的边界条件进行针对设计。本文主要基于港珠澳大桥沉管隧道路面方案设计过程中，所经历的初步设计、深化设计等阶段，通过持续对沉管隧道运行机理的认知和理解，参考国外类似的工程及行业内的发展状况，综合比选采用了适合于本工程的路面设计方案。

关键词：港珠澳大桥；岛隧工程；路面工程；深化设计

1　概　述

港珠澳大桥岛隧工程路面范围包括隧道敞开段、暗埋段及沉管段，桥隧连接主线路基段，东人工岛结合部非通航孔桥，西人工岛结合部非通航孔桥，岛上环岛连接道路，全长约 10 337 m，工程主要技术标准如下：

1）公路等级：隧道主线为双向六车道高速公路，设计速度 100 km/h；匝道及环岛道路为双向两车道，设计速度 30 km/h。

2）路面横坡：沉管标准断面路面横坡为 1.5%，桥面及主线道路段横坡为 2.5%，1.5%～2.5%坡度的渐变率不高于 1/225。

3）设计荷载：汽车荷载采用公路-I 级并提高 25%进行计算，按香港 *Structure Design Manual for Highways and Railways* 中规定的活载校核。

为保障隧道行车安全、降低噪声，隧道采用沥青路面，设计使用年限不小于 15 年，参照国内外类似工程成功案例，路面结构基本组合自上而下为：

①40 mm SMA-13（聚合物改性沥青）；
②黏结层；
③60 mm SMA-20（改性沥青）；
④防水黏结层（聚合物改性沥青）。

---

[*] 本文曾刊登于《公路》2018 年第 8 期。

路面铺装结构如图 1 所示。

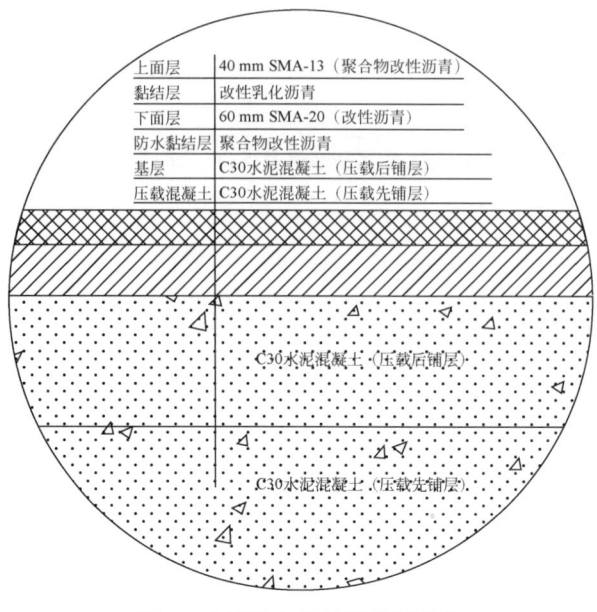

图 1　暗埋段与沉管段路面结构

2　本项目路面使用条件与特点

其中与路面工程相关联的项目特点有：

1）春夏高湿季节隧道内的温度较低，而大气温度较高（温差达到 10℃），施工期间已观察到冷凝水持续析出的现象。

2）管节长 180 m。年温度变化引起管节纵向的膨胀与收缩，随之，管节接头每年一张一合。

3）深厚的软基。沉管隧道下方的软土地基厚度 30～50 m，运营期可能出现沉降与差异沉降。

4）回淤（或海床演变）。港珠澳大桥沉管隧道是当前世界上唯一的深埋沉管隧道，在运营期，隧道上方将增加 20 m 的覆土荷载[1]。

港珠澳大桥沉管隧道是世界首条深埋、大回淤节段式沉管，全长 5664 m 沉管结构有 34 个管节接头，219 个节段接头，压载混凝土和调平层混凝土在管节接头处断开，在节段接头处设缝。根据检测，管节接头会发生近 3 cm 的伸缩量及 0.5～1 cm 的差异沉降，节段接头会发生 2～3 mm 的伸缩量。

这些特殊的环境条件作用于沉管隧道结构时，对路面有可能带来直接危害，在设计期间，仍不需要进行二次深化设计，包括对施工图中遗留需二次细化设计内容的完善，对沉管管节接头及节段接头、沥青下混凝土基层施工缝等处沥青路面结构的细节处理等，重点是提高路面防反射裂缝能力。

3 主线路面深化设计方案

3.1 沉管管节接头处深化设计方案

沉管长 5664 m，共有 34 个管节接头，压载混凝土和调平层混凝土在管节接头处断开以满足管节在此处的伸缩、变形需要。根据监测及计算分析，正常运营阶段管节接头会发生 3 cm 多的伸缩量及 0.5～1 cm 的差异沉降。

为满足业主"路面伸缩缝应选用安全耐久、低噪舒适的产品，应根据材料采购及现场情况进行二次设计，并予以细化完善或调整"的要求，经调研国内外类似经验，拟定采用无缝伸缩缝方案，结构型式见图 2。

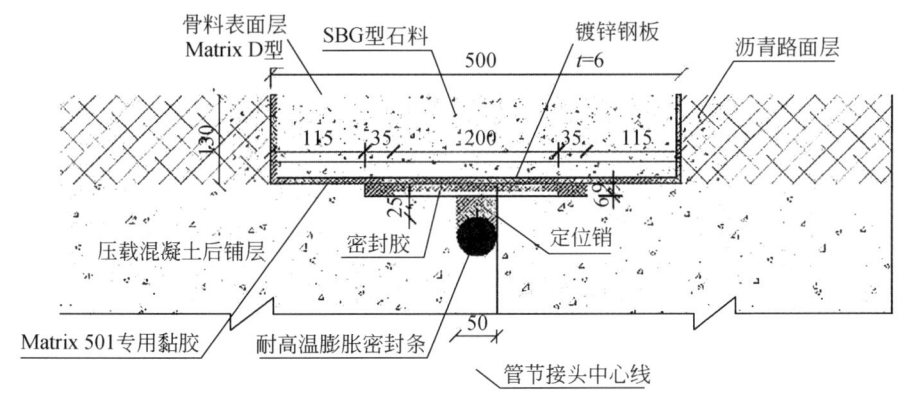

图 2 无缝伸缩缝结构型式（单位：cm）

1）这种无缝伸缩缝在国外桥梁及道路上应用比较多，可适用的伸缩变形为±2.5 cm；伸缩变形主要依靠特制的高黏改性沥青及骨料配置的混合料及专用密封胶，其下过渡钢板必须保证安装水平。

2）根据施工期监测及分析，沉管管节接头需适应±25 mm 轴向变形，根据调研可选择 CRAFCO（美国科来福）Matrix501 系列、Prismo（英国）BJ200 系列[2]或同等级产品，相关指标满足美国规范 D 62973 相关要求。

3）此无缝伸缩缝安装迅速，一条缝 5 h 内可完成，出现裂缝、凹坑时可通过快速维护进行处置。

4）管节接头处无缝伸缩缝需承受竖向 0.5～1.0 cm 不均匀沉降，这是桥梁运营中未曾遇到的新问题，此产品在桥梁应用使用调查表明，一般寿命 5～8 年，但在本隧道条件下使用还无类似案例及经验。根据理论分析，高黏沥青混合料加厚可提高伸缩缝抵抗复杂变形能力，降低应力水平，为获取与桥梁使用相接近的使用性能，结合工程当前实际，高黏沥青层厚度取为 13 cm，运营前期应加密对管节接头铺装的监测、检查、维护，发现问题及时处置，以积累经验，并尽力提高铺装使用寿命。

3.2 沉管节段接头处深化设计方案

5664 m 沉管隧道共有 219 个节段接头，压载混凝土和调平层混凝土在节段接头处设缝与结构缝对应；根据监测及计算分析，正常运营阶段节段接头会发生 2～3 mm 的伸缩变形（竖向差异变形小于 1 mm）。为延缓沥青路面发生反射裂缝及提高防水黏结效果，考虑设置防水卷材或防裂贴[3]对该处做加强处理。

经进一步调研、分析节段接头处路面铺装风险，研究比较提出细化方案和接缝处理工艺，其基本结构型式如图 3 所示。

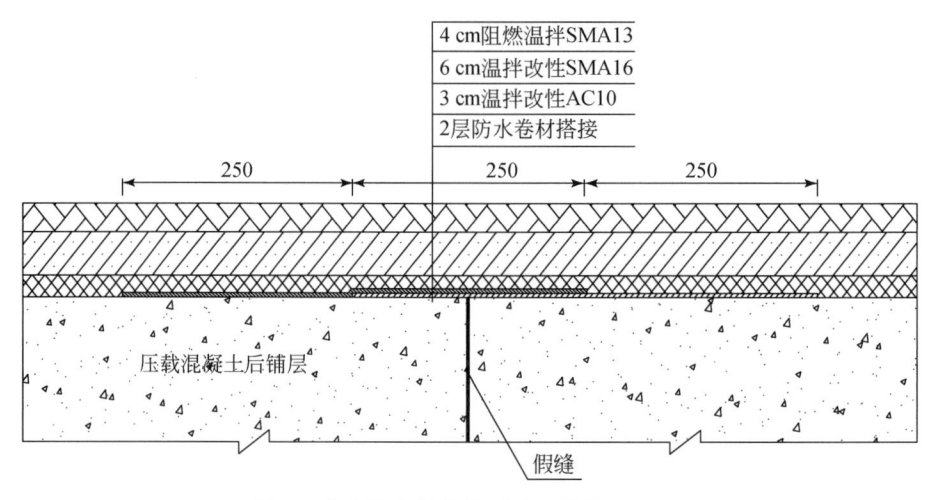

图 3 节段接头缝结构型式（单位：cm）

本方案结合现场施工实际，考虑设置 3 cm 改性 AC10 作为结构性防反射裂缝缓冲层兼调平层，并在节段接缝区利用 2 层 SBS 加设防水卷材，尽量提高抗反射裂缝能力，减缓沥青早期开裂。

卷材及防裂贴作为路面抗放射裂缝措施已在道路"白加黑"工程中得到广泛应用，同时也作为一种防水、防开裂措施大面积应用[4]。借鉴欧洲国家实施经验，采用二层卷材叠加方案进行处治，底层卷材与基面热黏结，这样可以将基面变形有效分散到整个断面范围内。沥青混凝土铺装层与原铺装结构保持一致，维持其施工及表观状态连续性。

3.3 施工缝处深化设计方案

在后铺层施工缝、收缩缝处都首先对混凝土基面进行抛丸处理，表面达到要求后，根据对裂缝评定选择不同处理方案，对稳定的较大混凝土裂缝采用灌沥青膏封闭方案，对于判断还未稳定裂缝，在缝处热融厚 3 mm SBS 防水卷材（防裂贴）作为路面抗反射裂缝措施，具体设计方案见图 4。

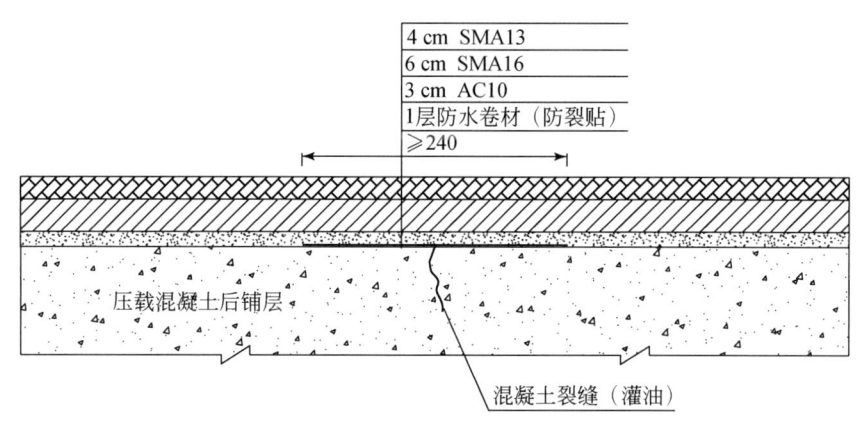

图 4　施工缝处理设计方案（单位：cm）

3.4　主线道路铺装结构深化设计方案

综上所述，主线道路铺装结构深化设计如下。
1）铺装上层为 4 cm 改性沥青 SMA13（隧道为阻燃温拌混合料）；
2）黏层为改性乳化沥青，用量：300～500 g/m^2；
3）铺装下层为 6 cm 改性沥青 SMA16（隧道为温拌混合料）；
4）黏层为改性乳化沥青，用量：300～500 g/m^2；
5）调平层为 3 cm 改性沥青 AC10（隧道为温拌混合料）；
6）防水黏结层为改性乳化沥青，用量：300～500 g/m^2；
7）混凝土基面采面抛丸处理，形成整洁、牢固、粗糙界面。

深化设计与施工图设计方案相比，不同之处见表 1。

表 1　隧道路面方案深化前后组成差异

层位	铺装方案	深化方案	备　注
铺装上层	阻燃温拌改性沥青 SMA13	阻燃温拌改性沥青 SMA13	提供抗滑、磨耗等功能
黏层	改性乳化沥青	改性乳化沥青	铺装上、下层黏结
铺装下层	温拌改性沥青 SMA16	温拌改性沥青 SMA16	承载、分散、传递荷载
黏层	改性乳化沥青	改性乳化沥青	层间黏结
反射裂缝缓冲及调平层	—	温拌改性沥青 AC10	调平、防水、缓冲荷载
防水黏结层	聚合物沥青（撒碎石）	改性乳化沥青	基面封水、黏结
混凝土基面	抛丸，形成整洁、牢固、粗糙界面		基面粗糙化处治

对隧道路面方案的深化主要是基于以下的考虑：

1）密级配沥青混凝土 AC10 孔隙小、可适宜铺筑厚度范围大，易于压实。

2）受隧道封闭环境条件干扰，加之基面潮湿，采用改性乳化沥青对施工环境污染小、适应能力强，并能起到一定的防水黏结功能。

3.5 环岛道路路基段路面结构

环岛道路铺装结构深化设计如下。
1）铺装上层为 4 cm 改性沥青 SMA13；
2）黏层为改性乳化沥青，用量：300～500 g/m²；
3）铺装下层为 6 cm 改性沥青 SMA16；
4）防水黏结层为改性乳化沥青，用量：300～500 g/m²；
5）混凝土基面采面抛丸处理，形成整洁、牢固、粗糙界面。

岛上建筑的车行及人行出入口道路采用沥青面层，路面结构同环岛道路。鉴于隧道进出口路段纵坡较大（2.98%），加之行车光线突变，加减速频发，层间剪切力大，对于防水黏结层采用黏结效果更强的水性高黏防水材料，用量：300～500 g/m²。

3.6 边沟细节处理优化

为避免沥青混合料摊铺施工时破坏及污染检修道及排水沟，在检修道及排水沟链接路面铺装边侧位置预留 20 mm 宽的挡板，待铺装层碾压并冷却后取出侧模，结构层铺装完成后下部填入 3～5 mm 粒径碎石（10 cm 厚），在其上灌入 3 cm 厚热灌沥青填缝料，如图 5 所示。

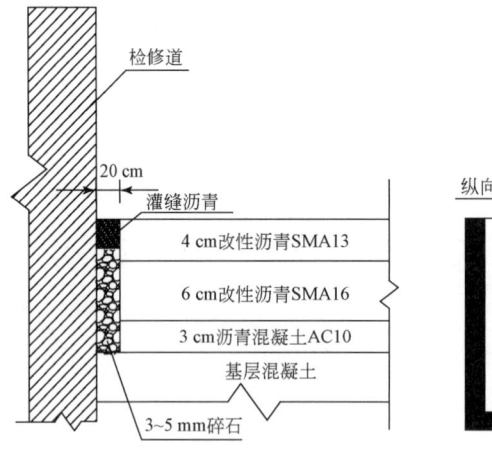

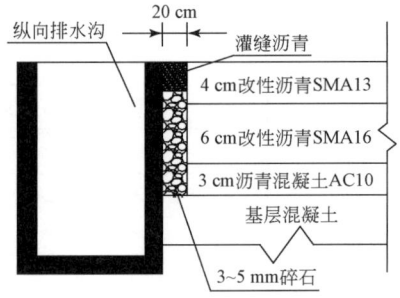

（a）检修道衔接路面铺装边侧细部图　（b）纵向排水沟衔接路面铺装边侧细部图

图 5　边沟处细节处理设计方案

3.7 阻燃温拌技术的采用

由于隧道内部施工，高温的沥青混合料释放的热量、CO_2、烟尘和有害气体不能及时从隧道内部排放，导致隧道内部温度急剧升高、烟气弥漫，使热拌沥青混合料的施工环境更加恶劣，因此对隧道路面铺装提出了极高的要求[5]。

考虑沥青具有可燃性，在隧道中特别是大型公路隧道中使用存在一定的火灾安全隐患，隧道内发生火灾后的温度远远超过沥青的闪点和燃点，一旦沥青燃烧起来，不仅助长火灾的发展和蔓延，且会产生大量有毒气体与浓烟。可见隧道内设计沥青路面，提高隧道铺装用沥青的阻燃性是至关重要的[6]。

4 结 语

港珠澳大桥沉管隧道是中国第一条外海深埋沉管隧道，拥有其他隧道不一样的特点及难点，在长达数年的建设期间，通过持续对沉管隧道运行机理的认知和理解，参考了国外类似的工程及行业内的发展状况，综合比选采用了适合于本工程的路面设计方案。

值得注意的是，路面铺装即便在国内已经相当成熟，但是因为每个工程边界条件不一，必须进行针对性设计与施工。本工程虽然历经了初步设计、二次深化设计等重要阶段，持续时间也较长，但是在正式施工期间，对于沉管隧道内因"回南天"的影响，管内湿度过大（相对湿度 95%以上），导致改性乳化沥青黏层无法破乳，水分无法挥发，后被迫变更为同步碎石封层技术[7]。由此可见，为切实做好公路路面的设计与施工，一方面需全面认知路面设计的边界条件和影响因素，以科学的态度去认知问题；另一方面则更需报以负责任的态度，方能保证路面预设的设计使用寿命。

参 考 文 献

[1] 林鸣, 林巍, 刘晓东, 等. 港珠澳大桥沉管隧道路面问题的探讨与改良构想[J]. 中国港湾建设, 2017, 37（10）: 1-5, 73.

[2] 刘韵贵. BJ200 材料在 G213 线临合公路桥梁伸缩缝维修中的应用[J]. 内蒙古公路与运输, 2010,（3）: 12-14.

[3] 程思胜. 水泥混凝土路面白加黑反射裂缝的原因分析及防治措施[J]. 城市道桥与防洪, 2017,（10）: 48-50.

[4] 马文彬, 张志宏. 防水卷材在白加黑路面中的应用[J]. 北京公路, 2003,（2）: 31-34.

[5] 方晓睿, 沈峰, 沈凡, 等. 温拌多功能隧道路面结构与功能一体化研究[J]. 武汉理工大学学报, 2010,（4）: 162-168.

[6] 刘晓. 阻燃温拌沥青混合料在隧道路面中的应用研究[D]. 济南: 山东大学, 2012.

[7] 谢祥根. 同步碎石封层技术和 SBS 改性沥青防水层的应用研究[J]. 湖南交通科技, 2007, 33（1）: 10-13.

清水混凝土脱模剂施工工艺研究*

曾庆喜，杨家青

（中交二航局第二工程有限公司，重庆）

摘　要：港珠澳大桥小型预制构件采用清水混凝土预制工艺，混凝土要求一次成型，对混凝土脱模的表观质量要求极高，脱模剂施工工艺是其中重要一环。本文主要通过港珠澳大桥小型预制构件脱模剂前期试验及后续参数化研究，阐述了精细化脱模剂施工工艺在清水混凝土运用中的意义和重要性，同时形成的一套试验工艺可供后续类似工程参考。

关键词：脱模剂；参数化；精细化施工；清水混凝土

0　引　言

近年来，伴随着我国经济和基础建设的迅速发展，对混凝土工程的质量要求也越来越高，从节能环保的角度大力推行清水混凝土。在高要求的表观质量下，如何减少清水混凝土报废率，脱模剂工艺尤其重要。脱模剂是一种涂覆或喷洒在模板内表面，能产生一种隔离膜，起润滑和隔离作用，能有效地减少混凝土与模板之间的黏附力，促使混凝土顺利脱模，保持混凝土形状完整光洁的材料[1]。使用脱模剂可提高混凝土构件预制的劳动生产率，同时提高混凝土的耐久性[2]。

本工程采用日本花王丽石50型水性脱模剂，具有以下特点：①脱模剂本身为暗黄色，水溶液为乳白色；②脱模剂喷涂量不足时，在混凝土强度一定时，脱模过程中表面易破坏，造成混凝土黏模；③脱模剂局部过多时，易造成混凝土表面粗糙，不光滑。通过长达3个月的工艺试验，试验了不同种类、比例、方式、数量、干燥时间5种参数，最终确立了小型预制构件的脱模剂使用工艺参数。

1　脱模剂种类的研究

目前市场上常用的脱模剂分为油性脱模剂和水性脱模剂两种，故试验选取了苏博特、

---

* 本文曾刊登于《公路》2018年第8期。

西卡、花王三种水性脱模剂和常用液压油、色拉油两种油性脱模剂共计 5 种脱模剂用于工艺研究。试验共计 10 种构件，小型试件成型尺寸 40 cm×40 cm×20 cm，分两次布料振捣棒振捣，振捣时间控制在 60 s。试验结果见图 1。脱模剂成品外观效果的分析见表 1。

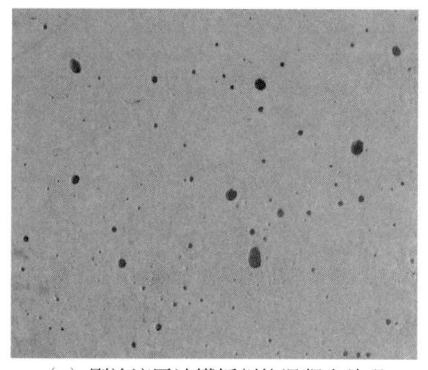

（a）刷涂液压油模板剂的混凝土外观　　（b）刷涂色拉油模板剂的混凝土外观

（c）苏博特水性模板剂的混凝土外观　　（d）西卡水性模板剂的混凝土外观

（e）花王水性模板剂的混凝土外观

图 1　脱模剂选型外观分析

表 1　脱模剂成品外观效果的分析

序号	模板剂类型	施涂方式	外观效果
1	液压油	刷涂	深色+深色斑块，粗糙、无光泽、气泡多
2	色拉油	刷涂	深色+深色斑块，较粗糙、无光泽、气泡少

续表

序号	模板剂类型	施涂方式	外观效果
3	苏博特水性脱模剂	喷涂/刷涂	灰白色+浅色斑，有光泽、气泡少、有刷痕（刷涂）
4	西卡水性脱模剂	喷涂/刷涂	灰白色+浅色斑，有光泽、气泡少、有刷痕（刷涂）
5	花王水性脱模剂	喷涂/刷涂	灰白色，有光泽、气泡少、有刷痕（刷涂）

同时结合脱模剂的上料方式，外观效果，施工可行性进行比选，比选结论见表 2。

表 2　脱模剂选型技术比选结论

比选内容	方案一	方案二	比选结果
脱模剂喷涂方式	滚筒涂刷	空压机喷涂	1）滚筒涂刷量多，且厚度不易掌握； 2）空压机配喷壶，可调节单位喷出量，最后可通过称量的方式，判断单位面积，喷涂厚度；同时脱模剂表面水分在大气环境下易挥发，可根据用量现用现配；可根据生产计划配置材料进场时间，防止脱模剂存放过久，出现沉淀，影响脱模剂效果
脱模剂类型选取	油性脱模剂（色拉油，液压油）	水性脱模剂（西卡，苏博特，花王）	1）油性脱模剂和水性脱模剂对于混凝土排气排泡效果的比较。从总体来讲，水性脱模剂优于油性脱模剂； 2）色拉油拆模后有异味[3]，广州地区较潮湿，易吸引蚊虫； 3）水性脱模剂较油性脱模剂更为环保，根据模具特性及混凝土特性，最终选取花王脱模剂； 4）油性脱模剂与水不相容，混凝土硬化后会将油脂吸附到毛细孔，会影响混凝土表观色泽[4]

2　脱模剂施工设备稳定化

基于脱模剂种类的研究，采用水性脱模剂进行喷涂。脱模剂单位喷涂量与设备的选型有关，综合考虑施工工序的工效，保证单位时间内喷涂的可持续性，对施工设备进行了优化（表 3、图 2）。

表 3　施工设备优化表

优化内容	优化前	优化后	优化原因及优化效果
脱模剂喷涂空气压缩机	铁虎 TH-050	巨马 7.5HP 活塞往复式空气压缩机+1 方储气罐	1）前期使用铁虎型空气压缩机主要为试验用，试验过程产品数量少，可满足要求，后续现场实施的过程中，为控制喷涂气压控制在 0.4 MPa，加大设备型号（可提供排气压力达 0.8 MPa）； 2）因机具直接提供喷涂压力不稳定，增加 1 m³ 储气罐作为中转装置，保证喷涂过程中气压的稳定性
脱模剂喷枪优化	未做任何标识别	1）固定喷壶选型，采用红色油漆在喷壶口做标识； 2）根据后续工效，单位底板平均喷涂量为 80 g/m²，底板面积为 1.2 m²，喷涂 5 个模具后，添加提前准备好的 500 ml 装的脱模剂混合液	1）喷壶口做标识，每次打开在相同位置，同样的压力下，喷出的混合液量一定； 2）脱模剂选型采用 600 ml 喷壶，因每次喷壶底喷到 550 ml 后，剩余部分无法喷出，为保证单个模具脱模剂工艺一次性完成，喷涂 5 个模具，需用 80×1.2×5=480 ml，更换已准备完成 500 ml 脱模剂与水的混合液

图 2　机具优化图

3　脱模剂施工工艺参数化

3.1　脱模剂比例及方式

混凝土的脱模效果,取决于脱模剂单位面积的作用量是否合理:①脱模剂与水配合比例,稀释倍数过大,延长脱模剂干燥时间,延长了脱模剂成膜时间[5];稀释比例过小,成本增加。②脱模剂喷涂遍数,同样的脱模剂使用量在施工过程中分次进行控制,可使脱模剂喷涂量更加均匀。③脱模剂的用量与所用部位有关[6],因构件的浇筑方式为倒立式浇筑,故将脱模剂喷涂划分为底板及侧板两个部位开展工艺研究(表4)。

表 4　脱模剂喷涂比例及遍数试验

脱模剂使用部位	脱模剂与水混合比例	脱模剂喷涂遍数	试验过程(喷涂状态+模板状态)
底板	1∶1	1遍/2遍	基本呈雾状,无明显水滴状
	1∶2	1遍/2遍	雾状
	1∶3	1遍/2遍	雾状
侧板	1∶1	1遍/2遍	基本呈雾状,无明显水滴状,侧模表面流挂至底板
	1∶2	1遍/2遍	雾状,侧模表面流挂至底板
	1∶3	1遍/2遍	雾状,侧模表面流挂至底板

底板产品脱模效果:

1)原液仅在试验块喷涂,后因表观缺陷未实施于模具上;

2)配合比例1∶1型,喷涂1遍/2遍出现不同程度的发黄,起糙;

3)配合比例1∶2型,喷涂1遍/2遍,喷涂1遍局部黏膜及发黄,喷涂2遍局部发黄;

4）配合比例 1∶3 型，喷涂 1 遍/2 遍，均出现不同程度黏模。

侧板产品脱模效果：

1）配合比例 1∶1 型，喷涂 1 遍/2 遍，侧板部分呈现条形状发黄，底板边角区域发黄及出现糙面；

2）配合比例 1∶2 型，喷涂 1 遍/2 遍，侧板良好，底板边角区域发黄及出现糙面；

3）配合比例 1∶3 型，喷涂 1 遍/2 遍，侧板良好，底板边角区域局部发黄。

试验结果分析：

1）底板区域脱模剂喷涂比例 1∶2，喷涂 2 遍，产品未黏模，但局部发黄，是试验方式较好的一种。

2）侧板喷涂在试验过程中，表面效果都比较良好，但不同程度造成底板产品缺陷，故选取比例 1∶3，喷涂遍数 1 遍。

试验方向：在脱模剂比例及遍数的基本确立的情况下，思路逐渐转换于如何克服底板边角区域及底板区域出现的局部发黄的问题（图 3）。

图 3 产品缺陷图（左侧为脱模剂少黏模，右侧为过多起糙）

为加强工艺稳定性，彻底解决脱模剂引起的成品表面发黄问题，采用两种方式进行处理。

1）喷枪在 30 cm 的距离下，底板分为两次喷涂，长度 1.5 m 方向两个方位为两个喷涂站位点，其中一个站位先横向喷涂 10 次（以喷壶持续喷出脱模剂算 1 次），竖向喷涂 6 次。脱模剂喷出后，因本身为乳白色液体，喷涂后出现不同程度的痕迹，可通过肉眼判断。喷枪喷出后液体为中间厚、两边薄，两次喷涂完成后，呈格栅状，采用毛巾在模具纵向来回拖动 3 次，保证脱模剂的均匀性。同时试验期进行总量控制，完成单个模具喷涂后，采取称量的方式控制总量。后续施工中，抽样称量其单个模具喷涂使用量。

2）边角区域受流挂现象影响，局部会出现明显液滴状脱模剂，采用干毛巾集中擦拭。

3.2　脱模剂表干时间

预制件一天多轮次生产，脱模剂的表干时间尤为重要，毛巾擦拭后为模板表面呈现乳白色，水分挥发后，颜色逐渐褪去，最终呈透明状态。初期控制为喷涂后 3 h，后续施工过程中，依据经验数据，脱模剂喷涂完后，根据施工气温的不同，调节混凝土的入模时间。夏季，混凝土浇筑时间为脱模剂喷涂后 15 min；冬季，混凝土浇筑时间为喷涂后 1.5 h。

3.3　参　数　化

经过了一系列的试验，在充分论证了脱模剂对于混凝土表面色差的影响、脱模剂对于排气效果的对比、脱模剂对于拆模时黏模、发黄影响程度等条件下，总结了脱模剂施工各项参数并固化，形成脱模剂参数化施工工艺。

1）脱模剂配置，采用量杯控制，采用 500 ml 塑料瓶分别装入不同比例混合液。
2）脱模剂使用前，充分摇匀。
3）喷枪打开到 3/4 位置时，每次喷涂喷枪口距底面距离约 30 cm。
4）底板分为两次喷涂，长度 1.5 m 方向两个方位为两个喷涂站位点，其中一个站位先横向喷涂 10 次（以喷壶持续喷出脱模剂算 1 次），竖向喷涂 6 次，保证喷涂的均匀性。
5）喷涂完毕后，对喷涂区域进行处理，中间区域进行毛巾轻微拖动 3 次，边角为脱模剂发黄起糙的常见部位，采用毛巾进行集中处理，擦拭表面聚集状脱模剂，使其透明反光。
6）夏季，混凝土浇筑时间为脱模剂喷涂后 15 min；冬季，混凝土浇筑时间为喷涂后 1.5 h。

4　结　语

高质量的清水混凝土预制件，是精雕细琢的艺术品。它对每道工序要求都极为严苛，脱模剂喷涂只是其中一环，操作方式貌似简单，但是其难度就在于如何坚持去试验出最适合的施工方式，坚持施工过程中的监控及规范施工行为。前期可能投入成本较高，但与长期减少其产品的报废率及传统混凝土装饰装修费用相比，其经济价值同样不可估量。现行的工程施工对环保及外观品质要求逐渐提高，如桥梁施工使用的透水模板布，清水混凝土的表面的防腐涂层占产品成本的比例也较大，如何从工艺角度进行优化，进一步降低清水混凝土施工的成本，是值得研究的重要课题。

参 考 文 献

[1] 何纤纤，孟红霞，何敏睿，等. 水性混凝土脱模剂制备工艺的研究[J]. 广东化工，2016，(20)：20-22.

[2] 马成. 脱模剂的使用与其混凝土外观的影响分析[J]. 黑龙江交通科技，2015，(4)：38-40.

[3] 刘杰. 混凝土脱模剂国内外工程应用研究现状[J]. 江西建材，2017，(6)：2-4.

[4] 康祥. 水溶性脱模剂对清水混凝土表观质量的影响[J]. 福建建材，2014，(8)：20-22.

[5] 柯余良. 绿色环保型水性脱模剂的研制与应用[J]. 新型建筑材料，2015，(4)：77-80.

[6] 韩宝恒. 脱模剂在长城饭店工程中的应用[J]. 建筑技术，1983，(2)：38-48.

港珠澳大桥沉管隧道检修道安装工艺

李德辉，胡　质

（中交二航局第二工程有限公司，重庆）

摘　要：检修道作为半隐蔽的混凝土结构，为保证精度可控、同时减少作业环境污染，放弃了现浇方案而采用预制、转运、现场安装的流水工艺，达成了精度控制"双保险"。检修道安装全过程测量参与三次，同时在精调过程中大面积使用螺栓支垫形式，将检修道整体线形偏差控制在 1 mm 以内，为后期的排水沟、斜板及台阶安装打下了坚实的实践基础。本文旨在讨论检修道安装过程中如何把控精度，避免污染，并为今后小型混凝土预制构件的安装提供参考。

关键词：成品保护；工厂化；装配化；精细化；高精度；外观零瑕疵

1　概　　述

1.1　背　　景

检修道是行车道两侧用于行走的走道，与路面存在约 40 cm 的高差。港珠澳大桥沉管隧道共有两条行车道，四条检修道。其中管内侧墙检修道截面中空，仅用于通行；中墙检修道则分为 U 型构件和盖板，内部埋设消防泡沫水管。另外，敞开段检修道兼具排水功能，截面尺寸较管内检修道更大，与路面交汇处设置雨水篦子。

1.2　检修道简介

检修道采用预制混凝土结构，混凝土强度等级 C45，名义长度为 1500 mm，实际长度 1497 mm，安装缝宽 3 mm。其中敞开段外侧检修道（兼排水）、沉管内侧墙检修道、沉管内中墙检修道构造各不相同。

标准块检修道单重 1.2～1.5 t，盖板 270 kg，由桂山岛预制而成，再转运至东人工岛、西人工岛现场进行安装，预制完成到灌浆完成过程中会经历多次吊装及转运，并存在多

---

* 本文曾刊登于《公路》2018 年第 8 期。

次污染风险，成品保护难度极大。

在港珠澳大桥众多的小构件施工中，检修道安装是冲锋在前的排头兵，为响应"装配化、精细化"施工理念。运用精细化施工理念，不仅有助于建筑工程施工目标的实现，对于提高管理水平也有着十分重要的意义[1]。各类型检修道构造图见图1。

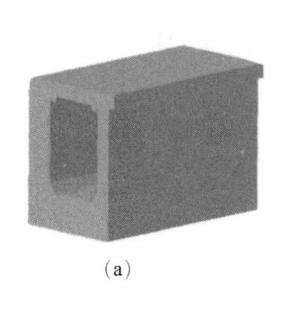

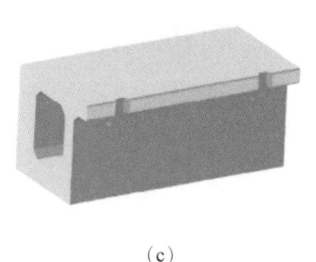

图1 各类型检修道构造图

2 检修道安装

2.1 转运、吊装

检修道安装过程中会经历多次吊装、转运，作为混凝土构件，过程中极易缺棱掉角。若进行二次修补将会极大地影响构件的感官质量。故转运及吊装环节是检修道安装是否能达到"毫米级精度，外观零瑕疵"标准的重中之重，可从以下几个角度着手来避免损坏：

1）在初始截面设计中，为避免倒角处应力集中，各处倒角应尽量设计为钝角或圆角。

2）转运及吊装过程中，使用柔软且具少许伸缩性的布质吊带，并在倒角处垫入胶皮避免硬性摩擦。

3）检修道构件存放或转运时，下垫软木方，严禁堆叠；船舶转运时密切关注天气情况，如遇大风大浪应尽快规避风浪，车辆转运时限速 15 km/h，避免碰撞和剧烈颠簸；吊装设备起钩、落钩时亦需降速，并指定专职起重指挥、安全员全程监督吊装转运过程。

4）为避免检修道外露面污染，于存放区包裹 PE 亚光薄膜进行保护（图2）。

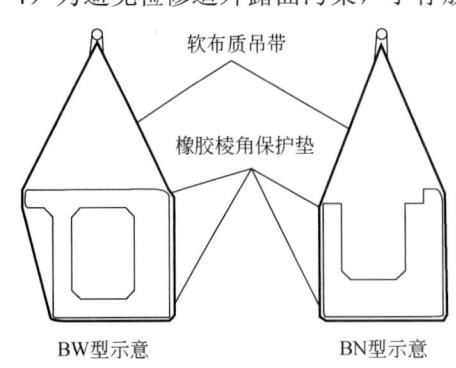

图2 构件保护措施

检修道转运是检修道安装的"命门",转运初期曾统计,90%以上的损坏和污染均在此环节发生,究其原因,大部分均为转运时太过粗心导致。经多次会议商讨并试验后,确定上述第2)、3)套保护措施并严格执行,使转运环节的损坏率显著降低。

2.2 安装设备调研及安装方案确定

由于检修道单重达1 t以上,且安装位置位于下部倒角处,传统的吊装设备使用效率低下,甚至根本无法使用,如使用叉车安装一是会使设备及专业操作人员的调遣灵活度大大降低,影响生产效率;二是因操作难度大,易导致磕碰造成构件损坏及反复调整;三是管内环境潮湿阴暗,易发生安全事故。

港珠澳大桥岛隧工程先后研发新建或改造了十多项大型施工设备,几乎覆盖了所有关键施工工艺[2]。通过工厂化、装配化提高工程的内在品质和管理水平,才是打造品质工程的保证和前提[3]。多次讨论后,最终确定以悬臂式轮胎起重机作为主要安装设备(图3)。设备作业时,检修道构件的输送起吊和下落安装分别在吊装装置下的两个区域,相互错开,互不影响,方便狭小空间施工作业,悬臂端导向轮沿侧墙(中墙)运动,保护其在运动过程中墙体不被碰撞破坏,且便于定向移动;吊钩可在悬臂端及配重端之间自由横向移动;起钩和落钩速度分为两档,快速档为0.2 m/s,慢速档<0.05 m/s。

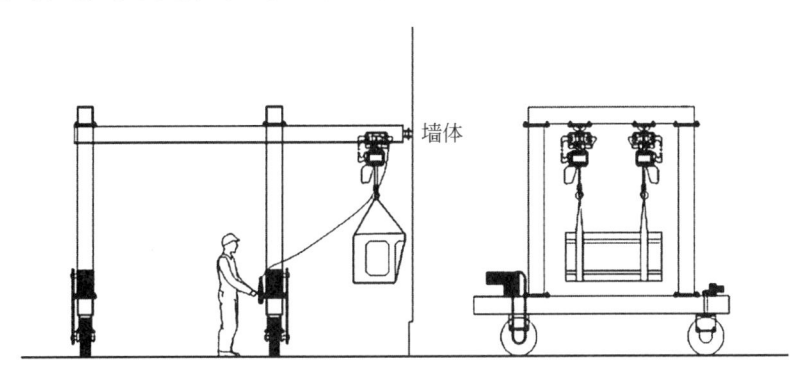

图3 轮胎式起重机运行图

检修道线形调节的重中之重就是标高调节。使用传统的砌筑砂浆支垫或其他材料支垫虽然成本低,耗时短,却无法达到"毫米级精度"的要求,一旦设计变更更是会造成大面积返工。最终决定采用螺栓支垫方案。

螺栓支垫分为套筒、螺栓和螺帽。为保证强度,螺栓支垫套筒为Q235B材质四分管(中径);将304不锈钢M12螺帽焊接于套筒一端,植入深度>10 cm为宜。螺栓支垫承载力核算如下。

假定最坏受力情况:安装BW型构件(单重1.5 t)时,三点受力:
单个四分管轴向抗压承载力为
$$F_y=\sigma \times P=130 \text{ mm}^2 \times 320 \text{ N/mm}^2=41600 \text{（N）}$$
$$G_y=m \times g=1500 \text{ kg} \times 9.8 \text{ N/kg}=14700 \text{（N）}$$

$$G_y < 3 \times F_y \text{（远小于）}$$

安装过程中，构件接触螺栓支垫时落钩速度最低可达 0.02 m/s，接触时产生的水平力可忽略不计。

纵坡最大值为 2.98%（取 3%），重力的纵坡向分力：

$$G_x = m \times g \times 3\% = 1500 \text{ kg} \times 9.8 \text{ N/kg} \times 3\% = 441 \text{（N）}\text{（极小，可忽略）}$$

故螺栓支垫满足承载力要求[4]。

2.3 安装工艺流程

检修道安装前期工作完成后具体流程如下：浇筑后浇带→基线放样→钻孔→植入螺栓支垫→检修道安装→粗调→精调→复核→一次灌浆→二次灌浆→数据采集等。

（1）准备工作

安装前，在施工界面内进行布料。布料时应注意预留后浇带浇筑时的放料点。检修道采用双排布料，单块间距不小于 30 cm，并在行车道一侧布置警示标识维护。

（2）浇筑后浇带

浇筑前，测量对检修道标高进行放样。检修道底部预留 10 cm 的螺栓精调操作空间，在底部向下 10 cm 处用泡沫双面胶做好标记作为后浇带混凝土顶面高程。放料前，应做好浇筑区域内预留预埋设施及管节接头等的防护措施。

（3）基线放样

后浇带浇筑完成后进行基线放样。每一条检修道安装及精调基线有两条：一条为检修道安装完成面顶面向上平行移动一个固定距离，用于调节标高；另一条为检修道安装完成面侧面向行车道平行移动一个固定距离，用于调节水平位移（图4）。

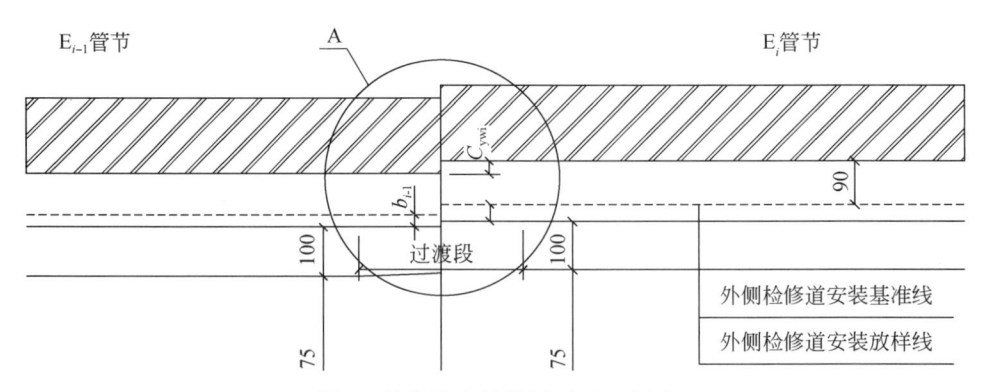

图 4 检修道安装放样平面示意图

为保证沉管管节接头处线形平顺，放样原则如下：

图中 a_i、b_i 为 E_i 管节贯通测量首端、尾端实测轴线与设计轴线横向绝对偏差值；c_{ywi}、c_{zwi}、c_{yzi}、c_{zzi} 分别为 $E_{i-1} \sim E_i$ 管节接头处左右行车孔侧墙、中墙实测横向相对偏差值。

E_i 管节检修道放样安装时，首（尾）端相对理论安装基线（距离结构墙体 90 cm）向管节安装横向偏差反方向偏移，偏移值为 min{a_i（或 b_i），8}cm；接上述放样后，由于施工偏差及测量误差，E_i 管节与相邻 E_{i-1} 管节检修道的横向偏差值 d_i（c_i+b_i-1-a_i）可通过 E_{i-1}～E_i 管节接头两侧一定范围进行平缓过渡，过渡段长度不小于 $400d_i$。

放线时，每个控制点处作永久标记，再用墨斗线弹出安装基线。控制点间距视情况而定，为避免墨斗线下垂引起偏差，宜使用投线仪进行辅助。

（4）钻孔、植入螺栓支垫

基线放样完成后，根据安装模数，在后浇带上钻孔并植入螺栓支垫。

（5）检修道吊装

构件安装前，首先应调节支垫螺栓标高。使用水平尺及钢板尺进行螺栓顶标高调整，就位后安装检修道，利用两条基线确定大致位置，并在构件之间插入 3 mm 厚橡胶垫片以保证缝宽均匀。

（6）粗调、精调、复核

安装完成后，由现场管理人员配合作业工人首先对偏差较大区域进行粗调，主要针对检修道平面位置进行调节。粗调完毕后通知测量人员根据人工岛-沉管整体测量控制网对检修道安装位置及标高进行精调，精调主要目的是校正标高误差，故只调节支垫顶部螺栓，其他保持原样。无误后上报中心测量队做最终复核。整个调节程序分为三步，安装精度≤1 mm 后，支模准备进行灌浆[5]。

（7）一次及二次灌浆

检修道灌浆以管节接头为界进行浇筑。为避免内部孔洞，确定采用高流动性 M15 水泥砂浆进行灌浆。

经核算后，为避免单次灌浆过多导致构件上浮或侧翻，宜分为两次灌浆[2]（图 5）。

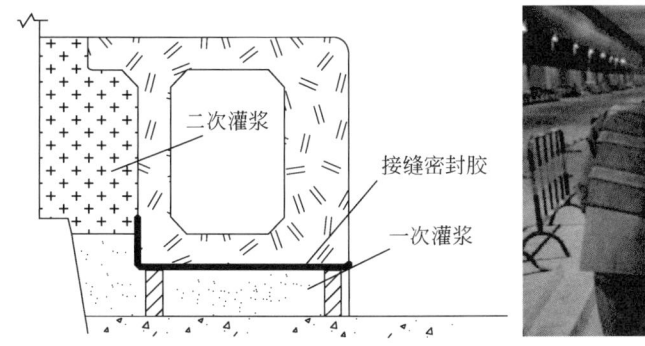

图 5 检修道灌浆

其中一次灌浆以漫过底板 5～10 cm 为宜，待砂浆凝固后，进行二次灌浆。二次灌浆收面高程：

1）BW 型检修道二次灌浆于内侧翼缘顶面向下 1 cm 处收面；
2）BN 型检修道二次灌浆于内侧腹板顶面向下 1 cm 处收面；
3）敞开段 OW 型检修道二次灌浆收面与检修道顶面齐平。

二次灌浆收面为外露面，应保证平整、光滑，并在收面完成之后清除构件及墙体污染。

（8）数据采集及后期工作

全部工序完成后，由中心测量队对全线检修道成品数据进行收录采集。待检修道周边最后一道重污染分项工程——沥青路面完成后，拆除包裹薄膜，后续定期对构件表面进行清理、维护。

3 结　语

检修道安装走在小构件安装的最前沿，在无任何借鉴的严酷环境下成功的同时达成了工厂化预制、装配化施工、精细化管理、毫米级精度、艺术品级外观等众多目标，解决了一项又一项的技术难题。后期的大台阶、大斜板施工引用了检修道安装的一系列工艺，安装成品得到了社会各界的高度赞扬，为清水混凝土小构件高精度安装积累了宝贵的经验。

参 考 文 献

[1] 顾磊. 精细化管理在建筑工程施工管理中的应用研究[J]. 科技展望, 2015, (6)：20-22.

[2] 林鸣. 超级工程必须坚持自主创新[J]. 交通建设与管理, 2014, (23)：61-63.

[3] 刘志勤. 工厂化和装配化打造品质工程的有效性研究[J]. 江苏科技信息, 2017, (16)：53-54.

[4] 中华人民共和国建设部，中华人民共和国国家质量监督检验检疫总局. 钢结构设计规范：GB 50017—2003[S]. 北京：中国计划出版社，2003.

[5] 黄育波. 隧道精装"大管家"[J]. 建筑, 2016, (23)：55-56.

港珠澳大桥沉管最终接头临时主动防水系统中 M 形止水带的应用*

陈　聪，陈刚强，董洪静

（中交四航局第二工程有限公司，广州）

摘　要：在港珠澳大桥沉管最终合龙对接中，钢壳混凝土结构的最终接头安装是沉管合龙的关键。创新研发的临时主动防水系统是最终接头的重要组成部分，其中 M 形止水带对该系统的作用和最终接头结构刚接至关重要。本文详细介绍 M 形止水带在该工程中的应用及优化空间，可为同类工程借鉴。

关键词：港珠澳大桥；沉管隧道；最终接头；M 形止水带

0　引　言

港珠澳大桥沉管隧道穿越珠江口广州、深圳西部港区的出海主航道，共有 33 个管节，自西向东依次编号为 E1～E33，沉管管节安装顺序为：先由西人工岛暗埋段至 E29 管节，长度约 5.1 km；再由东人工岛暗埋段至 E30 管节，长度约 0.6 km。

E29、E30 管节安装完成后，采用钢壳混凝土结构的最终接头进行连接，实现沉管全线贯通。

1　工程概况

港珠澳大桥作为具有国家战略意义的世界级跨海通道，其社会影响及关注度极高，沉管设计使用寿命 120 年，结构长埋水下Ⅲ类海盐环境，其作用等级为严重（D 级）至非常严重（E 级）[1]，沉管安装海域最深达 43 m[2]，最终接头中心里程水深约 28 m[3]，环境相当恶劣，且最终接头采用吊装对接，一旦产生渗漏，将影响沉管隧道最终贯通。最终接头除了自身结构永久性防水体系外，还有临时主动防水系统，主要包括：顶推小

---

* 本文曾刊登于《公路》2018 年第 8 期。

梁及液压设备、小梁滑块、临时 GINA 止水带、M 形止水带及 Lip 止水带等。它们协同作用为最终接头吊装对接到结构固接提供了临时主动止水的条件，实现最终接头与 E29-S8、E30-S1 之间的密闭干环境。如此复杂的止水系统在沉管施工中尚属首次，无先例可循，施工难度很大。

最终接头本体是"三明治"结构，是长度方向上宽下窄的 V 型楔块[4]，上口长 12.0 m，下口长 9.6 m，横断面尺寸与标准隧道断面一致，由两个对称的倒梯形结构通过临时预应力连接而成，如图 1 所示。最终接头两端沿四周设置有空腔，内藏临时主动防水系统[4]。最终接头吊装到位后，启动该系统，千斤顶顶推小梁滑动，直至前端临时 GINA 止水带充分压缩实现止水，确认结合腔形成后，结合腔排水，形成干燥的环境下进行结构固接作业，最后空腔注浆填充[4]。

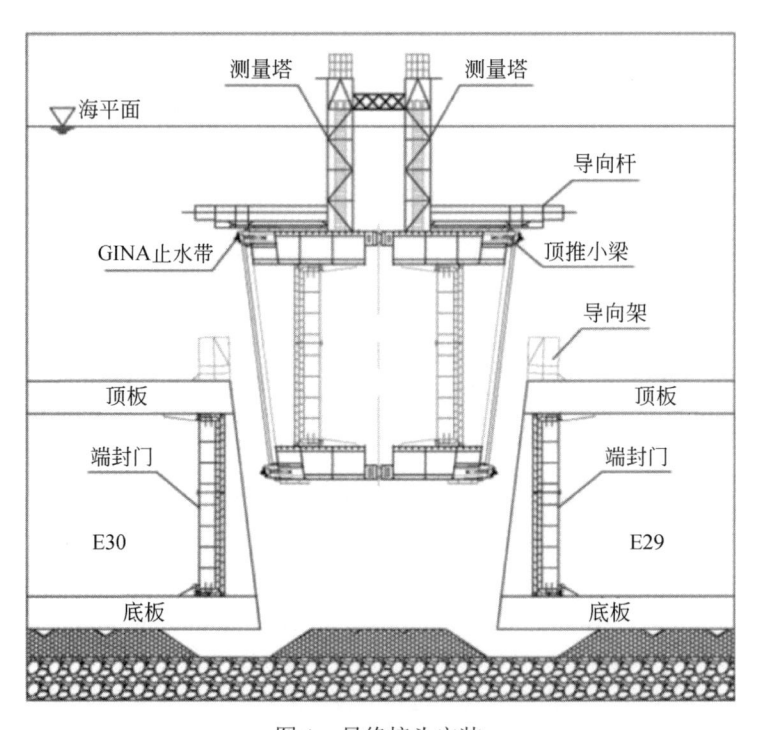

图 1 最终接头安装

最终接头 M 形止水带一共有两套，沿顶推小梁一周布置，包括 M 形止水带、紧固构件和保护装置，如图 2 所示。M 形止水带为带状闭合圈，两侧分别固定在本体和顶推小梁上，由压板和螺栓紧固，可以适应 400 mm 水平伸展变形随顶推小梁滑动，提供可靠的防水效果用于封闭空腔间隙通海路径。从最终接头入水到空腔注浆填充整个过程，M 形止水带直接承受水深压力，最大达 2.8 MPa，其材质为丁苯橡胶，具有良好的性能，如表 1 所示。

图2 M形止水带连接及构造图

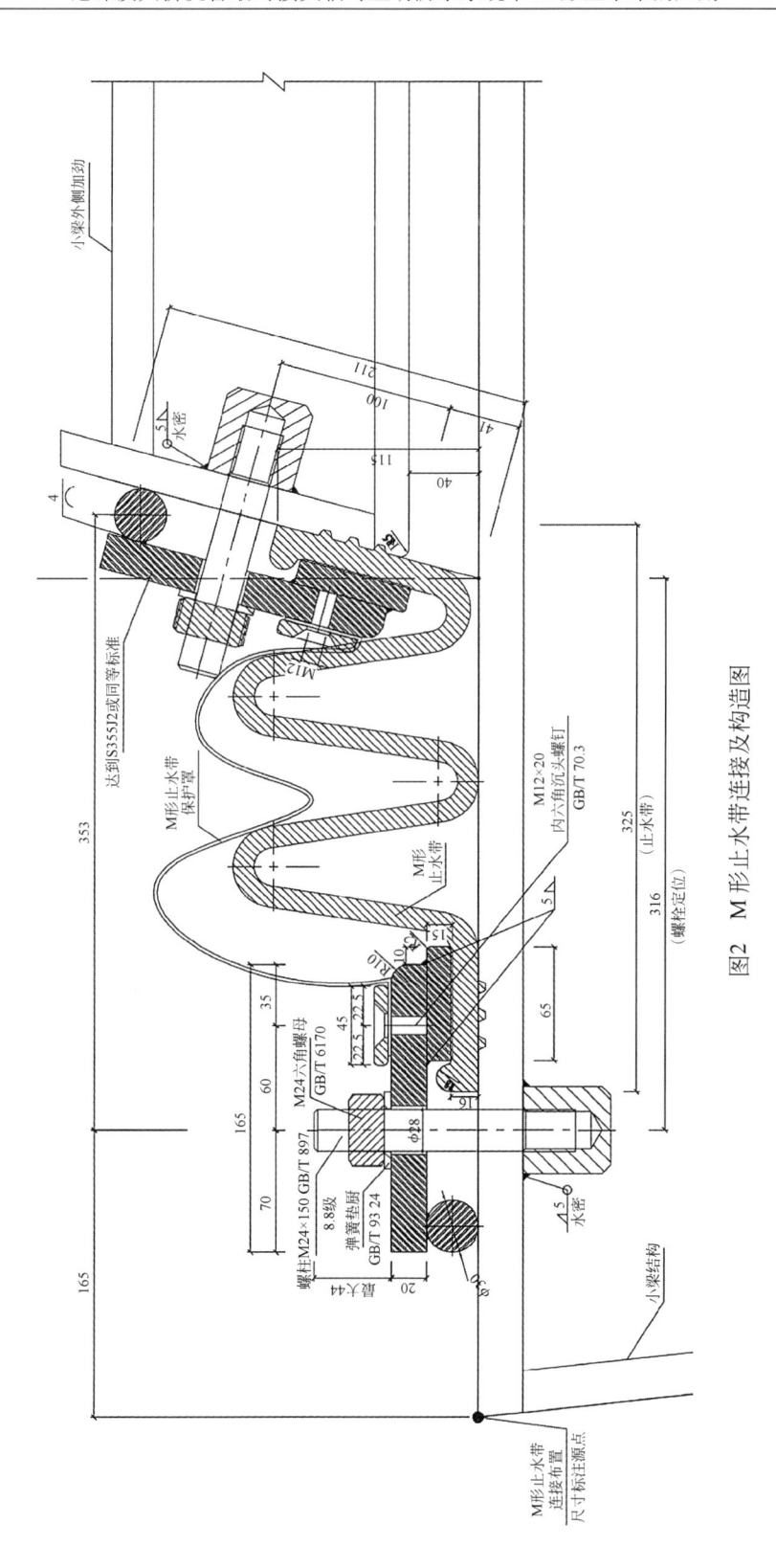

表 1 M 形止水带性能指标

项目	硬度/邵尔 A	拉伸强度/MPa	拉断伸长率/%	撕裂强度/N	压缩永久变形/%（70℃，24 hr）	抗水性（体积）（23℃，28 d）	耐老化性（70℃，168 hr）180 188		
							拉伸强度变化率/%	拉断伸长率变化率/%	硬度变化值/邵尔 A
指标	60±5	≥20	≥450	≥90	≤40	≤5	≤-20	≤-30	-6～+6
检测方法	ISO 7619	ISO 37（type 2）	ISO 37（type 2）	ISO 34-2（Deft）	ISO 815	ISO 1817	ISO 37（type 2）	ISO 37（type 2）	ISO 7619

2 安装工艺

2.1 安装时机的选择

M 形止水带属于橡胶制品，其制作工艺复杂，极易受到损坏且短时间难以代替或修复。所以应该选择良好的时机，能够降低受损风险，减少占用关键工序时间。在最终接头钢结构、混凝土施工，以及顶推小梁初步调试完成后，才进行 M 形止水带安装。

2.2 安装前准备

安装前提前清场，做好围蔽，清除场内针刺尖锐物品，并将压板、螺栓标记归类分放，方便取用。厂家是根据现场实测的本体和顶推小梁数据进行 M 形止水带拼接的，所以提前开箱检查，做好标记，两条止水带需对应端头使用，避免混淆。

顶推小梁初步调试后，顶推小梁端面停止在距本体 400～450 mm 的位置，以便于止水带安装。

组织检查本体和顶推小梁上的止水带安装面，排除颗粒杂物等，确保所有螺栓孔可以正常使用并涂抹天然牛油。最后检测安装面的平整度满足设计要求，对凹陷、隆起的位置进行处理，保证安装面的涂层达到光滑的程度，否则影响止水效果。

2.3 止水带摊铺

M 形止水带摊铺前，应用帆布或土工布铺地，避免止水带污染或受损。止水带按照厂家装箱的对折顺序，人工依次完全摊开。

摊开后组织质检人员对止水带仔细检查确认，排除质量缺陷。对止水带转角位置和绑扣位置标记。测量止水带各边，同样将每边的 1/2、1/4、1/8、1/16 及 1/32 位置以白粉笔画上记号。

2.4 止水带吊装

M形止水带质量不超过1 t,止水带摊铺成型后,采用专用吊架和纤维式吊带,由起重设备多点整体吊装。止水带起吊适当高度后,缓缓移动吊架,人工辅助,将整圈止水带套入顶推小梁外圈。

因为止水带是按现场实测尺寸定制,没有富余的长度,套入顶推小梁时要有充足耐心,由上至下将止水带套入顶推小梁外圈,可采用如橡胶锤等柔性工具辅助,避免损伤止水带。

2.5 紧固止水带

止水带到位后,采用压板、螺栓紧固件将止水带紧固。先将止水带各个转角角点的压板螺栓紧固。然后采用整体由下至上和分中原则,将相邻两个角点的边长以1/2、1/4、1/8、1/16及1/32的顺序紧固。消除止水带应力集中和弹性变形集中。

安装压板时要注意,压板和止水带的着力面的中心线要正压在止水带上三条止水条上,偏压则会影响止水效果。最后检查螺栓预紧力满足要求。

2.6 气密试验

为验证止水带组合的水密性能,安装结束后进行了气密性试验。利用空气压缩机向M形止水带与Lip止水带间的密封空腔注入空气,使压力达到0.015 MPa,通过预留充气口处的气压表观察压力变化。

向M形止水带加固止水面喷涂肥皂水,通过观察气泡的方法检查漏点。另外由于M形止水带在转角位置没有向外膨胀的余量,受张力过大会造成损伤,所以在压气试验前应对止水带转角位置加装橡胶压块工装予以保护。

止水带气密试验通过后,即可进行临时主动防水系统的联调联试。

2.7 加装保护装置

为更好保护M形止水带,避免在最终接头运输和吊装过程中造成止水带损坏,围绕M形止水带加装一圈橡胶保护装置,将M形止水带包裹。

3 M形止水带的优化

通过实践证明,M形止水带本身具有良好的性能,其结构简单,安装方便,巧妙地将两侧分别固定在最终接头本体和顶推小梁上,在顶推小梁伸缩工作的同时,能够随其伸缩并且保证止水效果，小梁顶推前后的 M 形止水带状态如图 3、图 4 所示。

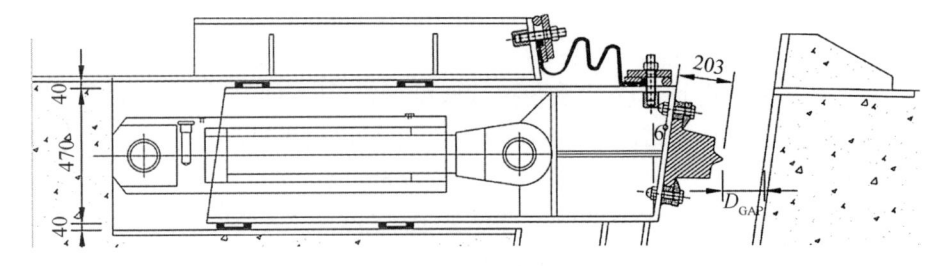

图 3　小梁顶推前的 M 形止水带状态

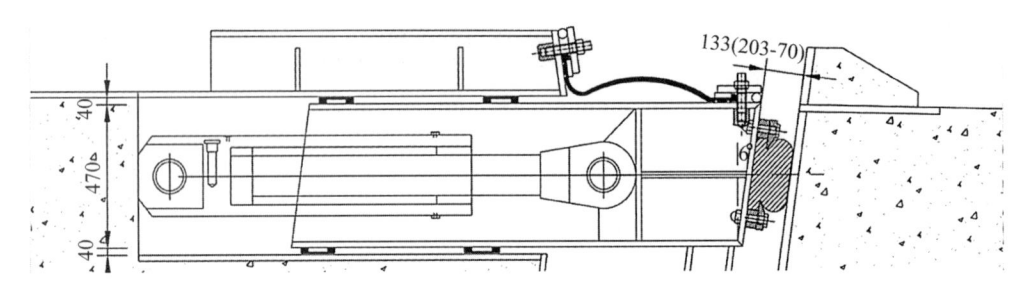

图 4　小梁顶推后的 M 形止水带状态

但是通过在本工程中的应用，可在以下方面加以优化，效果更佳。

3.1　本体接触面的优化

与 M 形止水带接触的本体接触面并非垂直，而是呈一定角度，这种设计导致在转角位置需要用双曲面过渡。止水带压板难于与之匹配使得止水带压缩不均匀，可能出现翘角现象而产生漏水。

可以通过对本体接触面的改造优化，避免双曲面，能够更好压贴止水。

3.2　压板的优化

M 形止水带通过压板和紧固螺栓进行紧固，所以压紧的质量直接关系到止水带的作用效果。由于压板是封闭式的，难以在安装后对止水带的压紧质量进行可视化检查，对检验工作造成极大不便。

因此可以对压板进行优化，将非止水带接触侧由线接触改成多点接触，预留可视窗口，从而能更好检查止水带压紧情况，节约时间。

3.3　气密试验的优化

本工程是利用空气压缩机向 M 形止水带与 Lip 止水带间的密封空腔注入空气，通过保压情况反映气密情况。由于 Lip 止水带安装在空腔内部，如果出现漏压情况，也难以判断具体的漏压位置，无法达到气密试验预期的效果。

可以对结构组成进行改造，如取消 Lip 止水带，在顶推小梁内圈加装一条 M 形止水带，通过对两条 M 形止水带间的密封空腔气密检测，结果更加直接方便。

4 结 语

港珠澳大桥最终接头的临时主动防水系统所采用的 M 形止水带，从最终接头对接到结构固结作业整个过程，取得良好的止水效果，并且非常出色地配合顶推小梁作用，在实践应用中得到验证超出预期，值得推广，并为后续同类工程借鉴。

参 考 文 献

[1] 中交公路规划设计院有限公司,等. 港珠澳大桥主体工程岛隧工程施工图设计：管节结构施工图[Z]. 北京：中交公路规划设计院有限公司，2012.

[2] 中交股份联合体港珠澳大桥岛隧工程第 III 工区一分区项目经理部. 港珠澳大桥沉管预制施工组织设计[Z]. 珠海：中交股份联合体港珠澳大桥岛隧工程第 III 工区一分区项目经理部，2012.

[3] 中交股份联合体港珠澳大桥岛隧工程第 III 工区一分区项目经理部. 港珠澳大桥岛隧工程最终接头工艺试验方案[Z]. 珠海：中交股份联合体港珠澳大桥岛隧工程第III工区一分区项目经理部，2016.

[4] 中交公路规划设计院有限公司,等. 港珠澳大桥主体工程岛隧工程施工图设计：最终接头施工图[Z]. 北京：中交公路规划设计院有限公司，2016.

装配式绑扎平台在曲线段沉管顶板钢筋绑扎中的改造技术[*]

张文森,朱 成

(中交四航局第二工程有限公司,广州)

摘 要:港珠澳大桥预制沉管钢筋绑扎采用工厂法流水线施工工艺,通过装配式平台实现底顶板钢筋绑扎作业的工艺衔接。本文针对曲线段沉管的姿态变化,对顶板钢筋绑扎平台进行改造,为顶板钢筋绑扎提供充足的工作面,使钢筋绑扎工作安全并高效进行,同时为其他类似工程提供了有益参考。

关键词:绑扎平台;装配式;沉管隧道;曲线段改造

1 工程概况

港珠澳大桥海底隧道由33个管节组成,其中直线段管节28个,曲线段管节5个。曲线段管节位于半径5500 m圆曲面上,以节段为单元,通过以直代曲进行曲线拟合,即单个节段为直线。沉管预制采用流水线施工工艺,钢筋绑扎台座使用了装配式绑扎平台,由于曲线段沉管的姿态变化,管节曲向一侧,最大偏差达370 mm,为保证曲线段顶板钢筋正常绑扎,需要对装配式顶板钢筋绑扎平台进行改造。

2 绑扎平台的构造特点及使用要求

2.1 顶板绑扎工艺

沉管采用流水线预制,对钢筋笼分为底板、墙体和顶板三个区域进行绑扎。钢筋在绑扎台架上完成作业,按照"底板区—墙体区—顶板区—浇筑区"的位置顺序依次顶推至下一个作业区域。顶板区的钢筋笼绑扎施工如下:

1)钢筋笼完成顶板钢筋绑扎后,将其连同顶板钢筋绑扎台架一起顶推至浇筑区;
2)已完成墙体绑扎的钢筋笼从墙体区顶推至顶板区,并拆除相应墙体绑扎台架;

---

[*] 本文曾刊登于《公路》2018年第8期。

3）浇筑区内钢筋笼进行体系转换，将顶板绑扎台架通过行走轨道移至顶板区钢筋笼内；

4）测量放点后进行顶板钢筋笼绑扎，其中顶板底层钢筋主要依靠钢筋绑扎台架进行定位。

2.2　顶板绑扎平台使用

（1）提供钢筋笼绑扎作业平台

顶板钢筋笼绑扎区域距底面约 10 m，绑扎作业必须在一个安全、稳定的平台进行。使用传统固定式支架或脚手架进行支撑作为绑扎作业平台的方式，安装和拆除时安全性低，且工效严重低下。此平台则提供了一个安全稳定的作业面，可通过此平台进行钢筋、预埋件的放样定位，并在此平台上进行绑扎作业。同时台架平台可实现线形整体移动，安全性高，使得钢筋绑扎、浇筑形成流水线，精准、快速、便捷地衔接，工效大大增加。

（2）提供合理的钢筋笼受力支撑平台

顶板钢筋重量约 300 t，基本由绑扎平台承力。该平台通过支撑组件来承力，而支撑组件则采用等腰三角形设置，稳定绑扎平台及支撑组件自重重心，使得平台所受的力能够垂直向下传导至支撑组件下端的固定梁上，确保重心不偏位，使支撑更加稳定。支撑架采用多个支撑组件，将绑扎平台上重量均匀分散，使绑扎平台的移动趋于平稳。

2.3　直线段管节平台施工

2.3.1　顶板区侧绑扎平台

1）侧绑扎台架平稳无变形、无脱焊。

2）顶层严禁堆放任何钢筋，堆放的工具总重量不得超过 800 kg，且不得集中放置，放置的工具必须绑扎牢固。

3）侧绑扎平台使用时不得有晃动现象，若有晃动则停止使用，予以加固再使用。

2.3.2　顶板区台架平台

1）台架底座无倾斜，支撑螺杆平稳插入滑移方钢定位孔内，无移位；

2）内台架轨道间距满足内台架行走要求；

3）两侧墙体台架无变形脱焊，螺杆调节完好，插销标准齐全无代用；

4）顶板钢筋绑扎前，两侧墙体台架和中廊道墙体台架经测量检验已调正，台架调节螺杆已锁紧，其垂直度和宽度尺寸符合设计要求；内台架底部对拉杆已对拉好锁紧；

5）内台架滚轮完好，并加润滑油脂润滑，轨道落入滚轮槽置中，滚轮轴线对准台架底座中心支点。

3 曲线段沉管钢筋绑扎平台改造

3.1 装配式顶板绑扎平台改造

曲线段沉管共 5 个管节，曲率半径 5500 m，总长 804 m，预制时管节曲向一侧。由于曲线段沉管偏差最大达 370 mm，使得首尾节段的钢筋笼与左侧绑扎平台冲突 20 cm，与右侧绑扎平台间隙达 80 cm；而中间节段的钢筋笼与左侧绑扎平台间隙 80 cm，与右侧绑扎平台冲突 20 cm。因此处理措施如下：

1）将两侧绑扎平台向后移动 50 cm，解决侧绑扎平台冲突问题。
2）在侧绑扎平台与钢筋笼间隙间设置可移动踏板，如图 1 所示。

图 1 可移动平台踏板铺设

3）校核踏板的受力性能，校核焊缝的受力性能。
4）补充侧绑扎平台的使用要求。

3.2 装配式顶板绑扎平台踏板验算

（1）Soliworks 有限元仿真（均布力 2500 N）

两端固定的情况下（不考虑变形），踏步平面均布施加 2500 N（等于 250 kg），屈服应力 50.861 MPa≪6061-t6 材料屈服力 275 MPa，最大位移 1.751 mm，最小安全系数 5.4，如图 2、图 3 所示。

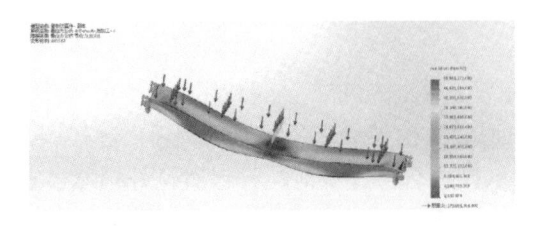

图 2 均布载荷应力分析　　　　图 3 均布载荷位移

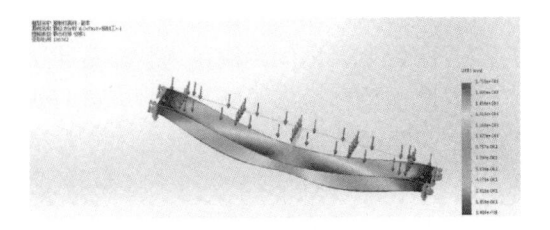

（2）Soliworks 有限元仿真（中点集中力 2500 N）

踏步中心位集中载重 250 kg，有限元力学分析得屈服应力 65.237 MPa≪6061-t6 材料屈服强度 275 MPa；位移 2.774 mm；安全系数最小 4.215，如图 4、图 5 所示。

图 4　集中载荷位移图　　　　　　　　　图 5　集中载荷安全系数

综合以上两种有限元仿真，踏步结构布置是可行的，同时满足踏板均布载重 250 kg 和中心集中载重 250 kg 的使用需求。

3.3　装配式顶板绑扎连接焊缝验算

根据现场情况，顶板绑扎台架整改主要用于施工人员站立使用，踏板平铺于钢管上，钢管一侧搭设在绑扎台架上，另一侧搭设在钢筋笼主筋上，主筋与骨架焊接固定。由于失效情况主要出现在倒角主筋与劲性骨架之间，因此对主筋与劲性骨架之间的连接焊缝强度进行校核，焊缝受力示意图如图 6 所示。

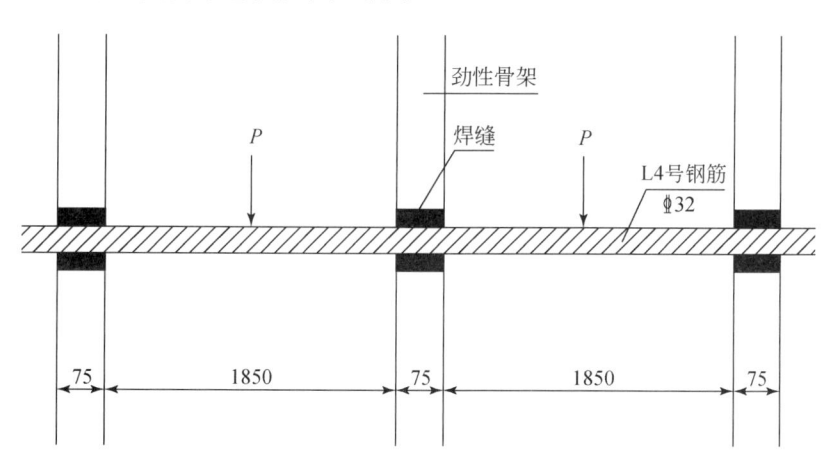

图 6　焊缝受力示意图（单位：mm）

工人、材料、踏板、钢管、钢筋的自重荷载传递到焊缝上，焊缝长度的切应力为

$$\tau = \frac{p}{0.7k\sum L}$$

式中，p——荷载；

$\sum L$——焊缝总长度，mm；

k——焊脚高度，mm；

σ_b——焊接木材抗拉强度（375 N/mm²）；

$[\tau]$——焊缝容许切应力，N/mm²。

$$[\tau]=0.18\sigma_b$$

$$p_1=工人自重+材料堆放=x$$

$$p_2=踏板自重=10\ kg/块\times 4\ 块\times 10\ N/kg=400（N）$$

$$p_3=钢管自重=10\ kg/根\times 1\ 根\times 10\ N/kg=100（N）$$

$$p_4=钢筋自重=6.31\ kg/m\times 2\ m\times 10\ N/kg\approx 130（N）$$

$$p=p_1+p_2+p_3+p_4=x+630（N）$$

$$\sum L=75\ mm\times 2=150（mm）$$

$$\tau=\frac{p}{0.7k\sum L}=\frac{x+630}{0.7\times 4\times 150}\approx <[\tau]=0.18\sigma_b=67.5（MPa）$$

$$x<27720\ N\approx 2.7（t）$$

因此，极限状态下，该踏板可容纳 27 人（按 100 kg/人计算）同时在踏板上工作或 2.7 t 堆载。

3.4 装配式绑扎平台使用

顶板绑扎台架操作平台施工过程中，安装、拆除均需按以下要求进行，做到操作步骤明确，质量目标鲜明，安全措施到位。

1）操作平台安装顺序：安全网系挂→钢管安装→铁丝与钢管固定→踏板铺设。

2）操作平台拆除顺序：靠近钢筋笼的 1~2 块踏板拆除→剩余踏板拆除→钢管拆除→安全网拆除。

3）平台安拆人员作业中必须系有安全带，必须有管理人员全程监控。

4）操作平台踏板上只允许不超过 2 人同时使用，禁止堆放任何材料和设备。

5）操作平台搭的钢管、踏板、铁丝和连接点等未经管理人员同意不得拆除。

6）操作平台下方设置警戒区，禁止无关人员进入，底部两层绑扎台架未使用时必须落锁。

7）操作平台使用前需进行检查验收，验收合格方可使用。在施工过程中由安全员随时检查，发现异常应及时上报。

4 结　　语

本文通过分析沉管顶板钢筋绑扎工艺、装配式顶板钢筋绑扎平台构造及特点，归纳了平台的施工要点，以便用于指导施工及验收；针对曲线段管节钢筋笼绑扎遇到的平台不匹配问题，经过焊缝计算和踏板计算，完成了平台改造，对原有施工工序及验收提出改进，实现了从直线段到曲线段绑扎平台的改造，确保沉管预制顺利进行。

工厂法曲线沉管预制测量技术[*]

邹正周，黄文慧，季拥军

(中交四航局第二工程有限公司，广州)

摘　要：本文以港珠澳大桥曲线沉管预制为例，通过对控制网、钢筋、模板、预埋件、顶推及端钢壳等项目的测量，简要叙述曲线沉管预制测量技术，为后续相关工程提供经验。

关键词：工厂法；曲线；沉管预制；测量技术

1　工程概述

1.1　简　述

港珠澳大桥岛隧工程沉管隧道由 33 个管节组成，其中直线管节 28 个，曲线管节 5 个。管节采用两孔一管廊、22.5 m 节段式构造，标准管节由 8 个节段组成。

曲线管节预制以节段为单元，通过以直代曲进行曲线拟合，即单个节段为直线，节段两端设楔形角，最终匹配拟合成曲率半径为 5500 m 的曲线，如图 1 所示。

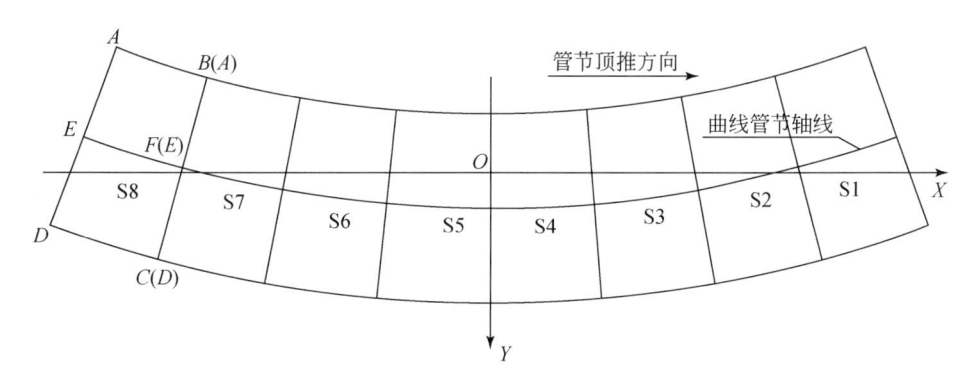

图 1　曲线沉管平面姿态示意图

---

[*] 本文曾刊登于《公路》2018 年第 8 期。

1.2 测量内容[1]

曲线管节预制测量主要内容有：建立并测量施工控制网，钢筋、模板、预埋件、端钢壳和顶推等施工测量。

1.3 测量特点

相对直线管节，曲线管节不同点如下。

1）直线管节轴线、节段轴线、坐标轴线三者完全重合，曲线段管节每个节段均有不一致的夹角，如图1所示。

2）直线管节预制只需测量端钢壳上下倾斜度，但曲线管节不仅要测量上下倾斜度，还要测量左右垂直度。

3）直线管节舾装预埋件均与轴线正交布置，但曲线管节均存在夹角。

4）受曲线管节重心偏移影响，钢筋笼及管节顶推过程中监测及纠偏难度增大。

2 控制网的建立[1]

平面控制网采用独立施工控制网，控制点采用强制归心装置观测墩。

根据误差传播定律，$m_{测}^2 = m_{控}^2 + m_{放}^2$，其中$m_{控}$为控制点误差，$m_{放}$为放样误差。若取$m_{控}^2 = 0.2 m_{放}^2$，则$m_{控} = 0.4 m_{测}$。

根据设计要求，沉管预制轴线精度为1 cm，测量误差一般为定位误差的1/2，则$m_{测} \leq$ 5 mm，即$m_{控} \leq 2$ mm可满足施工测量要求。

根据《工程测量规范》（GB 50026—2007）中二等边角网的技术要求，最弱边相对中误差为1/120000，三角形最大闭合差为3.5″。同时本平面控制网最大边长为200 m，则由边长和角度产生的误差分别为1.6 mm、1.1 mm，由此推算$m_{控} = \sqrt{1.1^2 + 1.6^2} = 1.9$ mm，满足$m_{控} \leq 2$ mm的要求。

因此，施测时平面控制网采用《工程测量规范》（GB 50026—2007）中二等边角网的技术要求，高程控制网采用《国家一、二等水准测量规范》（GB/T 12897—2006）中二等水准的技术要求。

3 钢筋施工测量

为了减少曲线管节重心偏移对管节平稳顶推的影响，每个节段钢筋笼在底板区就需按图1所示的平面姿态进行定位绑扎。因此，施工前应根据节段、顶推轨道、坐标轴及模板等相互间的轴线关系及偏移量按照坐标正算方法计算图 1 中每个节段 A~F 点的坐标[1]，并经复核无误后才能用于施工放样。

应根据节段钢筋笼长度、钢筋笼绑扎台架及顶推滑移方钢长度、钢筋笼匹配对接四者间的相互位置关系进行综合计算，再确定图 1 中底板区各点 X 起算坐标，防止在模板区整体置换时[2-4]，顶推滑移方钢过长而钢筋笼无法顶推就位。

底板区钢筋笼平面姿态和位置是否准确，直接影响后续施工精度。因此，底板区每节段 A~F 特征点必须采用全站仪极坐标法放样，并经彻底换手测量、检查各点坐标分量较差≤5 mm 后才可进行下道工序。

钢筋笼在从底板区依次顶推到墙体区、顶板区时应进行 14 条顶推滑移轨道的同步性监测，在驻停时各滑移轨道前后错位应≤1 cm，然后再取各轨道 X 坐标的平均值分别作为墙体区、顶板区的起算值。

钢筋笼分别顶推到墙体区、顶板区后，应首先根据节段设计线形调整侧墙及中墙绑扎台架的线形，顶板绑扎台架高度、轴线及线形等，然后才能进行后续钢筋绑扎施工。

4 模板施工测量

由于节段间姿态各异，侧模、针形梁等线形调整应在已浇筑节段顶推出模板区域、本节段钢筋笼顶推入模前进行[5]。

各节段钢筋笼在模板区的驻停位置理论坐标，应根据节段长度、模板系统（内模、侧模、针形梁）等相对位置关系进行综合确定[1]，以便钢筋笼顶推就位后能与已浇筑节段顺利匹配，且侧模、内模及端模能正确安装。

模板线形调整先通过全站仪极坐标法测量模板各特征点坐标（图 2、图 3），然后根据式（1）计算该点到节段轴线的距离，最后根据实际距离与理论值间差值进行调节。匹配浇筑时，匹配端模板以紧贴已浇筑节段混凝土外表面为原则进行控制。

$$S=(X_E-X)\times\sin\alpha-(Y_E-Y)\times\cos\alpha \qquad (1)$$

式中，X_E——模板区 E 点 X 理论坐标；

　　　Y_E——模板区 E 点 Y 理论坐标；

　　　X——内模、侧模及针形梁实测 X 坐标；

　　　Y——内模、侧模及针形梁实测 Y 坐标；

　　　α——直线 EF 坐标方位角；E 点号见图 1。

模板高程先浇端按照 5~10 mm 的预留抬高量进行控制。

5 预埋件施工测量

预埋件位置计算应在图 1 中 A~F 点的坐标框架下结合图纸中的相对位置关系进行[1]，

测量采用全站仪极坐标法进行，但应特别注意如下事项：

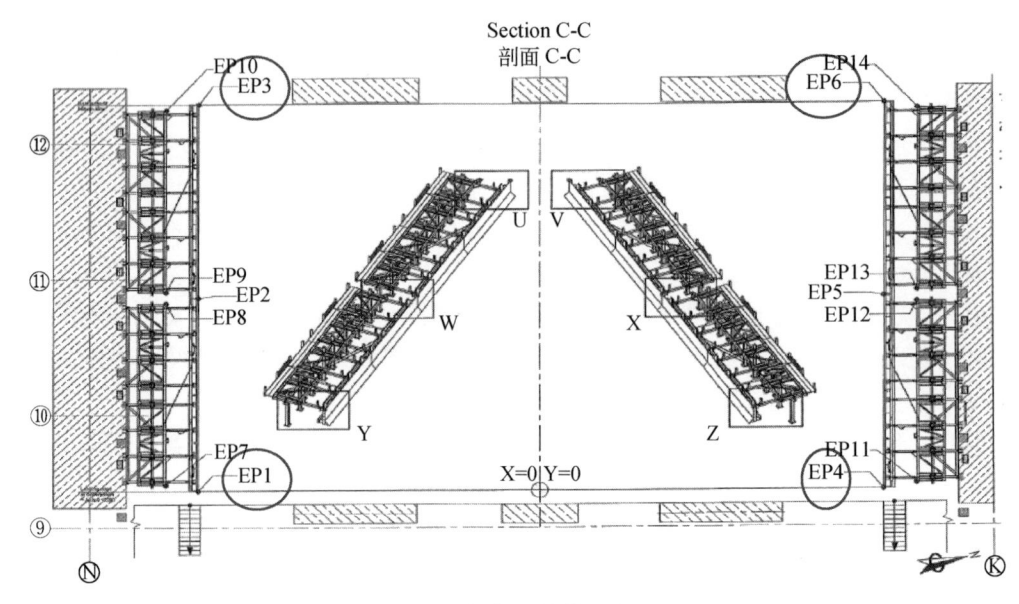

图 2　侧模调整特征点

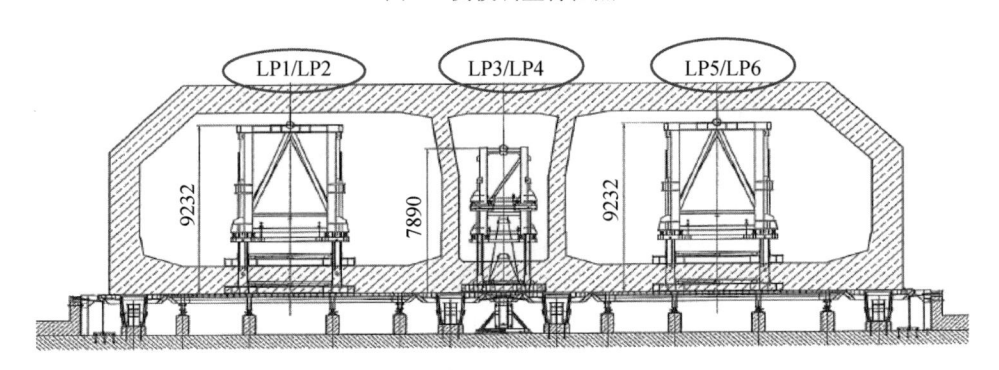

图 3　针形梁调整特征点（单位：mm）

1）预埋件轴线与节段轴线或端面夹角的变化。
2）相对位置关系较高的预埋件必须采用辅助工装整体定位安装。
3）受顶推施工影响，对于节段顶推驻停后再浇筑的预埋件（端封门枕梁预埋件），应先对已浇筑的部分进行实测后进行垂直投影定位，以便减小偏差。

6　管节顶推施工测量[6]

管节顶推施工测量主要有水平姿态、轴线及行程。

水平姿态监测点布设在 2 个行车道底板两端。管节水平姿态的监测共分 4 次进行，依次为：节段浇筑完成后的初值、支撑千斤顶施加 90%支撑力、支撑千斤顶施加 100%

支撑力及顶推驻停就位后。每次测量直接采用水准仪，按照碎部测量方法进行。

行程及轴线监测点主要用来监测管节在顶推过程中行程及轴线的变化，首端轴线监测点可直接利用端钢壳精调时管节底部中轴线上的测点，行程监测点通过在左右两个侧墙安装定制的吸盘棱镜；尾端轴线和行程监测点通过拆模后在左右侧墙混凝土表面粘贴反光片。

管节顶推时，全站仪分别架设在首尾两端的顶推监测控制点上，进行管节行程及轴线变化的监测。首端全站仪架设在管节中轴线的监测点上，分别测量2个行程监测点及轴线监测点；尾端全站仪分别架设在2个固定监测点上分别左右侧墙表面的监测点，同时作为行程监测点和轴线监测点。

为了提高管节线形精度，在每次节段顶推过程中，若管节首尾两端行程存在偏差，应统一以首端行程为基准，以便提高端钢壳匹配精度。

但曲线管节顶推测量还需重点注意如下事项：

1）受节段平面姿态各异、模板系统调整范围影响，每个节段顶推距离均不相同，应根据式（2）进行计算。

$$S = X_{B,N} - X_{A,N-1} \tag{2}$$

式中，$X_{B,N}$——本节段 B 点 X 坐标；

$X_{A,N-1}$——上节段 A 点 X 坐标；A、B 点号见图1。

2）受重心偏移影响，节段顶推中约每3个行程进行1次测量。

3）受重心偏移影响，长距离顶推中每5~10个行程进行1次测量。

7 端钢壳测量及检测[7]

端钢壳施工测量采用96个测点布置形式（如图4、图5所示，由于E30S1端面采用钢帽形式，测点布置在GINA止水带理论压接中心线上下各0.6 m处再增加1圈），选用测角和测距精度分别不低于 $1''$ 和 $1\text{ mm}+10^{-6}D$（D 为测量距离）的全站仪，通过全站仪极坐标法测量每个测点坐标，并根据公式（3）及测量结果计算每个测点的调节量。

$$\Delta X = X_{实} - \left[X_{E(F)} + \frac{H_{实} - 3.5}{\tan \beta_n} + \frac{X_{D(C)} - X_{A(B)}}{Y_{D(C)} - Y_{A(B)}} \times (Y_{实} - Y_{E(F)}) \right] \tag{3}$$

式中，ΔX——该测点的调节量；

$X_{实}$——该点的实测 X 坐标；

$Y_{实}$——该点的实测 Y 坐标；

$H_{实}$——该点的实测高程；

β_n——管节端面竖向角；

3.5——底模调整后的高程；A、B、C、D、E、F 点号见图1。

在测量及调整过程中应注意如下事项：

1）在精调及混凝土浇筑过程中，应尽量采取"固定人员、固定仪器、固定测站、固定方法"的原则对端钢壳进行测量。

2）受全站仪信号强度的影响，端钢壳上粘贴的反射片尺寸不宜小于 30 mm×30 mm。

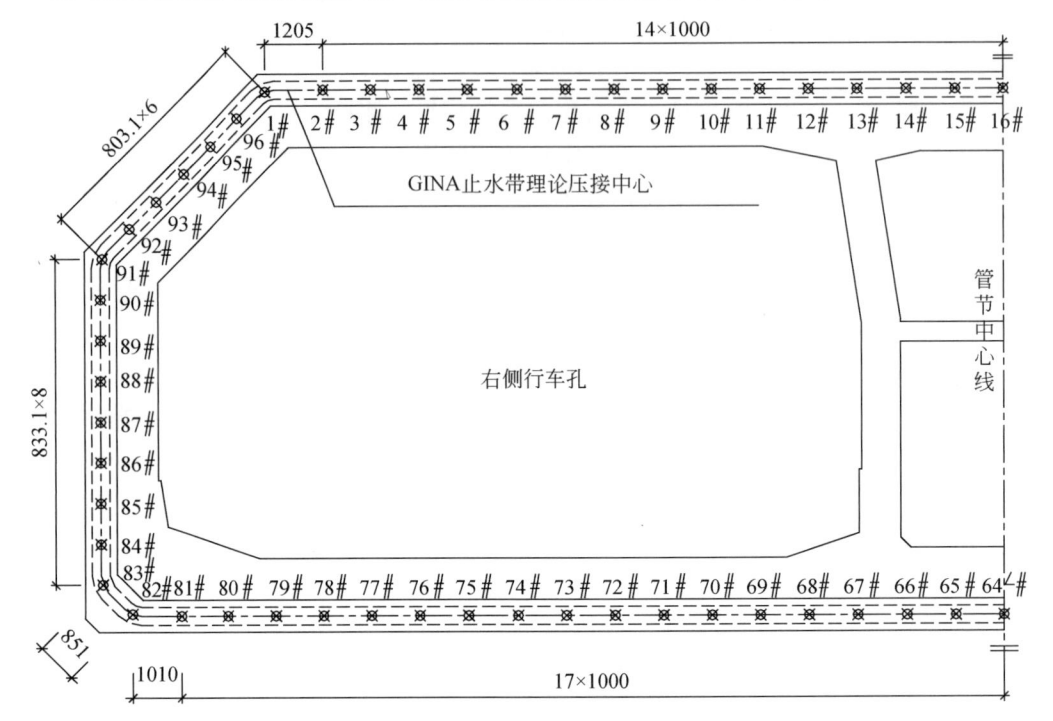

图 4 端钢壳测点布置图（单位：mm）

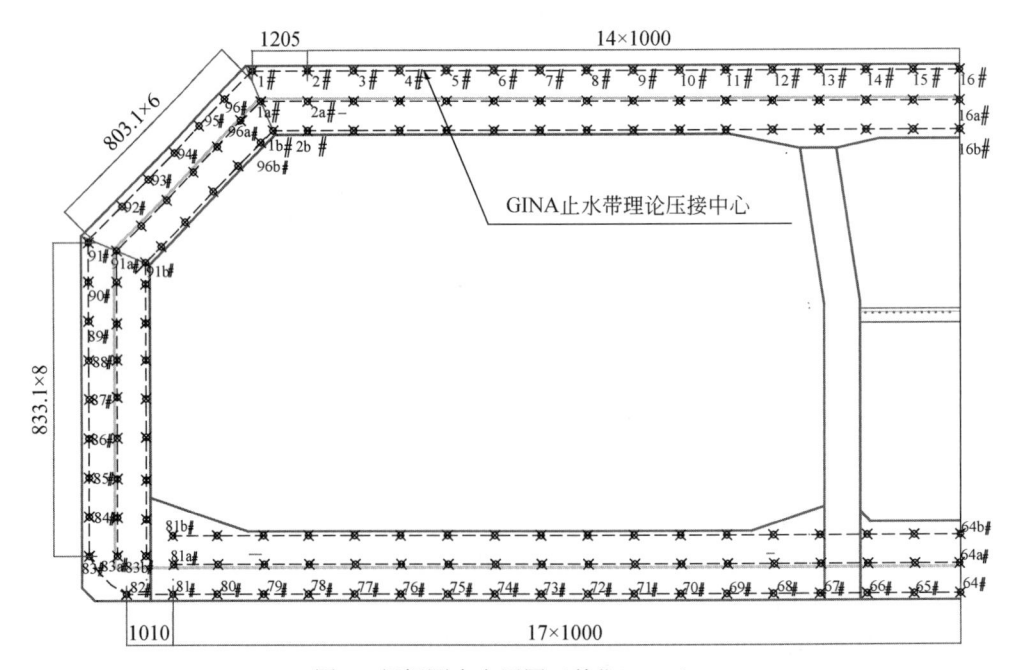

图 5 钢帽测点布置图（单位：mm）

3）全站仪设站位置尽量位于管节横截面的中部，防止测量过程中的角度过大；当测量偏角较大时，可在测点前方设站进行复测。

4）混凝土浇筑期间监测端钢壳的变形量时，ΔX 不应再考虑预收量，且计算出的偏差值仍应偏向管内，否则应组织调整。

5）当对 1 个点进行调整后，应及时对该点相邻 2 m 范围内的点进行复测。

6）当受视线通视影响需搬站进行其他点位的测量时，应找共同点进行测量比对，其 X 坐标较差应在 2 mm 内。

端钢壳平整度检测应在管节预应力张拉压浆及顶升转换后进行，要求面板不平整度≤5 mm。

端钢壳平整度检测的操作方法如下：

1）在沉管预制施工控制网坐标系下，采用全站仪对端钢壳的 96 个测点的三维坐标进行实测。

2）对 96 个测点的实测坐标按式（4）、式（5）、式（6）计算出端钢壳的拟合面。

$$XY=[ones(96,1)\ x\ y] \quad (4)$$

$$b=vpa(regress(h,\ XY),10) \quad (5)$$

$$h=b(1)+b(2)\times x+b(3)\times y \quad (6)$$

3）根据拟合参数按照式（7）、式（8）、式（9）计算出测点到拟合面的距离（即平整度）及端钢壳端面的竖向和水平向偏角。

$$d=(Ax+By+Ch+D)\Big/\sqrt{A^2+B^2+C^2} \quad (7)$$

其中，$A=b(2)$，$B=b(3)$，$C=-1$，$D=b(1)$。

$$竖向偏角=\arctan(b(2)) \quad (8)$$

$$水平向偏角=\arctan(b(3)/b(2)) \quad (9)$$

通过表 1 的统计数据和沉管隧道贯通后实际效果表明，管节间 GINA 止水带的压接止水效果均很好，表明上述关于端钢壳拼接、安装、精调、测量及平整度分析检测的方法是正确的。

表 1 端钢壳平整度分析数据表

项目	管节					
	E30S1	E30S8	E31S1	E31S8	E33S1	E33S6
不平整度最大值/mm	4.99	4.46	4.32	4.84	4.20	4.08
总测点数/个	284	96	96	96	96	96
合格点数/个	284	96	96	96	96	96
合格率/%	100	100	100	100	100	100
竖向偏角偏差值/(°)	0.002 6	0.006 3	0.006 6	0.026 7	0.010 0	0.016 3
水平向偏角偏差值/(°)	0.001 8	0.001 8	-0.015 8	-0.006 9	-0.002 6	-0.003 1

8 结　　语

本工程已顺利完成港珠澳大桥岛隧工程5个曲线管节的预制施工，经检测管节结构尺寸、节段顶推后匹配对接效果、端钢壳平整度及止水效果等均满足设计及规范要求，可为类似工程提供参考。

参 考 文 献

[1] 邹正周. 曲线段管节预制施工测量方案[Z]. 珠海：中交股份联合体港珠澳大桥岛隧工程第Ⅲ工区二分区项目经理部，2016.

[2] 李凯凯，冯伟. 工厂法预制沉管钢筋笼施工技术与优化[J]. 中国港湾建设，2015，（7）：25-27.

[3] 董政，黄文慧. 沉管钢筋笼全断面整体置换法[J]. 中国港湾建设，2015，（7）：92-95.

[4] 唐三波，刘远林. 钢筋笼顶推系统[J]. 中国港湾建设，2016，（7）：39-42.

[5] 张洪，范卓凡，刘然. 港珠澳大桥岛隧工程沉管预制模板施工工艺[J]. 中国港湾建设，2015，（7）：57-60.

[6] 邹正周，季拥军，缪永丰. 超大型沉管顶推姿态监控技术[J]. 中国港湾建设，2016，（7）：63-65.

[7] 邹正周，胡志远，季拥军. 港珠澳大桥沉管预制端钢壳测量技术[J]. 中国港湾建设，2016，（7）：1-4.

"捷龙"轮艉喷管快速接头改造[*]

卓震东

(中交广州航道局有限公司海洋分公司,广州)

摘 要: 港珠澳大桥岛隧工程为保障基础施工质量,需在每道工序前进行清淤,清淤任务主要由专用清淤船完成。专用清淤船排泥管线快速接头是连接船上排泥管线和水上排管线的必要设备,快速接头的优劣直接影响船舶施工效率。通过对快速接头优化,有效提高了施工效率,实现了排泥管线快速对接。

关键词: 快速接头;缺陷;改造;安全;快速

1 概 述

"捷龙"轮是由荷兰 IHC 公司于 1994 年制造,船长 120 m,型宽 14.9 m,满载平均吃水 2.15 m。由于港珠澳大桥岛隧工程建设需要一艘清淤专用船,要求清淤专用船除了在沉管基槽施工外,还必须具备在碎石基床铺设后能在碎石垫层上的清淤功能,2012 年底"捷龙"轮在广州文冲船厂完成由"绞吸船"改造为"外海深水专用清淤船",桥梁架长度 80 m,最大挖深-50 m,生产量 2000 m³/h,生产范围吸淤,最大排距 9000 m,吸排泥管内径 400 mm,船艉采用快速接头与排泥管线连接。由于潮水对专用清淤船的影响比较大,留给专用清淤船用于清淤的时间非常少,需要利用船艉快速接头"方便、快捷"的优势缩短施工展布时间,提高船舶施工效率(图1)。

2 原接头存在问题

原船艉快速接头于 2012 年由文冲船厂设计制造的。在港珠澳大桥岛隧工地交付使用了三个多月后,这种结构的快速接头慢慢凸现出它的缺陷:

---

[*] 本文曾刊登于《公路》2018 年第 8 期。

图 1 "捷龙"轮照片

1）由于船舶施工时间不连续，每一个管节施工完成后都需要等待下一次的施工安排，需要经常移动船舶，拆、接管线。拆、装舭管都是临水作业，作业人员都是站在水上管线上施工，同时还需要起锚艇和船艉吊机配合施工，由于需起吊水面物件，起吊重量受海浪影响很大，严重影响吊机起吊安全，对作业人员和设备都存在较大的安全风险，特别是风浪大时更加危险，见图2。

2）拆、装舭管时至少需四五个人配合才能作业，风浪大时需要更多的人员配合；而且作业时间长，天气条件好时都需要 3~4 h 才能接驳好管线，基本上没有起到快速拆装的目的（图3）。

图 2 拆、装舭管 　　　　　　　　图 3 接驳舭管

3）快速接头的雌、雄接头对接后主要是靠橡胶密封圈密封，理论密封效果好。实际上，由于设计时雌、雄接头对接是锥度连接，密封胶圈的安装位置是在密封面的锥面上（图4标号2），在安装在雌、雄接头时，接触面清洁度要求很高，而且雌、雄接头安装必须完全到位，才能有较佳的密封效果。由于港珠澳大桥岛隧工程的施工条件的特殊性，

造成船舶在施工过程中会有一定的间歇期，船舶需拆卸管线离开施工现场。由于安装快速接头是在海面上作业，雌、雄接头清洁工作难度非常大，一旦没有清洁干净，造成雌、雄接头对接不到位，间接变成密封胶圈不匹配，出现漏泥漏水现象，造成海水污染和淤泥回流。同时在拆装过程中，由于挤压严重，密封胶圈非常容易损坏，胶圈损坏后再使用时就很容易损伤连接锥面，影响密封效果。因此此类快速接头基本上使用三四次后就需要维修，每次维修都要花费 10 d 左右的时间。在维修过程中，必须把雌、雄接头锥面先光车，然后重新填焊再上车床配车，才能确保密封性，所以维修成本也比较大。由于快速接头的修理时间长，为了不影响船舶的施工，必须制造一套备用快速接头。

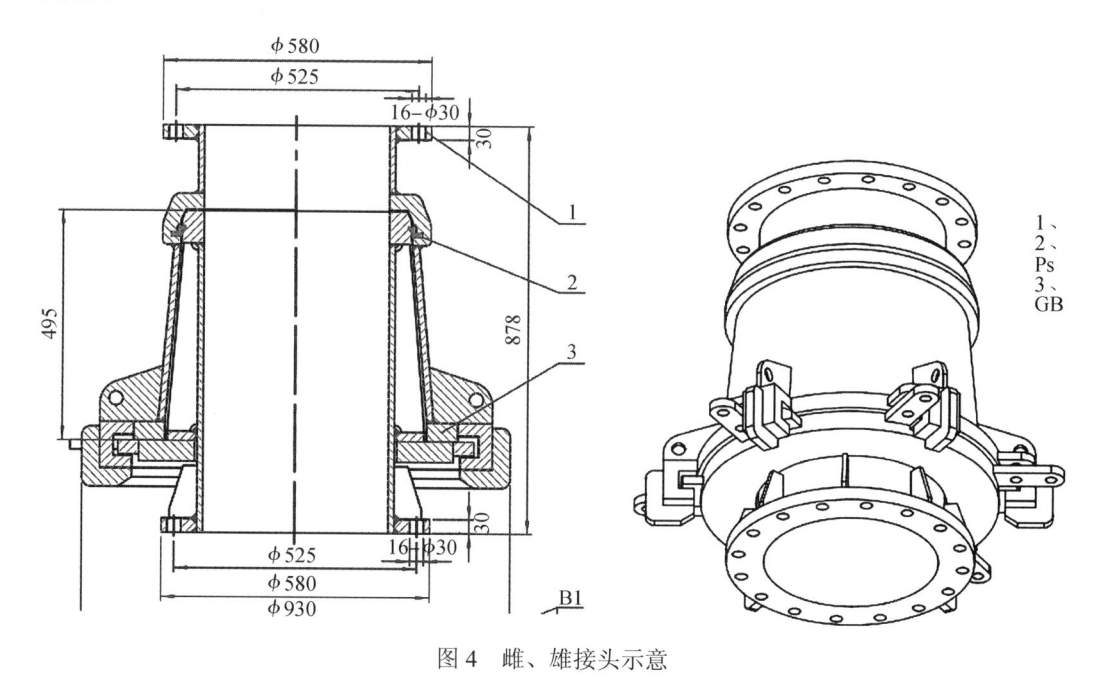

图 4 雌、雄接头示意

3 快速接头设计研发

1）为了解决以上问题，中交广州航道局有限公司港珠澳大桥岛隧项目部决定对该快速接头重新进行设计改造。项目部技术人员和船舶管理人员针对这种快速接头存在的每一个重大缺陷进行分析，并找出相对应的改造方案。

2）首先由于作业人员临水作业安全风险大，必须改造成甲板作业。其次为了实现施工展布时快速接头操作简单、方便、省时、省力，必须对快速接头的连接结构进行改造。为了提高快速接头的密封性能和使用寿命，减少维修成本，必须对快速接头的接合结构进行改造（图5）。

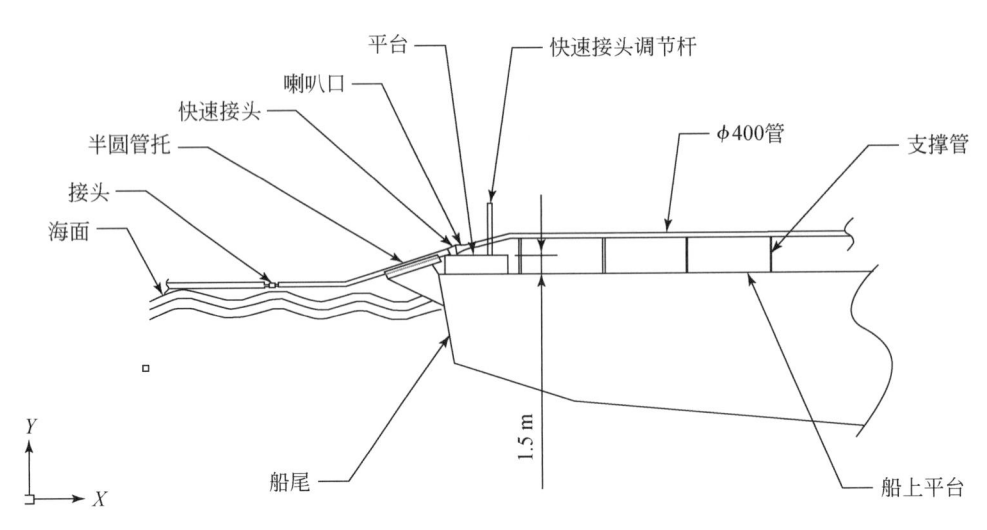

图 5　改造后的快速接驳平台

①艉吹浮体是因为防止艉快速接头在自浮管艉端下沉而设置的，当改成甲板作业时就因此无须再用艉吹浮体；由于船舶艉部锚缆机都是在船舶左侧，在缆绳至住舱范围内是没有位置安装排泥管线，船艉旋转艉喷管和船艉底部平台也必须拆除。然后在船舶左艉部新制一个约 2 m×3 m 的工作平台，为了避免影响左艉锚缆钢丝的工作和拆装作业人员的安全，该工作平台放置在船舶左舷艉部距离主甲板高约 1.2 m 处；同时在主甲板面锚缆绳经过的位置加装简易导缆滚筒，以防作业时缆绳断裂伤到作业人员。为了方便拆、装艉管，根据自浮管的直径，在平台的艉部加装一个前部直径为 810 mm、后部直径为 1000 mm、长约 2 m 的半圆喇叭形滑槽，滑槽保持一定的角度向后倾斜（大约 30°），伸出船体 2 m 左右；雌接头安装在排泥管末端并固定，在排泥管上焊接一个吊耳，用于悬挂吊装自浮管线的手拉葫芦，雄接头安装在自浮管线上。安装管线时可以利用船艉吊机协助吊排泥管线至滑槽上，再用手拉葫芦把管线和雄接头拉上来与雌接头对接；拆卸管线时只需打开快速接头保险销，旋转双向螺杆，松开弧形活动挡圈后，在风浪的帮助下，利用管线的重力和惯性或使用左前、右前锚绞缆机把船往前移，雄接头就可以顺着半圆喇叭形滑槽向下滑动，雌、雄接头最终分离，起到快速拆卸的功效。雌、雄接头在分离的过程中完全是靠机械操作，拆卸接头人员只需站在旁边指挥驾驶台操作人员即可，基本上没有任何大的安全风险。

②雌、雄接头对接好后，雄接头必须固定在雌接头上。为了实现船员在操作过程中能够安全快捷，在雌接头的后端开一圆弧形槽，利用轴用挡圈原理，在圆弧槽里安装两件弧形活动挡圈，组合成一个轴用挡圈（图 6），两件活动挡圈的一端分别用销子固定在雌接头上，另一端分别安装一个不同方向的螺纹套，两件弧形活动挡圈使用一套不同方向的双头螺栓连接起来（图 7），双头螺栓中间制作成六角螺母形状，套上一个适合的套筒扳手，用于松开和收紧活动挡圈；为了防止在施工过程中雄接头滑脱，在活动挡圈的活动端各加工一个保险销子孔，在雌接头上安装两个和安全绳保险扣原理一样的两个保险销子。当船舶需要施工时，雌、雄接头对接好后收紧活动挡圈，插入保险销子；当船

舱施工完成后，需要拆卸管线时，拔出保险销子，松开活动挡圈后，雌、雄接头就可以顺利分开了。

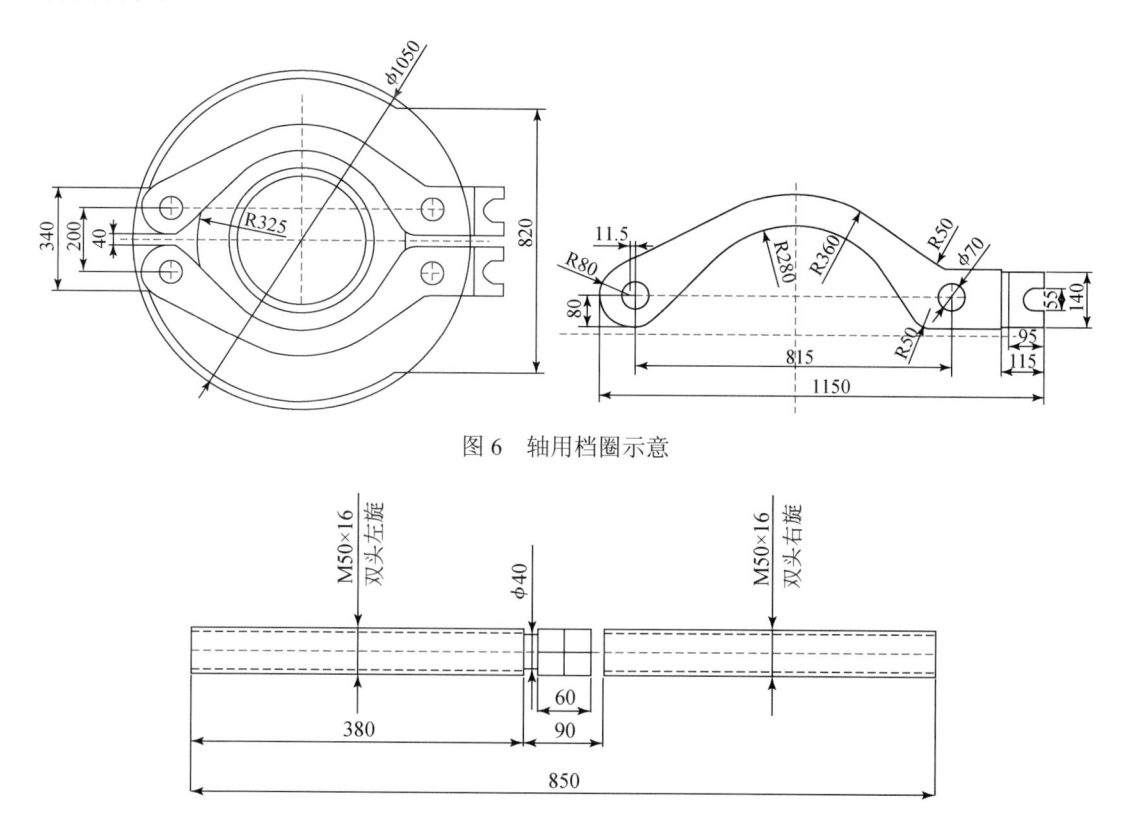

图 6 轴用挡圈示意

图 7 双头螺栓连接示意

③原雌、雄接头对接后是靠六件经过加工后焊接在雄接头上的锥度铁块，利用挤压原理，使用手锤轮流敲打到位，然后用螺栓把雌、雄接头固定。由于在安装、敲打过程中，铁块与铁块的挤压，使得铁块接触面磨损严重，拆、装几次后就可能无法安装到位了，再加上原快速接头密封圈是安装在锥面上，如果安装不到位就容易造成漏水。为了解决密封性问题，在设计时就考虑雌接头安装在排出管上并固定，密封圈安装在雌接头上，与密封圈接触的平面必须是在平直圆形密封面；同时为了避免雌、雄接头由于使用时间长或拆装次数多后，因磨损和腐蚀可能造成的安装到不到位，在雄接头上的密封面的长度是密封圈宽度的两倍；而且雄接头上的密封面在精加工前先采用 316 不锈钢材料填焊处理，然后上车床车配光滑，以防止海水的腐蚀，延长使用寿命；密封圈采用单唇无骨架橡胶密封圈，可以利用排出水的压力反压密封橡胶圈唇边，能起到更好的密封作用，见图 8 和图 9。

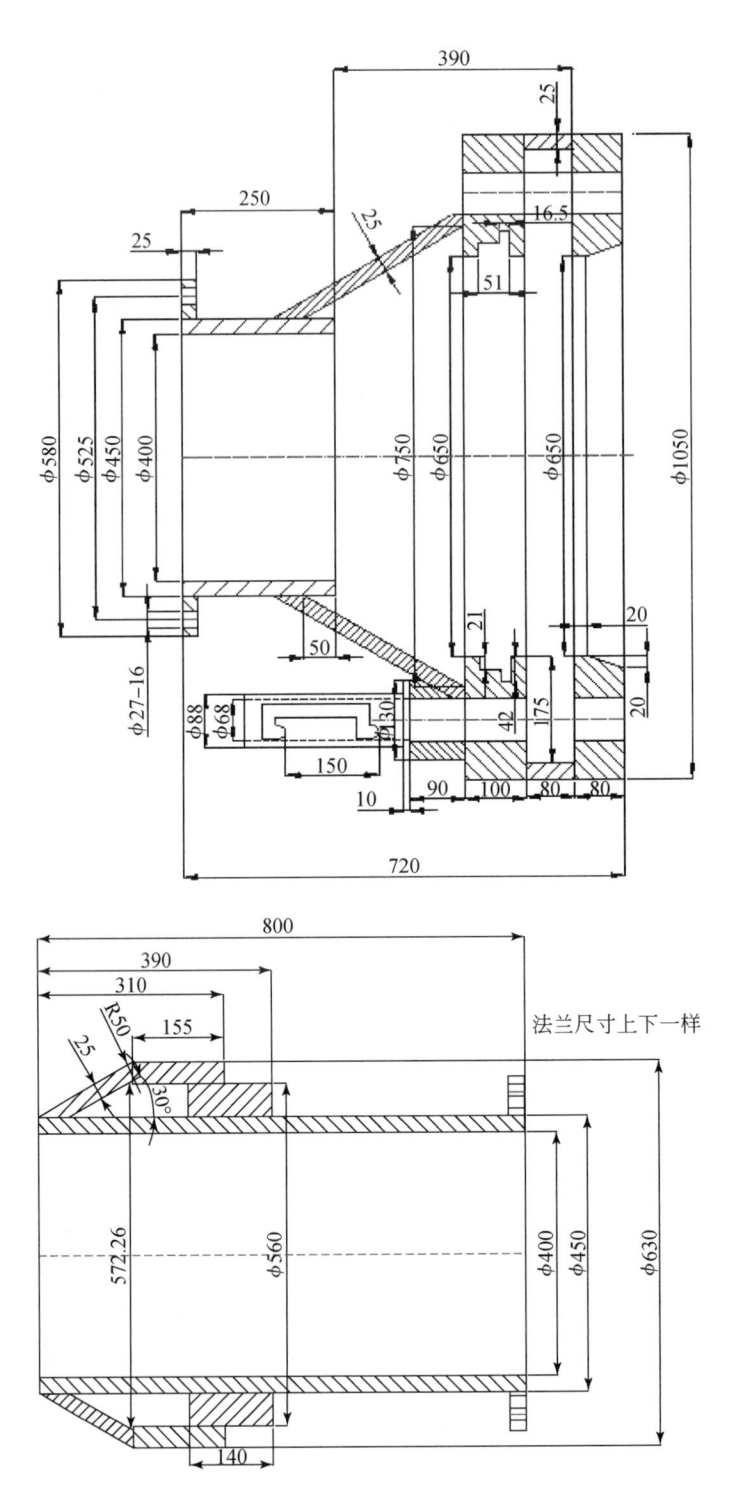

图 8 雌、雄密封面示意

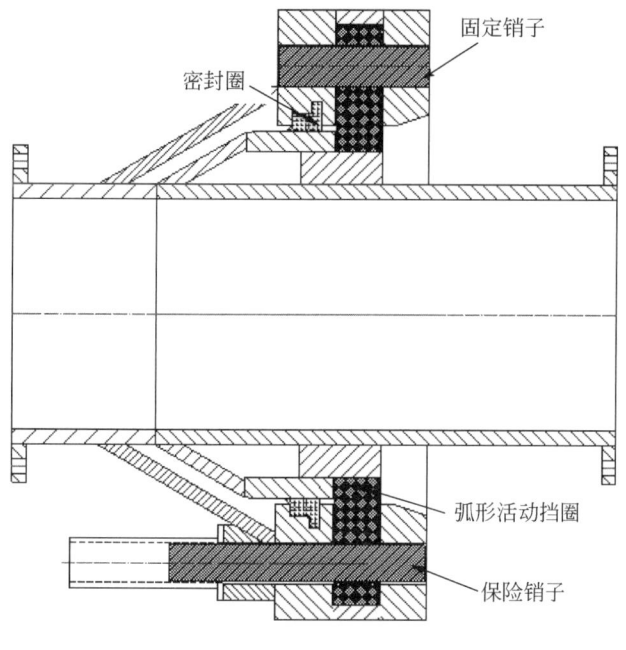

图 9 密封圈示意

4 实施效果

经过重新设计、新制的船艉快速接头从 2013 年底开始使用，到 2017 年 5 月份"捷龙"轮顺利完成港珠澳大桥岛隧项目全部清淤施工任务，再也未出现过漏泥、漏水现象，其间也没有对快速接头进行过任何维修，施工间歇期间船舶维护人员只需要对快速接头进行日常维护保养，检查橡胶密封胶圈，必要时更换橡胶密封胶圈；安装快速接头时也只现场需要一个人操作，二个人配合，在主甲板上操作 20 min 左右就能完成安装任务；拆卸快速接头现场只需要一个人操作，驾驶台操作人员配合，5 min 左右就能完成拆管任务。由于全部操作都是甲板面进行，海面风、浪、流对拆、装快速接头的影响非常小，除在极端天气下，其他时间均可以进行，见图 10。

图 10 船艉快速拆、装

5 结　　语

近年来各种各样的快速接头在绞吸挖泥船上得到了广泛的使用，使用快速接头对接管线与传统工艺上的法兰对接方式相比，可以大大降低管线人员在施工作业时的安全风险和劳动强度，同时也缩减了船舶施工展布的时间，提高了船舶的有效作业时间，有效降低了施工作业成本。

深水基槽高精度清淤施工技术研究[*]

陶宗恒，何　波

（中交广州航道局有限公司，广州）

摘　要：本文依托港珠澳大桥岛隧工程沉管隧道基槽清淤施工实践，通过深水清淤关键技术与装备研发，在深水基床面上首次实现了高精度定点清淤，有效解决了槽底变坡度清淤及已安放钢端门前高精度清淤的施工难题。

关键词：深水基槽；高精度；定点清淤；清淤难题

0　引　言

港珠澳大桥岛隧工程所属伶仃洋海域是珠江干系出海口，气候多变，海况复杂，过往船舶频繁，且周边水域存在大规模采沙等水下作业活动。岛隧工程沉管隧道基槽最大开挖深度达 50 m，开挖泥层厚度最大达 30 m 以上，且几乎垂直于水流，基槽开挖与后续基槽基础处理施工作业的时间跨度大，因此施工期间基槽容易产生淤积，甚至发生骤淤等异常现象。隧道基槽工序繁多，涉及精挖、抛石夯平、碎石垫层铺设等基础处理工序，其间如基床回淤物超标，将严重影响基础处理的质量，可能导致管节产生不均匀沉降、管节受力不均衡等质量风险。

1　概　述

港珠澳大桥沉管隧道总长 5664 m，基槽底宽 41.95 m，底标高 -16.3～-48.5 m，纵向底部呈 W 型，设置了 3.098%、2.996%、1.613%、1.49%、0.3% 等多种坡率组合，基槽回淤物主要为淤泥及淤泥质土。基槽槽底清淤施工设计要求远远超过了常规的疏浚施工技术要求，清淤质量要求高、施工精度控制严格、难度大，清淤过程中不能破坏已完成基床，尤其是在临近已安沉管钢封门前范围内清淤具有相当高施工安全风险，现有的常规疏浚工程船舶及施工技术难以完成该项特殊清淤施工任务，需要克服如何满足高达

---

[*] 本文曾刊登于《公路》2018 年第 8 期。

50 m水深条件下高精度清淤、如何实现深水满足保护基床情况下高效清淤、如何解决基槽多变坡比清淤施工等难题。

2 设备改造

鉴于普通疏浚设备难以满足高标准清淤技术要求，必须重新进行系列研发以满足工程要求的施工设备，经过多方面调研、分析，决定改造现有深水取砂船"捷龙"轮为专用深水清淤船。

在原船型基础上通过升级改造实现深水定点清淤，是国内外疏浚工程技术的一次创新。主要研究成果如下：

1）设计研发轻质桥梁，在原船现有条件下增加清淤深度，需要设计足够长度的桥梁，并且桥梁重量需要限制在已有设备的起吊能力范围，采用新型的浮力桥架结构可解决这个难题。创新研发一套刚性轻质量桥架，采用倒三角形桁架结构及合理的桁架式浮力结构设计，配合多吊点恒张力系统调整各吊点受力，确保清淤船80 m长桥梁架刚度好、重量轻的同时满足水深-50 m精确施工要求，详见图1。

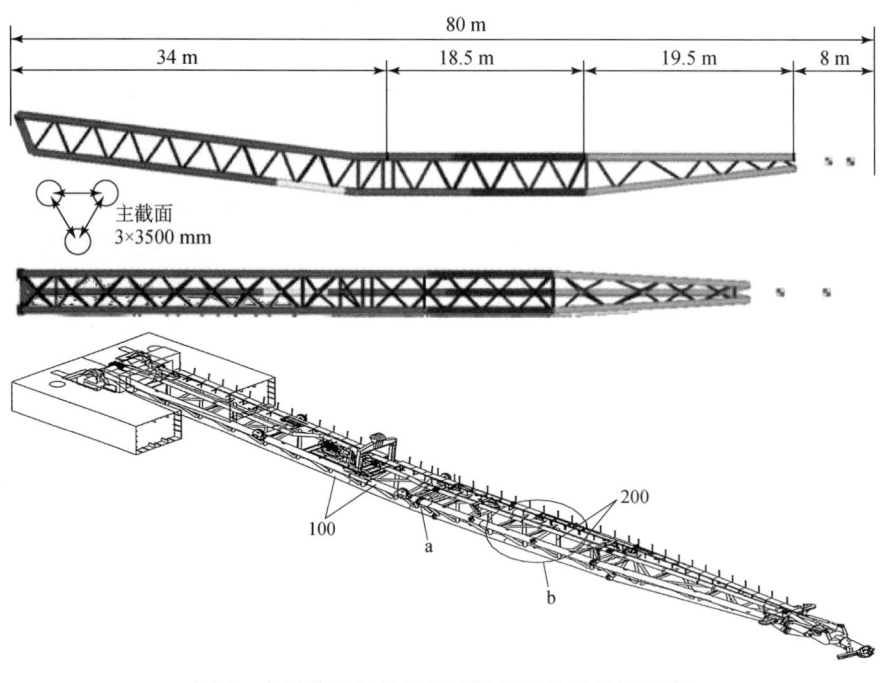

图1 专用清淤船轮轻质刚性桥梁架结构示意图

2）研发的吸淤头既满足常规坚硬的底部清淤，还满足在特定基床面上清淤的要求，实现了提高清淤效率，有效防止在清淤过程中对清淤基槽床面损坏的目的。主要从基槽床面防损系统，吸淤头从连接的结构形式、PLC控制系统、液压控制系统三个方面进行设计，把基于实时动态的位置、角度定位技术与液压控制操作技术结合起来，应用传感器、网络通信、计算机、液压系统、机电一体化、结构优化设计等，实现清淤施工过程可视、可控与动态操作（图2、图3）。

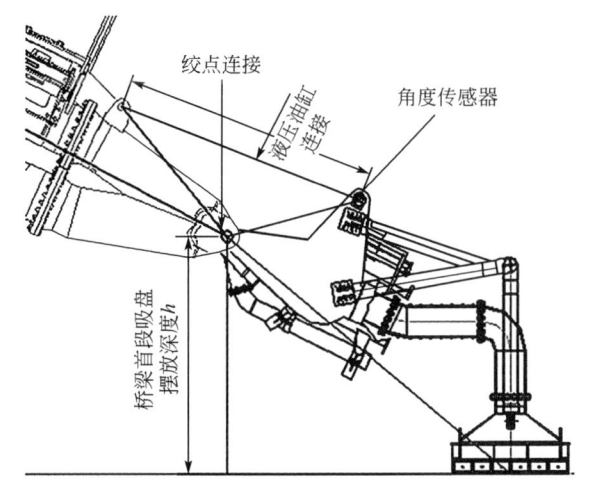

图 2 专用清淤船吸淤头结构示意图

图 3 专用清淤船吸淤头

3）研发的高精度定位系统，可修正因 80 m 长轻质桥梁产生变形等因数导致的吸盘定位精度，利用水下压力传感器、双向角度传感器、行程传感器等获取吸头定位多种测量数据，通过迭代分析计算实现吸头的精确定位。对改造后的 80 m 柔性轻质桥梁加装 2 个高精度压力传感器进行桥梁深度测量，桥梁首段利用角度传感器测量吸盘摆动深度和姿态，并通过音叉式高精度密度仪、产量计、高清摄像头实现清淤效果的实时监测。

4）改造增加了设备包括重新配置多个管路系统、新技改的甲板泥管系统、RTK 接收机、传感器、通信网络、计算机、微控制器、PLC、接口电路等，提升了船舶的高精度清淤性能。

3 施工工艺研究与实施

隧道基槽槽底平整度高差范围为 -60～+40 cm，为确保吸淤头的安全，清淤船通常采用垂直于基槽顺流"六锚定位"布锚、"定点盖章"式清淤施工工艺（图4）。清淤船定点清淤施工时，利用清淤监控系统的泥浆密度显示和水深测量装置进行清淤施工监测。当清淤点的浓度和水深达到设计要求后，通过收放锚缆移动船舶至下一个清淤点，清淤整体施工顺序呈"S"形布置。完成单点清淤后，系统会记录清淤轨迹。施工过程中，可根据设计提供的槽底最大安全负荷，设定吸淤头液压恒压模式，通过恒压模式设定吸淤头对地安全压力值，既能确保吸淤头不对槽底造成破坏，又能实现吸淤头紧贴槽底，达到安全、高效清淤的目的。

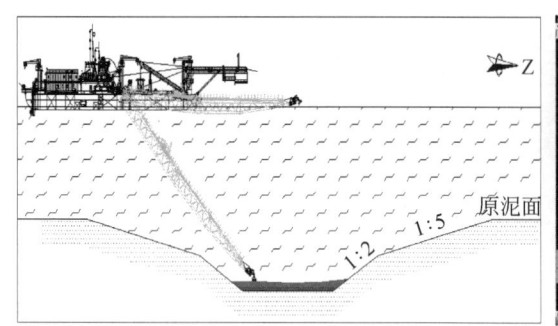

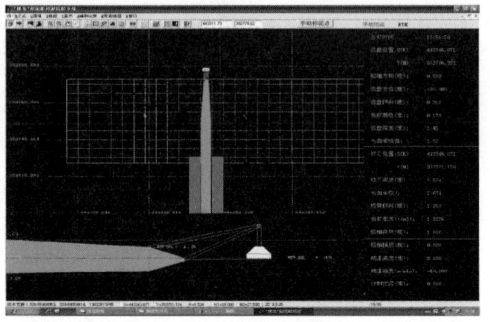

图4 专用清淤船定点清淤施工示意图（垂直于基槽，"定点盖章"式清淤）

施工过程中，通过自行研发的"精确清淤计算机测控系统"的"GIS 电子图形系统"，可实时在计算机屏幕显示、监测开挖深度，并自动生成开挖记录文件，对每一个定点清淤位置及完成深度进行记录，便于后期检测比对。"捷龙"轮定点清淤施工导航网格示意图及清淤监控系统轨迹记录见图 5、图 6。清淤施工中，"捷龙"轮通过长约 1000 m 的排泥管线，采用过渡接头与水上管线相连实现装驳，将清淤泥浆通过排泥管线输送至锚泊的自航泥驳，满载后运至卸泥区抛卸。

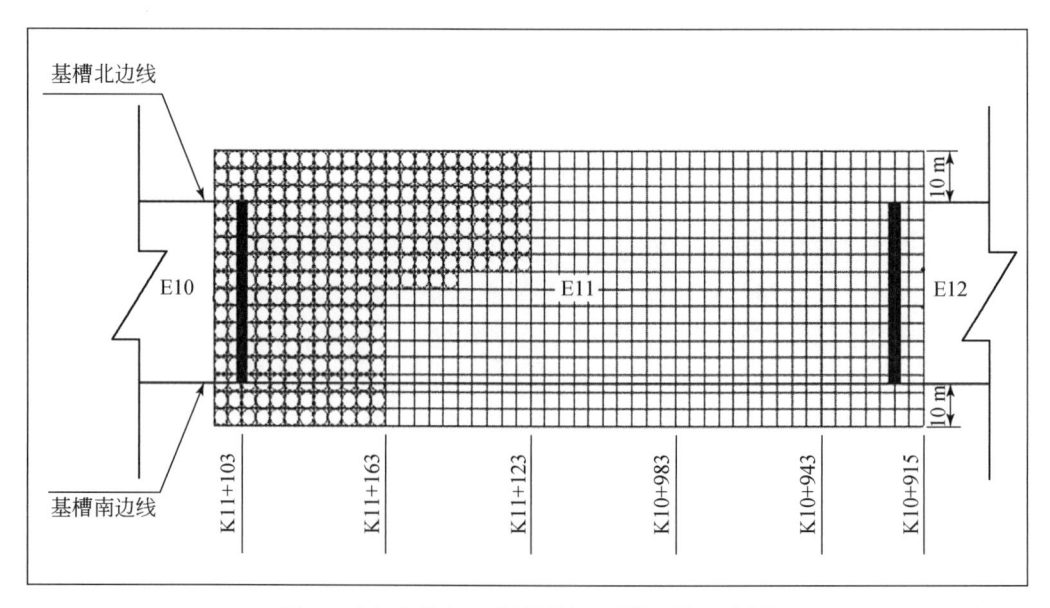

图5 "定点盖章"式清淤施工导航网格示意图

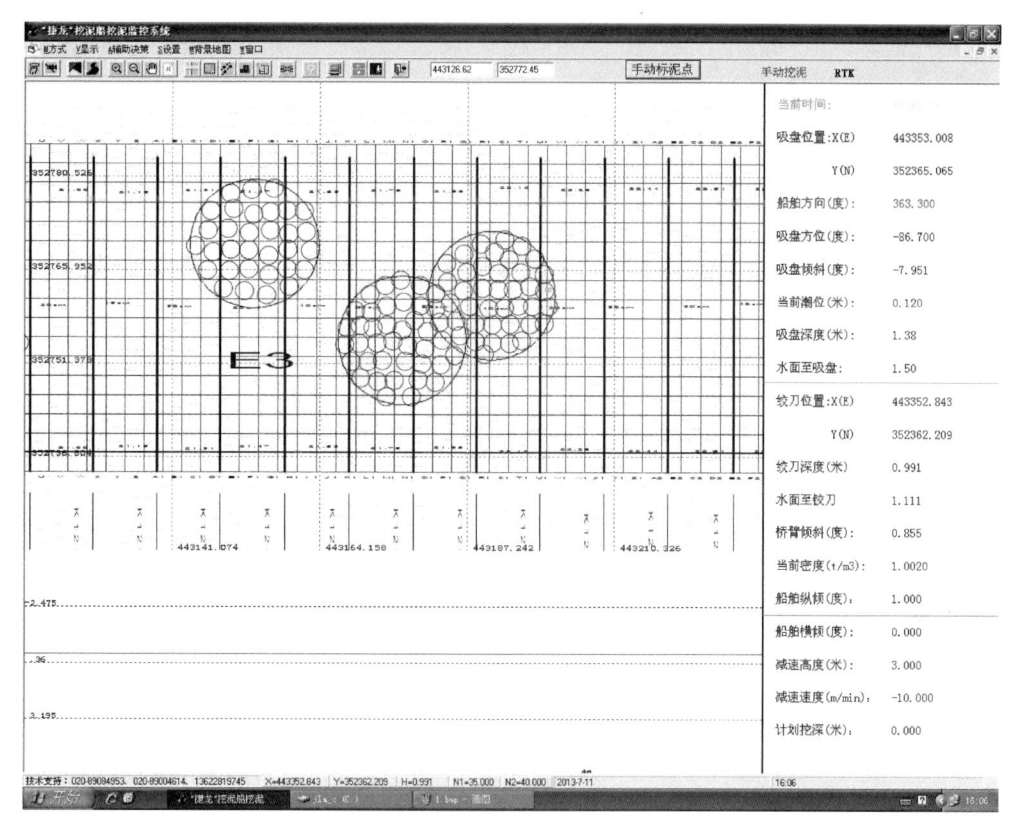

图 6 "定点盖章"式清淤监控系统轨迹记录示意图

在作业空间受限情况下，尤其是在临近已安沉管钢封门前范围内清淤具有相当高施工安全风险，对吸淤头平面定位及高程控制要求都非常高的情况下，仅能采用精度控制高的定点清淤船，之前国内没有适合的清淤设备与技术（图 7）。

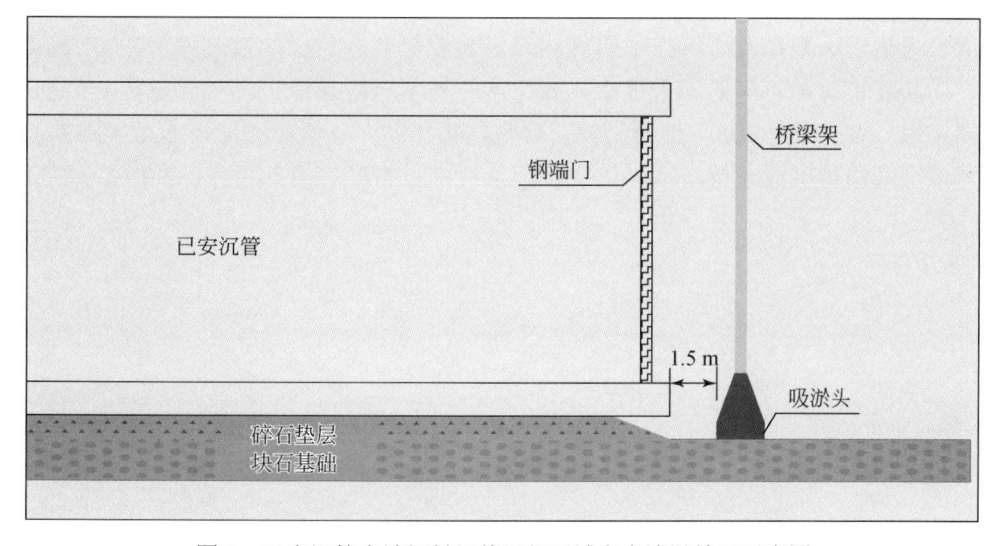

图 7 已安沉管末端钢封门前局部区域定点清淤施工示意图

"定点盖章"式高精度清淤施工工艺成功的研发与实施，解决了基槽多变坡比清淤施工的技术难题，实际效果显著。

4　施工质量控制

1）施工前进行典型施工，掌握高精度定点清淤施工控制要领与施工参数，优化清淤工艺。结合施工环境合理进行分段、分条施工。

2）在施工前和施工过程中，定期组织对专用清淤船吸淤头、测量设备、专用清淤船的清淤控制系统、GPS-RTK平面及深度定位系统的精度进行校验，确保满足相关规范的精度要求。

3）施工过程中，清淤操作手严格按挖泥轨迹显示系统所显示信息严控作业范围及深度。

4）加密施工过程检测工作频率，以防止漏清、欠清，实施全过程监控确保工程质量，须保证检测数据的可靠性和准确性，可与人工潜水探摸结果及取样相结合。

5）基槽清淤的施工检测主要是通过多波束水深检测、音叉密度仪密度检测、人工探摸与取样等途径，分析和控制施工质量。

5　结　　语

深水基槽槽底高精度清淤施工技术已成功应用于港珠澳大桥岛隧项目清淤工程。将高端研究技术与工程实践相结合，通过对深水清淤系列技术的研究和设备研发，有效地提高了清淤施工效率，成功地解决了港珠澳大桥施工中遇到的技术难题。

深水基槽槽底高精度清淤技术研究成果对疏浚行业有积极的推进作用，对加快施工进度、提高建设质量、降低工程造价、减少施工安全风险和保护环境等发挥了特别显著的支撑作用。随着深中通道、琼州海峡、渤海海峡和台湾海峡跨海建设通道等陆续启动，深水基槽槽底高精度清淤技术成果的应用前景广阔且将产生更加可观的后续经济效益。

外海沉管隧道最终接头清淤技术

陈 林[1]，何 波[1]，杨秀武[2]

（1.华南理工大学，广州；2.哈尔滨工程大学，哈尔滨）

摘 要：针对港珠澳大桥岛隧工程最终接头清淤施工超常规的工况条件，应用专用清淤船，通过模拟试验，优化布点方式，并采取有效措施降低施工风险。本文对清淤作业条件、风险分析及实施过程做了详细介绍，希望能对今后类似极端工况下的清淤施工有所借鉴。

关键词：港珠澳大桥岛隧；最终接头；清淤

1 概 述

港珠澳大桥岛隧工程沉管隧道最终接头位于 E29 管节与 E30 管节之间，采用"三明治"结构，整体呈楔形，底宽 9.6 m，顶宽 12.0 m，见图 1、图 2。在 E29～E30 管节尾端均有钢端门（图 3）。E29 管节尾端（东侧）与 E30 管节尾端（西侧）中轴线位置均设置导向托架和保护罩，中轴线两侧对称设置两个 120 t 系缆柱[1]。基槽槽底临近各管节尾端均已铺设宽约 2 m 的碎石垫层，清淤的施工范围仅为未铺设碎石垫层的抛石夯平面，清淤长度 42 m，宽度 5.6 m，清淤高程约为-28.7 m；抛石夯平面上的回淤物主要为厚度 0～50 cm 黏性较强淤积物。

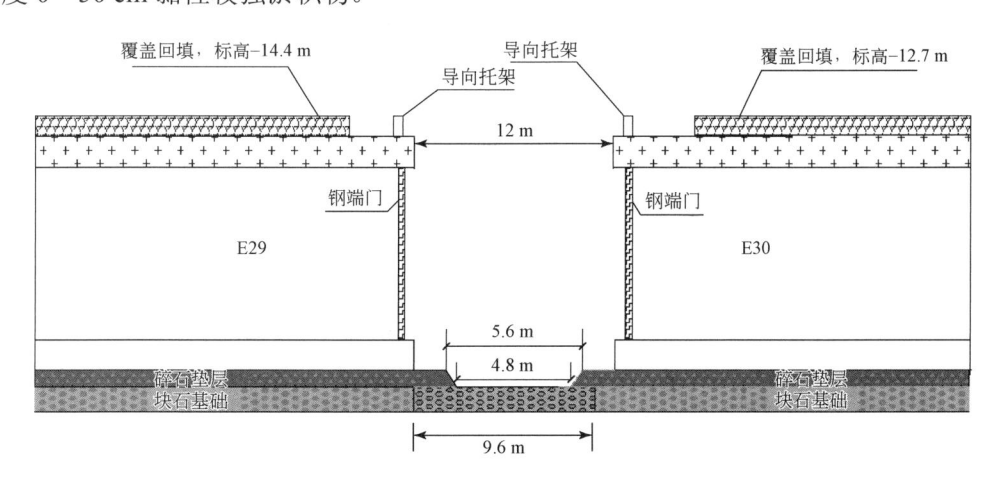

图 1 最终接头位置示意图

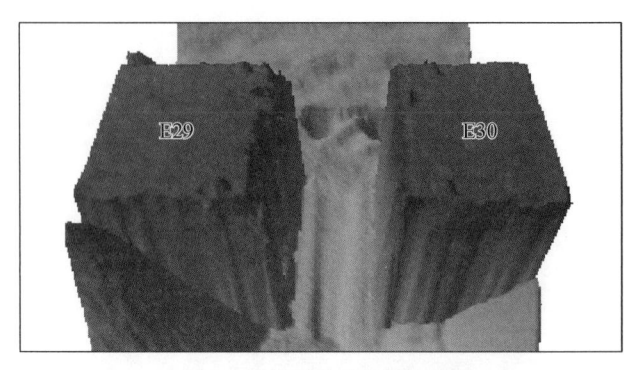

图 2　最终接头实测效果图

图 3　沉管末端钢端门正视图

2　工 艺 选 型

最终接头清淤水深大且区域狭小，若采用耙吸船、抓斗船等设备清淤，显然不可行；若采用碎石整平船清淤，则清淤效率低，施工工期无法满足要求；若采用劲马泵清淤，则柔性连接方式将导致施工操作困难，清淤效率低，同样无法满足施工要求，因此我们利用现有设备，选择专业清淤船"捷龙"轮利用定点"盖章式"清淤工艺完成此施工任务。

专用清淤船由深水取砂船"捷龙"轮技改而成（船舶参数见表 1，船实景照片见图 4），采用六锚定位、定点"盖章式"清淤施工工艺。清淤船定点清淤施工时，利用清淤监控系统的泥浆密度显示和水深测量装置进行清淤施工监测。当清淤点的浓度和水深达到设计要求后，通过移至收放锚缆移动船舶至下一个清淤点。完成单点清淤后，系统会记录清淤轨迹，操作人员可根据清淤覆盖情况，进行局部加密补吸。施工时，将施工导航文件导入清淤监控系统中，系统自动实时显示吸淤头位置与施工文件所划分的子区域逐个对照吸淤或抽吸。为确保吸淤头下放过程中，最大限度地避免对基槽槽底面造成撞击破坏，吸淤头与桥梁架的连接采用铰接结构，通过液压装置实现吸淤头的平稳收放[2]。

表 1 专用清淤船基本参数表

船舶指标	数值	船舶指标	数值
标准生产量/(m³/h)	2000	最大挖深/m	−50
生产范围	吸淤	排距(max)/m	1 000
吸淤管内径/mm	400	排淤管内径/mm	400
桥梁架长度/m	80	桥梁最大倾角/(°)	40
满载吃水/m	2.15	空载平均吃水/m	1.46 m
总长/m	120	总吨位/t	1 384 t
型宽/m	14.9	型深/m	4.5 m

图 4 专用清淤船"捷龙"轮

3 施工风险分析

专用清淤船"捷龙"轮为锚缆系定位"庞然大物"，其桥梁近 80 m、桥梁最大宽度达 4.2 m，清淤吸头宽度超过 2.0 m，在外海水文条件复杂多变的情况下，纹丝不动的就位和伸进水下垄口作业，任何一个外界的干扰或细微的操作疏忽都会带来不可接受的后果。因此，我们结合施工工况、专用清淤船结构特点等因素分析，梳理出如下重大施工风险点：

1）专用清淤船六锚定位布锚所采用的钢丝锚属柔性，正常风浪流都会造成桥梁有一定的偏移，在大风浪、龙口紊流、船行波等情况下，更容易造成桥梁与吸淤头移位、偏荡，加大施工过程中桥梁架碰触钢端门的风险[3]。

2）最终接头整体呈楔形，底宽 9.6 m，顶宽 12 m，施工区域狭窄。经量测，靠吸淤头端的桥梁宽度达到 4.2 m，为确保桥梁不碰触已安管节，清淤过程中几乎不允许桥梁左右摆动（图 5、图 6），施工操作难度极大。

3）专用清淤船下放过程中桥梁轴承不可避免地产生摆动，将导致桥梁顶端出现偏移；另外，船舶现有清淤监控系统仅能对俯视角度的桥梁、吸淤头进行控制，桥架下放、起离过程无法监测摆动轨迹，导致桥梁下放、起离过程中碰触钢端门的风险极大。

4）如施工过程中出现设备故障、外界干扰等应现象需升放桥梁时，因桥梁起离速度慢（1.8 m/min），在应急情况下桥梁起离需要时间长（约 8 min），长时间应急过程加大碰触钢端门的风险。

5）施工区域狭窄，操作精度要求极高，作业过程中操作人员思想压力大，存在较大的人为操作不当或应急反应慢等安全隐患。

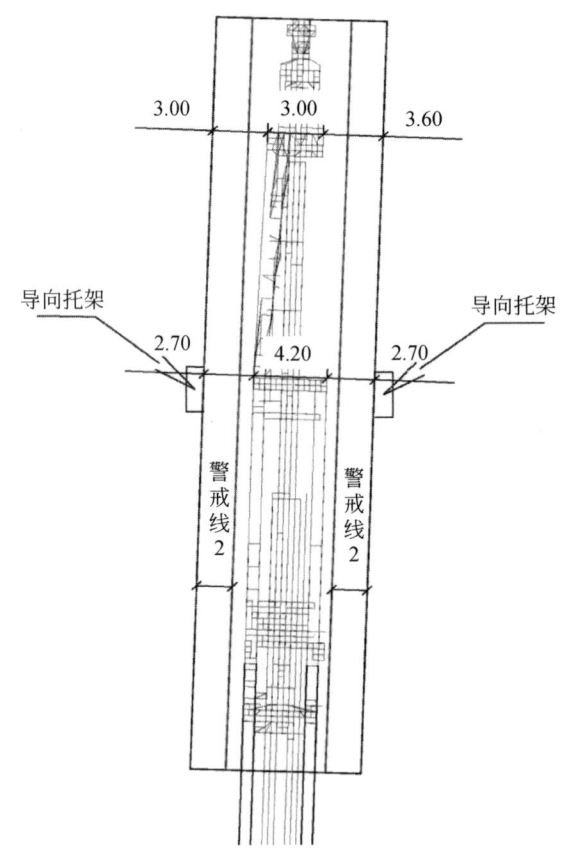

图 5 "捷龙"轮清淤最终接头清淤施工局部放大示意图（北端）（单位：m）

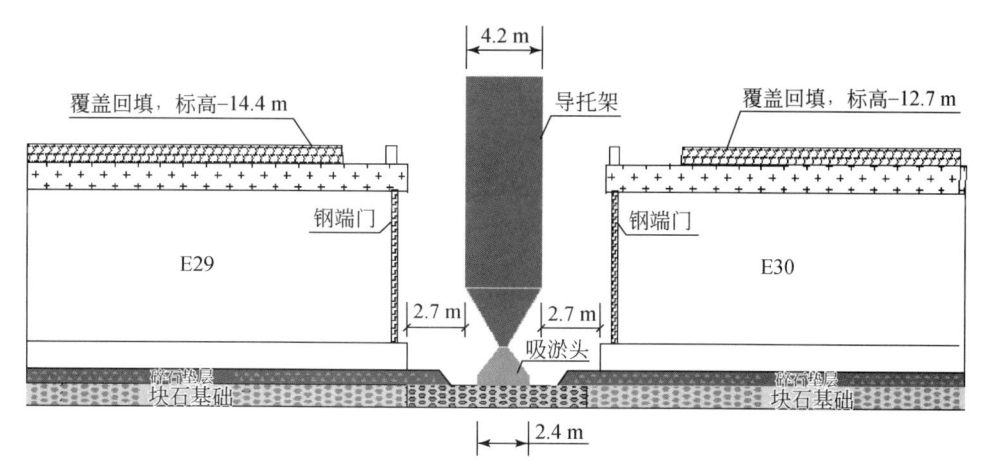

图 6　钢端门前清淤施工布置（立面）示意图

4　模拟试验

由于专用清淤船在最终接头处清淤施工风险极大，为了摸清最终接头龙口的风、浪、流等因素对船舶清淤施工影响，我们在隧道基槽最终接头南侧延伸线边坡上进行清淤模拟试验。试验区域南北长 42 m，东西宽 9.6 m，东西两侧向内 2 m 设置警戒线（图 7）。

专用清淤船清淤试验安排在涨退潮较小时段，施工方向为由南向北，单点步距 2.8 m，吸头不触底下放 20 m 深度。本次清淤试验共设模拟点 18 个，施工过程中桥梁及吸头控制在 5.6 m 范围警戒线之内，没有出现越出边线的情况，操作平稳可控，清淤试验轨迹见图 8。

5　实施过程

（1）选择合适清淤时机

根据国家海洋环境预报中心潮汐预报，2017 年 4 月 20 日正值小潮时段，上午 7∶00～12∶00 潮位变化 0.2 m 以内，最终接头龙口流速 0.2 m/s 以下，潮汐预报图见图 9，是非常合适清淤时机。

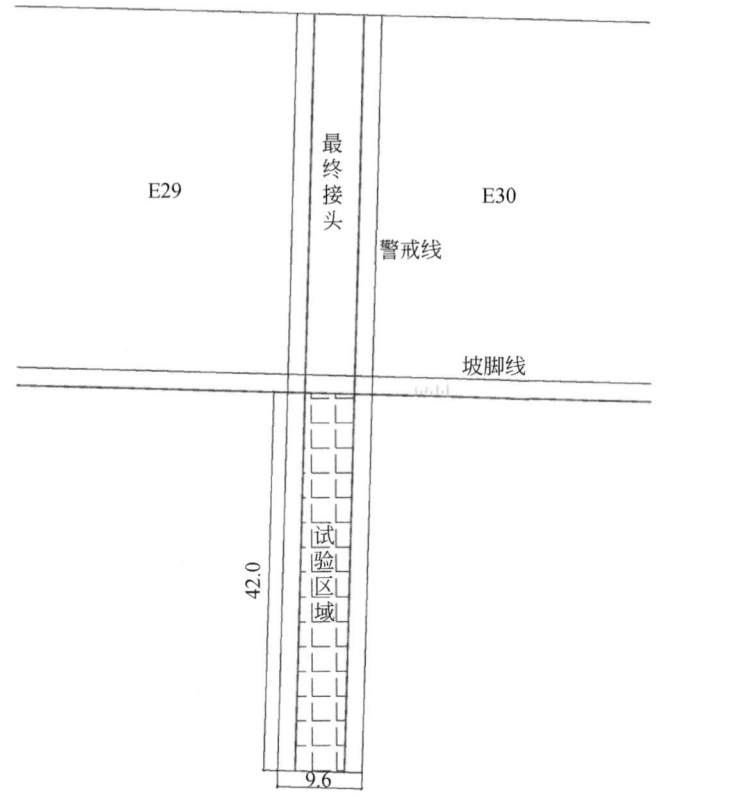

图 7　第一次清淤试验平面布置图

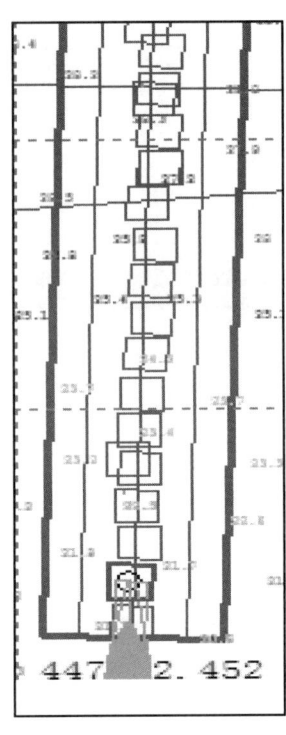

图 8　清淤试验轨迹图

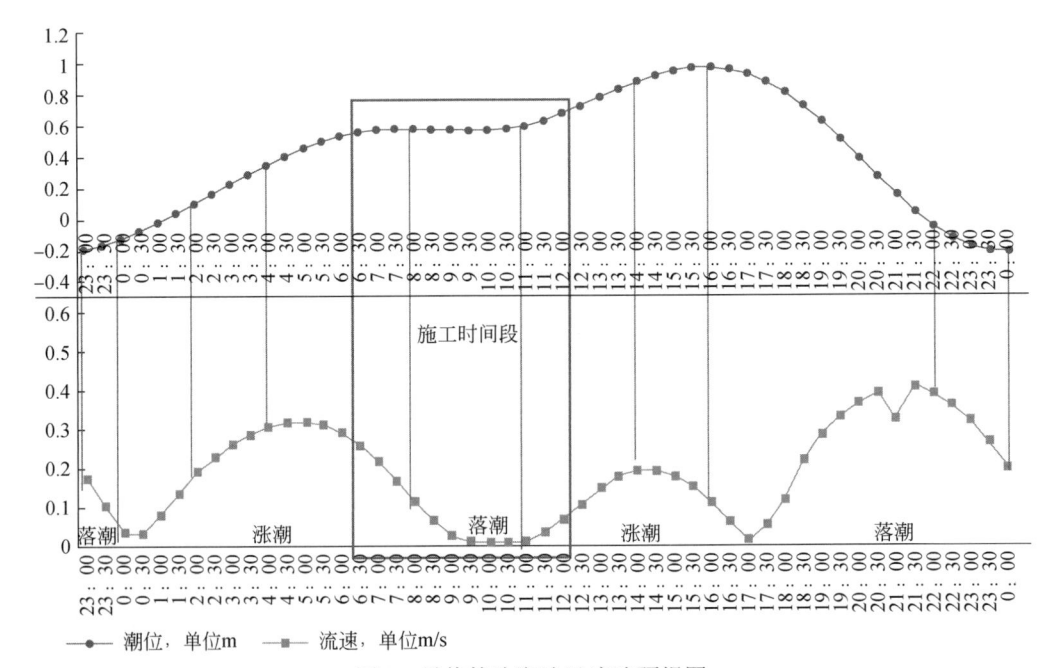

图 9　最终接头潮汐及流速预报图

（2）创造良好作业环境

1）为减少高速大型船舶航行波可能对清淤施工带来的影响，清淤作业前，通过广东省海事局发布航行通告，要求伶仃航道 A1 至广州港 2 号灯浮之间和龙鼓西航道 LC1 至 LC7 灯浮之间航段的船舶航速控制在 10 节以下。

2）在清淤施工期间，施工区周边 1 km 范围内未经允许，禁止船舶进入，同时在专用清淤船四周各布置一条警戒船舶，加强现场施工协调及应急警戒。

（3）合理施工展布

专用清淤船采用垂直于基槽的方式进行施工展布，鉴于最终接头区域极为狭窄的特点，为使得专用清淤船有最稳定的船舶姿态，艉中锚、前中锚应按平行于水流布置，以抵消水流力影响，其他 4 个边锚应有尽量大的摆开角度。清淤施工平面布置示意图见图 10。

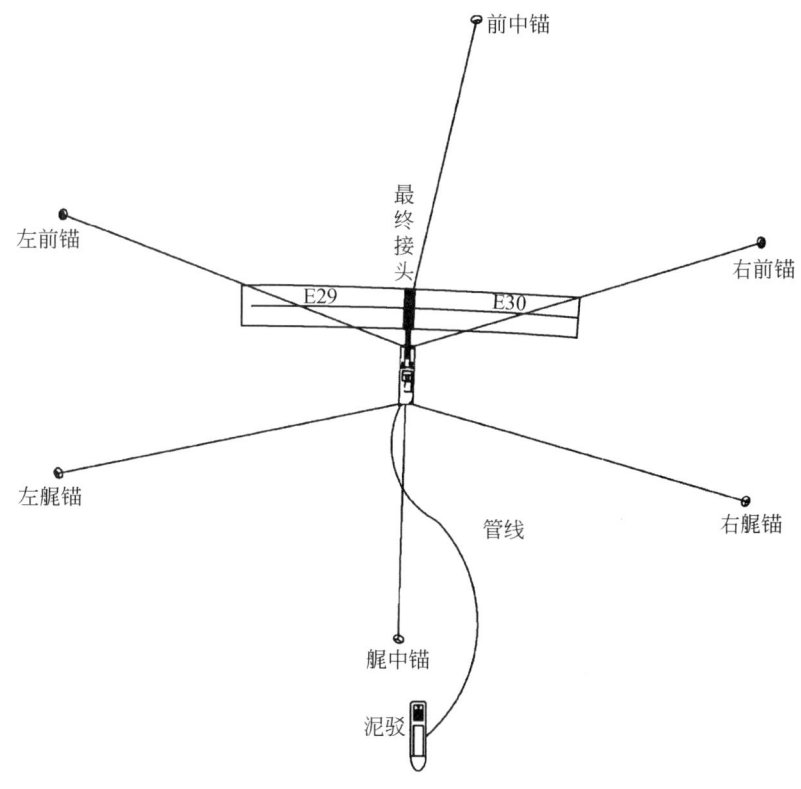

图 10 "捷龙"轮清淤施工平面布置图

（4）减少桥梁起放次数

本次清淤区域回淤厚度 0～50 cm，通常情况下需要进行两遍清淤，而因为桥梁下放、起离过程中碰触钢端门的风险极大，为了减少桥梁下放、起离次数，我们优化布点方式，采用减小步距，增大清淤覆盖面积的施工方式，即在 5.6 m 清淤宽度范围内左右各进行一次单点清淤，单点清淤面积由通常 2.8 m×2.8 m 加密至 2.2 m×2.2 m，以达到一次起放桥梁即可满足清淤验收标准的目标[4]。清淤施工轨迹见图 11。

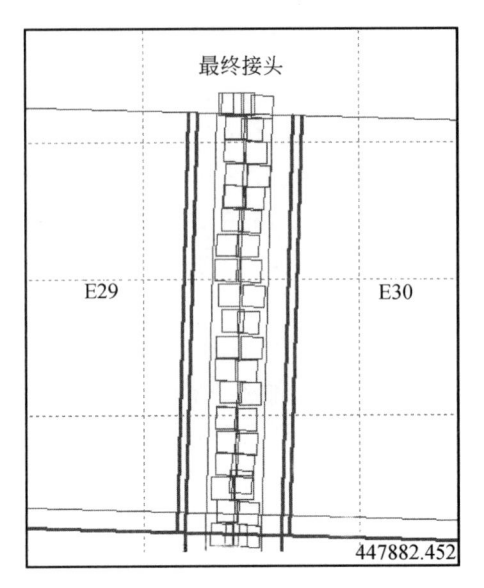

图 11　最终接头清淤轨迹图

（5）加强人员风险管控

最终接头清淤均由经验丰富的船长或大副当班操作，项目主管领导驻船值班。

施工过程中，清淤操作人员严格按清淤系统所显示信息严控作业范围及深度。移位时收紧钢丝，减少钢丝弹性变形引起船舶偏荡影响，并减少锚机收放幅度，通过增加操纵次数来保证船舶轴线始终处于中轴线附近。

6　结　　语

最终接头清淤作业完成后，进行人工潜水探摸。经检测，最终接头清淤效果良好（图12），满足下道工序施工条件。

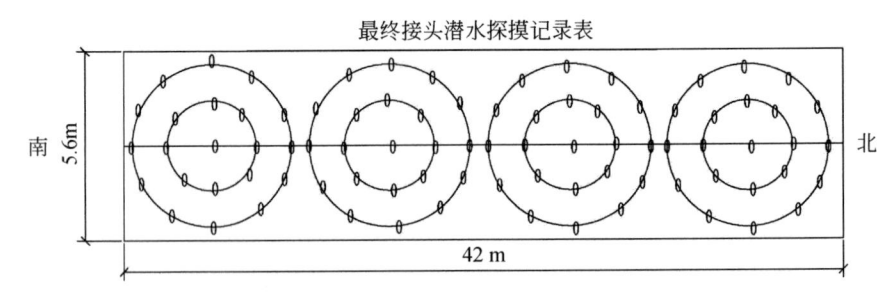

图 12　最终接头探摸结果图

注：回淤厚度单位 cm

最终接头清淤施工顺利完成，实现了锚缆船舶在特殊条件下超高精准清淤的行业空白。在施工区域极为狭小、安全风险极高的条件下，通过全面剖析风险并制定有效措施，应用现有设备,开展模拟实验,优化布点方式,高质量地完成施工任务,展现出在海底"穿针引线"的高超技术。希望本项施工可以对极端条件下疏浚技术的发展有所启发。

参 考 文 献

[1] 中交公路规划设计院有限公司. 港珠澳大桥主体工程岛隧工程施工图设计[Z]. 北京:中交公路规划设计院有限公司,2011.

[2] 中交股份联合体港珠澳大桥岛隧工程第Ⅳ工区项目经理部. 港珠澳大桥岛隧工程沉管隧道基槽清淤施工方案[Z]. 珠海:中交股份联合体港珠澳大桥岛隧工程第Ⅳ工区项目经理部,2012.

[3] 朱淋淋,何波. 已安装沉管尾端钢端门前清淤施工风险防范[J]. 中国港湾建设,2016,(7):101-104.

[4] 张琦,朱淋淋. 港珠澳大桥岛隧工程沉管隧道基槽开挖及清淤施工的质量控制[J]. 中国港湾建设,2016,(7):97-100.

GNSS 与超级终端在碎石基础铺设中的应用*

张 超，魏红波，孙阳阳

（中交一航局第二工程公司，青岛）

摘 要：本文首先介绍了港珠澳大桥沉管隧道碎石基础铺设高程精度的重要性。使用 GPS-configurator 设置软件设置 GNSS 输出数据格式为 GGA，利用超级终端软件将 GNSS 数据实时输出并进行分析处理，剔除差分信号不能固定的时间段，避免失锁条件下的施工，确保了基床铺设期间的 GNSS 高程精度，最终实现最大水深 50 m 的高精度碎石基础铺设。

关键词：港珠澳大桥；沉管隧道；基础铺设；高程精度；GNSS；超级终端

0 引 言

港珠澳大桥岛隧工程是大桥施工的控制性工程，全长约 7440 m，其中，沉管隧道全长 5664 m，由 33 节管节构成，标准管节长 180 m，宽 37.95 m，高 11.4 m，重约 7.8 万 t，是我国建设的第一条外海沉管隧道，也是目前世界最长的公路沉管隧道和唯一深埋沉管隧道。

港珠澳大桥沉管隧道的基础碎石垫层采用先铺法，施工最大水深达到 50 m，施工水域平均流速 2.5 m/s，碎石基床铺设长度约 6 km，宽 41.95 m，厚 1.3 m，设计有多种纵坡，整平坡度变化和工作量大，整平精度要求 ±40 mm。沉管隧道纵断面示意图见图 1 [1-3]。

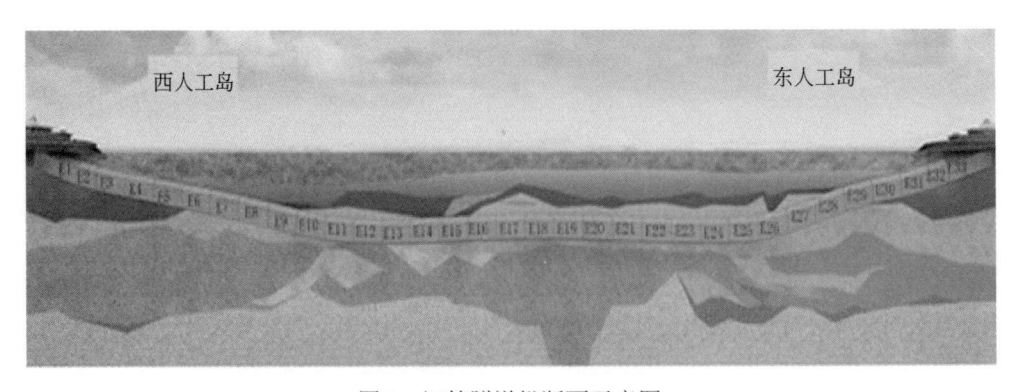

图 1 沉管隧道纵断面示意图

---

* 本文曾刊登于《公路》2018 年第 8 期。

1 碎石基础铺设原理

在过去测量水下构筑物高程时,只能使用几何水准测量、测深锤和测深杆进行测量,这种方法一般仅适用于在水深较浅、流速较小、风浪较小的环境下进行,只能进行构筑物的单点高程测量,不仅工作效率低,测量数据也有很大偏差。当工程距离岸较远、水深和流速大,且需高精度的测量水下构筑物表面高程,采用上述的测量方法难以实现。

随着海洋高新技术的介入和装备的不断升级改进,GNSS+声呐测量技术因其定位精度高、测量速度快、劳动强度低等特点是目前在海洋工程建筑行业国内外最为广泛使用的测量技术之一[4]。

对于港珠澳大桥岛隧工程规模如此巨大、整平精度高的海上碎石基础铺设,在国内没有工程先例,在国外可参考和利用的经验和研究成果也很少。

在碎石基础铺设技术中,材料通过带有可伸缩底部的水落管进行堆积,通过液压缸不断地保证碎石整平管在需要的水平面内。把水落管和碎石整平管定位到需要的深度后,向水落管中添加材料。当材料在碎石整平管的底部聚集时,一个石柱开始在碎石整平管内部积聚。通过把水落管移向一旁,并保持碎石整平管在指定的平面内,材料就可以通过碎石整平管的尾部进行铺设和平整。

只要水落管中有足够的材料,材料层的铺设高度就会与碎石整平管尾部的高度一致。管道中的传感器指示碎石整平管中石柱的高度,要保证该高度为先设定的高度值。如果石柱的高度下降到预先设定的最低值,停止移动水落管,增加添加到水落管中的材料直到石柱的高度达到最低高度为止。如果碎石整平管中石柱的高度超过预先设定的最大高度,停止向水落管中添加材料,增加水落管的移动速度,直到石柱的高度下降到预先设定的最大高度为止。该过程是全自动的,以确保材料层不间断地铺设。

利用特殊刚性载体和声呐技术将地面某空间点 GNSS 快速静态测量获取的高程精密传递至水下。将 GNSS 流动站接收机固定在长度已知的刚性载体顶部,在载体底部安装声呐和姿态仪;借助于刚性载体抗挠度强与变形小的连接特点,采用快速静态测量方法获取刚性载体顶部的高程,便可精确得到刚性载体底部高程;然后通过载体底部声呐采用脉冲测距法精确测量距水底距离,从而反算出水底的实时高程;最后将 GNSS 观测数据实时传输至计算机处理系统,从而实现水下高程实时定位和监测。

待测点的实际高程 h 是通过载体顶上的 GNSS 测得的实际高程 H,减去 GNSS 相位中心到载体底部距离 L_1,得到载体底部高程;载体底部高程减去声呐的回送声呐长度 L_2,得到声呐发射装置处的实时高程,最后声呐高程减去声呐测量水深值 D,得到测点的实时高程值,即 $h=H-L_1+L_2-D$。原理示意见图 2。

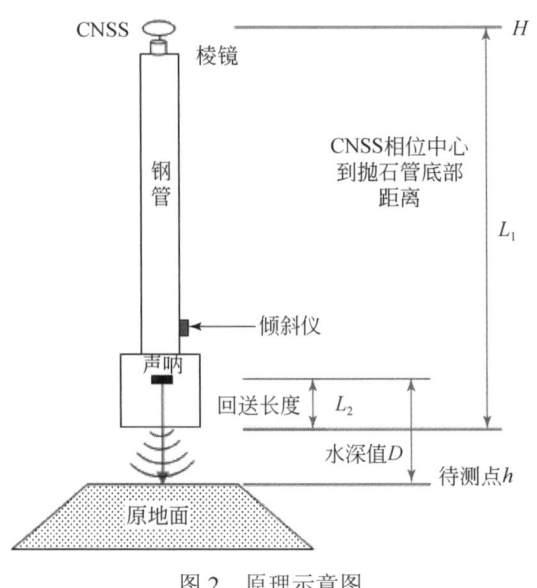

图 2 原理示意图

2 碎石基础铺设高程精度控制

碎石基础高程质量对沉管沉放安全对接起着至关重要的作用，通过上述原理可以看出 GNSS 高程精度在碎石基础铺设中的重要性。

港珠澳大桥沉管隧道单个标准管节的碎石基础由 62 条垄组成，碎石基础 3D 效果图见图 3。标准按照碎石基础整平船的施工效率需一周时间完成铺设且每天不间断作业。

图 3 碎石基础 3D 效果图

施工区域位于低纬度地区，电离层高度活跃；加上周边有香港、澳门、珠海、深圳四大国际机场，24 h 不间断的航班起降造成严重的电磁干扰。因此，面临着 GNSS 失锁而无法高精度定位的风险，一旦失锁将导致 GNSS 测得的实际高程不准确影响铺设质量。需在铺设期间密切关注 GNSS 数据情况，通过测控中心发布的电离层指数变化情况及利用超级终端软件将 GNSS 数据实时输出并进行分析处理，剔除差分信号不能固定的时间段，避免失锁条件下的施工[5]。

2.1 电离层指数变化情况分析

为便于岛隧工程施工，测控中心定期对 HZMB-CORS 系统运行情况及电离层指数进行统计分析并编制《HZMB-CORS 运行情况通报》。通过该通报可以了解近期的卫星定位环境情况，能够有效保障碎石基础铺设期间 GNSS 数据始终有固定解。在 2017 年 2 月 25 日～3 月 3 日的电离层指数变化情况分析中指出，对电离层指数进行统计（电离层正常活跃度指数为 2，高活跃度指数为 8），见图 4，近期电离层指数的最高值为 21.3（2 月 28 日 21 时），平均值为 7.48。

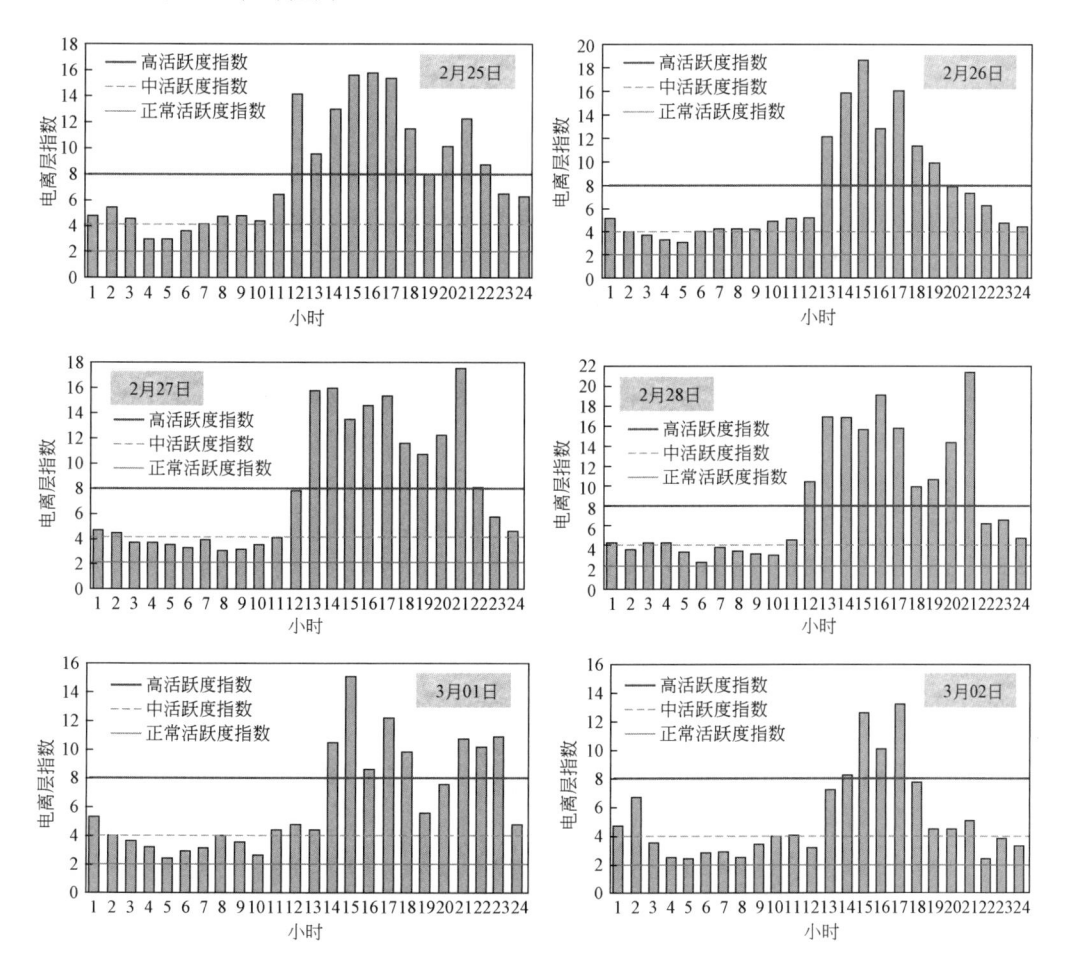

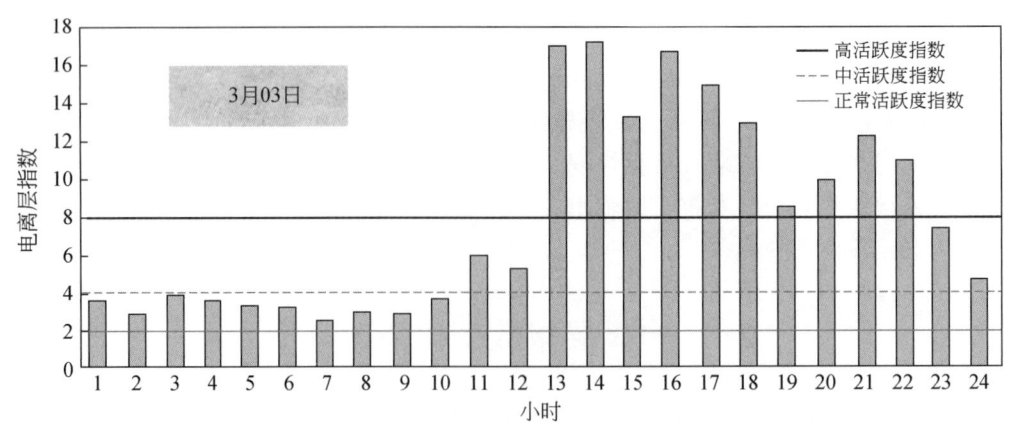

图 4　电离层指数变化示意图

综上所述，在此时间段内电离层较 2 月又有上升，每天电离层指数超过高活跃度指标（8）的时间主要集中在下午及夜间。根据测控中心发布的电离层活跃度指数变化情况，在活跃度较高的时间段加强对比检核，高度重视电离层活动对 GNSS 定位的不利影响，合理安排施工时间，避免出现定位粗差或错误。

2.2　GNSS 失锁情况实时分析

沉管安装窗口期较短，要求基础铺设快速高效保质保量完成，在整平期间快速避开 GNSS 失锁的时段是保证进度和质量的关键环节。根据电离层指数变化情况统计表，重点关注活跃度较高的时段，为了解决上述难题，将 GNSS 高程数据采用超级终端实时显示在计算机上并进行处理分析，确保碎石基础铺设期间的差分信号连接正常。

3　GGA 格式数据及超级终端的使用

3.1　$GPGGA 格式数据意义及输出设置

NMEA 是 National Marine Electronics Association 的缩写，是美国国家海洋电子协会的简称，现在是 GPS 导航设备统一的 RTCM 标准协议。NMEA 实际上已成为所有的 GPS 接收机和最通用的数据输出格式，同时它也被用于与 GPS 接收机接口的大多数的软件包里。NMEA-0183 协议定义的语句非常多，但是常用的或者说兼容性最广的语句只有 $GPGGA、$GPGSA、$GPGSV、$GPRMC、$GPVTG、$GPGLL 等。其中$GPGGA 数据固定数据输出语句标准格式为

例：$\frac{\$GPGGA}{(0)}, \frac{092204.999}{(1)}, \frac{4250.5589}{(2)}, \frac{S}{(3)}, \frac{14718.5084}{(4)}, \frac{E}{(5)}, \frac{1}{(6)}, \frac{04}{(7)},$

$\frac{24.4}{(8)}, \frac{12.2}{(9)}, \frac{M}{(10)}, \frac{19.7}{(11)}, \frac{M}{(12)}$

字段 0: $GPGGA，语句 ID，表明该语句为 Global Positioning System Fix Data（GGA）GPS 定位信息；字段 1：UTC 时间，hhmmss.sss，时分秒格式；字段 2：纬度 ddmm.mmmm，度分格式（前导位数不足则补 0）；字段 3：纬度 N（北纬）或 S（南纬）；字段 4：经度 dddmm.mmmm，度分格式（前导位数不足则补 0）；字段 5：经度 E（东经）或 W（西经）；字段 6：GPS 状态，0=不可用（FIX NOT valid），1=单点定位（GPS FIX），2=差分定位（DGPS），3=无效 PPS，4=实时差分定位（RTK FIX），5=RTK FLOAT，6=正在估算；字段 7：正在使用的卫星数量（00-12）（前导位数不足则补 0）；字段 8：HDOP 水平精度因子（0.5-99.9）；字段 9：海拔高度（-9999.9-99999.9）；字段 10：单位：m（米）；字段 11：地球椭球面相对大地水准面的高度 WGS84 水准面划分；字段 12：WGS84 水准面划分单位：m（米）。

基础铺设期间使用应用较为广泛的载波相位差分技术进行实时动态（Real Time Kinematic）定位，实时提供三维坐标，可达厘米级精度。输出的 GGA 数据中，字段 9 表示的数据为海拔高度，一旦此项数据发生较大波动，说明此段时间信号失锁，应立即停止施工。

使用 GPS-configurator 设置软件设置 GNSS 输出数据格式为 GGA[6]，设置流程见图 5。

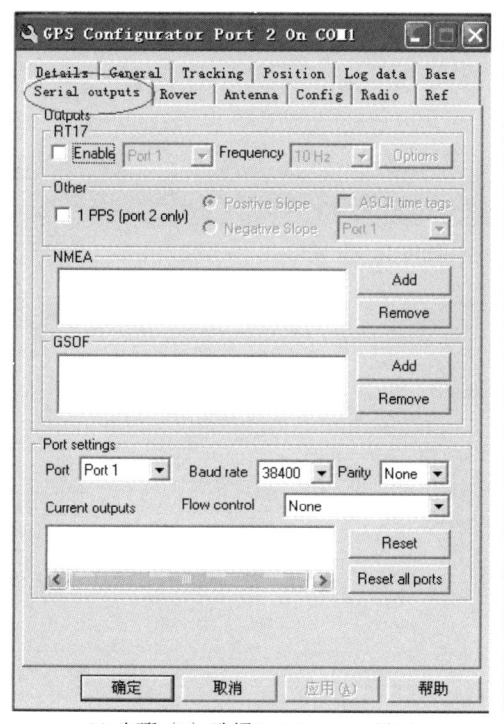

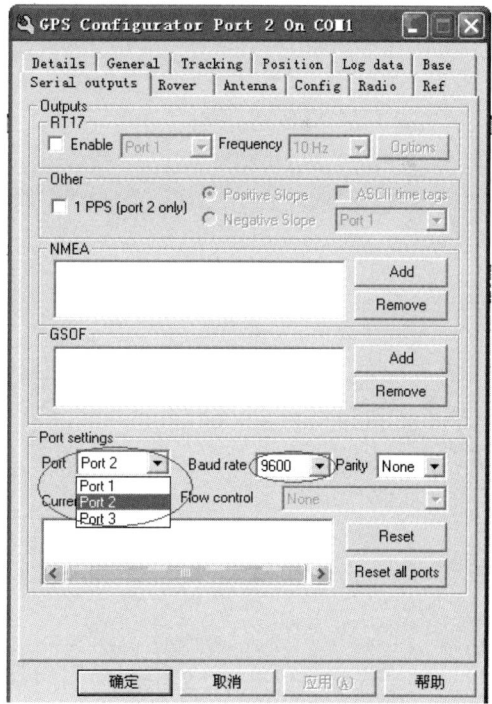

(a) 步骤（1）选择Serial outputs界面　　　(b) 步骤（2）Port settings设置

(c) 步骤（3）点击Add按扭

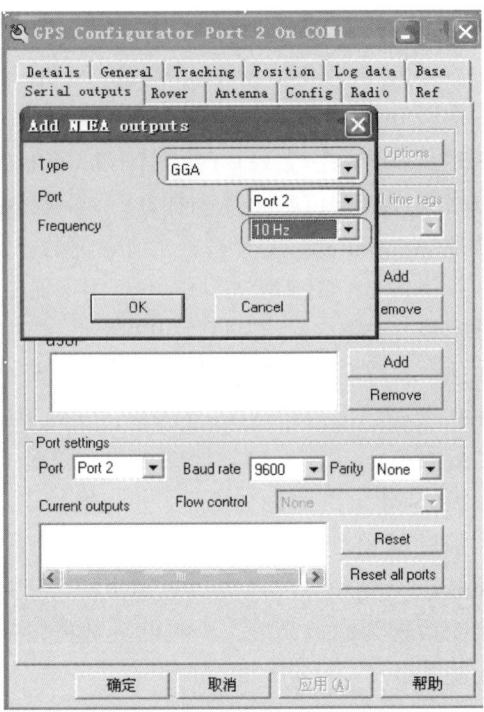

(d) 步骤（4）按图设置，完毕后单击OK

(e) 步骤（5）点击应用按扭

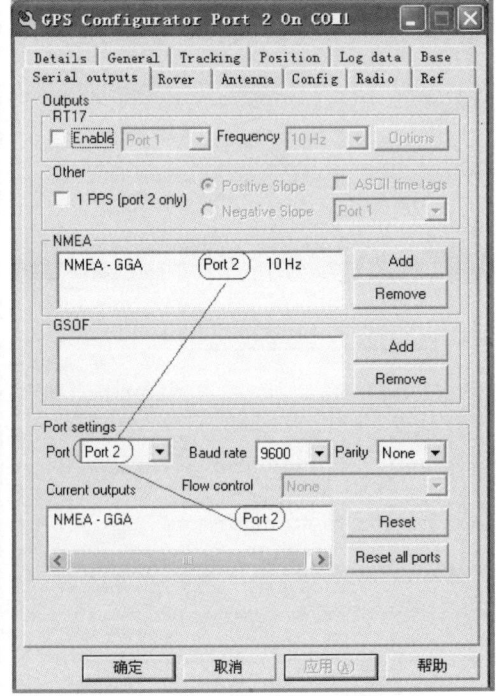

(f) 步骤（6）点击确定完成GGA数据的设置

图 5　设置流程

3.2 超级终端的使用

终端，即计算机显示终端，是计算机系统的输入、输出设备。超级终端是一个通用的串行交互软件，很多嵌入式应用的系统有与之交换的相应程序，通过这些程序，可以通过超级终端与嵌入式系统交互，使超级终端成为嵌入式系统的"显示器"。超级终端的原理是将用户输入随时发向串口（采用 TCP 协议时是发往网口，这里只说串口的情况），但并不显示输入。它显示的是从串口接收到的字符。所以，嵌入式系统的相应程序应该完成的任务如下。

1）将自己的启动信息、过程信息主动发到运行有超级终端的主机；
2）将接收到的字符返回到主机，同时发送需要显示的字符（如命令的响应等）到主机。

4 GNSS 与超级终端应用于碎石基础铺设

GNSS 主机与计算机连接通过超级终端将 GGA 数据按照 1s/个的频率输出，将 GGA 数据里的海拔高度以曲线图的形式展示，在海拔高度突变的时段停止基础铺设施工，碎石基础铺设期间测点某时段海拔高度数据见表 1。

表 1 海拔高度数据表（4min 数据）

时间	海拔高度/m	时间	海拔高度/m	时间	海拔高度/m
01：01	8.369	01：17	8.359	01：33	8.36
01：02	8.370	01：18	8.370	01：34	8.364
01：03	8.368	01：19	8.373	01：35	8.371
01：04	8.371	01：20	8.364	01：36	8.369
01：05	8.372	01：21	8.365	01：37	8.372
01：06	8.374	01：22	8.365	01：38	8.368
01：07	8.373	01：23	8.381	01：39	8.367
01：08	8.370	01：24	8.371	01：40	8.368
01：09	8.373	01：25	8.371	01：41	8.368
01：10	8.372	01：26	8.368	01：42	8.368
01：11	8.369	01：27	8.373	01：43	8.376
01：12	8.368	01：28	8.368	01：44	8.368
01：13	8.370	01：29	8.374	01：45	8.370
01：14	8.367	01：30	8.364	01：46	8.370
01：15	8.371	01：31	8.367	01：47	8.370
01：16	8.371	01：32	8.364	01：48	8.373

续表

时间	海拔高度/m	时间	海拔高度/m	时间	海拔高度/m
01：49	8.376	01：53	8.372	01：57	8.374
01：50	8.370	01：54	8.373	01：58	8.364
01：51	8.373	01：55	8.365	01：59	8.369
01：52	8.366	01：56	8.365	02：00	8.371

从表中 2 min 内的数据可以看出，海拔高度最大值为 8.381 m，最小值为 8.359 m，最大值与最小值相差 0.022 m，差值较小，与其他时段的海拔高度数据综合对比，说明此段时间的差分信号正常，GNSS 信号处于锁定状态。

信号锁定时段海拔高度曲线图见图 6。

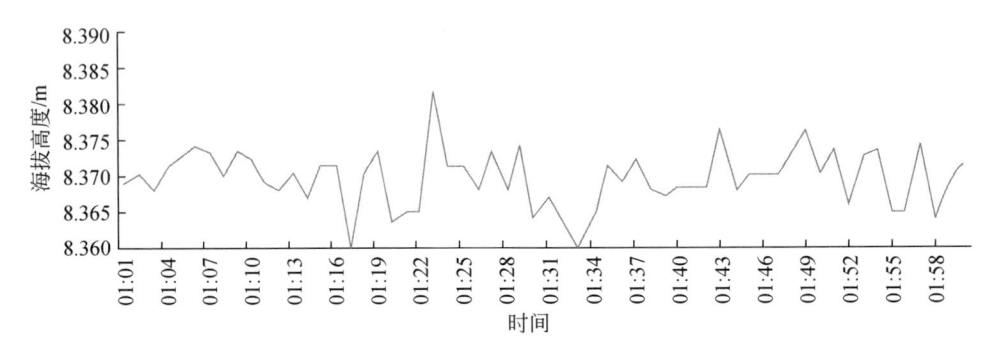

图 6　海拔高度曲线图（信号锁定时段）

从曲线图的趋势来看，虽然此时段内海拔高度变化幅度较大，但是仅是 4 min 的数据且差值较小。

信号失锁时段海拔高度曲线见图 7。

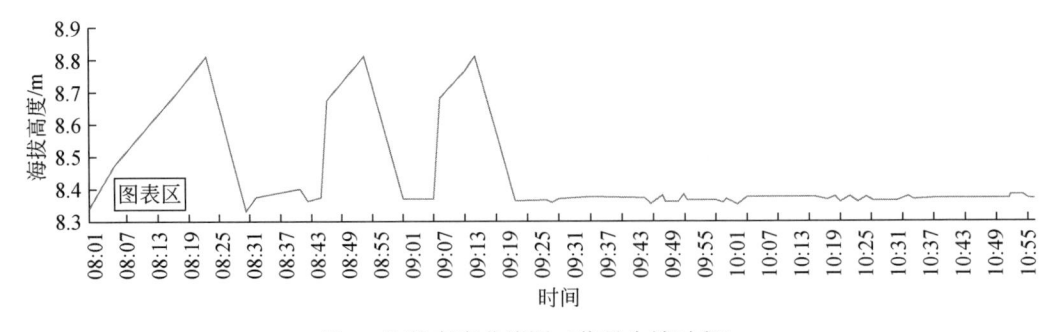

图 7　海拔高度曲线图（信号失锁时段）

从曲线图中可以看出时间从 8 分 01 秒开始到 9 分 19 秒，海拔高度变化较大，GNSS 信号失锁。

通过 GNSS 与超级终端在碎石基础铺设中的应用在 E28 管节碎石基础整平过程中及时发现了 GNSS 信号失锁现象，避免了因 GNSS 高程误差或粗差影响基础铺设精度。

5 应用效果及评价

GNSS 与超级终端连接应用于港珠澳大桥岛隧工程碎石基础铺设期间对于 GNSS 信号的监测,超级终端输出高程数据生成的曲线图可以简单明了快速高效地实现对 GNSS 信号的监测,剔除差分信号不能固定的时间段,避免失锁条件下的施工,实现碎石基础的高精度铺设,整平精度达到了 ±40 mm 要求。碎石基础多波速扫测高程与设计高程差值图见图 8。

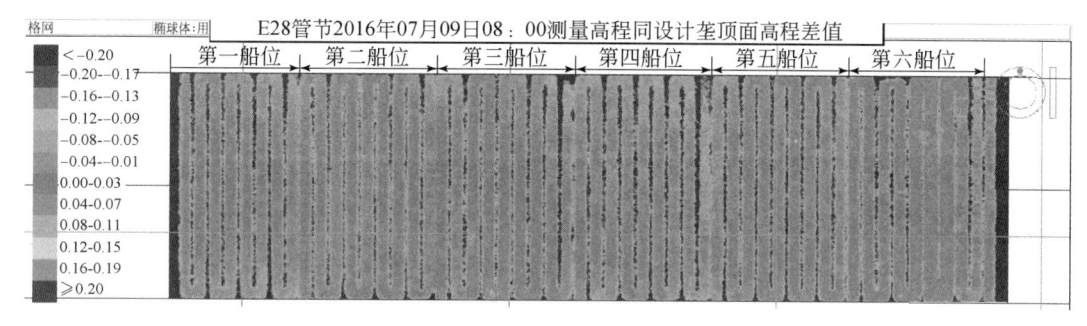

图 8 碎石基础实际高程与设计高程差值图（E28）

通过分析碎石基础铺设的原理可以看出 GNSS 高程对于铺设精度的重要性,结合超级终端的功能,将两者相结合应用于港珠澳大桥岛隧工程碎石基础铺设,可以实时监测 GNSS 差分信号,可以看出该套方法在 GNSS 差分信号方面具有很大的发展前景,可为同类工程提供借鉴。

1）GNSS 技术及超级终端软件均为常见的技术和软件,而将两者结合起来在实时监测 GNSS 差分信号监测方面起到了重要作用,解决了碎石基础铺设精度控制难题。

2）两项技术结合发挥了各自的优势,操作便捷,数据直观,对于 GNSS 差分信号监测具有较高的实用价值,尤其是在低纬度地区的施工。

3）该套结合技术可以极大提高工作效率,保证成果质量。其操作不受人为因素影响,作业过程由计算机控制,自动记录,自动数据处理,操作人员通过显示图像监测 GNSS 信号。

参 考 文 献

[1] 李一勇,刘德进,李增军,等. 离岸深水港抛石基床整平关键技术[J]. 中国港湾建设,2010,（S1）：128-131.

[2] 李增军,王立峰,刘学勇,等. 抛石整平技术及装备研发的典型案例[J]. 中国港湾建设,（S1）：142-147.

[3] 马宗豪,宋江伟. 先铺法基床整平在沉管隧道中的应用及发展[J]. 中国港湾建设,2018,38（2）：16-19.

[4] 张学俊,魏红波,张建军. 韩国釜山沉管隧道基础铺设整平施工关键技术[J]. 水运工程,2013,（6）：177-182.

[5] 王学军,王乐,尹刚. 深水碎石整平平台整平精度分析[J]. 船舶工程,2013,（S2）：54-57.

[6] 南京星测天宝仪器仪表有限公司. GPSconfigurator 软件说明.

测量平台稳定性监测*

张 超，锁旭宏，曾凡军

（中交一航局第二工程有限公司，青岛）

摘　要：岛隧工程首级加密控制网测量工作对于建立岛隧工程统一的测量基准具有重要意义，为沉管安装的精确定位及贯通测量等提供稳定可靠的保障。为保证岛隧工程首级加密控制网测量基准的准确性，需要对测量平台控制点的稳定性进行分析，利用测量平台控制点 LRS1、LRS2、SP11、SP21 同 HZMB-CORS 站 YELI、YNHN、HUSN 及香港小冷水 CORS 站 HKSL 的同期观测数据进行解算。

关键词：岛隧工程；测量基准；准确性；测量平台；稳定性监测

0　引　言

港珠澳大桥主体工程岛隧工程沉管隧道施工测量控制遵循"先整体后局部，分级布网，逐级控制"的原则，做到整体工程系统控制，局部分项工程精密测量。在岛隧工程的沉管隧道施工测量中管节安装定位、贯通测量、沉降位移监测和岛上建筑物的精密施工测量，以及非通航孔桥施工测量都需要精确稳定的控制点，为此，在东人工岛、西人工岛上布设了岛隧工程首级加密控制网，为各项施工测量提供稳定的测量控制基准。

岛隧工程首级加密控制网测量工作对于建立岛隧工程统一的测量基准具有重要意义，为沉管安装的精确定位及贯通测量等提供稳定可靠的保障。

为保证岛隧工程首级加密控制网测量基准的准确性，首先需要对测量平台控制点的稳定性进行分析。方法为利用测量平台控制点 LRS1、LRS2、SP11、SP21 同 HZMB-CORS 站 YELI、YNHN、HUSN 及香港小冷水 CORS 站 HKSL 的同期观测数据进行解算。

1　测量平台简介

海中测量平台顾名思义就是在海上建设平台用于海上施工测量。在海中合适的位置

---

* 本文曾刊登于《公路》2018 年第 8 期。

建立测量平台不仅可以为海上施工定位带来便利，也可以为测量工作提供精确稳定的测量基准，使测量精度大大提高。

港珠澳大桥岛隧工程远离陆地，海中施工将面临诸多挑战。人工岛钢圆筒振沉测量定位、人工岛地基不均匀沉降控制、深水基床整平测量技术、管节沉放定位与贯通测量控制等，都需要高精度测量技术与成果，才能实现项目建设的预定目标，为保证港珠澳大桥岛隧工程施工测量工作顺利进行，提供精确测量基准，在东人工岛、西人工岛及E17、E22管节北侧附近水域分别建设4个测量平台，分别命名为东人工岛测量平台、西人工岛测量平台、隧道1号测量平台、隧道2号测量平台。东人工岛、西人工岛测量平台分别位于东人工岛、西人工岛北侧水域，距离人工岛300 m左右，这两处测量平台不仅远离航道，而且测量半径可以覆盖整个人工岛。隧道1号测量平台、隧道2号测量平台位于E17、E22管节北侧附近水域，平台位于航道边上，距离沉管安装基槽最近距离不到500 m，平台上的高墩点即为测量平台控制点（LRS2、LRS1、SP11、SP21），平台实景图见图1、图2。

图1 东人工岛、西人工岛测量平台

图2 隧道1号、2号测量平台

2 测量平台稳定性监测技术设计

2.1 坐 标 系 统

（1）地心坐标系

ITRF2005，参考历元为 2010.0。ITRF 是国际地球参考系统（ITRS）的具体实现，它以甚长基线干涉测量、卫星激光测距、激光测月、GPS 和多里斯系统等空间大地测量技术构成全球或局域的大地测量框架。就目前来说，ITRF 为国际公认的应用最广泛、精度最高的地心坐标框架。

（2）工程坐标系

按照《港珠澳大桥主体工程测量管理制度》的规定，主体工程建设阶段的施工图勘察设计和施工测量必须统一使用工程坐标系。主要包括如下两点。

1）桥梁工程坐标系

主体工程总体设计统一采用桥梁工程坐标系。

2）隧道工程坐标系

岛隧工程的施工图设计采用隧道工程坐标系，其中，东人工岛、西人工岛结合部非通航孔桥梁的施工图设计同时采用桥梁工程坐标系。岛隧工程范围内的勘察采用隧道工程坐标系。岛隧工程中，海底隧道及东人工岛、西人工岛（自东人工岛起点 K6+339 至西人工岛终点 K13+173）的施工采用隧道工程坐标系；东人工岛、西人工岛结合部非通航孔桥梁的施工采用桥梁工程坐标系，并应同时使用隧道工程坐标系进行施工放样检核。

2.2 稳定性监测等级精度

测量平台稳定性监测精度为平面二等，适用于高精度的施工测量，参照《公路勘测规范》（JTG C10—2007）中二等 GPS 控制网，观测主要技术要求包括：卫星高度角≥15°，时段长度≥240 min，平均重复设站数≥4 个，同时观测有效卫星个数≥4 个，数据采样率≤30 s。

具体精度要求如下：

1）平面控制网最弱点点位中误差≤±5 mm；

2）平面控制网各相邻点点位中误差≤±5 mm；

3）控制网最弱点大地高中误差≤±10 mm；

4）长度大于 300 m 的基线最弱边边长相对中误差≤1/30 万；

5）长度小于 300 m 的基线最弱边边长相对中误差不作具体要求；

6）GPS 平面控制网跨海最弱边边长相对中误差≤1/100 万。

3 GPS 控制网外业观测

GPS 观测参考《公路勘测规范》（JTG C10—2007）中公路二等技术要求进行外业观测。根据测量平台稳定性监测要求，需要进行静态观测的点位包括：

1）隧道测量平台参考站 SP11、SP21；
2）东人工岛、西人工岛测量平台全站仪观测墩点 SJM08、SJM09。

根据网形的技术设计所确定的作业模式，在接收机或控制器上配置预制参数，参与作业的接收机所配制的参数应相同。出工之前，检查电池容量是否满足作业要求，数据存储设备应有足够的存储空间，仪器及其附件必须齐全。

在观测中，采取以下措施以保证观测质量和效率：

1）天线安装在强制对中观测墩上；
2）天线定向标志线指向正北，顾及当地磁偏角修正后，其定向误差不大于±5°；
3）观测组严格遵守调度命令，按规定时间同步观测同一组卫星；
4）经检查，接收机的电源电缆、天线电缆等项连接正确，接收机预置状态和工作状态正常，启动接收机开始测量；
5）接收机开始记录数据后，及时将测站名、测站号、时段号、天线高等信息记录在手簿上。同时注意仪器的警告信息，及时处理各种特殊情况；
6）一个时段观测过程中严禁进行以下操作：接收机重新启动、进行自测试、改变卫星截止高度角、改变数据采样间隔、改变天线位置、按动关闭文件和删除文件等功能键；
7）观测期间，不应在天线附近 50 m 以内使用电台，10 m 以内使用对讲机；
8）经检查，所有规定的作业项目已完成并符合要求，记录和资料完整无误，且将点位标识和觇标恢复原状。

4 GPS 控制网数据处理

根据该地区长期的 GPS 静态观测数据解算经验，在北京时间每天 0：00～8：00 数据质量最佳，电离层干扰、多路径效应等影响相对较小，数据利用率最高。为保证观测数据质量，外业观测按照连续观测 72 h 进行。按照每 4 h 一个时段对预处理完成的静态观测原始数据 RINEX 格式文件进行切割。利用 LGO 软件进行基线解算，在基线解算过程中，先采取无干预的方法进行解算，剔除解算结果出现多个浮动解的时段数据。利用 COSA 软件进行基线检核及三维平差，根据重复基线较差、同步环闭合差、异步环闭合差等检核结果结合三维平差结果筛选出 4 个最优时段。再次利用 LGO 软件对该 4 个最优时段的数据重新进行基线解算，剔除仍存在较大残差的观测值，得到的基线结果再利用 COSA 软件进行检核及平差计算。

4.1 数据整理

数据整理的主要工作包括以下几点。

（1）原始文件整理备份

收集整理 GPS 外业观测记录，从接收机中下载流动站观测数据，从服务器获取参考站观测数据，检查原始数据是否完整，做好原始数据文件的备份工作。做好观测过程中的数据整理备份工作，每 8 h 进行一次测点巡视。

（2）RINEX 格式的转换

使用 Trimble GPS 接收机随机软件 TGO 中 Convert to RINEX 模块，将原始数据 T 文件转换为 RINEX 格式文件，按照"点名+年积日"的方式给 RINEX 格式文件命名。

（3）观测信息的改正

使用 TEQC 软件对 RINEX 格式文件中的测站名、仪器型号、仪器编号、天线类型、天线高及量测方式等进行统一改正，按照每 4 h 一个时段对部分连续观测的观测数据文件进行切割。

4.2 基线处理

GPS 网基线处理采用 LGO 软件解算。解算策略为：采用 GPS 卫星观测数据、广播星历导航、15 s 采样率、截止高度角 15°。

根据数据质量挑选出 4 个最佳时段进行基线解算及平差计算。

（1）基线检核

采用 CosaGPS 数据处理软件，按照公路二等的要求对解算完毕的基线进行重复基线检核、GPS 环闭合差等的检验。

（2）重复基线检核

重复基线的长度较差 d_S 应满足下式规定：

$$d_S \leqslant 2\sqrt{2}\sigma$$

式中，σ 为基线测量中误差，单位为 mm，$\sigma \leqslant \sqrt{a^2+(b\times d)^2}$，$a=5$（mm），$b=1$（mm/km）；$d$ 为基线边长，单位为 km。

（3）异步环闭合环坐标分量闭合差检验

异步环闭合环坐标分量闭合差均应符合下式的规定：

$$W_X \leqslant 3\sqrt{n}\sigma$$
$$W_Y \leqslant 3\sqrt{n}\sigma$$
$$W_Z \leqslant 3\sqrt{n}\sigma$$
$$W_S \leqslant 3\sqrt{n}\sigma$$

式中，$W_S \leqslant \sqrt{W_X^2+W_Y^2+W_Z^2}$，其中，$n$ 为环中边数；σ 为基线测量中误差，单位为 mm，$\sigma \leqslant \sqrt{a^2+(b\times d)^2}$，$a=5$（mm），$b=1$（mm/km）；$d$ 为环中平均边长，单位为 km。

4.3 岛隧工程首级加密控制网平差

采用 CosaGPS 数据处理软件对解算完毕的基线进行平差计算。
（1）ITRF2005 框架坐标系平差计算
ITRF2005 框架坐标系平差即为三维平差，平差在三维空间坐标系中进行，观测值为三维空间中的基线向量，解算出的结果为三维空间坐标。GPS 网的三维平差，一般在三维空间直角坐标系或三维空间大地坐标系下进行。约束 YELI、YNHN、HUSN 及香港小冷水 CORS 站 HKSL 四点的 ITRF2005 框架坐标系坐标进行三维平差计算。
（2）工程坐标系平差计算
工程坐标系平差即为二维平差，平差在二维平面坐标系下进行，观测值为二维基线向量，解算出的结果为点的二维平面坐标，二维平差一般适合小范围 GPS 网的平差。约束 YELI、YNHN、HUSN 及香港小冷水 CORS 站 HKSL 四点在桥梁工程坐标系下的坐标进行二维约束平差。

5 测量平台稳定性分析

港珠澳大桥 GNSS 连续运行参考站系统（HZMB-CORS）由 4 个连续运行的参考站、1 个数据处理中心（数据中心）和 1 个监测站组成。4 个参考站分别设于珠海野狸岛、横琴洋环村、香港虎山和新小冷水，站名依次定为：野狸岛（YELI）、洋环（YNHN）、虎山（HUSN）和新小冷水（NXLS），平均站间距约 25 km，系统提供的 GNSS 差分信号能覆盖整个港珠澳大桥工程的施工区域。4 个 CORS 站控制点构成规则的四边形，测量平台稳定性监测联测构网示意图见图 3。

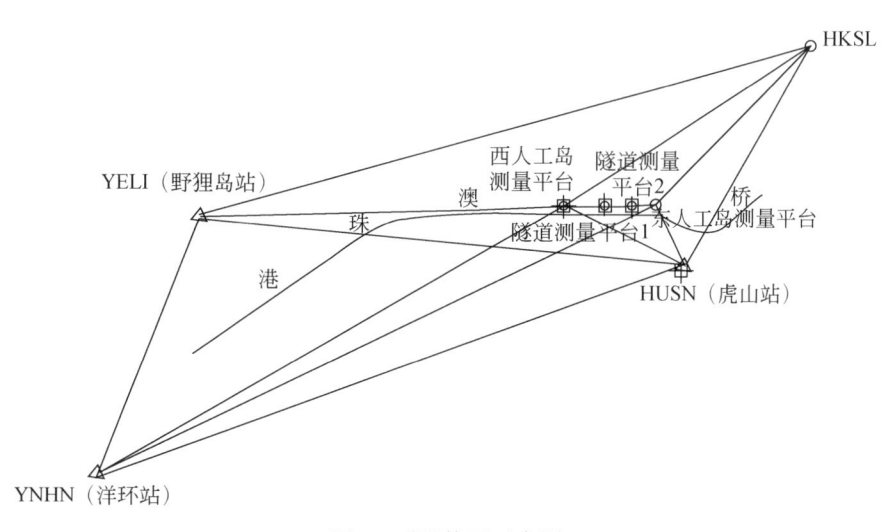

图 3 联测构网示意图

从 2014 年 8 月到 2017 年 2 月共进行了 15 次测量平台稳定性监测测量工作,将历次观测结果进行统计分析,LRS1、LRS2、SP11、SP21 4 个点的历次隧道工程坐标见表 1 和表 2;根据观测坐标画出点位图见图 4;稳定性分析结果见表 3。

表 1 TCS2010 隧道工程坐标(LRS1、LRS2)

点号	LRS1		LRS2	
时间	X/m	Y/m	X/m	Y/m
2014-08	353109.2941	442777.2974	353007.0471	448555.312
2014-09	353109.2965	442777.2977	353007.05	448555.3179
2014-10	353109.2917	442777.2822	353007.0453	448555.302
2014-12	353109.2923	442777.2917	353007.0429	448555.3094
2015-01	353109.2876	442777.282	353007.0451	448555.3021
2015-03	353109.2832	442777.282	353007.0427	448555.3029
2015-04	353109.2852	442777.2928	353007.0436	448555.3023
2015-06	353109.2808	442777.2852	353007.0401	448555.3078
2015-09	353109.286	442777.2822	353007.0429	448555.3035
2015-12	353109.2847	442777.2813	353007.0417	448555.3035
2016-02	353109.2829	442777.2843	353007.0428	448555.3042
2016-05	353109.2877	442777.2886	353007.0451	448555.3089
2016-08	353109.2826	442777.2829	353007.0425	448555.3037
2016-11	353109.2842	442777.2852	353007.0424	448555.3053
2017-03	353109.2856	442777.2838	353007.043	448555.3044

表 2 TCS2010 隧道工程坐标(SP11、SP21)

点号	SP11		SP21	
时间	X/m	Y/m	X/m	Y/m
2014-08	353258.3607	445558.3526	353258.4662	447138.2536
2014-09	353258.3664	445558.3546	353258.4694	447138.2574
2014-10	353258.3606	445558.3388	353258.4636	447138.241
2014-12	353258.3607	445558.3435	353258.462	447138.246
2015-01	353258.36	445558.3374	353258.462	447138.2403
2015-03	353258.357	445558.338	353258.4588	447138.2399
2015-04	353258.3559	445558.3431	353258.4603	447138.2417
2015-06	353258.3536	445558.3424	353258.4533	447138.2404
2015-09	353258.357	445558.3381	353258.4599	447138.2404
2015-12	353258.3563	445558.3363	353258.4658	447138.2373
2016-02	353258.3553	445558.3384	353258.4641	447138.2384
2016-05	353258.3599	445558.3433	353258.4679	447138.2436

续表

点号	SP11		SP21	
时间	X/m	Y/m	X/m	Y/m
2016-08	353258.3555	445558.3363	353258.4671	447138.2393
2016-11	353258.3556	445558.3376	353258.4677	447138.2414
2017-03	353258.3582	445558.3358	353258.4692	447138.2403

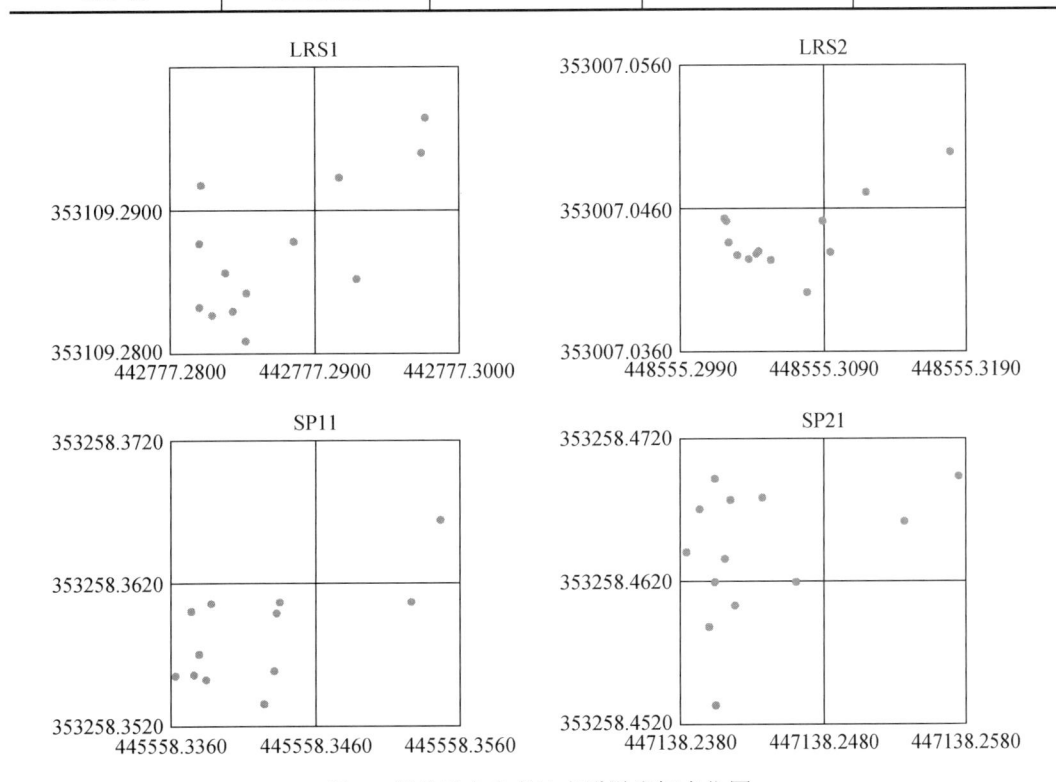

图 4　测量平台参考站点隧道坐标点位图

表 3　测量平台稳定性分析结果

数值类别	LRS1		LRS2		SP11		SP21	
	X/mm	Y/mm	X/mm	Y/mm	X/mm	Y/mm	X/mm	Y/mm
观测值中误差	4.6	5.7	2.4	4.5	3.2	5.7	4.5	5.6
同平均值偏差	-1.4	-2.8	-0.8	-1.6	0.0	-5.3	5.4	-2.4
稳定性判断	合格	合格	合格	合格	合格	合格	合格	合格

从以上图表中可以看出各点历次成果之间大地高 H、隧道坐标 X、Y 分量的差值较小，平面坐标分量偏差均在限差（2 倍观测值中误差）范围内，可判断测量平台稳定性良好无明显位移及沉降。

6 结　　语

　　岛隧工程首级加密控制网测量工作对于建立岛隧工程统一的测量基准具有重要意义，为沉管安装的精确定位及贯通测量等提供稳定可靠的保障。首级加密控制网平差过程中首先要保证基准点（LRS1、LRS2）的稳定，选择 HZMB-CORS 站 YELI、YNHN、HUSN 及香港小冷水 CORS 站 HKSL 作为基准点对测量平台控制点 LRS1、LRS2、SP11、SP21 进行约束平差，平差结果与历次结果进行比较，分析测量平台的稳定性。各点历次成果之间大地高 H、隧道坐标 X、Y 分量的差值较小，平面坐标分量偏差均在限差（2 倍观测值中误差）范围内，可判断测量平台稳定性良好无明显位移及沉降，可作为首级加密控制网的基准点。

参 考 文 献

[1] 张超，成益品. 海中测量平台的建造与应用[J]. 中国港湾建设，2016，36（7）：56-58.

[2] 中华人民共和国交通部. 公路勘测规范：JTG C10—2007[S]. 北京：人民交通出版社，2007.

[3] 中华人民共和国国家质量监督检验检疫总局，中国标准化管理委员会. 全球定位系统（GPS）测量规范：GB/T 18314—2009[S]. 北京：中国标准出版社，2009.

[4] 陶本藻，邱卫宁. 误差理论与测量平差基础[M]. 武汉：武汉大学出版社，2009.

[5] 港珠澳大桥主体工程测量控制中心. 测量技术交底成果材料[Z]. 珠海：港珠澳大桥主体工程测量控制中心，

[6] 徐绍铨，张华海，杨志强，等. GPS 测量原理及应用[M]. 第 3 版. 武汉：武汉大学出版社，2008.

大型外海沉管隧道水力压接工艺及控制方法[*]

孙　健，马宗豪，管泽旭，李德洲

（中交一航局第二工程有限公司，青岛）

摘　要：大型外海沉管隧道受其所在区域复杂的气候条件和作业环境的限制，与传统水运工程有很大的区别，沉管安装施工需要在水深、浪高、流急、流向旋转且无掩护的工况下完成作业，水力压接工艺作为沉放对接的关键环节，压接效果直接影响管节安装质量，本文以港珠澳大桥沉管隧道为例，对水力压接工艺及控制方法进行研究和说明。

关键词：大型外海沉管隧道；水力压接工艺；管节安装质量；控制方法

1　概　　述

港珠澳大桥沉管隧道作为大型外海沉管隧道的典型，全长 5664 m，由 33 个管节组成，其中 19 个管节的安装水深都超过 40 m，最大水深超过 45 m，安装难度高，施工风险大。管节间以柔性接头连接，管节两端面预埋钢板，称为端钢壳，首端端钢壳舾装有 GINA 橡胶止水带，沉管对接是通过水力压接工艺将待安管节压近已安管节，使对接端端钢壳间 GINA 止水带的压缩止水完成，目前 E1～E16 管节已经顺利安装，施工水域已完成由浅水区向深水区的过渡，水力压接作为沉管安装的关键工序，在施工中克服深水高压的影响，不断优化工艺，形成一套比较完善控制方法。

2　施 工 工 艺

2.1　工 艺 简 介

水力压接工艺是沉管对接的关键工序，在管节安装过程中，调节管节压载水、纵坡并向前绞移下放，在待安管节沉放着床后，通过拉合千斤顶将管节初步拉合至 GINA 止水带鼻尖接触已安管节尾端端钢壳，进行二次拉合，通过管内底部排水管系配合排水，

---

[*] 本文曾刊登于《公路》2018 年第 8 期。

使 GINA 止水带初步压缩，然后打开管内进气阀排水管系，进行一次水压结合，使 GINA 止水带完成大部分压缩，补充待安管节压载水，再通过待安管节主排水泵排水进行二次水压结合，完成 GINA 止水带的全部压缩，待安管节进行最终压载后，打开人孔门进行扫舱排水和止水带的检查，至此水力压接工艺完成。

2.2 工艺内容

（1）千斤顶拉合

管节着床后，拉合千斤顶牵引待安管节平稳靠近已安管节尾端，待 GINA 止水带鼻尖接触端钢壳后，潜水检查 GINA 止水带与端钢壳之间无夹杂异物，确定无异物后，继续拉合，GINA 止水带鼻尖压缩，在已安管节内配合进行压力监测，压力增大 2%，通过底部排水管系上流量计监测，少量受控地排水，压力恢复初始值后继续拉合，直至拉合千斤顶达到 3500 kN（极限 4000 kN），GINA 止水带压缩 2~4 cm。

（2）一次水压结合

保持 3500 kN 拉力，打开右线行车孔结合腔进气阀管系，通过控制阀门开启的圈数，受控排水至已安管节水箱内，如图 1 所示，直至结合腔压力下降至约 0.07 MPa（管系高度约为 7 m），拉合测距显示端钢壳间距不再发生变化，此时进气阀管系只有少量水流出，GINA 止水带压缩大部分完成。

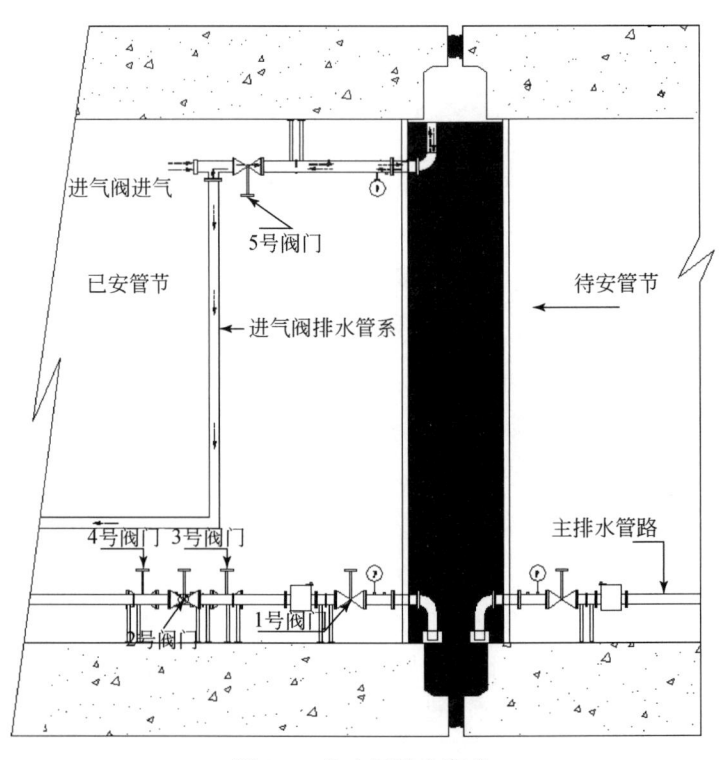

图 1 一次水压结合完成

（3）应急水力压接

在一次压合阶段同步监测结合腔内水压变化情况，若排水的同时端钢壳间距离未发生变化，或者底端压力表（传感器）数据未平稳下降至约 0.07 MPa，或者进气阀管系的水长时间流动不止，说明可能 GINA 止水带与端钢壳接触不严密存在漏水现象，这时暂时停止压接，检查待安管节主管路上的所有阀门是否存在故障或者误操作，增加水下检查 GINA 止水带，根据现场实际情况，必要时需要进行应急操作，如图 2 所示，此时打开已安管节两侧廊道封门上的所有排水管系，开启待安管节主排水泵强制抽水，增加结合腔排水速度，使结合腔内形成负压，迅速完成压接。

应急水力压接只是作为一种应急预案存在，在管节沉放对接过程中，只要各个环节都有序进行，应急情况发生概率极低，应急方案也处于备而不用，有备无患而存在。

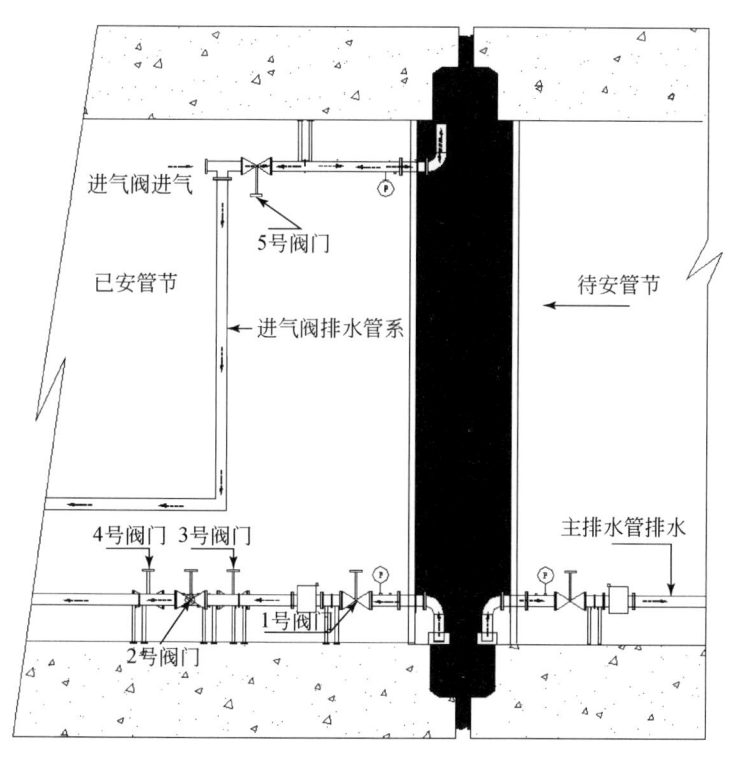

图 2　应急水力压接

（4）二次水压结合

钢封门顶端的两侧进气阀管系全部打开，然后在安装船控制室内远程遥控开启待安管节内的主排水阀和压载水箱支管路阀门，如图 3 所示，向待安管节首端水箱内补充约 400 m³ 压载水，关闭压载水箱支管路阀门，开启待安管节主排水泵（495 m³/h），将结合腔内约 400 m³ 水排至大海。

（5）结合腔扫舱排水

将待安管节补充压载水至 1.05 倍负浮力，打开已安管节中管廊尾端水密门，进行结合腔两侧和上部 GINA 止水带的检查，确认无误后，利用潜水泵和自吸泵将腔内剩余水量排至已安管节尾端水箱内，然后进行下部 GINA 止水带的检查和确认。

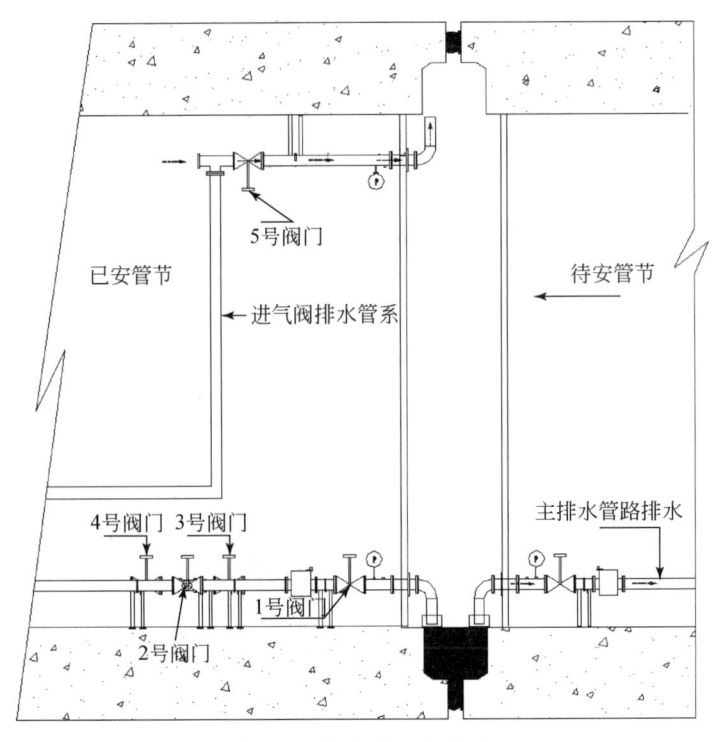

图 3　二次水压结合完成

3　控制方法

3.1　控制目的

水力压接工艺的优化和完善目的就是为了控制好 GINA 止水带压缩质量，确保 GINA 止水带在压接过程中不侧翻、压缩均匀，尤其是针对在深水区水压大、二次拉合 GINA 止水带压缩不充分的情况下进行水力压接，需要控制各个环节，严格按规程操作，通过实践中总结的经验和数据分析，不断优化工艺。

3.2　控制措施

（1）增加水下检查次数

在管节安装前 1 d，增加潜水检查，清理已安管节尾端端钢壳和混凝土台面上的杂物，在管节着床后，千斤顶初步拉合待安管节向已安管节靠近至 GINA 止水带鼻尖刚接触端钢壳，增加潜水检查，发现异常及时报告、处理，避免水力压接后 GINA 止水带与端钢壳间夹杂异物，影响管节安装质量。

（2）控制好二次拉合过程

二次拉合过程，使 GINA 止水带压缩 2~4 cm，其目的是为了辅助水力压接，确保水力压接前 GINA 止水带已经存在部分压缩，减少 GINA 止水带侧翻的概率，在此过程中，船上操作人员通过拉合测距及时将端钢壳间距数据提供给管内操作人员核算 GINA 止水带压缩量，同时管内通过水力压接软件累计流量和结合腔断面面积校核 GINA 止水带压缩量，管内操作人员通过压力传感器监测结合腔压力变化，通过流量计控制排水速度，确保 GINA 止水带压缩初期压缩均匀。

（3）优化进气阀操作

在施工中，不断总结经验，对进气阀操作优化改进：①在管系舾装时为了增加安全系数，在进气管系安装两个截止阀；②在一次水压结合初期为了保证 GINA 止水带初期均匀压缩通常会控制阀门开度，然而阀门开度过小又会导致进气不畅，结合腔压力不降反升的情况，这时通过水力压接软件监测压力瞬时变化来判断阀门开度是否适合，将信息及时反馈给阀门操作员，控制好阀门开度；③随着水深增加，水压增大，依靠外侧阀门控制阀门开度时，进气阀经常被水反方向顶住，进气受阻，优化操作工艺，先开启外侧截止阀，通过控制内侧阀门开度来控制进气。

（4）克服深水高压的影响

在深水区，水力压接工艺受影响较大，由于水压增大后，压力初始值变大，使结合腔压力增大 2%的过程存在困难，拉合千斤顶极限压力 4000 kN，在拉合过程中，为避免千斤顶损坏，以 3500 kN 作为最高值，在结合腔压力即使未增大 2%，但压力已经达到 3500 kN，停止拉合，进行排水至压力恢复到初始值，此时 GINA 止水带压缩量可能未达到预期压缩量，为尽可能减少 GINA 止水带侧翻的概率，确保 GINA 止水带压缩质量，在一次水压结合初期，拉合千斤顶保持 3500 kN 拉力，应严格控制进气阀阀门开度，实时监测结合腔压力变化，实时询问拉合测距结果，判断 GINA 止水带压缩量。

为克服深水高压的影响，升级水力压接软件，增加了数据记录功能，将软件记录的数据导出，生成结合腔压力监测曲线，分析水力压接各个环节用时和压力变化趋势，对现场施工具有指导意义，可以根据各个环节的用时和压力变化掌控各个环节的操作，尽可能保证 GINA 止水带在压缩过程中，均匀受压、不侧翻。

（5）船管双控

由于压力监测在水力压接工艺中的重要性，为规避风险，在待安管节首端增加一个压力传感器，并且将信号通过水下线缆传至安装船上，与管内同时监测水力压接工艺整个过程中结合腔压力变化；在水力压接软件中增加累积流量模块，通过累计流量和管节断面面积，可以计算出 GINA 止水带压缩量，对安装船拉合测距功能校核；加强船管沟通，在水力压接工艺各个环节互相监督，实时沟通，避免因减少人为疏忽造成设备损坏，从而对压接效果造成不利影响。

（6）软件升级、数据比对

在水力压接过程中使用压力、流量监测软件，通过优化升级，使其具备数据采集功能，将过程中实时压力值与时间绘制成监测曲线，掌握对接过程中 GINA 止水带的压缩情况；通过潜水和管内卡尺测量 GINA 止水带的压缩情况，与水力压接过程中拉合系统测距数值比对，进一步了解压缩过程，指导后续对接作业。

4 小 结

本文以港珠澳大桥沉管隧道为例，对沉管对接中水力压接工艺的各个环节进行研究和说明，尤其是针对大型外海沉管隧道的限制条件，为克服深水高压等不利因素，在施工中不断总结、改进，并通过研究改进更好的控制管节水力压接工艺，确保管节对接质量，对后续工作具有一定的指导意义。

5 延 伸

水力压接过程是沉管对接的关键工序，是管节脱开的逆过程，随着我国沉管隧道技术的不断进步，沉管技术必将大量应用于跨江、跨海通道，对接要求不断提高，施工环境日益复杂，掌握好水力压接各个环节的施工要点，控制好 GINA 止水带压缩状态，在沉管安装存在问题需要脱开时能够合理、有序进行脱开作业，GINA 止水带的完好是管节顶推脱开重新对接的前提条件，因此，水力压接工艺的优化和过程控制显得尤为重要。

参 考 文 献

[1] 崔之鉴. 交通隧道规划与设计[M]. 成都：西南交通大学出版社，1990.
[2] 王兴铎. 水下沉管隧道的发展和施工技术[J]. 中国铁路，2001，(5)：48-50.
[3] 中华人民共和国交通部. 港口工程荷载规范：JTJ 215—98[S]. 北京：人民交通出版社，1999.
[4] 王吉云. 宁波常洪沉管隧道施工技术[J]. 现代隧道技术，2002，39（6）：13-22.
[5] 杨文武，毛儒，曾楚坚，等. 香港海底沉管隧道工程发展概述[J]. 现代隧道技术，2008，(s1)：41-46.
[6] 王守仁. 国外沉埋管段的施工[J]. 隧道与地下工程，2001，（1）.

港珠澳大桥 6000 t 级最终接头吊装技术研究[*]

朱 岭，侯亚飞，汤慧驰，宁进进

（中交一航局第二工程有限公司，青岛）

摘 要： 港珠澳大桥沉管隧道最终接头是一项复杂的系统工程，其结构组织和施工工艺在国际上均属于首创，无施工经验可循。最终接头采用吊装的方式进行沉放对接，其吊装重量约为 6000 t 是国内交通领域最大的吊装施工，为确保最终接头吊装过程中的稳定性和平衡性，项目部联合多家单位开展最终接头专项吊装技术研究，并成功研发出满足 6000 t 级超大型构件吊装技术，为后续同类型超大型构件吊装提供了有效的科学依据。

关键词： 沉管；最终接头；首创；6000 t 级；吊装

1 工 程 概 述

港珠澳大桥沉管隧道全长 5664 m，由 33 个管节和最终接头构成，标准管节长 180 m、宽 37.95 m、高 11.4 m，重约 7.8 万 t，是我国建设的第一条外海沉管隧道[1]，也是世界上第一条采用"主动顶推止水整体安装"新型接头结构的沉管隧道工程[2,3]。其中最终接头位于 E29 与 E30 管节之间，采用整体预制安装式倒梯形结构，与之相接的 E29-S8 和 E30-S1 节段为特殊楔形节段，外端面与最终接头块端面平行，最终接头总体尺寸 37.95 m×7.5 m×11.4 m，浇筑混凝土水泥后重约 6000 t（图 1）。

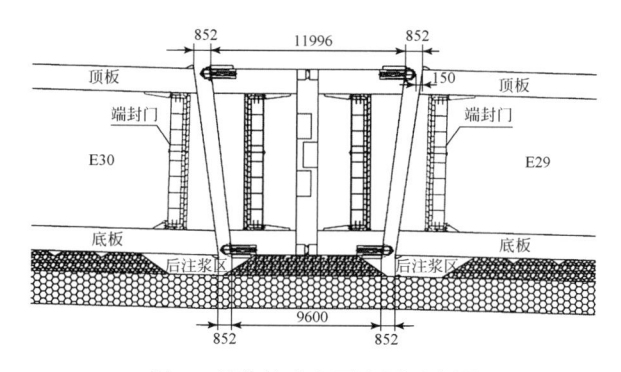

图 1 最终接头立面布置示意图

---

[*] 本文曾刊登于《公路》2018 年第 8 期。

最终接头为新型工艺，国内无经验可循并受各种因素交错影响[4]，因此最终接头是港珠澳大桥沉管隧道闭合成败的最为关键部分，其中海上吊装对接头施工的影响尤为重要。

2 最终接头吊装研究

最终接头吊装不仅是外海施工、吊重6000 t级，而且吊装对最终接头吊平要求精度高，吊平的允许偏差要求仅控制在15 mm以内[5]。

根据调查国内外外海大型构件吊装发现，以往的大型吊装中从未有过如此高精度的要求，本次吊装还要经历空气中调平和入水调平两个不同的受力阶段，因此最终接头吊平难度更大。

2.1 吊索具选择

项目部组织启动吊索具专题研究，调研了国内外大型吊装案例及有实力的吊索具厂家，结合最终接头施工环境、安装窗口及6000 t级重量吊装等限制条件，制定了4个符合最终接头吊装的吊索具方案（表1）。

表1 最终接头吊索具方案对比

方案名称	环型吊带+辅助索具方案	环型吊带方案	缠绕钢丝绳方案	环型钢丝绳方案
方案简图				
优缺点分析	1.安全性满足要求；2.吊点受力均匀；3.吊具下部采用吊带连接，操作方便；4.水下操作时回弹量小；5.结构相对复杂，整体重量大	1.安全性满足要求；2.吊点受力较均匀；3.结构简单，重量轻；4.吊带柔软，操作方便；5.水下操作时回弹量小	1.安全性满足要求；2.钢丝绳较多，操作不便；3.钢丝绳回弹，操作时需要注意；4.缠绕结构各股钢丝绳间受力存在不均匀性	1.安全性满足要求；2.结构简单；3.对绳圈制作精度要求高，长度不同会出现受力不均现象；4.两根钢丝绳在钩腔内，可能相互挤压；5.吊点销轴直径≥540 mm，设计、施工难度大
综合比选	1.环型钢丝绳方案经济性好，但是销轴直径太大，吊点设计无法实现；2.环型吊带+辅助索具方案操作性好，但是经济性方面不太合理；3.环型吊带和缠绕钢丝绳方案比较合理，在经济性和操作性两方面平衡			

综合比选经济性、操作性，环型吊带和缠绕钢丝绳方案比较合理，然而最终接头重量过大，为了减少吊重压力，选择环型吊带作为港珠澳大桥最终接头吊装吊索具。

2.2 吊装方式选择

2.2.1 吊带吊装方式

根据港珠澳大桥最终接头吊点位置布置,提出了两种吊带吊装方式并进行对比分析。即"一吊带一吊点"和"一吊带两吊点"(表2)。

表2 最终接头吊带吊装方式对比

比选内容	一根吊带对应一个吊点(8根吊带)	一根吊带对应两个吊点(4根吊带)
稳定性	有过4000 t大型构件吊装案例。因接头制作、吊带加工偏差导致接头存在一定的倾角,通过吊钩升降调整至水平的难度较大	1.有过大型构件的吊装案例; 2.吊带打弯后的载荷能力略有折减,约为原来的80%; 3.通过吊钩升降调整接头至水平的自适应性优于前者; 4.可能存在打滑的隐患,可通过附加防滑材料解决。
经济性	按照单根索具 700 t 考虑,费用约为 20 000 元/m	按照单根索具 700 t 考虑,费用约为 20 000 元/m
操作性	吊带水上连接采用索具钩配合,水下拆除采用潜水员水下手摇销轴,解除吊带	吊带水上连接采用索具钩配合,水下拆除采用潜水员水下手摇销轴,解除吊带
对其他施工的干扰	无干扰	无干扰

综合比选吊带吊装稳定性、经济性和操作性等特点选择一根吊带对应两个吊点的吊装方式。

2.2.2 吊装试验

(1)吊装试验方式

最终接头沉放过程中保持接头水平,需要控制接头4个角高差在±5 cm以内,根据这一限制要求结合起重船吊钩配置及站位情况,按照最终接头等比例缩小制作了吊架、吊耳及吊钩,通过汽车吊模拟吊机配合起吊模型来进行最终接头吊带吊装试验(图2)。

图2 最终接头吊装试验

（2）吊带挂钩方式

1）方案一：4 根吊带，南北方向对称挂钩，每个钩腔挂一股吊带。1 号吊带长度为 17.82 m，2 号吊带长度为 16.2 m（图 3a）。

2）方案二：4 根吊带，东西方向对称挂钩，每个钩腔挂一股吊带。1 号吊带长度为 16.2 m，2 号吊带长度为 16.2 m（图 3b）。

3）方案三：4 根吊带，交叉挂钩，每个钩腔挂一股吊带。1 号吊带长度为 16.2 m，2 号吊带长度为 16.2 m（图 3c）。

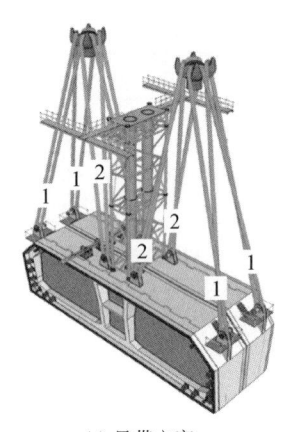

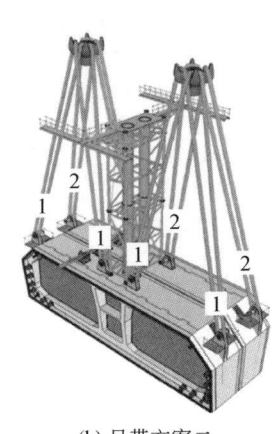

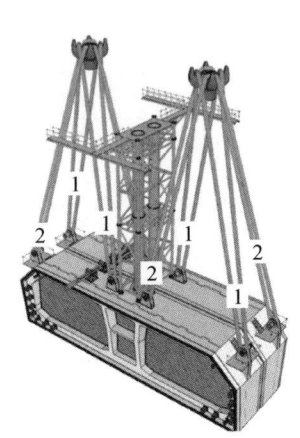

(a) 吊带方案一　　(b) 吊带方案二　　(c) 吊带方案三

图 3　吊带挂钩方式比对

（3）吊装试验步骤

最终接头吊装试验分别对 3 种方案进行单独试验，每种方案试验步骤基本一致，试验步骤如下。

1）按照主钩间距进行，2 个汽车吊平行站位；

2）按照挂钩流程，2 个主钩同时放到距离地面 1 m 位置，完成吊带与销轴连接；

3）缓慢起吊，起吊过程中通过钩升降将试验件调平，记录 3 种方案调平时间、出现问题、难易程度、观察吊带在钩腔滑动情况；

4）调平后将钢结构提高到距离地面 1 m 左右，现场测量 4 个角的高度，精确到毫米级；监测吊耳受力情况并记录；

5）吊带长度调整实验：分别将方案中 2 号吊带的长度延长 10 cm、20 cm（同比例缩放的长度分别为 2.7 cm 和 5.4 cm）再次进行起吊调平，提高到距离地面 1 m 左右后，测量 4 个角的高度（图 4）。

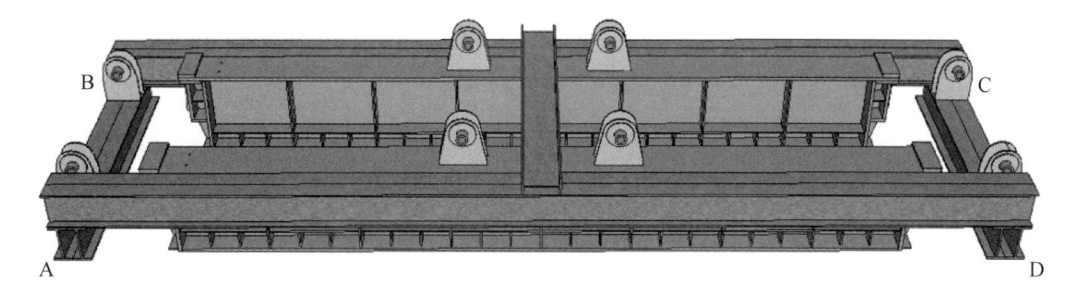

图 4 测量点位布置图

（4）吊装试验总结

3 种吊带挂钩方式总结（表 3）。

表 3 吊带吊装试验总结表

	方案一	方案二	方案三
多次调平后最大高差	C 点比 A 点高 37 mm	B、C 点比 A 点高 6 mm	D 点比 C 点高 23 mm
吊带缩短 150 mm 后最大高差	B 点比 D 点高 65 mm	A 点比 C 点高 23 mm	D 点比 B 点高 35 mm
吊带缩短 300 mm 后最大高差	无法吊平	D 点比 C 点高 38 mm	A 点比 C 点高 40 mm
调平难度	调平难度大，调平时间长，长边方向姿态可通过吊钩高度调整，短边方向不易调平，高差较大	容易调平，调平时间用时短，长边方向姿态可通过吊钩高度调整，短边方向姿态通过吊带长度容易控制	较难调平，调平时间较长，长边可通过吊钩高度调整，短边方向不易调平，但相对于方案一高差较小

综合比选方案二：4 根吊带，东西方向对称挂钩，每个钩腔挂一股吊带的挂钩方式平稳性、安全性最高。

3 最终接头吊装技术应用

根据港珠澳大桥最终接头安装期间姿态监测系统记录的数据显示，E29 侧与 E30 侧高程始终保持一致，并且纵倾与横倾保持在 0°左右波动。经过与最终接头试吊数据的对比，最终接头在正式吊装过程中接头姿态良好，并保持水平，因此证明最终接头吊装技术措施有效可行。

4 结 语

最终接头的吊装技术的成功应用刷新了国内交通领域最大吊装施工记录，为我国积累了 6000 t 级吊装施工的经验，其意义重大，也为后续同类型超大型构件外海吊装提供了有利的科学依据。

参 考 文 献

[1] 朱岭，窦从越，宁进进. 港珠澳大桥沉管快速锚泊定位系统开发[J]. 中国港湾建设，2018，（3）：62-65.

[2] 林鸣，刘晓东，林巍. 钢混三明治沉管结构发展历史及设计方法适用边际研究[J]. 中国港湾建设，2016，（12）：1-7.

[3] 林鸣，刘晓东，林巍，等. 钢混三明治沉管结构综述[J]. 中国港湾建设，2016，（11）：1-4.

[4] Lunniss R，Baber J. Immersed Tunnels[M]. Boca Raton：CRC Press，2013：1-486.

[5] 刘凌锋，林巍，尹朝晖，等. 港珠澳大桥沉管隧道最终接头吊装解析[J]. 中国港湾建设，2018，（2）：53-60.

港珠澳大桥沉管安装潜水作业风险分析与管理*

吕标兵

（中交一航局第二工程有限公司，青岛）

摘　要：潜水作业属于高风险作业范畴，具有其本质的特殊性，专业性强，不能以普通的安全管理手段来管理潜水作业项目。任何一个潜水风险伴随的后果是潜水员患减压病，甚至死亡。潜水作业安全管理是基于工程项目管理基础，结合潜水作业特点制定专业性、针对性的管理方式。本文针对港珠澳大桥岛隧工程沉管安装潜水作业存在的主要安全风险进行分析，并提出对应的管理方式。

关键词：港珠澳大桥岛隧工程，潜水作业；风险分析；项目管理；减压病；安全

1　工程概况

港珠澳大桥跨越珠江口伶仃洋海域，是连接香港特别行政区、广东省珠海市、澳门特别行政区的大型跨海通道[1]。岛隧工程是港珠澳大桥的控制性工程，隧道采用沉管方案，沉管段总长5664 m，标准管节长180 m，由8节长22.5 m、宽37.95 m、高11.4 m的节段组成，重约7.8万t，最大沉放水深42 m，是目前世界上综合难度最大的沉管隧道之一。

2　作业特点及主要风险

港珠澳大桥岛隧工程隧道基槽开挖最深处底标高为-47.223 m，施工区十年一遇极端高水位是2.74 m，计算潜水作业最大水深约50 m，符合空气潜水作业安全深度（最大安全深度为60 m）要求，也符合水面供气式潜水装具潜水作业安全深度（深度应不大于60 m）要求。

潜水员入水通常是由潜水母船甲板直接入水，完成水下作业后借助入水绳出水减压，最后借助出水爬梯出水。入手绳系在约25 kg的重块上，潜水员出水后将其收回。

---

* 本文曾刊登于《公路》2018年第8期。

潜水作业过程中，水深＜24 m时潜水员采用水下自然减压方式进行减压出水；水深≥24 m（或者水下不能安全减压）时潜水员在完成水下必要的减压后，出水进入减压舱完成水面减压。

2.1 自然条件风险

2.1.1 气候因素影响

珠江口的台风所带来的大风及海浪使潜水员无法稳定，在岛头段浅水区作业风险高，可能造成身体碰撞、供气系统意外中断、呕吐等事故。

2.1.2 海况因素影响

小潮汛期间的海浪超限，造成潜水作业时间及窗口减少，同时受径流、恶劣海况引起海水含沙量增加，造成海水浑浊，影响潜水水下观测、测量等作业的正常进行。

2.2 外部因素影响

2.2.1 船行波影响

施工区水域跨越多条航道，航道内来往船只众多。大吨位船舶航行过程中引发的船行波扩散范围广、影响大。对潜水作业、潜水员减压、舾装件拆除、海上吊装作业造成巨大危害。

2.2.2 渔业活动影响

施工区域渔业活动密集，经常存在拖网捕鱼作业，一旦缠绕潜水员脐带则危险性极大，同时，对已安管节尾端的应答器支架、声呐应答器也造成一定风险。

2.2.3 海生物影响

珠江口少见大型凶猛海生物，但是海蜇、海葵、不明鱼类等可释放毒性的海生物常见。在潜水员水下清理或拆除舾装件时，遇到被海生物触碰、蛰咬，毒素释放伴随海水接触潜水员皮肤的情况。轻则皮肤过敏、奇痒难忍，重则水肿、恶心、发热，甚至有生命危险。

2.3 施 工 风 险

2.3.1 脐带缠绕

由于沉管安装潜水作业需要潜水员在舾装件、对接端中穿行，如果在穿行路线杂乱或受障碍物扯挂，可能造成供气管缠绕、挣脱现象。

2.3.2 舾装件拆除

舾装件拆除过程中需要使用液压扳手、水下电割等方式，易发生混合气体爆炸；在深水深槽作业过程中，受水深、船行波、螺栓锚固方式等影响，吊索具易发生摇摆，易发生吊点、吊索具撕裂风险；测量塔、人孔井结构大，与安装船间距极小，受风和水流影响，同时离水下电缆、尾端钢封门近，意外掉落碰撞风险巨大。

2.3.3 水面落物风险

受风浪影响，潜水船会产生摇摆，甲板临边落物、舾装件吊船过程中掉落风险大。对水下作业潜水员生命安全造成巨大风险。

2.3.4 交叉作业影响

潜水作业常与基槽清淤、整平、多波束扫测、回填等交叉作业。潜水员水下作业时受船机噪声、回填落石影响大，同时，回填供料船等社会船舶意外闯入施工区域，对潜水员安全造成巨大风险。

2.3.5 潜水设备风险

潜水设备受高温、潮湿等因素影响，易造成设备损坏。如通信中断、水下照明系统损坏、应急气瓶故障等。同时，潜水空压机、减压仓等大型设备，长期暴露于外部环境，更易发生损坏。

2.3.6 应急救援难度大

潜水作业的主要危害表现为急性减压病、放漂、物理打击、急性中毒等方面。如果潜水员受到伤害需立即出水治疗，会与潜水员减压发生冲突。港珠澳大桥岛隧工程沉管隧道施工区域到珠海或桂山镇路程 40~60 min，如遇紧急情况，则需综合考虑应急救援措施，否则易加重伤情造成严重后果。

3　风险管理措施

3.1　严格按照风险防控措施进行作业

1）严格遵守风力不超过 5 级、涌浪不超过 1.5 m、流速不超 0.8 节的海况条件下方可进行潜水作业的安全规定。施工前制定作业计划，召开班前会传达每一名作业人员。

2）尽可能避免夜间作业，如确需夜间作业，应提供足够维持作业区域照明的工具，同时加强巡逻、瞭望。

3）下水前应评估作业位置，减少横向穿梭障碍物作业，避免脐带缠绕。出现供气中断时，应及时启动应急气源，并通知应急潜水员下水协助。

4）设立应急潜水员，当水下作业潜水员出现问题时，应急潜水员可以立即入水进行协助。

5）潜水作业前与各方协调沟通，在作业水域停止一切可能对潜水造成影响的活动，同时加强船舶警戒，通过悬挂潜水旗、高频、广播等形式予以告知。

6）潜水作业前，应对潜水所用供气系统、减压系统、通信系统等进行检查确认，确保水下施工时设备能够正常运行。

3.2　建立潜水作业系统性管理机制

1）在施工作业前，在通用工程风险管理措施下，针对潜水作业的特殊性、专业性，进行系统的风险分析及评估，并制定针对性的风险防控措施。

2）重视潜水作业安全管理，将其作为高风险作业采取对策重点管控。

3）落实潜水队长、潜水监督、潜水医生、应急潜水员的安全责任制。

4）有效管理潜水作业分包队伍，使其遵照标准开展潜水作业。

5）完善应急管理体系，制定应急突发预案。

4　结　　语

沉管安全潜水作业项目繁多，作业工期紧，作业范围广，结合潜水独有的特点制定相应的潜水作业安全管理机制，才能在施工中更好地管控风险，安全、顺利地进行施工作业。安全第一在潜水作业中体现得尤为明显。只要有任何威胁潜水员安全的情况，必须停止潜水作业。以上是对沉管安装施工中潜水作业风险管控及安全管理的一些见解，希望给同类项目一种概念性的理解。

参 考 文 献

[1] 国际潜水承包商协会. 商业潜水与水下作业公认标准[S]. 第五版. 2004.
[2] 中华人民共和国交通部. 空气潜水安全要求：GB 26123—2010[S]. 北京：中国标准出版社，2011.
[3] 黄汝辉. 浅谈常规潜水安全风险管控[J]. 工程技术：全文版，2017，(45)：317-318.
[4] 刘安堂，张辉，杨德恭. 安全潜水作业手册[M]. 第一版. 北京：海潮出版社，2006.
[5] 唐光盛. 潜水作业安全管理简述[C]//中国职业安全健康协会 2007 年学术年会论文汇编，2007.
[6] 张辉. 潜水及水下作业安全规程研究概述[C]//第六届中国国际救捞论坛论文集，2010.

港珠澳大桥沉管施工船机设备风险预控研究[*]

周相荣，刘炳林，张克超

（中交一航局第二工程有限公司，青岛）

摘　要：本文结合为港珠澳大桥沉管浮运安装而配备的船机设备的大型化、专业化、技术复杂化等特点，在管理过程中引入风险管理理念，通过标准化管理手段并结合风险源辨识、风险评价和风险管控等风险管理手段，采用作业条件危险源分析法（LEC）应用于风险评估过程中，有效避免沉管安装过程船机设备故障风险，确保施工的顺利进行。港珠澳大桥沉管浮运安装的四年间，未有一次因船机设备故障影响沉管安装的事故，为其他类似高风险大型化船机设备施工的船机保障提供方法借鉴。

关键词：沉管安装；风险；施工；标准化；船机

0 引　　言

风险管理产生于 20 世纪初的西方工业化国家，20 世纪 30 年代以来，风险管理活动在各国政府、企业的管理中得到广泛的应用。施工行业中的船机管理措施研究较少，多数停留在日常的传统的管理中，主要针对船机设备"管、用、养、修"等各个阶段及传统的船机检查等进行。

近几年，随着工程技术的发展，工程的大型化、专业化、复杂化成为一种大的趋势，对船机设备的风险管控等提出更高的要求。港珠澳大桥被英国《卫报》报评为世界新七大奇迹。大桥的沉管浮运安装是主体工程建设中技术最复杂、施工难度最大的部分，浮运安装过程中船机设备的大型化、专业化施工过程中风险因素较多，海上施工船机的保障是确保施工作业安全顺利开展的重要保障。本文重点对港珠澳大桥的超大型预制沉管外海安装船机施工进行风险评价和控制研究，采用头脑风暴法和访谈法的形式进行风险辨识，风险的分析和评价基于沉管施工作业标准化流程进行，避免管理盲目化并解决实际操作性不强的特点，提高风险评价效率，另外采用作业条件危险源分析法（LEC）应用于风险评估过程中，并针对施工过程中的相应风险采取有效措施控制风险。

---

[*] 本文曾刊登于《公路》2018 年第 8 期。

在实践方面，本文的研究意义重大，为超大型，高风险施工作业设备管理的风险预控起到了良好的借鉴作用。

1 港珠澳大桥沉管隧道浮运、安装施工流程及船机施工特点

港珠澳大桥岛隧工程沉管管节安装施工包含浮运和安装两个阶段。浮运包含出坞、浮运、转向区转向、系泊等内容，浮运航道总长 12 km，基槽内浮运最大 3 km。沉管安装主要包括二次舾装、沉放对接、舾装件拆除等内容，其中最为关键的是水下沉放对接。浮运和安装的专有船机设备包括两条安装船（"津安 2""津安 3"）和一套拉合系统。辅助浮运安装有 11 艘大马力拖轮，2 条送缆专用锚艇，若干艘起锚艇及潜水母船。另外还配置一套精调设备辅助安装。浮运、安装过程分别如图1、图2所示。

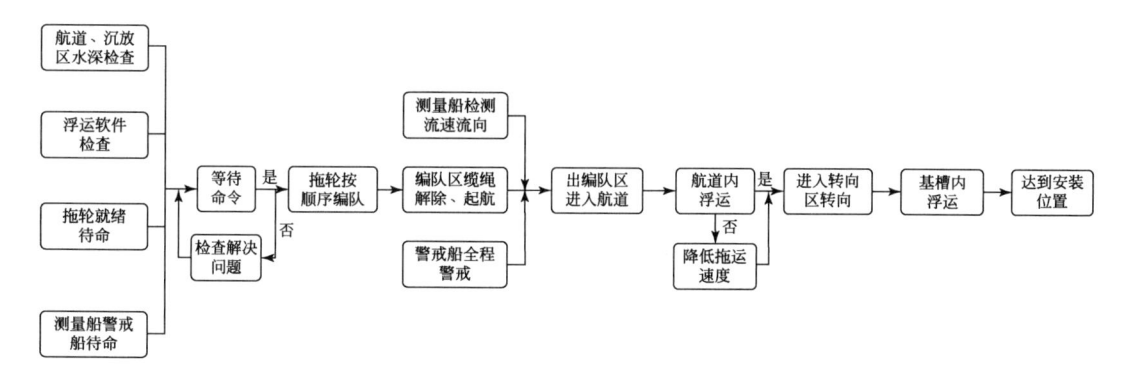

图 1 沉管浮运作业流程

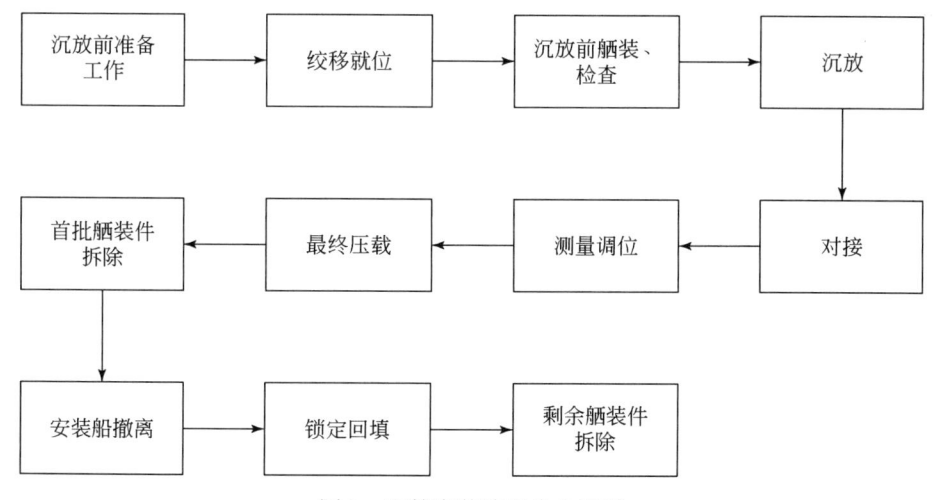

图 2 沉管安装施工作业流程

沉管安装船机施工风险因素较多，主要包括受风力、潮汐、洋流、波浪等自然因素影响大；船机设备专业化和自动化程度高，具有专一性和不可替代性；航道水域每日来

往各类船舶达 4000 艘次，通航安全风险大；浮运、安装各个环节衔接紧凑，协同作业难度大，等等。

2 港珠澳大桥沉管浮运、安装船机风险识别与评价

2.1 沉管浮运、安装风险源识别

船舶状态风险评估的研究工作在我国才刚刚起步，船舶作为一个机构庞大、复杂的综合系统，目前还很难寻找出一套行之有效的方法对其整体安全、风险状态做出精准的描述。但可以从施工作业过程中寻找出一些规律性的东西，加以提炼、总结，形成一套行之有效的风险管理方法。例如，港珠澳大桥沉管浮运、安装的 33 节沉管可以看作一个重复性的工作，每一节沉管的浮运、安装时间 3 d 左右，安装过程中基本步骤一致，可以结合施工工艺流程提炼关键性风险点，提炼方法主要通过头脑风暴法和洽谈法等形式确定，将结果进行分析，载入风险登记册。由于船机设备关键性风险因素较多，暂不详列风险登记册的内容。

2.2 沉管浮运安装风险评价

经过的风险识别之后，第二步要根据风险项目内容，对系统采用作业条件危险源分析法（LEC）应用于风险评价主要方法，更具有可操作性。

LEC 法是由美国"港口工程施工重大危险源识别与控制研究"（格雷厄姆和金尼）研究提出的，主要是采用与系统风险有关的三种因素指标值 LEC 之积来计算作业条件危险性分值（D），得出分值后再按危险程度等级划分查出危险程度，公式为

$$D=LEC$$

式中：L——发生事故的可能性大小，如表 1 所示；

E——人体暴露在这种危险环境的频繁程度，如表 2 所示；

C——一旦发生事故会造成的损失后果，如表 3 所示；

D——危险性分值，如表 4 所示。

表 1　L 值

分数值	事故发生的可能性	分数值	事故发生的可能性
10	完全可能预料	0.5	很不可能，可以设想
6	相当可能	0.2	极不可能
3	可能，但不经常	0.1	实际不可能
1	可能性小，完全意外		

表 2 E 值

分数值	暴露在危险环境的频繁程度	分数值	暴露在危险环境的频繁程度
10	连续暴露	2	每月一次暴露
6	每天工作时间内暴露	1	每年几次暴露
3	每周一次暴露或偶尔暴露	0.5	非常罕见的暴露

表 3 C 值

分数值	发生事故产生的后果	分数值	发生事故产生的后果
100	大灾难，许多人死亡	7	严重，重伤
40	灾难，多人死亡	3	重大，致残
15	非常严重，1人死亡	1	引人注目，需要救护

表 4 D 值

分数值	危险程度	分数值	危险程度
>320	极其危险，不能作业	20~70	一般危险，需要注意
160~320	高度危险，立即整改	<20	稍有危险，可以接受
70~160	显著危险，需要整改		

LEC 法是评价人们在某种具有潜在风险的一种简单易行的方式，优点是危险等级划分清晰，缺点是在风险评价过程中受到评价人员的主观因素较大，会造成一些客观上的不准确性。在港珠澳大桥的实践中，主要结合《沉管浮运安装前风险排查表》和《风险评估专家会》（或者称之为专家判断）的方式相结合进行重大风险源识别，并在整个风险预控过程对因素的取值和危险等级进行动态修正。

结合港珠澳大桥沉管浮运、安装实践，举例说明可行性表格如表 5 所示，为沉管浮运、安装风险预控辨识 D 值（篇幅所限，仅列部分的示意一下）。

表 5 港珠澳大桥的 D 值

项目内容	L 值	E 值	C 值	D 值
安装船压载水系统故障	3	0.5	100	150
经纬轮锚机系统故障	6	10	3	180
整平船自动控制系统故障	6	0.5	15	45
整平施工、管理系统故障	3	0.5	1	1.5
经纬轮皮带机系统故障	6	6	15	540
……	…	…	…	…

将表中的 D 值，与表 4 对应查找后，判断潜在风险的危险性分值，最后形成评价汇总，成为下一步的风险预控措施实施的依据。

3 港珠澳大桥沉管浮运、安装船机风险预控

风险源的预控过程是一个动态的闭环控制过程，通过前期的对风险登记册所识别的风险进行评价，对沉管浮运、安装的过程中船机设备可能导致的风险及其后果进行量化后，为风险源管理、预控提供决策依据，并在实践中，实时动态对施工过程中的风险项目可能产生的或者已经产生的危险源进行细化补充，进行再辨识、再评价、再控制。闭环风险预控简图如图 3 所示。

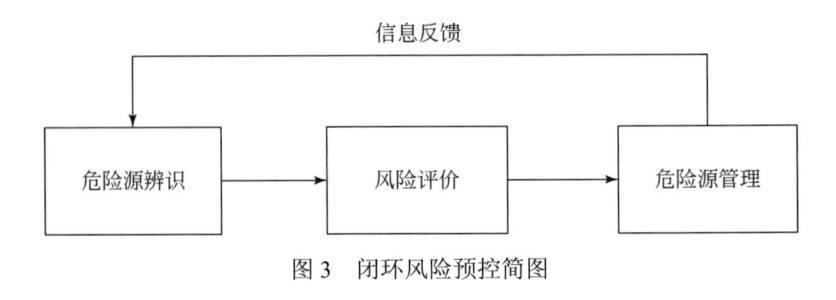

图 3　闭环风险预控简图

3.1　港珠澳大桥沉管浮运、安装风险预控的基本原则

1）沉管浮运、安装风险预控要与项目部船机管理人员能力匹配，可以尽可能按照先消除，再降低，最后采取个体防护设备的思路进行；

2）对于极其危险、不能作业的风险，需要采取相应风险预控措施降低危险性分值；

3）对于危险性分值低的风险，应该继续保持风险控制措施，监控设备状态，避免风险加大，危险性分值增大。

3.2　港珠澳大桥沉管浮运、安装风险预控的具体措施

沉管浮运、安装过程中的风险管理过程应该在合情合理的前提下，将施工过程中可能存在的船机设备风险降低到可以接受的水平，在此基础上保障安全、保证建设工期，降本增效。另外，风险的控制是一个动态的控制过程，最为重要的一步是在过程中对船机风险实施动态评估，对危险性分值高于 70 以上的中等风险予以检测、再识别、再评估，定期反馈，并针对风险评估成果、接受准则等制定风险管理计划，保证沉管浮运、安装顺利、安全实施。

（1）控制过程突出重点，重大或具有重要影响的风险源重点控制

沉管浮运、安装风险源控制是一项复杂的工程，船机设备种类繁多且每道工序衔接紧密，每一条船机设备均是一个复杂的组合体，风险因素庞杂。因此，在控制过程中要强调对风险源突出重点，对重点或者具有重要影响的设备因素进行重点控制，同时改进

控制手段，降低控制各种耗费，提高控制效果。

（2）技术与管理预控措施并举，将风险消除在萌芽中

技术预控措施是依托港珠澳大桥沉管浮运、安装的工艺流程和施工工艺及标准，对施工过程中的第一类危险源，即风险登记册中相关的船舶各设备的压力、温度、强度等机械及热工参数加以控制，制定润滑五定本，施工过程中设备巡点制度及通过规范化日志等记录等加以控制，加强对设备性能的约束，避免因约束失效造成一系列船机方面风险。

管理预控措施是指管理制度方面的建立和健全，管理制度是保障施工现场安全生产的重要因素，管理制度的混乱往往容易导致一系列风险因素，这其中包括制度的完善，人员的责任意识和技术水平的提升等，因此可以在对危险源进行分析的基础之上，有针对性地建立各项危险源管理的规章制度，明确责任，管控风险。

（3）深化风险预控内涵，关键元器件辨识制度

解决船机设备故障时更换备件效率远高于维修，港珠澳大桥沉管浮运、安装船机在风险预控的基础之上，对风险管理内涵进行了延伸，增加了关键元器件辨识制度，将关键元器件辨识制度纳入风险管理范畴，实施动态管理。

关键元器件以每个管节为节点，旨在将所有的关键设备元件存在的潜在风险一一识别，通过定期更换或日常维护保养使其对工程的影响减小至合理可接受程度，确保安装过程中设备风险可控。本工程中，结合沉管安装专用设备的特点，对每一个关键设备均从动力供电系统、系统操作终端、中间过程的控制和执行硬件设备进行辨识，包括设备的运行、控制和检测有重要作用的零件、部件、组件、系统或其他装置最终分析统计确定安装动力系统包括 48 个关键件，绞车系统包括 121 个关键件，船舶压载水系统包括 48 个关键件，电控系统包括 65 个关键件，并以《安装船关键件辨识清单》的形式作为设备风险管理成果和后续管理依据。关键元器件辨识制度主要工作流程如图 4 所示。

（4）加强沉管浮运、安装船机设备的远程检测故障诊断系统的研究

港珠澳大桥沉管浮运、安装的船机设备风险属于影响施工的关键性因素，船机设备的保障好坏影响的浮运、安装作业的成败，由于船机设备集机械、电子、自动控制、计算机、传感器多种先进技术为一体，设备技术复杂，自动化程度高，通过远程监测故障诊断系统能够更为有效地解决故障排除难度大，对厂家技术人员依赖度高等问题，更有利于降低浮运、安装风险。

4　结　语

港珠澳大桥沉管浮运、安装作业船机设备具有唯一性、高度自动化、设备系统复杂等特点，施工风险因素较多，通过 4 年的沉管安装施工，积累了较为丰富的风险管理经验，采取了科学方法对施工危险源进行系统的辨识和评价，并制定相应的管控措施，构建了风险预控管理体系，最大限度地避免了浮运、安装事故隐患，对提升大型工程项目的风险预控和安全管理水平有重要意义，对同类型施工项目船机设备风险预控提供了一定的参考借鉴。

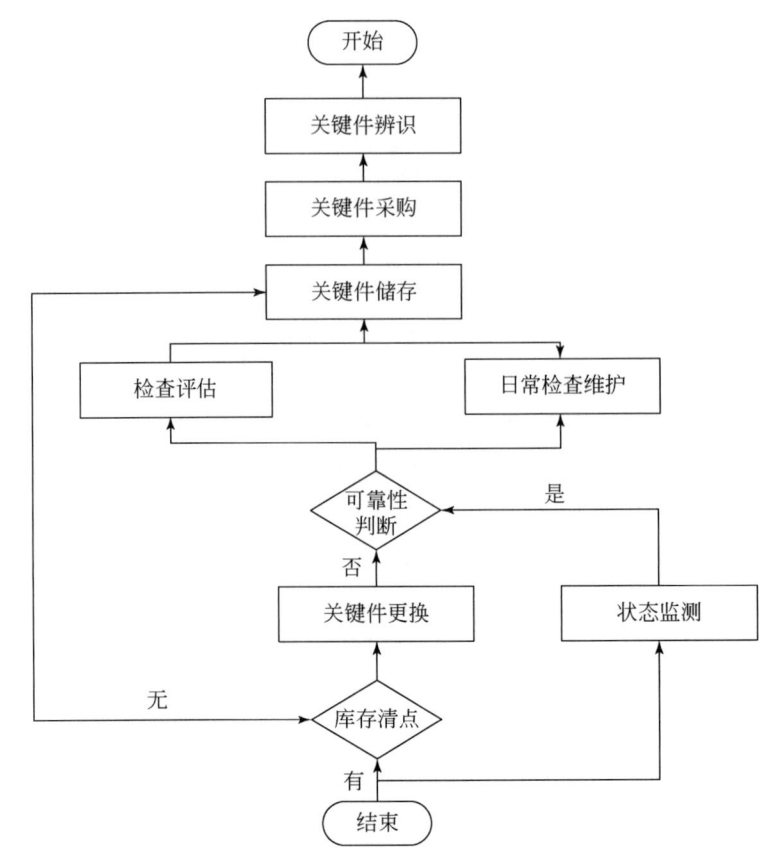

图 4　关键元器件辨识流程图

参 考 文 献

[1] 彭慧慧，李强，马少非. 港口工程施工重大危险源辨识和控制研究[J]. 中国水运，2014，(6)：165-167，170.

[2] 任文宏. 隧道工程施工风险评价与控制[J]. 公路交通科技，2012，(6)：323-326.

[3] 燕燕. 谈建筑企业重大危险源辨识及风险评价与控制的改进方法[J]. 建筑安全，2006，(8)：31-33.

[4] 陈阁琳，翁庆全，姚刚. 浅谈施工现场重大危险源的动态控制[J]. 重庆建筑，2010，(4)：23-25.

[5] 周相荣，刘炳林. 远程监测故障诊断系统在水工施工中的应用[J]. 交通科技，2017，(6)：107-109.

[6] 卞晓琳，何平. 风险管理在隧道及地下工程中的应用探讨[J]. 中国安全科学学报，2009，(6)：154-158.

港珠澳大桥沉管隧道施工风险管理体系研究[*]

尚乾坤，傅秀萍，朱 岭，侯亚飞

（中交一航局第二工程有限公司，青岛）

摘 要：沉管隧道施工技术虽然已在国内外成功应用，但是风险管理经验还不够充足，尤其是沉管外海安装施工风险管理知识匮乏，施工过程中风险事故频发，每一起事故都会令施工成本倍增、工期延后，影响整个交通设施的正常通行营运，给社会和企业带来巨大的损失。为实现沉管隧道外海安装施工的风险可控，港珠澳大桥沉管隧道施工团队结合工程工况开展风险管理研究，并建立了完善的风险管理体系，保障了复杂海洋条件下沉管隧道施工安全。

关键词：沉管隧道；外海；风险；风险管理；体系

1 工程概述

港珠澳大桥跨越珠江口伶仃洋海域，是连接香港特别行政区、广东省珠海市、澳门特别行政区的大型跨海通道[1]。其中港珠澳大桥岛隧工程包括桥梁、沉管隧道及海中人工岛，该沉管隧道是我国第一条外海沉管隧道，也是目前为止世界范围内施工环境最复杂、规模最大、技术难度最高的海底公路沉管隧道[2]。

2 风险管理体系研究

2.1 风险管理意义

沉管隧道工程建设项目是一项庞大而复杂的系统工程，存在着众多风险因素，同时隧道工程的各项风险因素之间也有着错综复杂的关系[3]，对于如此复杂的工程建设项目，要准确量化每一风险源是一项巨大的挑战，因此有效的风险管理是保证项目成功的关键因素。

---

[*] 本文曾刊登于《公路》2018 年第 8 期。

2.2 风险管理理念

在港珠澳大桥沉管隧道浮运安装施工作业中，坚持以风险管理与控制为核心导向，坚持"全员、全过程、动态"的管理理念[4]。

2.2.1 "全员"管理理念

风险管理的对象要求全员覆盖，发动浮运安装作业层和决策层的所有人员，开展全面的风险源辨识、评估和处置活动。具体实施过程包括"自上而下"和"自下而上"两个阶段，即首先将由浮运安装决策层领导等内部专家识别的初步风险宣贯至作业层，然后由作业层结合各自内容采用"头脑风暴法"等方法深化风险辨识内容，再反馈至决策层，最后采用内部专家法统一梳理形成专项风险辨识报告，提交外部专家会咨询。

2.2.2 "全过程"管理理念

将风险管理活动贯穿至整个沉管浮运安装施工过程，横向上覆盖所有的作业工序，纵向上覆盖沉管安装所有的施工管理阶段。

具体作业工序要求覆盖包括清淤、基床铺设、舾装、管节出坞、浮运、系泊、沉放对接、回填、沉管安装阶段的测量和管内作业等工序；具体涉及的管理阶段包括沉管安装施工准备阶段、施工过程阶段和施工总结阶段。同时，在每道工序和各个阶段都按照"人、机、料、法、环、测"的生产要素管理法进行风险辨识和分析，实现了从项目管理的各个方面和角度全面有效辨识风险的目的。

2.2.3 "动态"管理理念

对长周期建设项目，风险管理是一个动态的过程，随着项目的推进，建设环境和特点都会产生变化，新的风险或者是起初被忽视的风险会慢慢浮现。自工程开始就确立了以单个管节安装为一轮风险管理周期的目标和要求，持续按照风险识别、风险源分类、风险分析和评估、风险处置、总结评审 5 个环节动态循环开展风险管理活动。

2.2.4 "实用"管理理念

管理手段的有效性与其具有的实用特性密切相关，需要考虑针对管理对象（主要是人的因素）的可接受性和方便使用度。为此，本着更实用、更贴近施工一线的原则，坚持"简洁、高效"的思路，在风险管理手册中将辨识出的风险源划分为通用风险、专项风险和特属风险三大类，并针对不同的作业队将风险管理手册进行分册编排，方便现场作业人员使用,达到各专业班组能快速查找风险源、有针对性地落实处置措施的目的。

2.3 风险管理原则

港珠澳大桥沉管隧道浮运安装风险管理采用国际通用的 ALARP（As Low As Reasonably Practicable）原则[5],即最低合理可行原则（图1）。

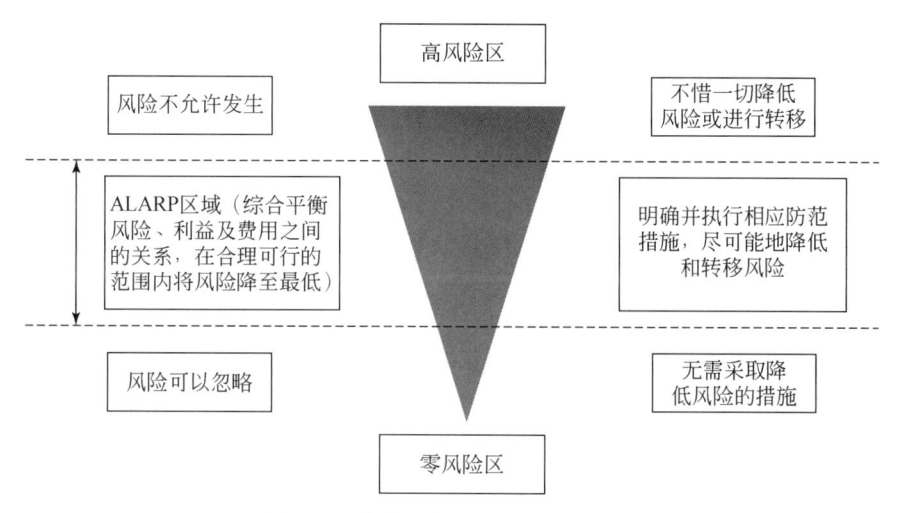

图 1 风险的可接受程度及相应策略

2.4 风险管理目标

港珠澳大桥沉管隧道浮运安装风险管理目标:
1) 保证质量满足合同和设计使用规范的标准要求,达到世界一流品质;
2) 安全生产、环境保护和员工职业健康达到合同目标;
3) 建设的工期满足合同及政府的实际要求;
4) 工程建设成本控制在政府最终概算调整的框架内;
5) 将工程对环境影响最小化。

2.5 风险管理流程

风险管理的主要流程（图 2）包括:风险规划、风险识别、风险分析、风险评估和风险处置。

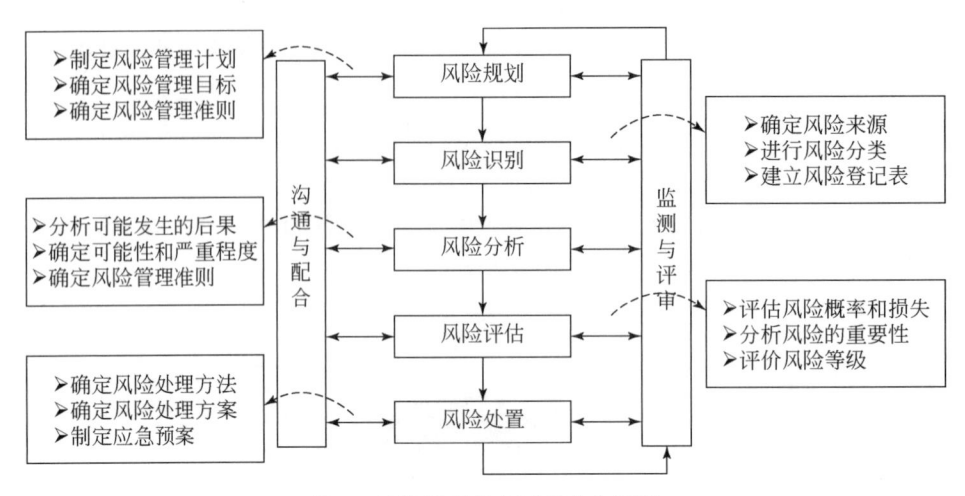

图 2 风险管理的主要环节和流程

3 风险数据库建立

港珠澳大桥沉管浮运安装风险数据库的建立是包括风险识别、风险源分类、风险分析和评估、风险处置和总结评审的整个流程。

3.1 风险识别

风险识别是风险评估的基础，也是风险分析中重要的步骤，目的是识别出所有可能对工程目标造成影响的风险源，以及产生的原因和可能造成的后果。

港珠澳大桥施工团队参考类似工程中风险事件和相应的致险因子，如水文、地质和气象条件等[6]，同时结合本工程施工工况进行风险辨识。风险识别具体由沉管安装风险管理组、任务组、作业班组所有相关管理人员、操作人员和咨询专家共同辨识和确认。

3.2 风险源分类

沉管浮运安装施工作业风险按照其通用程度及特性的不同分为三个类别，分别是：通用风险、专项风险和特属风险。

通用风险：指沉管安装施工全过程存在的共性风险，分为"施工作业条件、通航安全、环境保护、作用人员、施工装备"五大类。

专项风险：指在不同的工序下，由于作业内容和施工环境各异，其所具有的不同于共性风险的独特风险，分为"碎石基床整平、管节出坞、管节浮运系泊、管节沉放对接、管节回填、测量与控制、作业窗口"七大类。

特属风险：指在不同的区段沉管，针对沉管本身的特点及环境，形成港珠澳大桥岛隧工程沉管的特属风险，分为"岛头区、最终接头、深水深槽、强回淤、曲线段"五大类。

3.3 风险分析和评估

风险分析和评估的具体实施单位为沉管浮运安装的作业层班组。各班组对作业过程中存在的通用风险、专项风险和特属风险进行分析评估，并填写《风险分析评估表》，在《风险分析评估表》填写过程中，相应的责任班组应组织现场管理人员、作业人员，按照风险评估的流程、标准，对各项风险处置前、处置后的等级进行评定。经审定、汇总后提交沉管安装风险决策组。主要内容和步骤见图3。

风险等级的判定由经验丰富的施工人员综合现场施工情况确定，最终风险等级参照发生概率和后果严重程度，并按照"安全健康、环境、质量、时间、成本"五大类综合评定。

针对风险评估结果，对那些不可接受的风险运用避免、转移、减小、承受风险的策略制定缓解措施、控制措施和应急预案。

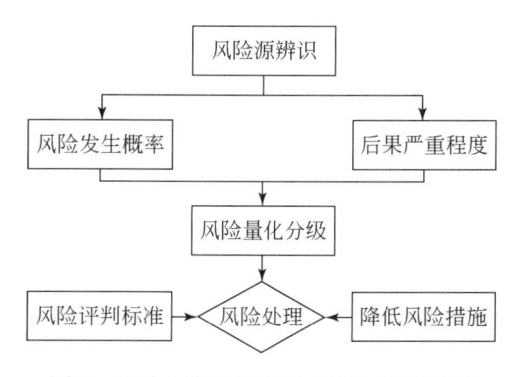

图3 风险分析和评估的主要内容及步骤

3.4 风险处置

风险处置手段主要包括：规避风险、降低风险、分担风险和保留风险。针对通用风险、专项风险、特属风险的分类情况及风险等级划分情况，其风险处置方法如下：

1）针对通用风险，通过制定对策措施，将风险降低至可接受程度，在此基础上，将该对策固化，并融入日常管理或工艺流程，形成标准化管理制度或作业规程，降低沉管安装全过程风险。

2）针对专项风险，结合其安装特点，通过专题研究、方案优化、工艺调整、系统改进等手段，制定针对性的风险防控措施。

3）针对特属风险，在特殊区段管节施工前，对照风险管理指南及手册，根据管节工序特点及所在的地理位置，对风险处置措施进行研讨和检查确认，并在准备和实施过程中落实。

4）针对不同等级（低、中、高）风险，若能通过风险处置措施，将风险降低至可接受程度，则在后续施工中落实该措施；若在处置后，风险仍为不可接受，则应制定相应的风险预案。

5）对于风险处置措施中，层次较低，实施难度小，则在任务组、作业班组层面解决；若层次较高、实施难度大，则由风险管理组、风险管理委员会协调解决，并提交专家咨询。

6）风险处置措施提出后，由相关责任班组或部门，填写《风险处理记录表》，对处置措施的具体细节（行动计划）及其完成日期进行明确，若措施中涉及监控或其他要求，也应在表格中一并提出。针对低、中风险，记录表最终由工区领导审批；对重大风险，记录表由项目管理风险委员会审核。

3.5 总结评审

由沉管安装风险管理组定期组织任务组、作业班组对风险管理体系进行自查，对风险进行动态管理，定期对已发现的风险进行总结检查再评估，并由施工管理顾问对体系进行外审。

任务组、作业班组根据风险管理的现场实施情况，对风险管理体系运行情况进行反馈，对各风险的状态（开放、闭合）进行检查总结，对新的风险点进行辨识，并动态更新风险登记表。

4 沉管浮运安装施工全过程风险管理

风险管理的全过程具体实施，主要体现在沉管浮运安装过程中的三大阶段：施工准备阶段、施工过程阶段、施工总结阶段。

4.1 施工准备阶段

施工准备阶段主要利用一级、二级、三级风险会议的形式为管理活动的载体；施工过程阶段以安装作业人员在安装船上现场决策，以决策会为载体；施工总结阶段以不同管理层级的总结会和专家咨询会为载体，进行风险的再评估与标准化提升。

4.1.1 一级风险会议

一级风险会议对重大风险源进行分析、评估和处置，通过专家咨询委员会的形式来进行风险把控，专家给出咨询、指导性意见，作为施工准备阶段决策的重要依据，由风险管理委员会来决定是否进入施工阶段。通常，一级风险会议在每个管节浮运安装施工前 10~15 d 召开（表1）。

表1 沉管安装决策会

序号	会议名称	会议内容	会议时间
1	沉管安装泥沙回淤、气象、海况分析预判决策会	气象、径流、海流预测预判、碎石基床铺设前回淤预判	管节安装前 11~13 d
2	管节浮运安装第一次决策会	浮运安装施工准备和窗口期气象、风浪等情况	管节安装前 7~10 d
3	沉管浮运安装水上交通安全保障工作布置会	待安管节浮运安装方案、船艇布置方案、航标撤设方案审查、航道封航、限速、警戒布置	管节安装前 5~7 d
4	管节安装准备工作确认会	测量监控报告、二次舾装监控报告、设计监控报告、基础监控报告及风险排查	管节安装前 3~4 d
5	管节浮运安装气象窗口、安装窗口会商会	气象窗口、对接窗口临近预报	管节安装前 3~5 d
6	浮运安装第二次决策会	窗口期海洋气象条件和准备工作完成情况	管节安装前 1~2 d
7	浮运安装水上交通安全保障总决策汇报会	水上交通安全保障措施落实情况	管节安装前 1 d

根据每个管节所有的属性、所在季节、环境等特点，对照《风险管理手册》开展全员的风险排查工作，梳理出该节沉管相关风险条目，形成动态分析后的《风险登记表》，并据此编制《管节安装风险分析评估报告》，在专家咨询会上供专家评估分析，提出咨询意见。

4.1.2 二级风险会议

二级风险会议是针对每个施工节点计划，对气象海况、环境、海事通航安全保障，以及施工的全过程进行层层把关，并经由业主、监理、海事、设计咨询、总承包商、气象预报中心、拖轮公司、潜水作业等专业分包商组成的决策机构进行确认。

4.1.3 三级风险会议

三级风险会议由任务组及作业班组（作业层）负责，采取全员参与、广泛铺开、对风险源进行逐项评估与处置的方式，来排查风险隐患，涵盖基础、浮运、安装、船机设备及测量5个方面，总计进行 789 项风险源排查。其中高温、高盐的外海施工条件外加高强度的设备运转，增加了船机设备的保障难度，因此每个管节安装前会进行三次船机设备专项检查，以排查隐患，确保管节出坞前船机设备零隐患（图4）。

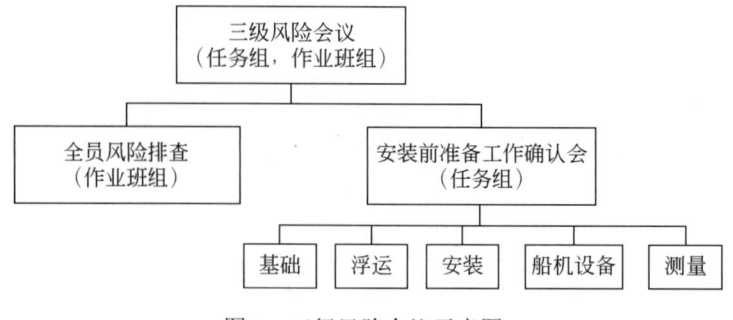

图 4　三级风险会议示意图

4.2　施工过程阶段

管节确认具备浮运安装条件后，根据施工先后顺序，在每一项重大工序施工前都要进行现场决策确认，主要有出坞决策会、浮运决策会、转向决策会、沉放决策会、拉合对接决策会等。每一项决策会，业主、监理、承包商均要与会对各项准备工作进行确认，确保各项工作准备万无一失，对风险把控环环相扣，不留隐患与死角（图 5）。

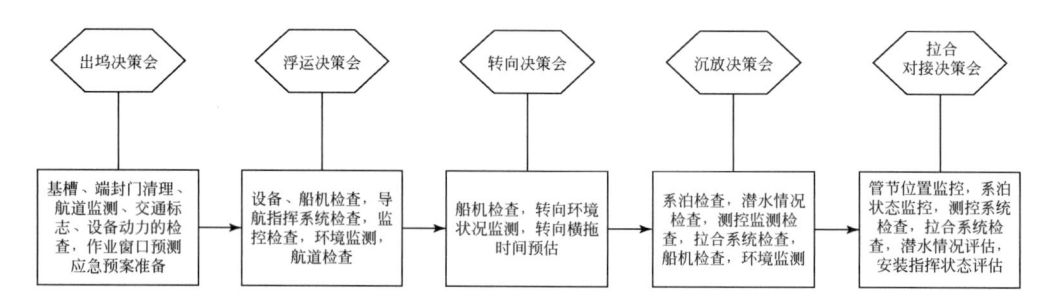

图 5　沉管浮运安装期间决策会会议流程

4.3　施工完成阶段

每一节管节安装完成后，项目部均会组织一次沉管浮运安装施工总结会，总结已安管节的成功经验，并将其转化为施工标准，以指导现场施工；对已安管节出现的问题进行深入讨论分析，优化操作流程及细节，避免出现同类型问题。

5　结　　语

通过港珠澳大桥沉管隧道施工风险管理体系的研发总结得出一个结论，那就是："风险管理是项目管理活动的核心内容，是项目能否实现目标的成败关键所在。"

施工团队一直以风险管理为核心导向，建立了一套符合国际标准的风险管理体系；制定了风险规划、风险辨识、风险分析与评估、风险处置、风险管理监测与评审的一整套流程；建立了重大专项风险管理的报告与评估机制；真正实现了风险的动态管理与不断持续改进（PDCA 循环）。通过科学化、系统化、标准化、流程化的管理与控制，抓住了重大风险源的管理，取得了工程项目质量、安全、进度和成本上的全面掌控。其中以风险管理为核心的理念及国际标准化的管理实施过程与手段特别值得总结与推广。

参 考 文 献

[1] 陈越. 港珠澳大桥岛遂工程建造技术综述[J]. 施工技术, 2013, (9)：1-5.

[2] 范铁锐, 李瀚, 郑秀磊. 港珠澳大桥航道区沉管施工安全措施[J]. 中国港湾建设, 2015, (7)：140-142.

[3] 黄莉. 隧道工程风险管理及其体制的建立[J]. 甘肃农业, 2014, (3)：58-59.

[4] 宿发强. 超大型沉管浮运的风险管控[J]. 中国港湾建设, 2015, (7)：1-4.

[5] 张青海. 外海沉管隧道浮运安装施工的风险管理研究[J]. 隧道建设, 2015, (11)：1150-1156.

[6] 张姣. 沉管隧道施工风险体系综合评估及应用研究[J]. 铁道建筑, 2016, (2)：52-55.

港珠澳大桥岛隧工程临时用电安全管理措施[*]

张克超

(中交一航局第二工程有限公司,青岛)

摘　要：施工现场用电的最大特点便是临时性，而临时用电若未能得到有效保护与管理，将出现较大的安全隐患。本文针对加强现场临时用电管理的措施展开研究讨论，通过对港珠澳大桥沉管施工现场临时用电的基本状况，提出相关管理举措，以期能够有效保证临时用电安全，保证管理工作到位。

关键词：沉管隧道；临时用电；安全防护；管理措施

0　引　言

施工现场的安全事故大多都来自于临时用电，由于缺乏科学有效的管理办法，加之混乱的临时用电行为，致使安全事故频发。因此，加强现场临时用电管理举措是提升施工现场安全的基本举措，也是保护工作人员生命安全、为工作人员提供安全环境的根本途径[1]。

1　工程概况

港珠澳大桥岛隧工程沉管隧道位于珠江口外的伶仃洋海域，主体工程隧道两端各设置一个海中人工岛，东人工岛东边缘距特别行政区界约 366 m，西人工岛东边缘距伶仃西航道约 2000 m，两岛长度均为 625 m，两岛最近边缘间距约 5584 m。现场临时用电主要分东西两个人工岛施工生活用电和沉管管内施工用电，施工用电电源由岛内发电机提供，高压电缆经暗埋段敷设到隧道内设置箱式变压站，沉管隧道内每间隔 1 km 设置一台箱式变电站（简称箱变）。

---

[*] 本文曾刊登于《公路》2018 年第 8 期。

2 加强现场临时用电管理的重要性

人工岛和管内施工现场所有电力设备的能源均来自于临时用电,故临时用电管理工作是现场施工中的重要部分。一旦临时用电发生故障,将导致整个施工现场瘫痪,无法继续工作,进而降低施工效率。另外,若对临时用电管理不当,设备在工作时将对人身安全造成重要影响,甚至发生安全事故。因此,临时用电管理是现场施工中的重要环节之一,关系着整个施工队伍的安全。在加强临时用电管理的基础上,也要加强设备的管理,只有两方面同时进行,才能保证临时用电安全稳定。只有保证临时用电规范化、标准化,才能促使现场施工更加流畅、安全、有规律地进行。

3 施工现场临时用电现状

3.1 施工现场临时用电特点

根据以往工程施工现场和事故总结得知施工现场临时用电具有众多特点,如用电设备种类较多,设备电容量较大,设备使用环境未能有效得到保护等。加之现代科技水平的提升,施工机械化与自动化水平不断提升,致使施工现场用电范围更加广泛,其造成的潜在危险自然也将随之增多。而电能所带来的破坏力量相当惊人,虽然为现场施工带来了便利条件,但其所带来的危害更是让人为之一震。每年由于触电伤亡、用电不当引发的火灾等安全事故不在小数。更有甚者存在侥幸心理,缺乏用电设备的有效管理与资金的投入,管理不到或管理混乱等情况致使发生用电安全事故,东人工岛、西人工岛内用电情况较为复杂,岛体和管内施工均以场内高压发电机单电源供电,如若管理不当将影响整个工程的施工进度。

3.2 施工现场临时用电的常见问题

1)用电施工组织设计未编制或编制质量较差。施工现场的临时用电设备在 5 台以上或用电设备总容量大于等于 50 kW 时需要编制临时用电施工组织设计,需要有规范的组织设计方案。但当前很多施工现场存在编制粗略或缺乏一定针对性,如存在编制的用电组织设计没有临时用电负荷计算,没有线路走向和配电箱布置图等问题。

2)施工现场未能按照用电规范编制相关要求,对现场的设备及照明用电工具缺乏一定详细的调查,使得遗漏部分电量。还有,对照明设备的用电估算不准确,未考虑夏季的空调散热及冬季取暖设备的用电量,致使负载过度,造成危险。

3)施工现场未配备专业电工或者配备数量不足,出现了非电工人员从事电工作业,存在很大的安全隐患。

4）用电计算与施工现场存在差异。

5）临时用电未能有效施行一机一闸一漏一箱，二级漏电保护等相关配套装置。

6）配电箱配置问题：配电箱内电器设置不符合规范，配电箱没有标识牌，电线从配电箱侧面或箱门进出，电箱的安装不符合要求等。

7）配电线路未按规范要求敷设。

8）保护零线接出不符合规范，重复接地不足，保护零线敷设不足，没有与用电设备外壳相连起不到安全保护作用，所采用的保护零线没有使用专用色标电线或者选用线径过小。

9）特殊场地临时用电防护不足。

4 加强现场临时用电管理的基本举措[2, 3]

4.1 施工现场临时用电的基本原则

临时用电配电系统图见图1。

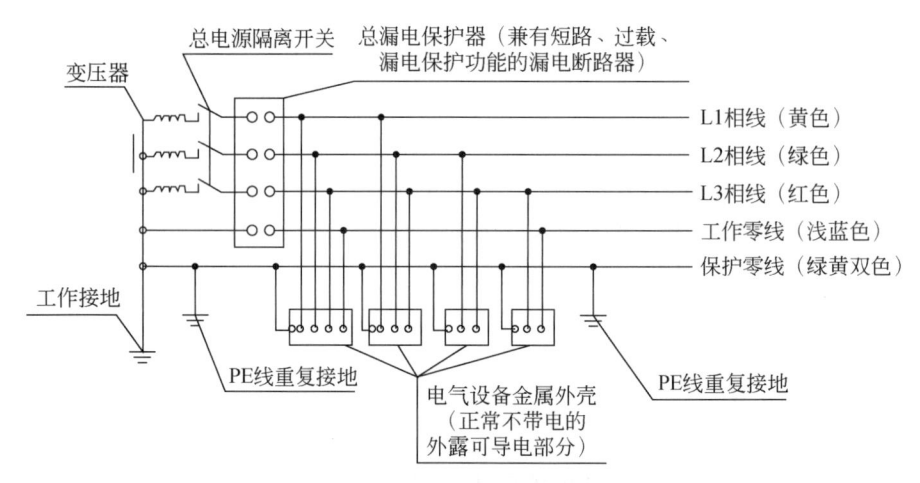

图 1 临时用电配电系统图

（1）两级保护原则

除保护接零外，现场所有的设备都需要在电线首末两端设置保护装置，以免发生漏电危险。在临时电极保护中需要符合我国的《施工现场临时用电安全技术规范》。因此，在末级开关箱内要设置漏电保护器，同时也应该在上一级分电箱再设置一个漏电保护装置，进而形成双重的漏电保护装置。为使得漏电保护器的相关数据相匹配，空气开关不应以隔离开关的作用而存在，必须以肉眼能够分辨的断点作为开关。同时，开关箱内的漏电保护装置的电流需要在 30 mA 之内，额定漏电的开始动作需要在 0.1 s 之内。对于总配电箱及开关箱中的漏电保护，其额定电流及漏电保护动作时间需要合理配置，使得保护被分成级别，分成段落。

（2）三级配电原则

首先，在总配电箱下设置分配电箱，在所分配的电箱下设置开关箱，在以开关箱作为设备连接处，以此形成三级配电原则。这种配电方式能够为管理者提供清晰明了的故障排查思路，便于管理与故障的查找。其次，所分配的电箱与开关箱之间的距离保证在 30 m 以内。与此同时，应将配电箱、开关箱进行保护，以免其受到强烈的震动或其他物体的撞击，保证其场所通风、常温状态。

开关箱与用电设备之间的距离应在 3 m 以内，若为移动式配电箱则需要将其固定在支架上，并与地面保持在 1～1.5 m 的距离。配电箱及开关箱需要使用质量优良的冷轧钢板或阻燃绝缘材料制作，箱体表面应做防腐处理。配电箱、开关箱外形结构应能防雨、防尘。配电箱和开关箱应进行编号，并标记其名称、用途，配电箱内多路配电应作出标记。配电箱、开关箱在固定时必须端正、牢固，前方不得堆放妨碍影响操作、维修的物料，周围有足够 2 人同时工作的空间和通道，电线应从配电箱箱体的下底面进出，出线口应配置固定线卡，进出线应加绝缘护套并成束卡固在箱体上，不得与箱体直接接触。

（3）线路配置原则

配电线必须采用绝缘导线或电缆，五芯电缆必须包含浅蓝、绿黄双色二种颜色绝缘芯线。浅蓝色芯线必须用作 N 线，绿黄双色芯线必须用作 PE 线，严禁混用。电缆线路应采用埋地或架空敷设，严禁沿地面明设，并应避免机械损伤和介质腐蚀。埋地电缆路径应设方位标志。架空电缆严禁沿脚手架或其他设施敷设，必须与脚手架或其他设施等导体采取隔离绝缘措施，且不得使用绝缘老化的导线或电缆，电缆线架设高度应满足规范要求。

（4）四个装设电器装置的原则

现场的每台用电设备都需要有独立的开关箱，且在开关箱内需要设置专用的隔离开关及漏电保护装置，此环节便被称为四个装设原则。需要注意的是，开关电器必须在任何情况下都进行电源隔离，额定值及控制用电额定值需要分别设置，保护用电设备安全。另外，禁止单个开关控制两台以上的用电设备；开关箱内的设备需要进行编号并贴上标签；箱内的接线处需要牢固，不可发生虚接现象。

4.2 现场临时用电管理对策

施工现场的临时用电需要树立安全意识，并建立相关管理制度及对策[3]。需要根据现场实际情况来完善用电管理制度，保证一切进入场地的用电设备均符合相关要求，并检查合格后才能进入场地使用，要建立用电设备台账便于管理。

1）对于用电组织设计必须由专业的技术人员进行编写，其中需要体现出安全性、实用性及可操作性。技术人员在编制前应充分了解现场的实际情况，并掌握用电设备及外电系统的相关数据，临时用电施工组织设计内容和步骤应包括如下几点。

①现场勘察。

②确定电源进线，变电站、配电室、总配电箱、分配电箱等的位置及线路走向。

③进行负荷计算。

④选择变压器容量、导线截面和电器的类型、规格。

⑤设计配电系统：设计配电线路，选择导线或电缆；设计配电装置，选择电器；设计接地装置；绘制临时用电工程图纸，主要包括用电工程总平面图、配电装置布置图、配电系统接线图、接地装置设计图。

⑥设计防雷装置。

⑦防护措施。

⑧安全用电措施和电气防火措施。

临时用电施工组织设计编制后必须再经技术负责人审核和主管部门批准后方可实施，另外在电力设备投入使用前需要对电力工程做好验收工作，只有合格后才能进入场地使用。

2）现场所有用电设备必须保证质量过关，一旦查出未能符合国家标准，将不得进入现场。所有用电设备在进入场地前，需要对其设备、零部件、电线及电缆等质量进行检查，针对用电设备原有数据结合检查结果进行比对，符合要求后方能投入使用。

3）电工人员应按照严格的规章制度进行现场用电的布置与安装，并对设备进行检验，合格后才能进入场地投入使用。现场临时用电安装、巡检、维修等用电工程必须由电工作业，作业时必须穿戴相应的劳动保护用品，使用电工绝缘工作，视作业类型悬挂相应的作业标识牌，远距离分段作业需要至少两人合作看护作业，并填写巡查、维修记录表。

4）所有交流电焊机等设备必须设置漏电保护装置，以及二次测触电保护装置。为使用该设备的人员提供安全的工作环境，以免其发生安全问题。

5）所有用电设备的电源线均需要利用橡胶双层绝缘软电缆做好保护工作，通常以架空敷设为主要方式。在实际施工环节中，若发生漏电危险，需要切断所有电源。

6）每个开关只能控制一台设备，导线与设备之间的连接也必须使用螺丝紧固，严禁虚接、浮挂。

7）所有开关与变压器等设备若是在露天处，必须做好防水措施，避免在雷雨天气遭受腐蚀，由于水具有导电性质，在使用用电设备时将造成危险。

4.3 沉管隧道内临时用电防护

1）隧道宜采用高压至洞口，再低压进洞，由于港珠澳大桥岛隧工程属于长隧道，为满足施工需要，供电电源由 2 台 10.5 kV、1200 kW 高压发电机组提供，通过在沉管隧道行车道设置箱变将电源引入沉管隧道内，降压后供沉管隧道内用电设备使用，箱变内设置了恒温加热器防潮除湿（图 2）。

2）沉管隧道施工供电采用三相五线供电系统；动力设备采用三相 380V，照明系统采用 220V，并设置专用配电箱，照明和应急均采用防护等级 IP65 的灯具。

3）沉管隧道内的"三管两线"应架设、安装顺直、整齐。

4）沉管隧道内安置大通风机和小风机配合加快沉管内空气流通，减少潮湿空气在隧道内凝结。

5）配电箱安装要选择沉管内干燥通风处，电工要加强日常检查和隐患整改，定期使用热吹风机对配电箱进行烘干除潮，可有效防止箱体内空气凝结。

6）沉管隧道内要配备足够的灭火器材。

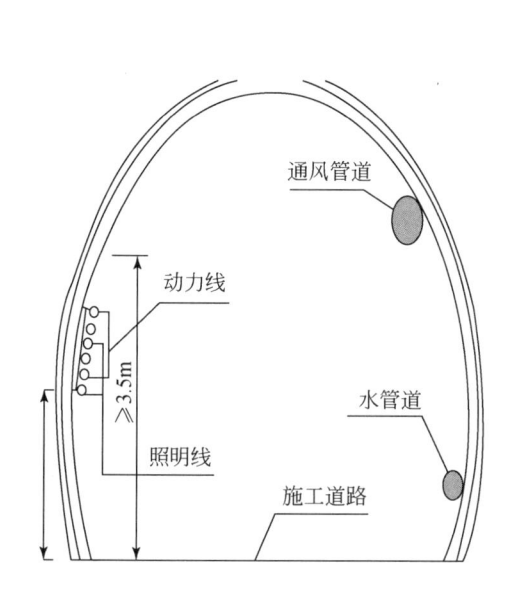

图2　港珠澳大桥沉管隧道临时用电标准化

4.4　加强用电管理

由于现场特点，施工用地的临时特性较为明显。施工场地及人员等都具有临时特性，因此对于不同的施工现场，其目标与设备均有所差异。施工现场的流动性较大，且用电设备具有临时性特点，港珠澳大桥岛隧工程沉管安装间期较长，每安装新管节后，要进行新管节通电、临时配电箱安装和电缆敷设工作等，因此，在场地中更应加强用电管理，加强施工人员的临时用电安全意识，避免在使用过程中存在较大的随意性。首先，施工人员与用电专业技术人员需要明确按照我国有关规定，明确现场用电规范。其次，提升施工人员安全意识，保证用电质量。从管理者到施工人员均加强对用电安全意识，避免发生危险。于施工人员而言，明确不合理用电对自身的危害，正确使用电器设备，并严格按照有关规定将用电设备与配电箱连接，不可疏忽。

5　结　语

综上所述，现场用电安全管理存在多变性与复杂性的基本特点，加之现场的随意性特点，施工工期长可能使得施工人员与管理人员的用电安全意识逐渐模糊。因此，在今后的施工管理中，必须加强用电安全管理，使得用电设备更加科学化、规范化，进而为施工现场提供安全有序的施工环境。

参 考 文 献

[1] 周录平. 施工现场临时安全用电与安全防护标准化管理问题探究[J]. 科技经济导刊，2017，(8)：233.

[2] 钱承刚. 探讨加强施工现场临时用电管理措施[J]. 建筑安全，2015，30（3）：42-44.

[3] 杨妍晔. 加强现场临时用电管理的措施探讨[J]. 炼油与化工，2015，26（3）：70-71.

组合式测控技术在外海超长沉管隧道安装中的应用[*]

锁旭宏

（中交一航局第二工程有限公司，青岛）

摘　要：沉管隧道的施工环境越来越复杂，沉管管节的规模越来越大，仅应用一种沉管测控方法很难满足沉管管节水下精确定位的要求。本文针对外海超长沉管隧道安装水深大、安装过程实时轴线控制要求高、现场条件复杂等特点，为了提高沉管安装定位精度，研发了首端相对定位系统和尾端绝对定位组合式测控系统，在工程中取得了良好效果。本文重点介绍该组合式定位系统的原理、技术、应用等，以期为今后类似工程提供借鉴和参考。

关键词：沉管隧道；定位测量方法；测控系统；高精度；声呐；RTK

0　引　言

随着我国经济的发展、综合国力的不断提升及高新技术的不断应用，我国隧道及地下工程得到了前所未有的迅速发展。我国已是世界上隧道及地下工程规模最大、数量最多、地质条件和结构形式最复杂、修建技术发展最快的国家。

沉管法隧道施工，是把事先预制好的各节管节沉放到水中已经开挖好的基槽中，然后在水中将各节管节进行对接和拼装，最终连成整体的一种隧道施工方法。在整个沉管隧道对接安装过程中，管节的水下位置的精确控制极其重要[1]。

在沉管隧道发展初期，常采用潜水员水下探摸的方法进行沉管管节的沉放测量定位控制，即由潜水员在水下对沉管对接面之间的间隙进行估算，从而对沉管沉放的结果进行测量。然而这种传统的测量方法在定位精度上无法得到保证，定位精度也较低，而且水下复杂多变的环境对潜水员的生命安全也构成极大的威胁。随着测量仪器的迅速发展和测量技术的不断更新，水下定位测量方法也在不断提高。目前，国内外沉管管节的水下定位基本测量方法主要有绝对定位法和相对定位法，其中绝对定位法包括全站仪法和GPS-RTK法，相对定位法包括声呐法和机械拉线法。如上海外环隧道和宁波常洪沉管隧道使用的是全站仪法，日本京叶线台场隧道和日本多摩川隧道使用的是声呐法，韩国釜山—巨济沉管隧道使用的是机械拉线法（图1）。

---

[*] 本文曾刊登于《公路》2018年第8期。

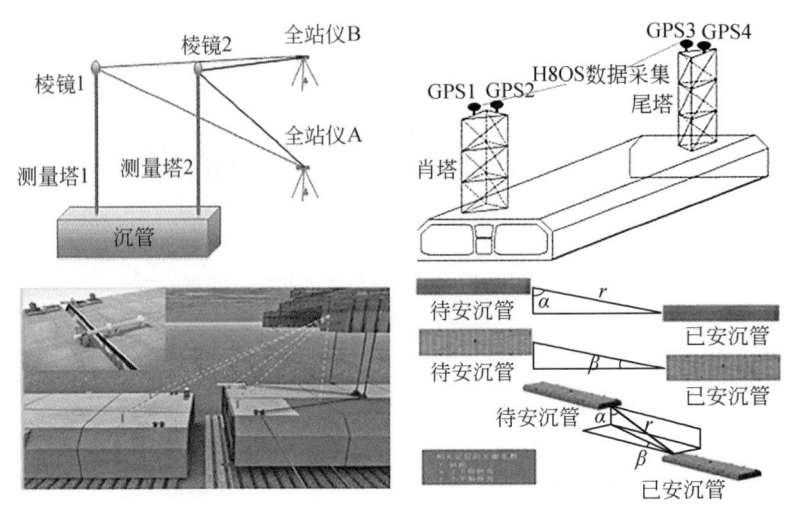

图 1　沉管水下定位测控方法示意图

1　依托工程概况

本文以港珠澳大桥沉管隧道为依托，基于大量试验研究，通过分析沉管安装测控方法，揭示了组合测控技术的原理，研究优化方案。首次研发了外海深水沉管安装"首端无线声呐+尾端双天线定向"组合式高精度定位系统，并在港珠澳大桥沉管隧道首尾轴偏精确控制得到成功的验证，为整个管节线形的有效控制提供重要的数据依据，保障了整个沉管隧道的免精调。

本项研究将填补沉管隧道免精调测控定位技术的空白，完善沉管安装高精度测控方法，拓展组合式高精度定位技术应用范围，以便为今后类似工程提供借鉴和参考。

港珠澳大桥是由隧、岛、桥组成的跨海集群交通工程，是中国交通建设史上技术最复杂、环保要求最高、建设要求及标准最高的工程之一。

沉管隧道安装测量包括：管节坞内标定，测控系统调试，沉管现场安装。管节坞内标定是确定测控系统特征点与管节几何关系，为测控系统提供安装参数；测控系统调试是在坞内进行系统通信测试及精度比对；沉管现场安装是使用测控系统指导管节对接。

针对沉管安装区域水深大、过程时间长、实时轴线控制要求高、现场条件复杂等特点，为了提高沉管安装首端、尾端定位精度，港珠澳大桥沉管安装专门开发了首端相对定位法和尾端绝对定位法的组合式沉放对接方法，在工程中取得了良好效果，沉管沉放对接见图 2。

图 2　沉管安装图

2　组合定位技术原理

组合式测控系统是由首端相对定位的方法和尾端绝对定位的方法组合,首端相对定位使用高精度声呐定位系统,尾端绝对定位使用双天线定向定位系统[2]。

首端有已安沉管,沉管安装过程中有参考目标,使用相对定位的方法,可以有效地提高定位精度,故选择相对定位的方法,管节尾端没有参考目标,通过绝对定位的方法,将沉管调整至绝对的设计轴线,故选择绝对定位的方法。

2.1　首端无线声呐测控原理

在深海沉管安装环境需要一种直接测量水下管节的定位测量方法,声呐法应运而生。声呐就是利用水中声波对水下目标进行探测、定位和通信的电子设备,是水声学中应用最广泛、最重要的一种装置[3]。

在使用声呐法对沉管进行沉放测量时,事先需要将声呐应答器和压力传感器安装在待安管节顶面首端和已安管节顶面尾端的声呐应答器支架内。声呐应答器在管节顶面的安装见图3。

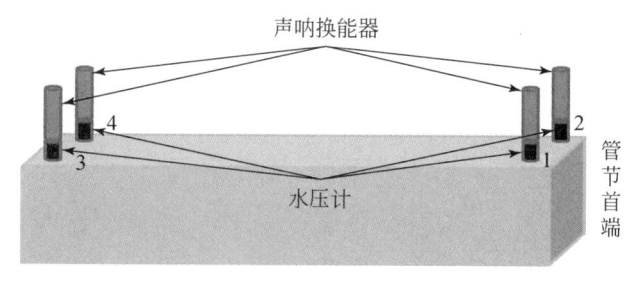

图 3　声呐换能器安装示意图

无线声呐测控系统应用于海底隧道管节沉放,通过超声波系统及倾斜仪系统测量已安管节和待安管节的相对位置，通过指引已安管节和待安管节的对接作业而开发的专门测量装置。无线声呐系统通过使用超声波，高精度测量已安管节和待安管节在水中相互的三维位置。

无线声呐测控技术定位为各声呐设备间通过距离交会组成测边网进行计算，指导沉管安装，距离交会平面示意图如图4所示。

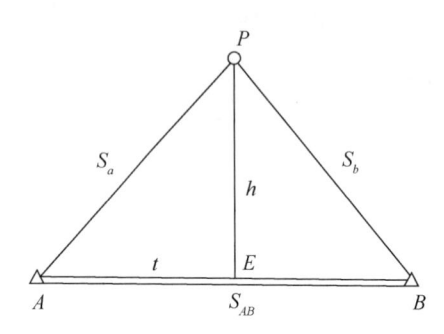

图 4 距离交会平面示意图

其中已知点 A 和 B 的坐标分别为 (x_A, y_A) 和 (x_B, y_B)，A 与 B 间的已知边长为 S_{AB}，P 为待定点坐标，测量了边长 S_a、S_b。在 $\triangle ABP$ 中，AB 边上的高为 h，A 与 E 间的距离为 t，α 为 AB 的坐标方位角。则存在下列关系：

$$\left. \begin{array}{l} S_b = \sqrt{(x-x_A)^2 + (y-y_A)^2} \\ S_a = \sqrt{(x-x_B)^2 + (y-y_B)^2} \end{array} \right\} \quad (1)$$

为计算方便，可设：

$$T = \frac{t}{S_{AB}} = \frac{S_b^2 + S_{AB}^2 - S_a^2}{2S_{AB}^2} \quad (2)$$

$$H = \frac{h}{S_{AB}} = \sqrt{\frac{S_b^2}{S_{AB}^2} - T^2} \quad (3)$$

经推导，P 点坐标的计算公式为

$$\begin{array}{l} x = x_A + T(x_B - x_A) + H(y_B - y_A) \\ y = y_A + T(y_B - y_A) + H(x_A - x_B) \end{array} \quad (4)$$

声呐系统在水中目标定位时，会受到多种海洋环境因素的影响，水温、盐度、静水压力、海水密度和海水浑浊度等，这些环境因素的存在会影响声呐测距精度，在实际作业过程中应尽量避免或减小环境因数对测距精度的影响。

利用距离交会求解未知点坐标的误差主要有测站点坐标误差和传播误差，对于测距引起的误差有以下关系。

对式（3）微分得

$$\mathrm{d}_{xp} = (x_B - x_A)\mathrm{d}T + (y_B - y_A)\mathrm{d}H \quad (5)$$

$$d_{yp} = (y_B - y_A)dT + (x_A - x_B)dH \tag{6}$$

对式（2）微分得

$$dT = \frac{1}{2S_{AB}^2}(2S_b dS_b - 2S_a dS_a) = \frac{S_b}{S_{AB}^2}dS_b - \frac{S_a}{S_{AB}^2}dS_a \tag{7}$$

$$dH = \frac{1}{2H}\left(\frac{2S_b}{S_{AB}^2}dS_b - 2LdL\right) = \frac{S_b}{HS_{AB}^2}dS_b - \frac{L}{H}\left(\frac{S_b}{S_{AB}^2}dS_b - \frac{S_a}{S_{AB}^2}dS_a\right) = \frac{S_b(1-T)}{HS_{AB}^2}dS_b + \frac{S_a T}{HS_{AB}^2}dS_a \tag{8}$$

将式（7）、式（8）带入式（5）和式（6）得

$$m_{xp}^2 = \left[\frac{S_b}{S_{AB}}\cos\alpha_{AB} + \frac{S_a(1-T)}{HS_{AB}}\sin\alpha_{AB}\right]^2 m_{S_b}^2 + \left[-\frac{S_b}{S_{AB}}\cos\alpha_{AB} + \frac{TS_a}{HS_{AB}}\sin\alpha_{AB}\right]^2 m_{S_a}^2 \tag{9}$$

$$m_{yp}^2 = \left[\frac{S_b}{S_{AB}}\sin\alpha_{AB} + \frac{S_b(1-T)}{HS_{AB}}\cos\alpha_{AB}\right]^2 m_{S_b}^2 + \left[\frac{S_a}{S_{AB}}\sin\alpha_{AB} + \frac{TS_a}{HS_{AB}}\cos\alpha_{AB}\right]^2 m_{S_a}^2 \tag{10}$$

考虑在使用短程或中程声呐测距时，在测距误差中固定误差占主要地位，固定误差与所测距离的长度无关，故可以假设测距是同精度的，即 $m_{S_b} = m_{S_a} = m$。这样，P 点的点位中误差为

$$m_p^2 = m^2\left\{\left(\frac{S_b}{S_{AB}}\right)^2 + \left[\frac{S_b(1-T)}{HS_{AB}}\right]^2 + \left(\frac{S_a}{S_{AB}}\right)^2 + \left(\frac{TS_a}{HS_{AB}}\right)^2\right\}$$
$$= \frac{m^2}{H^2 S_{AB}^2}\left[S_b^2(T^2 + H^2) + S_a^2(T^2 + H^2) + S_b^2(1-2T)\right] \tag{11}$$

由式（2）、式（3）及△APE 为直角三角形得

$$T^2 + H^2 = \frac{1}{S_{AB}^2}(t^2 + h^2) = \frac{S_b^2}{S_{AB}^2} \tag{12}$$

所以

$$m_p^2 = \frac{m^4}{H^2 S_{AB}^4}\left[S_a^2 S_b^2 + S_b^4 + S_b^2(1-2T)S_{AB}^2\right] \tag{13}$$

将式（2）、式（3）及 $\frac{S_a}{S_{AB}} = \frac{\sin A}{\sin P}$、$\frac{S_b}{h} = \frac{1}{\sin A}$ 带入得

$$m_p = \frac{\sqrt{2}}{\sin P}m \tag{14}$$

对于起始坐标对待求点坐标误差影响大小为 m'，同理可证：

$$m_x'^2 = [(1-T) - K_1\cos^2\alpha - K_2\sin\alpha\cos\alpha]^2 m_{xA}^2 + [-H - K_1\sin\alpha\cos\alpha - K_2\sin^2\alpha]^2 m_{yA}^2$$
$$+ [T + K_1\cos^2\alpha + K_2\sin\alpha\cos\alpha]^2 m_{xB}^2 + [H - K_1\sin\alpha\cos\alpha - K_2\sin^2\alpha]^2 m_{yB}^2 \tag{15}$$

$$m'^2_y = [H - K_1 \sin\alpha\cos\alpha - K_2 \sin^2\alpha]^2 m_{xA}^2 + [(1-T) - K_1 \sin^2\alpha - K_2 \sin\alpha\cos\alpha]^2 m_{yA}^2$$
$$+ [-H - K_1 \sin\alpha\cos\alpha - K_2 \cos^2\alpha]^2 m_{xB}^2 + [T + K_1 \sin^2\alpha + K_2 \sin\alpha\cos\alpha]^2 m_{yB}^2 \quad (16)$$

其中 $K_1 = 1 - 2T$，$K_2 = \dfrac{T^2 - T - H^2}{H}$。经化简得

$$m'^2 = \frac{1}{\sin^2 P}\left(\frac{m_A^2 + m_B^2}{2}\right) \quad (17)$$

故由起始点和测距误差引起的点位误差的大小为 M 满足：

$$M = \pm \frac{1}{\sin P}\sqrt{\frac{m_A^2 + m_B^2}{2} + 2m^2} \quad (18)$$

2.2 GPS 双天线定向原理

测量塔绝对定位系统，该系统使用一点一方位的原理进行测控定位[4]。尾端测量塔测控系统主要是利用 GPS-RTK 法对沉管沉放对接进行实时绝对定位的测控系统，为避免与声呐测控系统相互干扰，尾端双天线测控系统只在管节尾端顶面安装一个测量塔，且测量塔的结构形式经过专门的设计，能够适用于深水环境，保证了使用 GPS-RTK 法对沉管尾端的绝对定位精度。

GPS 双天线定向，基本原理是通过卫星接收机对卫星发出的伪距信号进行解码，计算出地球上的绝对位置，为了获得定点的定位信息，必须同时依赖四颗卫星。GPS 定位可以分为单点定位和相对定位（差分定位），其中差分分为两类：伪距差分和载波相位差分。

GPS 双天线组合定向就是利用两天线接收载波的相位进行快速差分，原理图见图 5。

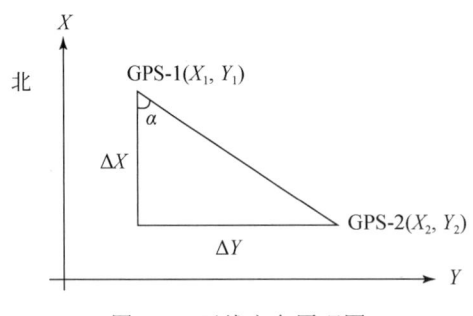

图 5 双天线定向原理图

双天线定向原理：利用两台天线，将两台卫星信号接收机的原始数据输出，通过载波相位快速差分软件，精确解算两个天线相位中心的相对位置坐标ΔX, ΔY。

$$\Delta X = X_2 - X_1, \quad \Delta Y = Y_2 - Y_1$$

则有 $\alpha=\arctan\left\{\dfrac{\Delta Y}{\Delta X}\right\}$

依据 ΔX 和 ΔY 的正负取值及 a，即可得到天线中心线的方位角 AZ，并在同时给出的两个天线中心的坐标，通过坐标变换和投影变换可转换为当地的平面直角坐标，进而实现定向。两个天线相距越远，方位角误差越小。

定位定向接收机有两部分基本组成：主机、接收天线。基本原理框图见图6。

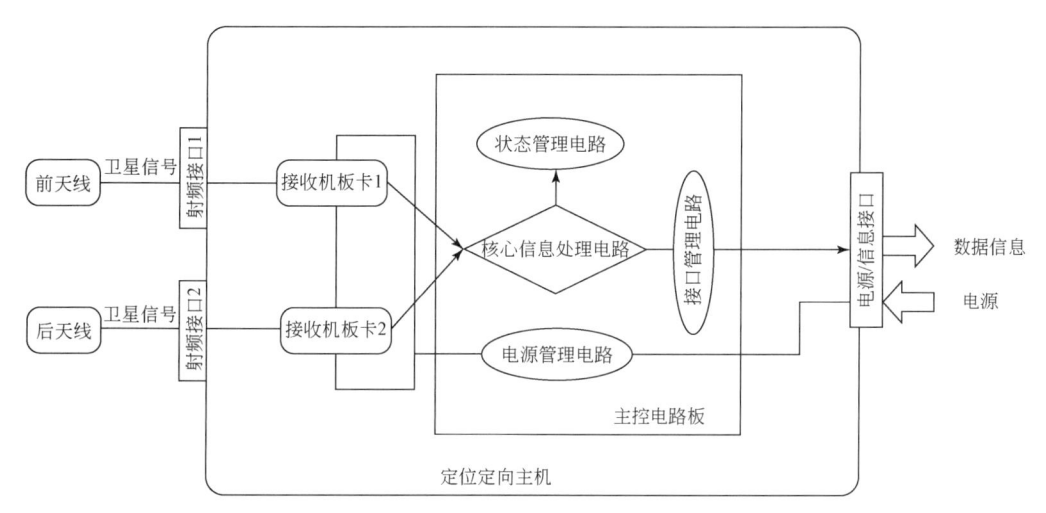

图6 双天线定向接收机原理图

主机内部（基本定位定向功能）由两块接收机板卡和一块主控电路板实现。主机工作时，两块接收机板卡分别接收前、后天线的卫星信号进行自身的位置信息解算；在这个过程中，利用其中一块接收机板卡（如接收机1）作为基准向另一块接收机板卡（如接收机2）发送位置解算修正信息，使"接收机2"在进行位置解算时受基准"接收机1"的相对限制（在这里，具体哪个接收机作为基准，是可以初始设定的）。

两块接收机板卡在工作时，分别把自己解算的位置信息及卫星原始信息发给主控电路板的核心信息处理器。处理器中定向算法通过利用接收机发过来的信息及根据卫星接收天线间距离不变的条件求解两点连线与真北的夹角。

双天线组合定向设备，在实际使用中需要满足两个天线同时接收到相同的卫星信号，而且相同卫星个数不小于4颗。

使用双天线定位定向优点精度高，两天线距离越远精度越高；不易受干扰，稳定性好、可靠性高。

两个天线间的相对定位误差是由两个点各自的定位误差和两者误差之间的相关性决定。当两者误差之间没有相关性时，两点间的相对误差可以笼统地定义为

$$\dfrac{M_s}{S}=\sqrt{2}\times\dfrac{M_0}{S}$$

其中，S 为两个测点间的距离，M_s/S 为两点间相对误差，M_0 为定位设备测定时实际定位误差。实际上 M_s/S 反映的是两点间的方向误差。

3 组合测控系统研发

组合测控系统由"首端无线声呐+尾端双天线定向"高精度定位系统组成。组合测控系统工作原理图见图 7。

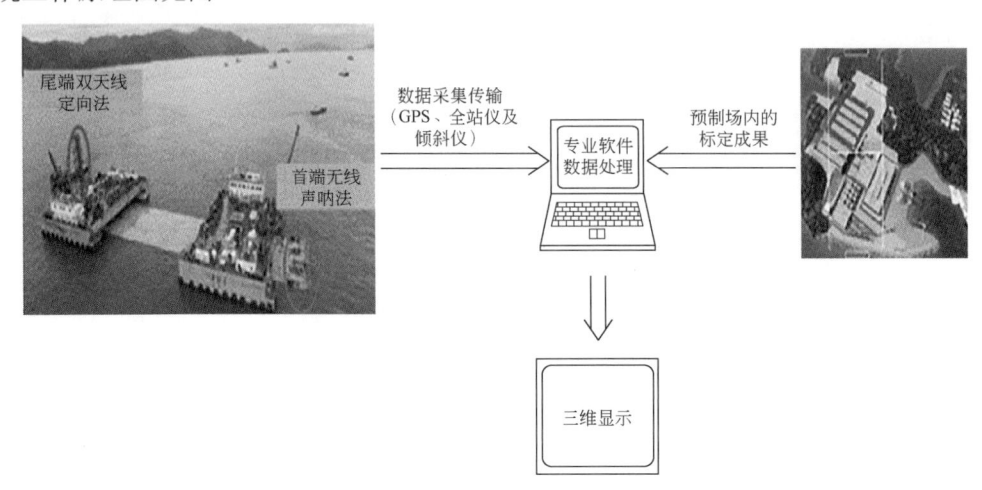

图 7 组合测控系统工作原理图

系统硬件设备包括计算机、船上处理器、无线声呐、送受波器、GPS 接收机、精密倾斜仪、无线数据传输设备等部分。硬件设备实物图见图 8。

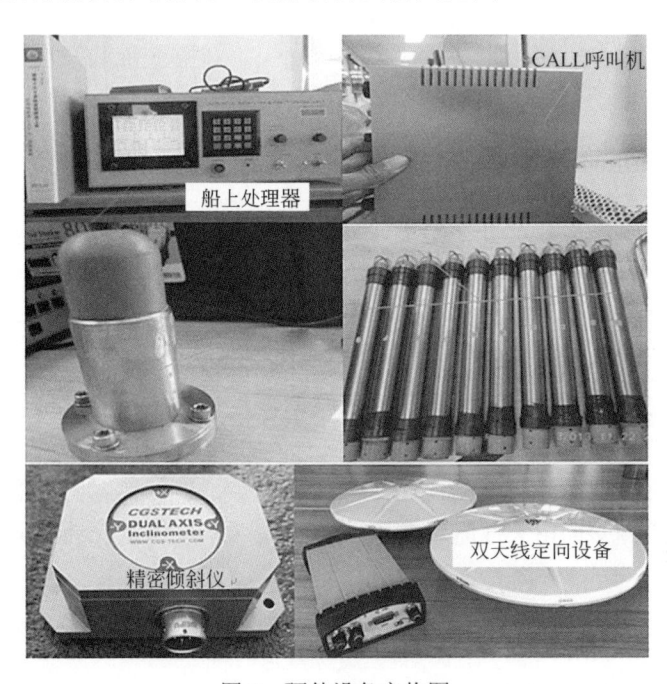

图 8 硬件设备实物图

根据港珠澳大桥沉管安装特点，开发了港珠澳大桥岛隧工程无线声呐+双天线定向测控系统，该系统通过对传来数据进行汇总、分析和计算，最终使用图像及数据实时显示沉管的三维姿态及与已沉管的相对位置关系，从而指导待安沉管与已安沉管顺利对接。

3.1 无线声呐定位系统

首端无线声呐通过无线声波测距，采用测边交会原理实时解算待安管节实时位置，首端无线声呐测控系统工作系统图如图9所示。

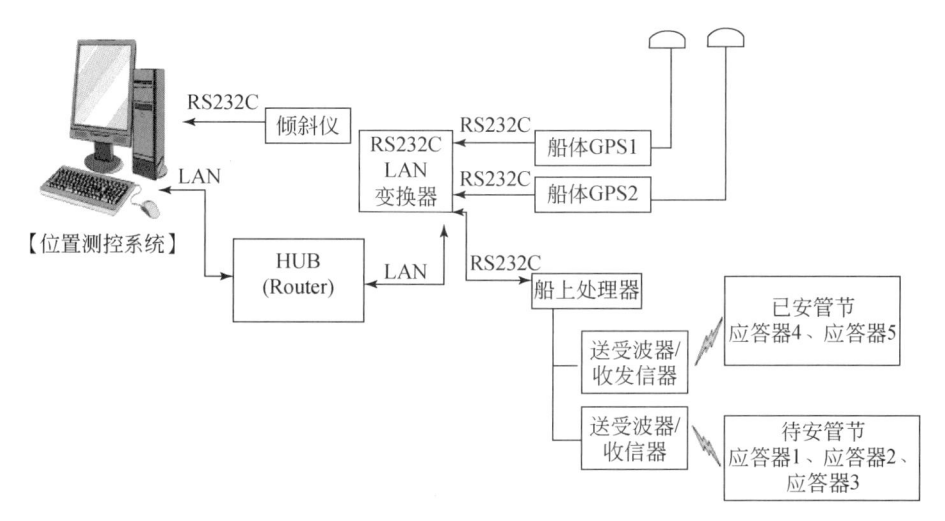

图 9　无线声呐测控系统工作系统图

无线声呐测控下软件界面图见图 10。

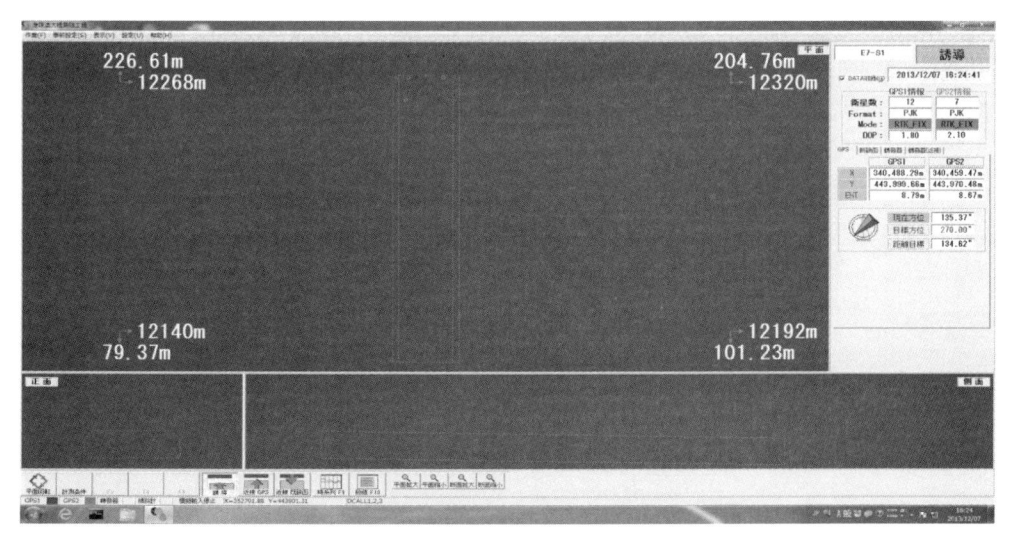

图 10　声呐定位系统运行界面图

3.2 尾端双天线定位系统

尾端双天线定向系统使用双天线定向，采用绝对定位的方式。该系统分为硬件和软件两部分，系统组成见图11。

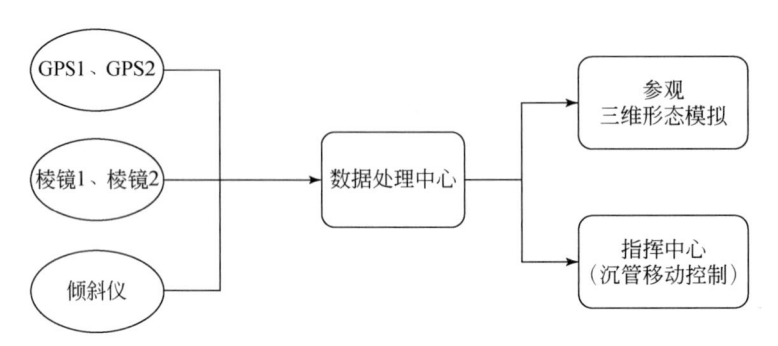

图11 双天线定向高精度定位系统组成图

其中软件为双天线定向高精度定位系统软件界面见图12。

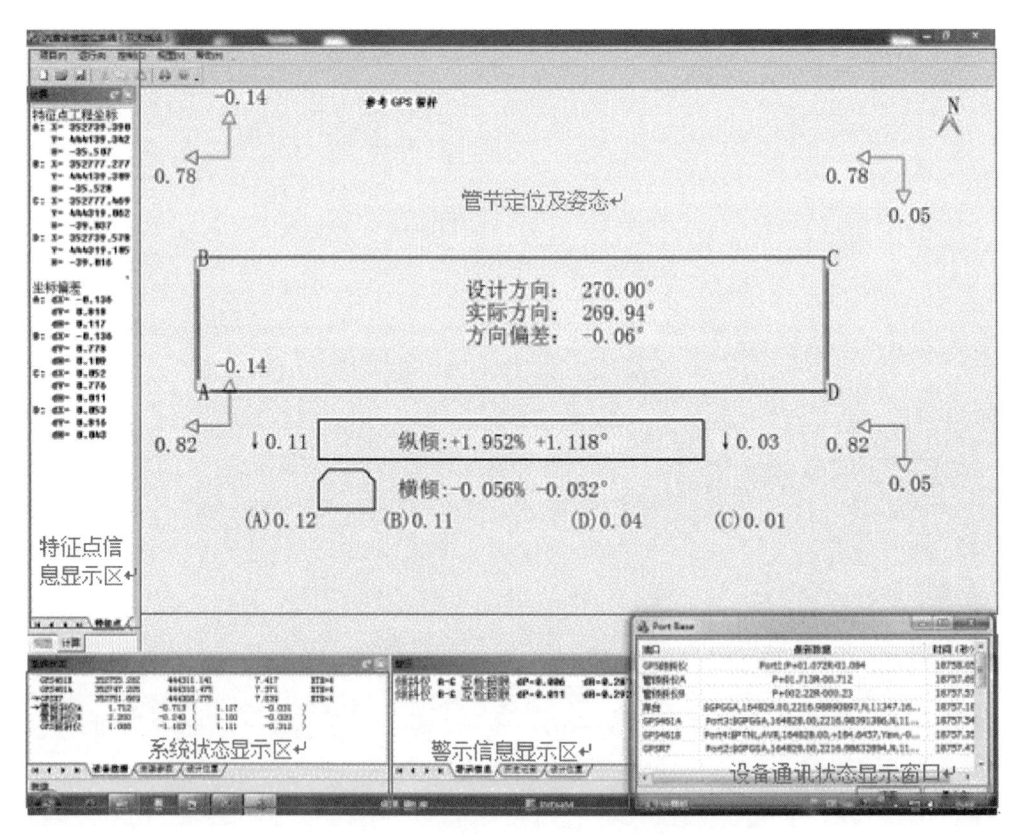

图12 双天线定向系统软件界面

4 精度验证

4.1 声呐法相对定位精度验证

声呐测控系统对管节沉放定位的平面精度主要受管节标定测量时的起算点误差、管节平面标定测量误差、应答器平面精度等因素影响，通过多节沉管安装，对声呐的相对定位的精度进行验证，平面误差在 2 cm 以内，平均误差在 1 cm 以内，高程误差在 3 cm 以内，平均误差在 1.5 cm 以内。具体对接差值见表 1。

表 1 声呐相对定位差值对比

管节	贯通测量/mm 横向相对偏差	贯通测量/mm 竖向相对偏差	声呐测量/mm 横向相对偏差	声呐测量/mm 竖向相对偏值	差值/mm 横向差值	差值/mm 竖向差值
En	−12	26	−30	40	−18	14
En+1	35	14	20	30	−15	16
En+2	−3	14	−10	30	−7	16
En+3	5	9	10	20	5	11
En+4	16	−30	0	−40	−16	−10
En+5	−17	5	−20	30	−3	25

由表 1 可知，使用声呐测控系统对管节首端进行相对定位的精度能满足港珠澳大桥沉管隧道施工的精度要求。

4.2 双天线绝对定位精度验证

绝对定位精度受到来自各个测量环节上的误差影响，主要包括特征点测量时的起算点误差、特征点测量误差、测量塔上 GPS 位置标定误差、沉放定位时 GPS-RTK 的定位误差和计算对接面时倾斜仪测量误差等因素影响。通过多节沉管安装，对测量塔的绝对定位的精度进行验证，平面精度在 3 cm 以内，平均误差在 1 cm 以内，高程误差在 3 cm 以内，平均误差在 1.5 cm 以内。具体对接误差见表 2。

表 2 双天线绝对定位差值对比

管节	贯通测量/mm 横向绝对偏差	贯通测量/mm 竖向绝对偏差	测量塔测量/mm 横向绝对偏差	测量塔测量/mm 竖向绝对偏值	差值/mm 横向差值	差值/mm 竖向差值
En	40	22	30	10	−10	−12
En+1	45	8	30	−10	−15	−18

续表

管节	贯通测量/mm 横向绝对偏差	贯通测量/mm 竖向绝对偏差	测量塔测量/mm 横向绝对偏差	测量塔测量/mm 竖向绝对偏值	差值/mm 横向差值	差值/mm 竖向差值
En+2	21	46	20	20	−1	−26
En+3	34	41	10	30	−24	−11
En+4	37	3	50	10	13	7
En+5	32	17	40	0	8	−17

由表 2 可知，使用双天线测控系统对管节尾端进行绝对定位的精度能满足港珠澳大桥沉管隧道施工的精度要求。

5 结　　语

随着科技的进步、现代化进程的加快，大型沉管隧道安装逐渐向外海、深水方向发展，高精度定位技术指引沉管安装将成为主流。而传统的单一沉管水下定位测控方法各有不同的优点和不同程度的局限性。因此，为解决大型沉管在复杂环境下的水下定位测控难度大的问题，需要将多种传统定位测控方法进行集成，开发组合式沉管隧道测控系统。高精度定位系统不仅应用于港珠澳大桥岛隧工程的建设，同时为深中通道、大连湾隧道的建设，以及"一带一路"倡议下大型海底隧道的安装提供成功案例。进行大型沉管隧道的安装将产生巨大的经济效益和社会效益，对我国的水运工程建设和大型跨海通道建设产生巨大的经济和社会效益，同时对海洋测绘工程领域的技术跨越发展具有重要的指导意义。

参 考 文 献

[1] 李海全，何青. 海底沉管隧道安放测量[J]. 海洋测绘，2004，24（6）：34-36.
[2] 任朝军，吕莹，苏林玉，等. 沉管隧道管节沉放实时定位测量技术现状分析[J]. 现代隧道技术，2012，49（1）：44-49.
[3] 张子涵，曾庆军，王彪. 基于分布式水下无线传感器网络目标协同定位方法研究[J]. 科学技术与工程，2012，12（15）：3615-3618.
[4] 刘禹. 基于运动模型的水下传感器网络节点定位算法的研究[D]. 长春：吉林大学，2015.

最终接头施工水上安全保障技术研究*

李 瀚，傅秀萍

（中交一航局第二工程有限公司，青岛）

摘 要：港珠澳大桥岛隧工程最终接头施工使用世界最大12 000 t起重船"振华30"起吊6000 t的最终接头，是交通建设领域最大重量构件（6000吨级）吊装施工，起重船进入现场、系泊抛锚和最终接头出坞、浮运、吊装等作业工序对人、机、物、法、环等安全要素要求极高，重大施工安全风险需制定水上安全保障措施。本文对最终接头施工中采取的安全保障措施进行分析和研究，以期为类似工程施工提供借鉴。
关键词：沉管隧道；港珠澳大桥；最终接头；水上吊装；安全风险；保障措施

1 概 述

港珠澳大桥沉管隧道最终接头采用创新的三明治沉管结构[1]，在世界范围内首次提出并成功应用"陆上工厂预制、整体水下安装"的沉管隧道接头新工法[2,3]，变水下施工为工厂预制和管内干施工。钢壳内灌注高流动性混凝土形成的钢壳混凝土组合结构重达6000 t，使用世界最大的12 000 t起重船"振华30"进行吊装沉放安装。

本文主要针对专家风险评估会辨识出的重大风险之一超大构件海上吊装安全风险和具体应对措施，在港珠澳大桥最终接头吊装施工中执行情况进行总结、分析和研究。

2 工程概况

2.1 最终接头安装位置

港珠澳大桥岛隧工程沉管隧道最终接头设置于E29、E30管节之间，距离东人工岛岛头约580 m，底标高为-27.937 m，处于半径为5500 m的平曲面上。最终接头位置见图1。

---

* 本文曾刊登于《公路》2018年第8期。

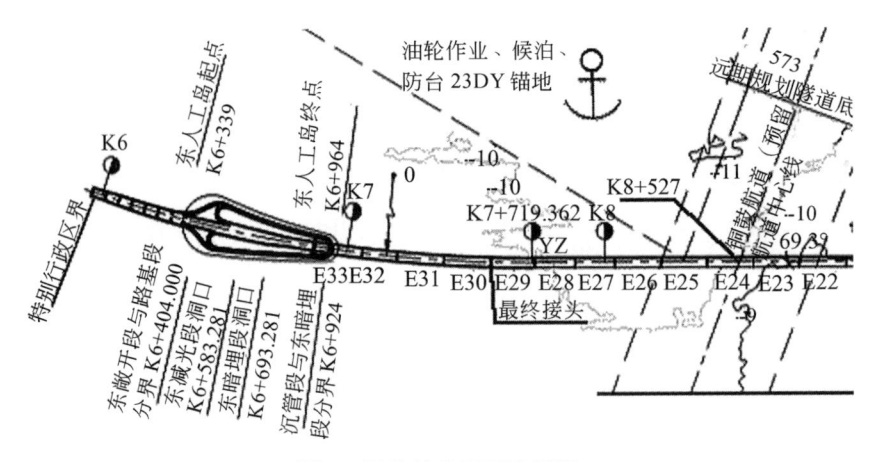

图 1 最终接头平面位置图

2.2 最终接头结构特点

最终接头本体结构由 2 个对称的倒梯形结构组成，两个结构相向端设置 E29、E30 永久管节接头设施，沿本体四周设置有空腔，内藏千斤顶及顶推小梁临时止水系统，包括顶推千斤顶系统、顶推小梁及临时支撑杆系、小梁滑块、小梁前端的 GNIA 止水带、M 形止水带及 Lip 止水带，安装到位后通过调节小梁顶推姿态，实现最终接头与 E29、E30 之间的密闭干环境，并在该环境下焊接刚性接头等，完成最终接头对接安装。最终接头立面尺寸如图 2 所示。

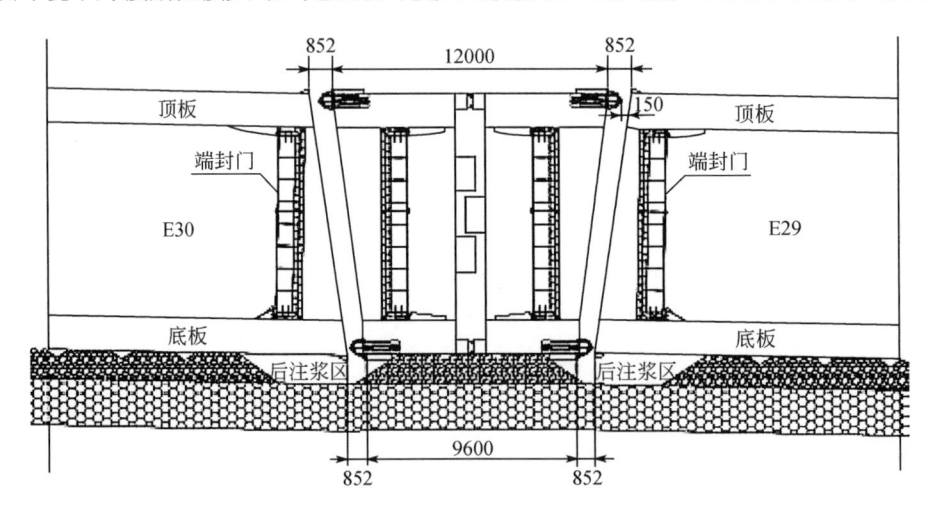

图 2 最终接头立面尺寸图（单位 cm）

2.3 最终接头安装风险分析

最终接头安装区域位于珠江口开敞海域，距离通航的龙鼓西航道距离约 1.3 km，来往船舶产生的船行波对起重船吊装稳定性带来重大影响；6000 t 重量级吊装水下安装测控精度要求高，接头处海流情况复杂，龙口两侧富余宽度只有 15 cm，最终接头沿隧道轴向的运动幅度[4]控制难度大。最终接头安装对船舶定位、系泊操控、通航环境、作业窗口等限制条件要求更高。

最终接头安装期间施工内容主要包括指挥船"津安3"现场就位、专用 12 000 t 起重船"振华 30"从 NO.4DT 锚地航行到 NO.23DY 锚地锚泊做施工准备，"振华 30"从 NO.23DY 锚地到施工现场系泊、吊带挂钩和最终接头运输船"振驳 28"出坞、浮运、靠泊和最终接头起吊等。主要存在以下风险：

1）交通建设领域首次吊装 6000 吨级构件，从吊装方案的确定到实施各个环节都涉及重大起重安全；

2）12 000 t 起重船建成后的首次吊装，存在设备和人员的磨合风险[5]；

3）起重船尺度大，横流进场和站位、定位风险大；

4）起重船锚大缆长，系泊操控难度大，作业窗口掌控困难；

5）吊装旋转和入水过程中，需要连续调整船舶压载水保持船舶姿态，旋转和沉放速度要与船舶压载匹配，操作精细化水平要求高。

3 最终接头水上安全保障措施

3.1 施工水域范围、船舶布置和船舶定位

3.1.1 施工水域范围

最终接头位于 E30、E29 管节中间，按照 12 000 t 起重船的系泊抛锚距离为 1000 m 计算，最终接头施工范围在隧道轴线上下各 0.5 n mile 范围内。施工范围见图 3。

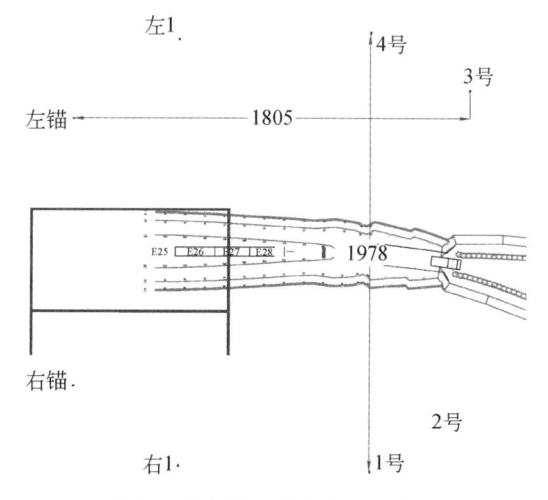

图 3 最终接头施工范围示意图

3.1.2 现场船舶布置

起重船沿基槽轴线方向系泊驻位，船头向东。安装船在起重船东侧系泊驻位，船头向西，起重船与安装船之间为最终接头安装位置。运输船拖航至安装现场后，靠起重船船头南侧系泊。现场船舶布置见图4。

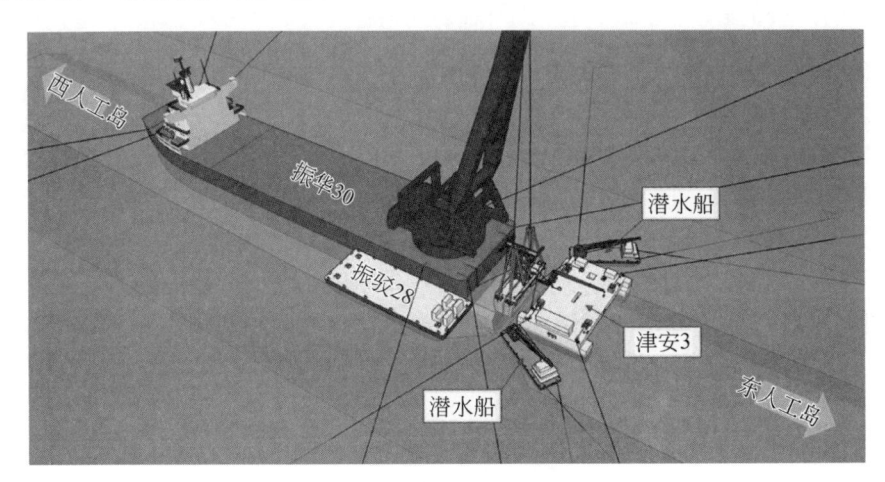

图 4　现场船舶平面布置图

3.1.3 船舶定位

（1）"津安3"定位

"津安3"作为最终接头安装指挥船，最终接头沉放对接、保障系统均布置在"津安3"上。考虑"振华30"的船高、锚缆长度等影响，为了减少"振华30"和"津安3"缆系干扰、磨损，按照先"津安3"后"振华30"的定位顺序进行施工。"津安3"南北两侧抛8字缆，系泊方式与标准管节的系泊放相同，由送缆锚艇和抓锚漂锚艇配合完成系泊作业。

"津安3"系泊完成后，潜水母船"盐中捞386""浙定工1002"靠泊在"津安3"南北侧，通过尼龙缆连接，配合最终接头潜水作业。

（2）"振华30"航行就位

"振华30"就位前，项目总经理部将安排多波束扫测船对NO.4DT锚地至施工现场的区域进行扫测，根据"振华30"航行水深9 m要求进行规划航行水域。

计划的进场航行线路：NO.4DT锚地→引航站→NO.通航分道→桂山北灯船→A1灯浮→NO.23DY锚地→施工现场。

"振华30"是具有自航能力的起重船，考虑规划航路周边水域水深条件的限制，"振华30"进场期间安排2艘6900大马力全回转拖轮应急和清道护航。

(3)"振华 30"定位系泊

由于"振华 30"吃水受限,最终接头吊装期间"振华 30""津安 3"均采用东西向基槽内站位,"振华 30"在最终接头西侧站位,"津安 3"东侧,潜水母船"盐中捞 386""浙定工 1002"靠泊在安装船南北侧进行现场潜水作业,现场吊装期间的主要船舶布置方案详见图 5。

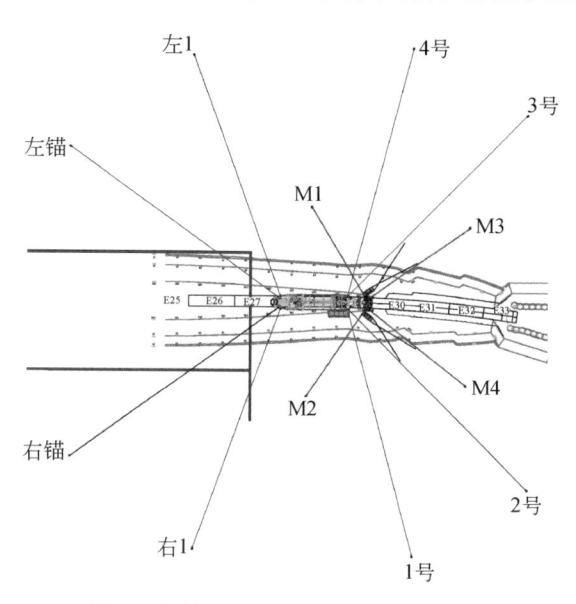

图 5 安装期间现场主要船舶布置方案

由于起重船"振华 30"横流占位,相应水流力较大,选择在平潮期进行定位。落潮期系泊带缆顺序为:3 号→左 1→2 号→右 1→4 号→左锚→1 号→右锚;涨潮期系泊带缆顺序为:2 号→右 1→3 号→左 1→1 号→右锚→4 号→左锚。

系泊期间在起重船南北侧各布置 4 艘大马力全回转拖轮进行船舶位置控制。

"振华 30"的工作锚锚索为镀锌钢丝绳,直径 ϕ83 mm,且抛锚距离较远,采用 5200 hp 拖轮绑拖"起锚艇 15"的方式进行送缆。

(4)"振驳 28"浮运、靠泊

"振驳 28"出坞前振华进行最终接头的临时封固。"振驳 28"重载吃水较小,约为 5.2 m,施工水域一般均满足航行要求。

"振驳 28"拖航采用 2 艘 6800 hp、6900 hp 全回转拖轮绑拖的方式进行拖航浮运,拖轮通过首尾尼龙缆与"振驳 28"上的系船柱连接固定,到达施工现场"振驳 28"临时靠泊在"振华 30"的东南侧。按照旋转起吊方案起吊后,"振驳 28"立即撤离。

(5)吊装作业

沉放窗口来临后,开始沉放作业。最终接头沉放是一个由上到下的过程,沉放过程中始终控制最终接头的实际平面位置尽量与设计平面位置重合,及时调整纵横倾≤0.1°~0.3°。

整个沉放过程安装船基本保持船位不变,系带缆系统随着最终接头下放同时回收。

沉放流程:最终接头顶面入水→最终接头底板进入龙口→最终接头距基床 2 m→最终接头着床→精确调位→小梁顶推→结合腔排水。

3.2 最终接头施工通航组织方案实施

3.2.1 最终接头施工通航组织特点

最终接头安装属于航道区施工[6]，通航组织具有以下特点：
1）最终接头上的测量塔高度近35 m，受风、浪影响明显，海上拖航风险较大；
2）最终接头吊装期间，需要多船机配合，调度指挥难度较大；
3）"振华30"作业吃水12.3~13.65 m，基槽内富余水深仅为2.1 m，附近水深均不满足要求，"振华30"搁浅风险大；
4）最终接头施工期间需要对航道进行封航、禁航等限制，施工通航组织需要与地方海事局、港务局、港珠澳大桥管理局协作进行，并需要各工区协同配合作业，沟通机制必须畅通；
5）施工期间需要进行多次航道转换，各环节必须衔接紧密，及时发布航行通告，确保社会船舶安全、通航顺畅。

3.2.2 组织机构

为保障最终接头浮运安装的正常进行，需要部海事局大桥办牵头协调各有关单位组建通航指挥中心。中交岛隧总部、港珠澳大桥管理局与部海事局大桥办通航指挥中心及时沟通，全力做好最终接头水上交通安全保障工作。通航指挥系统见图6。

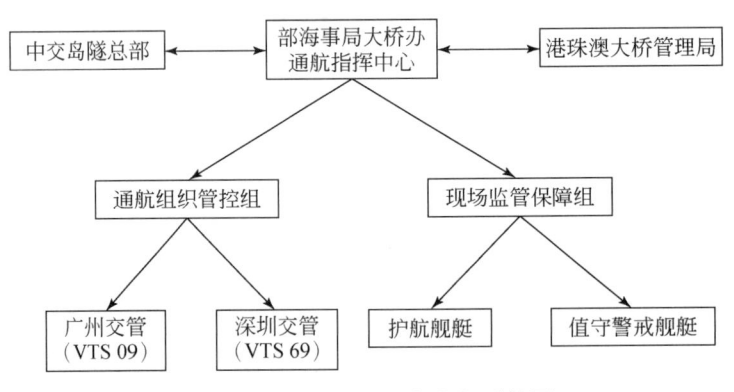

图6 最终接头施工通航指挥系统图

3.2.3 联系方式及汇报流程

最终接头现场施工与海事部门通信方式主要有无线对讲机和无线手机通信。专用频道定为09是负责和海事部门、交管部门联系沟通。

项目部完成关键节点施工后通过对讲机向海事部门进行汇报；通过无线手机将关键节点的施工完成时间第一时间发给海事部门。

3.2.4 管理职责

中交岛隧总部：负责做好最终接头施工组织安排和现场施工指挥，落实现场自行施工警戒资源配置并做好警戒工作；与海事部门加强沟通联系，配合做好现场通航安全保障配合工作，做好相关施工节点信息报告工作。

通航指挥中心：以部海事局大桥办为核心组成，根据中交岛隧总部提供的作业窗口进行决策，负责发布航行通（警）告，做好交通管制、限速、编队护航、施工水域警戒等协调组织工作。

3.2.5 管理措施

1）建立信息管理系统，利用调度指挥管理系统的管理平台，与海事局 VTS 中心、施工区周边各港口共享信息，及时掌握施工区船舶动态、珠江口航行船舶实时动态、过境船舶班轮信息，以及气候、潮汐水文等与航行有关的信息。

2）建立船舶准入制度，参与作业的船舶，证照及安全、环保设施齐全，状态良好；船员证书齐全、适任；施工许可手续齐备，按海事部门要求安装船舶自动识别（AIS）系统，并统一配置导航、通信设备，确保信息传递、指令下达渠道通畅。

3）浮运专项方案报海事部门审批，浮运期间海事部门协助做好发布航行通（警）告、浮运水域清障、封航警戒、沿途引航及护航等工作。

3.2.6 海事部门协调管理

为保障施工水域通航安全及工程建设正常开展，需海事部门配合、协调如下工作：
1）审核、批准施工水域布置方案、最终接头浮运方案等；
2）协调调整部分高速客船航线、更改部分候泊或减载船舶锚地的布局，尽量保持与施工水域之间有足够的安全距离，避免交叉或跨越，并要求高速客船限速通过施工区附近水域；
3）规划小型运输船、渔船通航绕行航路，禁止穿越施工水域。

3.3 最终接头施工通航警戒布置

3.3.1 "振驳 28"浮运作业海事警戒船布置

浮运作业前 72 h 联系海事部门，安排警戒船只护航。"振驳 28"浮运过程中的配备警戒船 2 艘，"振驳 28"左右各一艘，警戒船布置位置详见图 7。浮运至转向区、航道交错区域等关键位置时，警戒船提前进入关键区域进行警戒。

图 7 "振驳 28"拖航警戒船布置位置示意图

3.3.2 "振华 30"航行就位海事警戒船布置

"振华 30"航行就位前 24 h 联系海事部门，安排警戒船只清道护航、警戒。"振华 30"航行过程中的配备警戒船 2 艘，"振华 30"前后各一艘。航行至转向区、航道交错区域等关键位置时，警戒船提前进入关键区域进行警戒。

3.3.3 系泊区海事警戒船布置

从"振华 30"进场开始到"振华 30"撤船系泊作业警戒区域为 2000 m×2000 m。作业过程中配备警戒船 3 艘，系泊作业时施工区域北侧、西侧、南侧各设一警戒船。警戒船布置位置详见图 8。

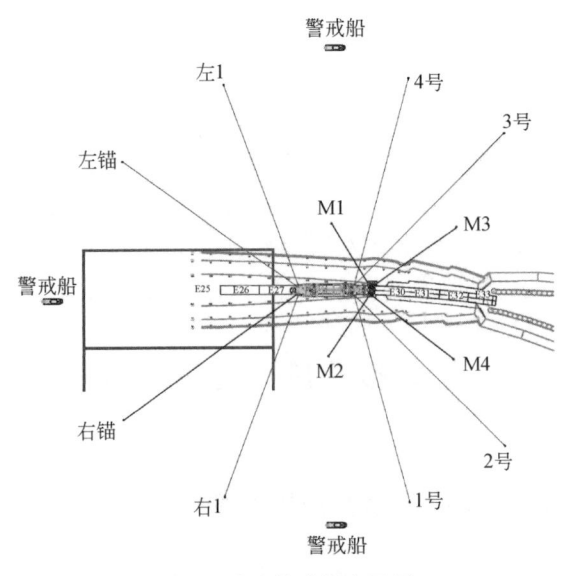

图 8 系泊警戒船布置图

3.3.4 吊装作业航道限速

吊装期间通过伶仃临时航道 LS1 至广州港 2 号灯浮之间航段的船舶船速控制在 10 节以内，该航段内禁止追越、对遇、横越。同时，无关船舶远离施工区域，减速慢行，并听从现场警戒船（09 频道）的指挥。

3.3.5 合龙焊接期间施工船舶警戒

合龙焊接期间，为保证测量塔、人孔井安全，安排"津安 2""津安 3"在最终接头东西两侧进行值守，见图 9。

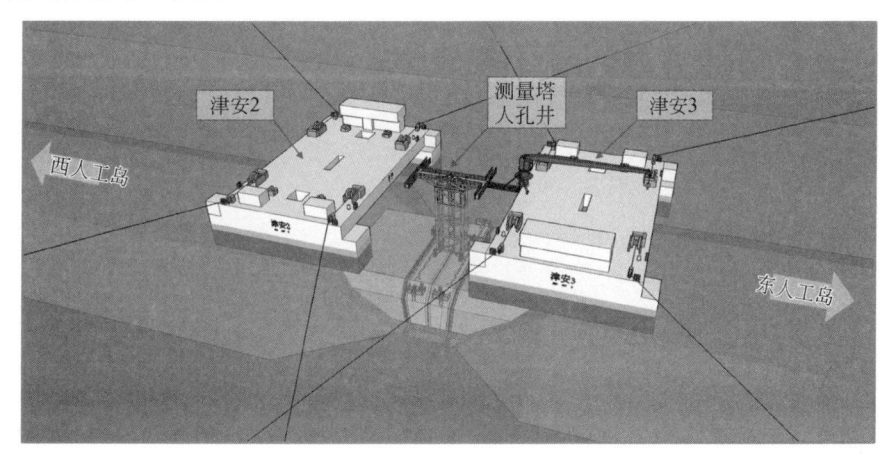

图 9　合龙焊接期间值守船舶布置图

"津安 2""津安 3"分别下 4 口 8 t 大抓力锚与 120 t 系泊绞车缆绳连接；同时，为确保安全，防止走锚、断缆风险发生安装船碰撞测量塔，"津安 3"东侧 350 m 左右预抛 2 口 5 t 大抓力锚与"津安 3"的 2 台 P 缆绞车缆绳连接，"津安 2"西侧相同布置。

4　结　　语

最终接头安装过程中，通过采取以上措施，并结合方案细化和实操演练，降低和避免了人员误操作、船机设备故障、外部环境影响等风险，取得了良好的效果，有效保障了超大构件海上吊装安全，为今后国内类似施工提供借鉴。

参　考　文　献

[1] 林鸣，史福生，表莲. 日本沉管隧道最终接头施工新工法[J]. 中国港湾建设，2012，(4)：1-4.

[2] 林鸣，刘晓东，林巍. 钢混三明治沉管结构发展历史及设计方法适用边际研究[J]. 中国港湾建设，2016，(12)：1-7.

[3] 林鸣，刘晓东，林巍，等. 钢混三明治沉管结构综述[J]. 中国港湾建设，2016，(11)：1-4.

[4] 刘凌锋，林巍，尹朝晖，等. 港珠澳大桥沉管隧道最终接头吊装解析[J]. 中国港湾建设，2018，(2)：53-60.

[5] 李尚界，钟建军. 海上施工船舶的安全管理分析[J]. 中国水运，2017，(12)：42-43.

[6] 范铁锐，李翰，郑秀磊. 港珠澳大桥航道区沉管施工安全措施[J]. 中国港湾建设，2015，(7)：140-142.

外海深水高精度碎石基床铺设整平船建造与应用[*]

宿发强，李家林，王明祥

（中交一航局第二工程有限公司，青岛）

摘　要：深水碎石铺设整平关键技术及装备采用世界领先技术，自动化程度高、施工管理系统先进、抗风浪能力强，不但能够满足港珠澳大桥沉管隧道基础施工要求，而且对促进我国交通建设技术进步，提升我国跨海通道建设综合实力具有十分重要的意义。

关键词：高精度；碎石铺设；整平船；应用

0　引　言

港珠澳大桥岛隧工程全长7440 m，为目前世界上最长的沉管隧道。东人工岛、西人工岛均全长625 m，沉管隧道（含暗埋段）全长5990 m，其中预制沉管长度5664 m，由33个管节组成，标准管节长180 m、宽37.95 m、高11.4 m，重约78 000 t。沉管基床所铺设的碎石垫层，其抛石整平总工作量约为24.2万 m^2，36.3万 m^3，抛石整平工作量大；沉管隧道设计有多种纵坡，碎石基床整平坡度变化大；沉管基床的水深 8～45 m，水深变化大；沉管基础的整平工艺和整平精度要求非常高，水下标高控制难度大；就其铺设宽度、施工水深、整平精度而言，在国内外堪称前所未有。

1　碎石铺设整平船

1.1　用途及工况

自升式平台碎石铺设整平船是为港珠澳大桥岛隧工程量身定制的特种专用船舶，设计新颖独特，为目前国内首创、水下整平能力最大、功能最先进的外海深水碎石铺设整平船。主要用于铺设水深 8～50 m 内所有沉管的碎石垫层，在不移动船身的情况下碎石铺设整平作业范围可达 48 m×25 m，具有在异地浅水区（水深≤15 m，考虑潮差）以升

---

[*] 本文曾刊登于《公路》2018年第8期。

降形式避风、抗台自存的能力。船舶主要参数见表1。

表1 主要参数

名称	主尺度	名称	主尺度	名称	主尺度
总长/m	88.8	单根桩腿重量/t	470	抛石管载荷/t	110
型深/m	5.5	桩腿插入最大深度/m	20	铺设整平精度/mm	±40
型宽/m	46.0	桩腿预压载最小支反力/t	2 114	一次最大碎石铺设厚度/m	1.7
设计吃水/m	4.2	桩腿预压载最大支反力/t	2 150	夏季载重线排水量/m³	7 391.4
桩腿总长/m	90.0	风暴工况最大可变载荷/t	174	空船重量/t	6 226.201
桩腿直径/m	2.8	作业工况最大可变载荷/t	379	中间开口尺寸	59 m×30 m
桩腿壁厚/mm	50.0	抛石管移动时最大负荷/t	12	一次驻位有效整平面积	48 m×25 m

1.2 主要系统

按功能分为船体诱导及施工管理系统、预压载系统、桩腿抬升和锁紧系统、石料传送系统和抛石整平系统五大主要系统。

1.2.1 船体总体布置

采用自升式、回字形平台结构，四角上布置有4根采用齿轮齿条形式驱动的桩腿，中间月池上部设置一台纵向移动的台车，台车上为带有抛石管的小车，小车可以沿台车横向移动，以实现抛石管的大范围作业能力48 m×25 m（管中心），船上还配置了供给料皮带机、柴油发电机组、压载注排水系统、系泊和操船锚机等各种辅助设备[1,2]。效果图见图1。

图1 整平船效果图

1.2.2 船体诱导及施工管理系统

该系统是国内首套用于工程船的先进 GPS 管理系统，集电子海图、实时监控、坐标转换、海水流速监控等功能于一体。它由船位 GPS 诱导系统、船体 GPS 信号合并系统、海水流速测量系统、施工管理系统等组成[3,4]。

施工管理系统由大小车、抛石管、GPS 设备、声呐设备、倾斜仪、全站仪设备等组成，位于小车控制室，负责对船位、抛石管位置的施工路线自动追踪控制，实时监视 GPS 信息及声呐信息，从而实现对抛石管位置的显示及对抛石整平作业的监视。

1.2.3 预压载系统

系统由压载舱、海水阀箱、压载水泵及舱底水喷射泵等组成。每个压载水舱均能通过单舷的两台压载水泵注入或排除压载水，可在监控室控制各压载水泵的启动与停止。

整平船到达作业区域后，4 台压载水泵分别从两舷的海水阀箱注入约 1900 t 的压载水，桩腿插入地基，顶升平台到达预定位置后，确认地基的支撑力，通过压载水泵及重力排水同时排除压载水。

系统采用遥控蝶阀，单舷的压载水舱通过压载水泵实现前后调节的功能，可在监控室通过操纵蝶阀的开关，监测压载舱的水位及平台的绕度变化，实现压载舱的进水、排水调整，达到需要的船舶压载工作状态。

1.2.4 桩腿抬升和锁紧系统

全船在四角各设置 1 套升降系统，通过齿轮齿条的形式驱动桩腿的上下运动，实现平台的抬升或下降。每套升降系统各包含 8 套由变频电机驱动的抬升机构，它们共同作用于桩腿齿条，推动桩腿运动或者锁止桩腿运动[5]。

自升式抛石船升降完成后，通过专门锁紧系统将船体与桩腿连接成整体，增加船体的整体刚度与稳定性。锁紧系统主要由蜗轮蜗杆顶升器、楔块、齿形块、复位油缸、插销油缸、液压阀组和液压动力站组成。通过驱动各蜗轮蜗杆顶升器和液压油缸，完成锁紧与分离。抬升锁紧系统见图 2。

1.2.5 石料传送系统

碎石经过皮带输送机 3 次抬升输送至抛石管进料口，抛石管内料位高度对整平精度至关重要，需要控制在 2~10 m，石料下落至抛石管内料位高度 10 m 后停止供料，进行铺设作业，此时将料位计重锤放置碎石顶面随料位高度的下降而下降，操作界面实时显示料位高度，当料位高度降至 2 m 后自动补料至 10 m，石料供给控制系统位于小车控制室。

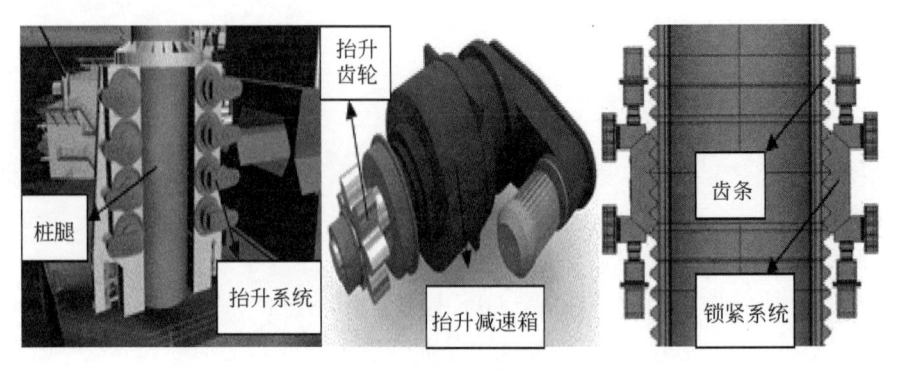

图 2　抬升锁紧系统

1.2.6　抛石整平系统

系统包括可以在月池上纵向行走的大车、可在大车上横向行走的小车、在小车上可以升降的抛石管及整平头、GPS 设备、声呐设备、倾斜仪、全站仪设备等组成。

控制系统位于小车控制室，可实现对整平船定位、碎石输送系统、抛石管升降系统、整平头刮刀的高程调节、整平台车纵横向移动的控制、水下目标的高程动态定位、抛石管料位的控制、碎石铺设的同步质量检测等铺设施工作业的自动化、一体化管理。

2　碎石铺设整平船的应用

2.1　驻位及插桩

整平船拖航至指定作业地点后，抛锚定位，同时下放 4 根桩腿至海底入泥，持续给桩腿施加载荷，到桩腿站立稳固为止。

2.2　预压载

整平船桩腿插入泥土中后，平台抬升至一定气隙，船舶重量及可变载荷都将由桩腿承受，桩腿同时还将承受风浪流引起的载荷，这些载荷将会使桩腿继续下陷甚至产生穿刺，恶劣海况下可能会产生灾难性后果，为避免这一情况发生，需进行预压载。

预压载通过增加桩腿载荷的方式，使桩腿所受垂向载荷达到其所能承受的极端环境载荷，保存一段时间，从而使桩腿下陷，直到达到目标支反力，不再下陷为止，因此，预压载大大降低了在风暴中地基移位或失效的可能性。本船采用对角线直接压载方式及打压载水船体四角均衡压载方式。

2.3 整平船抬升

在下降桩腿前先将整平船调平。通过调整压载水舱，观察船体倾斜仪，将船体调整到水平状态。

抬升通过抬升装置进行，抬升装置安装在升降主结构内，通过变频电机驱动减速箱，带动爬升齿轮与桩腿齿条进行啮合运动，以此实现平台升起或下降。

2.4 整平施工作业

抛石管定位完成后，反复伸缩整平头上的液压油缸确认行程，确保油缸伸缩行程满足在一个船位的铺设中不需再升降抛石管。标高是从抛石管中心进行标定，碎石垄中心标高与设计标高一致，垄两端误差为±4 mm，整平船开始碎石基床整平铺设作业[6]。

综合考虑本船的设计刚度，工程施工进度要求，底层、顶层碎石精度要求等因素，采用底层碎石铺设抛石管行走速度为 1.5 m/min，顶层碎石铺设抛石管行走速度为 1.0 m/min，垫层验收抛石管行走速度为 2.5 m/min。

2.5 碎石铺设垫层检测

声呐受水深、水温、盐分浓度、浑浊度等因素的影响使测量值产生误差，所以每次验收前都需要校准。校准时，将抛石管降至施工深度，通过调整校准声呐音速，当测量值显示 1.5 m 时将此音速应用于基床铺设使用声呐。

铺设作业完成后沿碎石垄横断面检测垄中心的高程，沿纵断面检测碎石垫层宽度 L、纵坡的 $L/6$ 和 $L/2$ 三条线的高程。当碎石基床存在部分超出要求范围时，采用整平头局部刮平处理或重新铺设。

2.6 拔桩撤船

一个船位基床铺设完成检测合格后，将整平船下降入水，通过船体的浮力将桩腿拔出，移船至下一船位进行基床铺设。

3 整平船创新点

集定位测量、深水整平、质量检测为一体的自升平台式高精度碎石铺设整平船，实现了作业最大水深 50 m、基床铺设整平精度±30 mm。

开发了高精度外海深水基床铺设整平测控系统，采用 GPS 快速静态+全站仪联合测量高差方法，从深水基床整平高程和水平度测控方式、整平料下料方式、整平船水上和水下的通信检测形式等方面创新了精确测量深水基床水下标高及质量检测新方法，开发了适应外海深水水下精度校准技术。

研制了具有自主知识产权的外海深水基床高精度铺设施工管理控制系统，实现了碎石基床铺设与质量检测的自动化控制。

形成了外海深水碎石基床高精度铺设成套技术，研发出外海深水环境条件下的高精度碎石铺设整平施工工艺，实现了碎石基床铺设整平的高效率。该成果已成功应用于港珠澳大桥沉管隧道基础整平工程，保证了沉管安装的质量和安全，推动了行业技术进步，经济和社会效益显著，推广应用前景广阔，总体上达到了国际领先水平。

4 实施效果

高精度碎石铺设整平船于 2013 年 4 月 16 日开始施工，截至目前已完成全部 33 个管节的基础整平施工，经检测碎石基床表面精度达 ±30 mm 的合格率为 87.34%，±35 mm 的合格率为 91.63%，±40 mm 的合格率为 94.42%。图 3 为多波束扫测碎石基床整平后成像。

图 3 碎石基床整平后扫测图

5 结 语

外海深水碎石基床高精度铺设整平施工成套技术研究与应用，在国内没有经验可借鉴，通过研发此工艺施工，完成了深水高精度整平，产生了巨大的经济效益。

研发高精度深水碎石铺设装备，形成深水环境条件下的高精度碎石铺设整平施工工艺。实现了一批具有自主知识产权的软件、专利、工法、关键技术、大型装备；对提高我国的自主创新水平、引领基础设施建设的产业升级具有显著的社会效益，得到了国内外及社会各界的认可和观摩学习。

参 考 文 献

[1] 中国船级社. 钢质海船入级规范 2009[S]. 北京：人民交通出版社，2009.

[2] 中国船级社. 海上移动平台入级与建造规范 2005[S]. 北京：人民交通出版社，2005.

[3] 唐智英，胡闻嘉，陆智勇. 船体诱导施工管理系统在抛石整平船上的开发与应用[J]. 船舶工程，2013，（A2）：125-128.

[4] 李一勇，刘德进，陆连洲，等. 深水抛石整平船的建造与应用[J]. 中国港湾建设，2010，（SI）：136-141.

[5] 尹刚，施海滨，梅德权. 深水碎石整平平台升降装置的研发与应用[J]. 船舶工程，2014，（A1）：187-189.

[6] 王学军，王乐，尹刚. 深水碎石整平平台整平精度分析[J]. 船舶工程，2013，（A2）：54-57.

超大型沉管隧道管节浮运安装船的建造与应用[*]

李家林，王明祥，王明亮，王耀武

（中交一航局第二工程有限公司，青岛）

摘　要：超大型沉管安装船的研发与应用，不仅满足港珠澳大桥岛隧工程建设需要，实现外海深水、深槽的水下无人安装、对接，提高了工作效率，减少了施工风险和环境污染，经验证，该工法安全、高效、环保，可为其他类似工程提供借鉴。

关键词：沉管；安装船；建造；应用

0　引　言

港珠澳大桥跨越珠江口伶仃洋海域，是连接香港、珠海和澳门的大型跨海通道。其中岛隧工程是控制性工程，包括一条海底沉管隧道和两个人工岛，隧道全长5664 m，由33个管节组成，标准管节长180 m、宽37.95 m、高11.4 m，重约78 000 t。

超大型沉管预制完成后，需浮运至安装水域沉放至一定水深的基床上，与已安的沉管进行精准对接，是整个工程中风险最高的施工环节。

1　沉管浮运安装船

1.1　用途及工况

沉管浮运安装船是为港珠澳大桥岛隧工程量身定制的特种专用船舶，为国内首创，配置了先进的施工管理系统、测量系统及监控系统，可实现主船远程遥控副船，实时显示并记录主船、副船及水下沉管的各种数据，集吊运、定位、沉放、微调功能于一体，主要用于超大型沉管的浮运、沉放等工作，适用于外海区域作业，作业水深10～50 m。安装船的主尺度见表1。

---

[*] 本文曾刊登于《公路》2018年第8期。

表 1 安装船主尺度

浮体		浮体上横梁		轻载吃水/m	5.4
型长/m	40.2	梁长/m	33.0	重载吃水/m	7.3
型宽/m	7.2	梁宽/m	56.4	作业水深/m	10~50
型深/m	8.99	梁高/m	3.61	单点吊力/t	640

1.2 主要系统

安装船主要系统包括主船体单元及船体压载水系统，吃水、液位遥测系统，管节垂直提升系统，管节水平调节系统，管节移船绞车系统，管节拉合系统，管节压载水系统和控制系统等。

1.2.1 船体总体布置

船体由 2 个箱型浮体、1 个箱型跨梁组成，外形呈倒凹形，其中跨梁上方有 3 个月池，跨梁下方设置 4 个支墩与管节压接，单个支墩最大垂向承载能力为 300 t。

主甲板之上配备了 4 台 120 t 移船绞车，3 台 65 t 水平调节绞车，2 台 40 t 提升绞车，4 台 25 t 出坞绞车，滑轮组及各种系泊和操船辅助设备等[1,2]。图 1 为沉管安装船沉放施工。

图 1 安装船沉放施工图

1.2.2 船体压载水系统

系统由压载水舱、压载水泵及阀箱等组成，4台压载泵分别布置在左、右舷浮体泵舱内，每个压载水舱由两台 600 m³/h 的压载水泵注入或排除压载水，在控制室可控制各压载水及相关压载水舱来实现船体平衡的调节。

阀门遥控系统作为压载水控制系统的执行机构，对遥控液压阀门、压载泵等进行远程遥控，实现压载水舱的进水、排水调整，达到需要的船舶压载工作状态。

1.2.3 吃水、液位遥测系统

艏部和艉部吃水分别设左、右两个测点，各压载水舱、燃油舱等均设有液位遥测系统，系统所获得的实时数据将传输到设于控制室内控制台上的计算机进行实时监控。

1.2.4 管节垂直提升系统

垂直提升绞车缆绳通过船体上跨梁左、右两个月池上方提升滑轮系统的改向滑轮、定滑轮组、动滑轮组后通过吊点与沉管连接，每个吊点的最大载荷为 640 t，其中主、副船吊点各 2 个。

测力装置安装在船体的导向滑轮中，编码器安装在卷筒上；有单船二台绞车同步功能，也具有两条船四台绞车同步功能；每台绞车配有本地操作控制台，并可以在操作室集控，副船绞车可以在主船上控制。

1.2.5 管节水平调节系统

水平调节绞车缆绳通过船体上横梁中间月池上方改向滑轮、管顶改向滑轮、管顶导缆器后与安装锚连接。

测力装置安装在导向滑轮中，编码器安装在卷筒上；每台绞车配有本地操作控制台，并可以在操作室集控，副船绞车可以在主船上控制，带恒张力控制。

1.2.6 移船绞车系统

移船绞车缆绳直接通过转向导索器与系泊锚连接。

测力装置安装在绞车底脚安装销轴上，编码器安装在卷筒上，每台绞车配有本地操作控制台，并可以在操作室集控，副船绞车可以在主船上控制。

1.2.7 绞车控制系统

由中央控制室的绞车控制台操作，通过主副船间的无线通信和控制系统，能够实时传输沉管测控装置及沉管压载水装置的图像、位置信号，并能在主船上控制主副船上的所有绞车，实现在主船上对全系统的监测及控制，控制管节的精准定位。

绞车控制系统具备先进的管节同步沉放、绞移功能，为满足管节在沉放时的平稳，4 台提升绞车能够实现同步运行，并可以结合沉管测控装置在任何高度进行手动单点调整，保证沉管底面同时着基床。

2 沉管浮运安装船的应用

2.1 作业流程及工艺

沉管采用工厂化预制，距离安装施工现场约 7 km，预制完成的管节在工厂浅坞区内进行一次舾装后，起浮、横移至深坞区内系泊存放并进行二次舾装，随后采用安装船双驳杠吊法逐节浮运至现场安装，与已安管节完成对接后进行管外锁定回填。施工工艺顺序见图 2。

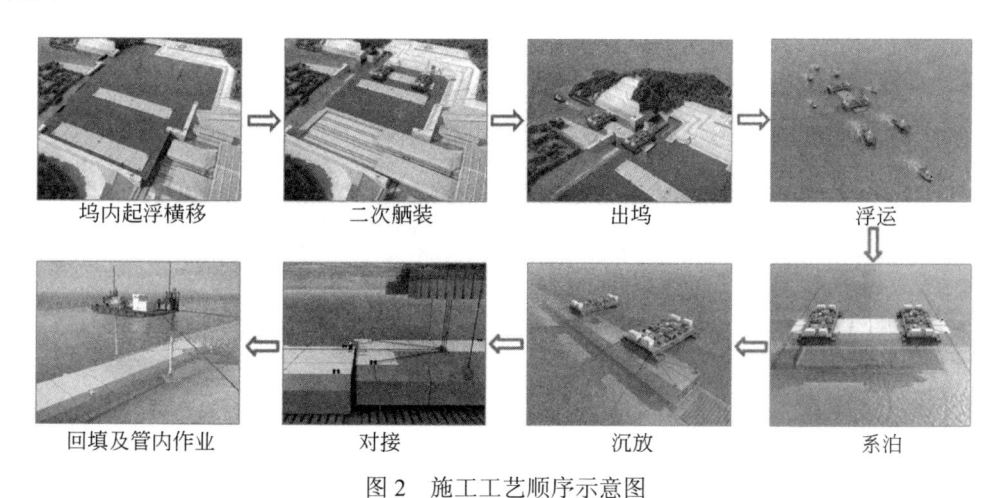

图 2 施工工艺顺序示意图
（坞内起浮横移 → 二次舾装 → 出坞 → 浮运 → 系泊 → 沉放 → 对接 → 回填及管内作业）

2.2 管节出坞

沉管经过浅坞区的一次舾装及深坞区的二次舾装后，两艘安装船在深坞区跨骑在管节上方，通过安装船的垂直提升系统，每个吊点提供 270 t 提升力并对每船注入压载水 580 t，使得安装船通过支墩与管节压接而成为一体。

利用安装船上和深坞区的绞车，选择低流速时的小潮汛窗口期，绞移安装船带动沉管出坞[2]。

2.3 管节浮运

采用 4 艘大马力全回转拖轮吊拖、4 艘全回转拖轮绑拖和 2 艘拖轮备用，在坞口进行拖航编队，浮运导航系统实时显示管节与航道的相对位置，沿着浮运航道进行海上浮运至沉管系泊区。

2.4 管节系泊

管节浮运至系泊区前将安装锚、系泊锚抛至设计位置后等待通缆连接，采用两艘全回转起锚艇进行送缆作业，驶至相应锚位后与安装锚、系泊锚相连，形成管节安装、系泊锚系。

2.5 管节沉放

利用沉管压载水系统控制消除管节干舷并提供 1%~2%的负浮力使管节下沉，采用管节垂直提升系统控制沉管下沉速度和下沉深度，通过管节水平调节系统调节沉管的姿态，移船绞车系统控制管节平面位置与移动速度，通过测控系统引导待安管节接近已安管节，使其落在基床上精确定位并与已安管节成功对接[3]。图 3 管节沉放安装示意图。

图 3 管节沉放安装示意图

2.6 管节拉合、水力压接

待安管节着床后,利用拉合控制单元,依次进行回收竖向千斤顶、伸出拉合千斤顶、伸出竖向千斤顶的操作,完成待安管节主动拉合单元与已安管节被动拉合单元的搭接作业后,回程拉合千斤顶,消除主动、被动拉合单元之间及钢结构与混凝土之间的间隙,使待安管节 GINA 止水带鼻尖与已安管节尾端端钢壳接触,拉合系统进一步提高拉力,使待安管节的 GINA 止水带尽量压缩[4]。图 4 为管节拉合作业。

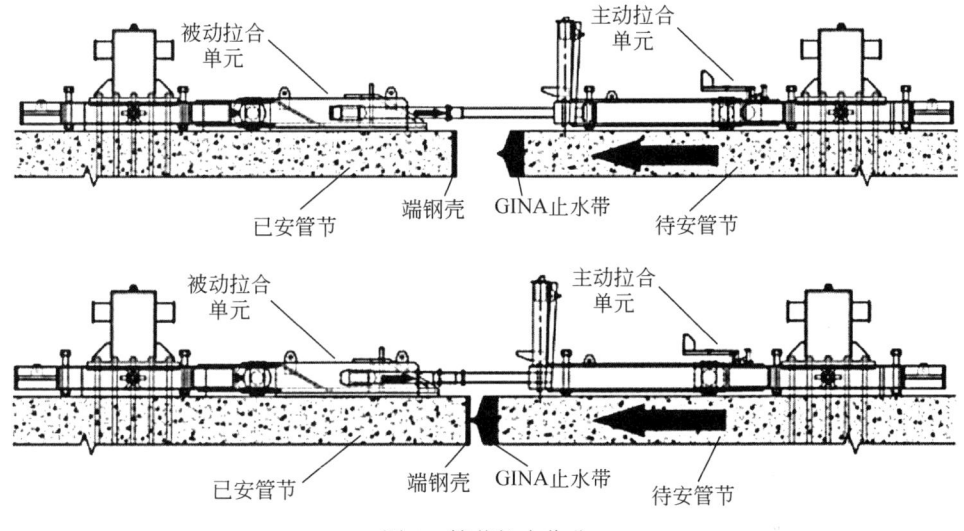

图 4 管节拉合作业

水力压接阶段,在两个管节间形成密闭结合腔后,开启阀门进行排水作业,使得管节间密闭结合腔内部压力逐步降低,利用管节外部水压对管节 GINA 止水带进行充分压缩密封,通过监控系统实时监测两个管节端面间距,判断水力压接的进展。

2.7 安装船撤离

管节安装对接完成后,拆除管顶二次舾装件,依次解除管节垂直提升系统、管节水平调节系统和移船绞车系统的缆绳,由拖轮拖离安装现场返回深坞区进行下一个管节的安装准备工作。

3 沉管安装船创新点

实现了超大型沉管在外海深水、深槽、大径流等恶劣条件下的浮运、沉放、安装,国际上领先。

先进的施工管理系统、测量系统及监控系统，实现主船远程无线遥控副船，实时显示并记录主、副船及水下沉管的各种数据，实现了沉管精准定位。

先进的沉管浮运导航系统，使安装船与拖航拖轮编队成为一个整体，提高了浮运效率，减少了拖航风险。

水下拉合系统和管节垂直提升系统与沉管水下液压自动脱钩系统，实现沉管水下自动拉合、定位检测、水下可视监控及船管自动脱离等功能于一体，提高了工作效率，减少了潜水作业强度。

4 结　　语

沉管安装船能够满足管节沉放水域的大水流、复杂环境下的浮运、沉放工作，目前已经完成了隧道全部 33 个管节的安装，每个管节的安装轴线、高程和纵坡均满足设计要求。

沉管安装船的主要技术参数均依据船舶规范和类似的成功经验选取，重要参数如锚泊系统的抗流力和起重系统的拉力均通过数模计算和物模试验的验证。本船的研发与应用，在外海实现了超大型沉管深水、深槽的水下无人安装、对接，提高了工作效率，减少了施工风险和环境污染，为目前世界上安装能力最大、精度最高、效率最高、性能最先进的专用沉管安装船。

参 考 文 献

[1] 中国船级社. 钢质海船入级规范 2009[S]. 北京：人民交通出版社，2009.

[2] 宁进进，丁宇诚. 超大型沉管出坞施工及控制方法[J]. 中国港湾建设，2014，（7）：54-55.

[3] 林巍. 港珠澳大桥沉管隧道管节压舱水系统[J]. 中国港湾建设，2014，（2）：11-16.

[4] 汤慧驰，岳远征，张建军，等. 超大型沉管管节拉和系统及控制方法[J]. 中国港湾建设，2015，35（11）：123-126.

抛石整平船清淤系统技术改造

李家林，王明祥

（中交一航局第二工程有限公司，青岛）

摘 要：港珠澳大桥岛隧工程在沉管安装过程中遭遇突淤难题，为克服工程困难，在现有平台抛石整平船上增设一套清淤装置，快速有效地解决碎石基床回淤问题，并成为世界唯一的平台式清淤整平船，成为港珠澳大桥岛隧工程建设中的又一重要利器。

关键词：抛石整平船；清淤系统；关键技术；技术改造；工程实践

0 引 言

港珠澳大桥是由岛、隧、桥组成的跨海交通集群工程，是中国交通建设史上技术最复杂、环保要求最高、建设标准最高的工程之一，其中主体结构——海底沉管隧道长5664 m，为目前世界上最长的沉管隧道。沉管隧道碎石基床采用刮铺法，是沉管隧道施工的关键工序之一，图1为沉管基床碎石铺设整平施工示意图。

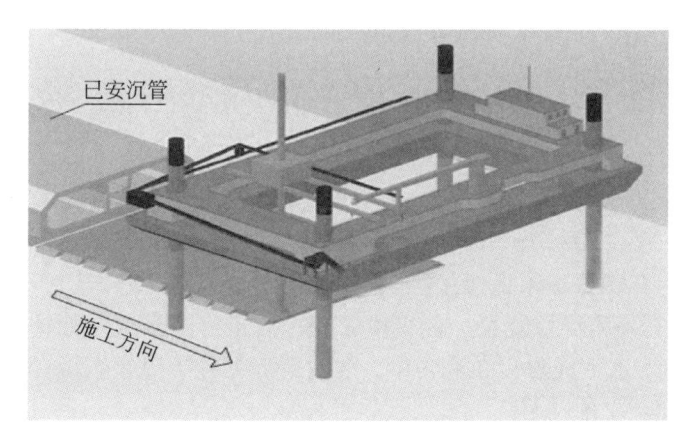

图1 沉管基床碎石铺设整平施工示意图

由于沉管隧道施工过程中，施工海域受多方面因素影响，沉管基床回淤明显，E15管节更因回淤问题经历两次浮运未能实现顺利安装，被迫回坞的困境。随着沉管安装进程的不断推进，回淤问题愈发凸显。鉴于此，将整平船进行功能升级，增加了清淤系统。

1 清淤系统改造目的及难点

1.1 清淤系统改造目的

通过装备一套能够快速响应，高精度、高效率的清淤系统设备，并且该装备能够在不破坏已经铺设好的碎石垫层前提下，有效清除水下 48 m 处碎石基床垄面和垄沟内淤泥，以彻底解决沉管碎石基床回淤问题。

1.2 清淤系统改造难点

（1）没有工程实践先例

回顾国内外海工工程，从未有过在这种大水深、大径流等恶劣条件下，实现如此高精度、高效率清淤作业的工程实践先例。没有成熟的系统方案可以借用，系统方案需要从头设计，积极寻访国内外各型配套设备供应商，优选设备。

（2）系统复杂程度高，布置困难

该系统集成了高精度船体定位、桁架定位、吸头高程控制、泥泵功能控制、吸口处流场优化处理、管系内流场优化、大小车行走机构、桁架升降机构、液压系统配置、电气功能集成等众多系统设备。

桁架头部清淤系统设备液压管路数量众多，电缆及液压油管总数量超过 40 根，且直径大于 50 mm 的大直径液压油管就有 8 根，管内压力 280 bar[①]，电缆和液压管路随桁架同步上下移动行程约 60 m，升降难度大。

清淤系统需与原有整平系统进行集成，但不能影响整平功能，这也给该系统的布置带来了很大困难。

（3）高程控制和检测难度大

为保障清淤效率，清淤吸头需要尽量贴近碎石基床表面清淤，但为保护已铺设的碎石基床，吸头不能与碎石基床直接接触。

水下 48 m 碎石基床环境复杂、能见度很差，对最终清淤效果的评估造成很大困难，需要结合强光照明、水下成像设备和声呐、多波束等多种手段来获取碎石基床状态数据，以保障清淤工作顺利实施[1,2]。

---

① 1bar=10^5Pa。

2 清淤改造方案

改造利用碎石整平船津平 1 原有的大车、小车系统，增设一根大车梁和小车平台，安装一套能够上下升降的清淤桁架。

为保证整平船在抬升状态下有效清除水下 48 m 处的淤泥，桁架长 65 m，截面形状为三角形，三个顶角位置设置三根齿条，采用齿轮齿条的驱动形式控制其升降。在桁架头部安装有两台大功率泥泵，通过软管与吸头连接，可单独调控吸头高程，调节吸口装置的开闭和高程以实现碎石垄顶和垄沟内淤泥的清除，图 2 为清淤系统方案示意图。

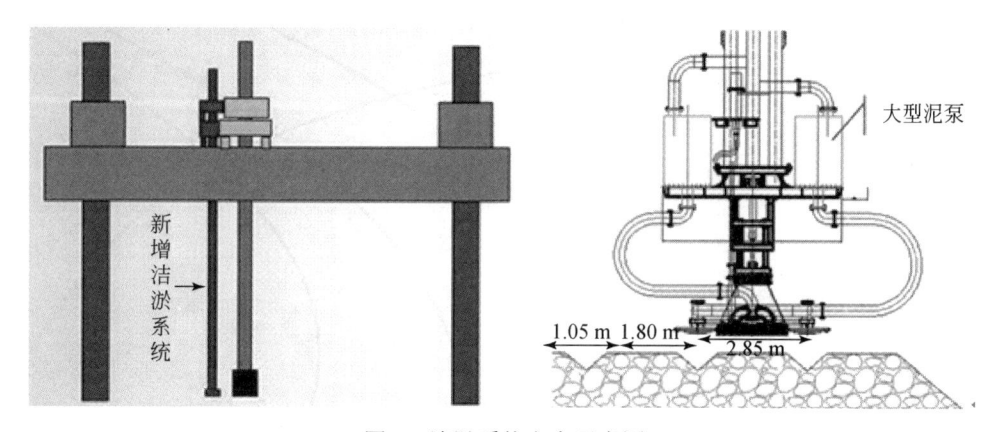

图 2 清淤系统方案示意图

清淤桁架位置随大小车移动，泥泵排出泥水经桁架内排泥管引至海面以上后，通过排泥软管排出舷外，软管绞车随桁架位置的移动收、放排泥软管，保证排泥软管与桁架排泥管（硬管）的有效连接，排出泥水经过连接的漂浮排泥软管，再排至 1 km 以外。主要参数表见表 1、表 2。

表 1 主要设备参数

桁架长度	66 m	泥泵排距	1 km
升降装置额定抬升能力	57 t/台，共 3 台	泥泵出口压力	1 MPa
升降装置额定速度	1 m/min	软管绞车额定速度	1～2 m/min 可调
泥泵流量	1250 m³/h，共 2 台	软管绞车额定拉力	6 t

表 2 主要性能参数

最大船舶作业水深/m	48	每个船位清淤范围	48 m×25 m
一次最大清淤淤泥厚度/mm	30	清除淤泥比重	≥1.3
清淤作业水深/m	10～48	设计清淤速度/(m/h)	≤3

3 关键技术

为保证清淤系统只清除碎石基床表面浮泥,而不扰动碎石垫层,就需要严格控制吸口处水流速度,综合考虑了清淤效率和流速控制等诸多因素,采用荷兰 DAMEN 公司的 DOP250 型大型泥泵,通过液压系统调节泵的转速实现吸口处的流速控制,图 3 为 DOP250 泵及其清淤原理图。

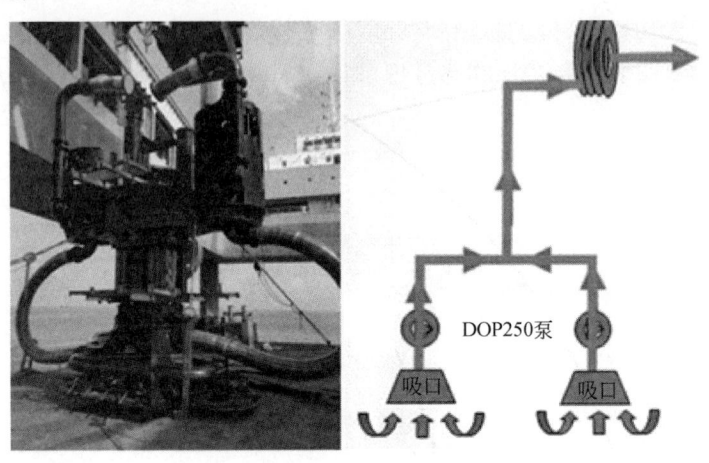

图 3 DOP250 泵及其清淤原理图

清淤装置头部设置有一套高压冲水系统,将海水至吸口四周的喷水口喷出,能够扰动碎石垄面及垄沟上的淤泥,以增强清淤效果。该冲水系统设置了共 20 个喷水口,两个主吸口前后各设置 4 个喷嘴,两个辅吸口环绕一圈各设置 6 个喷嘴。冲水系统除了考虑要克服海水背压之外,还考虑出口处的流速不能过快,以免扰动碎石垫层[3]。

4 清淤装置测控系统

清淤装置控制系统属于典型的综合应用系统。涉及 GPS-RTK、声呐、倾斜仪、自动追踪、电-液传动控制、电气位置控制等多项技术的综合应用。本船清淤系统采用高程控制及泥泵流量控制方式,通过采集 GPS 数据、泥泵运行数据和水下成像设备数据,将更多控制信息、检测环节纳入系统操作管理,以适应碎石基床表面清淤这种高难度的作业要求[4]。

5 工程实践应用

经过工程试验,吸头距离碎石垄面 150 mm 左右,泥泵负荷达到 85% 以上时清淤效果最好。当吸头距离垄面 120~130 mm 时，泥泵负荷 70%即有碎石垄上小块碎石开始启动，被吸出排泥管。大车速度 1 m/min 即可一次行走清除碎石垄上淤泥。

受 1524 号台风"巨爵"影响，E22 管节第一、二船位北侧回淤严重，往南逐渐减轻，通过分析多波束扫测及声呐对回淤严重的第五条碎石垄及+10 m 处纵断面进行检测，确认北侧回淤最大达 27.9 cm，碎石基床回淤检测结果见图 4。

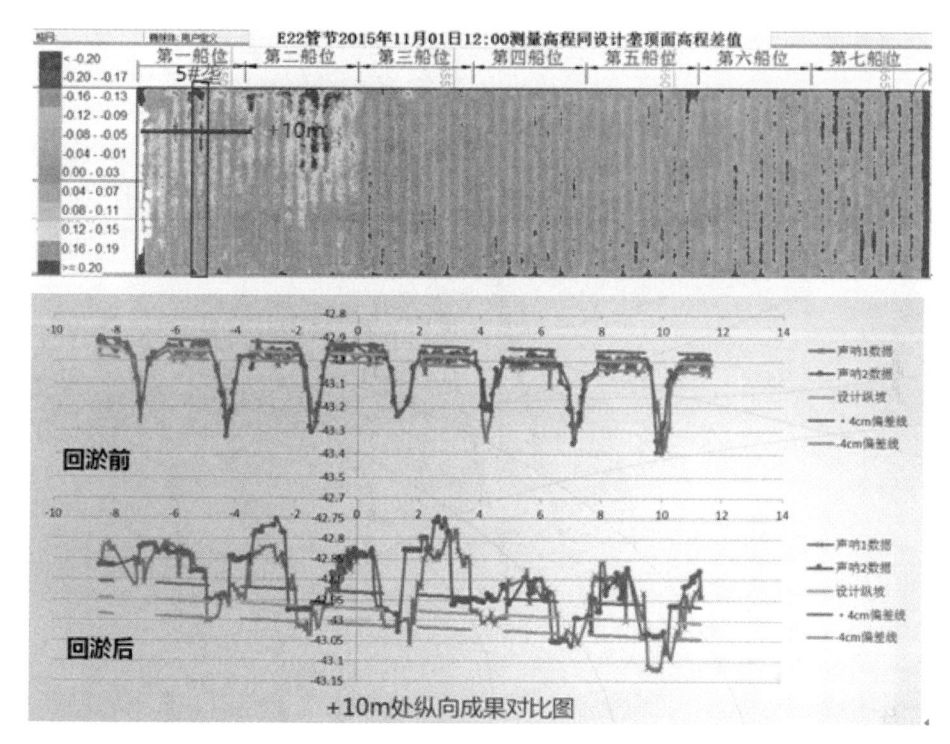

图 4　碎石基床回淤检测结果

项目决定 2015 年 11 月 2 日启动基床清淤计划，清淤前将清淤头放置在碎石垫层上方一定高度，通过底部液压油缸微调清淤头距离垄面。确定的清淤路线为：每条碎石垄设置三道清淤路线，分别为沿垄中心偏东 45 cm、偏西 45 cm 及垄沟中心处。清淤后潜水探摸录像可以看到石子，多波束扫测表明回淤物基本已清除，经过判断满足设计要求[5]，可进行沉管安装作业，碎石基床清淤后检测结果见图 5。

6　结　　语

2015 年 11 月 5 日，E22 管节顺利实现成功安装，高程贯通测量结果显示：E22 管节首端偏高 36.5 mm，尾端偏高 1.3 mm，实测纵倾 0.339%（设计纵倾 0.319%），碎石垫层铺设保持了一如既往的高精度水平，前两个船位的清淤施工也取得了令人满意的效果，实现了碎石基床无损清淤的突破。

本次清淤施工表明，新研制的整平船清淤系统可以在不破坏基床的情况下，将碎石垫层垄顶超过 20 cm 的回淤物有效清除至设计允许范围内，彻底规避了因回淤带来的工期和成本风险。抛石整平船"津平 1"通过清淤技改成为目前世界上唯一一艘具有清淤能力的整平作业船舶，该系统作业安全、高效，它的成功研发完成中国在水工行业的一次创举，具有极高的推广意义和价值，可广泛应用于各类水下高精度清淤，解决了水工领域的清淤难题。

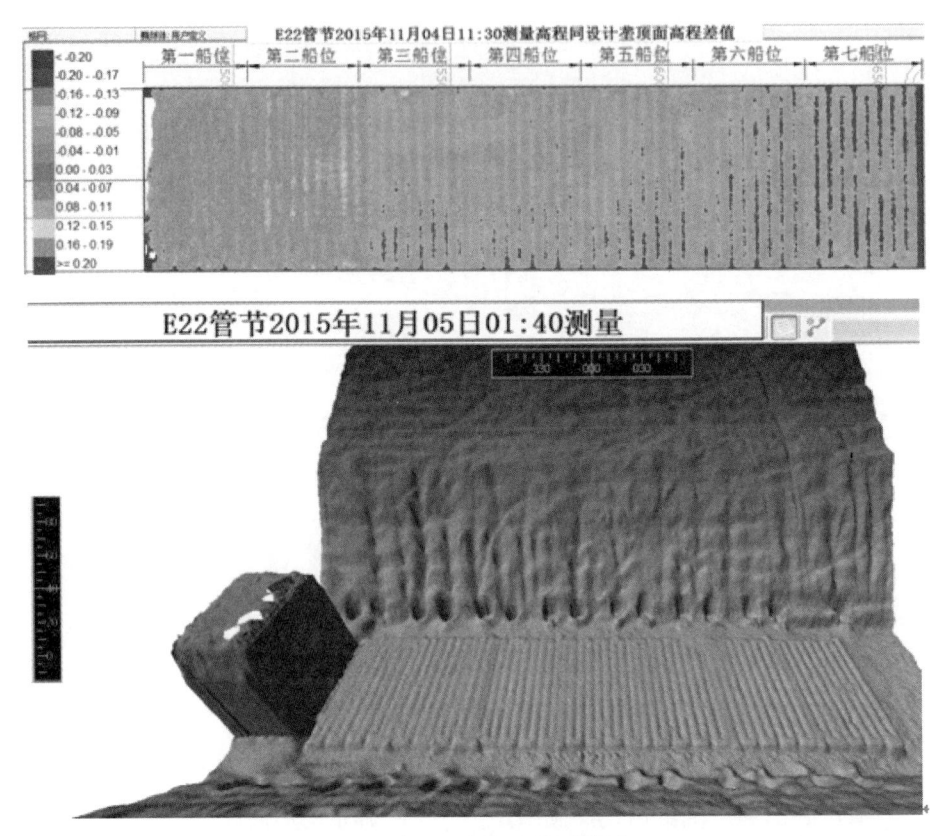

图 5 碎石基床清淤检测结果

参 考 文 献

[1] 中华人民共和国建设部, 中华人民共和国国家质量监督检验检疫总局. 工程测量规范: GB 50026—2007[S]. 北京: 中国计划出版社, 2008.

[2] 韦杏静, 向宏, 赖盖文. 清淤施工基槽床面防损系统开发[J]. 中国港湾建设, 2015, 35（9）: 27-30.

[3] 韦杏静, 赵宁, 向宏. 深海基槽清淤专用吸头[J]. 中国港湾建设, 2016, 36（1）: 68-72.

[4] 中交股份联合体港珠澳大桥岛隧工程第Ⅳ工区项目经理部. 港珠澳大桥岛隧工程沉管隧道基槽深水精确地形测量关键技术方案[Z]. 珠海: 中交股份联合体港珠澳大桥岛隧工程第Ⅳ工区项目经理部, 2011.

[5] 港珠澳大桥管理局. 港珠澳大桥主体工程岛隧工程施工及质量验收标准[S]. 修订版. 珠海: 港珠澳大桥管理局, 2013.